Égalité femmes-hommes et environnement

ACCUMULER DES CONNAISSANCES ET DES POLITIQUES POUR ATTEINDRE LES ODD

OCDE
DES POLITIQUES MEILLEURES POUR UNE VIE MEILLEURE

Merci de citer cet ouvrage comme suit :
OCDE (2021), *Égalité femmes-hommes et environnement : Accumuler des connaissances et des politiques pour atteindre les ODD*, Éditions OCDE, Paris, *https://doi.org/10.1787/009350ea-fr*.

ISBN 978-92-64-51053-1 (imprimé)
ISBN 978-92-64-60167-3 (pdf)

Crédits photo : Cover © Fahkamram/Shutterstock.

Les corrigenda des publications sont disponibles sur : *www.oecd.org/about/publishing/corrigenda.htm*.

Préface

La protection de la planète et de sa biodiversité représente la responsabilité intergénérationnelle la plus importante à laquelle nous sommes confrontés. De plus, les impacts des changements environnementaux et climatiques ne sont pas neutres en termes d'égalité femmes-hommes. Dans les économies en développement comme dans les économies avancées, les femmes sont plus vulnérables aux effets du changement climatique que les hommes. En raison du changement climatique et de graves dangers environnementaux, des millions de personnes sont exposées au risque de déplacement, dont 75 % sont des femmes. Malgré le rôle des femmes dans l'agriculture et l'élevage, les droits des agricultrices sont limités pour hériter, accéder et utiliser la terre et d'autres ressources productives, principalement en raison de normes sociales profondément enracinées. L'accès également restreint des femmes aux ressources financières et à l'éducation limite encore davantage leur capacité de se préparer et à répondre aux chocs environnementaux. Les femmes ont tendance à être surreprésentées dans les groupes à faible revenu, qui sont les plus touchés par la pollution dans les villes et par les dommages environnementaux causés par l'industrie. En outre, pendant et après une crise environnementale ou une pandémie, les femmes et les filles sont exposées à un risque accru de violence sexiste. La discrimination et la violence affectent également les modes de mobilité et les choix de transport des femmes, ce qui peut avoir des effets négatifs sur l'environnement.

Partout dans le monde, les femmes ont tendance à être plus sensibles aux préoccupations environnementales, mais elles sont largement sous-représentées dans les processus de prise de décision du leadership mondial en matière de climat – que ce soit dans les ministères des Finances, de l'Économie, de l'Énergie ou des Infrastructures, ou dans les entreprises. Tous ces facteurs s'ajoutent aux défis structurels auxquels sont confrontées les femmes et les filles dans le cadre juridique et social. Des écarts importants entre les sexes persistent dans la participation à la population active (notamment dans les emplois les mieux rémunérés), les salaires et l'accès au financement et aux ressources naturelles. En outre, la crise du COVID-19 a exacerbé les inégalités femmes-hommes préexistantes, mettant en évidence l'intersection du climat et de la justice de genre.

Les femmes ne sont pas seulement des victimes, elles sont également de puissants agents du changement, et possèdent des connaissances et des compétences pour contribuer à l'adaptation et à l'atténuation du changement climatique.

Alors que les processus des Nations Unies reconnaissent depuis longtemps les liens entre le climat et la justice de genre à travers les plans d'action de la CCNUCC pour l'égalité entre les sexes et la Convention des Nations Unies sur la diversité biologique, il faut faire davantage pour aider les pays à intégrer systématiquement l'analyse sexospécifique dans les efforts de collecte de données, ainsi que dans les politiques concernant le changement climatique, le budget et la coopération pour le développement.

Ce rapport de l'OCDE rassemble, pour la première fois, tous les éléments factuels existants dans les pays de l'OCDE sur les effets différenciés des facteurs environnementaux, tels que la pollution de l'air, la contamination de l'eau et des sols, l'exposition aux produits chimiques, le changement climatique et les catastrophes naturelles, sur la santé des hommes et des femmes. Il démontre que la compréhension et la prise en compte effective de la dimension sexospécifique du changement climatique sont essentielles pour atteindre le développement durable et les Objectifs de développement durable (ODD).

Cette publication opportune se penche également sur la manière de favoriser les opportunités économiques qui pourraient émerger pour les femmes dans des économies plus vertes. La reprise et la transition vertes, éclairées par des politiques soutenant une redistribution des emplois sensible à l'égalité femmes-hommes, pourraient créer un cercle vertueux d'égalité femmes-hommes et de développement durable, tout en offrant des opportunités d'autonomisation économique des femmes.

La garantie de l'égalité femmes-hommes et la réponse aux diverses préoccupations d'intersectionnalité qui affectent la population la plus vulnérable renforcent non seulement la justice sociale, mais contribue également à la gestion des impératifs économiques et environnementaux. Par ce travail, l'OCDE souligne la nécessité d'une approche intégrée de l'égalité femmes-hommes et de la durabilité environnementale dans tous les domaines et secteurs de la politique publique. L'ensemble des mesures proposées aide les gouvernements à recueillir des données systématiques sur les effets différenciés du changement climatique sur les femmes et les hommes, et fournit une voie à suivre pour une action politique plus efficace.

L'égalité femmes-hommes reste la partie manquante et méconnue de la solution au changement climatique. Travaillons ensemble pour faire du lien entre l'égalité hommes-femmes et l'environnement une force de transformation pour nos économies et nos sociétés, afin qu'elles soient plus résilientes, inclusives et durables.

Angel Gurrià
Secrétaire général de l'OCDE

Avant-propos

Ce rapport a été préparé à la suite d'un appel lancé par les pays membres de l'OCDE lors de la Réunion du Conseil au niveau des Ministres (RCM) de 2019 pour intégrer la dimension de l'égalité hommes-femmes dans tous les domaines de compétence de l'OCDE. L'OCDE a par la suite lancé une « Plateforme pour les politiques d'égalité femmes-hommes : Accélérer l'intégration à travers les Objectifs de développement durable », avec un accent particulier sur les domaines des politiques publiques dans lesquels l'OCDE n'avait pas encore appliqué une perspective sexospécifique, l'environnement faisant partie de ces domaines. Les travaux ont été financés par une allocation du Fonds central pour les projets prioritaires ainsi que par des Contributions volontaires.

Ce document propose une vue d'ensemble des liens entre l'égalité femmes-hommes et l'environnement, en examinant les déficits de données et d'éléments factuels, les bénéfices économiques et en termes de bien-être, ainsi que les questions de gouvernance et de justice. L'analyse est réalisée au moyen du cadre des Objectifs de développement durable (ODD). Neuf ODD liés à l'environnement sont examinés sous l'angle de l'égalité femmes-hommes et de l'environnement, couvrant des sujets tels que l'agriculture et la pêche durables, la protection de la biodiversité, la gestion des écosystèmes, l'eau propre et l'assainissement, les énergies abordables et propres, les infrastructures durables et les villes inclusives, la consommation et la production responsables, et l'action climatique. Cet exercice de cartographie vise à rassembler des éléments factuels et à aider les pays à identifier les futurs travaux possibles sur l'intégration de la dimension d'égalité hommes-femmes dans les politiques environnementales.

Le rapport a bénéficié des informations et commentaires des comités et groupes de travail de l'OCDE suivants : Comité des politiques d'environnement (EPOC), Comité des statistiques et de la politique statistique (CSSP), Comité d'aide au développement (CAD), Comité de l'emploi, du travail et des affaires sociales (ELSAC), Comité de la santé (HEA), Comité des politiques de développement régional (RDPC), Groupe de travail sur l'intégration de la problématique femmes-hommes du Comité de la gouvernance publique, et Groupe de travail sur la conduite responsable des entreprises du Comité de l'investissement.

Ce rapport a été préparé sous la supervision de Sigita Strumskyte, Cheffe de l'équipe Développement durable, Égalité femmes-hommes et Partenariats à la Direction de l'environnement, et sous la direction de Rodolfo Lacy, Directeur de l'Environnement de l'OCDE. La première version du rapport a été rédigée par Sigita Strumskyte en étroite collaboration avec Romina Boarini, Directrice du Centre de l'OCDE pour le bien-être, l'inclusion, la durabilité et l'égalité des chances (WISE). Dimitra Xynou, Analyste des politiques, a effectué des recherches et rédigé les parties ultérieures du rapport, avec les contributions d'Addie Erwin, Alina Manrique de Lara et Sara Ramos Magaña, membres de l'équipe Développement durable, Égalité femmes-hommes et Partenariats de la Direction de l'environnement. Des commentaires précieux ont été fournis par Shardul Agrawala, Simon Buckle, Bob Diderich, Nathalie Girouard et Kumi Kitamori de la Direction de l'environnement. Des remerciements particuliers vont à Naoko Kawaguchi (SGE) et Céline Folsché (LEG) pour leurs éclairages utiles. Enrico Botta, Amy Cano Prentice, Justine Garrett, Alexander Mackie, Miguel Rodriguez Cardenas et Cecilia Tam (ENV), Stina Heikkilä, Stefano Marta et Debra Mountford (CFE), Michelle Harding, Hannah Simon et Kurt Van Dender (CTP), Rena Hinoshita, Shivani Kannabhiran, Jennifer Schappert et Cristina Tebar Less (DAF), Juan Casado Asensio et

Jenny Hedman (DCD), Pierre de Boisséson, Gaelle Ferrant et Alejandra Maria Meneses (DEV), Caitryn Guthrie (EDU), Willem Adema, Michele Cecchini et Shunta Takino (ELS), Cayenne Chachati, Juliane Jansen, Edwin Lau, Carina Lindberg, Scherie Nicol, Guven Pinar, Ana Maria Ruiz Rivadeneira, Toni Rumpf, Tatyana Teplova, Yola Thuerer et Laura Völker (GOV), Graham Pilgrim (SDD) , Kelsey Burns (STI), Claire Delpeuch, Guillaume Gruère et Jane Korinek (TAD), Carlotta Balestra, Guillaume Cohen, Grainne Dirwan, Lara Fleischer et Michal Shinwell (WISE), Liliana Suchodolska (Paris 21), Mechthild Wörsdörfer, Sara Moarif et Amrita Dasgupta (AIE), Magdalena Olczak et Wei-Shieun Ng (FIT), ainsi que d'autres collègues de l'OCDE, ont contribué grâce à leurs commentaires et suggestions vivement appréciés.

Amy Plantin a fourni des conseils précieux pour aligner le rapport sur les travaux de l'EPOC. Elizabeth Corbett, Carole Guerrier, Annette Hardcastle, Deborah Holmes Michel, Ines Reale et Anna Rourke, de la Direction de l'environnement de l'OCDE, ont apporté un soutien administratif et mis en forme le rapport. Marie-Claude Gauhier et Ricardo Sanchez Torres ont fourni une aide administrative à la préparation des versions précédentes du rapport. Le rapport a bénéficié de la révision d'Amelia Smith. Elizabeth Del Bourgo et Stéphanie Simonin-Edwards ont fourni l'appui aux communications et à la production de la publication.

Les auteurs tiennent à remercier les délégués du Comité des politiques d'environnement (EPOC) et des autres Comités et Groupes de travail de l'OCDE pour leurs commentaires et suggestions utiles sur les versions antérieures du rapport.

Table des matières

GRAPHIQUES

TABLEAUX

Sigles et abréviations

ACS+	Analyse comparative entre les sexes plus
ADIMA	Base de données analytique de l'OCDE sur les multinationales et les sociétés affiliées
AFOLU	Agriculture, foresterie et autres affectations des terres
AIE	Agence internationale de l'énergie
APD	Aide publique au développement
APEC	Coopération économique Asie-Pacifique
BEI	Banque européenne d'investissement
BERD	Banque européenne pour la reconstruction et le développement
BRIICS	Brésil, Fédération de Russie, Inde, Indonésie, Chine et Afrique du Sud
BRS	Conventions de Bâle, de Rotterdam et de Stockholm
C3E	Clean Energy Education and Empowerment (éducation et autonomisation en matière d'énergie propre
CAD	Comité d'aide au développement
CAT	Changement d'affectation des terres
CCF	Commission de la condition de la femme
CCNUCC	Convention-cadre des Nations Unies sur les changements climatiques
CDB	Convention sur la diversité biologique
CDN	Contribution déterminée au niveau national
CEDAW	Convention sur l'élimination de toutes les formes de discrimination à l'égard des femmes
CEE-ONU	Commission économique des Nations Unies pour l'Europe
CEFIM	Programme sur la mobilisation du financement et de l'investissement en faveur des énergies propres
CESAP	Commission économique et sociale pour l'Asie et le Pacifique
CNUED	Conférence des Nations Unies sur l'environnement et le développement
CNULCD	Convention des Nations Unies sur la lutte contre la désertification
COP	Conférences des Parties
COVID-19	Maladie à coronavirus
CPDD	Cohérence des politiques au service du développement durable

CSSP	Comité des statistiques et de la politique statistique
CV	Contributions volontaires
WASH	Water, Sanitation and Hygiene for All (Eau, assainissment et hygiène pour tous)
GIA	Évaluation d'impact sur la situation des femmes
ELSAC	Comité de l'emploi, du travail et des affaires sociales
EMN	Entreprises multinationales
EPA	Agence pour la protection de l'environnement des États-Unis
EPIC	Politique de l'environnement et évolution des comportements individuels
EPOC	Comité des politiques d'environnement
FAO	Organisation des Nations Unies pour l'alimentation et l'agriculture
FEAMP	Fonds européen pour les affaires maritimes et la pêche
GAP	Plan d'action pour l'égalité des sexes
CCM	Charge mondiale de morbidité
GES	Gaz à effet de serre
GGRETA	Gouvernance des ressources en eaux souterraines dans les aquifères transfrontaliers
GIPC	Programme des villes inclusives selon la dimension femmes-hommes (Gender Inclusive Cities Programme)
GRI	Global Reporting Initiative
HEA	Comité de la santé
HIC	High Index Country (Pays à indice élevé)
IAEG-GS	Groupe d'experts des Nations Unies et de l'extérieur chargé des statistiques genrées
IDE	Investissement direct étranger
SFI	Société financière internationale
IRC	Centre international de l'eau et de l'assainissement
IRENA	Agence internationale pour les énergies renouvelables
UICN	Union internationale pour la conservation de la nature
MP	Particules
NDT	Neutralité en matière de dégradation des terres
OCDE	Organisation de coopération et de développement économiques
ODD	Objectif de développement durable
OIT	Organisation internationale du travail
OMC	Organisation mondiale du commerce
OMS	Organisation mondiale de la santé
ONG	Organisation non gouvernementale
NU	Nations Unies

DAES	Département des affaires économiques et sociales des Nations Unies
PDG	Président directeur général
PEER	Partenariats pour un engagement accru dans la recherche
PFR	Pays à faible revenu
PIB	Produit intérieur brut
PME	Petites et moyennes entreprises
PNA	Plan national d'adaptation
PNUE	Programme des Nations Unies pour l'environnement
POP	Polluants organiques persistants
PRITI	Pays à revenu intermédiaire de la tranche inférieure
PRITS	Pays à revenu intermédiaire de la tranche supérieure
R-D	Recherche et développement
RCM	Réunion du Conseil au niveau des Ministres
RDPC	Comité des politiques de développement régional
REDD+	Réduction des émissions liées à la déforestation et à la dégradation des forêts
SCEE	Système de comptabilité économique et environnementale
SCN	Système de comptabilité nationale
SEMARNAT	Ministère mexicain de l'Environnement et des Ressources naturelles
DEU	Débris liés aux eaux usées
PIED	Petits États insulaires en développement
ISE	Indice Institutions sociales et égalité femmes-hommes
SPANB	Stratégies et plans d'actions nationaux pour la biodiversité
STIM	Sciences, technologie, ingénierie et mathématiques
TCFD	Équipe spéciale des informations financières ayant trait au climat
TIC	Technologies de l'information et de communication
UE	Union européenne
UNDRR	Bureau des Nations Unies pour la prévention des catastrophes
UNESCO	Organisation des Nations Unies pour l'éducation, la science et la culture
UNSD	Division de statistique des Nations Unies
CAP	consentement à payer
W4C	Wireless for Communities (Réseaux sans fil communautaires)
WWAP	Programme mondial pour l'évaluation des ressources en eau
WWF	Fonds mondial pour la nature

Résumé

L'égalité femmes-hommes et l'autonomisation de toutes les femmes et de toutes les filles sont en soi des objectifs universels, expressément énoncés en tant que tels dans l'Objectif de développement durable n°5 (ODD 5) du Programme de développement durable à l'horizon 2030 (Programme 2030), la Convention des Nations Unies sur l'élimination de toutes les formes de discrimination à l'égard des femmes (CEDAW), et la Déclaration et le Programme d'action de Pékin adoptés en 1995. L'OCDE a publié deux recommandations sur le sujet de l'égalité entre les sexes : la *Recommandation de 2013 du Conseil sur l'égalité hommes-femmes en matière d'éducation, d'emploi et d'entrepreneuriat*, et la *Recommandation de 2015 du Conseil sur l'égalité hommes-femmes dans la vie publique*. Un rapport d'avancement de 2017 sur ces deux recommandations montre que les disparités entre les sexes et les préjugés dont sont victimes les femmes et les filles perdurent dans tous les domaines, et il appelle à prendre des mesures effectives pour lever les obstacles existants afin d'assurer l'équité et l'égalité des chances. La lutte contre les inégalités entre les sexes est un impératif social et économique.

Ce rapport utilise le cadre des ODD pour explorer les liens qui existent entre l'égalité des sexes et la durabilité environnementale dans les neuf ODD touchant à l'environnement (les numéros 2, 6, 7, 9, 11, 12, 13, 14 et 15). Il fournit des données concrètes et justifie la nécessité d'intégrer l'égalité femmes-hommes dans les objectifs économiques, sociaux et environnementaux, en identifiant les antagonismes et les complémentarités entre les différentes politiques dans le contexte du Programme 2030.

Pour tenir compte des multiples dimensions de la problématique femmes-hommes et des enjeux environnementaux, et des interactions entre ces deux sphères, le rapport applique un cadre d'action intégré, englobant à la fois croissance inclusive et environnement. Ce cadre se fonde sur des documents d'orientation récents de l'OCDE, parmi lesquels le cadre d'action pour une croissance inclusive, la Stratégie pour une croissance verte, la Recommandation sur la cohérence des politiques au service du développement durable, les deux recommandations sur l'égalité femmes-hommes, et les travaux connexes sur l'égalité des sexes, la gouvernance et l'intégration de la problématique femmes-hommes, notamment la Boîte à outils de l'OCDE pour l'intégration et l'application concrète du principe de l'égalité entre les femmes et les hommes.

Les chapitres 1 à 3 soulignent la nécessité d'appliquer l'articulation entre environnement et égalité femmes-hommes à l'élaboration des politiques et mettent en évidence les avantages potentiels d'une fusion des deux programmes. Ces chapitres soulignent les limites du cadre actuel des ODD dans ce domaine - par exemple, sur les 231 indicateurs uniques des ODD, 20 seulement donnent une dimension sexospécifique aux facteurs environnementaux - et le manque considérable de données sur l'articulation entre égalité femmes-hommes et environnement malgré de nombreuses initiatives internationales et nationales allant même au-delà du cadre des ODD. Une collecte plus systématique de données sur les impacts et initiatives environnementaux différenciés selon le sexe apparaît comme une priorité, en particulier sur les impacts différentiels des facteurs environnementaux sur la santé des hommes et des femmes, les opportunités économiques qui pourraient émerger pour les femmes dans les économies plus vertes, et le rôle des femmes dans l'accélération de la transition vers des modes de consommation durables.

Le chapitre 4 reconnaît le rôle des femmes, des jeunes et de divers groupes vulnérables (peuples autochtones et populations des petits États insulaires en développement, par exemple) dans la mise en œuvre de la justice environnementale et climatique, tout en attirant l'attention sur leurs besoins environnementaux aux niveaux local, national et international.

Le chapitre 5 présente un ensemble de mesures susceptibles d'appuyer une collecte plus systématique de données sur les impacts environnementaux différenciés selon le sexe. L'instauration d'un lien entre l'égalité femmes-hommes et l'environnement passe par (i) l'égalité femmes-hommes et l'autonomisation des femmes au moyen de politiques garantissant l'égalité d'accès à une éducation et à une santé de qualité, ainsi que par la parité femmes-hommes au sein des organes de décision ; (ii) des politiques nationales relatives à l'environnement qui tiennent compte de la problématique femmes-hommes dans la conception des politiques nationales relatives à l'environnement et des plans spécifiques concernant le changement climatique, la biodiversité, les océans et l'économie circulaire, y compris la mise en place de normes environnementales qui tiennent compte des différences d'impact des risques et des dangers environnementaux pour les hommes et les femmes ; (iii) l'intégration de la problématique femmes-hommes dans les politiques transfrontières, notamment les échanges, les investissements directs étrangers, la conduite responsable des entreprises et la coopération pour le développement. La mise en œuvre pourrait s'appuyer sur un certain nombre de normes de l'OCDE, ainsi que sur des mécanismes d'évaluation.

Les chapitres 6 à 14 examinent les neuf ODD liés à l'environnement (2, 6, 7, 9, 11, 12, 13, 14 et 15) sous l'angle de l'égalité femmes-hommes, en s'appuyant sur des données comparatives (dans les rares cas où elles sont disponibles), des études de cas, des enquêtes et d'autres éléments. Ces chapitres démontrent que partout dans le monde, les femmes sont comparativement plus touchées que les hommes par le changement climatique, la déforestation, la dégradation des terres, la désertification, la raréfaction de l'eau et le manque d'installations sanitaires. Cela est particulièrement le cas dans les pays en développement et dans certaines communautés rurales, où les femmes peuvent avoir un accès plus limité à la terre, aux biens naturels et à d'autres actifs que les hommes ; peuvent se heurter à des obstacles à un travail et un financement décents, auxquels s'ajoutent un déficit de compétences et un manque d'information ; et sont plus susceptibles d'assumer une part disproportionnée de travail non rémunéré, notamment les tâches ménagères et familiales. Certains de ces défis sont également présents - quoique à une échelle différente - dans les pays développés, en particulier lorsque les femmes sont confrontées à des coûts d'opportunité plus élevés en raison de transports et d'infrastructures inadéquats et dangereux, des effets néfastes sur la santé de la pollution atmosphérique, du changement climatique et des produits chimiques toxiques entrant dans les chaînes alimentaires. Le rapport affirme qu'une approche sexospécifique des politiques d'utilisation des terres et de gestion de l'eau, de l'énergie et des transports permettrait aux sociétés de soutenir et de renforcer le rôle des femmes dans la promotion d'un développement économique plus durable et plus inclusif, et d'accroître le bien-être. Chaque chapitre propose des mesures que les pouvoirs publics et les autres parties prenantes pourraient prendre en compte lors de la conception et l'application des politiques environnementales.

Dans tous les chapitres, le rapport reconnaît que les femmes sont des agents du changement dans la transition vers une économie bas-carbone, et identifie leur rôle en tant que membres de la population active, consommatrices et décideuses. L'intégration de l'égalité femmes-hommes est essentielle à la réussite de la mise en œuvre d'une économie circulaire, de la gestion des ressources naturelles et de l'innovation numérique, entre autres domaines clés. Les obstacles à la pleine participation des femmes à cette transition - comme l'écart entre hommes et femmes en sciences, technologies, ingénierie et mathématiques (STIM) - sont également identifiés. Plus généralement, les normes sociales et culturelles dominantes et leurs prolongements dans les structures sociétales et économiques limitent l'accès des femmes à des opportunités économiques dans des activités écologiquement durables et à des postes à responsabilités en matière d'environnement tant dans le secteur public que privé. La transition juste devrait inclure une perspective sexospécifique qui promeut activement l'autonomisation des femmes, afin de garantir l'égalité des chances tant pour les hommes que pour les femmes dans la vie active.

1 Égalité femmes-hommes et développement durable

Les progrès accomplis vers la réalisation des Objectifs de développement durable appellent des réponses ciblées. Les objectifs en matière d'égalité femmes-hommes et d'environnement se renforcent mutuellement, mais leurs complémentarités et leurs compromis ne sont pas suffisamment présentés ni pris en compte dans le Programme 2030. La reconnaissance et la prise en compte de l'interdépendance entre l'égalité femmes-hommes et l'environnement pourraient favoriser la cohérence des politiques, le passage à une croissance verte et inclusive et mettre l'accent sur le bien-être.

1.1. Éléments à retenir

Ce chapitre présente les interactions entre l'égalité femmes-hommes et la durabilité environnementale, ainsi que l'étendue de leur intégration dans le cadre des Objectifs de développement durable. Les principaux messages formulés sont les suivants :

- Les objectifs en matière d'égalité femmes-hommes et d'environnement se renforcent mutuellement. Les femmes subissent des effets différenciés des facteurs environnementaux et sont souvent les plus touchées par la dégradation de l'environnement en raison de facteurs socioéconomiques et discriminatoires. Dans le même temps, les femmes expriment des attitudes plus « vertes » dans leurs choix personnels, et pourraient grandement contribuer à la transition vers une économie bas carbone.
- On peut comprendre les liens qui existent entre la problématique femmes-hommes et l'environnement en considérant, d'un côté, dans quelle mesure la lenteur des progrès par rapport aux objectifs environnementaux touche différemment la condition des femmes et des hommes et freine l'égalité entre les sexes, et de l'autre, comment l'égalité des sexes et l'autonomisation des femmes peuvent avoir des impacts positifs sur les aspects environnementaux du Programme 2030.
- Le cadre des ODD offre une couverture adéquate sur l'égalité femmes-hommes (ODD 5) et sur les objectifs environnementaux (les cinq objectifs de la planète), tandis que les questions d'égalité femmes-hommes et d'environnement sont également présentes séparément dans d'autres ODD. Toutefois, l'articulation entre l'égalité femmes-hommes et l'environnement n'est pas suffisamment présente dans le cadre des ODD de manière intégrée.
- Le Cadre sur la Cohérence des Politiques au Service du Développement Durable de l'OCDE et les travaux de l'OCDE sur Objectif Croissance pourraient servir de base à l'identification des compromis, des complémentarités et des liens entre les politiques en matière d'égalité femmes-hommes et d'environnement et des résultats en termes de bien-être, conformément aux ODD et au cadre de l'OCDE sur le bien-être.
- Il est nécessaire d'inscrire l'égalité femmes-hommes dans les neuf ODD relatifs à l'environnement (ODD 2, 6, 7, 9, 11, 12, 13, 14 et 15). Ce point est présenté dans le présent rapport au moyen d'analyses, d'études de cas et de recommandations d'action.

1.2. Les objectifs en matière d'égalité femmes-hommes et d'environnement se renforcent mutuellement

La réalisation des Objectifs de développement durable (ODD) nécessite une action urgente et ciblée. Pour aller vers une forme de développement plus juste et plus durable, il est donc essentiel de viser simultanément plusieurs objectifs au croisement de la problématique femmes-hommes et des enjeux environnementaux. Les facteurs environnementaux ont des effets différenciés selon le sexe, en raison des différences de rôles et de comportement des hommes et des femmes dans diverses sociétés, ainsi que de leurs différentes caractéristiques physiologiques. Qu'il s'agisse de l'énergie, de l'eau, des transports, de l'aménagement urbain, de l'agriculture ou des modes de consommation, une analyse sexuée est indispensable pour comprendre les différences relatives aux impacts sur l'environnement.

Les inégalités entre les sexes ont augmenté avec la pandémie de COVID-19 qui continue de détériorer les économies et les conditions de vie des populations. La période de reprise est une occasion cruciale et opportune pour les pays de s'engager sur une trajectoire de développement plus durable et plus équitable entre femmes et hommes (OECD, 2019[1]).

L'égalité femmes-hommes et l'autonomisation des femmes sont au cœur du développement, de la durabilité environnementale et de la réalisation des ODD, comme l'indiquent les chapitres 6 à 14 du présent rapport. Partout dans le monde, les femmes occupent une place centrale dans l'entraide collective, le renforcement de la résilience et la protection de la nature, contribuant ainsi au bien-être des générations actuelles et futures. Les approches éco-féministes et « femmes et environnement » en particulier reflètent cette compréhension unique de la nature et du rôle des femmes en tant qu'intendantes de l'environnement (d'Eaubonne and Paisain, 1999[2]); (Dankelman, 2010[3]); (UNDP, 2019[4]). Les femmes et les hommes n'ont pas toujours le même vécu ni les mêmes attitudes à l'égard de l'environnement . L'intégration de l'égalité femmes-hommes est importante lorsqu'il s'agit d'exprimer des griefs concernant les questions environnementales, de les définir, de les encadrer et de les classer par ordre de priorité, et de choisir les prescriptions d'action (Taylor, 2002[5]).

L'économie verte pourrait aussi offrir d'importantes possibilités aux femmes en termes d'emplois verts et de participation à des innovations vertes, mais uniquement si un cadre politique et social propice est en place. Plus généralement, donner aux femmes un meilleur accès aux postes de direction dans les secteurs public et privé et à tous les niveaux de décision peut aider à concentrer les priorités sur les objectifs environnementaux (Bonewit and Shreeves, 2015[6]); (Hossain et al., 2017[7]); (Ben-Amar, Chang and McIlkenny, 2017[8]).

Afin de renforcer la cohérence des mesures prises pour mettre en œuvre le Programme 2030, ces liens entre l'égalité des sexes et la durabilité environnementale ainsi que d'autres connexions ont besoin d'un cadre qui permette d'analyser les éventuels compromis et complémentarités entre différents objectifs ou interventions publiques. Au-delà des inégalités sociales et économiques, parvenir à l'égalité des sexes demande d'analyser en profondeur les effets disproportionnés des problèmes systémiques – y compris les inégalités en rapport avec l'environnement – qui peuvent exacerber les premières. Un cadre d'action intégré est donc nécessaire pour réunir les trois facettes des inégalités : économiques, sociales et environnementales.

On peut comprendre les liens qui existent entre la problématique femmes-hommes et l'environnement en considérant, d'un côté, dans quelle mesure la lenteur des progrès par rapport aux objectifs environnementaux touche différemment la condition des femmes et des hommes et freine l'égalité entre les sexes, et de l'autre, comment l'égalité des sexes et l'autonomisation des femmes peuvent avoir des impacts positifs sur les aspects environnementaux du Programme 2030 (Graphique 1.1).

Graphique 1.1. La problématique femmes-hommes et l'environnement

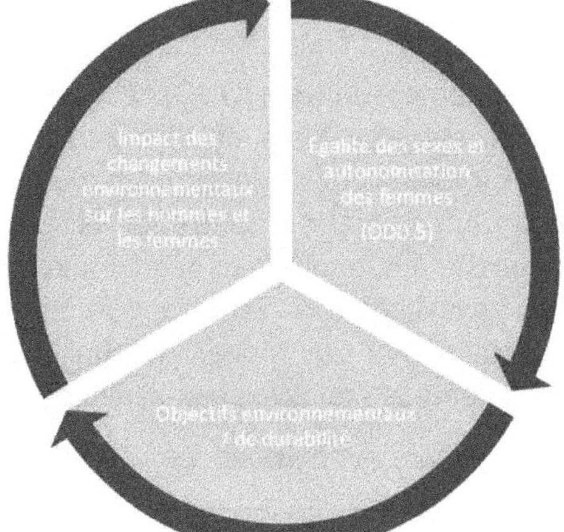

Source : OCDE.

1.3. La problématique femmes-hommes et l'environnement dans le cadre des ODD

Le Programme des Nations Unies pour le développement durable à l'horizon 2030 rassemble un ensemble d'objectifs, de cibles et d'indicateurs destinés à suivre les progrès de l'humanité sur la voie d'un bien-être fondamental pour tous. Les ODD couvrent des ambitions économiques, sociales et environnementales, et dans une certaine mesure identifient les complémentarités et compromis existant entre différents objectifs.

Les ODD sont regroupés en cinq grandes catégories : « l'humanité », « la planète », « la prospérité », « la paix » et « les partenariats ». L'égalité femmes-hommes et l'autonomisation des femmes et des filles (ODD 5) constituent en soi un objectif de la catégorie « humanité ». Les conditions législatives de l'égalité femmes-hommes sont mentionnées dans les catégories « paix », « humanité » et « prospérité » (ODD 16, ODD 1 à 4 et ODD 7 à 11 respectivement). L'autonomisation des femmes et des filles est mentionnée dans les cinq objectifs de la planète et dans leurs cibles et indicateurs (ODD 6 et ODD 12 à 15), qui sont tous directement liés à l'environnement. Cependant, deux objectifs de la planète (ODD 14 et 15) n'ont pas d'indicateurs relatifs à l'égalité femmes-hommes, malgré de nombreux liens.

Pour ce qui est de la durabilité environnementale, cinq objectifs composent la catégorie « planète ». Il s'agit de l'ODD 6 (eau propre et assainissement), l'ODD 12 (consommation et production responsables), l'ODD 13 (changements climatiques), l'ODD 14 (vie aquatique) et l'ODD 15 (vie terrestre). L'environnement occupe aussi une place importante dans trois objectifs « prospérité » : l'ODD 7 (énergie propre et d'un coût abordable), l'ODD 9 (industrie, innovation et infrastructure) et l'ODD 11 (villes et communautés durables). Par ailleurs, la promotion d'une agriculture durable fait partie de l'ODD 2 (faim « zéro »). Au total, neuf ODD sont donc mis en relation avec l'environnement (Graphique 1.2).

Ainsi, tant l'égalité femmes-hommes que la durabilité environnementale figurent en bonne place dans le Programme 2030. Pourtant, comme cela est développé en détail au chapitre 2, le cadre des ODD ne tient compte que de quelques-uns de ces liens, et passe sous silence bon nombre d'interactions importantes. L'annexe A présente les indicateurs des ODD qui sont considérés comme liés à la problématique femmes-hommes, à l'environnement ou aux deux. Sur l'ensemble des ODD, seuls 20 indicateurs uniques (sur un total de 231) intègrent à la fois la problématique femmes-hommes et l'environnement. Seulement 14 d'entre eux couvrent les 9 ODD ayant un rapport avec l'environnement et qui sont analysés en détail dans le présent rapport. En pratique, le cadre des ODD couvre de manière importante l'égalité femmes-hommes et la durabilité environnementale mais de manière séparée dans une large mesure, en ne traitant qu'à peine les intersections entre ces deux objectifs.

Graphique 1.2. Les ODD environnementaux dans le cadre des ODD

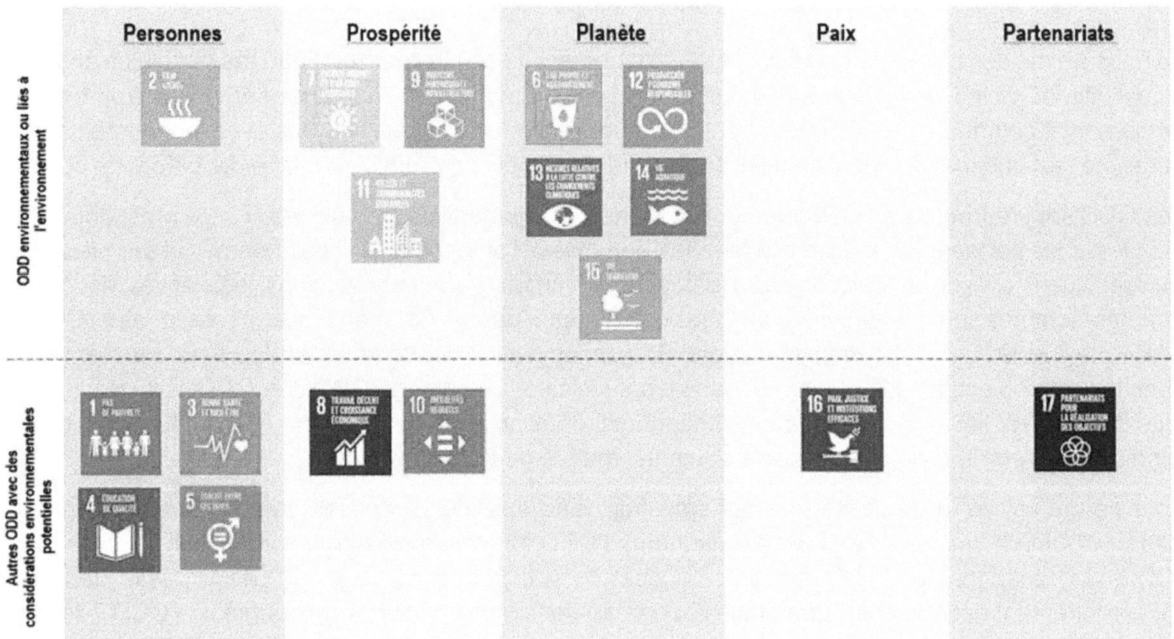

Source : OCDE.

1.4. L'approche de « cohérence des politiques au service du développement durable » et son application aux liens entre la problématique femmes-hommes et les enjeux environnementaux

L'identification et la bonne compréhension des différents types d'interactions entre les ODD ou leurs cibles aideront les responsables publics à maximiser les synergies et exploiter les solutions gagnant-gagnant (poursuivre plusieurs objectifs en même temps), à éviter des conflits possibles entre différentes politiques (poursuivre un objectif sans pénaliser les autres), à gérer les compromis (minimiser les effets négatifs sur les autres politiques), et enfin à concevoir des politiques générant plusieurs cobénéfices positifs pour le développement durable (Graphique 1.3).

L'ODD 17 (Partenariats pour la réalisation des objectifs) comprend la cible 17.14, qui vise à « renforcer la cohérence des politiques au service du développement durable ». La « cohérence des politiques au service du développement durable » (CPDD) est une approche et un outil visant à intégrer les dimensions économiques, sociales, environnementales et de gouvernance du développement durable à toutes les étapes de l'élaboration des politiques nationales et internationales.

Le Cadre de la CPDD de l'OCDE recense trois impacts interactifs des ODD : immédiat (effets sur le bien-être des individus aujourd'hui), transfrontière (effets des acteurs nationaux sur la population d'autres pays, par exemple en raison des échanges, de l'investissement étranger ou des activités d'entreprises multinationales) et intergénérationnel (impacts affectant le capital naturel, humain ou social, et donc le bien-être futur). Afin d'évaluer ces interactions, les travaux de l'OCDE sur Objectif Croissance et le cadre d'action pour une croissance inclusive (OECD, 2018[9]) proposent des moyens possibles pour repérer les compromis, les complémentarités et les liens entre les politiques ainsi que les résultats possibles en termes de conditions de vie, en phase avec les ODD et le cadre d'évaluation du bien-être de l'OCDE.

Graphique 1.3. Recensement des interactions entre objectifs et entre politiques publiques dans le cadre CPDD

Source : (OECD, 2015[10]).

1.5. Nécessité d'inscrire l'égalité femmes-hommes dans les ODD relatifs à l'environnement

Ce rapport donne un aperçu des informations disponibles sur les liens entre la problématique femmes-hommes et l'environnement. Il applique un cadre d'action intégré afin de mieux comprendre les compromis et les complémentarités entre les objectifs relatifs à l'égalité femmes-hommes et ceux en rapport avec l'environnement, les effets transnationaux et les effets intergénérationnels. Les 17 ODD sont tous interdépendants ; par conséquent, ils peuvent tous être considérés comme pertinents pour l'articulation entre l'égalité femmes-hommes et l'environnement. Cependant, pour les besoins de l'analyse et afin de faire avancer le travail de recherche et l'élaboration des politiques, ce rapport privilégie les neuf ODD ayant des conséquences environnementales directes.

Les progrès accomplis au regard de l'ODD 5 et d'autres ODD de la catégorie « humanité », comme l'égalité d'accès à une éducation de qualité (ODD 4), peuvent stimuler les actions visant à atteindre tous les ODD « environnementaux », en particulier si cette éducation intègre une dimension environnementale qui reconnaît tous les sujets de la société comme des agents du changement, y compris les femmes (Melero and Solis-Espallargas, 2012[11]). Les femmes influent sur la gestion des ressources naturelles à travers les divers rôles qu'elles assument au sein du ménage, dans l'économie et dans la société. L'égalité femmes-hommes est donc essentielle pour appréhender de manière équilibrée les dimensions économiques, sociales et environnementales du développement durable et atteindre tous les ODD. De plus, compte tenu de la place de la femme dans de nombreuses sociétés, les progrès accomplis par rapport à ces neuf ODD environnementaux peuvent se traduire par une nette amélioration du bien-être des femmes, en particulier sur le plan de la santé (ODD 3) et des opportunités économiques (ODD 8).

La compréhension des interconnexions entre la problématique femmes-hommes et les enjeux environnementaux à travers ces ODD permet de repérer des inégalités et des préjugés sexistes systémiques et structurels sous-jacents, portant généralement sur la propriété et l'utilisation des ressources naturelles, l'énergie, les transports, l'eau, le numérique, l'aménagement urbain, le logement, l'utilisation des terres, l'environnement et l'agriculture tant dans les pays avancés que dans les pays en développement (Tableau 1.1. Interactions entre l'ODD 5 et les neuf ODD environnementaux). Lorsque de tels préjugés enracinés ne sont pas divulgués ou traités, ils se perpétuent dans les décisions et la conception des politiques relatives à l'environnement, ce qui exacerbe encore les inégalités entre les sexes.

Tableau 1.1. Interactions entre l'ODD 5 et les neuf ODD environnementaux

Interactions entre l'ODD 5 et les neuf ODD environnementaux

Objectif	Liens avec l'ODD 5
ODD 2. Faim « zéro »	Éliminer les discriminations liées au sexe (en particulier en matière de propriété foncière et d'héritage) et encourager les femmes à s'engager dans des activités agricoles écologiquement durables pourrait aider à atteindre toutes les cibles de l'ODD 2 sur le sujet, notamment la cible 2.3 sur les petits producteurs, la 2.4 sur une agriculture résiliente et viable, et la 2.5 sur la préservation des ressources génétiques végétales et animales, plus spécialement celles en voie de disparition. La prise en compte de la problématique sexospécifique et de l'égalité femmes-hommes dans l'investissement agricole, les échanges et les chaînes de valeur, ainsi que dans les politiques d'infrastructure rurale pourrait contribuer à la réalisation des cibles 2.a et 2.b. L'ODD 2, comme prévu par la Conférence « Rio+20 » des Nations Unies sur le développement durable de 2012, pose les principes à suivre pour promouvoir une agriculture durable et adopter des méthodes de production agricole plus viables. Les ODD mentionnent le rôle des femmes (et d'autres groupes) en tant que petits producteurs, reconnaissent leurs savoirs traditionnels (cible 2.3) et encouragent l'égalité des droits de propriété foncière et d'accès aux terres agricoles (cible 5.a).
ODD 6. Eau propre et assainissement	La problématique de l'eau et de l'assainissement a une dimension sexospécifique dans bon nombre de pays en développement car ce sont principalement les femmes qui sont chargées de collecter les ressources. S'il était facile et sans danger d'aller chercher de l'eau propre, les femmes auraient plus de temps pour exploiter des opportunités économiques et auraient davantage accès à l'éducation. L'accès à des sanitaires est indispensable à la santé et au bien-être des femmes (ODD 3) et a également des répercussions sur la scolarisation des filles. Les femmes peuvent aussi apporter une contribution dans la gouvernance de l'eau et de l'assainissement au niveau international, national et local.
ODD 7. Énergie propre et d'un coût abordable	L'existence de sources d'énergie propres et accessibles peut favoriser l'autonomisation des femmes en diminuant le coût d'opportunité de la collecte de biocombustibles et en réduisant les freins à l'éducation des enfants dans les pays en développement. La pauvreté énergétique touche également de nombreuses femmes dans les pays avancés. L'implication des femmes dans le secteur énergétique et leur accès à des fonctions dirigeantes peuvent aussi avoir un effet catalyseur pour ce qui est de promouvoir une énergie propre et une utilisation plus efficiente de l'énergie. La « transition juste » devrait aussi inclure une dimension sexuée afin de garantir que les travailleurs femmes et hommes aient les mêmes opportunités d'emploi.
ODD 9. Industrie, innovation et infrastructure	Les politiques publiques dans les domaines de l'industrialisation et des migrations ville-campagne doivent également tenir compte du rôle des femmes dans la famille, dans la communauté et dans l'environnement. Les infrastructures sont essentielles non seulement pour atteindre les objectifs environnementaux, mais elles doivent aussi inclure une dimension sexospécifique qui assure l'accès de tous. Les préjugés et autres obstacles qui réduisent l'accès à l'éducation dans les filières STIM, en particulier en matière de développement durable, entravent le rôle des femmes dans la science et la recherche.
ODD 11. Villes et communautés durables	Les femmes et les hommes n'ont pas le même rapport à la conception des villes et de l'habitat et à l'infrastructure des transports parce qu'ils jouent des rôles sociaux différents, suivent des profils professionnels différents et n'ont pas les mêmes préférences. Le fait ne pas prendre en compte les besoins des différentes catégories d'usagers dans la planification des villes et des habitats et dans les infrastructures de transport peut réduire sensiblement les opportunités économiques et la qualité de vie de ces usagers en augmentant la durée et le coût de leurs trajets, en plus de contribuer à la pollution de l'air et au gaspillage de ressources. Les secteurs impliqués dans l'aménagement des zones urbaines et d'habitation – le logement, les transports et l'urbanisme – ont des répercussions importantes sur les objectifs d'égalité des sexes à travers trois dimensions essentielles : les types d'usagers (accessibilité physique et financière, et sécurité), la participation au marché du travail (emploi et participation aux décisions), et les effets secondaires (sociaux et environnementaux). Une plus grande participation des femmes aux processus décisionnels dans ces secteurs pourrait contribuer à réduire l'empreinte environnementale globale des infrastructures.
ODD 12. Consommation et production responsables	Les femmes prennent plus souvent les décisions quant aux denrées périssables à acheter pour le foyer mais n'ont pas voix au chapitre de la même façon sur les chaines de production. Les processus de production non viables, la génération de déchets et la pollution ont souvent des conséquences négatives distinctes sur les femmes, en particulier celles des catégories socialement défavorisées, par le biais de divers phénomènes : tension sur les ressources naturelles dont elles dépendent pour vivre, mauvaises conditions de travail de la main-d'œuvre « féminisée », augmentation du volume de travail non rémunéré lié à la gestion des déchets, et plus grande exposition involontaire à des produits et substances chimiques dangereux sans information préalable. Dans le même temps, femmes et hommes ont des habitudes de consommation et une empreinte environnementale différentes en raison de normes culturelles, des métiers exercés, de différences physiques, et de préférences et d'attitudes distinctes.

ODD 13. Lutte contre les changements climatiques	Les impacts économiques, sociaux et sanitaires cumulés du changement climatique provoquent des écarts entre les femmes et les hommes. Du fait de leur rôle dans la reprise et l'économie domestique, et de leur savoir traditionnel, les femmes sont particulièrement vulnérables face aux changements climatiques et aux risques naturels associés, comme l'augmentation de la fréquence des inondations et des sécheresses. Les catastrophes naturelles touchent de façon disproportionnée les femmes et les filles. Les femmes et les filles pourraient être des agents proactifs et expérimentés, s'engageant dans l'action contre le changement climatique. Les débats de la CCNUCC intègrent les considérations relatives à l'égalité femmes-hommes depuis 2001, et l'égalité femmes-hommes est un point à part de la COP depuis 2012. L'Accord de Paris de 2015 souligne à la fois la contribution de l'égalité femmes-hommes et de l'autonomisation des femmes à la lutte contre les changements climatiques, et l'impact spécifique des changements climatiques sur les femmes.
ODD 14. Vie aquatique	L'ODD 14 est intrinsèquement lié à la santé de l'environnement, et l'amélioration de ses indicateurs peut être renforcée grâce à l'autonomisation et la mobilisation des femmes en tant qu'agents de changement. Les initiatives dirigées par des femmes visant le nettoyage et la protection des zones côtières montrent que les femmes pourraient contribuer à une gestion plus durable des écosystèmes maritimes. Donner aux femmes les moyens d'agir dans le secteur de la pêche et s'appuyer sur leur rôle de petits pêcheurs pourrait favoriser la pêche durable. Pourtant, aucune des cibles de l'ODD 14 ne porte sur l'égalité des sexes ou sur la relation entre les ressources marines et les moyens de subsistance des femmes et des hommes, notamment sur le rôle qu'elles peuvent jouer dans la sécurité alimentaire, l'emploi et la réduction de la pauvreté.
ODD 15. Vite terrestre	Parmi les Objectifs d'Aichi pour la biodiversité, l'Objectif 14 est le seul à évoquer ouvertement les enjeux sexospécifiques, en appelant à prendre en compte les besoins des femmes, des peuples autochtones et des communautés locales, ainsi que des populations défavorisées et vulnérables, dans les actions de restauration et de sauvegarde des écosystèmes. Pourtant, l'Objectif d'Aichi 14 n'inclut pas d'indicateur spécifique sur l'égalité femmes-hommes, et les indicateurs identifiés ne sont pas ventilés par sexe. Seul l'Objectif d'Aichi 18 (sur les savoirs traditionnels) comprend des indicateurs tenant compte des sexospécificités, sur les tendances en matière de changements relatifs à l'utilisation et au mode de possession des terres dans les territoires traditionnels des communautés autochtones et locales, ventilées par sexe. Ces indicateurs sont identiques à ceux des cibles 5.a et 1.4 des ODD. En outre, une cible intégrant la dimension sexuée pourrait être ajoutée sur l'accès des communautés locales et autochtones à des biens communs comme les forêts, les ressources des montagnes et les cours d'eau, dont elles dépendent pour vivre et qu'elles gèrent de manière durable. Cette cible pourrait aussi être incluse dans l'ODD 1 (par exemple dans la cible 1.4).

Source : Analyse des auteurs sur le cadre d'indicateurs mondiaux UNstats pour les Objectifs de développement durable et les cibles du Programme de développement durable à l'horizon 2030.

Selon la Recommandation générale no 37 du Comité pour l'élimination de la discrimination à l'égard des femmes, dans de nombreux contextes, les inégalités entre les sexes limitent le contrôle que les femmes et les filles exercent sur les décisions qui régissent leur vie, ainsi que leur accès à des ressources telles que l'alimentation, l'eau, les intrants agricoles, la terre, le crédit, l'énergie, la technologie, l'éducation, les services de santé, un logement convenable, la protection sociale et l'emploi. Du fait de ces inégalités, les femmes et les filles sont plus susceptibles d'être exposées à des risques de catastrophe et de subir des pertes pour leurs moyens de subsistance, et sont moins en mesure de s'adapter à l'évolution des conditions climatiques.

Inégalités femmes-hommes, biais sexués et normes sociales dictant certains rôles aux femmes et aux hommes se combinent, avec pour résultat un impact différencié des facteurs environnementaux selon les sexes. En particulier, certains marqueurs biologiques féminins, tels que leur rôle reproductif ou leurs traits physiques, peuvent les exposer de façon différenciée et/ou disproportionnée aux dommages environnementaux tels que la pollution atmosphérique ou les produits chimiques industriels toxiques (Arbuckle, 2006[12]); (Street et al., 2018[13]). L'exposition aux problèmes environnementaux peut aussi varier entre hommes et femmes, ainsi que leurs positions respectives face aux conséquences des risques naturels (Neumayer and Plümper, 2007[14]).

L'autre interaction entre la problématique femmes-hommes et la durabilité environnementale vient du rôle joué par les femmes dans la promotion de modes de production et de consommation durables, la protection de la biodiversité et la prise en compte de la climato-compatibilité dans les activités humaines. Les femmes jouent déjà un rôle actif d'écologiste au niveau local, mais le manque de connaissances sur les modes de consommation sexospécifiques liés à certaines des activités les plus polluantes (chauffage, alimentation, mobilité) et de sensibilisation à ces aspects peut conduire à des politiques climatiques moins efficaces qui ne tiennent pas compte des besoins de tous les sexes (UN WomenWatch, 2009[15]).

En outre, la contribution des femmes aux secteurs de l'État et des entreprises est entravée par un écart structurel de gouvernance entre les sexes, les femmes étant peu nombreuses à occuper des postes de direction. Lorsqu'elles sont en mesure d'atteindre de tels postes, les femmes sont susceptibles d'intégrer des considérations de durabilité dans la vision et la stratégie (Homsy and Lambright, 2021[16]) de leur organisation. L'écart entre les sexes est plus important en matière de gouvernance et de prise de décision dans les secteurs les plus déterminants pour la réalisation des neuf ODD couverts dans le présent rapport. Par exemple, le secteur des infrastructures (eau, énergie, transports, logement et numérique, entre autres), tant public que privé, présente les écarts les plus marqués en termes d'emploi entre les sexes et la représentation la plus faible des femmes aux postes de direction (OECD, 2019[1]); (Wilson Center, 2018[17]); (IRENA, 2019[18]); (Kersley et al., 2019[19]). Compte tenu des attitudes positives des femmes vis-à-vis de la protection de la nature et de l'environnement, leur présence très minoritaire dans les organes de gouvernance est un mauvais point auquel il faut remédier d'urgence si nous voulons accélérer les progrès par rapport au Programme 2030. Des mesures résolues doivent être prises pour s'attaquer aux possibles discriminations et biais existants. Il importe de redoubler d'efforts pour supprimer les écarts entre femmes et hommes dans les filières STIM (science, technologie, ingénierie, mathématiques) afin de permettre leur modernisation et leur « verdissement ».

Ce rapport réunit plusieurs sphères d'analyse de l'OCDE pour montrer que chaque ODD « environnemental » joue un rôle différent mais complémentaire dans la réalisation de l'égalité entre les sexes telle qu'énoncée dans l'ODD 5. Il met également en évidence les effets inverses, à savoir comment les progrès de l'égalité femmes-hommes, qui nécessitent d'agir sur tous les ODD, peuvent aussi permettre d'avancer sur les objectifs touchant à la durabilité. En prenant en compte l'égalité femmes-hommes, le présent rapport reconnaît l'articulation entre l'égalité femmes-hommes et l'environnement comme une composante essentielle du Programme 2030 et de son objectif primordial, à savoir « engager le monde sur une voie durable » et « ne laisser personne de côté ».

Le rapport peut être divisé en deux parties. La première partie, composée des chapitres 1 à 5, donne un aperçu général de l'articulation entre l'égalité femmes-hommes et l'environnement, en examinant les lacunes en matière de données et d'éléments probants, les avantages économiques et en termes de bien-être, ainsi que les aspects de gouvernance et de justice, et contient des recommandations d'action indicatives. La deuxième partie, composée des chapitres 6 à 14, illustre les liens évoqués sous un angle thématique, en passant en revue chacun des neuf ODD « environnementaux ».

Chaque chapitre thématique est structuré comme suit : (i) les principaux compromis et complémentarités à prendre en compte pour atteindre les objectifs d'égalité femmes-hommes et de viabilité environnementale, (ii) les principaux obstacles à l'égalité femmes-hommes en raison de l'absence de progrès dans la réalisation des objectifs de durabilité environnementale, (iii) la façon dont l'égalité femmes-hommes et l'engagement des femmes peuvent favoriser la viabilité écologique et (iii) les principales mesures à prendre pour faire progresser le programme d'action en faveur de l'égalité femmes-hommes et de l'environnement ainsi que les travaux en cours.

Les pays (membres et non membres de l'OCDE) ne disposent pas d'une définition communément admise de la notion de « sexe » ni de catégories spécifiques que le terme englobe. Cette définition n'entre pas dans le champ du présent rapport. Le rapport s'appuie en grande partie sur les analyses empiriques disponibles concernant les droits, rôles et attributs différenciés des femmes et des hommes en matière d'environnement. Certaines parties du rapport contiennent également des analyses complémentaires sur l'impact différencié des facteurs environnementaux sur les populations autochtones et d'autres groupes vulnérables, qui sont explicitement mentionnées dans de tels cas. Il est admis que les pays peuvent utiliser une terminologie différente pour décrire des données/statistiques ou des indicateurs ventilés par sexe et par genre. Aux fins du présent rapport, la référence aux données ventilées par sexe couvre les données obtenues sur la base des différences biologiques entre les sexes. Les données ventilées par genre se rapportent à des données qui peuvent nécessiter une analyse sexospécifique au-delà des comparaisons biologiques et physiologiques. Ces termes sont utilisés sans préjudice de la terminologie nationale ou infranationale.

Il convient également de noter que l'intersectionnalité a été prise en compte lors de la rédaction du présent rapport, car les femmes et les filles peuvent être confrontées à des exclusions diverses et multiples en raison de leur handicap, de leur âge, de leur race, de leur appartenance ethnique, de leur religion ou de leurs convictions, de leur sexualité, de leur situation géographique, de leur situation socioéconomique ou d'autres caractéristiques. Certaines études de cas présentées dans le rapport portent sur ces problèmes d'intersectionnalité, en se penchant sur des situations spécifiques où de multiples inégalités se produisent, ce qui crée un lien encore plus étroit avec les facteurs environnementaux, par exemple dans le cas des populations autochtones. Néanmoins, faute de données disponibles, cette approche intersectionnelle n'a pas pu être appliquée dans la totalité du rapport.

Références

Arbuckle, T. (2006), "Are there sex and gender differences in acute exposure to chemicals in the same setting?", *Environmental Research*, Vol. 101/2, http://dx.doi.org/10.1016/j.envres.2005.08.015. [12]

Ben-Amar, W., M. Chang and P. McIlkenny (2017), "Board Gender Diversity and Corporate Response to Sustainability Initiatives: Evidence from the Carbon Disclosure Project", *Journal of Business Ethics*, Vol. 142/2, pp. 369-383, http://dx.doi.org/10.1007/s10551-015-2759-1. [8]

Bonewit, A. and R. Shreeves (2015), *The Gender Dimension of Climate Justice In-Depth Analysis*, http://www.europarl.europa.eu/supporting-analyses. [6]

Dankelman, I. (2010), *Gender, Environment and Sustainable Development: Understanding the Linkages*. [3]

d'Eaubonne, F. and J. Paisain (1999), *What Could an Ecofeminist Society Be?*, Indiana University Press, https://muse.jhu.edu/article/370400/pdf. [2]

Homsy, G. and K. Lambright (2021), "Beyond community characteristics: a leader's gender and local government adoption of energy conservation practices and redistributive programmes", *Local Environment*, Vol. 26/2, pp. 297-312, http://dx.doi.org/10.1080/13549839.2021.1886068. [16]

Hossain, M. et al. (2017), "Women in the boardroom and their impact on climate change related disclosure", *Social Responsibility Journal*, Vol. 13/4, pp. 828-855, http://dx.doi.org/10.1108/SRJ-11-2016-0208. [7]

IRENA (2019), *Renewable Energy: A Gender Perspective*, http://www.irena.org. [18]

Kersley, R. et al. (2019), *The CS Gender 3000 in 2019: The changing face of companies*. [19]

Melero, N. and C. Solis-Espallargas (2012), "Género y Medio Ambiente: el Desafío de Educar Hacia una Dimensión Humana del Desarrollo Sustentable", https://www.researchgate.net/publication/256093864_Genero_y_medio_ambiente_el_desafio_de_educar_hacia_una_dimension_humana_del_desarrollo_sustentable?enrichId=rgreq-d2f3e0693d2bb4d574fddff4e49b397e-XXX&enrichSource=Y292ZXJQYWdlOzI1NjA5Mzg2NDtBUzoxMDIwNzcw. [11]

Neumayer, E. and T. Plümper (2007), "The Gendered Nature of Natural Disasters: The Impact of Catastrophic Events on the Gender Gap in Life Expectancy, 1981–2002", *Annals of the Association of American Geographers*, Vol. 97/3, pp. 551-566, http://dx.doi.org/10.1111/j.1467-8306.2007.00563.x. [14]

OECD (2019), "Sustainable connectivity: Closing the gender gap in infrastructure", *OECD Environment Policy Papers*, No. 15, OECD Publishing, Paris, https://dx.doi.org/10.1787/6350ba66-en. [1]

OECD (2018), *Opportunities for All: A Framework for Policy Action on Inclusive Growth*, OECD Publishing, Paris, https://dx.doi.org/10.1787/9789264301665-en. [9]

OECD (2015), *Better Policies for Development 2015: Policy Coherence and Green Growth*, OECD Publishing, Paris, https://dx.doi.org/10.1787/9789264236813-en. [10]

Street, M. et al. (2018), *Current knowledge on endocrine disrupting chemicals (EDCs) from animal biology to humans, from pregnancy to adulthood: Highlights from a national italian meeting*, MDPI AG, http://dx.doi.org/10.3390/ijms19061647. [13]

Taylor, D. (2002), *Race, Class, Gender, and American Environmentalism*, United States Department of Agriculture, Forest Service, https://www.fs.fed.us/pnw/pubs/gtr534.pdf. [5]

UN WomenWatch (2009), "Women, Gender Equality and Climate Change", *The UN Internet Gateway on Gender Equality and Empowerment of Women*. [15]

UNDP (2019), *Women Women as Environmental Stewards : The Experience of the Small Grants Programme*, https://www.undp.org/content/undp/en/home/librarypage/environment-energy/sgp/Women_as_Environmental_Stewards.html. [4]

Wilson Center (2018), *Roadmap to 50x50*, http://www.wilsoncenter.org/program/global-womens-leadership-initiative (accessed on 11 September 2020). [17]

2 Avancées récentes dans la cartographie des liens entre l'égalité femmes-hommes et l'environnement

Au cours des dernières décennies, de nombreux progrès ont été effectués sur le plan de l'égalité femmes-hommes. De même, certaines décisions et mesures importantes ont été prises en matière de durabilité environnementale. Pourtant, les rapprochements entre ces deux thématiques ne sont qu'occasionnels. Les interactions entre les objectifs d'égalité femmes-hommes et les objectifs environnementaux ne sont pas encore suffisamment visibles, ou ne bénéficient pas de l'attention qui devrait leur être accordée dans des domaines comme les infrastructures, le développement urbain, les emplois verts, l'innovation, et la consommation durable. La présence de femmes aux postes de direction dans les secteurs public et privé sera essentielle à la mise en œuvre d'un programme d'action plus intégré. Alors que les femmes jouent souvent un rôle majeur dans l'action environnementale, elles sont souvent sous-représentées dans la prise de décision relative aux questions en lien avec l'environnement, et encore moins présentes dans des secteurs comme la finance, qui définissent en fin de compte les résultats environnementaux. La pandémie de COVID-19 a également rappelé de façon spectaculaire à quel point les inégalités systémiques entre les sexes peuvent être exacerbées par les chocs et crises planétaires, et les facteurs environnementaux sont étroitement liés au bien-être des populations. Il est urgent de remédier à la pénurie massive de données ventilées par sexe afin de pouvoir rapprocher les programmes d'action en faveur de l'égalité femmes-hommes et de la durabilité environnementale.

2.1. Éléments à retenir

Ce chapitre décrit la situation en matière de collecte de données et d'action des pouvoirs publics au regard des liens entre l'égalité femmes-hommes et l'environnement, et présente notamment les conclusions suivantes :

- Le cadre des ODD des Nations Unies met largement l'accent sur les questions d'égalité femmes-hommes et les objectifs environnementaux individuellement, mais il ne parvient pas à intégrer la problématique femmes-hommes dans les neuf principaux ODD liés à l'environnement. Il serait possible de davantage tenir compte de l'impact spécifique du changement climatique, des dommages causés à l'environnement et de l'appauvrissement de la biodiversité sur les femmes, d'une part, et sur leur rôle dans la consommation durable, d'autre part. Sur les 231 indicateurs uniques recensés dans le cadre des ODD, 114 présentent un angle environnemental, et seulement 20 d'entre eux prévoient une ventilation par genre et/ou par sexe, ce qui ne représente qu'un maigre 9 % du total. Le cadre actuel d'indicateurs des ODD ne permet pas d'aider les décideurs à concevoir des politiques et des mesures tenant compte de la problématique femmes-hommes.
- On ne dispose pas systématiquement de données sur l'égalité femmes-hommes, même pour les pays de l'OCDE, pour les indicateurs relevant de huit des neuf ODD liés à l'environnement. Cela est dû soit au fait qu'aucun indicateur n'a été identifié comme étant lié à la problématique femmes-hommes dans le cadre des ODD - comme c'est le cas pour les océans (ODD 14) et la biodiversité (ODD 15) - soit au fait qu'il n'existe pas de données disponibles pour un nombre suffisant de pays - concernant l'eau, la production durable, le climat, l'énergie et les villes. Des données ne sont systématiquement disponibles que pour un seul des deux indicateurs uniques sur l'égalité femmes-hommes et l'environnement, relevant de la cible 9.5 des ODD, à savoir la part des inventrices et le nombre de chercheurs par million d'habitants.
- Il existe un certain nombre d'initiatives internationales visant à renforcer la ventilation par sexe des données environnementales. Nombre d'entre elles se concentrent sur les pays en développement, où la disponibilité des données est plus limitée. Il faut impérativement remédier à l'insuffisance des données si les décideurs veulent exploiter et étudier les liens entre l'égalité femmes-hommes et l'environnement. Les économies avancées doivent également intensifier leurs efforts, et l'OCDE a un rôle important à jouer.
- Les pays de l'OCDE déploient de nombreux efforts pour intégrer les liens entre l'égalité femmes-hommes et l'environnement à l'élaboration des politiques. Dix-sept des trente pays membres de l'OCDE ayant répondu à une enquête sur ces liens ont déclaré qu'ils tenaient compte des aspects sexospécifiques dans l'élaboration des politiques environnementales, soit systématiquement, soit occasionnellement. Les questions de parité et d'autonomisation des femmes sont les mieux intégrées aux politiques relatives au changement climatique, aux emplois et à l'entrepreneuriat verts (y compris dans les secteurs agricole et forestier), ainsi qu'à la participation et au leadership des femmes dans la prise de décision relative aux questions en lien avec l'environnement.
- Un certain nombre de domaines d'intervention des pouvoirs publics, comme la fiscalité, la budgétisation, les analyses d'impact de la réglementation, la coopération au développement, le commerce et l'investissement, nécessitent une intégration meilleure et plus efficace du lien entre l'égalité femmes-hommes et l'environnement. À titre d'exemple, et bien que le thème « les femmes et l'environnement » fasse partie des douze domaines critiques du Programme d'action de Pékin, le lien est lentement repris par les membres du CAD de l'OCDE. En moyenne, quelque 19.4 % de l'aide totale allouée à l'environnement sur la période 2002-2017 était axée sur l'égalité femmes-hommes. La situation s'améliore toutefois, et cette part dépassait 34 % en 2017 (OECD, 2020[1]).

2.2. Avancées parallèles des programmes d'action en faveur de l'égalité femmes-hommes et de la durabilité environnementale

La prise de conscience collective des inégalités entre femmes et hommes et de leur importance dans l'action publique gagne du terrain, tant à l'échelle nationale qu'internationale. Les urgences environnementales comme le changement climatique, la pollution, l'appauvrissement de la biodiversité et les dommages croissants causés aux mers et aux océans bénéficient d'une prise de conscience de même ampleur, voire plus importante encore. Ces deux thématiques ont fait l'objet de rapprochements occasionnels, à l'échelle internationale notamment, mais on pourrait aller encore plus loin pour renforcer l'interaction entre l'égalité femmes-hommes et la durabilité environnementale.

Le Programme de développement durable à l'horizon 2030 définit les modalités d'intégration de la problématique femmes-hommes dans les interactions entre l'égalité femmes-hommes et tous les autres ODD et, à ce titre, offre la possibilité d'intégrer plus systématiquement les objectifs de durabilité environnementale et d'égalité femmes-hommes. Les gouvernements du monde entier renforcent leurs actions en faveur du développement durable, mais les répercussions de ces actions sur les femmes et le rôle de ces dernières ne sont pas toujours suffisamment prises en compte.

De nombreuses initiatives en faveur de l'égalité femmes-hommes visant à lutter contre les inégalités ont examiné la question sous l'angle économique et social, en mettant l'accent sur la discrimination et les politiques d'éducation, de travail et de santé (OECD, 2017[2]). Il s'agit là de conditions *sine qua non* pour étudier et exploiter les liens entre l'égalité femmes-hommes et l'environnement. Toutefois, les différences d'impact de l'environnement sur les femmes, les effets des inégalités femmes-hommes sur les résultats environnementaux, ainsi que les comportements et préférences spécifiques des femmes, n'ont pas toujours fait l'objet de recherches adéquates, et n'intéressent pas suffisamment les pouvoirs publics. Les interactions entre l'égalité femmes-hommes et les ODD « environnementaux » ne sont pas encore suffisamment visibles, ou ne bénéficient pas de l'attention qui devrait leur être accordée. Par exemple, l'égalité femmes-hommes est rarement une priorité dans les infrastructures ou le développement urbain,[1] les emplois verts et l'innovation, ou la consommation durable, mais l'égalité femmes-hommes pourrait jouer un rôle important dans l'obtention de résultats plus durables et la réalisation des ODD.

La pandémie de COVID-19 a montré à quel point les inégalités systémiques entre les femmes et les hommes peuvent être aggravées par les chocs et les crises planétaires. Comme le montre le document de l'OCDE intitulé « Les femmes au cœur de la lutte contre le COVID-19 », les femmes représentent près de 70 % du personnel de santé et sont exposées à un risque plus élevé d'être infectées par le virus (OECD, 2020[3]). Les femmes assument une grande partie de la charge à la maison, en raison de la fermeture des écoles et des structures d'accueil des jeunes enfants et souffrent d'inégalités de longue date entre les sexes en ce qui concerne le travail non rémunéré. En période de crise et de confinement, elles sont également confrontées à un risque élevé de perte d'emploi et de revenu, et à un risque accru de violence, d'exploitation, d'abus ou de harcèlement. Le changement climatique et les facteurs d'appauvrissement de la biodiversité, comme la déforestation et le commerce des espèces sauvages, peuvent accroître le risque de nouvelles pandémies, causées par exemple par des infections d'origine hydrique ou à transmission vectorielle. Comme les femmes et les groupes vulnérables sont souvent les plus touchés par cette dégradation de l'environnement – en particulier dans les pays en développement où les femmes et les filles sont souvent chargées d'approvisionner leur famille en eau, nourriture et carburant à l'aide des ressources environnantes – il est important que les pays intègrent les notions d'égalité femmes-hommes et d'inclusivité dans leur action environnementale.

Les tensions socio-économiques liées à la pandémie de COVID-19 et les restrictions à la circulation ont aussi sensiblement accru le risque de violence sexiste (IUCN, 2020[4]). Les femmes et les filles sont plus exposées au risque de traite des êtres humains et de trafic sexuel transnational, et de mariage d'enfants. La violence sexiste est un obstacle majeur à (i) l'amélioration de la vulnérabilité globale disproportionnée des femmes à la dégradation de l'environnement et (ii) l'amélioration de leur capacité à exercer leurs droits en tant que leaders en matière de conservation et de bonne gestion de l'environnement (Tableau 2.1). Des programmes tels que le Défi pour des Environnements Résilients, Inclusifs et Durables (RISE) d'USAID favorisent une meilleure prise de conscience de l'intersection entre dégradation de l'environnement et violence sexiste. Le Défi RISE finance des organisations qui adaptent et mettent en œuvre des pratiques prometteuses ou ayant fait leurs preuves pour prévenir la violence sexiste dans d'autres secteurs et y répondre dans le cadre de programmes environnementaux. Il encourage les partenariats entre les organisations environnementales, les communautés locales et autochtones et les experts de la problématique femmes-hommes et de la violence sexiste afin de constituer une base de données factuelles sur les interventions efficaces (USAID, 2020[5]).

Tableau 2.1. Interactions entre la violence sexiste et les questions environnementales

Questions environnementales et menaces qui exacerbent les tensions →	Effets associés qui exacerbent l'inégalité entre les sexes →	Dimensions de la violence sexiste
• Rareté des ressources • Accès restreint aux ressources naturelles/au contrôle de ces ressources	• Insécurité alimentaire • Stress des ménages • Conflit intercommunautaire	• Violence conjugale • Mariage des enfants • Sexe transactionnel contraint Enlèvement et viol
• Déforestation • Dégradation des sols • Changement d'affectation des terres • Désertification Zones humides • Sécheresses	• Les femmes et les filles parcourent de plus longues distances pour collecter des ressources, en particulier lorsqu'elles sont de plus en plus rares ou soumises à des restrictions • Baisse de l'espérance de vie et de la qualité de vie	• Femmes et filles exposées à des violences sexuelles et à des *enlèvements en cours de route* • Les femmes perdent l'accès direct aux ressources naturelles, ce qui entraîne la violence économique sexiste • Mariées-enfants (Chamberlain, 2017[6])
• Extraction non durable • Écodélinquance • Érosion de la biodiversité	• Accaparement et dépossession de terres • Militarisation • Abus de drogues et d'alcool • Migration/déplacement	• Violence sexuelle Trafic sexuel (y compris prostitution forcée) • Les femmes perdent l'accès direct aux ressources naturelles, ce qui entraîne la violence économique sexiste
• Catastrophes météorologiques • Élévation du niveau de la mer • Changement climatique • Conflits liés au climat	• Destruction des ressources naturelles qui sous-tendent les moyens de subsistance (entraînant raréfaction et pauvreté) • Dommages aux services d'infrastructure • Déplacement et perturbation des communautés	• Femmes et enfants exposés à des violences sexuelles et conjugales dans les camps d'évacuation et à l'extérieur de ces camps Accès (ou disponibilité) inéquitable aux services de réadaptation, à l'information ou à l'appui • Sexe transactionnel contraint
• Augmentation de la pollution des océans (plastiques) • Augmentation des déchets terrestres • Absence d'eau potable et d'assainissement	• Destruction irréversible de la biodiversité • Détérioration de la santé • Baisse de la qualité de vie et de l'espérance de vie • Perpétuation de la reproduction sociale de la pauvreté	• Les femmes perdent l'accès direct aux ressources naturelles, ce qui entraîne la violence économique sexiste
• Pauvreté énergétique • Augmentation de la pollution atmosphérique (imputable à l'agriculture, aux transports et à l'énergie) • Pollution due aux procédés industriels • Densité accrue dans les villes	• Accroissement des conflits pour les ressources en raison de l'épuisement insoutenable de ces ressources • Augmentation de la pauvreté • Obstacles à l'éducation (en particulier pour les jeunes filles - Diminution de l'autonomisation des femmes en raison de la baisse des taux d'éducation) • Exposition à des produits chimiques dangereux • Baisse de la qualité de vie • Baisse de la qualité de la santé	• Augmentation de la violence sexiste • Maintien de l'assujettissement des femmes en raison de faibles taux d'éducation
• Chaînes de consommation et de production non durables	• Augmentation de la pauvreté des femmes	• Exploitation accrue • Abus de main-d'oeuvre

Questions environnementales et menaces qui exacerbent les tensions	Effets associés qui exacerbent l'inégalité entre les sexes	Dimensions de la violence sexiste
	• Baisse de la qualité de la santé	• Les femmes perdent l'accès direct aux ressources naturelles, ce qui entraîne la violence économique sexiste
• Discrimination sur le lieu de travail • Discrimination dans les travaux environnementaux	• Multiples couches de discrimination fondées sur le sexe, l'âge, l'origine ethnique et l'orientation sexuelle • Mise en œuvre inefficace des projets Violence économique par l'inégalité des rémunérations, de l'avancement et des opportunités	• Harcèlement sexuel • Violence sexuelle • Les femmes perdent l'accès direct aux ressources naturelles, ce qui entraîne la violence économique sexiste
• Projets de conservation qui ignorent la problématique femmes-hommes	• Dégradation des moyens de subsistance des communautés locales • Abus de pouvoir, notamment en matière de contrôle et de gestion des ressources • Violence communautaire accrue	• Violence sexuelle et physique • Exploitation sexuelle • Violence économique sexiste • Violence conjugale

Il existe trois principaux champs d'action pour tirer parti de l'articulation entre égalité femmes-hommes et environnement : i) renforcer davantage les mécanismes d'évaluation de l'impact des politiques environnementales sur les femmes à tous les niveaux, (ii) faire progresser les programmes et les politiques tenant compte de la problématique femmes-hommes pour parvenir à un développement durable et (iii) associer davantage les femmes à la prise de décisions en matière d'environnement. Ce chapitre passe en revue les récentes avancées des programmes d'action en faveur de l'égalité femmes-hommes et de l'environnement, analyse les principales données disponibles sur les liens entre l'égalité femmes-hommes et l'environnement, et identifie les principales mesures prises par les pays à revenu élevé et en développement pour soutenir les trois moyens d'action susmentionnés.

2.2.1. Progrès en matière d'égalité femmes-hommes et d'autonomisation des femmes à l'échelle internationale

L'année 2020 a marqué le 25e anniversaire de la Déclaration et du Programme d'action de Pékin. Approuvé en 1995 par 189 pays lors de la quatrième Conférence mondiale sur les femmes, ce texte établit un cadre politique mondial en faveur de l'égalité femmes-hommes et de l'autonomisation des femmes et des filles partout dans le monde. Les douze domaines critiques couverts par la Déclaration et le Programme d'action de Pékin sont aujourd'hui plus pertinents que jamais. Des progrès ont été accomplis : le nombre de personnes prises au piège de l'extrême pauvreté a reculé d'un milliard depuis 1995, et en moyenne, la parité dans l'éducation est atteinte à l'échelle mondiale (UNWomen, 2020[7]). Toutefois, dans le contexte du COVID-19, les données récemment publiées par le PNUD et ONU-Femmes montrent que 435 millions de femmes et de filles vivront avec moins de 1.90 USD par jour d'ici à 2021, dont 47 millions en raison directe de la pandémie (Azcona et al., 2020[8]). Étant donné qu'aucun pays n'est parvenu à l'égalité entre les femmes et les hommes, les efforts et mesures de relance doivent tenir compte de cette problématique. La redéfinition des priorités nationales est l'occasion d'intégrer l'égalité femmes-hommes à des stratégies à plus long terme, comme les politiques environnementales.

À l'échelle mondiale, les femmes âgées de 25 à 34 ans ont toujours 25 % de risques en plus que les hommes de vivre dans l'extrême pauvreté. Les femmes continuent de consacrer plus de 4 heures par jour à des tâches familiales et domestiques non rémunérées, tandis que les hommes ne consacrent que 1.7 heure par jour à ces tâches (UNWomen and UNDESA, 2019[9]). Les écarts de salaire entre hommes et femmes et les plafonds de verre accentuent l'écart persistant entre hommes et femmes en termes de taux d'activité. Partout dans le monde, les femmes sont victimes de violence et de discrimination et ont moins de chances de trouver un emploi rémunéré. Même lorsqu'elles bénéficient de meilleures possibilités d'emploi – par exemple, elles représentent 39 % de la main-d'œuvre dans les secteurs de l'agriculture, de la sylviculture et de la pêche – elles sont rarement propriétaires. Seuls 14 % des propriétaires de terres agricoles sont des femmes, ce qui les rend moins capables de lutter contre les effets du changement climatique et de la dégradation de l'environnement (OECD, 2019[10]) (UNWomen, 2020[7]).

L'écart de taux d'activité entre hommes et femmes s'est établi à 27 % en 2019, soit une baisse par rapport au chiffre de 29.1 % enregistré en 1990 (ILO, 2020[11]) (ILO, 2018[12]). L'écart entre les sexes est plus important dans les secteurs économiques à forte intensité d'émissions de gaz à effet de serre (GES) et à forte intensité énergétique comme l'énergie, les transports, le BTP et les processus industriels (voir section 3.4).

Le bien-être des femmes dans les différents secteurs économiques pourrait s'aggraver sous l'effet de la crise du COVID-19. Non seulement les femmes représentent près de 70 % de la main-d'œuvre du secteur de la santé, mais elles sont aussi généralement concentrées dans les emplois de niveau inférieur de ce secteur. Elles représentent 25 % des fonctions de décision et de direction et sont confrontées à un écart de rémunération de 28 % par rapport aux hommes (WHO, 2019[13]) (OECD, 2020[14]).

Les femmes représentent quelque 47 % des employés dans le transport aérien, 53 % dans la restauration, 60 % dans les services d'hébergement et 62 % dans le commerce de détail. Ces secteurs ont été les plus durement touchés par la pandémie. Les femmes sont plus susceptibles que leurs homologues masculins d'occuper des emplois temporaires et précaires. Pire encore, l'Organisation internationale du travail (OIT) estime que près de 25 millions d'emplois pourraient disparaître dans le monde à cause du COVID-19, ce qui non seulement entraînerait une poussée de la pauvreté globale, mais aussi une forte augmentation des inégalités entre les sexes (ILO, 2020[15]).

Pour soutenir le programme d'action en faveur de l'égalité des sexes, les pays du G20 ont convenu en 2014 de l'objectif « 25 x 25 » : réduire de 25 % l'écart entre les taux d'activité masculin et féminin d'ici à 2025. L'OCDE, en collaboration avec l'OIT, a suivi les progrès accomplis dans la réalisation de cet objectif. Le rapport « Women at Work in G20 countries: Policy action since 2019 » a constaté que si l'écart de taux d'activité entre hommes et femmes a diminué dans la quasi-totalité des économies du G20, ces gains sont menacés par les défis associés à la crise du COVID-19, comme la charge supplémentaire du travail familial non rémunéré (ILO and OECD, 2020[16]).

Autre aspect important, la fracture numérique entre les hommes et les femmes. Le rapport de l'OCDE intitulé « Bridging the Digital Genre Divide: Inclut, Upskill, Innovate » (OECD, 2018[17])a identifié cette fracture comme complexe car elle exige des interventions différentes en fonction des obstacles spécifiques auxquels se heurtent les femmes et les filles en matière de technologies numériques.

À l'OCDE, les recherches portant sur les facettes sociales et économiques de l'inégalité femmes-hommes ont avancé, et sont étayées par l'intégration de la problématique femmes-hommes dans différents volets de l'Initiative de l'OCDE pour la parité. Les travaux d'intégration de la problématique femmes-hommes dans les bases de données de l'OCDE ont également avancé, notamment par le biais de divers indicateurs sexospécifiques sur l'emploi, l'éducation, l'entrepreneuriat, la santé, le développement et la gouvernance, qui font l'objet d'un suivi dans le cadre du Portail de l'OCDE sur l'égalité femmes-hommes et d'OECD.Stat pour les pays membres de l'OCDE et certains pays non membres. Ces données permettent de suivre les progrès réalisés dans le cadre des Recommandations de l'OCDE sur l'égalité femmes-hommes, à savoir la Recommandation de 2013 sur l'égalité hommes-femmes en matière d'éducation, d'emploi et d'entrepreneuriat et la Recommandation de 2015 sur l'égalité hommes-femmes dans la vie publique (Encadré 2.1). En 2017, la Réunion du Conseil au niveau des Ministres de l'OCDE a recensé trois questions urgentes concernant l'égalité femmes-hommes : la violence à l'égard des femmes, l'écart de salaire entre hommes et femmes et le partage inégal des tâches ménagères (OECD, 2017[2]).

Encadré 2.1. Recommandations de l'OCDE sur l'égalité hommes-femmes

Les Recommandations de l'OCDE sur l'égalité hommes-femmes s'inscrivent dans le cadre de l'Initiative de l'OCDE pour la parité, lancée en 2010, et de l'initiative Tous ensemble au service de la croissance inclusive, introduite en 2012, et reposent sur le constat selon lequel, malgré les politiques en vigueur, « des disparités importantes et des préjugés demeurent concernant les choix éducatifs et professionnels, les niveaux de rémunération, les conditions de travail, la progression dans la carrière, la représentation aux postes décisionnels et dans la vie publique, la participation au travail rémunéré et non rémunéré, les activités entrepreneuriales, l'accès aux financements pour les entrepreneurs, ainsi que la culture financière et l'émancipation financière » (OECD, 2017[18]).

La *Recommandation sur l'égalité hommes-femmes en matière d'éducation, d'emploi et d'entrepreneuriat*, adoptée en mai 2013, énonce un certain nombre de mesures que les Adhérents devraient envisager de mettre en œuvre pour remédier aux inégalités entre hommes et femmes en matière d'éducation, d'emploi et d'entrepreneuriat (OECD, 2017[18]). Il est recommandé, en particulier, que les Adhérents – au travers de la législation, des politiques, d'un suivi et d'un travail de sensibilisation appropriés – garantissent l'égalité d'accès à l'éducation, favorisent davantage l'emploi des femmes, encouragent des politiques permettant de concilier travail et vie privée, favorisent le travail non rémunéré des hommes, œuvrent en faveur d'un meilleur équilibre entre hommes et femmes aux postes de direction dans les secteurs public et privé, et promeuvent l'entrepreneuriat féminin.

La *Recommandation sur l'égalité hommes-femmes dans la vie publique*, adoptée par le Conseil de l'OCDE en 2015, repose sur l'idée que les actions des pouvoirs publics ont une énorme capacité à renforcer ou à affaiblir l'égalité des sexes et la parité dans les économies et les sociétés de l'OCDE (OECD, 2016[19]). Elle met l'accent sur une gouvernance efficace et la mise en œuvre d'objectifs en faveur de la parité et de mesures visant à une prise en compte systématique de la problématique femmes-hommes, comme la budgétisation sexospécifique, les marchés publics et les cycles réglementaires inclusifs. Elle recommande également aux Adhérents de renforcer les mécanismes de redevabilité et de supervision concernant les initiatives en faveur de l'égalité des sexes et de la prise en compte systématique de la problématique femmes-hommes, au sein des organes de l'administration et entre ces derniers. Elle fournit des orientations faciles à mettre en application, propres à assurer un accès égal aux postes de la haute fonction publique et de l'appareil judiciaire. Le Guide pour l'intégration et l'application concrète du principe de l'égalité entre les femmes et les hommes, en date de 2018, présente une palette de moyens d'action possibles, d'outils, de questions d'auto-évaluation et de bonnes pratiques, qui font office de feuille de route pratique pour aider les pays à mettre en œuvre la Recommandation de 2015 sur l'égalité hommes-femmes.

D'importants progrès ont été accomplis à la suite des Recommandations de l'OCDE sur l'égalité hommes-femmes : deux tiers des pays adhérents ont mis en œuvre de nouvelles politiques d'égalité salariale, notamment des mesures de transparence et des analyses des écarts de salaire. Neuf pays ont mis en place des quotas obligatoires de femmes dans les conseils d'administration, et de nombreux pays ont instauré des quotas pour accroître la participation des femmes à la vie politique. Certains pays, comme l'Autriche et la France, ont renforcé leurs lois contre le harcèlement, tandis que d'autres, comme la Grèce et la Corée, intensifient leurs campagnes de sensibilisation sur le harcèlement sexuel, sa prévention et les droits des victimes. Des initiatives visant à allonger la durée du congé de paternité ont été prises dans certains pays, par exemple en Espagne (OECD, 2017[20]).

Néanmoins, d'importants écarts persistent entre les sexes. Dans les pays de l'OCDE, en 2018, les femmes à la médiane gagnaient encore 13 % de moins que les hommes (OECD, 2020[21]); l'écart salarial entre hommes et femmes n'a guère évolué depuis 2010 (OECD, 2020[14]). Les femmes ne détiennent que

21.4 % des actifs fonciers (OECD, 2019[10])et leurs pensions sont inférieures d'environ 25 % à celles des hommes (OECD, 2019[22]). Dans les pays membres de l'OCDE, les femmes détenaient 30 % des mandats parlementaires en 2019, ce qui met en évidence une lente progression de la représentation depuis 2012 (OECD, 2019[23]). Les femmes représentaient 31.2 % des ministres, 33 % des juges de la Cour suprême (OECD, 2019[23])et en moyenne 5 % des maires dans neuf pays de l'OCDE - proportion allant de 0 % à 32 %. Il est clair que les femmes n'ont pas voix au chapitre dans la conception des politiques nationales et locales, ni dans la garantie de l'égalité dans le système judiciaire (OECD, 2017[24]).

Conformément aux Principes de gouvernance d'entreprise du G20 et de l'OCDE, les pays membres de l'OCDE, du G20 et du Conseil de stabilité financière ont adopté des mesures visant à assurer une meilleure parité dans les conseils d'administration et aux postes de direction des entreprises. Près de la moitié des 49 juridictions examinées dans le cadre du Corporate Governance Factbook 2019 de l'OCDE ont mis en place des obligations ou des mesures réglementaires concernant la divulgation de la composition par sexe des conseils d'administration, contre seulement 22 % pour la répartition des postes de dirigeants entre hommes et femmes. Les juridictions ayant mis en place des quotas obligatoires ou facultatifs pour promouvoir une représentation plus équilibrée des hommes et des femmes restent minoritaires. Les données de 2017 relatives à la participation réelle des femmes aux conseils d'administration montrent que, dans certains cas, les quotas ou les objectifs fixés ne sont toujours pas atteints. Les femmes sont généralement plus représentées aux postes de cadres supérieurs que dans les conseils d'administration ; elles occupent plus de 15 % des postes de direction dans 37 des 49 juridictions, et plus de 15 % des postes aux conseils d'administration dans seulement 26 des 49 juridictions (OECD, 2019[25]).

Dans les pays de l'OCDE, les femmes assument de manière disproportionnée le travail domestique et familial non rémunéré. Elles y consacrent en moyenne près de 18 % de leur temps, contre environ 9 % pour les hommes (OECD, 2020[14]). En combinant le temps de travail rémunéré et non rémunéré, les femmes travaillent en moyenne 25 minutes de plus par jour que les hommes. (OECD, 2020[14]). Malgré un resserrement régulier de l'écart moyen entre le taux d'emploi des hommes et celui des femmes au cours de la dernière décennie, les femmes affichent toujours des taux d'emploi inférieurs à ceux des hommes dans les pays de l'OCDE (61 % contre 76 % en 2019, taux d'emploi de la population âgée de 15 à 64 ans) (OECD, 2017[2]). L'écart semble plus important dans les pays en développement (Ferrant and Thim, 2019[26]).

Les femmes sont 1.5 fois plus susceptibles d'être privées de financement pour créer une entreprise dans sept États de l'UE (Halabisky, 2018[27]). Les start-ups dirigées par des femmes sont systématiquement moins susceptibles d'attirer des financements de capital-risque (Breschi, Lassébie and Menon, 2018[28]). L'enquête de l'OCDE de 2018, Risks that Matter, a montré que les femmes étaient plus susceptibles que les hommes de penser que les pouvoirs publics n'intégraient pas leurs points de vue lors de la conception ou de la réforme des prestations publiques, et qu'elles étaient globalement moins satisfaites de l'accès aux services publics et de l'aide au revenu (OECD, 2019[29]).

À de rares exceptions près, les femmes et les filles des pays à faible et moyen revenu subissent des discriminations et des contraintes réglementaires bien plus importantes par rapport aux femmes et aux filles des pays de l'OCDE, et les débouchés économiques qui s'offrent à elles sont plus limités. La discrimination à l'égard des femmes est globalement plus importante en termes d'accès aux biens fonciers qu'en termes d'accès aux biens non fonciers et aux ressources financières. L'accès aux biens fonciers et aux biens non fonciers est le plus limité dans les pays à revenu intermédiaire de la tranche inférieure (PRITI), suivis par les pays à faible revenu (PFR), les pays à revenu intermédiaire de la tranche supérieure (PRITS) et les pays à revenu élevé (PRE). C'est dans les PFR que la discrimination à l'égard des femmes en termes d'accès aux ressources financières est la plus forte, suivis des PRITI, des PRITS et des PRE (Graphique 2.1).

Graphique 2.1. Les femmes n'ont qu'un accès limité aux biens fonciers et non fonciers, ainsi qu'aux ressources financières

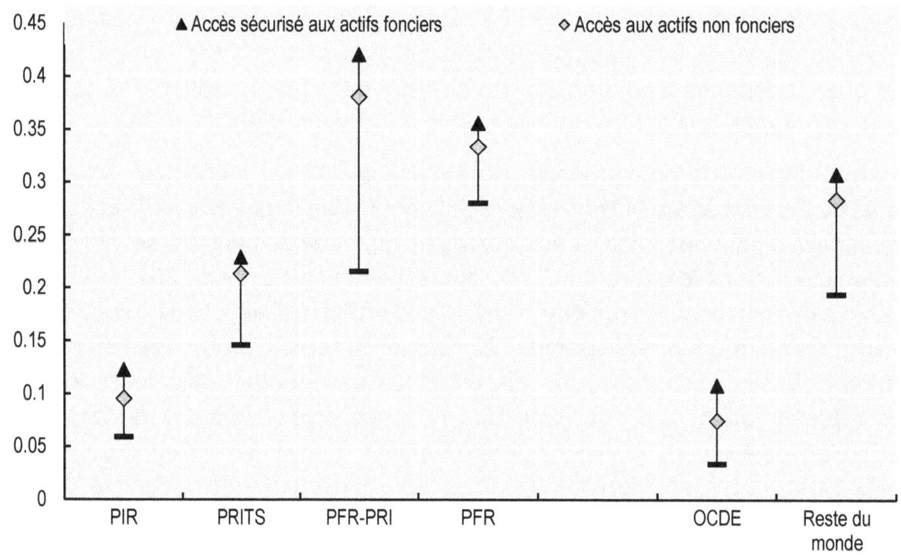

Note : le sous-indice Accès restreint aux ressources productives et financières se décompose en trois indicateurs : accès sécurisé à la terre, accès sécurisé aux biens non fonciers et accès sécurisé aux ressources financières. Le classement est compris entre 0 (aucune discrimination) et 1 (discrimination très forte).
Source : (OECD, 2019[10]), Base de données Égalité femmes-hommes, institutions et développement, consultée le 23 mai 2020.

L'OCDE, en collaboration avec ONU-Femmes et la Banque Mondiale, est co-dépositaire de l'indicateur 5.1.1 des ODD : l'existence ou non de cadres juridiques pour promouvoir, faire respecter et surveiller l'égalité et la non-discrimination fondées sur le sexe. À ce titre, elle gère une base de données sur les institutions sociales discriminatoires qui affectent la vie des femmes et des filles. Selon l'indice Institutions sociales et égalité femmes-hommes (ISE), ces institutions « restreignent l'accès [des femmes et des filles] à la justice, aux droits et aux possibilités d'autonomisation », ce qui « compromet leur capacité d'agir et de décision » (OECD, 2020[30]). Cela nuit à la situation des femmes et perpétue les écarts entre les sexes dans des domaines importants comme l'éducation, l'emploi, la santé, la politique et l'accès au crédit.

De fait, sur la base du dernier rapport mondial ISE, la discrimination est plus importante lorsque l'intégration des femmes sur le marché du travail est plus limitée (OECD, 2019[31]). Bien que 164 pays reconnaissent aux femmes le droit de posséder, d'utiliser et de gérer des terres, seuls 52 pays mettent ce droit en pratique conformément à leurs obligations légales. La force du droit coutumier et la faiblesse de l'application et de la mise en œuvre de la loi perpétuent cette lacune, les femmes ayant tendance à ne pas exercer leurs droits (OECD, 2019[31]). Dans les pays en développement, elles ne représentent que 15 % des propriétaires de terres agricoles (OECD, 2019[31]), contre 43 % de la main-d'œuvre agricole.

Les tendances sont similaires pour les actifs non fonciers. Dans 42 % des 180 pays examinés, les femmes bénéficient de droits de propriété égaux, mais dans 34 pays, les hommes sont les seuls administrateurs des biens conjugaux d'un couple. Dans 29 % des pays, les droits des femmes en matière de propriété et d'autres biens non fonciers sont limités après un divorce ou une séparation. En outre, de nombreuses femmes souffrent de multiples formes de discrimination, notamment de discrimination à l'égard des femmes vivant avec le VIH/sida, des femmes handicapées, des femmes rurales, des femmes âgées, des ménages dirigés par des femmes, des femmes autochtones et des femmes appartenant à des groupes minoritaires. Les cadres juridiques régissant la propriété et les biens de 27 pays ne s'appliquent pas à tous les groupes de femmes. Par exemple, en Amérique latine et dans les Caraïbes, les femmes autochtones sont moins susceptibles d'avoir accès à des documents juridiques tels que des certificats de naissance, qui sont une condition préalable à l'achat de biens et d'autres biens non-fonciers (OECD, 2019[32]).

L'accès des femmes aux ressources financières est largement garanti par la loi. Dans 98 % des pays, les femmes bénéficient d'un accès égal au crédit et à l'ouverture d'un compte bancaire. Toutefois, dans la pratique, des niveaux de discrimination variables persistent dans les pays où le droit coutumier empêche les femmes d'acquérir une éducation financière, d'accéder seules au crédit et de prendre les décisions financières du ménage (OECD, 2019[31]).

2.3. Les femmes aux commandes - mener le débat et les décisions dans les sphères publique et privée

Il est essentiel de promouvoir les femmes aux postes de direction dans les sphères publique et privée pour veiller à ce que l'égalité femmes-hommes soit prise en compte dans les politiques et les décisions. Et vice-versa : l'égalité des sexes et la parité peuvent apporter des avantages supplémentaires aux organisations publiques et privées, ce qui se traduit par une amélioration des performances et des niveaux de productivité (Offermann and Foley, 2020[33]).

2.3.1. Égalité femmes-hommes dans la prise de décision en matière de politiques publiques environnementales

Les systèmes et mécanismes de prise de décision publique jouent un rôle essentiel pour garantir la représentation de toutes les voix dans les débats relatifs aux politiques environnementales et climatiques. Une participation plus équitable des femmes à la vie publique et à la prise de décision sur les questions liées à l'environnement et au climat pourrait se traduire non seulement par des politiques plus soucieuses de la problématique femmes-hommes et tenant compte des différences entre les sexes, mais aussi par une plus grande autonomisation économique des femmes et des solutions plus efficaces face au changement climatique (Bonewit and Shreeves, 2015[34]).

Selon le rapport de l'OCDE de 2014 sur l'accès des femmes à la vie publique, la parité dans les organes décisionnaires permet de mieux promouvoir les intérêts des femmes et des enfants, et renforce la confiance du public. La parité dans le système judiciaire améliore également la qualité des décisions prises et renforce la légitimité des tribunaux. Les femmes juristes prennent plus généralement des décisions tenant compte de la problématique femmes-hommes sur les mesures prises à l'encontre des femmes (OECD/CAWTAR, 2014[35]).

Les femmes sont de plus en plus représentées aux postes de haut niveau de l'action publique liés à la prise de décision environnementale dans les pays de l'OCDE. En mai 2020, elles occupaient plus de 40 % des postes (moyennes de l'OCDE) de ministres de l'Environnement et de correspondants nationaux de la Convention des Nations Unies sur la lutte contre la désertification (CNULCD) et de la Convention-cadre des Nations Unies sur les changements climatiques (CCNUCC) (Graphique 2.2). Les femmes sont désormais plus nombreuses que les hommes à exercer la fonction de correspondant national de la Convention sur la diversité biologique (CDB), ce qui tend à confirmer qu'elles sont plus actives dans les questions en lien avec la biodiversité, tant sur le terrain que dans la prise de décision.

Graphique 2.2. Représentation aux postes élevés dans le domaine de l'environnement, par sexe, pays de l'OCDE, 2020

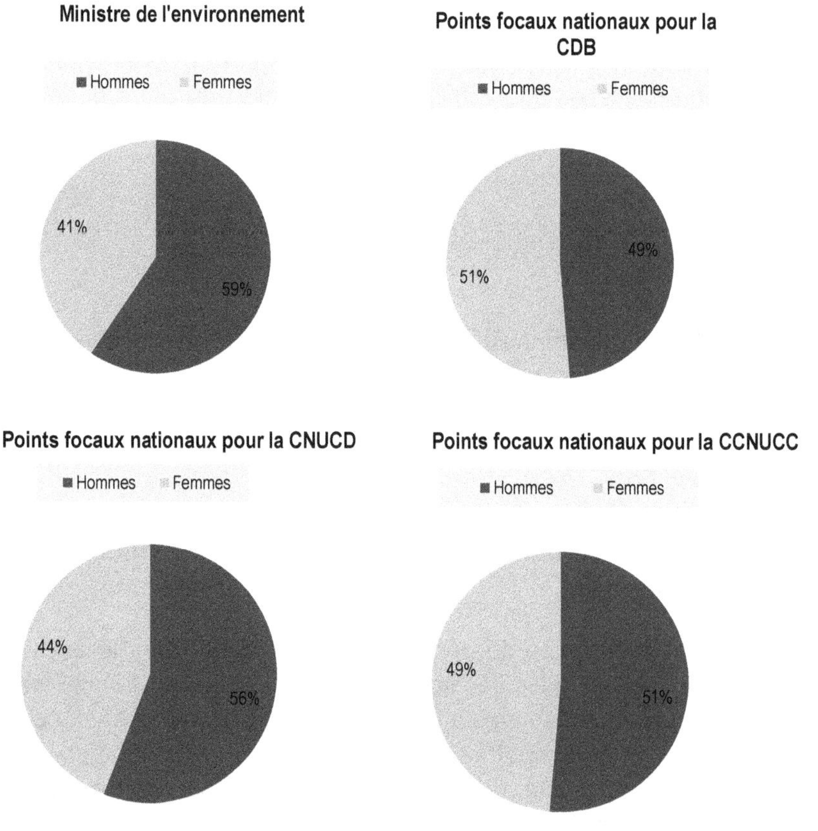

Note : lorsqu'un pays compte plus d'un correspondant national, on prend en compte le sexe de celui qui a le plus d'ancienneté. On ne dispose d'aucune information sur les correspondants de la CNULCD au Canada, au Luxembourg et en Nouvelle-Zélande.
Source : concernant les ministres de l'Environnement : recherches des auteurs ; concernant la CDB : https://www.cbd.int/doc/lists/nfp-cbd.pdf ; concernant la CNULCD : https://knowledge.unccd.int/home/country-information/overview-countries-unccd-annex ; concernant la CCNUCC : https://unfccc.int/process/parties-non-party-stakeholders/parties/national-focal-point (consulté le 24 mai 2020).

La participation des femmes aux représentations nationales des pays de l'OCDE aux conférences des Parties à la CCNUCC (COP) entre 2008 et 2019 a également montré une tendance à la hausse (Graphique 2.3). En moyenne, la représentation des femmes était supérieure à 50 % en Australie, en Colombie, en Espagne, en Estonie, en Finlande, en Lettonie, en Lituanie, au Royaume-Uni et en Suède au cours de cette période. L'Espagne, la Lettonie et la Lituanie ont maintenu un taux d'activité des femmes supérieur à 40%. La délégation chilienne a été conduite par une femme à neuf réunions de la COP, suivie par celle de la Suède à huit reprises. En revanche, l'Autriche, l'Irlande, le Japon, la République slovaque et la Turquie n'ont pas nommé de femme à la tête de leur délégation à la COP entre 2008 et 2019.

Graphique 2.3. Participation des femmes à la COP en tant que représentantes nationales des pays de l'OCDE

Pourcentage de femmes par délégation nationale

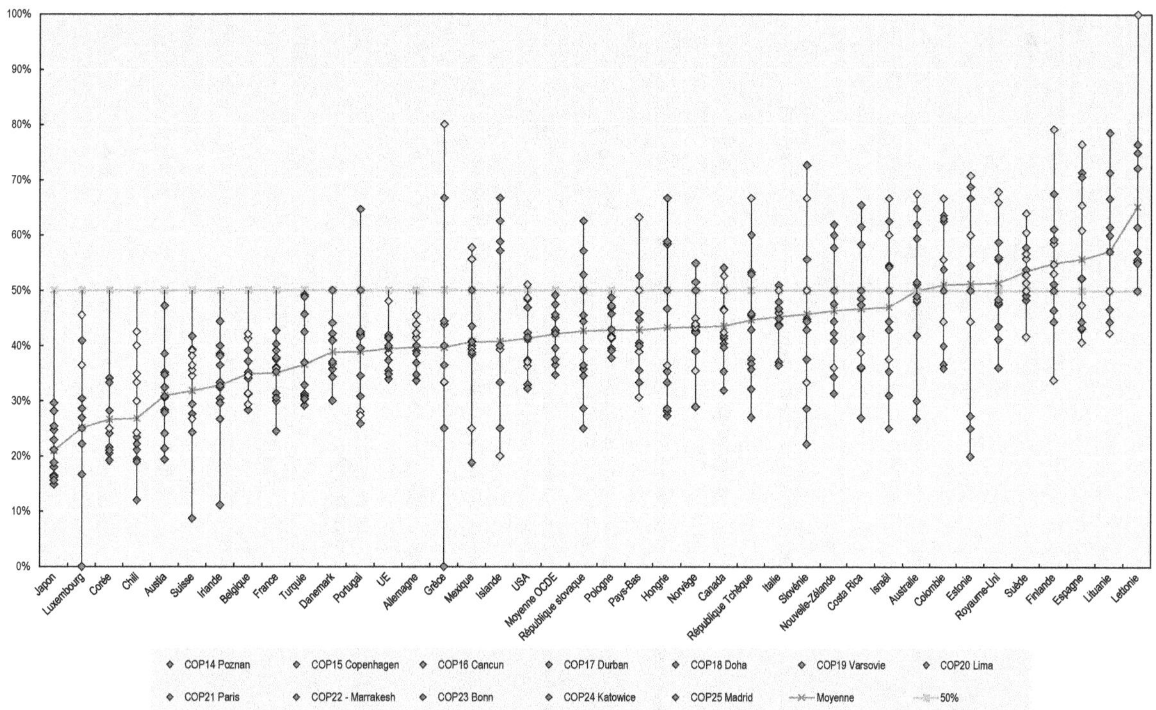

Note : participation des femmes à la Conférence annuelle des Parties (COP) à la CCNUCC sur la période 2008-2019. Les losanges jaunes indiquent que la délégation était dirigée par une femme. La ligne rouge indique le taux moyen de représentation féminine par pays. La moyenne de l'OCDE inclut l'ensemble des pays membres de l'OCDE au moment de la rédaction de ce chapitre, pour toutes les années. Le Costa Rica et l'UE ne sont pas inclus dans les calculs de la moyenne de l'OCDE.
Source : Gender Climate Tracker, Women's Environment and Development Organization, consulté le 5 juin 2020.

Malgré une représentation plutôt correcte des femmes aux postes en lien avec l'environnement, elles sont largement sous-représentées aux postes publics de haut niveau dans les secteurs des finances et de la planification des infrastructures. En juin 2020, seuls 4 des 37 pays membres de l'OCDE avaient nommé des femmes à la tête des finances publiques, soit moins de 11 %. À ce titre, l'établissement d'un programme d'action national, la répartition des ressources financières et budgétaires, ainsi que l'affectation des terres et la hiérarchisation des priorités dans le domaine de la construction, restent encore largement entre les mains des hommes.

Une représentation équilibrée des femmes et des hommes est tout aussi importante pour atteindre la parité dans les organes décisionnaires des mécanismes et fonds climatiques. La garantie d'une représentation égale des femmes dans ces organes peut conduire à une sélection et un financement des projets plus attentifs à la problématique femmes-hommes. Bien que les femmes soient majoritaires parmi les pauvres à travers le monde et qu'elles soient fortement touchées par le changement climatique, la parité n'est pas encore atteinte dans certains de ces mécanismes et fonds (Graphique 2.4).

Graphique 2.4. Participation des femmes aux mécanismes et fonds climatiques

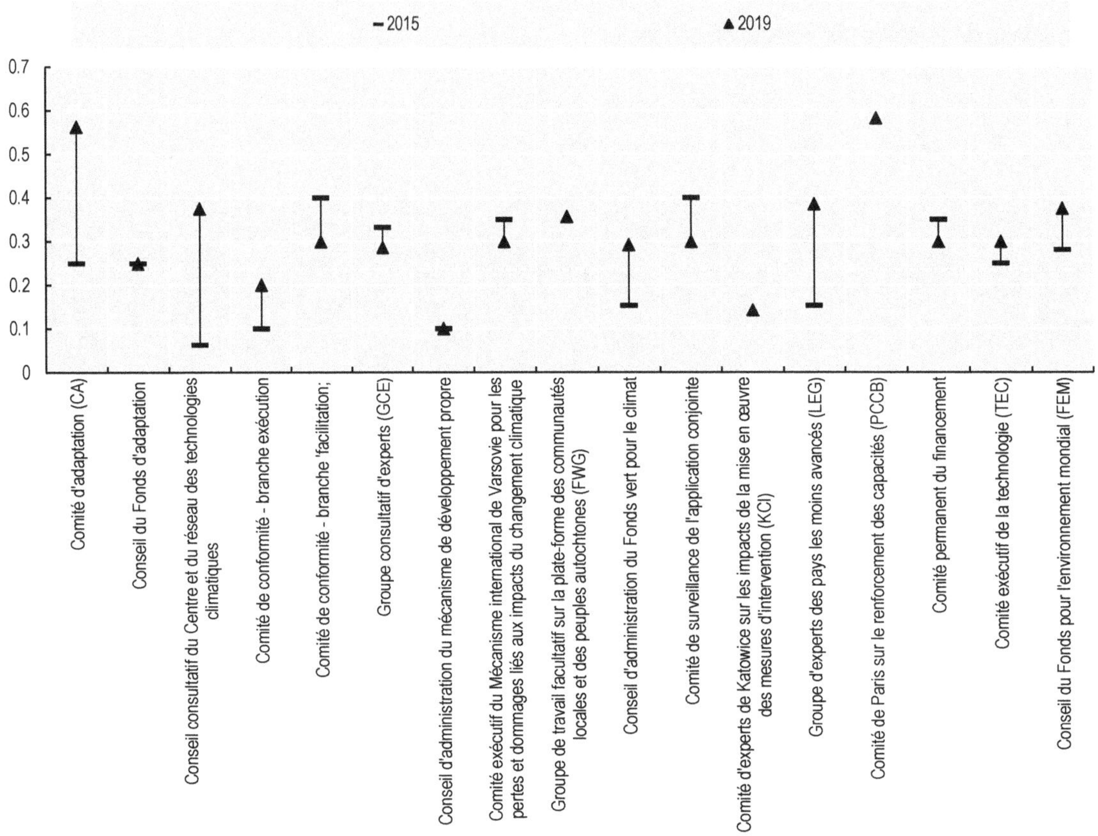

Source : Gender Climate Tracker, Women's Environment and Development Organization ; données du GEF analysées par les auteurs (consulté le 5 juin 2020).

Les femmes et les hommes n'ont généralement pas les mêmes priorités en matière d'action publique. Pour tenter de rendre compte des disparités entre les sexes en ce qui concerne les questions budgétaires nationales traitées par les organes parlementaires, une étude réalisée en 2018 par 50:50 Parliament a passé en revue 1.2 million d'interventions à la Chambre des Communes du Royaume-Uni, et 500 000 interventions à la Chambre des Représentants américaine. Les résultats ont montré que les femmes, tous partis politiques confondus, consacrent plus de temps que leurs homologues masculins aux thématiques environnementales (D'souza, 2018[36]).

Des études montrent que les États affichant une part de femmes plus élevée au Parlement sont plus susceptibles d'approuver les traités et politiques environnementaux. Il a été constaté que les femmes étaient plus réticentes à l'égard des risques environnementaux que les hommes, qu'elles avaient une perception plus négative de l'énergie nucléaire et des déchets et qu'elles représentaient la grande majorité (60 % à 80 %) des membres des organisations environnementales classiques (Norgaard and York, 2005[37]).

2.3.2. Les femmes en tant qu'intermédiaires de la durabilité environnementale dans les instances dirigeantes du secteur privé

Promouvoir l'équilibre femmes-hommes au sein des conseils d'administration et des postes de direction favorise non seulement une bonne gouvernance d'entreprise, mais aide également les entreprises à se développer, à améliorer leurs performances et à améliorer leurs résultats environnementaux. Les sociétés comptant au moins une femme directrice génèrent en moyenne 3.5 % de rendements sur fonds propres supérieurs à ceux des entreprises n'ayant pas de femme directrice (Kersley et al., 2019[38]). Les entreprises comptant plus de 20 % de femmes cadres supérieurs ont une performance supérieure de 3.6 % à celle des entreprises comptant moins de 15 % de femmes cadres (Kersley et al., 2019[38]). L'augmentation de la participation des femmes aux postes de direction de haut niveau se traduit par de meilleurs résultats, même par rapport à la participation des femmes aux conseils d'administration (fonctions de supervision) (Kersley et al., 2019[38]).

La parité peut améliorer la réputation d'une entreprise et la fidélisation de ses employés. L'amélioration de l'égalité femmes-hommes d'une entreprise envoie un message positif en interne au personnel et à l'extérieur aux investisseurs et aux consommateurs (Kamalnath, 2015[39]). Elle représente également la légitimité et la fiabilité des parties prenantes (Perrault, 2015[40])car la présence de femmes aux postes de direction est positivement corrélée à la conformité éthique et sociale (Isidro and Sobral, 2015[41]). La représentation équilibrée des femmes et des hommes contribue aussi à minimiser les controverses liées à la gouvernance : dans une étude portant sur 2 400 entreprises ayant fait l'objet d'un suivi entre 2012 et 2015, les entreprises comptant au moins trois femmes au conseil d'administration ont connu 24 % de controverses liées à la gouvernance de moins que la moyenne.

Une participation accrue des femmes aux conseils d'administration des entreprises peut modifier les modes de gouvernance, ce qui améliore la prise de décision collective et collaborative généralement exigée des conseils d'administration (Kamalnath, 2015[39]). Pourtant, la participation des femmes aux conseils d'administration reste inférieure à 30 % dans les pays de l'OCDE (médiane) (Graphique 2.5). D'après la base de données analytique de l'OCDE sur les multinationales et les sociétés affiliées (ADIMA), les femmes ne représentent que 16 % des membres du conseil d'administration des 500 premières entreprises multinationales (voir également le chapitre 9).

Graphique 2.5. La participation des femmes aux conseils d'administration reste inférieure à 30 % dans les pays de l'OCDE (médiane)

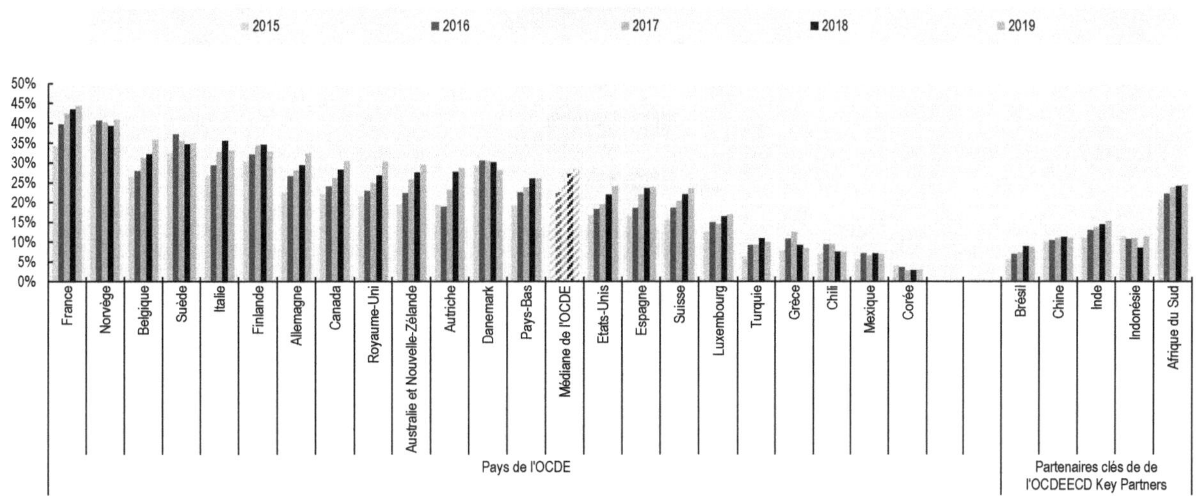

Note : Pour 23 pays membres de l'OCDE. Médiane de l'OCDE calculée à partir des données disponibles.
Source : Calculs des auteurs à partir des données disponibles à l'adresse (Kersley et al., 2019[42])

Une meilleure représentation des femmes dans les conseils d'administration et aux postes de direction des entreprises pourrait également accélérer la transition écologique, car elle permettrait une intégration plus efficace des objectifs en matière d'environnement et d'égalité femmes-hommes. L'analyse montre que les décideurs sont fortement influencés non seulement par leur niveau d'études et leur origine, mais aussi par leur expérience et leurs considérations sociales. L'augmentation du nombre de membres du conseil d'administration ayant une expérience de la durabilité environnementale augmenterait la probabilité que des questions connexes soient inscrites à l'ordre du jour (Walls and Hoffman, 2013[43]).

Les entreprises comptant au moins trois femmes au sein de leur conseil d'administration font preuve d'une plus grande responsabilité sociale et environnementale dans des domaines tels que la prévention de la pollution, la réduction des émissions, l'utilisation de matériaux recyclés dans la production, l'utilisation d'énergie propre, l'engagement à l'égard des mesures d'efficacité énergétique et la communication d'informations sur l'environnement, les femmes étant globalement plus attentives aux questions liées à l'environnement (Post, Rahman and Rubow, 2011[44]). Il apparaît que plus le nombre d'administratrices est élevé au sein du conseil d'administration d'une entreprise, plus les informations relatives au carbone peuvent être divulguées (Hossain et al., 2017[45]).

Selon la base de données ADIMA de l'OCDE, le pourcentage de femmes siégeant au conseil d'administration dans le secteur de l'énergie est faible (14 %). Les données de 2019 du Crédit Suisse sur 30 000 postes de direction dans 3 000 entreprises dans 56 pays montrent que seulement 2 % environ des entreprises du secteur de l'énergie ont une femme à la tête de la direction et un peu plus de 9 % ont une femme à la tête de la direction financière (Graphique 2.6). En 2010, en Allemagne, en Espagne et en Suède, 64 % des entreprises du secteur de l'énergie n'avaient aucune femme au sein de leur direction ou de leur conseil d'administration (Carlsson-Kanyama, Lindén and Thelander, 1999[46]). Parité d'ici 30, une initiative du Groupe ministériel sur l'énergie propre, a examiné 68 entreprises énergétiques en 2018 et a constaté qu'en moyenne, seulement 18 % des postes de direction étaient occupés par des femmes. Les pays signataires de Parité d'ici 30 mettent en place des programmes de mentorat dans le cadre desquels des femmes cadres peuvent aider les nouvelles arrivantes dans le secteur de l'énergie propre à progresser dans leur carrière (C3E International, 2019[47]).

Graphique 2.6. Femmes à la direction par secteur économique

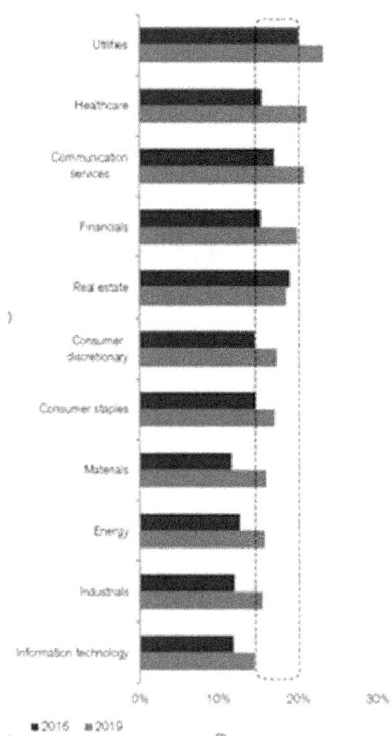

Source : (Kersley et al., 2019[42]).

Les Principes de gouvernement d'entreprise du G20 et de l'OCDE, approuvés par les dirigeants du G20 en 2015, proposent d'adopter des objectifs visant à accroître encore la diversité femmes-hommes au sein des conseils d'administration et de la direction générale des entreprises, et de nombreux pays de l'OCDE ont déjà introduit des dispositions pertinentes (OECD, 2019[25]). L'UE a également introduit de nouvelles lignes directrices pour la diffusion d'informations sur la présence des femmes au sein de la direction générale et des conseils d'administration. Compte tenu des interactions entre la diversité femmes-hommes et la diffusion d'informations liées au climat, il serait opportun d'envisager un cadre d'action intégré tenant compte de la problématique femmes-hommes qui pourrait favoriser la transition du secteur privé vers des pratiques économiques à faible émission de carbone. Des recherches plus approfondies sur les secteurs liés à l'environnement, sur la participation des femmes aux postes de travail et de direction, ainsi que sur les liens entre ces éléments et la transition des entreprises vers des solutions à plus faible émission de carbone, aideraient les décideurs à mieux définir les initiatives et mesures envisageables à l'avenir pour intégrer les considérations d'égalité femmes-hommes dans les politiques environnementales.

2.4. Avancées sur le plan des objectifs environnementaux et des ODD

À moins de dix ans de l'échéance de 2030 pour la réalisation des ODD, les pays du monde entier élaborent des cadres nationaux fondés sur le cadre d'indicateurs mondiaux des Nations Unies, qui mesure les progrès accomplis pour atteindre les 169 cibles (United Nations, n.d.[48]). Le cadre comprend actuellement 247 indicateurs, dont 231 uniques (United Nations, n.d.[49]).[2]

Un rapport récent du PNUE analysant 93 indicateurs relatifs à l'environnement pour l'ensemble des ODD a montré que des progrès n'ont été accomplis que dans 23 % d'entre eux. Pour la majorité des indicateurs examinés (68 %), les données sont insuffisantes pour évaluer les progrès réalisés en matière de biodiversité, d'écosystèmes, d'utilisation efficiente de l'eau, de réduction de la pollution et de gestion des déchets. Pour les 9 % restants, il semble y avoir des tendances négatives dans les progrès réalisés en matière de zones forestières, de pêche durable, d'espèces menacées, de consommation durable et d'empreinte matérielle (UNEP, 2019[50]).

Malgré une amélioration de l'accès à l'électricité (indicateur de la cible 7.1), 860 millions de personnes dans le monde n'ont toujours pas accès à l'électricité, dont 80 % vivent en Afrique subsaharienne (IEA, 2020[51]). Les émissions mondiales totales de GES (indicateur de la cible 13.2) ont atteint un niveau record en 2018 (UNEP, 2019[52]). D'après les dernières données de la FAO, la proportion mondiale de stocks halieutiques respectant des niveaux biologiquement durables (indicateur pour la cible 14.4) continue de diminuer (FAO, 2020[53]). En 2018, 16.1 millions de personnes ont été déplacées en raison de tempêtes, d'inondations, de sécheresses, d'incendies, de glissements de terrain et de températures extrêmes (IDMC, 2019[54]). La Plateforme intergouvernementale scientifique et politique sur la biodiversité et les services écosystémiques (IPBES) a relevé une dégradation de la biodiversité et des écosystèmes. De ce fait, il est peu probable que l'on parvienne à atteindre 80 % des objectifs liés à la pauvreté, à la santé, à la faim, à l'eau, au climat, aux océans et aux terres (IPBES, 2019[55]). La pandémie actuelle de COVID-19 et les récentes découvertes sur la corrélation entre la hausse de l'exposition à la pollution atmosphérique et la vulnérabilité aux virus infectieux pourraient également remettre en cause les avancées en matière de qualité de l'air et de santé environnementale (voir chapitre 3).

L'analyse par l'OCDE de la distance qui sépare les pays Membres de la réalisation des ODD montre que les objectifs d'égalité femmes-hommes au titre de l'ODD 5 sont les plus éloignés de leur réalisation. Les distances sont plus courtes pour les neuf objectifs environnementaux, mais le manque de données pour de nombreux indicateurs implique une grande incertitude quant aux niveaux de performance des pays, en particulier pour les objectifs relatifs à la production durable, aux océans et aux villes (Graphique 2.7) (OECD, 2019[56]). En outre, à l'instar des cibles et des indicateurs des ODD eux-mêmes, le rapport ne rend pas compte des non-linéarités présentes dans la chronologie des dommages causés à l'environnement, comme les boucles de rétroaction dans le changement climatique. En d'autres termes, les indicateurs ne tiennent pas compte des effets en cascade du changement climatique qui peuvent entraîner des effets supplémentaires, par exemple lorsque la vapeur d'eau supplémentaire dans l'air amplifie le réchauffement (WRI, 2018[57]) initial. Par conséquent, bien que le chemin restant à parcourir pour atteindre les objectifs puisse sembler court, la durabilité environnementale pourrait être en réalité plus difficile à atteindre que ce que laissent présager les calculs.

Graphique 2.7. Distance moyenne restant à parcourir par les pays de l'OCDE pour atteindre les cibles des ODD

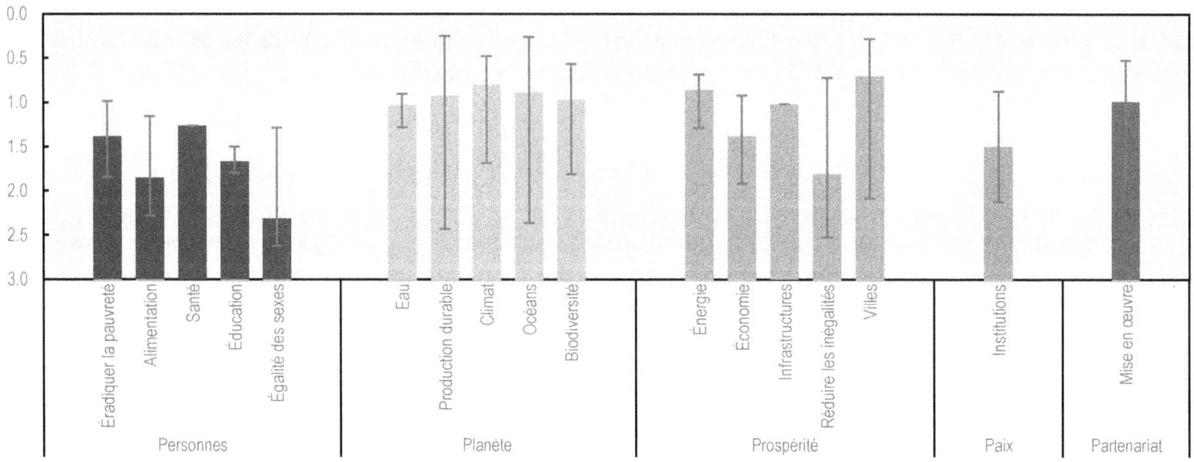

Note : le présent graphique montre la distance moyenne que les pays de l'OCDE doivent parcourir pour atteindre chaque ODD. Les distances sont mesurées en unités normalisées, de 0, qui indique que le niveau de 2030 a déjà été atteint, à 3, puisque la plupart des pays de l'OCDE ont déjà atteint cette distance. Les barres indiquent les performances moyennes des pays de l'OCDE par rapport à toutes les cibles de l'objectif concerné pour lesquels des données sont disponibles. Les traits verticaux représentent les incertitudes liées aux données manquantes, sur la base d'hypothèses alternatives selon lesquelles soit les indicateurs manquants se trouvent à 3 distances normalisées de la cible à l'horizon 2030, soit ils se situent déjà tous au niveau de la cible. Des traits plus longs indiquent des lacunes plus importantes en matière de données.
Source : (OECD, 2019[56]).

2.5. Important déficit de données sur les liens entre l'égalité femmes-hommes et l'environnement

L'un des principaux défis à relever pour étudier et exploiter les liens entre l'égalité femmes-hommes et l'environnement est la collecte des données nécessaires pour prendre des décisions éclairées. Bien qu'il existe un vaste ensemble de données sur les liens entre l'égalité femmes-hommes et l'environnement dans les pays en développement, issues d'études de cas et de rapports de projets des organes des Nations unies, d'autres organisations internationales et ONG, la collecte systématique de données est insuffisante. À quelques exceptions près, ces liens sont largement absents des débats nationaux sur l'égalité femmes-hommes et la durabilité environnementale dans les pays de l'OCDE, et les initiatives de collecte de données sont peu nombreuses.

2.5.1. L'articulation entre l'égalité femmes-hommes et l'environnement fait largement défaut dans les neuf ODD liés à l'environnement et le cadre d'indicateurs actuel

La problématique femmes-hommes fait largement défaut dans les neuf ODD liés à l'environnement et le cadre d'indicateurs actuel. Bien que la disponibilité des données soit une limite majeure, le cadre lui-même devrait rendre compte des interactions entre les objectifs environnementaux et les objectifs de parité. Par conséquent, les indicateurs convenus des ODD ne permettent pas de déterminer dans quelle mesure les cibles des ODD sont sensibles à la problématique femmes-hommes ou pourraient être liées à l'autonomisation des femmes et des filles. Un recentrage plus marqué sur l'articulation entre égalité femmes-hommes et environnement dans le cadre des ODD, et la possibilité de mettre au point d'autres indicateurs pour l'intégrer, renforceraient l'attention des décideurs et des autres parties prenantes (Encadré 2.2).

Le calendrier peut jouer un rôle dans la sous-reconnaissance de l'articulation entre égalité femmes-hommes et environnement Certains des indicateurs des ODD n'ont pas de lien direct avec les politiques environnementales ou les effets environnementaux sur les femmes et les hommes à court terme, même si ces liens pourraient émerger d'une perspective à plus long terme. D'autres travaux méthodologiques dans ce domaine pourraient donc inclure une approche de cartographie indirecte et une évaluation du lien entre la problématique femmes-hommes et l'environnement pour d'autres indicateurs, en plus de ceux déjà identifiés dans le cadre de ce lien.

Encadré 2.2. Ventilation par sexe des ODD au titre du système des Nations Unies

Le Programme mondial de statistiques genrées, appuyé par le Groupe d'experts des Nations Unies et de l'extérieur chargé des statistiques genrées (IAEG-GS) de la Division de statistique des Nations Unies (UNSD), examine les principales questions relatives à l'égalité des sexes qui se posent depuis 2006, et élabore des propositions visant à combler les écarts entre les sexes. Les sujets liés à la problématique femmes-hommes couverts par l'IAEG-GS englobent les statistiques sur (i) la naissance et le décès, (ii) les migrations, (iii) le mariage et le divorce, iv) les registres de population, (v) la taille et la densité de la population, vi) les séries chronologiques et (vii) la violence à l'égard des femmes. L'IAEG-GS élabore actuellement des orientations pour aider les pays à recueillir des statistiques sur les emplois du temps, en reconnaissant les difficultés et les particularités auxquelles peuvent se heurter les différents pays.

Depuis l'adoption du Programme 2030 en 2016, le Département des affaires économiques et sociales des Nations Unies (DAES) a maintenu un centre de données, « Women and Sustainable Development: Building a Better Future for All », soutenu par des pays comme l'Irlande. Le DAES apporte des éclairages à partir de données nationales et infranationales fournies dans trois catégories : (i) l'autonomisation économique des femmes, en mettant l'accent sur le taux d'activité des femmes et la rupture des chaînes de pauvreté, (ii) la voix des femmes, en mettant l'accent sur la participation des femmes aux postes de direction et de fonction publique et (iii) la sécurité des femmes et les droits humains, en fournissant des données sur les indicateurs 5.2.1 des ODD (Proportion de femmes et de filles ayant vécu en couple victimes de violences physiques et sexuelles infligées au cours des 12 mois précédents par leur partenaire actuel ou un ancien partenaire), 5.3.1 (Proportion de femmes âgées de 20 à 24 ans qui étaient mariées ou en couple avant l'âge de 18 ans), et 5.3.2 (Proportion de filles et de femmes âgées de 15 à 49 ans ayant subi une mutilation ou une ablation génitale, par âge). En fait, l'Irlande reconnaît tous les ensembles d'indicateurs relatifs aux ODD (ONU, UE, OCDE et OIT) et s'efforce de se tenir au courant de tous les développements dans cet espace complexe.

En outre, le Groupe d'experts des Nations Unies et de l'extérieur chargé des indicateurs relatifs aux objectifs de développement durable (IAEG-SDG) a mis au point un axe de travail dédié visant à ventiler les données pour tous les indicateurs relatifs aux ODD. Le sexe est défini comme une dimension de ventilation pour tous les ODD, à l'exception de l'ODD 6 (eau propre et assainissement), de l'ODD 14 (vie aquatique) et de l'ODD 15 (vie terrestre). Il convient toutefois de noter que la cible 6.2 des ODD (D'ici à 2030, assurer l'accès de tous, dans des conditions équitables, à des services d'assainissement et d'hygiène adéquats et mettre fin à la défécation en plein air, en accordant une attention particulière aux besoins des femmes et des filles et des personnes en situation vulnérable) fait déjà référence aux besoins des femmes et des filles. Au total, l'IAEG-SDG propose un ensemble minimal de ventilation par sexe, même pour plusieurs indicateurs des ODD sans référence spécifique à la problématique femmes-hommes, au sexe ou aux femmes, et identifie les pays qui devraient s'efforcer de procéder à une ventilation supplémentaire. Cependant, seuls huit indicateurs relatifs à l'environnement ont été identifiés pour les ODD, pour lesquels des données devraient être produites ; et cinq pour une éventuelle ventilation ultérieure.

Source : (UNDESA, n.d.[58]); (UNSD, n.d.[59]); (UNSD, n.d.[60])

Une analyse du PNUE de la liste 2019 des indicateurs des ODD a permis d'identifier au moins 93 indicateurs liés à l'environnement dans l'ensemble des ODD. Toutefois, cette analyse n'inclut pas l'ensemble des indicateurs susceptibles de se référer à des secteurs en lien avec l'environnement, comme l'agriculture, le tourisme, l'industrie manufacturière, l'innovation et le travail décent (dont une partie pourrait couvrir les questions d'emplois verts et de transition juste) (UNEP, 2019[50]).

ONU Femmes a recensé 54 indicateurs relatifs à l'égalité des sexes dans la liste de 2018, les définissant comme ceux qui concernent spécifiquement les femmes et les filles, ou pour lesquels des données ventilées par sexe sont nécessaires. Mais cette approche a laissé de côté des indicateurs des ODD qui pourraient couvrir les avantages économiques pour l'environnement et l'égalité femmes-hommes, tels que l'accès à l'électricité (indicateur 7.1.1 des ODD), les carburants et technologies propres (indicateur 7.1.2 des ODD) et le logement adéquat (indicateur 11.1.1 des ODD) (UNWomen, 2018[61]).

Sur les 93 indicateurs relatifs à l'environnement recensés par le PNUE, 7 seulement se recoupent avec la liste d'ONU Femmes, comme le montre le Tableau 2.2 ci-dessous. En d'autres termes, dans les groupes d'indicateurs du PNUE et d'ONU Femmes, les indicateurs liés à l'environnement concernant spécifiquement les femmes et les filles ou nécessitant une ventilation par sexe ne représentent que 3 % des 231 indicateurs uniques des ODD.

Tableau 2.2. Indicateurs des ODD situés au croisement de l'égalité femmes-hommes de l'environnement (selon le PNUE et ONU Femmes)

Indicateur	Intitulé **de l'indicateur**
1.4.2	Proportion de la population adulte totale qui dispose de la sécurité des droits fonciers a) de documents légalement authentifiés et b) qui considère que ses droits sur la terre sont sûrs, par sexe et par type
4.7.1	Degré d'intégration d'a) l'éducation à la citoyenneté mondiale et b) de l'éducation au développement durable dans a) les politiques nationales d'éducation, b) les programmes d'enseignement, c) la formation des enseignants et d) l'évaluation des étudiants
5.a.1	Proportion de la population agricole totale ayant des droits de propriété ou des droits garantis sur des terres agricoles, par sexe ; b) proportion de femmes parmi les titulaires de droits de propriété ou de droits garantis sur des terrains agricoles, par type de droit
8.9.2	Nombre d'emplois dans les secteurs du tourisme, en proportion du nombre total d'emplois et du taux de croissance des emplois, par sexe
11.2.1	Proportion de la population ayant aisément accès aux transports publics, par âge, sexe et situation au regard du handicap
11.7.1	Proportion moyenne de la surface urbaine construite consacrée à des espaces publics, par sexe, âge et situation au regard du handicap
13.b.1	Nombre de pays les moins avancés et de petits États insulaires en développement recevant un appui spécialisé aux fins de la mise en place de moyens efficaces de planification et de gestion face aux changements climatiques, en privilégiant notamment les femmes, les jeunes, la population locale et les groupes marginalisés, et importance de cet appui en termes de financement, de technologie et de renforcement des capacités

Note : Le rapport du PNUE et le rapport d'ONU Femmes sur lesquels se fonde cette analyse ne couvrent pas les derniers changements apportés par l'IAEG-SDG au cadre des indicateurs mondiaux pour les ODD lors de la révision générale de 2020. Depuis la publication de ces rapports, l'indicateur 8.9.2 a été supprimé du cadre des ODD ; et l'indicateur 13.b.1 a été révisé.
Source : Calculs des auteurs basés sur et (UNEP, 2019[50]) sur (UNWomen, 2018[61]).

En appliquant une perspective sexospécifique à la méthodologie utilisée pour *Mesurer la distance à parcourir pour atteindre les cibles des ODD* (OECD, 2019[56]), l'OCDE a évalué les distances par rapport aux cibles des ODD pour les femmes et les filles. Le document de travail intitulé « How far are OECD countries from achieving SDG targets for women and girls? » comprend plusieurs approches pour identifier les indicateurs liés à la problématique femmes-hommes, en s'inspirant le plus possible du cadre mondial des indicateurs des ODD des Nations Unies et en ajoutant des données de l'OCDE le cas échéant (Encadré 2.3). Sur la base d'une analyse préliminaire, 102 des 247 indicateurs figurant dans le cadre d'indicateurs des ODD sont considérés comme pertinents du point de vue de l'égalité femmes-hommes. Cela équivaut à 41 % et presque au double du chiffre indiqué dans l'analyse d'ONU Femmes (Cohen and Shinwell, 2020[62]).

Encadré 2.3. Identification des indicateurs sexospécifiques à l'aide de la méthode utilisée dans la publication « Mesurer la distance à parcourir pour atteindre les cibles des ODD »

Le récent document de travail de l'OCDE intitulé « How far are OECD countries from achieving SDG targets for women and girls: Applying a gender lens to measuring distance to SDG targets » fonde son analyse sur une double approche, qui s'appuie à la fois sur une analyse du libellé des indicateurs et sur une classification de ces indicateurs. Un indicateur est jugé sexospécifique si son libellé comprend des termes se rapportant au genre (par ex. hommes, femmes, garçon, fille, sexe, etc.). En outre, comme certains indicateurs sexospécifiques ne font pas explicitement référence au genre, les indicateurs ont également été classés manuellement en fonction de leur désagrégation à l'échelle individuelle et de leur pertinence au regard de la problématique femmes-hommes. Il convient toutefois de noter qu'il existe des incohérences entre le libellé de l'indicateur et la désagrégation, notamment en ce qui concerne la santé (ODD 3), où la plupart des indicateurs sont mesurés à l'échelle individuelle et pourraient donc être mesurés par sexe (ou pour les femmes uniquement), mais ne sont pas reconnus comme pertinents au regard de la problématique femmes-hommes selon l'analyse du texte, ce qui signifie qu'ils ne contiennent pas de mots se rapportant au genre. Il convient également de préciser que, même si la cible correspondante des ODD est pertinente au regard de la problématique femmes-hommes, mais pas les indicateurs, ces indicateurs sont alors exclus de l'analyse.

Source : (Cohen and Shinwell, 2020[62])

Le Graphique 2.8 montre que ces indicateurs pertinents au regard de la problématique femmes-hommes sont inégalement répartis entre les 17 ODD. La plupart des indicateurs pertinents en la matière sont recensés dans les objectifs relatifs à l'éradication de la pauvreté, à la santé, à l'éducation, à l'égalité entre les sexes, à l'économie et aux institutions (ODD 1, 3, 4, 5, 8 et 16). La part des indicateurs pertinents au regard de l'égalité femmes-hommes varie considérablement d'un objectif à l'autre. Sans surprise, la totalité des indicateurs sont pertinents dans le domaine de l'égalité entre les sexes (ODD 5), 82 % dans le domaine de la santé (ODD 3), 75 % dans le domaine de l'éducation (ODD 4), seulement 4 % dans le domaine des partenariats (ODD 17), et aucun n'est pertinent pour ce qui est des trois objectifs en lien avec la planète (ODD 12, 14 et 15).

Graphique 2.8. Nombre d'indicateurs sexospécifiques dans le cadre mondial d'indicateurs relatifs aux ODD des Nations Unies, par objectif

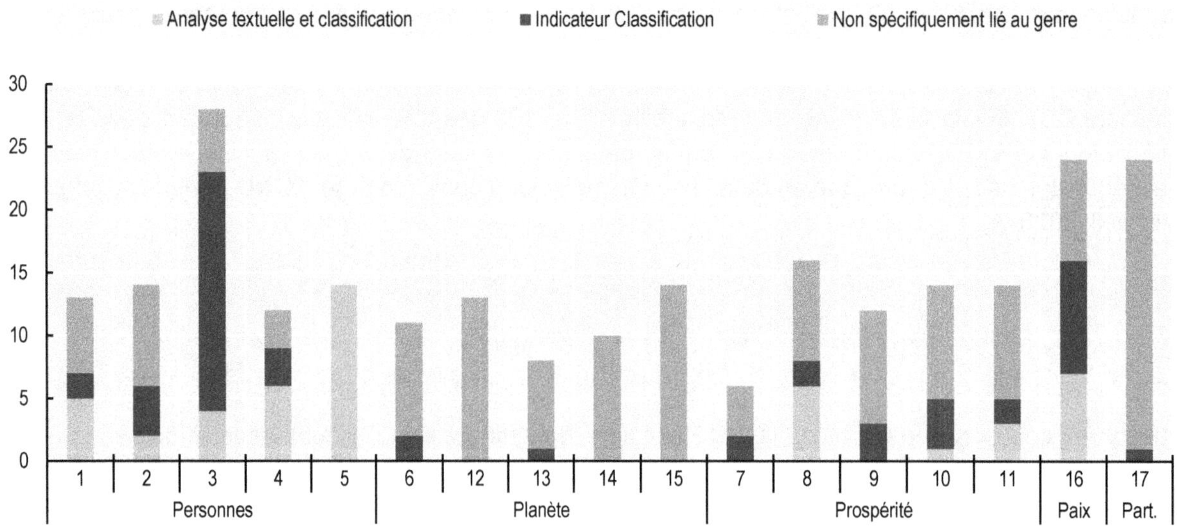

Note : Le graphique présente les indicateurs du cadre mondial d'indicateurs des Nations Unies, qui sont considérés comme pertinents pour l'égalité femmes-hommes dans l'analyse présentée dans (Cohen and Shinwell, 2020[62]). Chaque barre représente un des objectifs dans l'ordre de 1 à 16. Les barres bleu clair représentent les indicateurs mis en évidence à la fois par la classification des indicateurs et l'analyse textuelle ; les barres rouge foncé représentent les indicateurs mis en évidence par la classification des indicateurs uniquement. Les barres vert clair représentent les indicateurs reconnus comme n'étant pas spécifiquement liés à l'égalité femmes-hommes.
Source : cadre mondial d'indicateurs relatifs aux ODD des Nations Unies tel que présenté dans (Cohen and Shinwell, 2020[62]).

Les indicateurs environnementaux du cadre des ODD vont bien au-delà des objectifs de la planète et des autres ODD liés à l'environnement. Pour déterminer les indicateurs en lien avec l'environnement, les critères suivants ont été définis : (i) l'indicateur doit inclure une référence textuelle à l'environnement, au développement durable, à la nature, aux ressources naturelles, à la biodiversité, à la conservation, aux écosystèmes, aux catastrophes, à la pollution, à l'eau et à l'assainissement, à l'adaptation au changement climatique, à la gestion des déchets et des matériaux ; (ii) l'indicateur doit être classé dans les catégories suivantes : gestion durable des ressources, changement climatique, économie circulaire, santé environnementale, prévention des catastrophes naturelles, production et consommation durables, infrastructures durables, et financement et investissements verts. En suivant cette méthode rigoureuse, 97 indicateurs liés à l'environnement ont été recensés, soit un résultat très proche de celui de la méthode du PNUE.

Une autre solution consiste à élargir la méthodologie pour y inclure des indicateurs : (i) qui couvrent des activités économiques ou d'autres activités dans lesquelles la durabilité pourrait être envisagée (agriculture, énergie, infrastructure, tourisme, industrie manufacturière) et (ii) pour lesquels des données pourraient être extraites, si elles sont disponibles, pour les domaines liés à l'environnement (comme l'éco-innovation) ou la transition vers une économie bas carbone (emplois verts). Un total de 112 indicateurs liés à l'environnement ont été identifiés. Il s'agit de 45 % des 247 indicateurs du cadre mondial des indicateurs des Nations Unies pour les ODD, et de 19 indicateurs de plus que ceux qui ont été obtenus à l'aide de la méthodologie du PNUE. Le fait que la méthode de l'OCDE classe un plus grand nombre d'indicateurs des ODD dans la catégorie des indicateurs sexospécifiques ou liés à l'environnement est imputable à l'interconnexion et aux effets d'entraînement entre les dimensions sociales, environnementales et économiques du cadre des ODD.

Un contre-examen des 102 indicateurs relatifs à l'égalité femmes-hommes et des 112 indicateurs relatifs à l'environnement visant à identifier les intersections entre l'égalité femmes-hommes et l'environnement aboutit à une liste restreinte de seulement 22 indicateurs des ODD, qui couvrent l'articulation entre l'égalité femmes-hommes et l'environnement (Tableau 2.3). Cela représente un peu moins de 9 % de l'ensemble des 247 indicateurs des ODD (voir l'annexe A). Inversement, seuls 20 des 231 indicateurs environnementaux uniques du cadre des ODD (soit 8.7 %) peuvent être ventilés par sexe ou classés parmi les indicateurs environnementaux pertinents pour les politiques en matière d'égalité femmes-hommes selon le cadre des ODD (parce que leurs libellés traitent de la question de l'égalité femmes-hommes).

Tableau 2.3. Indicateurs des ODD situés au croisement de l'égalité femmes-hommes de l'environnement

Sur la base de l'analyse de l'OCDE

1.4.2	Proportion de la population adulte totale qui dispose de la sécurité des droits fonciers et qui (a) possède des documents légalement authentifiés et (b) considère que ses droits sur la terre sont sûrs, par sexe et par type d'occupation
1.5.1, 11.5.1, 13.1.1	Nombre de personnes décédées, disparues ou directement touchées lors de catastrophes, pour 100 000 personnes
2.3.2	Revenu moyen des petits producteurs alimentaires, selon le sexe et le statut d'autochtone
3.9.1	Taux de mortalité attribuable à la pollution de l'air dans les habitations et à la pollution de l'air ambiant
3.9.2	Taux de mortalité attribuable à l'insalubrité de l'eau, aux déficiences du système d'assainissement et au manque d'hygiène (accès à des services WASH inadéquats)
3.9.3	Taux de mortalité attribuable à un empoisonnement accidentel
5.a.1	Proportion de la population agricole totale ayant des droits de propriété ou des droits garantis sur des terres agricoles, par sexe ; b) proportion de femmes parmi les titulaires de droits de propriété ou de droits garantis sur des terrains agricoles, par type de droit
5.a.2	Proportion de pays dotés d'un cadre juridique (y compris le droit coutumier) garantissant aux femmes les mêmes droits que les hommes en matière d'accès à la propriété ou au contrôle des terres
6.1.1	Proportion de la population utilisant des services d'alimentation en eau potable gérés en toute sécurité
6.2.1	Proportion de la population utilisant (a) des services d'assainissement gérés en toute sécurité et (b) des équipements pour se laver les mains avec de l'eau et du savon
7.1.1	Proportion de la population ayant accès à l'électricité
7.1.2	Proportion de la population utilisant principalement des carburants et technologies propres
8.3.1	Proportion de l'emploi informel dans l'emploi total, par secteur et par sexe
9.1.1	Proportion de la population rurale vivant à moins de 2 km d'une route praticable toute l'année
9.5.2	Nombre de chercheurs (équivalent plein temps) par million d'habitants
9.c.1	Proportion de la population ayant accès à un réseau mobile, par type de technologie
11.1.1	Proportion de la population urbaine vivant dans des quartiers de taudis, des implantations sauvages ou des logements inadéquats
11.2.1	Proportion de la population ayant aisément accès aux transports publics, par âge, sexe et situation au regard du handicap
11.7.1	Proportion moyenne de la surface urbaine construite consacrée à des espaces publics, par sexe, âge et situation au regard du handicap
11.7.2	Proportion de personnes victimes de harcèlement physique ou sexuel, par sexe, âge, situation au regard du handicap et lieu des faits (au cours des 12 mois précédents)

Note : on a recensé au total 22 indicateurs situés au croisement de l'égalité femmes-hommes et de l'environnement. Toutefois, trois indicateurs étant identiques (1.5.1, 11.5.1 et 13.1.1), ils sont donc présentés ensemble dans le tableau. Analyse fondée sur le cadre mondial d'indicateurs relatifs aux ODD tel que modifié par l'examen approfondi effectué en 2020.
Source : Calculs des auteurs fondés sur le Cadre mondial d'indicateurs relatifs aux objectifs de développement durable pour déterminer les indicateurs liés à l'environnement ; (Cohen and Shinwell, 2020[62]) analyse fournie pour les indicateurs liés à la problématique femmes-hommes. Pour de plus amples informations analytiques, voir l'annexe A.

En outre, 9 des 22 indicateurs des ODD rendant compte des liens entre l'égalité femmes-hommes et l'environnement se rapportent soit à la santé environnementale et à l'accès à l'eau et à l'assainissement (ODD 3 et 6), soit aux catastrophes naturelles et au régime foncier (ODD 1 et 5).

Graphique 2.9. Seulement 14 indicateurs sexospécifiques dans les ODD liés à l'environnement

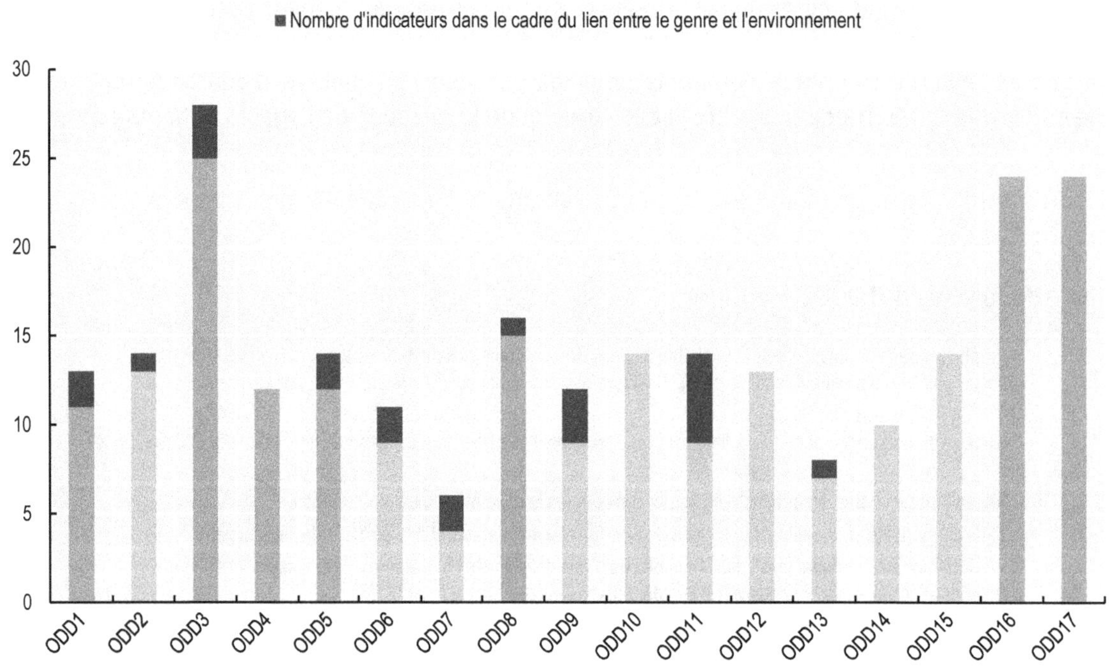

Note : En rouge, les indicateurs des ODD situés au croisement de l'égalité femmes-hommes et de l'environnement. En vert, les indicateurs pour les ODD liés à l'environnement. En bleu, les indicateurs des autres ODD.
Source : Calculs des auteurs fondés sur le Cadre mondial d'indicateurs relatifs aux objectifs de développement durable pour déterminer les indicateurs liés à l'environnement ; (Cohen and Shinwell, 2020[62]) analyse fournie pour les indicateurs liés à la problématique femmes-hommes. Pour de plus amples informations analytiques, voir l'annexe A.

Concernant les 9 objectifs axés sur l'environnement (ODD 2, 6, 7, 9, 11, 12, 13, 14 et 15), on ne recense que 14 indicateurs sexospécifiques (Graphique 2.9). Concernant les ODD pour la planète (ODD 6, 12, 13, 14, 15), on ne recense que 3 indicateurs sexospécifiques sur un total de 56, soit plus de 5 %. Concernant les objectifs de prospérité en lien avec l'environnement (ODD 7, 9, 11), on recense 10 indicateurs sexospécifiques sur un total de 32 (environ 31 %). Concernant l'ODD 2, et l'agriculture durable uniquement, 1 indicateur sur 14, soit un peu plus de 7 %, est sexospécifique. Dans quatre ODD « environnementaux », on ne recense aucun indicateur rendant compte des liens entre l'égalité femmes-hommes et l'environnement ; trois sur quatre appartiennent à la catégorie des ODD pour la Planète : l'ODD 12 relatif aux modes de production et de consommation durables, l'ODD 14 relatif aux océans et l'ODD 15 relatif à la biodiversité.

De nombreux indicateurs des ODD axés sur l'égalité femmes-hommes et l'autonomisation des femmes et des filles[3] – comme la suppression de la discrimination, l'égalité d'accès à l'éducation et à la santé, la garantie de bénéficier des mêmes droits à la propriété, et d'être entendue et représentée dans la prise de décision – sont essentiels pour permettre aux femmes de s'engager dans des activités économiques qui protègent l'environnement et favorisent le développement durable. Ils servent également à atténuer l'impact négatif des dommages causés à l'environnement sur les femmes. À cet égard, le cadre des ODD traite efficacement les liens de causalité entre l'égalité femmes-hommes et la durabilité environnementale.

Le cadre des ODD s'attaque tout aussi efficacement aux objectifs de durabilité environnementale. Des cibles en lien avec l'environnement sont recensées dans l'ensemble des ODD, 112 indicateurs adoptant une perspective environnementale. En résumé, le cadre des ODD aborde bien les questions d'égalité femmes-hommes et les objectifs environnementaux individuellement. Mais il est clair qu'il ne parvient pas à intégrer une optique sexospécifique dans les neuf principaux ODD liés à l'environnement. On pourrait par exemple analyser i) l'impact spécifique du changement climatique, des dommages causés à l'environnement et de l'appauvrissement de la biodiversité sur les femmes ou ii) le rôle des femmes dans la production et la consommation durables.

2.5.2. Rareté des données sur les indicateurs relatifs au lien entre l'égalité femmes-hommes et l'environnement

Dans la pratique, on dispose de peu de données sur le très petit ensemble d'indicateurs des ODD relatifs à l'environnement qui tiennent compte de la problématique femmes-hommes. D'après l'analyse du PNUE (2019) et d'ONU Femmes (2018), les données disponibles sont rares pour de nombreux pays en développement (UNEP, 2019[50]); (UNWomen, 2018[61]). Même si des engagements et des mesures ont été pris pour intégrer les ODD aux stratégies et priorités nationales en matière de développement, dans la plupart des cas, on ne dispose d'aucune donnée pour mesurer les progrès réalisés. Lorsque des données existent, l'évolution des indicateurs, même si elle est positive, ne rend pas compte de la réalisation de la cible concernée des ODD. Les pays en développement sont confrontés à une insuffisance de données, à l'absence d'enquêtes régulières et crédibles pour mesurer les changements et, trop souvent, à un problème de crédibilité des données statistiques produites. Leurs systèmes statistiques doivent être renforcés. Cela nécessiterait notamment un soutien technique ou autre pour générer les précieuses données requises, comme les données géospatiales qui permettent d'analyser les liens entre l'environnement et le comportement humain (UNEP, 2019[50]).

PARIS21 et ONU Femmes collaborent depuis 2018 pour évaluer l'état des statistiques différenciées par sexe dans les pays en développement, et intégrer ces données dans les systèmes statistiques nationaux des pays en développement (PARIS21, n.d.[63]). Cette aide technique apportée aux pays leur permet d'identifier les insuffisances en matière de données, et les domaines dans lesquels les capacités statistiques sont à la traîne. Elle se rapporte à la production, la diffusion et l'utilisation des statistiques différenciées par sexe dans le pays. Dans un rapport à paraître de PARIS21, il est observé que, si les pays prennent en compte la dimension sexospécifique dans les stratégies statistiques sectorielles, ce n'est pas souvent le cas dans les statistiques environnementales. L'articulation entre l'égalité femmes-hommes et l'environnement est une bonne illustration des problèmes qui affectent les statistiques de manière générale : les bureaux statistiques nationaux ne répondent pas aux besoins des utilisateurs, la conception des collectes de données souffre d'un manque de sensibilité à la problématique femmes-hommes (et à l'environnement), les données de base sont insuffisamment désagrégées et les collectes de données insuffisamment hiérarchisées, et il existe une incapacité à communiquer les résultats aux décideurs, entre autres problèmes (PARIS21, n.d.[64]).

Dans les pays de l'OCDE, les données sont systématiquement disponibles[4] pour seulement 35 indicateurs (34 %) des 102 indicateurs liés à l'égalité femmes-hommes (Cohen and Shinwell, 2020[62]). La plupart des données sexospécifiques disponibles concernent les objectifs relatifs à la santé, l'éducation, l'économie et l'égalité entre les sexes (ODD 3, 4, 8 et 5) ; mais même dans ces cas, il existe des lacunes importantes en matière de données, notamment en ce qui concerne les institutions, la santé et l'égalité entre les sexes (ODD 16, 3 et 5, respectivement). On ne dispose d'aucune donnée sexospécifique pour les indicateurs de huit des neuf ODD liés à l'environnement, soit parce qu'aucun indicateur n'est reconnu comme sexospécifique – comme dans le cas des modes de production et de consommation durables (ODD 12), des océans (ODD 14) et de la biodiversité (ODD 15) – soit parce qu'on ne dispose d'aucune donnée pour au moins 10 pays membres de l'OCDE – c'est le cas pour l'eau, le climat, l'énergie et les villes. Lorsque l'on examine les 20 indicateurs uniques des liens entre l'égalité femmes-hommes et l'environnement identifiés dans le Tableau 2.3, seuls 2 ensembles de données ventilées par sexe sont disponibles auprès de sources OCDE. Ils relèvent tous deux de l'indicateur 9.5.2 des ODD, sur la part des inventrices, et sur les chercheurs par million d'habitants (Cohen and Shinwell, 2020[62]).

L'OCDE a déjà identifié les indicateurs environnementaux pour lesquels la dimension sexospécifique pourrait être renforcée. Il s'agit notamment des indicateurs suivants : (i) exposition aux risques environnementaux, différenciée par type de risque (polluants atmosphériques et risques naturels), par sexe, âge et caractéristiques sociodémographiques, (ii) taux de mortalité due à la pollution atmosphérique, différenciés par polluant, sexe, âge, pays et année, et (iii) développement des technologies « vertes », sur la base des dépôts de brevets, différenciées par domaine, pays, année et sexe de l'inventeur (OECD, 2020[65]). Ces indicateurs sont en adéquation avec les indicateurs des ODD 1.5.1, 3.9.1, 3.9.2 et 9.5.2, respectivement, ou peuvent fournir des informations complémentaires. Par ailleurs, d'autres données disponibles dans le cadre d'OECD.Stat pourraient compléter les données figurant dans la base de données mondiale des Nations Unies, afin d'aider les membres de l'OCDE à définir leurs actions au croisement de l'égalité femmes-hommes et de l'environnement.

Concernant les rapports nationaux, il semblerait que l'on dispose de davantage de données, principalement sur d'autres indicateurs ne figurant pas dans le cadre des ODD. En 2013, un rapport de la Commission des statistiques du Conseil économique et social des Nations Unies (ECOSOC) sur l'état des statistiques sexospécifiques collectées par les gouvernements nationaux à travers le monde a révélé que les statistiques sur l'agriculture et l'eau ventilées par sexe comptent parmi les moins disponibles (Graphique 2.10) (ECOSOC, 2013[66]). Globalement, plus de la moitié des pays ne produisent pas de statistiques sexospécifiques relatives à ces deux secteurs en lien avec l'environnement.

Graphique 2.10. Pourcentage de pays produisant « régulièrement » des statistiques ventilées par sexe sur des questions spécifiques (%)

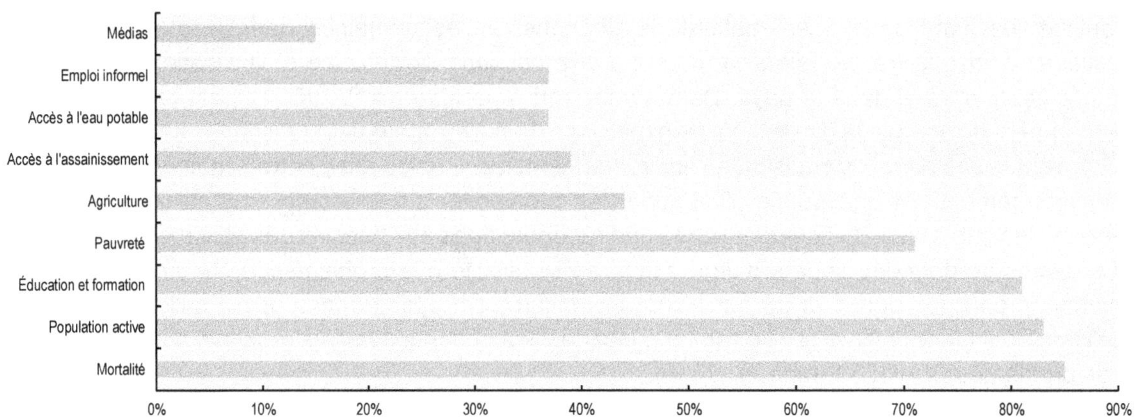

Source : (Seager, 2015[67]).

2.5.3. *Efforts actuels de collecte de données environnementales ventilées par sexe*

Un certain nombre d'initiatives internationales ont été prises pour développer davantage la ventilation par sexe des données environnementales, d'autant plus que l'absence de données ventilées par sexe a été prise en compte dans le cadre des Nations Unies (Encadré 2.2), comme dans le cas du Plan d'action pour l'égalité des sexes adopté par la COP 25 de la CCNUCC en 2019. ONU Femmes et la Division de statistique des Nations-Unies, ainsi que d'autres organisations, ont mis au point de nouveaux indicateurs relatifs à l'égalité des sexes, mais peu sont liés à l'environnement (UNSD, 2019[68]). En mars 2019, l'Union internationale pour la conservation de la nature (UICN) et le Programme des Nations unies pour l'environnement (PNUE) ont publié un rapport intitulé « Gender and Environment Statistics: Unlocking information for action and measuring the SDGs », qui propose 18 indicateurs sexospécifiques et environnementaux dans quatre domaines prioritaires : le droit à la terre, aux ressources naturelles et à la biodiversité ; l'accès à la nourriture, à l'énergie, à l'eau et à l'assainissement ; le changement climatique, la production et la consommation durables, et la santé ; et les femmes à tous les niveaux de la prise de décision environnementale (UNEP and IUCN, 2019[69]). Certains de ces indicateurs sont plus pertinents pour les pays en développement. En outre, des efforts spécifiques sont en cours afin d'améliorer les données environnementales ventilées par sexe pour certains ODD. C'est par exemple ce que fait la Convention sur la diversité biologique (CDB) pour l'ODD 15. Néanmoins, il existe encore une marge d'amélioration.

Les Nations Unies ont également lancé un certain nombre d'initiatives à l'échelle régionale. Par exemple, l'analyse de la Commission économique des Nations Unies pour l'Asie et le Pacifique (CESAP) menée par (Serrao et al., 2019[70]) fait le point sur les insuffisances en matière de données et de capacités dans la région Asie-Pacifique, et propose un ensemble d'indicateurs sexospécifiques et environnementaux, qui comprend des indicateurs du cadre mondial d'indicateurs relatifs aux ODD, mais pas seulement. Ce faisant, elle met en évidence des problématiques particulièrement pertinentes concernant l'articulation entre l'égalité femmes-hommes et l'environnement dans la région. Plus précisément, (Serrao et al., 2019[70]) identifient 19 indicateurs permettant de mesurer les liens entre l'égalité femmes-hommes et l'environnement, dont 2 sont directement tirés des 93 indicateurs environnementaux du cadre d'indicateurs des ODD (identiques aux indicateurs 1.4.2 et 5.a.1 des ODD), 7 sont obtenus en élargissant ou fusionnant les indicateurs des ODD (similaires aux indicateurs des ODD) et 10 ne proviennent pas du cadre des ODD (indicateurs hors ODD).

On trouve des données relatives aux liens entre l'égalité femmes-hommes et l'environnement même en dehors du cadre des ODD, dans les dossiers administratifs nationaux et régionaux ou les enquêtes de population par exemple, qui peuvent fournir de précieuses informations si elles sont collectées de manière efficace. La collecte de données administratives n'est toutefois pas facile dans les pays en développement, notamment en Afrique (UNWomen, 2019[71]). Les organisations statistiques nationales peuvent jouer un rôle essentiel dans l'élaboration des instruments de collecte d'informations de base dans le cadre de l'articulation entre l'égalité femmes-hommes et l'environnement. L'utilisation accrue de registres administratifs, grâce à une compilation systématique, à leur identification et à leur caractérisation, pourrait déboucher sur un plus grand nombre de statistiques qui contribuent à la mise à jour et à la création de politiques publiques, ainsi que sur une prise de décision fondée sur des données probantes.

Compte tenu de la nature horizontale de ses travaux, l'OCDE pourrait contribuer à faire reconnaître les liens entre l'égalité femmes-hommes et l'environnement comme une dimension utile pour l'élaboration de données et de statistiques environnementales de qualité, suivant une méthode harmonisée à l'échelle internationale et applicable à tous les pays.

Si l'OCDE et ses pays membres se sont attachés à renforcer la collecte de données sur les aspects sexospécifiques des politiques économiques et sociales, cela n'a pas été le cas pour l'environnement et les politiques environnementales. L'OCDE a mené quelques travaux sur la collecte et la comparabilité des données relatives aux liens entre l'égalité femmes-hommes et l'environnement dans certains de ses pays membres. Par exemple, les enquêtes sur la politique de l'environnement et le comportement individuel (EPIC) de 2008 et 2011 contenaient des questions relatives à la collecte de certaines données ventilées par sexe sur les caractéristiques sociodémographiques, les déchets, les transports, l'énergie, la consommation de nourriture et d'eau et les préférences au niveau des ménages (OECD, 2011[72]) Des travaux approfondis sur les effets sexospécifiques de l'exposition aux produits chimiques, et notamment aux perturbateurs endocriniens, ont été réalisés dans le cadre des Lignes directrices normalisées de l'OCDE pour évaluer l'effet perturbateur des produits chimiques (OECD, 2013[73]). Toutefois, des travaux complémentaires sont nécessaires pour intégrer pleinement la problématique femmes-hommes dans les politiques environnementales, et mesurer de manière adéquate leurs interactions.

Une enquête de 2017 sur la collecte de données ventilées par sexe dans les pays de l'OCDE a montré qu'environ la moitié des répondants ont déclaré ne pas collecter de telles données sur les politiques environnementales, et qu'ils ne prévoient pas de le faire. Moins de 10 % des répondants ont déclaré collecter ces données sur une base régulière (Graphique 2.11).

Graphique 2.11. Collecte de données ventilées par sexe dans différents secteurs

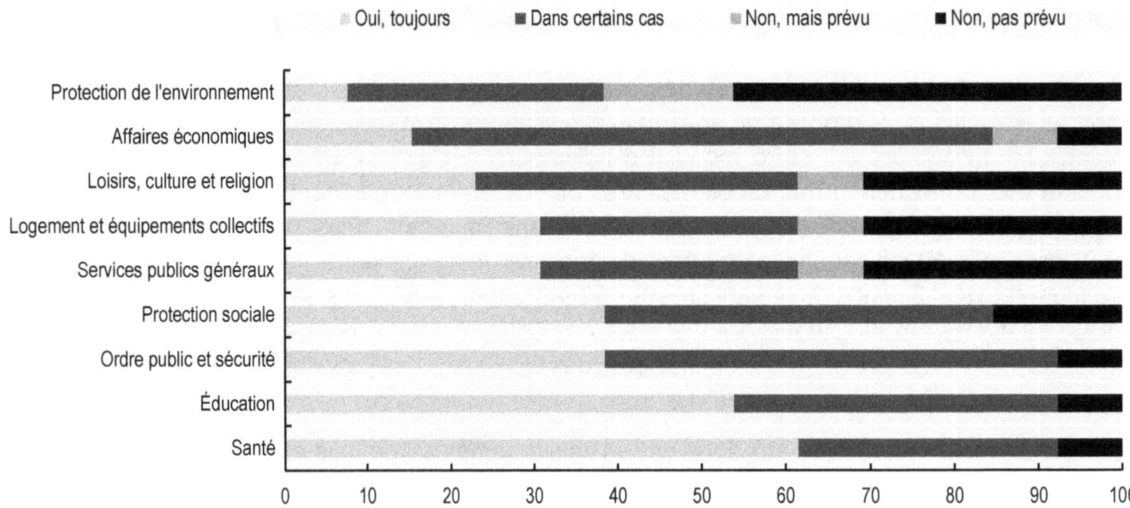

Source : (OECD, 2017[74]), « OECD Survey on National Gender Equality Frameworks and Public Policies ».

Dans le but d'accélérer l'adoption de politiques tenant compte de la problématique femmes-hommes, l'OCDE a lancé en 2019 une plateforme d'institutionnalisation de l'objectif d'égalité femmes-hommes dans les politiques. Cette plateforme vise notamment à développer la collecte de données sur les problèmes d'inégalités systémiques au-delà des aspects sociaux, et en particulier en ce qui concerne les liens entre l'égalité femmes-hommes et l'environnement. Une enquête sur l'« Intégration des questions relatives à l'égalité femmes-hommes dans les politiques environnementales » a été menée en 2019 auprès des pays membres de l'Organisation afin de recueillir des informations sur la manière dont les pays prennent en compte l'égalité femmes-hommes dans l'élaboration des politiques, la budgétisation et la gouvernance liées à l'environnement. Cette enquête portait à la fois sur les stratégies, actions ou mécanismes nationaux visant à intégrer la problématique femmes-hommes dans la politique environnementale et la prise de décision, et sur certaines thématiques : les répercussions d'une économie plus verte sur les hommes et les femmes sur le plan professionnel ; la problématique femmes-hommes et les infrastructures ; les modes de consommation durable selon le sexe ; et les différents impacts de l'exposition aux toxines environnementales sur la santé des hommes et des femmes.

Trente et un pays Membres sur les 37, ainsi que le Costa Rica, ont répondu au questionnaire, et deux Membres ont fourni des informations sans répondre aux questions. Les résultats de l'enquête sont mitigés, et la portée et le détail des données fournies par les pays varient. Plusieurs pays n'ont pas répondu entièrement au questionnaire, ce qui peut révéler un manque d'attention accordée aux liens entre l'égalité femmes-hommes et l'environnement, et/ou que l'action dans ce domaine est fondée sur une approche plus fragmentaire, dans laquelle les mesures ou les données sont centrées sur un ou deux sujets choisis.

Graphique 2.12. Réponses des pays Membres de l'OCDE à l'enquête sur l'intégration de l'égalité femmes-hommes dans la collecte de données et l'élaboration des politiques relatives à l'environnement

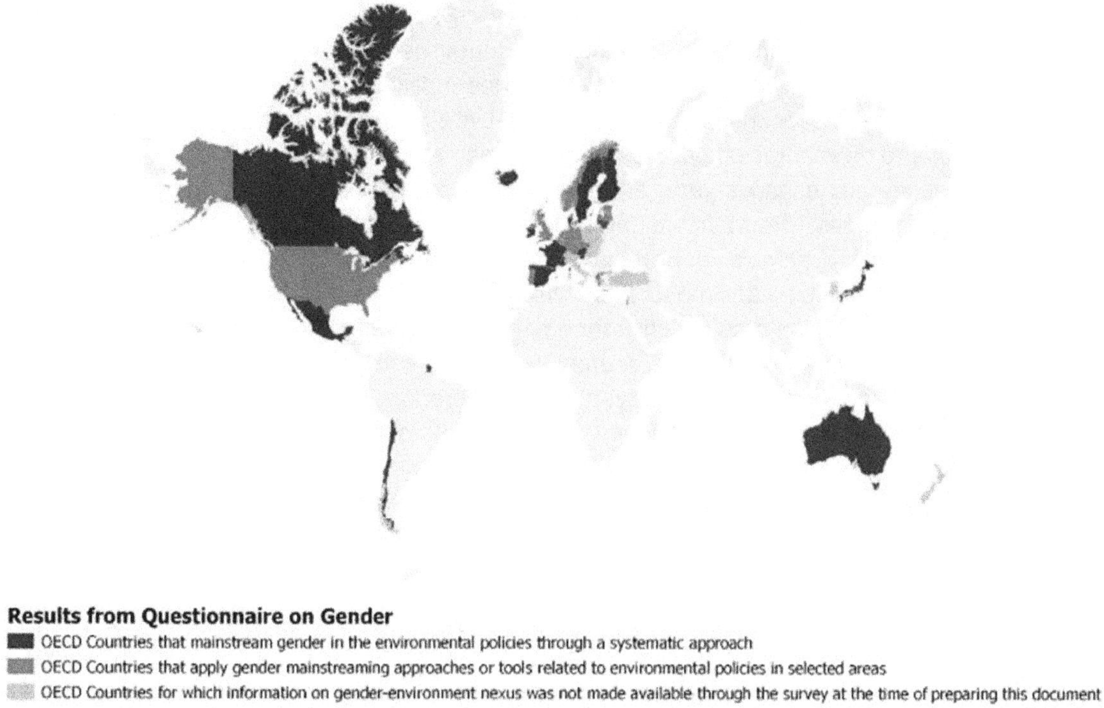

Note : carte illustrant les réponses des pays membres de l'OCDE à l'enquête sur l'intégration des questions relatives à l'égalité femmes-hommes dans les politiques environnementales. Le Costa Rica, pays candidat à l'adhésion au moment où l'enquête a été menée, relève de la catégorie 1 « Pays de l'OCDE intégrant les questions relatives à l'égalité femmes-hommes dans les politiques environnementales au moyen d'une approche systématique ».
Source (OECD, 2020[75]) : enquête de l'OCDE sur l'Intégration des questions relatives à l'égalité femmes-hommes dans les politiques environnementales.

Le Graphique 2.12 classe les pays de l'OCDE dans trois groupes distincts, en fonction de l'approche et du niveau d'intégration des questions relatives à l'égalité femmes-hommes dans les politiques environnementales. Dix-sept pays de l'OCDE intègrent les questions relatives à l'égalité femmes-hommes dans leurs politiques environnementales au moyen d'une approche systématique ; il s'agit des pays qui disposent de stratégies nationales à la fois en matière d'égalité femmes-hommes et d'environnement (comme des plans d'action ou des principes), et qui ont mis en place des outils pour les intégrer (en tout ou partie) sur une base régulière[5]. On peut citer à titre d'exemple le Plan islandais de déploiement de la budgétisation sexospécifique, les pratiques d'évaluation de données telles que les statistiques suédoises sur l'égalité femmes-hommes dans le secteur des biens et services environnementaux et dans la bioéconomie et l'éducation liée à l'environnement au Chili. Douze pays mettent en œuvre des approches d'intégration des questions relatives à l'égalité femmes-hommes ou des outils liés aux politiques environnementales dans des domaines sélectionnés. Les pays de cette catégorie ont déclaré ne pas appliquer une approche globale et intégrée. Toutefois, ils ont communiqué des informations sur les approches sectorielles qu'ils suivent (régulièrement ou occasionnellement). Il s'agit par exemple de l'application d'une optique sexospécifique dans certains secteurs liés à l'environnement, ou de la collecte de données ventilées par sexe dans le cadre de certaines initiatives. Parmi les exemples de mesures mises œuvre par ce groupe, on peut citer l'inclusion de questions concernant la situation respective des femmes et des hommes dans les enquêtes menées auprès des ménages (Israël).

En ce qui concerne la collecte de données, seuls dix pays membres de l'OCDE et le Costa Rica ont répondu par l'affirmative à la question de savoir s'ils collectent des données ventilées par sexe relatives à l'environnement et/ou à l'élaboration des politiques environnementales. Le Royaume-Uni, par exemple, collecte des données ventilées par sexe dans le cadre de l'enquête « Monitor of Engagement with the Natural Environment », récemment remplacée par l'enquête « People and Nature Survey » et l'enquête « Survey on Attitudes to the Environment ». Ces enquêtes fournissent des résultats pertinents par sexe, notamment sur l'utilisation de l'environnement naturel par les individus, et sur les données relatives à l'attitude et au comportement. Le recensement du Royaume-Uni s'interroge sur l'utilisation des transports, par exemple sur le nombre de voitures pouvant être utilisées par les membres du ménage - ce qui pourrait être pertinent pour l'accès aux espaces verts et pourrait être lié à des attitudes et des comportements environnementaux plus larges. Pourtant, d'après les réponses individuelles et les informations communiquées par les pays, il semble qu'un plus grand nombre de données soient collectées. Elles concernent toutefois des secteurs ou des mesures spécifiques dont on peut considérer qu'ils se situent au croisement de l'égalité femmes-hommes et l'environnement. Les données sont également collectées par le biais de différentes sources, notamment des enquêtes de perception et d'opinion, des statistiques nationales ou des recherches. Sur les 21 pays ayant répondu prendre en compte les questions d'égalité femmes-hommes dans l'élaboration des politiques environnementales, seuls 8 d'entre eux ont affirmé avoir recueilli des données pertinentes, ce qui permet de conclure que l'intégration des questions d'égalité femmes-hommes et d'environnement est loin d'être gagnée dans certains pays. On ne sait pas vraiment si les membres de l'OCDE communiquent ces données ventilées par sexe à d'autres organisations et bases de données internationales, ou s'ils n'admettent tout simplement pas le faire.

L'enquête a également identifié un certain nombre de pays qui lancent actuellement des cycles de collecte de données sur les liens entre l'égalité femmes-hommes et l'environnement. Par exemple, la Finlande a intégré un module sur les interactions entre ces deux thématiques dans son rapport annuel sur l'égalité entre les sexes. L'édition 2020 comprendra des statistiques ventilées par sexe sur des questions comme le recyclage et les déplacements (statistiques sur le temps consacré à ces activités). Le Chili élabore actuellement un atlas d'informations sur l'égalité femmes-hommes et le changement climatique ainsi que des indicateurs sectoriels sur le genre afin d'identifier les écarts entre les femmes et les hommes et les risques liés au changement climatique dans les secteurs sensibles aux phénomènes climatiques (OECD, 2020[75]).

Les deux tiers des pays ayant répondu ont également identifié des domaines d'intérêt situés au croisement de l'égalité femmes-hommes et de l'environnement, que le Secrétariat de l'OCDE doit explorer plus avant. Il s'agit notamment des répercussions économiques de la transition verte sur les hommes et les femmes, des répercussions du changement climatique sur les femmes en particulier, des modes de consommation et de production durables selon le sexe, de l'écologisation des infrastructures et de ses répercussions sur les hommes et les femmes, ainsi que des effets de l'environnement sur la santé selon le sexe (Graphique 2.13).

Graphique 2.13. Intérêt des pays membres de l'OCDE pour les futurs travaux sur les liens entre l'égalité femmes-hommes et l'environnement

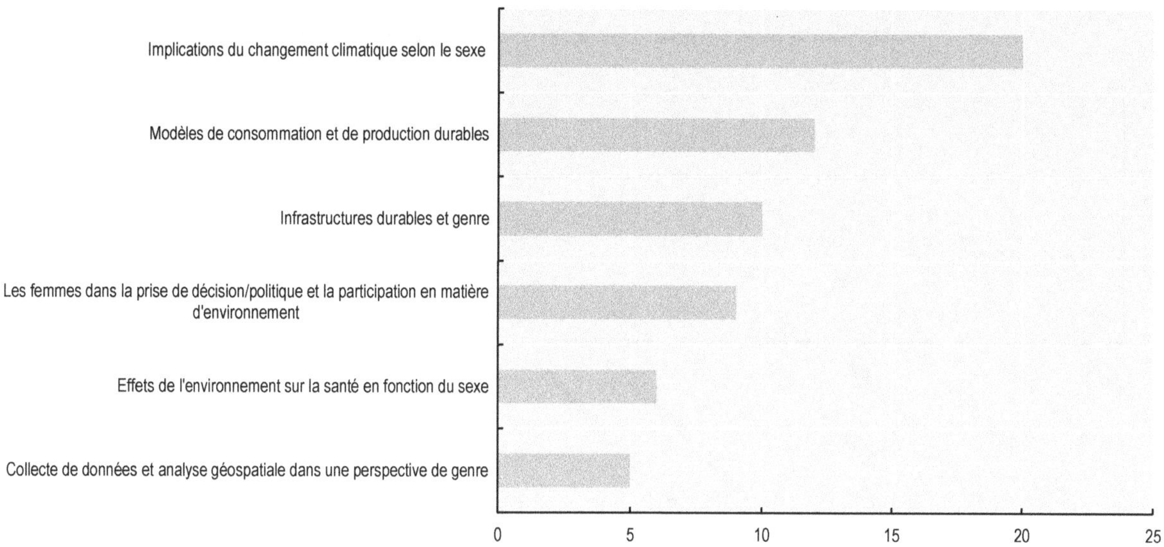

Note : classement établi sur la base du nombre de pays de l'OCDE ayant exprimé un intérêt pour chaque thème. Réponses ouvertes. Il n'avait pas été demandé aux pays de classer les différents thèmes possibles ou de leur accorder un degré de priorité. De même, ils pouvaient indiquer autant de thèmes qu'ils le souhaitaient. L'enquête a été lancée avant l'apparition du COVID-19 et, par conséquent, cette question n'a pas été abordée.
Source (OECD, 2020[75]) : enquête de l'OCDE sur l'Intégration des questions relatives à l'égalité femmes-hommes dans les politiques environnementales.

2.5.4. Soutenir les efforts de collecte de données par le biais de la coopération pour le développement

Les données ventilées par sexe sont essentielles pour renforcer les liens entre l'égalité femmes-hommes et l'environnement dans la coopération au développement. L'OCDE est en mesure de suivre l'aide publique au développement (APD) dédiée à l'environnement et à l'adaptation au changement climatique et à l'atténuation de ses effets, en mettant l'accent sur l'égalité entre les sexes et l'autonomisation des femmes et des filles. La dernière analyse des chiffres de l'APD a montré une hausse continue de l'aide bilatérale ventilable axée sur l'égalité entre les sexes et l'autonomisation des femmes, qui a atteint 45 % pour 2 018-19, la part la plus élevée atteinte à ce jour (GENDERNET, 2021[76]). Les chiffres, malgré cette augmentation, indiquent que plus de la moitié de l'aide bilatérale ventilable reste globalement insensible à la problématique femmes-hommes.

Si l'on examine de plus près la répartition sectorielle de l'APD totale axée sur l'égalité femmes-hommes, il apparaît clairement que la plupart des secteurs identifiés ont un lien avec l'environnement et pourraient bénéficier ou nuire aux résultats environnementaux. Par exemple, le secteur agricole, dont les femmes représentent la majorité (Asie de l'Est et Asie du Sud-Est) ou une part croissante de la main-d'œuvre, est un cas évident d'intégration d'une perspective associant l'égalité femmes-hommes et l'environnement. C'est également le cas de l'accent mis sur l'approvisionnement en eau et l'assainissement, ainsi que sur la protection générale de l'environnement ; deux domaines qui pourraient être étroitement liés aux progrès accomplis dans la réalisation de l'ODD 6 et de l'ODD 15, respectivement. D'autres domaines, comme l'accès à une énergie durable et abordable pour tous (ODD 7), nécessiteraient également un soutien supplémentaire. Malheureusement, l'APD bilatérale axée sur l'égalité femmes-hommes dans ces secteurs reste limitée (Graphique 2.14).

Graphique 2.14. APD bilatérale pour l'égalité femmes-hommes par secteur (part)

Moyenne par an 2018-19

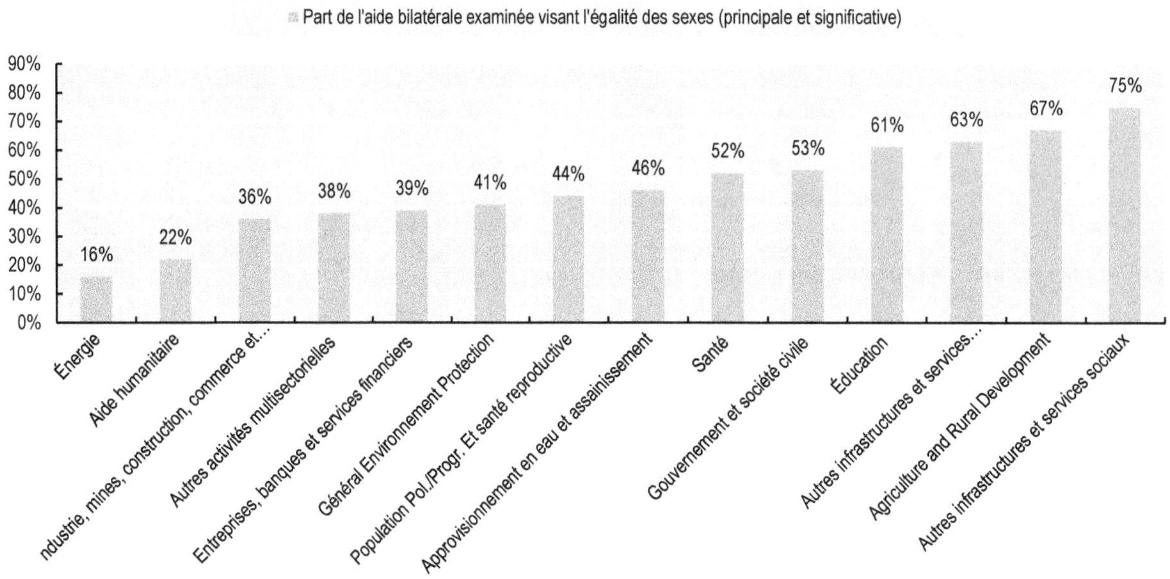

Source : (GENDERNET, 2021[76])

En outre, dans un rapport de 2019, la nécessité d'aligner le soutien à la coopération au développement sur les objectifs de l'Accord de Paris a été soulignée (OECD, 2019[77]). Selon ce rapport, même si 75 % des pays en développement ont estimé que les mesures d'adaptation doivent cibler prioritairement des secteurs comme l'agriculture, la sylviculture, la biodiversité et les écosystèmes, la santé et l'eau, le financement du développement n'a pas nécessairement suivi la même voie. Étant donné que certains de ces secteurs font une large place à la thématique de l'égalité femmes-hommes, ce serait une bonne occasion de travailler sur une approche intégrée.

2.5.5. Initiatives non gouvernementales de collecte de données sur les liens entre l'égalité femmes-hommes et l'environnement

Outre les rares données ventilées par sexe disponibles auprès des sources gouvernementales, des données sont actuellement produites par d'autres parties prenantes. Le caractère universel des ODD a conduit non seulement les organisations internationales et les gouvernements, mais également le secteur privé et la société civile à produire leurs propres données sexospécifiques ou environnementales (voir plus bas), ou à prendre conscience de l'insuffisance des données sur les liens entre l'égalité femmes-hommes et l'environnement (c'est par exemple le cas de Data2X, une ONG œuvrant en faveur de l'amélioration de la collecte des données sexospécifiques (Grantham, 2020[78])]. Les données produites par les citoyens pourraient jouer un rôle important dans le suivi et l'avancement du développement durable, car elles ont le potentiel de combler les insuffisances des rapports officiels en matière de données, et de faire ressortir les thématiques qui comptent le plus pour les citoyens [voir le cas de CGD aux Philippines (PARIS21, 2020[79])]. La transformation numérique et les nouvelles technologies facilitent la collecte de ces données. Même s'il faut se féliciter d'une telle surabondance d'informations, il convient également d'en vérifier la qualité et la cohérence d'un pays à l'autre. L'OCDE, en collaboration avec d'autres organisations internationales, pourrait jouer un rôle précieux dans l'examen et le filtrage de ces « mégadonneés », en permettant aux décideurs de les utiliser de manière systématique pour prendre des décisions.

Equal Measures 2030 utilise un système de notation pour marquer les progrès accomplis par les pays sur la voie de l'égalité femmes-hommes (Equal Measures 2030, 2019[80]). L'examen des différents indicateurs établis dans le cadre du SDG Gender Index, qui couvre 14 des 17 ODD, permet de comparer les performances des pays pour chacun des indicateurs identifiés. Toutefois, cet indice ne permet pas d'évaluer la progression de chaque pays vers la réalisation des ODD. Certains indicateurs couvrent également des problématiques en lien avec l'environnement, à savoir l'eau et l'assainissement (ODD 6) et le climat (ODD 13). L'indice couvre les ODD environnementaux relatifs à l'énergie (ODD 7), aux infrastructures (ODD 9) et aux villes (ODD 11). D'autres outils, à savoir la collecte de données et les études de cas, qui semblent étayer l'analyse fondée sur le système de notation, viennent étayer l'indice.

La Global Reporting Initiative (GRI), une organisation non gouvernementale, a établi des normes relatives à la publication d'informations sur le développement durable (Sustainability Reporting Standards). Ces normes sont suivies par de nombreuses grandes entreprises à travers le monde. Elles portent principalement sur les performances en matière de développement durable et sur la communication d'informations sur les sociétés. Les initiatives comme la GRI vont dans le bon sens, mais imposent des normes minimales de diffusion d'informations relativement faibles aux entreprises (GRI, 2020[81]). Par exemple, il n'existe pas de norme spécifique en matière d'égalité femmes-hommes, ni de notification conjointe concernant l'impact sur l'égalité femmes-hommes et le développement durable. La principale norme de la GRI concernant les femmes, la GRI 405 sur la diversité et l'égalité des chances, appelle à communiquer des informations sur la part des femmes travaillant dans l'entreprise, leur rémunération relative, et leur participation au plus haut niveau de gouvernance.

En ce qui concerne la publication d'informations relatives au climat, diverses organisations collectent et traitent ces données. CDP Global gère un système mondial de diffusion d'informations, dans lequel les entreprises, les investisseurs, ainsi que les villes et les régions, divulguent volontairement des informations relatives à leur activité et à leurs effets sur le climat, l'eau et la sylviculture (CPD, 2020[82]). Le Groupe de travail sur la publication d'informations financières relatives au climat (TCFD), une initiative de l'industrie établie par le Conseil de stabilité financière, a élaboré des recommandations volontaires sur la manière de mieux aligner les régimes de diffusion d'informations existants et d'améliorer la communication d'informations sur le climat. Le degré d'engagement dans la mise en œuvre de la recommandation du Groupe de travail sur la publication d'informations financières relatives au climat (TCFD) et les objectifs d'égalité femmes-hommes varient d'une entreprise à l'autre, mais ils deviennent de plus en plus courants (OECD, 2018[83]). Selon le rapport de mise en œuvre 2019 du Groupe de travail sur la publication d'informations financières relatives au climat, le nombre d'entreprises qui appliquent (partiellement) ces recommandations est en constante augmentation (Quarles, 2019[84]). Toutefois, aucun lien particulier n'est établi avec l'impact sexospécifique du changement climatique.

Certaines initiatives en matière de publication d'informations (la GRI offrant de nouveau un exemple pertinent) semblent améliorer les débouchés économiques pour les femmes, qui voient leur taux d'activité augmenter. Toutefois, une approche de l'autonomisation économique ne tenant pas compte des difficultés auxquels les femmes sont susceptibles d'être confrontées lorsqu'elles ne disposent pas des infrastructures physiques et sociales nécessaires ni du soutien de leur famille, peut en réalité nuire à leur bien-être. Par exemple, les femmes actives sont plus souvent en charge des enfants et des personnes âgées que les hommes, ainsi que des tâches domestiques, et leurs habitudes de déplacement sont souvent différentes de celles des hommes actifs. Afin de mettre femmes et hommes sur un pied d'égalité en termes de participation à la vie active, il convient de répondre à leurs besoins spécifiques en ce qui concerne la fréquence des transports publics en dehors des heures de pointe, par exemple.

Une meilleure compréhension des facteurs qui influencent les comportements individuels en matière de déplacements peut mettre en évidence les préférences et les attitudes, permettre de mieux appréhender les habitudes de déplacement, améliorer la planification des transports, aider à anticiper les futurs besoins et services d'infrastructure et à mieux concevoir et mettre en œuvre des politiques de transport durables et inclusives répondant à différents objectifs environnementaux. Il faudrait également recueillir des données ventilées par sexe sur la main-d'œuvre dans les secteurs à prédominance masculine et mieux les comprendre, afin d'accroître l'égalité femmes-hommes et de garantir une représentation adéquate des besoins des femmes.

2.6. Intégration limitée des liens entre l'égalité femmes-hommes et l'environnement dans les décisions des pouvoirs publics

Avant de se pencher sur chacun des neuf ODD « environnementaux » (chapitres 6 à 14), la présente section examine dans quelle mesure les politiques et réglementations environnementales actuelles, les politiques à l'échelle de l'ensemble de l'administration, y compris la fiscalité et la budgétisation, et les politiques internationales (coopération au développement, commerce et investissement) intègrent la problématique femmes-hommes. L'analyse se concentre principalement sur les pays de l'OCDE, et se réfère à la littérature existante sur les pays en développement. Il convient de noter qu'au-delà de l'introduction de politiques tenant compte des différences entre les sexes, il est également nécessaire de suivre leur mise en œuvre et efficacité. Compte tenu des multiples facettes de l'approche sexospécifique - y compris l'autonomisation des femmes et des filles - il est essentiel de mesurer l'efficacité des mesures adoptées.

2.6.1. Politique de l'environnement

Au niveau mondial, la problématique femmes-hommes est plus ou moins intégrée dans les stratégies et politiques environnementales. Depuis la Conférence des Nations unies sur l'environnement et le développement (CNUED), qui s'est tenue en 1992 à Rio de Janeiro, les forums internationaux sur l'environnement prêtent davantage attention aux aspects sexospécifiques. La problématique femmes-hommes faite désormais partie intégrante de plusieurs plateformes, comme la Convention sur la diversité biologique (CDB), la Convention des Nations Unies sur la lutte contre la désertification (CNULCD) et la Convention-cadre des Nations unies sur les changements climatiques (CCNUCC). De nombreux stratégies environnementales et plans d'action climatiques à l'échelle nationale encouragent l'intégration de cette problématique. Le PNUE souligne en particulier les cas du Cambodge et du Rwanda (UN Environment, 2016[85]). La réduction de la vulnérabilité sexospécifique fait partie des principes directeurs du Plan stratégique sur le changement climatique du Cambodge (2014-23). Au Rwanda, les questions de pauvreté, d'égalité femmes-hommes, d'environnement et de changement climatique ont été intégrées avec succès dans la stratégie nationale de développement économique et de réduction de la pauvreté, en alignant ces objectifs sur son cycle budgétaire. Grâce à ces efforts et à l'appui financier extérieur, le budget agricole du Rwanda a bondi de 26.3 % entre 2009 et 2011, alors que ses dépenses moyennes en matière d'environnement et de changement climatique sont passées de 0.4 % du PIB en 2005-2008 à 2.8 % en 2008-2012 (UN Environment, 2016[85]).

Selon l'enquête 2019 de l'OCDE sur l'Intégration des questions relatives à l'égalité femmes-hommes dans les politiques environnementales, la majorité des pays de l'OCDE disposent d'une stratégie, d'un plan d'action ou d'un ensemble de principes nationaux en matière d'égalité femmes-hommes qui s'appliquent horizontalement et nécessitent l'intégration de la problématique femmes-hommes dans l'ensemble des politiques. Dans au moins 18 pays de l'OCDE, l'autorité nationale en charge de l'environnement contribue à la mise en œuvre de la stratégie en faveur de l'égalité femmes-hommes. Cela passe généralement par la collecte de données ventilées, une analyse sexospécifique et la participation aux structures de gouvernance en faveur de l'intégration de l'égalité femmes-hommes dans l'administration publique. Dix-neuf pays de l'OCDE affirment tenir compte des aspects sexospécifiques dans l'élaboration des politiques environnementales, soit systématiquement, soit occasionnellement. Les questions de parité et d'autonomisation des femmes sont le plus souvent intégrées dans les politiques relatives au changement climatique, aux emplois et à l'entrepreneuriat verts, y compris dans les secteurs agricole et forestier, ainsi qu'à la participation et au leadership des femmes dans la prise de décision relative aux questions en lien avec l'environnement (Graphique 2.15) (OECD, 2020[75]).

Graphique 2.15. Cartographie des politiques environnementales ou liées à l'environnement intégrant l'égalité femmes-hommes dans les pays de l'OCDE

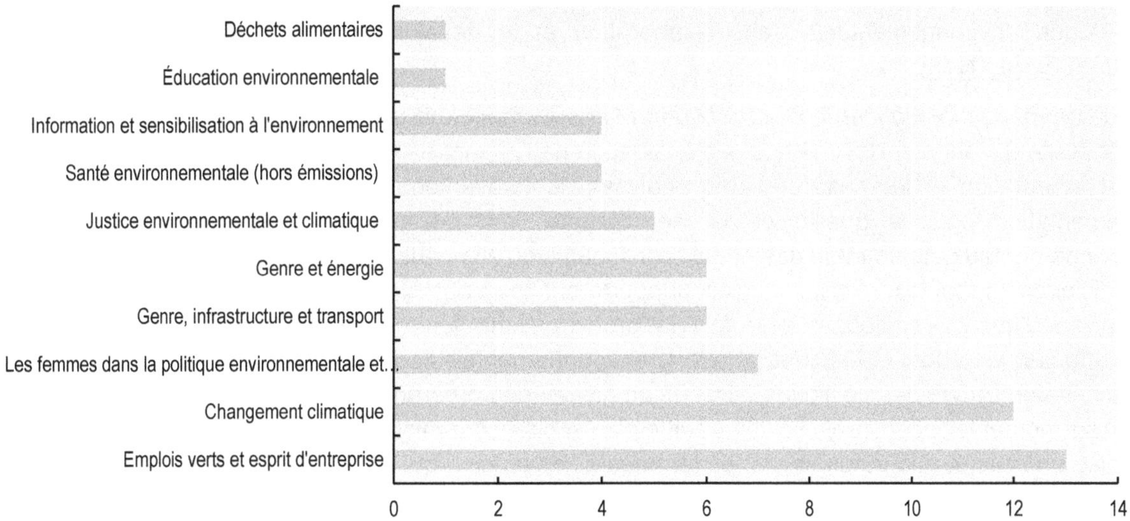

Source : propres recherches des auteurs fondées sur les réponses à l'enquête de l'EPOC sur l'intégration dans les politiques environnementales.

En Espagne, les problématiques de l'intégration de l'égalité femmes-hommes et de l'autonomisation des femmes sont prises en compte dans les politiques et mesures adoptées par le ministère de la Transition écologique et du Défi démographique. En particulier, en vertu de son Cadre stratégique sur l'énergie et le climat, l'Espagne progresse dans la mise en œuvre d'une stratégie de transition juste, visant à maximiser les possibilités d'emploi dans le cadre de la transition vers une économie durable et à faible émission de carbone. Cette stratégie vise notamment à garantir l'égalité des chances par des mesures en faveur de l'égalité femmes-hommes dans les emplois verts (OECD, 2020[75]). Au Mexique, le ministère de l'Environnement et des Ressources naturelles (SEMARNAT), conformément au Plan national de développement 2019-2024, encourage les programmes de développement durable dans le cadre des droits humains et de l'égalité femmes-hommes, tant au niveau national qu'international. Le leadership des femmes dans la revitalisation des communautés et la gestion des ressources naturelles est une priorité majeure. Parallèlement, le Programme national du Mexique en faveur de l'égalité femmes-hommes met l'accent sur des actions de fond visant à intégrer la problématique femmes-hommes dans les instruments d'action relatifs au changement climatique, ainsi qu'à répondre aux besoins des femmes et à renforcer leur capacité de leadership et de négociation (OECD, 2020[75]). L'Agence suédoise de protection de l'environnement a adopté une optique sexospécifique lorsqu'elle a aidé les chômeurs ainsi que les nouveaux arrivants en Suède (anciens réfugiés) à travailler dans le secteur forestier en 2018 (OECD, 2020[75]).

2.6.2. Analyses d'impact de la réglementation

Un nombre croissant de pays de l'OCDE intègrent l'impact des politiques proposées sur l'égalité femmes-hommes dans leurs études d'impact de la réglementation (Deighton-Smith, Erbacci and Kauffmann, 2016[86]). Parallèlement, beaucoup d'autres ont déjà intégré les considérations environnementales dans leurs analyses d'impact de la réglementation, notamment celles traitant des préoccupations liées au changement climatique (Jacob et al., 2011[87]). Différents outils sont en cours d'élaboration pour garantir une évaluation non marchande ou subjective du bien-être (OECD, 2018[88]).

De même, les études d'impact sur l'environnement sont déjà très répandues dans les pays de l'OCDE. Elles intègrent la dimension environnementale dans la prise de décision relative aux projets. Dans certains cas, elles peuvent s'avérer très utiles dans le cadre des analyses d'impact de la réglementation. L'OCDE a adopté en 1979 *une Recommandation concernant l'évaluation des projets ayant des incidences sensibles sur l'environnement*. Cette recommandation a été modifiée en novembre 2019, afin d'intégrer les études environnementales dans l'élaboration et le développement des plans et programmes [OECD/LEGAL/0172].

La *Recommandation concernant la politique et la gouvernance réglementaires* en date de 2012 souligne la nécessité d'« adopter des méthodes d'évaluation de l'impact ex ante proportionnées à l'importance de la réglementation et leur associer des analyses coûts-avantages élargies aux conséquences de la réglementation pour la qualité de la vie, compte tenu de ses effets économiques, sociaux et environnementaux, notamment des effets redistributifs qu'elle peut avoir au fil du temps, en précisant les bénéficiaires probables et ceux qui en supporteront les coûts » (OECD, 2012[89]). Un cadre intégré d'analyse d'impact, englobant à la fois la problématique femmes-hommes/les jeunes, les groupes autochtones ou autres, et les considérations environnementales aux différents stades de l'élaboration et de la mise en œuvre des politiques, ainsi qu'au niveau des programmes et des projets, contribuerait à la fois à surmonter les effets préjudiciables sur le plan socio-économique et environnemental lors de la phase de mise en œuvre, et à autonomiser les femmes et les jeunes, qui ne seraient pas exclus du processus. Un modèle d'étude d'impact sur le développement durable a été analysé par le passé au sein de l'OCDE, en tenant compte à la fois des questions sexospécifiques, sociales et environnementales (OECD, 2010[90]). Ce modèle pourrait être complété afin de garantir une approche holistique et intégrée.

Dans la pratique, rares sont les pays à intégrer les liens entre l'égalité femmes-hommes et l'environnement dans les analyses d'impact de la réglementation. La Belgique a recours à des analyses d'impacts de la réglementation ex ante, en y intégrant une optique de développement durable. Ces analyses comportent plus de 20 thématiques, les 4 principales étant l'égalité femmes-hommes, les petites et moyennes entreprises, la charge administrative et la cohérence des politiques au service du développement durable. Depuis 2013, les analyses d'impact de la réglementation sont effectuées dans une optique de développement durable, intégrant les thématiques de l'égalité femmes-hommes, des PME et de la cohérence des politiques au service du développement durable. Les analyses d'impact de la réglementation sont obligatoires pour l'ensemble des textes législatifs et réglementaires, y compris ceux portant sur l'environnement.

2.6.3. Fiscalité et politiques budgétaires

Pour que les besoins et les intérêts des femmes et des filles soient mieux pris en compte dans les politiques futures, l'OCDE plaide en faveur d'une allocation des ressources et d'une budgétisation tenant compte de la problématique femmes-hommes (Downes and Nicol, 2020[91]); (Downes, von Trapp and Nicol, 2017[92]). En outre, dans la mesure où la procédure budgétaire concerne l'ensemble du gouvernement, l'intégration d'une dimension sexospécifique contribuerait à influencer l'élaboration des politiques de manière horizontale (Downes and Nicol, 2020[91]). Il en va de même pour la « budgétisation verte ». Le Projet collaboratif de Paris sur les budgets verts, lancé lors du One Planet Summit de 2017, évalue la cohérence des processus nationaux de dépenses et de recettes avec les objectifs environnementaux internationaux.

L'impact environnemental négatif et les inégalités entre les sexes vont souvent de pair dans le domaine des impôts et des dépenses publiques. Par exemple, les subventions accordées à l'énergie d'origine fossile et à d'autres secteurs ayant un impact environnemental important, comme l'exploitation minière et la fabrication de produits chimiques, peuvent aggraver les inégalités entre femmes et hommes, car la main-d'œuvre est majoritairement masculine dans ces secteurs (OECD.Stat, n.d.[93]). De même, les hommes sont plus exposés aux substances dangereuses et toxiques utilisées dans ces secteurs.

Les gouvernements de l'OCDE subventionnent différents secteurs à coups de centaines de milliards, et une grande partie de cette aide est potentiellement préjudiciable pour l'environnement. Malgré une évolution à la baisse à compter de 2013, une hausse des subventions aux combustibles fossiles a été enregistrée pour la première fois en 2019 dans les économies de l'OCDE et du G20, s'établissant à 178 milliards USD, tandis que les aides gouvernementales aux combustibles fossiles combinées ont été estimées à 478 milliards USD par l'Agence internationale de l'énergie (AIE) et l'OCDE (OECD, 2020[94]). Le COVID-19 et les prix des combustibles sont susceptibles d'entraîner une hausse des subventions publiques aux combustibles fossiles et aux industries dépendantes des combustibles fossiles (OECD, 2020[94]). En outre, pour mieux évaluer les effets des subventions néfastes sur l'environnement (OECD, 2005[95]), les pouvoirs publics doivent tenir compte des aspects redistributifs, notamment de l'impact par sexe (voir section 11.6).

Des analyses plus récentes de l'OCDE montrent que la taxation de la consommation d'énergie a des effets redistributifs différents sur les ménages, en fonction de leurs caractéristiques sociodémographiques comme le revenu, la taille, l'âge, le lieu de résidence, etc. (Flues and Thomas, 2015[96]). Le risque d'accessibilité à l'énergie dépend aussi du niveau de revenu et de la consommation des ménages, et varie en fonction du système fiscal mis en place (Flues and van Dender, 2017[97]). Ces considérations devraient être analysées de façon plus granulaire afin d'inclure la problématique femmes-hommes, puis utilisées pour mettre en place des mécanismes nationaux de redistribution.

La budgétisation sexospécifique, à savoir l'intégration de la problématique femmes-hommes dans l'établissement des budgets, est une pratique de plus en plus courante mise en œuvre par les pays tant au niveau national qu'infranational, pour veiller à ce que les problématiques des femmes et des filles soient systématiquement prises en compte dans l'élaboration des politiques et l'allocation des ressources. Environ la moitié des pays de l'OCDE déclarent avoir mis en place une budgétisation sexospécifique, avoir l'intention de la mettre en place ou envisager activement de l'adopter (Downes, von Trapp and Nicol, 2017[92]). La problématique femmes-hommes est principalement prise en compte lors de la préparation du budget, par le biais d'analyses d'impact, de l'allocation de ressources et de la définition de performances (OECD, 2018[98]).

Les gouvernements ont également recours à la budgétisation écologique ou « verte », qui est un moyen d'enregistrer et de transmettre les progrès des pouvoirs publics vis-à-vis des objectifs environnementaux par le biais des procédures budgétaires. Il s'agit d'une étape d'une importance cruciale pour réaliser l'un des objectifs au cœur de l'Accord de Paris sur le changement climatique, mais aussi des objectifs d'Aichi pour la biodiversité et des ODD – aligner les cadres d'action nationaux et les flux financiers sur une trajectoire menant à de faibles émissions de gaz à effet de serre et à un développement écologiquement durable.

La budgétisation sexospécifique et la budgétisation verte pourraient être réunies au sein d'un processus de « budgétisation axée sur les ODD » ou de « budgétisation axée sur le bien-être ». Une telle approche pourrait garantir l'intégration des liens entre l'égalité femmes-hommes et l'environnement dans la procédure budgétaire. Elle ouvrirait également la voie à l'intégration de tous les ODD. La Nouvelle-Zélande et certains pays européens avancent à grand pas sur cette voie (voir Encadré 2.4). Certains pays d'Afrique, comme l'Ouganda et le Rwanda, ont également réalisé des progrès notables à cet égard (Stotsky et al., 2016[99]). La manière dont les pouvoirs publics choisiront de dépenser leur argent sera décisive pour la réalisation de ces engagements. La marge de progression est immense, surtout compte tenu du décalage existant entre les ODD et les pratiques actuelles en matière de dépenses publiques et de fiscalité.

Encadré 2.4. Alignement des pratiques budgétaires sur les ODD

Les pays de l'OCDE appliquent de plus en plus les principes de budgétisation sexospécifique et de budgétisation verte. Comme son nom l'indique, la budgétisation sexospécifique vise à promouvoir l'égalité femmes-hommes et l'autonomisation des femmes et des filles dans toutes les catégories de dépenses publiques, en s'appuyant sur une stratégie ou une politique à l'échelle de toute l'administration. Plus de la moitié des pays membres de l'OCDE ont mis en place une budgétisation sexospécifique.

La budgétisation verte implique l'intégration des objectifs climatiques et des objectifs environnementaux plus généraux à la procédure budgétaire. À l'instar de la budgétisation sexospécifique, elle nécessite une approche à l'échelle de toute l'administration, mobilisant les différents ministères qui supervisent les dépenses ayant un impact sur l'environnement. Alors que la budgétisation sexospécifique et la budgétisation verte gagnent en popularité, quelques pays ont cherché à intégrer efficacement ces deux approches. Les exemples ci-dessous montrent les efforts déployés pour intégrer les liens entre l'égalité femmes-hommes et l'environnement dans les pratiques budgétaires.

Budgétisation axée sur le bien-être en Nouvelle-Zélande

La Nouvelle-Zélande est le premier pays du monde à établir un budget du bien-être. Depuis 2019, elle utilise des données relatives au bien-être, et intègre des considérations liées au bien-être dans l'outil d'analyse coûts-avantages du ministère néo-zélandais des Finances, afin de faciliter la définition des priorités budgétaires. Les autorités nationales sont encouragées à soumettre des propositions quantifiables pour les initiatives élaborées dans le cadre d'un processus collaboratif. Ces initiatives sont évaluées par le cadre de mesure du niveau de vie (Living Standards Framework) de la Nouvelle-Zélande et son tableau de bord, qui fournit un ensemble d'indicateurs et d'analyses relatifs au bien-être, répartis dans trois sections – « Notre pays », « Notre population » et « Notre avenir ». La section « Notre avenir » est subdivisée en quatre catégories : capital naturel ; capital humain ; capital social ; capital financier et physique. La section « Notre pays » décrit la répartition du bien-être entre 12 catégories pour différents groupes de population, en s'appuyant sur des caractéristiques comme le sexe, l'âge, l'origine ethnique, le type de famille, la région, le temps de travail et le désavantage social du lieu de résidence. Des données ventilées par sexe sont collectées lorsqu'elles sont disponibles. En outre, le LSF est cohérent avec les ODD, même si les deux cadres servent des objectifs différents. L'approche du LSF permet de mieux comprendre les interactions entre les choix politiques potentiels, et d'évaluer les avantages en termes de bien-être de la même manière que les coûts budgétaires.

Le tableau de bord du LSF néo-zélandais a été récemment mis à jour et comprend désormais des indicateurs environnementaux plus nombreux ou révisés. Le budget du bien-être de la Nouvelle-Zélande pour 2020 donne la priorité à la transition vers une économie à faibles émissions de carbone.

Budgétisation sexospécifique en Irlande

L'Irlande met en œuvre depuis 2017 une budgétisation sexospécifique, en s'appuyant sur le cadre existant de budgétisation axée sur la performance. Différents départements envisagent la budgétisation axée sur la performance à travers le prisme de l'égalité femmes-hommes, en fixant des objectifs spécifiques et en améliorant la collecte de données sur les performances. La budgétisation sexospécifique ne couvre pas uniquement la question de l'égalité femmes-hommes, ce qui a pour effet de disperser l'attention et de causer des problèmes lors de la phase de mise en œuvre et de suivi des performances du budget. L'Irlande procède également à d'autres réformes budgétaires et s'oriente vers une budgétisation verte et axée sur les ODD, en étiquetant et en suivant les dépenses visant à améliorer les résultats environnementaux ou à soutenir la mise en œuvre des ODD. Une approche cohérente et intégrée de la budgétisation sexospécifique, verte et axée sur les ODD devrait être envisagée, car elle pourrait contribuer à améliorer l'élaboration des politiques en Irlande.

Source : (OECD, 2019[100]); (New Zealand. Treasury, 2019[101]); (Pinar, n.d.[102])

Le Canada procède également à l'intégration des liens entre l'égalité femmes-hommes et l'environnement dans les politiques budgétaires, en appliquant « l'Analyse comparative entre les sexes plus » (ACS+) à toutes les décisions des pouvoirs publics relatives à la fiscalité, à la budgétisation et aux dépenses, à l'échelle nationale et internationale, dans tous les secteurs stratégiques, y compris les infrastructures (Government of Canada, 2020[103]). Grâce à cet outil analytique inclusif, le Canada évalue comment différents groupes (fondés sur le sexe, la race, l'origine ethnique, l'âge, le handicap, etc.) peuvent maximiser les retombées positives et relever les défis identifiés. L'outil ACS+ est intégré dans les politiques relatives au changement climatique, et les Mesures internationales du Canada sur les changements climatiques prennent en compte la problématique femmes-hommes dans la conception, la prise de décision et la mise en œuvre des projets (Government of Canada, 2019[104]).

2.6.4. Politiques de coopération pour le développement

Les agences de coopération au développement des pays membres du CAD se concentrent depuis longtemps sur l'intégration de l'environnement et du changement climatique, ainsi que de la problématique femmes-hommes, dans la coopération au développement et les programmes de développement. Bien que les interactions entre la problématique femmes-hommes et l'environnement soient reconnues dans une certaine mesure, comme celles entre l'impact du changement climatique sur les femmes et l'égalité femmes-hommes dans les pays en développement, seuls quelques membres du CAD, à savoir la Suède et l'Irlande, semblent avoir pris en compte l'égalité femmes-hommes et l'environnement de manière holistique dans leurs politiques et leurs programmes.

L'Agence suédoise de développement (SIDA) procède à une analyse tenant compte des disparités entre les sexes dans le cadre de tous ses programmes et projets environnementaux mis en œuvre dans les pays en développement. Les domaines pris en compte sont l'exposition aux produits chimiques et à la pollution, la participation à la gestion des déchets, l'accès aux ressources en eau et en énergie et leur gestion, la participation à l'agriculture et à la pêche, et la participation à la gestion forestière. En appliquant la boîte à outils pour l'égalité femmes-hommes (Gender Toolbox) de la SIDA dans le cadre des travaux environnementaux, les experts en développement font l'inventaire des possibilités et des difficultés, et évaluent l'impact de leur approche selon le sexe. Ils recueillent également des données ventilées par sexe qui leur permettent de mesurer l'impact de l'action publique. Enfin, ils s'engagent localement auprès des femmes et des jeunes filles, en apportant un soutien financier aux entrepreneuses et aux travailleuses des secteurs liés à l'environnement (SIDA, 2016[105]).

2.6.5. Politiques commerciale et d'investissement

Les politiques commerciales internationales intègrent peu à peu les considérations relatives à l'égalité femmes-hommes, non seulement du point de vue des femmes participant aux chaînes de valeur mondiales ou consommant des produits finis importés, mais aussi en intégrant les considérations relatives à l'égalité femmes-hommes dans les accords commerciaux (Monteiro, 2018[106]); (Korinek, Moïsé and Tange, 2021[107]). Une analyse récente de l'OCDE montre que la problématique femmes-hommes est abordée dans les accords commerciaux, soit par le biais de dispositions ambitieuses réaffirmant les engagements des parties en matière d'égalité entre les sexes, soit par des dispositions sensibles à la problématique femmes-hommes, comme des mesures de discrimination positive, malgré leurs effets restrictifs sur le commerce (Korinek, Moïsé and Tange, 2021[107]). Lorsque des dispositifs de protection sont en place, ils sont généralement liés aux normes du travail existantes ou à la mise en œuvre de politiques et de pratiques en faveur de l'égalité entre les sexes, comme les Principes directeurs de l'OCDE à l'intention des entreprises multinationales. Mais dans tous les cas, les possibilités d'application de ces dispositions sont limitées, car elles sont rarement soumises à des mécanismes de règlement des litiges.

Les clauses relatives à l'environnement sont intégrées progressivement aux accords commerciaux, à un rythme plus soutenu que les clauses relatives à l'égalité femmes-hommes. En fait, les références aux dispositions environnementales ont considérablement augmenté. Alors qu'en moyenne, 30 % des accords commerciaux régionaux comportaient de telles références en 2007, c'était le cas de 70 % d'entre eux en 2012 (George, 2014[108]). En suivant une typologie différente sur les dispositions environnementales, (WTO, 2016[109]) identifie un pourcentage encore plus important d'accords commerciaux régionaux comportant des dispositions environnementales, qui peut atteindre 97 % en 2015 (WTO, 2016[109]). Dans ces deux analyses, la coopération environnementale occupe une place éminente en tant que disposition environnementale de fond.

La problématique femmes-hommes n'est intégrée aux accords environnementaux que dans de rares cas. Selon l'analyse de (Monteiro, 2018[106]), 34 accords commerciaux relatifs au vaste domaine du développement durable (qui ne se limite pas aux questions environnementales) contiennent des références à l'égalité entre les sexes et à l'autonomisation des femmes. Le nombre d'accords environnementaux comportant de telles références est encore plus faible (Monteiro, 2018[106]).

Les efforts internationaux visant à promouvoir l'égalité femmes-hommes et les objectifs environnementaux dans les politiques d'investissement – et plus généralement dans les codes de conduite du secteur privé – ont également tendance à appliquer ces deux critères séparément, sans examiner de manière systématique les interactions possibles. C'est le cas des Principes directeurs de l'OCDE à l'intention des entreprises multinationales, qui n'abordent pas spécifiquement les liens entre l'égalité femmes-hommes et l'environnement dans leur cadre (voir Encadré 2.5).

Encadré 2.5. Promouvoir un comportement responsable des entreprises tout au long des chaînes d'approvisionnement

Les Principes directeurs de l'OCDE à l'intention des entreprises multinationales (les Principes directeurs) invitent les entreprises à éviter de créer ou de contribuer à une incidence négative à travers leurs activités, et à chercher à prévenir et à atténuer les effets négatifs dans leurs chaînes d'approvisionnement. Les Principes directeurs comportent différents chapitres, dont un relatif aux droits humains et un autre relatif à l'emploi et aux relations professionnelles, qui examinent les questions liées à l'égalité entre les sexes et à l'autonomisation des femmes. Ils comptent également un chapitre distinct sur l'environnement. Ces Principes directeurs ne prennent pas spécifiquement en compte les interactions entre les critères sexospécifiques et les critères environnementaux.

Dans le cadre de son travail de promotion des Principes directeurs, l'OCDE a élaboré des guides sur l'exercice du devoir de diligence tout au long de la chaîne d'approvisionnement dans un certain nombre de secteurs, et notamment des recommandations spécifiques en faveur du bien-être des femmes. En particulier, les guides à l'intention du secteur de l'habillement et de la chaussure traitent du harcèlement sexuel et de la violence sexuelle et sexiste sur le lieu de travail, et comprennent des recommandations sur l'intégration de la problématique femmes-hommes dans les approches des entreprises en matière de devoir de diligence. Le guide relatif aux chaînes d'approvisionnement en minerais traite de la violence sexuelle et du travail des enfants, très répandus. À cet égard, si la plupart des emplois dans les grandes sociétés minières sont occupés par des hommes, quelque 30 % des mineurs artisanaux dans le monde sont des femmes. L'agriculture compte également un pourcentage élevé de main-d'œuvre féminine ; le guide relatif aux chaînes d'approvisionnement agricoles invite les entreprises à mettre fin à la discrimination à l'égard des femmes, et à renforcer leur participation à la prise de décision, ainsi que leur accès aux ressources naturelles et leur contrôle de ces dernières.

En vertu des Principes directeurs, les Adhérents (48) sont tenus de nommer des points de contact nationaux (PCN), dont le rôle est de promouvoir les Principes directeurs et de garantir leur mise en œuvre (notamment en ce qui concerne les normes en matière d'environnement, de travail et de droits humains).

Certains pays ont également instauré une législation visant à garantir que les entreprises contrôlent plus étroitement leurs chaînes d'approvisionnement. La loi du Royaume-Uni sur l'esclavage moderne, la section 3017 du Tariff Act des États-Unis et la loi californienne sur la transparence des chaînes d'approvisionnement définissent toutes des critères de transparence des chaînes d'approvisionnement. En France, les chaînes d'approvisionnement sont obligatoirement soumises à un devoir de diligence, conformément aux Principes directeurs de l'OCDE à l'intention des entreprises multinationales, et les grandes entreprises doivent publier des programmes de diligence raisonnable dans les domaines des droits humains et des risques sociaux et environnementaux. En 2014, l'UE a adopté une directive relative à la publication d'informations non financières et d'informations relatives à la diversité par certaines grandes entreprises cotées en Bourse. Aucune de ces initiatives nationales et régionales ne traite directement des liens entre l'égalité femmes-hommes et l'environnement.

Références

Azcona, G. et al. (2020), *From Insights to Action - Gender Equality in the Wake of COVID-19*, UN Women, https://www.unwomen.org/-/media/headquarters/attachments/sections/library/publications/2020/gender-equality-in-the-wake-of-covid-19-en.pdf?la=en&vs=5142 (accessed on 5 April 2021). [8]

Bonewit, A. and R. Shreeves (2015), *The Gender Dimension of Climate Justice In-Depth Analysis*, http://www.europarl.europa.eu/supporting-analyses. [34]

Breschi, S., J. Lassébie and C. Menon (2018), "A portrait of innovative start-ups across countries", *OECD Science, Technology and Industry Working Papers*, No. 2018/2, OECD Publishing, Paris, https://dx.doi.org/10.1787/f9ff02f4-en. [28]

C3E International (2019), *STATUS REPORT ON GENDER EQUALITY IN THE ENERGY SECTOR MAPPING GENDER DIVERSITY IN THE ENERGY SECTOR.* [47]

Carlsson-Kanyama, A., A. Lindén and Å. Thelander (1999), "Insights and applications gender differences in environmental impacts from patterns of transportation - A case study from Sweden", *Society and Natural Resources*, Vol. 12/4, pp. 355-369, http://dx.doi.org/10.1080/089419299279641. [46]

Chamberlain, G. (2017), "Why climate change is creating a new generation of child brides", *The Guardian*. [6]

Cohen, G. and M. Shinwell (2020), "How far are OECD countries from achieving SDG targets for women and girls? : Applying a gender lens to measuring distance to SDG targets", *OECD Statistics Working Papers*, No. 2020/02, OECD Publishing, Paris, https://dx.doi.org/10.1787/17a25070-en. [62]

CPD (2020), *CPD.net*, https://www.cdp.net/en (accessed on 25 May 2020). [82]

Deighton-Smith, R., A. Erbacci and C. Kauffmann (2016), "Promoting inclusive growth through better regulation: The role of regulatory impact assessment", *OECD Regulatory Policy Working Papers*, No. 3, OECD Publishing, Paris, https://dx.doi.org/10.1787/5jm3tqwqp1vj-en. [86]

Downes, R. and S. Nicol (2020), "Designing and implementing gender budgeting – a path to action", *OECD Journal on Budgeting*, https://dx.doi.org/10.1787/689198fa-en. [91]

Downes, R., L. von Trapp and S. Nicol (2017), "Gender budgeting in OECD countries", *OECD Journal on Budgeting*, https://dx.doi.org/10.1787/budget-16-5jfq80dq1zbn. [92]

D'souza, D. (2018), *100 Years of Women in the House of Commons*, https://pudding.cool/2018/07/women-in-parliament/. [36]

ECOSOC (2013), *Gender statistics Report of the Secretary-General*, Statistical Commission of the United Nations Economic and Social Council. [66]

Equal Measures 2030 (2019), *Harnessing the Power of Data for Gender Equality: Introducing the 2019 EM2030 SDG Gender Index*, https://data.em2030.org/2019-sdg-gender-index/key-findings/. [80]

FAO (2020), *Global proportion of fish stocks within biologically sustainable levels*, http://www.fao.org/sustainable-development-goals/indicators/1441/en/ (accessed on 27 May 2020). [53]

Ferrant, G. and A. Thim (2019), "Measuring women's economic empowerment: Time use data and gender inequality", *OECD Development Policy Papers*, No. 16, OECD Publishing, Paris, https://dx.doi.org/10.1787/02e538fc-en. [26]

Flues, F. and A. Thomas (2015), "The distributional effects of energy taxes", *OECD Taxation Working Papers*, No. 23, OECD Publishing, Paris, https://dx.doi.org/10.1787/5js1qwkqqrbv-en. [96]

Flues, F. and K. van Dender (2017), "The impact of energy taxes on the affordability of domestic energy", *OECD Taxation Working Papers*, No. 30, OECD Publishing, Paris, https://dx.doi.org/10.1787/08705547-en. [97]

GENDERNET (2021), *Development Finance for Gender Equality and Women's Empowerment: A 2021 Snapshot*, OECD DAC Network on Gender Equality, https://www.oecd.org/development/gender-development/Development-finance-for-gender-equality-2021.pdf (accessed on 6 April 2021). [76]

George, C. (2014), "Environment and Regional Trade Agreements: Emerging Trends and Policy Drivers", *OECD Trade and Environment Working Papers*, No. 2014/2, OECD Publishing, Paris, https://dx.doi.org/10.1787/5jz0v4q45g6h-en. [108]

Government of Canada (2020), *Gender-Based Analysis Plus*, https://cfc-swc.gc.ca/gba-acs/index-en.html#what (accessed on 11 February 2020). [103]

Government of Canada (2019), *Departmental Plan 2019 to 2020, supplementary tables, Environment and Climate Change Canada, Chapter 4*, http://Departmental Plan 2019 to 2020, supplementary tables, Environment and Climate Change Canada, chapter 4. [104]

Grantham, K. (2020), *Mapping Gender Data Gaps: An SDG Era Update*, https://data2x.org/resource-center/mappinggenderdatagaps/. [78]

GRI (2020), *Global Reporting Initiative. GRI Sustainability Reporting Standards*, https://www.globalreporting.org/Pages/default.aspx (accessed on 2 June 2020). [81]

Halabisky, D. (2018), "Policy Brief on Women's Entrepreneurship", *OECD SME and Entrepreneurship Papers*, No. 8, OECD Publishing, Paris, https://dx.doi.org/10.1787/dd2d79e7-en. [27]

Hossain, M. et al. (2017), "Women in the boardroom and their impact on climate change related disclosure", *Social Responsibility Journal*, Vol. 13/4, pp. 828-855, http://dx.doi.org/10.1108/SRJ-11-2016-0208. [45]

IDMC (2019), *2019 Global Report on International Displacement*, International Displacement Monitoring Centre. [54]

IEA (2020), *Universal Access to Electricity*, https://www.iea.org/reports/sdg7-data-and-projections/access-to-electricity#abstract (accessed on 27 May 2020). [51]

ILO (2020), *COVID-19 and the world of work: Impact and policy responses*, International Labour Organisation, https://gisanddata.maps.arcgis.com/apps/opsdashboard/index.html#/bda7594740fd40299423467b48e9ecf6.CEPR.https://voxeu.org/content/economics-time-covid-193SeeforexampleUNCTAD,https://unctad.org/en/pages/PressRelease.aspx?OriginalVersionID=548. [15]

ILO (2020), *World Employment and Social Outlook EXECUTIVE SUMMARY*, International Labor Organization, https://www.ilo.org/wcmsp5/groups/public/---dgreports/---dcomm/---publ/documents/publication/wcms_734479.pdf. [11]

ILO (2018), *ILO Labour Force Estimates and Projections 2018- Key Trends*, International Labor Organization, https://www.ilo.org/ilostat-files/Documents/LFEPbrief.pdf. [12]

ILO and OECD (2020), *Women at Work in G20 countries: Progress and Policy Action since 2019*, Paper prepared for the G20 Employment Working Group. Saudi Arabia's G20 Presidency 2020. [16]

IPBES (2019), *The Global Assessment Report on Biodiversity and Ecosystem Services. Summary for Policymakers of the IPBES Global Assessment Report on Biodiversity and Ecosystem Services*, Intergovernmental Science-Policy Platform on Biodiversity and Ecosystem Services (IPBES), Bonn, https://ipbes.net/sites/default/files/inline/files/ipbes_global_assessment_report_summary_for_policymakers.pdf. [55]

Isidro, H. and M. Sobral (2015), "The Effects of Women on Corporate Boards on Firm Value, Financial Performance, and Ethical and Social Compliance", *Journal of Business Ethics*, Vol. 132/1, pp. 1-19, http://dx.doi.org/10.1007/s10551-014-2302-9. [41]

IUCN (2020), *GENDER-BASED VIOLENCE AND ENVIRONMENT LINKAGES DURING COVID-19: INFORMATION NOTE*. [4]

Jacob, K. et al. (2011), *Integrating the Environment in Regulatory Impact Assessments*, OECD, http://www.oecd.org/regreform. [87]

Kamalnath, A. (2015), "The Value of Board Gender Diversity vis-a-vis the Role of the Board in the Modern Company", *SSRN Electronic Journal*, http://dx.doi.org/10.2139/ssrn.2608301. [39]

Kersley, R. et al. (2019), *The CS Gender 3000 in 2019: The changing face of companies*. [38]

Kersley, R. et al. (2019), *The CS Gender 3000 in 2019: The changing face of companies*, Credit Suisse Research Institute, http://credit-suisse.com/researchinstitute (accessed on 25 November 2020). [42]

Korinek, J., E. Moïsé and J. Tange (2021), "Trade and gender: A Framework of analysis", *OECD Trade Policy Papers*, No. 246, OECD Publishing, Paris, https://dx.doi.org/10.1787/6db59d80-en. [107]

Monteiro, J. (2018), "Gender-Related Provisions in Regional Trade Agreements", No. ERSD-2018-15, World Trade Organization, Economic Research and Statitistics Division. [106]

New Zealand. Treasury (2019), *The Living Standards Framework : Dashboard Update, 12 December 2019*. [101]

Norgaard, K. and R. York (2005), *Gender equality and state environmentalists*, http://dx.doi.org/10.1177/0891243204273612. [37]

OECD (2020), "Aid Focussed on Gender Equality and Women's Empowerment: A Snapshot of Current Funding and Trends Over Time in Support of the Implementation of the Beijing Declaration and Platform for Action", Vol. OECD DAC Network on Gender Equality (GENDERNET), https://www.oecd.org/development/gender-development/Aid-Focussed-on-Gender-Equality-and-Women-s-Empowerment-2020.pdf. [1]

OECD (2020), *Fossil Fuel Support Data and Country Notes*, https://www.oecd.org/fossil-fuels/data/ (accessed on 15 June 2020). [94]

OECD (2020), *Gender and Environmental Statistics - Exploring available Data and Developing New Evidence Contents*, https://www.oecd.org/environment/brochure-gender-and-environmental-statistics.pdf. [65]

OECD (2020), *Gender wage gap* (indicator), https://dx.doi.org/10.1787/7cee77aa-en (accessed on 20 May 2020). [21]

OECD (2020), *How's Life? 2020: Measuring Well-being*, OECD Publishing, Paris, https://dx.doi.org/10.1787/9870c393-en. [14]

OECD (2020), *Social Institutions and Gender Index (SIGI)*, https://www.genderindex.org/ (accessed on 23 May 2020). [30]

OECD (2020), *Survey on integrating gender in environmental policies - Reporting on key findings*, https://one.oecd.org/document/ENV/EPOC(2020)9/en/pdf. [75]

OECD (2020), "Women at the core of the fight against COVID-19", https://read.oecd-ilibrary.org/view/?ref=127_127000-awfnqj80me&title=Women-at-the-core-of-the-fight-against-COVID-19-crisis. [3]

OECD (2019), *Aligning Development Co-operation and Climate Action: The Only Way Forward*, The Development Dimension, OECD Publishing, Paris, https://dx.doi.org/10.1787/5099ad91-en. [77]

OECD (2019), *Gender, Institutions and Development Database*, https://oe.cd/ds/GIDDB2019. [10]

OECD (2019), *Government at a Glance 2019*, OECD Publishing, Paris, https://dx.doi.org/10.1787/8ccf5c38-en. [23]

OECD (2019), *Measuring Distance to the SDG Targets 2019: An Assessment of Where OECD Countries Stand*, OECD Publishing, Paris, https://dx.doi.org/10.1787/a8caf3fa-en. [56]

OECD (2019), *OECD Corporate Governance Factbook 2019*, http://www.oecd.org/corporate/corporate-governance-factbook.htm. [25]

OECD (2019), *OECD Economic Surveys: New Zealand 2019*, OECD Publishing, Paris, https://dx.doi.org/10.1787/b0b94dbd-en. [100]

OECD (2019), "The gender pension gap is large", in *Pensions at a Glance 2019: OECD and G20 Indicators*, OECD Publishing, Paris, https://dx.doi.org/10.1787/b6d3dcfc-en. [22]

OECD (2019), *Risks that Matter: Main Findings from the 2018 OECD Risks that Matter Survey*, http://www oecd org/social/risks-that-matter htm. [29]

OECD (2019), *SIGI 2019 Global Report: Transforming Challenges into Opportunities*, Social Institutions and Gender Index, OECD Publishing, Paris, https://dx.doi.org/10.1787/bc56d212-en. [31]

OECD (2019), *SIGI 2019 Global Report: Transforming Challenges into Opportunities*, Social Institutions and Gender Index, OECD Publishing, Paris, https://dx.doi.org/10.1787/bc56d212-en. [32]

OECD (2018), *2018 International Budget Practices and Procedures Database*, https://qdd.oecd.org/subject.aspx?Subject=BPP_2018 (accessed on 17 June 2020). [98]

OECD (2018), *Bridging the Digital Gender Divide*, http://www.oecd.org/internet/bridging-the-digital-gender-divide.pdf. [17]

OECD (2018), *Climate-Related Financial Disclosures and Corporate Board Practices Taking Stock of the TCFD Recommendations*, 2018 OECD-ASIAN ROUNDTABLE ON CORPORATE GOVERNANCE. [83]

OECD (2018), *Cost-Benefit Analysis and the Environment: Further Developments and Policy Use*, OECD Publishing, Paris, https://dx.doi.org/10.1787/9789264085169-en. [88]

OECD (2017), *2013 OECD Recommendation of the Council on Gender Equality in Education, Employment and Entrepreneurship*, OECD Publishing, Paris, https://dx.doi.org/10.1787/9789264279391-en. [18]

OECD (2017), *Meeting of the OECD Council at Ministerial Level - Report on the implementation of the OECD gender recommendations*, http://www.oecd.org/mcm-2018/documents/C-MIN-2017-7-EN.pdf. [20]

OECD (2017), *OECD Champion Mayors: Gender inequality in numbers*, http://www.oecd-inclusive.com/wp-content/uploads/2020/03/OECD-Champion-Mayors-March-on-Gender-flyer.pdf. [24]

OECD (2017), *OECD Survey on National Gender Equality Frameworks and Public Policies*. [74]

OECD (2017), *The Pursuit of Gender Equality: An Uphill Battle*, OECD Publishing, Paris, https://dx.doi.org/10.1787/9789264281318-en. [2]

OECD (2016), *2015 OECD Recommendation of the Council on Gender Equality in Public Life*, OECD Publishing, Paris, https://dx.doi.org/10.1787/9789264252820-en. [19]

OECD (2013), *Introduction to OECD Test Guidelines on Pesticide Residues Chemistry - Section 5 Part A*, OECD Guidelines for the Testing of Chemicals, Section 5, OECD Publishing, Paris, https://dx.doi.org/10.1787/9789264203761-en. [73]

OECD (2012), *Recommendation of the Council on Regulatory Policy and Governance*, OECD Publishing, Paris, https://dx.doi.org/10.1787/9789264209022-en. [89]

OECD (2011), *Greening Household Behaviour: The Role of Public Policy*, OECD Studies on Environmental Policy and Household Behaviour, OECD Publishing, Paris, https://dx.doi.org/10.1787/9789264096875-en. [72]

OECD (2010), *Guidance on Sustainability Impact Assessment*, OECD Publishing, Paris, https://dx.doi.org/10.1787/9789264086913-en. [90]

OECD (2005), *Environmentally Harmful Subsidies: Challenges for Reform*, OECD Publishing, Paris, https://dx.doi.org/10.1787/9789264012059-en. [95]

OECD.Stat (n.d.), *Employment by activities and status (ALFS)*, https://stats.oecd.org/Index.aspx?DataSetCode=ALFS_EMP#. [93]

OECD/CAWTAR (2014), *Women in Public Life: Gender, Law and Policy in the Middle East and North Africa*, OECD Publishing, Paris, https://dx.doi.org/10.1787/9789264224636-en. [35]

Offermann, L. and K. Foley (2020), "Is There a Female Leadership Advantage?", in *Oxford Research Encyclopedia of Business and Management*, Oxford University Press, http://dx.doi.org/10.1093/acrefore/9780190224851.013.61. [33]

PARIS21 (2020), *Use of Citizen-Generated Data for SDG Reporting in the Philippines: A Case Study*, https://paris21.org/sites/default/files/inline-files/PSA-report-FINAL.pdf (accessed on 19 October 2020). [79]

PARIS21 (n.d.), *PARIS21 and Women Count - Synthesis Report (forthcoming)*. [64]

PARIS21 (n.d.), *Supporting Gender Statistics*, https://paris21.org/supporting-gender-statistics (accessed on 9 September 2020). [63]

Perrault, E. (2015), "Why Does Board Gender Diversity Matter and How Do We Get There? The Role of Shareholder Activism in Deinstitutionalizing Old Boys' Networks", *Journal of Business Ethics*, Vol. 128/1, pp. 149-165, http://dx.doi.org/10.1007/s10551-014-2092-0. [40]

Pinar, G. (n.d.), *Public Governance Directorate Senior Budget Officials Working Party on Gender Mainstreaming and Governance OECD Scan: Equality Budgeting in Ireland*. [102]

Post, C., N. Rahman and E. Rubow (2011), "Green governance: Boards of directors' composition and environmental corporate social responsibility", *Business and Society*, Vol. 50/1, pp. 189-223, http://dx.doi.org/10.1177/0007650310394642. [44]

Quarles, M. (2019), *The Task Force on Climate-related Financial Disclosures i Letter from Michael R. Bloomberg*. [84]

Seager, J. (2015), *Sex-disaggregated indicators for water assessment, monitoring and reporting United Nations World Water Assessment Programme*, UNESCO, https://unesdoc.unesco.org/ark:/48223/pf0000234082. [67]

Serrao, S. et al. (2019), *Mainstreaming gender in environment statistics for the SDGs and beyond: Identifying priorities in Asia and the Pacific*, http://www.unescap.org/resource-series/sd-working-papers. [70]

SIDA (2016), *Gender and the Environment Brief. Gender Tool Box*, https://www.sida.se/contentassets/0b57532e484543199b0485c0984d731a/gender_and_environment.pdf. [105]

Stotsky, J. et al. (2016), *Sub-Saharan Africa: A Survey of Gender Budgeting Efforts*. [99]

UN Environment (2016), *Global Gender and Environment Outlook 2016*, United Nations, New York, https://dx.doi.org/10.18356/0b979453-en. [85]

UNDESA (n.d.), *Women and Sustainable Development: Building a Better Future for All...*, https://maps4stats.maps.arcgis.com/apps/MapSeries/index.html?appid=6bf7ee97799846ec950b6ef5c521503d (accessed on 29 November 2020). [58]

UNEP (2019), *Measuring Progress towards Achieving the Environmental Dimension of the SDGs*, United Nations Environment Programme, Nairobi, http://www.unenvironment.org. [50]

UNEP (2019), *The Emissions Gap Report 2019*, United Nations Environment Programme, Nairobi. [52]

UNEP and IUCN (2019), *Gender and environment statistics: Unlocking information for action and measuring the SDGs*, http://www.un.org/Depts/Cartographic/english/htmain.htm. [69]

United Nations (n.d.), *Global indicator framework for the Sustainable Development Goals and targets of the 2030 Agenda for Sustainable Development*, https://unstats.un.org/sdgs/indicators/indicators-list/ (accessed on 19 June 2020). [48]

United Nations (n.d.), *Inter-agency and Expert Group on SDG Indicators*, https://unstats.un.org/sdgs/iaeg-sdgs/ (accessed on 8 September 2020). [49]

UNSD (2019), *The United Nations Minimum Set of Gender Indicators. A Product of the Inter-Agency and Expert Group on Gender Statistics*, http://genderstats.un.org. [68]

UNSD (n.d.), *Global Gender Statistics Programme*, https://unstats.un.org/unsd/demographic-social/gender/#home (accessed on 29 November 2020). [59]

UNSD (n.d.), "IAEG-SDGs - Data Disaggregation for the SDG Indicators", https://unstats.un.org/sdgs/iaeg-sdgs/disaggregation/ (accessed on 29 November 2020). [60]

UNWomen (2020), *Gender Equality: Women's Rights in Review 25 Years after Beijing*, United Nations, http://unwo.men/eDNK50yyBhA. [7]

UNWomen (2019), *Advancing administrative sources of data for monitoring gender-specific Sustainable Development Goals in Africa*, http://africa.unwomen.org/en/digital-library/publications. [71]

UNWomen (2018), *Turning promises into Action : Gender Equality in the 2030 Agenda for Sustainable Development*, https://www.unwomen.org/en/digital-library/publications. [61]

UNWomen and UNDESA (2019), *Progress on the Sustainable Development Goals -The Gender Snapshot 2019*, https://unstats.un.org/sdgs/report/2019/gender-snapshot.pdf (accessed on 17 September 2020). [9]

USAID (2020), "RISE Challenge Winners". [5]

Walls, J. and A. Hoffman (2013), "Exceptional boards: Environmental experience and positive deviance from institutional norms", *Journal of Organizational Behavior*, Vol. 34/2, pp. 253-271, http://dx.doi.org/10.1002/job.1813. [43]

WHO (2019), *Delivered by women, led by men: A gender and equity analysis of the global health and social workforce. Human Resources for Health Observer Series No. 24*, World Health Organisation. [13]

WRI (2018), *Why Positive Climate Feedbacks Are So Bad*, https://www.wri.org/blog/2018/08/why-positive-climate-feedbacks-are-so-bad. [57]

WTO (2016), "Typology of Environment-Related Provisions in Regional Trade Agreements", *WTO Working Papers*, No. 2016/13, World Trade Organization, Geneva, https://dx.doi.org/10.30875/2963576b-en. [109]

Notes

[1] Cette question est abordée dans le Policy and Plan for Gender Equality and the Empowerment of Women 2014-19 d'ONU-Habitat, entre autres.

[2] Sur les 247 indicateurs du cadre mondial d'indicateurs relatifs aux ODD, 231 sont uniques, ce qui signifie qu'ils ne sont utilisés qu'une seule fois pour mesurer une cible spécifique. Les 12 indicateurs restants sont utilisés pour mesurer 2 ou 3 cibles différentes relevant de différents ODD. Les indicateurs suivants sont utilisés plusieurs fois : (i) 7.b.1 et 12.a.1 ; (ii) 8.4.1 et 12.2.1 ; (iii) 8.4.2 et 12.2.2 ; (iv) 10.3.1 et 16.b.1 ; (v) 10.6.1 et 16.8.1 ; (vi) 13.2.1 et 13.b.1 (non identique) ; (vii) 15.7.1 et 15.c.1 ; (viii) 15.a.1 et 5.b.1 ; (ix) 1.5.1, 11.5.1 et 13.1.1 ; (x) 1.5.3, 11.b.1 et 13.1.2 ; (xi) 1.5.4, 11.b.2, et 13.1.3 ; et (xii) 4.7.1, 12.8.1 et 13.3.1.

[3] Ces indicateurs relèvent principalement des objectifs « humanité », « prospérité », et « paix » : ODD 1, ODD 3, ODD 4, ODD 5, ODD 16 et ODD 17.

[4] Les données sont réputées disponibles pour un indicateur spécifique lorsqu'elles sont communiquées pour un minimum de 10 pays de l'OCDE.

[5] Les pays inclus dans cette catégorie ont répondu oui aux questions 1 et 2 ET Toujours, Souvent, Parfois à la question 3a de l'enquête sur l'intégration des questions relatives à l'égalité femmes-hommes dans les politiques environnementales ENV/EPOC(2020)9. L'Autriche fait exception, car pour elle ses principes n'ont pas valeur de stratégie. Le Costa Rica n'apparaît pas sur la carte car il n'est toujours pas inclus dans la base de données des pays membres de l'OCDE.

3 Avantages économiques et en termes de bien-être d'une meilleure intégration de la problématique femmes-hommes et des objectifs environnementaux

Les données existantes montrent que les facteurs environnementaux ont un impact différent selon les sexes, les femmes pouvant être plus exposées à certains risques environnementaux et professionnels. Le changement climatique et les événements météorologiques extrêmes frappent également différemment les hommes et les femmes, ces dernières étant souvent plus durement touchées du fait des rôles qui leur sont traditionnellement attribués. La mise en place d'une infrastructure de qualité tenant compte des besoins différents selon les sexes, ainsi que l'accélération de la transition vers une économie sobre en carbone pourraient favoriser une participation accrue des femmes sur le marché du travail. Il conviendrait en outre, lors de l'élaboration des politiques publiques visant à réduire les inégalités femmes-hommes, de tenir compte des effets de la crise actuelle du COVID-19.

3.1. Éléments à retenir

S'appuyant sur le cadre de mesure du bien-être de l'OCDE, le présent chapitre expose les données disponibles concernant l'impact différencié des facteurs environnementaux sur les femmes et sur les hommes, ainsi que les bienfaits d'une meilleure adaptation des politiques environnementales aux besoins et aux facteurs de risque propres à chacun des deux sexes. Si, dans les pays de l'OCDE, les hommes sont plus touchés par les décès prématurés que les femmes en raison de risques environnementaux et professionnels, de nombreux effets non mortels peuvent réduire le bien-être des femmes de façon plus significative que celui des hommes. Dans le monde, les femmes sont plus nombreuses que les hommes à mourir prématurément à cause du tabagisme passif, de l'insalubrité de l'eau, de la pollution de l'air intérieur, de l'insalubrité des installations sanitaires et du manque d'accès aux installations de lavage des mains. Les substances chimiques ont également un impact différent sur les femmes et sur les hommes.

Le changement climatique présente lui aussi une dimension sexospécifique. L'incidence et l'intensité croissantes des catastrophes naturelles (sécheresses, glissements de terrain, inondations et ouragans) ont tendance à frapper plus durement les femmes du fait de leur plus grande vulnérabilité économique. En 2018, les femmes représentaient plus de 75 % des personnes déplacées à cause de ces risques (UNHCR, 2019[1]). En outre, la répartition traditionelle des rôles imposent aux femmes de devenir les principales personnes à s'occuper des personnes touchées par les catastrophes, comme les enfants, les blessés, les malades et les personnes âgées, ce qui augmente considérablement leur charge de travail émotionnelle et matérielle.

Par conséquent, trouver une solution aux problématiques spécifiques que génèrent les facteurs environnementaux pour les hommes et pour les femmes peut contribuer à sauver des vies, réduire les dépenses de santé, améliorer le bien-être et réduire les inégalités. De plus, le fait d'adopter une approche sexospécifique pour concevoir les politiques publiques ayant un impact sur l'environnement peut produire de nombreux avantages économiques au sens large. Les trois axes d'action les plus importants pour les pays de l'OCDE sont les suivants :

- Assurer une « transition juste » vers des économies sobres en carbone peut permettre d'accroître la productivité, les résultats économiques et la résilience de la société. Inciter les femmes à participer à l'innovation verte peut aussi leur donner accès à des emplois plus qualifiés et entraîner une hausse globale de la productivité.
- Permettre l'accès à une infrastructure durable (transports, énergie, eau, etc.) répondant aux besoins des femmes est une exigence fondamentale pour donner à ces dernières les moyens de jouer un rôle dans le domaine économique et de faire partie de la population active. Le fait de concevoir des infrastructures respectueuses de l'environnement en adoptant une approche sexospécifique procurerait des avantages pour tout le monde et améliorerait le bien-être de l'ensemble de la population.
- L'adoption d'une approche sexospécifique pour concevoir les politiques publiques ayant trait, par exemple, à l'étiquetage des produits, à l'information du public et aux programmes d'éducation ciblés peut permettre d'accélérer l'adhésion des femmes à des modes de consommation plus durables et accentuer la durabilité générale des modes de production et de consommation.

La crise du COVID-19 a par ailleurs mis en évidence de nombreuses fragilités systémiques au sein des sociétés, dont une grande vulnérabilité des femmes dans ce type de contexte. L'adoption d'une approche différenciée selon les sexes pour sortir de la crise peut amener les économies sur une voie plus verte et plus durable grâce à la mise en place de systèmes de santé plus performants, l'amélioration de la sécurité alimentaire, l'adoption de modes de travail et de transport plus durables, ainsi que l'instauration de modèles de production et de consommation plus écologiquement viables.

3.2. Impact de l'environnement sur la santé des femmes

Les synergies qui ont lieu entre l'égalité des sexes et les objectifs environnementaux permettent d'obtenir de nombreux résultats positifs dans le domaine de l'économie et du bien-être. Par exemple, si les pays progressent dans la réalisation des neuf objectifs de développement durable (ODD) ayant trait à l'environnement, la situation des femmes s'en trouvera améliorée au regard d'autres ODD tels que l'ODD 1 (éradication de la pauvreté), l'ODD 3 (amélioration de la santé et bien-être), l'ODD 4 (éducation de qualité), l'ODD 8 (emploi décent et croissance économique) et l'ODD 10 (réduction des inégalités). De même, la réduction des inégalités entre les sexes et l'émancipation économique des femmes peuvent avoir des effets bénéfiques sur l'environnement et sur les perspectives économiques de l'ensemble de la société. Mais cela dépend dans une large mesure du degré d'éducation et de sensibilisation à la durabilité environnementale dont bénéficient les femmes.

Le cadre de mesure du bien-être mis au point par l'OCDE inclut 11 dimensions. Celle de la qualité de l'environnement comprend notamment les indicateurs de l'exposition à la pollution atmosphérique et de l'accès aux espaces verts (OECD, 2020[2]). Si ce cadre présente de nombreux points communs avec les indicateurs des ODD, d'autres domaines de mesure lui sont en revanche spécifiques (par exemple, les liens sociaux et le bien-être subjectif). Le cadre de l'OCDE compte également un plus grand nombre d'indicateurs ciblés et intègre systématiquement des données de distribution (moyennes, inégalités entre les groupes de population – dont les hommes et les femmes –, écarts entre ceux qui se trouvent à l'extrémité supérieure et à l'extrémité inférieure de l'échelle, et privations). Par ailleurs, les 11 dimensions du bien-être actuel sont complétées par la mesure de quatre grandes ressources nécessaires au bien-être futur, à savoir le capital économique, social, humain et naturel. Ces ressources sont mesurées à l'aide des indicateurs suivants : stocks, flux, facteurs de risque et facteurs de résilience. Le fait d'intégrer ce cadre de mesure à l'élaboration des politiques pourrait aider à comprendre et exploiter les liens existant entre la problématique femmes-hommes et l'environnement.

Les effets de la situation environnementale et climatique sur la santé humaine – tant physique que mentale – se constatent dans le monde entier. Les impacts que produit l'environnement sur la santé dépendent non seulement des différences en termes *d'exposition* aux risques (par exemple, dans le cadre du travail ou de la façon dont les tâches comme la cuisine et le ménage sont réparties), mais également des différences en termes de *vulnérabilité* (par exemple : santé de base, accès aux soins médicaux, connaissance des risques, différences biologiques, etc.). L'absence d'égalité et d'équité[1] entre les sexes se retrouve aussi bien dans les pays développés que dans les pays en développement, quoiqu'avec des variantes en termes de nature et d'intensité. Y mettre fin est un défi mondial qui nécessite souvent des solutions locales et adaptées au contexte. C'est souvent le cas des inégalités entre les sexes en général, même si leur degré varie en fonction du pays, du niveau de revenu, de la situation géographique, etc. Même si le niveau des inégalités peut se réduire dans les pays développés, si l'on compare avec le reste du monde, cela ne doit pas être interprété comme une réalisation de l'égalité des sexes. À l'inverse, il peut s'agir d'un problème d'inégalités qui se pose sous différents aspects (par exemple, le rôle des femmes dans la collecte de carburant et d'eau est principalement un problème d'économie en développement, alors que la situation des femmes confrontées plus fréquemment à la pauvreté énergétique est un problème des pays développés et des économies émergentes).

Les données sur la mortalité qui sont fournies tout au long de ce chapitre proviennent de l'étude de la charge mondiale de morbidité (GBD) (GBD, 2019[3]). Cette étude scientifique menée de façon systématique vise à mesurer l'évolution dans le temps de la diminution de la santé due aux maladies, aux blessures et aux facteurs de risque selon l'âge, le sexe et la région du globe. En 2019, les risques environnementaux et professionnels étaient à l'origine de 14 % des décès prématurés dans les pays de l'OCDE, la moyenne mondiale étant de 36 % (voir le (Graphique 3.1). Bien que leur pourcentage soit relativement faible par rapport aux autres facteurs de mortalité relevés dans la zone OCDE (comme une mauvaise hygiène de vie ou le développement d'un trouble du métabolisme), les risques environnementaux et professionnels demeurent très importants car ils permettent d'interpréter les liens entre l'activité humaine et ses effets sur l'environnement. Ils fournissent en outre des données de référence permettant d'évaluer et d'atténuer l'exposition à des facteurs divers (dont environnementaux) qui ont des effets néfastes à la fois sur l'environnement et sur la santé publique.

Graphique 3.1. Part du nombre total de décès prématurés imputables aux risques environnementaux et professionnels en pourcentage

Données 2019

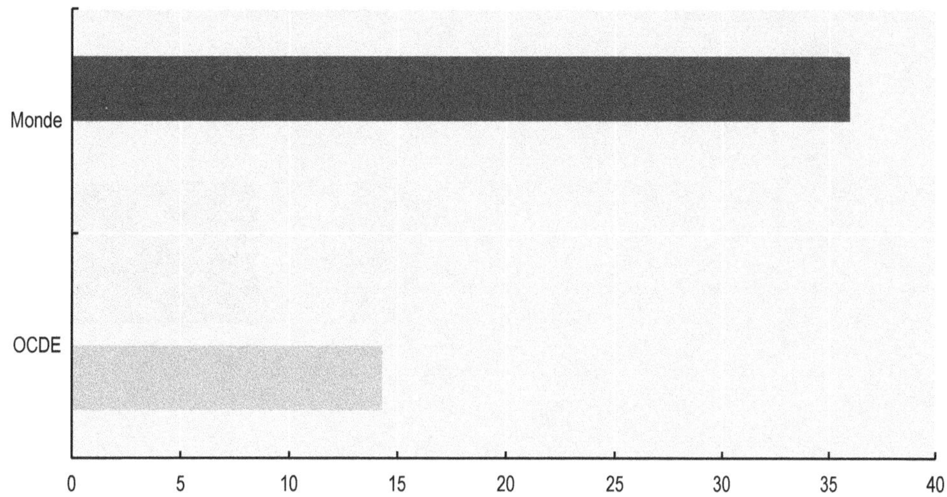

Note : Part des décès prématurés attribuables aux risques environnementaux et professionnels (Classification provenant de l'étude de la charge mondiale de morbidité), 2019.
Source: Institute for Health Metrics and Evaluation (IHME), GBD Compare, in (OECD, 2021[4]).

Que ce soit dans la zone OCDE ou dans le monde, la mauvaise qualité de l'air (en particulier la présence de matières particulaires dans l'atmosphère) constitue la principale cause de décès prématurés attribués aux risques environnementaux et professionnels, qui représentaient respectivement 5.5 % et 11.8 % du total des décès prématurés en 2 019 (Roy and Braathen, 2017[5]) (voir le (Graphique 3.2). Dans les pays de l'OCDE, les autres facteurs environnementaux et professionnels causant des décès prématurés sont les substances cancérigènes présentes dans le cadre du travail (2,9%) et le tabagisme passif (2.3%). Au niveau mondial, les principaux facteurs de mortalité sont la pollution de l'air intérieur (présence de matières particulaires à l'intérieur des habitations) (6.6 %) et l'insalubrité de l'eau (3.5 %) (OECD, 2021[4]).

Comme le montre le Graphique 3.2, 44 % des décès prématurés imputables aux risques environnementaux et professionnels sont liés à la pollution atmosphérique dans les pays de l'OCDE. À l'échelle mondiale, la pollution atmosphérique est liée à 54 % des décès prématurés. Dans les pays de l'OCDE, environ 26 % des décès prématurés sont dus à des risques professionnels liés à l'environnement, alors que ce facteur de risque est de 7 % à l'échelle mondiale. Cette nette différence s'explique principalement par la part des décès imputables aux agents cancérigènes d'origine professionnelle, qui, dans les pays de l'OCDE, est presque trois fois supérieure à la moyenne mondiale. Les agents cancérigènes d'origine professionnelle comprennent une série d'agents auxquels la population est exposée par le biais de différentes activités économiques (arsenic, benzène, béryllium, cadmium, chrome, gaz d'échappement de moteur diesel, formaldéhyde, nickel, hydrocarbures aromatiques polycycliques, silice, acide sulfurique et trichloréthylène). Ces derniers sont à l'origine d'un large éventail de cancers ; les cancers du poumon et des autres voies respiratoires, suivis par ceux de la peau, représentent la plus grande proportion (OECD, 2020[6]). Les principales voies d'exposition sont l'inhalation et le contact cutané. Au niveau mondial, presque 21 % des décès prématurés sont causés par l'insalubrité de l'eau, le défaut d'assainissement et l'absence d'eau pour se laver les mains.

Graphique 3.2. Facteurs de risque contribuant aux décès prématurés liés à l'environnement et à l'activité professionnelle, en pourcentage de décès attribués

Données 2019

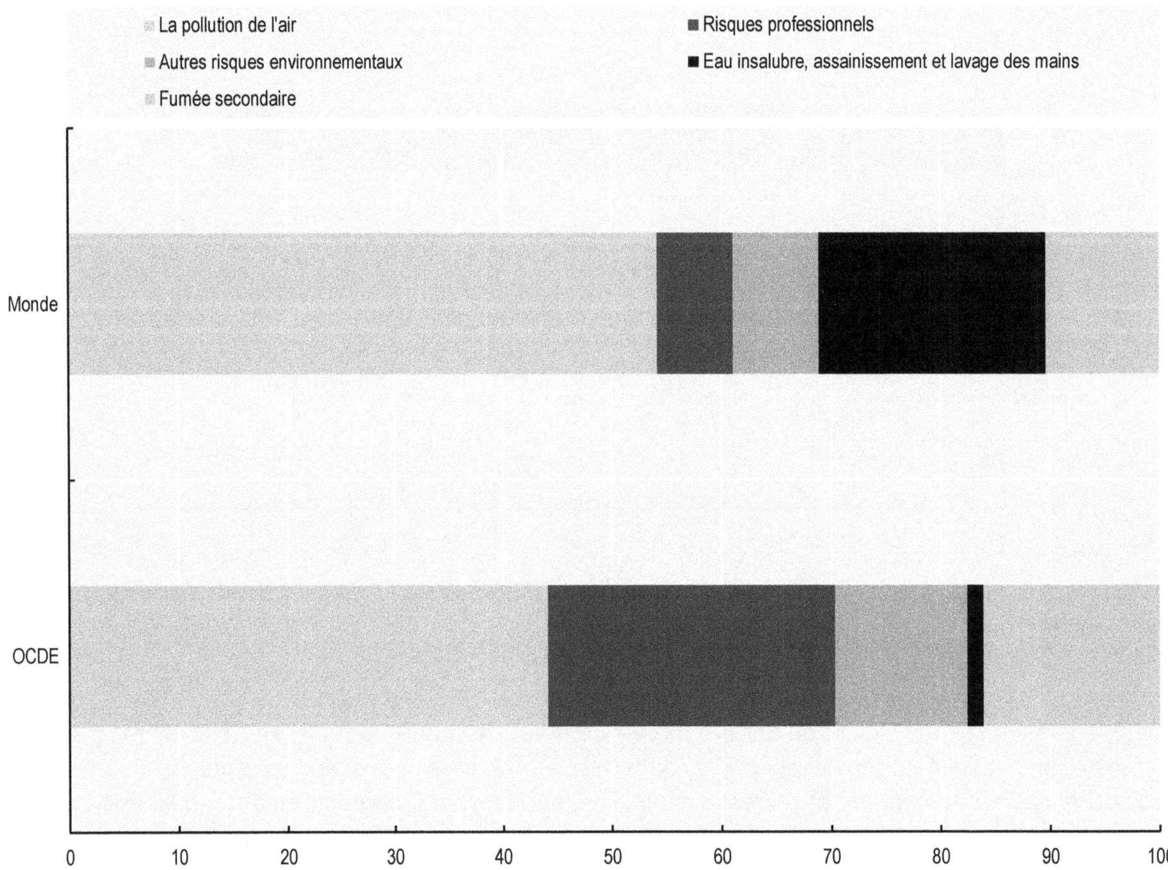

Note : Facteurs de risque contribuant aux décès prématurés liés à l'environnement et à l'activité professionnelle exprimés en pourcentage.
Source: Institute for Health Metrics and Evaluation (IHME), GBD Compare, in (OECD, 2021[4]).

Les facteurs de risque environnementaux et professionnels ont des effets différents sur les hommes et sur les femmes. Les hommes semblent être plus vulnérables que les femmes, et en général, ils ont été plus nombreux à décéder prématurément en raison de risques environnementaux et professionnels en 2009, tant dans les pays de l'OCDE que dans les pays tiers (voir le (Graphique 3.3). Il existe toutefois quelques exceptions. Dans les pays de l'OCDE, les femmes affichent des taux de décès prématurés plus élevés que les hommes en raison de la pollution de l'air des ménages par des combustibles solides. Cette estimation est fondée sur la proportion de ménages utilisant des combustibles de cuisson solides, notamment le charbon, le bois, le charbon de bois, le fumier et les résidus agricoles (OECD, 2020[6]). À l'échelle mondiale, elles sont également plus nombreuses que les hommes à décéder prématurément à cause du tabagisme passif, de l'insalubrité de l'eau, du défaut d'assainissement et de l'absence d'eau pour se laver les mains (selon le modèle conçu à l'aide des données de l'étude de la charge mondiale de morbidité, voir le Graphique 3.3). Il convient de noter que ces risques pèsent de façon disproportionnée sur les femmes âgées. Cela pourrait être attribué aux différences d'espérance de vie.

Graphique 3.3. Décès prématurés imputables à des risques environnementaux et à certains risques professionnels par sexe et par million d'habitants

Données 2019

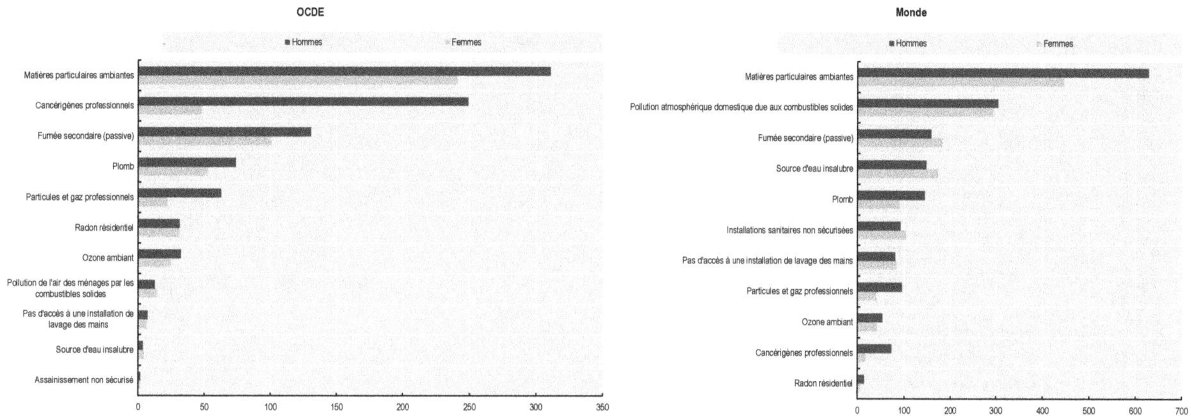

Note : Décès prématurés imputables à des risques environnementaux et à certains risques professionnels par sexe, respectivement par million d'habitants de sexe féminin et par million d'habitants de sexe masculin.
Source: Institute for Health Metrics and Evaluation (IHME), GBD Compare, in (OECD, 2021[4]).

Les tendances observées sur les 30 dernières années sont encourageantes. Les décès causés par les risques environnementaux et professionnels n'ont cessé de diminuer, que ce soit à l'échelle mondiale ou dans les pays de l'OCDE. Cette baisse dans la zone OCDE, à la fois pour les hommes et pour les femmes, peut s'expliquer principalement par la réduction des matières particulaires présentes dans l'atmosphère. Depuis 1990, une baisse de 18 % des décès prématurés liés à l'environnement a été observée dans les pays de l'OCDE. Cela dit, tous les facteurs de risque n'ont pas diminué au cours de cette période (voir le Graphique 3.3) (OECD, 2021[4]).

Malgré la baisse du nombre de décès prématurés dus aux risques environnementaux, le coût de ces décès en termes de bien-être reste considérable. Le coût pour tous les pays de l'OCDE s'élève à environ 6.8 % du PIB, soit environ 4 000 milliards USD en 2019 (voir le Graphique 3.4). Les coûts en termes de bien-être sont estimés à moins de 5 % du PIB dans seulement dix pays de l'OCDE (Islande, Suède, Irlande, Norvège, Finlande, Nouvelle-Zélande, Australie, Luxembourg, Canada et Israël), tandis qu'ils atteignent près de 17 % en Hongrie. Ramené au nombre d'habitants, cela équivaut à une fourchette de 1 000 à 5 000 USD par an et par habitant pour la zone OCDE. À l'échelle internationale, les coûts en bien-être dépassaient 17% du PIB mondial en 2017, principalement à cause des niveaux très élevés enregistrés en Inde et en Chine.

Graphique 3.4. Coût en termes de bien-être des décès prématurés imputables aux risques environnementaux et professionnels

Pourcentage équivalent PIB, données 2019

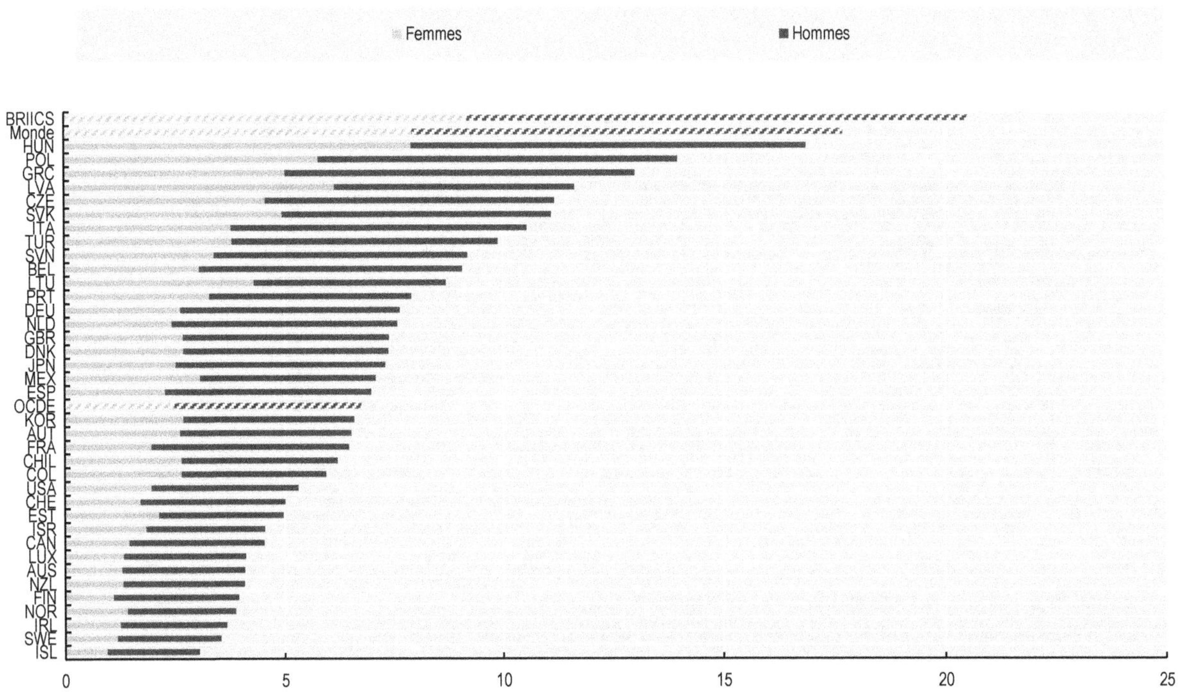

Note : Coût en termes de bien-être des décès prématurés imputables aux risques environnementaux et professionnels, en pourcentage équivalent PIB. Les données sur la mortalité et les AVCI liées à l'exposition aux risques environnementaux sont tirées des (GBD, 2019[3])résultats de l'étude Global Burden of Disease Study 2019. Les coûts en bien-être sont calculés en utilisant une méthodologie adaptée de l'OCDE, (Roy and Braathen, 2017[5]) « The Rising Cost of Ambient Air Pollution thus far in the 21st Century: Results from the BRIICS and the OECD Countries ».
Source : Institute for Health Metrics and Evaluation (IHME), GBD Compare, in (OECD, 2021[4]).

3.2.1. Le coût de la pollution atmosphérique

La concentration de certains polluants et l'exposition à ces derniers ont augmenté au cours des dernières décennies (Manisalidis et al., 2020[7]). Alors que 91 % de la population mondiale vit dans des endroits où la pollution atmosphérique dépasse les limites fixées par l'OMS, la mauvaise qualité de l'air constitue la principale menace pour la santé humaine, puisqu'elle est responsable de 3 à 4 millions de décès prématurés par an (Roy and Braathen, 2017[5])et qu'elle réduit l'espérance de vie de 1.8 année à l'échelle mondiale (Prüss-Üstün, Corvalán and WHO, 2006[8]). La hausse des températures à l'échelle mondiale vient en outre souvent aggraver les effets de la pollution sur la santé humaine, en particulier dans les zones urbaines (OECD, 2016[9]). À l'heure actuelle, seuls 2 % de la population urbaine mondiale jouissent d'une concentration de matières particulaires MP_{10} inférieure au niveau considéré comme acceptable (selon les Lignes directrices de l'OMS relatives à la qualité de l'air) (OECD, 2012[10]). Différentes études montrent des corrélations particulièrement négatives entre les concentrations élevées de polluants atmosphériques et la santé humaine, les femmes, les personnes âgées et les enfants affichant une plus grande vulnérabilité (Balestra and Sultan, 2013[11]) (Inyinbor et al., 2018[12]).

Le Graphique 3.5 représente les coûts en bien-être des décès prématurés liés à la pollution de l'air causée par les concentrations de $MP_{2.5}$ et d'ozone. La moyenne de l'OCDE s'établit à 2.7 % de son PIB, alors que pour les BRIICS, ce pourcentage est trois fois plus important. Les coûts sont plus importants pour les hommes que pour les femmes, en pourcentage du PIB, dans l'ensemble des pays. Comme le montre le Graphique 3.6, qui représente l'évolution des moyennes du monde, de l'OCDE et des BRIICS entre 2 008 et 2 019, la courbe des BRIICS a évolué à la hausse tandis que les deux autres se maintiennent sur un plateau.

Graphique 3.5. Coût en bien-être des décès prématurés dus à la pollution atmosphérique par sexe

Pourcentage équivalent PIB, données 2019

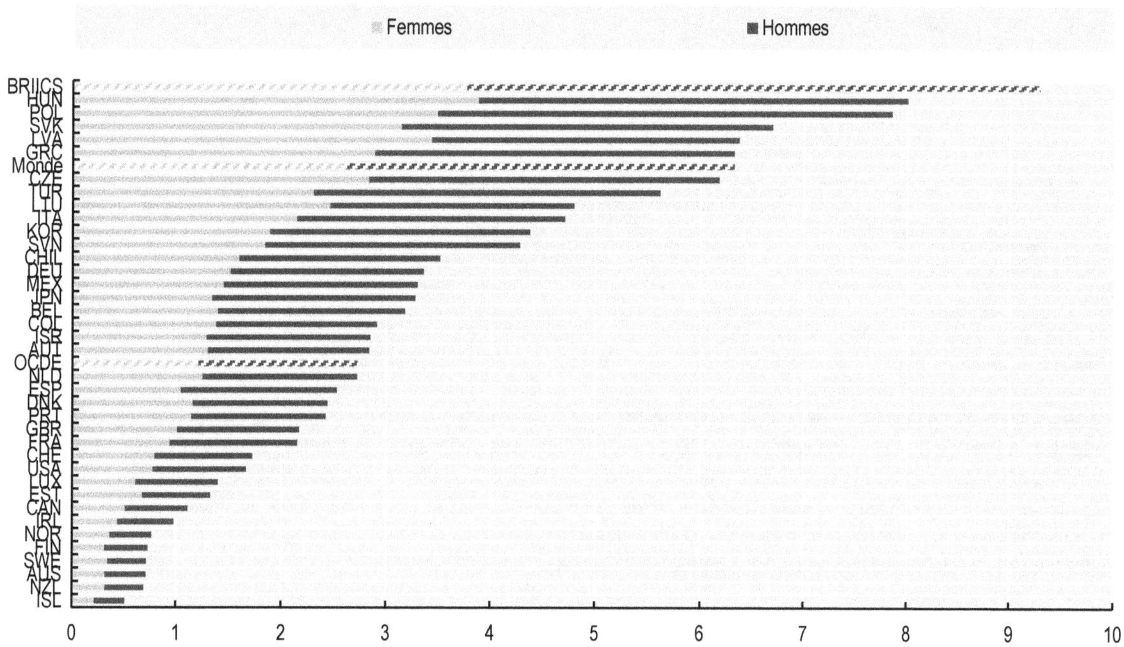

Note : La pollution atmosphérique inclut les matières particulaires ($MP_{2.5}$) et l'ozone présents dans l'atmosphère. Les données sur la mortalité et les AVCI liées à l'exposition aux risques environnementaux sont tirées des (GBD, 2019[3])résultats de l'étude Global Burden of Disease Study 2019. Les coûts en bien-être sont calculés en utilisant une méthodologie adaptée de l'OCDE, (Roy and Braathen, 2017[5]) « The Rising Cost of Ambient Air Pollution thus far in the 21st Century: Results from the BRIICS and the OECD Countries ».
Source : Institute for Health Metrics and Evaluation (IHME), GBD Compare, in (OECD, 2021[4]).

Graphique 3.6. Coût en bien-être des décès prématurés imputables à la pollution atmosphérique

En millions sur une base USD à PPA de 2015, données 2019

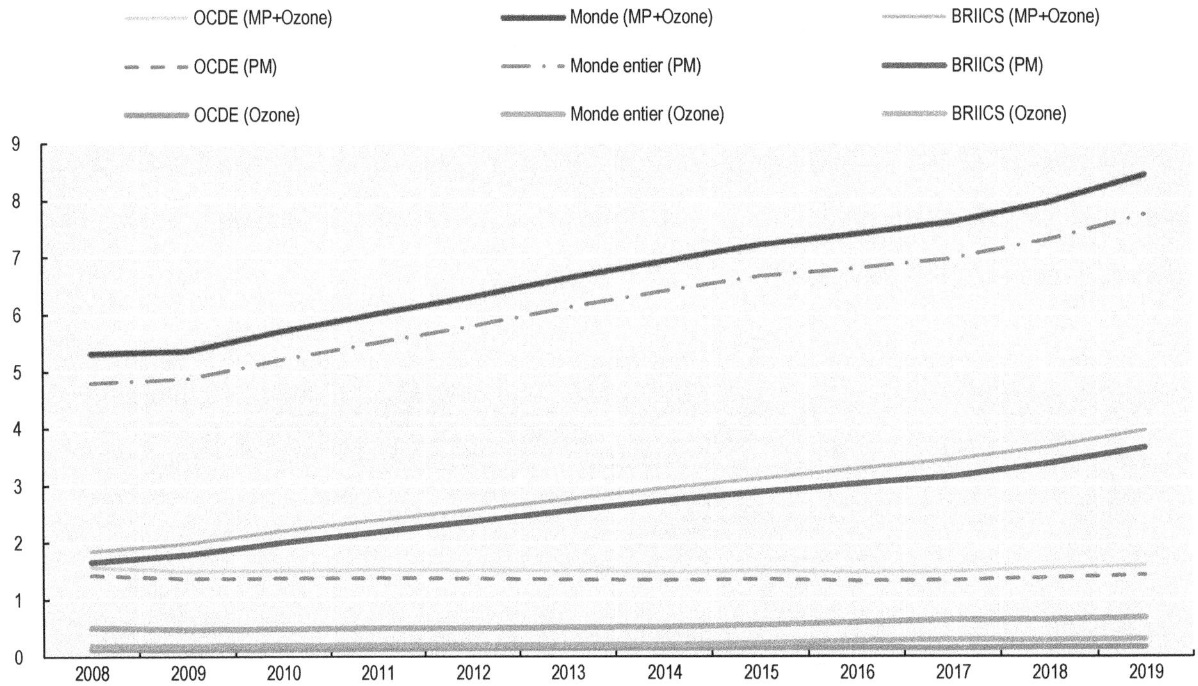

Note : La pollution atmosphérique inclut les matières particulaires (MP2.5) et l'ozone présents dans l'atmosphère. Coût en bien-être des décès prématurés imputables à la pollution atmosphérique (USD à PPA de 2015). Les données sur la mortalité et les AVCI liées à l'exposition aux risques environnementaux sont tirées des (GBD, 2019[3])résultats de l'étude Global Burden of Disease Study 2019. Les coûts en bien-être sont calculés en utilisant une méthodologie adaptée de l'OCDE, (Roy and Braathen, 2017[5]) « The Rising Cost of Ambient Air Pollution thus far in the 21st Century: Results from the BRIICS and the OECD Countries ».
Source : Institute for Health Metrics and Evaluation (IHME), GBD Compare, in (OECD, 2021[4]).

La pollution de l'air intérieur peut aussi constituer une grave menace pour la santé humaine, qui touche principalement les femmes et les enfants des pays en développement (WHO, 2016[13]), (Okello, Devereux and Semple, 2018[14]). Selon la GBD, en 2019, plus de 2 millions de personnes sont décédées prématurément dans le monde en raison de la pollution de l'air des ménages causée par des combustibles solides, et plus de 18 000 dans les pays de l'OCDE (GBD, 2019[3]). Bien que ce type de pollution représente une menace plus sérieuse dans les pays en développement et dans les économies émergentes, elle demeure malgré tout importante dans la zone OCDE. Au-delà du nombre de décès, son coût en bien-être n'est pas négligeable pour un certain nombre de pays de l'OCDE (voir le Graphique 3.7). Pour les pays de l'OCDE, en 2019, le coût en bien-être des décès prématurés imputables à la pollution intérieure était de 0.075 % de l'équivalent PIB. Si ce pourcentage peut paraître faible, un examen plus approfondi des données fait apparaître des différences marquées entre les pays de l'OCDE, allant de 0.001 % de coût de bien-être en Suisse à 2.8 % en Hongrie. Il est intéressant de noter que les coûts en bien-être liés à la pollution de l'air intérieur sont plus élevés pour les femmes, alors que ceux liés à la pollution atmosphérique le sont davantage pour les hommes, aussi bien dans la zone OCDE qu'en dehors. Ce résultat est cohérent avec les conclusions selon lesquelles les hommes passent plus de temps à l'extérieur, notamment pour se rendre au travail, et les femmes passent plus de temps à cuisiner et à chauffer la maison (WHO, 2016[15]).

Graphique 3.7. Coût en bien-être des décès prématurés imputables à la pollution de l'air intérieur

Pourcentage équivalent PIB, données 2019

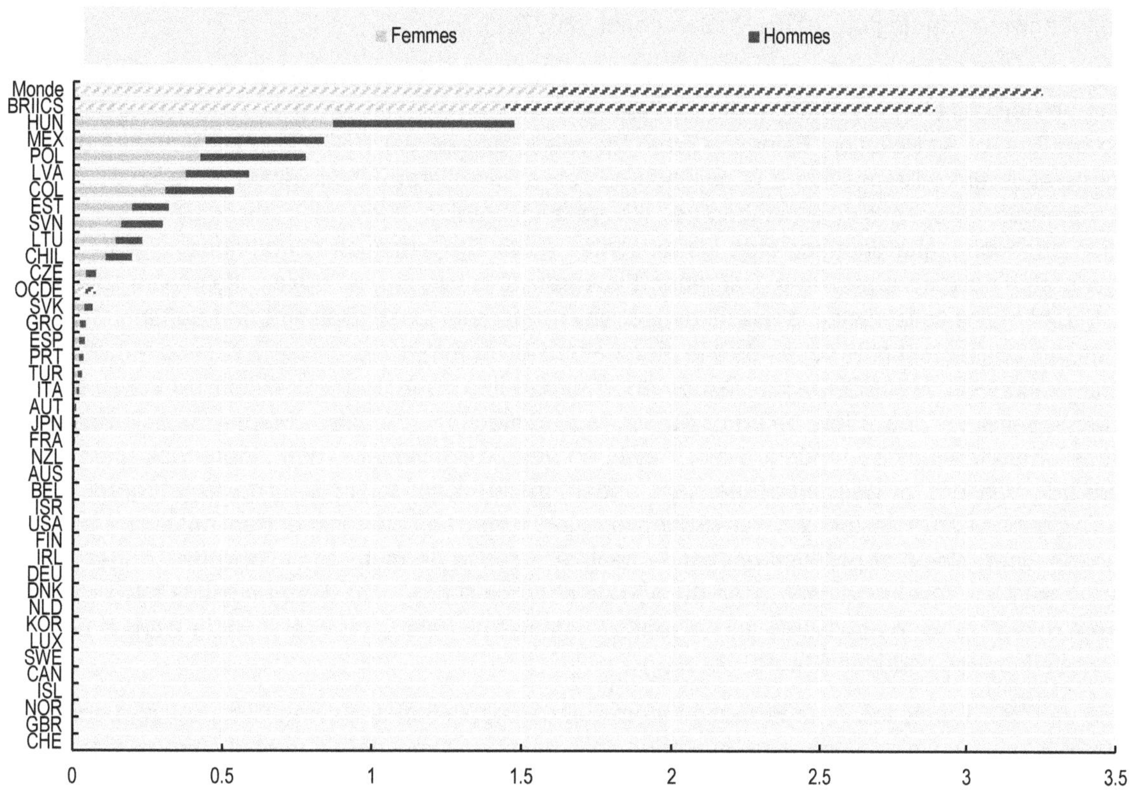

Note : La pollution de l'air intérieur désigne la pollution de l'air des ménages par des combustibles fossiles. Les données sur la mortalité et les AVCI liées à l'exposition aux risques environnementaux sont tirées des résultats de l'étude Global Burden of Disease Study 2019. Les coûts en bien-être sont calculés en utilisant une méthodologie adaptée de l'OCDE, « The Rising Cost of Ambient Air Pollution thus far in the 21st Century: Results from the BRIICS and the OECD Countries ».
Source : Institute for Health Metrics and Evaluation (IHME), GBD Compare, in (OECD, 2021).

L'une des cibles de l'ODD 3 – qui consiste à permettre à tous de vivre en bonne santé et à promouvoir le bien-être de tous à tout âge – est de réduire nettement le nombre de décès et de maladies dus à la présence de substances chimiques dangereuses, ainsi qu'à la pollution et à la contamination de l'air, de l'eau et du sol. Les trois indicateurs permettant d'évaluer le lien entre la problématique femmes-hommes et l'environnement relèvent précisément de cette cible de l'ODD 3 (voir le Tableau 2.3). Les données disponibles permettent de mesurer les taux de mortalité attribués à la pollution de l'air intérieur et extérieur (indicateur 3.9.1).

L'augmentation de l'exposition à la pollution de l'air provoque divers problèmes de santé, notamment une diminution de la fonction pulmonaire, une aggravation de l'asthme, des bronchites chroniques, du diabète, un rythme cardiaque irrégulier, des infarctus non mortels, et contribue au décès prématuré de personnes atteintes de maladies cardiaques et pulmonaires (OECD, 2012[16]) (OECD, 2014[17]). Les études mettent en évidence un lien entre des niveaux élevés de matières particulaires dans l'air et les maladies respiratoires et cardiovasculaires, en notant que les effets sont plus graves chez les enfants et les personnes âgées (Aragón, Miranda and Oliva, 2017[18]).

La pollution de l'air ambiant a des répercussions sur les taux de mortalité et morbidité infantiles, en particulier lors des premières semaines de la vie d'un enfant ; de même, l'exposition des femmes enceintes à cette pollution a des effets néfastes sur le fœtus (Bové et al., 2019[19]) (Currie and Neidell, 2004[20]). L'augmentation de l'ordre de 10 ppb/semaine des taux de dioxyde d'azote (NO_2), produit généralement par les véhicules fonctionnant au gazole, a été associée à une hausse de 16 % des risques de fausse couche. Pendant le premier trimestre de la grossesse, cela peut avoir le même effet néfaste sur le fœtus que le tabagisme (Carrington, 2019[21]) (Saha et al., 2007[22]).

Les ménages à faible revenu résidant à proximité de l'autoroute sont parmi les plus touchés, la santé des enfants en pâtissant le plus (Suissa and Edwardes, 1997[23]) (Gauderman et al., 2007[24]). L'étude « The Economic Cost of Air Pollution: Evidence From Europe » réalisée par l'OCDE en 2019 montre qu'il existe une corrélation entre l'exposition à la pollution de l'air et les niveaux d'éducation et de revenu dans les pays membres européens (Dechezleprêtre, Rivers and Stadler, 2019[25]). Cela veut donc dire que la pollution atmosphérique peut accroître les disparités socio-économiques et contribuer à la transmission intergénérationnelle de la pauvreté. Par rapport aux habitants des zones rurales, les citadins des pays de l'OCDE sont moins satisfaits de la qualité de leur environnement local. (Balestra and Sultan, 2013[11]). Les femmes, qui consacrent plus de temps à la marche que les hommes (qui passent plus de temps au volant de leurs voitures individuelles), sont exposées à différentes sources de pollution de l'air urbain – qui pourraient entraîner des effets différenciés sur leur santé (ITF, 2018[26]). Même dans les cas où les hommes et les femmes se rendent à leur travail en voiture individuelle, des différences entre le degré d'exposition des uns et des autres peuvent apparaître en fonction du lieu, de la géographie et des habitudes quotidiennes des deux sexes (Setton et al., 2010[27]). Les études montrent aussi que les femmes sont plus vulnérables à la pollution environnementale à cause de facteurs biologiques (Butter, 2006[28]). Dans les pays en développement, la production de charbon à proximité des principaux axes routiers est une importante source de polluants qui nuisent à la santé des personnes marchant le long de ces routes pendant de longues périodes (Girard, 2002[29]).

L'étude de l'OCDE précitée – sur le coût économique de la pollution de l'air en Europe – met en évidence une corrélation entre, d'une part, l'augmentation de la pollution atmosphérique et, d'autre part, les niveaux de productivité et l'activité économique (Dechezleprêtre, Rivers and Stadler, 2019[25]). Le constat est qu'une hausse de la concentration annuelle moyenne de $MP_{2.5}$ de 1 µg/m³ entraîne un recul du PIB total de 0.83 % et une baisse de la production de 0.80 % par travailleur. Ces fléchissements pourraient se traduire par des modifications de la productivité du travail (moindre présence au travail et absentéisme) et par un effet direct de la pollution sur certains secteurs. Lorsqu'on se concentre particulièrement sur le secteur agricole, les données en Europe montrent qu'une augmentation de 1 µg/m³ de la concentration de $MP_{2.5}$ dans l'air peut réduire la valeur ajoutée brute de l'agriculture de 4.6 %, à la fois en raison des effets environnementaux et des variations de la productivité des travailleurs (Dechezleprêtre, Rivers and Stadler, 2019[25]). Cette analyse économique vient étayer les travaux existants sur les effets néfastes de la pollution atmosphérique sur la santé humaine et les rendements agricoles (Agrawal et al., 2003[30]) (Chay and Greenstone, 2003[31]). Une approche sexospécifique serait particulièrement utile dans les pays où les femmes représentent plus de la moitié de la population rurale (par exemple dans les pays d'Europe centrale et orientale hors UE) (Kovačićek and R. Franić, 2019[32]), ou dans les régions où elles pratiquent l'agriculture de subsistance.

De nombreuses autres études confirment l'impact négatif de la pollution atmosphérique sur le plan social et économique. Au Pérou, par exemple, une enquête réalisée à Lima montre que les ménages ayant des personnes à charge (enfants, personnes âgées) rencontrent plus de difficultés les jours où la pollution de l'air augmente que les ménages sans personnes à charge. Une augmentation de 10 µg/m³ des niveaux de $MP_{2.5}$ entraîne une réduction de deux heures de travail par semaine et par ménage, à mesure que les responsabilités en matière de soins augmentent (Aragón, Miranda and Oliva, 2017[18]). Cela peut signifier que ce sont les femmes, qui assument la tâche des soins dans un ménage, qui subissent le plus les journées de hausse de la pollution. À Santiago du Chili, où la pollution extrêmement élevée (plus de 100 µg/m³ de MP_{10}) est courante, les femmes sont plus susceptibles de rester à la maison avec leurs enfants ou des membres âgés de leur famille (Montt, 2018[33]). Il s'en suit un doublement de l'écart entre les heures de travail des femmes et des hommes, les premières ayant tendance à moins travailler pendant les semaines où la pollution est forte, tandis que les seconds travaillent davantage pour compenser (Montt, 2018[33]).

Dans le contexte du COVID-19, un nombre croissant de données permettent d'établir un lien clair entre l'exposition à la pollution atmosphérique et l'augmentation du risque d'infection virale (Abdo et al., 2011[34]). Une étude récente de l'Université d'Harvard montre qu'une augmentation de 1 µg/m³ dans les $MP_{2.5}$ est associée à une augmentation de 8 % du taux de mortalité du COVID-19 aux États-Unis, ce qui vient s'ajouter aux connaissances existantes sur le risque accru pour les patients atteints de maladies cardiovasculaires et pulmonaires (Wu et al., 2020[35]). Cette hypothèse semble être confirmée par des données récentes indiquant que la pollution aux matières particulaires a accru le taux de transmission du COVID-19 dans les villes italiennes de toutes tailles (Setti et al., 2020[36]). D'autres travaux identifient les matières particulaires elles-mêmes comme un vecteur de transmission des virus et une cause de la vulnérabilité accrue aux maladies due à l'exposition à la pollution atmosphérique (Setti et al., 2020[37]). Il avait en outre été constaté, lors des précédentes épidémies de coronavirus en Chine, par exemple en 2002, que les patients vivant dans des régions où la pollution de l'air était importante présentaient un risque de mortalité deux fois plus élevé que ceux venant de régions où la pollution était faible (Cui et al., 2003[38]).

Bien que les hommes semblent plus susceptibles de mourir du virus actuel, cette pandémie montre que son impact ne se limite pas aux déterminants biologiques, mais qu'elle est également influencée par les normes sociales (Zhonghua, Xing and Z, 2020[39]). Celles-ci entraînent à leur tour des comportements de santé différents entre les hommes et les femmes. L'Institut européen pour l'égalité entre les hommes et les femmes appelle ainsi à ce que les essais cliniques d'un vaccin contre le COVID-19 incluent une représentation équilibrée des femmes, afin d'éviter un effet différencié selon les sexes (EIGE, 2020[40]). La priorité numéro un des gouvernements doit être de réduire au maximum la vulnérabilité individuelle à l'égard du virus tout en tenant compte des spécificités des hommes et des femmes, qui entraînent des impacts différents.

Les analyses montrent aussi que la situation économique a un lien de plus en plus étroit avec la pollution atmosphérique et le changement climatique, des effets négatifs étant constatés dans de nombreux pays d'Asie et d'Afrique. La pollution de l'air extérieur est un problème naissant en Afrique, qui provient de l'augmentation du trafic routier, de la production d'énergie et des industries. Selon les estimations de Roy (2016), la mauvaise qualité de l'air pourrait être à l'origine de 712 000 décès prématurés par an, contre quelque 542 000 du fait de l'insalubrité de l'eau et 391 000 du défaut d'assainissement (Roy, 2016[41]).

D'autres études récentes tentent d'établir un lien entre, d'une part, la pollution atmosphérique et, d'autre part, la santé mentale et physique, les performances cognitives, voire les comportements violents. Kioumourtzoglou et al. (2017) montrent que l'exposition à long terme à des niveaux élevés de $MP_{2.5}$ et d'ozone aux États-Unis accroît le risque de dépression chez les femmes d'âge moyen et plus âgées (Kioumourtzoglou et al., 2017[42]), tandis que d'autres auteurs établissent des liens entre dépression et pollution atmosphérique (Xin, Xiaobo and Xi, 2015[43]). En revanche, l'exposition simultanée et cumulative à la pollution atmosphérique semble avoir un impact plus négatif sur les performances cognitives des hommes que sur celles des femmes (Chen, Zhang and Zhang, 2017[44]).

Des études récentes ont également établi un lien entre l'exposition accrue aux $MP_{2.5}$ et à l'ozone et les comportements agressifs et l'augmentation de la violence domestique (Nickerson, 2019[45]) (Burkhardt et al., 2019[46]). L'analyse expérimentale des comportements humains dans les villes d'Inde et des États-Unis a montré que la pollution de l'air coïncide avec une augmentation du stress et l'apparition de comportements immoraux chez les adultes (Lu et al., 2018[47]). Les travaux récents réalisés par Burkhardt et al. (2019) aux États-Unis laissent entendre qu'il existe un lien entre la pollution de l'air et les comportements violents (Burkhardt et al., 2019[46]). Ils font apparaître plus spécifiquement que pour la période comprise entre 2006 et 2013, une progression de 10 % des $MP_{2.5}$ et de 10 % de l'ozone a coïncidé avec une hausse de respectivement 0.14 % et 0.3 % des infractions violentes et des agressions (Burkhardt et al., 2019[46]). Ces corrélations se vérifient aussi bien sur les actes de violence commis à l'intérieur et à l'extérieur des foyers, avec un lien particulier entre les émissions de $MP_{2.5}$ et la violence domestique.

Entre 2003 et 2012, les femmes ont été les principales victimes de violence domestique aux États-Unis (76 % de femmes contre 24 % d'hommes) (Truman and Morgan, 2014[48]). Burkhardt et al. (2019) se sont également intéressés aux économies que peut générer la diminution des violences consécutive à la réduction de la pollution atmosphérique (Burkhardt et al., 2019[46]). Selon leurs calculs, le fait d'abaisser de 10 % les concentrations de $MP_{2.5}$ et de 10 % celles d'ozone permettrait de réduire les coûts de la criminalité de respectivement plus de 400 millions USD et 1 milliard USD par an. Des résultats similaires à Londres établissent un lien entre l'augmentation de la criminalité et la pollution atmosphérique (Bondy, Roth and Sager, 2018[49]).

3.2.2. La contamination de l'eau et du sol

La contamination de l'eau est un problème grandissant, qui touche particulièrement les femmes. Dans le contexte du COVID-19, les points d'accès à l'eau peuvent devenir des foyers d'infection, principalement pour les femmes. Garantir un accès sûr à de l'eau propre est donc un aspect essentiel pour faire reculer l'épidémie. Dans les pays en développement, le pourcentage de maladies liées à la mauvaise qualité de l'eau et au défaut d'assainissement peut atteindre 80 % (Fauconnier, Jenniskens and Perry, 2018[50]). Chaque année, l'insalubrité de l'eau provoque environ 1 milliard de malades. Selon The Lancet, la pollution de l'eau a causé 1.8 million de décès en 2015 (Landrigan et al., 2018[51]). On estime que plus de 800 000 personnes décèdent chaque année de la diarrhée provoquée par l'insalubrité de l'eau, le manque d'assainissement et la mauvaise hygiène des mains (WHO, 2014[52]). Dans les pays à faible revenu, les femmes sont plus exposées à la transmission des maladies car ce sont souvent elles qui se chargent de jeter les eaux sales et les déjections humaines, et qu'elles ont rarement accès à des installations d'assainissement sûres ou privées (WHO and UNICEF, 2017[53]). Même dans les pays développés, la pollution de l'eau est une préoccupation majeure qui influe avant tout sur la santé des femmes (Landrigan et al., 2018[51]) (Watts et al., 2019[54]) (Woodcock et al., 2009[55]).

L'un des indicateurs de l'ODD 3 consiste à évaluer l'impact de la contamination de l'eau sur la santé, un aspect qui s'inscrit aussi dans l'analyse du lien existant entre la problématique femmes-hommes et l'environnement. Cela souligne l'importance de la salubrité de l'eau pour les femmes et pour l'environnement. L'indicateur 3.9.2, qui mesure le taux de mortalité dû à l'insalubrité de l'eau, au défaut d'assainissement et à l'absence d'hygiène, fournit des informations plus précises sur l'influence différenciée de ces facteurs sur les femmes et sur les hommes. Si, dans les pays de l'OCDE, le nombre de décès prématurés dus aux trois facteurs précités est limité – et le coût en termes de bien-être minime, d'à peine 1 % en équivalent PIB –, ce n'est pas le cas dans le reste du monde (voir le Graphique 3.8). À l'échelle mondiale, les femmes sont nettement plus touchées, et le coût en termes de bien-être des décès prématurés des femmes en pourcentage du PIB, de 2 %, est plus élevé que pour les hommes. La principale cause de ces décès est le manque d'accès à l'eau salubre.

Graphique 3.8. Coût en bien-être des décès prématurés causés par l'insalubrité de l'eau, le défaut d'assainissement et l'absence d'eau pour se laver les mains.

Pourcentage équivalent PIB, données 2019

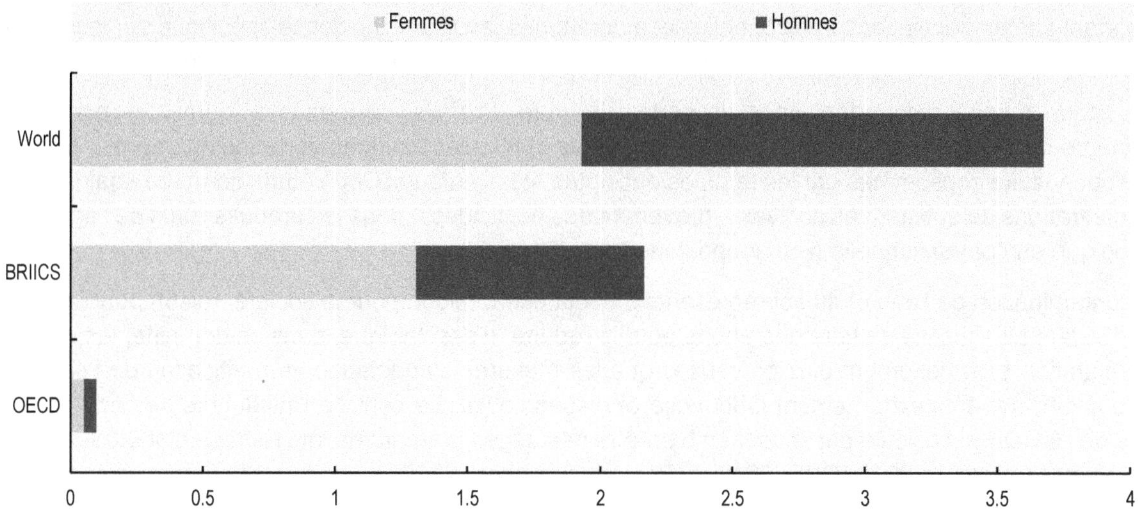

Note : Coût en bien-être des décès prématurés causés par l'insalubrité de l'eau, le défaut d'assainissement et l'absence d'eau pour se laver les mains en pourcentage équivalent PIB. Les données sur la mortalité et les AVCI liées à l'exposition aux risques environnementaux sont tirées des résultats de l'étude Global Burden of Disease Study 2019. Les coûts en bien-être sont calculés en utilisant une méthodologie adaptée de l'OCDE, « The Rising Cost of Ambient Air Pollution thus far in the 21st Century: Results from the BRIICS and the OECD Countries ».
Source: Institute for Health Metrics and Evaluation (IHME), GBD Compare, in (OECD, 2021[4]).

Malgré le faible nombre de décès prématurés dus à l'insalubrité de l'eau, au manque d'assainissement et à l'absence d'hygiène dans les pays de l'OCDE, la contamination de l'eau et du sol y demeure préoccupante. Une récente étude de l'OCDE montre la présence de plus en plus inquiétante pour l'environnement de résidus actifs de produits pharmaceutiques dans l'eau douce (OECD, 2019[56]). À mesure que la consommation de ces produits augmente, le suivi et l'évaluation de leurs effets sur l'environnement doivent être améliorés, de même que le traitement des ressources aquatiques. L'étude insiste également sur la nécessité d'examiner de plus près les effets de ces substances pharmaceutiques et de leurs associations sur la santé humaine, en particulier sur les groupes de population les plus sensibles comme les femmes enceintes, les fœtus et les enfants (OECD, 2019[56]).

La contamination de l'eau et du sol a un impact plus important sur les femmes appartenant à des groupes minoritaires et aux niveaux de revenu plus faibles. En effet, il leur est plus difficile d'éviter la pollution, par exemple en déménageant dans des endroits plus sains. Selon une étude réalisée dans le New Jersey/États-Unis par Currie et al. (2013), il existe une corrélation entre le niveau d'éducation des femmes et la probabilité de déménagement de leur ménage à cause de la contamination de l'eau. Cela témoigne d'un effort manifeste des femmes pour se protéger et protéger leurs familles des dommages environnementaux (Currie et al., 2013[57]).

Nombreux sont les exemples de l'utilisation excessive de produits chimiques toxiques (comme les pesticides) dans l'agriculture, un secteur où les femmes représentent, dans de nombreux pays en développement, quelque 70 % de la main-d'œuvre. En Tanzanie, par exemple, les femmes s'occupent de la plantation et de la récolte, et même de l'exploitation minière, tandis que les hommes ont des emplois dangereux plus « traditionnels » (Mrema et al., 2017[58]) (Roser and Ritchie, 2020[59]) (Lal, 2020[60]). Le Programme des Nations Unies pour le développement (PNUD) a lancé de vastes travaux pour établir les lignes directrices d'une gestion réfléchie des produits chimiques dans les pays en développement. Dans le cadre de ces travaux, il a renforcé les dimensions sexospécifiques (UNDP, 2011[61]).

L'utilisation massive de produits chimiques dangereux peut avoir des effets plus nocifs sur les femmes que sur les hommes, en particulier dans les zones rurales des pays en développement où les femmes sont très dépendantes des ressources naturelles (UNEP, 2013[62]). Les effets des déchets plastiques, de la pollution atmosphérique, du mercure et d'autres polluants sur la biodiversité animale et végétale sont largement documentés (Lovett et al., 2009[63]) (IPBES, 2019[64]) et ont généralement un impact plus important sur les populations traditionnelles et autochtones, avec une incidence spécifique sur les femmes [voir (Inyinbor et al., 2018[12]) pour les effets de la pollution aux métaux lourds sur les femmes enceintes].

Une étude menée récemment dans un certain nombre de pays européens a fourni des preuves du problème persistant que pose l'absorption de produits chimiques toxiques et de métaux par les poissons qui sont ensuite consommés par les femmes enceintes et les enfants. Cette étude compare également les concentrations de substances nocives – provenant des pesticides – dans les produits issus de l'agriculture biologique ou conventionnelle (Papadopoulou et al., 2019[65]).

La contamination de l'eau et du sol représente un coût économique pour la société, raison pour laquelle il est d'autant plus justifié de faire des efforts pour la réduire. Il est clair que, dans ce domaine, les mesures d'atténuation sont nettement plus coûteuses que les mesures d'adaptation, la purification de l'eau et du sol pouvant s'avérer extrêmement laborieuse et dispendieuse. Le coût de l'insalubrité de l'eau pour les pays de l'OCDE est calculé par le coût en bien-être des décès prématurés, qui représentait 0.03 % du PIB des pays Membres en 2019 (GBD, 2019[3]) (Roy and Braathen, 2017[5]). Les femmes jouent un rôle crucial, tant dans les mesures d'adaptation que d'atténuation, et doivent donc être prises en compte lors de l'élaboration des recommandations d'action. Elles représentent des acteurs clés dans la recherche et la mise en œuvre effective d'une gestion durable de l'eau et du sol.

3.2.3. L'exposition à des produits chimiques dangereux

La charge de morbidité liée à l'exposition à des produits chimiques dangereux est très élevée à l'échelle mondiale, et encore plus dans les pays non membres de l'OCDE où il n'y a souvent pas de mesures de sécurité appropriées (OECD, 2018[66]). Les hommes et les femmes sont exposés quotidiennement aux produits chimiques, que ce soit chez eux ou à leur travail. Le niveau d'exposition peut toutefois varier en fonction de la durée de celle-ci et être exacerbé par d'autres facteurs de stress tels que les vagues de chaleur [voir l'exemple de Paris (Lemonsu et al., 2015[67]) et (McGregor, 2015[68]). L'exposition à ces produits a en outre des effets distincts selon les sexes en raison des différences physiologiques, hormonales et enzymatiques entre les hommes et les femmes, qui peuvent avoir des conséquences différentes en matière d'absorption, de distribution, de métabolisme, de stockage et d'excrétion.

Les substances chimiques telles que les polluants organiques persistants (POP), les métaux lourds et les perturbateurs endocriniens, ont été largement identifiées comme ayant des effets différenciés sur les hommes et sur les femmes (Street et al., 2018[69]) (WHO, 2016[70]). Une étude récente portant sur les femmes enceintes révèle que des perturbateurs endocriniens variés ont eu des effets sanitaires néfastes sur des nouveau-nés et des enfants – perturbant notamment leur neuro-développement, leur métabolisme et leur croissance –, ainsi que sur la santé physique et mentale de leurs mères (Bergman, Rüegg and Drakvik, 2019[71]).

À mesure que la part des pays non membres de l'OCDE dans la production mondiale de produits chimiques augmentera, la charge de morbidité liée à l'exposition à des produits chimiques dangereux devrait s'accroître. Selon les calculs de l'OCDE, la production de produits chimiques hors OCDE devrait être multipliée par six d'ici à 2050, principalement dans les grandes économies émergentes telles que le Brésil, la Fédération de Russie, l'Inde, l'Indonésie, la Chine et l'Afrique du Sud (BRIICS) (OECD, 2012[10]). Cela entraînerait par la même occasion une hausse du risque d'exposition, en particulier pour les populations les plus vulnérables.

Graphique 3.9. Indicateur des ODD 3.9.3 - Taux de mortalité attribué aux empoisonnements involontaires, par sexe

Nombre de décès pour 100 000 habitants

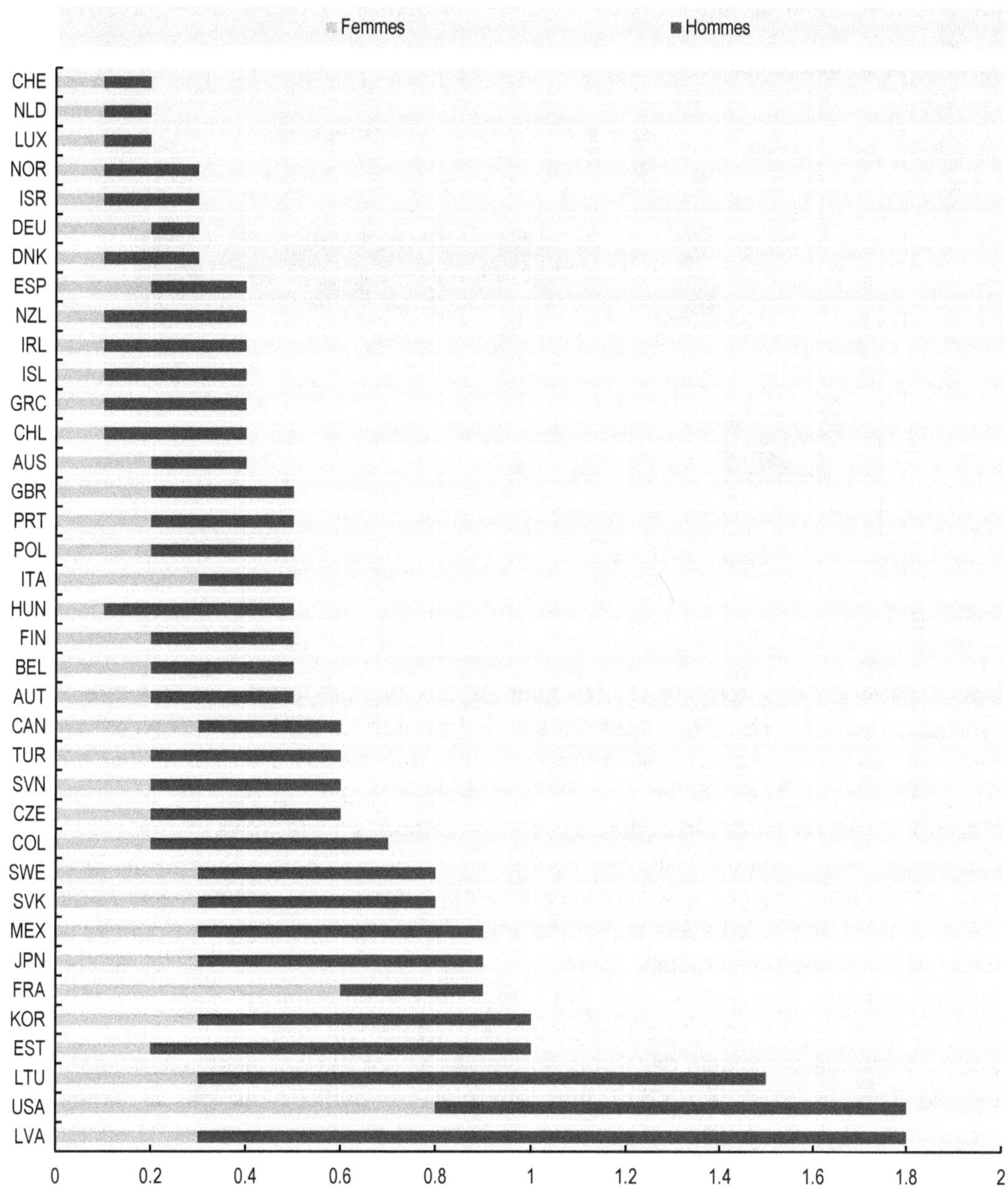

Source : (UNSD, n.d.[72]).

Dans le cadre des ODD, l'indicateur permettant d'évaluer l'évolution du nombre de décès et de maladies dus aux produits chimiques dangereux ne mesure que le taux de mortalité attribué à des empoisonnements involontaires (indicateur 3.9.3). D'après les données dont on dispose pour la zone OCDE, les hommes sont plus souvent victimes de ce type d'empoisonnement que les femmes, et ce dans la plupart des pays (Graphique 3.9). Une ventilation plus poussée de ces données serait cependant nécessaire pour mettre en évidence les effets différenciés des sources d'empoisonnement sur les hommes et sur les femmes. Même si, sur la moyenne des pays de l'OCDE, la mortalité liée à des empoisonnements involontaires est presque deux fois plus élevée chez les hommes que chez les femmes, au niveau mondial la différence entre les sexes est minime (Graphique 3.10).

Graphique 3.10. Taux de mortalité attribué aux empoisonnements involontaires, par sexe

Nombre de décès pour 100 000 habitants

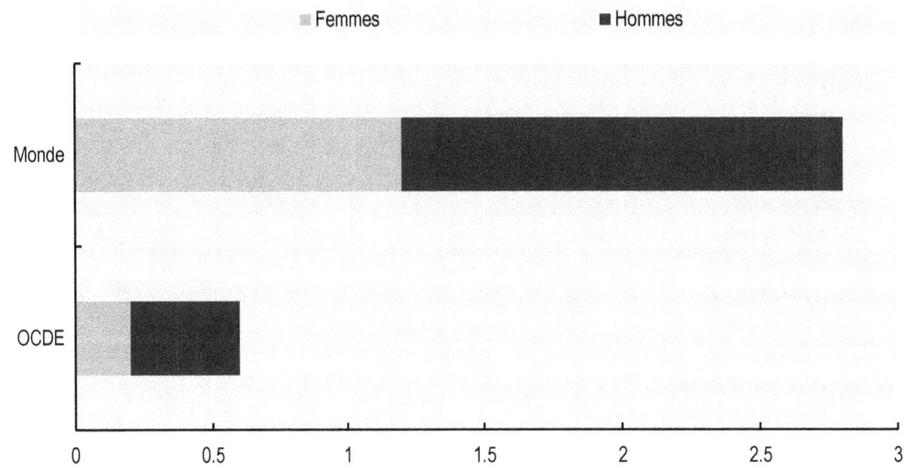

Source : (UNSD, n.d.[72]).

L'exposition différenciée des hommes et des femmes aux produits chimiques dangereux dépend de facteurs sociaux, à savoir la répartition traditionnelle du travail et les différents modes de consommation. Bien que les femmes soient de plus en plus présentes sur le marché du travail, l'exposition professionnelle à certains agents cancérigènes continue d'être mesurée principalement pour les hommes (Hohenadel et al., 2015[73]). Cela est confirmé par les données dont on dispose pour les pays membres et non membres de l'OCDE, qui concernent surtout le nombre de décès prématurés causés par les agents cancérigènes, les matières particulaires, les gaz et les fumées émis dans le contexte professionnel (Graphique 3.11). Ces données peuvent être interprétées comme le reflet d'une ségrégation professionnelle selon laquelle la production et l'utilisation de produits chimiques caractériseraient davantage les secteurs d'activité dominés par les hommes. Les coûts en bien-être – exprimés en pourcentage équivalent PIB – des décès prématurés liés aux risques professionnels coïncident également avec le nombre de décès. Il est intéressant de noter que la majorité des coûts en bien-être sont liés aux agents cancérigènes d'origine professionnelle dans les pays de l'OCDE, mais aux matières particulaires, gaz et fumées au niveau mondial ; ces constats sont valables à la fois pour les hommes et pour les femmes (Graphique 3.11).

Graphique 3.11. Coût en bien-être des décès prématurés imputables aux risques environnementaux et professionnels par sexe

Pourcentage équivalent PIB, données 2019

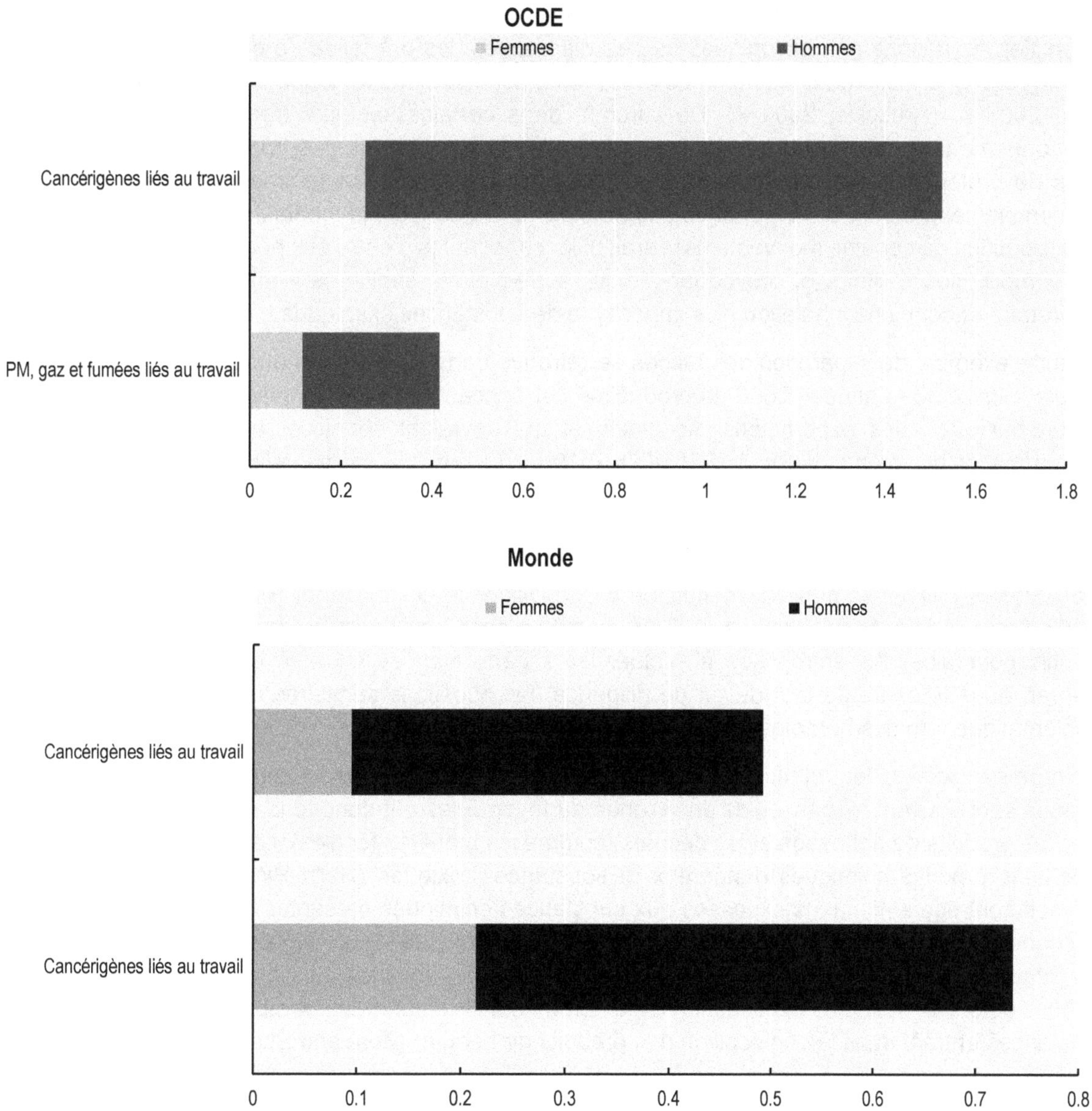

Note : Coût en bien-être des décès prématurés imputables aux risques environnementaux et professionnels par sexe en pourcentage équivalent PIB (données 2019). Les données sur la mortalité et les AVCI liées à l'exposition aux risques environnementaux sont tirées des (GBD, 2019[3])résultats de l'étude Global Burden of Disease Study 2019. Les coûts en bien-être sont calculés en utilisant une méthodologie adaptée de l'OCDE, (Roy and Braathen, 2017[5]) « The Rising Cost of Ambient Air Pollution thus far in the 21st Century: Results from the BRIICS and the OECD Countries ».

Source : Institute for Health Metrics and Evaluation (IHME), GBD Compare, in (OECD, 2021[4]).

Les études consacrées à l'exposition professionnelle montrent que les niveaux d'exposition à divers produits chimiques dans le contexte du travail sont différents selon les sexes. Une étude réalisée en Italie a fait apparaître des niveaux supérieurs pour les hommes que pour les femmes du fait de la séparation des tâches dans les secteurs de l'industrie du bois et de la fabrication de meubles (Scarselli et al., 2018[74]). Il est clairement nécessaire de tenir compte des rôles professionnels et des degrés d'exposition différents entre les deux sexes pour mener des études instructives et surveiller les effets des produits chimiques sur la santé humaine.

Comme le montrent les études, les degrés d'exposition diffèrent entre les sexes même lorsque les hommes et les femmes occupent la même fonction (à en croire les intitulés de postes). L'étude italienne susmentionnée a mis en évidence une exposition au nickel et aux composés de chrome hexavalent supérieure pour les femmes occupant des postes de conducteurs de machines, dans un secteur où la main-d'œuvre est principalement masculine (Scarselli et al., 2018[74]). D'autres recherches, qui tentent d'identifier les raisons non biologiques de ces différences, les ont reliées à des différences d'aptitudes cognitives et à la façon dont les hommes et les femmes effectuent certaines tâches différemment (Czaja et al., 2006[75]) (Arbuckle, 2006[76]). De surcroît, dans certains secteurs traditionnellement masculins, l'environnement professionnel est généralement adapté aux besoins des hommes, et les uniformes et gants de protection n'ont pas toujours une taille appropriée pour les femmes (Arbuckle, 2006[76]). Un examen plus approfondi de l'ergonomie des emplois (autrement dit, la manipulation de machines lourdes ou la répétition de certains mouvements) serait utile, car certains d'entre eux peuvent conduire les femmes à accomplir plus d'efforts et provoquer – entre autres effets sanitaires – une accélération du rythme respiratoire et donc une inhalation plus importante de substances chimiques.

Un autre exemple de séparation des tâches se retrouve dans les secteurs du textile et de la chaussure. Depuis le milieu des années 2000, la production est concentrée dans les pays d'Asie, qui représentent aujourd'hui 62 % des exportations mondiales et qui devraient se hisser aux premiers rangs de la consommation de vêtements d'ici à 2025 (ILO, 2019[77]). La majorité des travailleurs des secteurs du textile et de la chaussure et de la chaîne d'approvisionnement y afférente sont des femmes (80 %). Les conditions de travail y sont difficiles, avec notamment l'exposition à des substances chimiques (colorants, pigments, adhésifs et apprêts), l'absence d'équipements de protection et le manque d'installations sanitaires (Ahmed et al., 2004[78]). Dans sa publication intitulée « Due Diligence Guidance for Responsible Supply Chain in the Garment and Footwear Sector », l'OCDE fournit un ensemble de recommandations ainsi qu'une boîte à outils pour aider les entreprises à évaluer leurs performances sociales et environnementales et à intégrer, dans le cadre de leur devoir de diligence, les questions sanitaires et environnementales et la problématique femmes-hommes (OECD, 2018[79]).

Les normes sociales, leur statut socioéconomique ainsi que les tendances démographiques font que les femmes sont souvent responsables de la tenue du foyer. Elles ont donc tendance à être plus en contact avec les produits de nettoyage et les déchets (comme les matières fécales), ce qui accroît leur exposition à certains produits chimiques dangereux et substances toxiques (Hertz-Picciotto et al., 2010[80]). Les femmes sont également plus exposées aux substances chimiques présentes dans les produits de soins personnels comme les cosmétiques, voire les bijoux (UNDP, 2011[61]). De récentes données recueillies aux États-Unis montrent par exemple que les femmes, qui sont les plus grosses consommatrices de produits de soins, sont plus exposées que les hommes au mercure, aux parabènes et aux phtalates (des substances entrant dans la composition des produits de beauté) (Zota and Shamasunder, 2017[81]).

Les travaux de l'OCDE ont aidé les pouvoirs publics dans leurs efforts pour évaluer les risques que représente l'exposition à des produits chimiques pour l'être humain[2]. Plus spécifiquement, les Lignes directrices pour les essais de produits chimiques présentent des méthodes reconnues internationalement pour évaluer les effets potentiels des produits chimiques (produits industriels, pesticides, produits de soins personnels, etc.) sur les êtres humains et l'environnement (OECD, 2013[82]). Un grand nombre de ces essais ont une dimension sexospécifique, ce qui est particulièrement utile pour évaluer les produits chimiques ayant des effets perturbateurs sur le système endocrinien. Des études complémentaires sur l'exposition à plusieurs substances chimiques et sur les effets possiblement différenciés entre les hommes et les femmes sont nécessaires, les produits chimiques étant souvent associés à d'autres.

Par ailleurs, les travaux de l'OCDE sur les impacts environnementaux des plastiques et de leurs déchets pourraient être complétés par l'étude des effets de ces produits sur la santé humaine. Dans un récent rapport de recherche, Ten Brink et al. se réfèrent aux effets potentiellement dangereux sur la santé humaine de divers produits chimiques présents dans le plastique (Ten Brink et al., 2016[83]). Ils citent en particulier l'usage problématique du plastique pour les emballages alimentaires, les jouets pour enfants et les tuyaux d'approvisionnement en eau et d'assainissement, en notant que les additifs chimiques qui entrent dans la composition du plastique empêchent son recyclage (OECD, 2018[84]). Une telle analyse devrait comporter un volet sexospécifique car les femmes sont plus susceptibles d'être en contact avec ces types de produits (par exemple les emballages alimentaires) et ce sont elles qui prennent les décisions au sujet de la gestion des déchets du ménage (Lynn, Mantingh and Rech, 2017[85]).

L'OCDE mène actuellement un projet sur la disposition des individus à payer pour éviter de subir les effets négatifs des produits chimiques sur la santé (OECD, 2018[86]). Des enquêtes seront tout d'abord réalisées dans une sélection de pays afin d'évaluer le consentement des populations à payer pour éviter les problèmes sanitaires suivants : asthme, baisse du QI des enfants, insuffisance pondérale à la naissance, dysfonctionnement hépatique et perte de fertilité (Alberini et al., 2010[87]). Comme dans la plupart des enquêtes de préférences déclarées, l'une des informations socioéconomiques que doivent fournir les répondants est leur sexe. Cela pourrait servir d'exemple pour de futures études (Cascajo, Garcia-Martinez and Monzon, 2017[88]).

3.2.4. Changement climatique

Le changement climatique et la hausse des températures ont également un impact particulier sur la santé des femmes, à la fois dans la zone OCDE et au-delà. À titre d'exemple, la canicule qui a sévi en France en 2003 a entraîné le décès prématuré de 15 000 personnes, avec un taux de mortalité des femmes supérieur de 75 % à celui des hommes (Fouillet et al., 2006[89]). [3] En 2019, une étude consacrée plus particulièrement à l'Espagne a montré que les femmes de tous âges sont plus susceptibles de mourir d'une maladie cardiovasculaire que les hommes. Les maladies cardiovasculaires peuvent être causées par une exposition à des températures élevées (Achebak, Devolder and Ballester, 2019[90]) (Yin et al., 2019[91]). Sachant que la pollution atmosphérique est responsable en Espagne de 2 683 décès par an et que les températures augmentent, les effets sur les femmes risquent d'être dramatiques (Ortiz et al., 2017[92]).

Le changement climatique se traduit par un accroissement de l'incidence et de l'intensité des catastrophes naturelles telles que les sécheresses, les glissements de terrain, les inondations et les ouragans. Ces phénomènes touchent plus durement les populations vulnérables à cause de leur plus grande dépendance à l'égard des ressources naturelles pour survivre, de leur moindre capacité d'adaptation, de la rusticité de leurs habitations et de leurs lieux de vie plus exposés. Les femmes, en particulier, risquent de perdre leurs moyens de subsistance de façon disproportionnée, en particulier dans les régions en développement, du fait de la multiplication des catastrophes naturelles (UNEP, 2011[93]). Étant donné qu'elles représentent la majorité des pauvres dans le monde, les femmes sont souvent confrontées à des risques plus élevés et à des charges plus lourdes du fait des effets du changement climatique, comme l'incertitude de la subsistance, les risques pour la santé, etc. Les événements extrêmes tels que les sécheresses, associés aux inégalités entre femmes et hommes, conduisent les femmes à subir les effets des catastrophes naturelles de manière disproportionnée (UN Women, 2018[94]).

Les femmes semblent également moins aptes à s'adapter au changement climatique, cette faculté étant influencée par le statut socio-économique et l'accès aux ressources. Le Programme d'adaptation du Groupe de travail du G20 sur la durabilité climatique est un exemple d'initiative qui pilote les efforts d'adaptation au niveau mondial. Il s'efforce d'assurer la participation des femmes à la planification de l'adaptation. Dans les pays hors OCDE en particulier, les femmes occupent une place essentielle dans l'élaboration des mécanismes d'adaptation du fait de leur rôle clé au regard de la gestion des moyens de subsistance de leur ménage (UNEP, 2011[93]).

Les inégalités en matière d'accès à l'éducation formelle, la discrimination fondée sur le sexe et l'exclusion sociale réduisent la capacité des femmes à faire face efficacement aux besoins d'adaptation au changement climatique. En outre, le changement climatique oblige les ménages à migrer, ce qui aggrave à la fois l'écart entre femmes et hommes et les efforts d'atténuation (Fauconnier, Jenniskens and Perry,

2018[50]). Selon une étude réalisée en 2016 auprès de ménages népalais dont des membres avaient migré, les femmes et les filles ont tendance à passer moins de temps par semaine aux activités non productives (avec une baisse de respectivement 7.8 % et 4.1 %) mais à passer proportionnellement plus de temps aux activités productives (avec une hausse de respectivement 8.2 % et 5.5 %) par rapport aux hommes et aux garçons. Cette étude montrait en outre que les femmes ont tendance à abandonner un travail rémunéré pour se consacrer à l'agriculture de subsistance et aux activités agricoles familiales (Phadera, 2016[95]).

Outre des coûts économiques exorbitants, le changement climatique pourrait entraîner, à court et à long termes, un creusement des inégalités entre les femmes et les hommes. Aborder ces questions simultanément, en s'alignant avec les ODD, pourrait permettre d'offrir une réponse économique plus inclusive et efficace face à l'ensemble des questions environnementales (dont le changement climatique).

3.3. Accès des femmes à des infrastructures durables et de qualité et à des débouchés économiques

Un aspect économique particulièrement important du lien entre la problématique femmes-hommes et l'environnement est le fait qu'un meilleur accès des femmes à une infrastructure durable (eau, énergie, transports, logement et infrastructure sociale, communications, etc.)[4] pourrait favoriser leur participation sur le marché du travail et accroître leur productivité, tout en réduisant les externalités environnementales. Dans les pays en développement, l'écart entre les sexes est constaté pour tous les types d'infrastructure ; en revanche, dans les pays de l'OCDE, la principale préoccupation est l'insuffisance des transports et de l'infrastructure sociale.[5]

Améliorer l'accès et l'utilisation des infrastructures sociales et de transport par les femmes ne peut se faire sans la prise en compte d'un certain nombre de facteurs. Tout d'abord, les femmes ont des modes de déplacement qui leur sont propres : elles ont tendance à avoir des comportements plus irréguliers et diversifiés que les hommes, car elles combinent plus souvent des tâches domestiques, familiales et professionnelles. Des études ont mis en évidence une corrélation négative plus importante pour les femmes que pour les hommes entre la durée des déplacements domicile-travail et le taux d'activité, ainsi qu'une préférence plus marquée des femmes pour les modes de transport flexibles et les transports publics. L'indice d'égalité de genre (IEG) montre que 24.5 % des femmes utilisent les transports publics – contre 18 % des hommes – et qu'elles sont 25 % à se déplacer à pied ou en vélo, contre 20.25 % des hommes. La voiture est le mode de transport privilégié pour 57.5 % des hommes, contre 48.75 % des femmes. Dix-huit pour cent des parents isolés dépendent exclusivement des transports publics (EIGE, 2020[96]). Le deuxième facteur à prendre en compte est que la plus forte exposition des femmes au harcèlement et à la violence physique réduit l'attrait des transports publics à leurs yeux ainsi que leur capacité à aller travailler dans certains quartiers (ITF, 2018[97]). Comme l'attestent les cas concrets, les femmes du monde entier limitent leur utilisation des transports publics par peur d'être harcelées ou de subir d'autres formes de violence, parfois à cause d'expériences passées (voir la deuxième partie du présent rapport, à venir). Le fait de mesurer l'accessibilité rendue possible par des transports durables ainsi que d'adapter les actions publiques aux résultats des études et aux besoins pourrait aider à mieux satisfaire les femmes et les hommes, tout en réduisant au maximum les impacts environnementaux (OECD, 2019[98]).

La pandémie de COVID-19 a totalement chamboulé les modes de déplacement des individus dans le monde entier, et frappé plus particulièrement les transports publics. Malgré la levée des restrictions de mobilité dans de nombreux pays, les transports publics ont perdu de leur attrait par rapport à la période précédant la crise en raison de la promiscuité physique et des risques de contamination y afférents. Compte tenu de leur préférence pour ce mode de transport, les femmes ont particulièrement souffert de la pandémie et de ses répercussions sur le plan de la mobilité (EIGE, 2020[96]). Des modes de déplacement alternatifs ont été adoptés (comme la marche et le vélo), d'autant que dans de nombreux cas, les distances de transport autorisées ont été restreintes (ITF, 2020[99]). Les modes de déplacement utilisés par les femmes ont, d'une certaine manière, été généralisés pendant la crise du COVID-19 puis amplifiés par les règles de distanciation sociale, ce qui a mis en évidence la nécessité d'adapter l'infrastructure urbaine aux besoins différenciés des femmes et des hommes (ITF, 2020[99]). La conclusion est que la prise en compte systématique de la problématique femmes-hommes pourrait, à terme, favoriser une plus grande résilience des villes face à des chocs comme celui du COVID-19.

Dans les zones rurales, où les moyens de subsistance des femmes s'amélioreraient considérablement grâce au développement durable des infrastructures (alimentation, santé, énergie, eau et assainissement, transports), la crise du COVID-19 semble toucher de façon disproportionnée les femmes et les filles. En ces temps difficiles, les femmes rurales - tant dans les pays développés que dans les pays en développement - semblent rencontrer plus de difficultés, en raison du travail domestique non rémunéré, de leur travail informel et de leur dépendance à l'égard des ressources naturelles (Salcedo-La Viña, Singh and Elwell, 2020[100]) (EmPower, 2020[101]), ainsi que d'une plus grande violence sexiste au sein du ménage (Moffitt et al., 2020[102]). Des infrastructures de transport durables faciliteraient l'accès des femmes à leurs activités quotidiennes, et offriraient aussi un environnement plus sûr à l'extérieur du foyer.

D'un autre côté, la crise du COVID-19 a encouragé le télétravail, ainsi que les achats et autres activités en ligne (notamment bancaires), ce qui a montré la nécessité de disposer d'une solide infrastructure numérique. La fracture numérique qui existe déjà entre les sexes – les femmes étant davantage touchées par l'exclusion –, que ce soit dans les pays membres et non membres de l'OCDE, doit être résolue si l'on veut s'assurer que les femmes ne restent pas à la traîne (OECD, 2018[103]), d'autant que l'on connaît leur vulnérabilité du point de vue de l'emploi en cas de crise sanitaire (OECD, 2020[104]). D'après l'analyse réalisée au Royaume-Uni et aux États-Unis dans le contexte de la crise du COVID-19, les femmes ont été plus susceptibles de perdre leur emploi, ont passé plus de temps à la maison et ont assumé plus de tâches familiales qu'habituellement (Adams-Prassl et al., 2020[105]). Parallèlement, la crise du COVID-19 a pu permettre aux femmes qui sont à l'aise avec le numérique d'avoir plus de souplesse pour assumer à la fois leurs tâches professionnelles et domestiques, si tant est que les normes sociales et culturelles changent et favorisent une participation accrue des hommes aux tâches familiales non rémunérées (Alon et al., 2020[106]). Indépendamment de cette crise, une analyse de l'OCDE a montré que les technologies numériques et l'amélioration de l'accès à leurs infrastructures pouvaient accroître le taux d'activité des femmes sur le marché du travail et favoriser leur émancipation économique (OECD, 2018[103]).

Rares sont les études consacrées aux avantages économiques que procurerait l'amélioration de l'accès des femmes à l'infrastructure. L'analyse initiale porte sur le rôle des femmes dans les tâches familiales non rémunérées et le travail domestique, et sur la façon dont l'amélioration des infrastructures (durables) peut bénéficier aux femmes en tant qu'utilisatrices finales (Clancy, Skutsch and Batchelor, 2003[107]). Agénor et Agénor (2014) ont élaboré un cadre applicable aux pays à faible revenu, qui montre que l'accès aux services d'infrastructure améliore le temps consacré par les femmes à la production marchande et aux activités ménagères, ce qui favorise l'accroissement du revenu des femmes, l'amélioration de la santé et de l'éducation des enfants et, en fin de compte, la croissance économique (Agénor and Agénor, 2014[108]). D'autres analyses présentent des cas où l'amélioration des infrastructures routières, électriques et numériques a entraîné une augmentation du taux d'activité des femmes (Kabeer, 2012[109]). Selon les estimations de l'OCDE, l'accès aux infrastructures sociales pourrait relever (essentiellement) le taux de participation des femmes au marché du travail de 3 % environ, ce qui augmenterait le PIB mondial par habitant de 2.5 % (Graphique 3.12).

Graphique 3.12. Impact de l'amélioration de l'accès aux infrastructures sociales sur le PIB par habitant

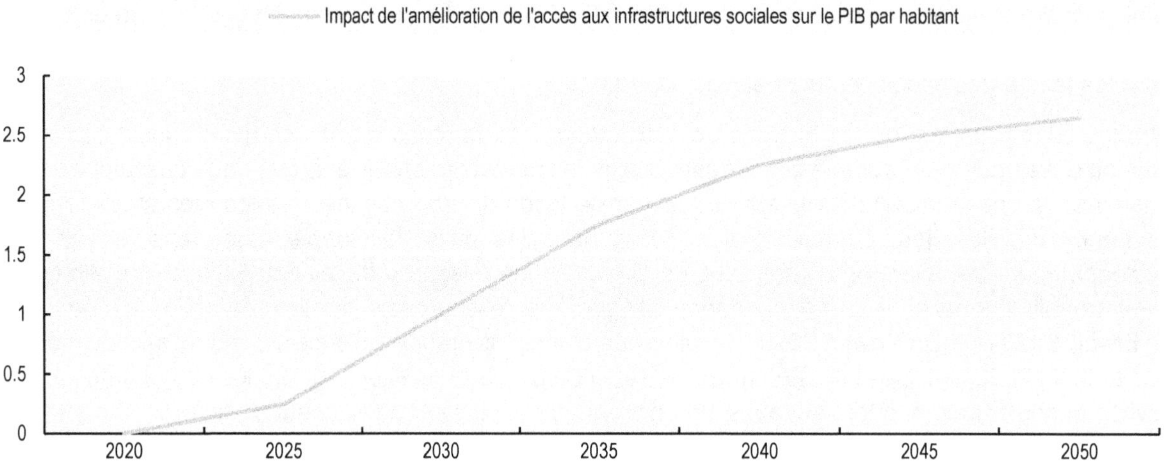

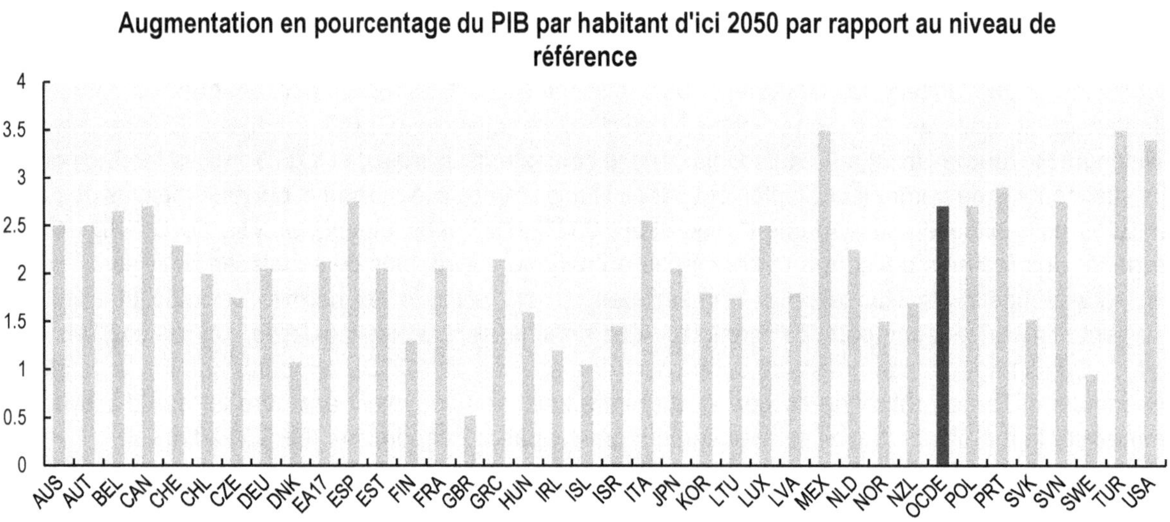

Note : La courbe modélise l'amélioration de l'accès aux infrastructures sociales dans la zone OCDE grâce à l'adoption des bonnes pratiques (moyenne des cinq pays les plus performants). Le résultat est une augmentation du taux d'activité féminine d'environ 3 points de pourcentage d'ici à 2050 par rapport au niveau de référence. Cela se traduit par une hausse du PIB par habitant de plus de 2.5 % par rapport au niveau de référence. Il faut un peu de temps avant que l'action publique fasse pleinement effet, raison pour laquelle la progression va se poursuivre quelque temps puis atteindre finalement plus ou moins 3 %. L'impact est variable selon les pays et dépend du point de départ de chacun par rapport aux bonnes pratiques (graphique inférieur). L'impact le plus faible est constaté au GBR et en SWE, où les résultats de cet indicateur sont déjà bons à l'heure actuelle. La progression la plus forte est relevée au MEX et en TUR, mais aussi aux USA où la politique sociale est moins développée.
Source : Estimation de la Direction ECO de l'OCDE.

3.4. Présence des femmes dans les emplois verts et l'innovation verte au cours de la transition vers une économie sobre en carbone postérieure à la crise du COVID-19

L'augmentation du taux d'activité féminine est un impératif à la fois sur le plan de l'égalité femmes-hommes et de l'économie. Les estimations effectuées par l'OCDE avant la crise du COVID-19 semblent indiquer que dans la moyenne des pays de l'OCDE, le fait de réduire de moitié l'écart entre le taux d'activité des femmes et celui des hommes à l'horizon 2040 permettrait d'accroître la progression annuelle du PIB moyen par habitant de 0.04 point de pourcentage par rapport au niveau de référence. En allant plus loin et en éliminant complètement cet écart, la croissance moyenne du PIB serait d'environ 0.15 point de pourcentage par an (OECD, 2018[110]). D'après Ostry et al. (2018), la réduction des écarts d'activité entre les hommes et les femmes générera des gains économiques encore plus importants – du fait de la hausse de la production favorisée par la diversité des genres –, ainsi que des gains en termes de bien-être provenant de la suppression des barrières (notamment sociales). Leurs travaux montrent plus spécifiquement que les hommes et les femmes se complètent dans le milieu professionnel – surtout lorsque les femmes sont rares dans un secteur donné –, ce qui favorise une hausse de la productivité et de la croissance économique. La problématique femmes-hommes peut donc influer sur les avantages de la réaffectation de la main-d'œuvre vers des secteurs où les femmes ne sont pas présentes (Ostry et al., 2018[111]). Enfin, Ostry et al. mettent en évidence la nécessité de surmonter les obstacles à l'activité des femmes, un constat qui coïncide avec les travaux de l'OCDE montrant que l'émancipation économique des femmes peut être encouragée par la mise en place des conditions nécessaires (droits juridiques en matière de patrimoine, éducation et formation appropriées, suppression des obstacles informels à leur progression et fin de la discrimination à l'embauche) (OECD, 2012[112]).

Avec l'imminence de crises climatiques et environnementales, la transition vers une économie sobre en carbone devient de plus en plus urgente. Cette transition devrait entraîner de profondes transformations dans tous les secteurs économiques. La crise du COVID-19 risque également de conduire à une accélération de certaines de ces transformations, favorisées par le développement des télécommunications et une préférence pour la production locale. La transition vers une économie sobre en carbone peut aussi permettre de réduire les inégalités sociales et économiques existantes – dont les écarts entre les femmes et les hommes –, si tant est qu'elle garantisse l'équité et une plus grande cohésion sociale (OECD, 2020[113]).

La transition vers une économie verte et l'introduction de politiques de croissance verte ne devraient avoir que des effets marginaux agrégés sur le travail (Chateau, Bibas and Lanzi, 2018[114]). Selon (Chateau, Bibas and Lanzi, 2018[114]), les conséquences des politiques climatiques et énergétiques pour la main-d'œuvre dans les pays membres de l'OCDE devraient être plus importantes dans les secteurs à forte intensité de main-d'œuvre comme les industries extractives, l'électricité, les produits chimiques et les produits alimentaires. Leur conclusion est que les secteurs qui perdront le plus d'emplois peu qualifiés seront les industries extractives et l'électricité (en particulier celle produite à partir de combustibles fossiles). En revanche, des emplois devraient être créés dans les transports et la construction.

Les principales sources d'émissions de GES, de produits polluants et autres formes d'atteintes à l'environnement sont les six activités économiques suivantes : production d'énergie, extraction de minerais et de métaux, industrie manufacturière, agriculture, transports et construction. À l'exception de l'agriculture et de certaines activités de fabrication (le textile, par exemple), les femmes ont tendance à être plus sous-représentées dans ces secteurs à l'échelle mondiale. Aussi, pour atteindre tout à la fois des objectifs économiques, sociaux et environnementaux, les responsables de l'action publique doivent s'efforcer d'accroître la participation des femmes dans les versions vertes de ces activités économiques telles que : énergies renouvelables, agriculture durable, transports publics et processus de fabrication plus respectueux de l'environnement.

La FAO a par exemple estimé que l'égalité d'accès des femmes et des hommes aux terres et autres moyens de production pourrait permettre d'accroître la production agricole totale dans les pays en développement de 2.5 % à 4 % (FAO, 2011[115]). Cela dit, faciliter l'accès des femmes à la terre, au crédit et à la technologie pourrait tout aussi bien améliorer la durabilité de l'agriculture car les activités agricoles menées par les femmes sont pour la plupart – en particulier dans les pays en développement – de faible ampleur et conformes aux pratiques traditionnelles (voir plus loin au chapitre 6).

Dans les pays de l'OCDE, les femmes ne sont pas très présentes dans les secteurs qui produisent des émissions de GES et consomment beaucoup d'énergie (Graphique 3.13). En moyenne, près de la moitié des femmes de la zone OCDE avaient un emploi en 2018 (contre plus de 65 % des hommes), pour la plupart dans le domaine des services. Les secteurs de la fabrication, de l'exploitation minière, de l'énergie, des transports et de la construction ont tendance à être dominés par les hommes. Selon les données 2017 de l'OIT concernant les pays de l'OCDE, les femmes occupent en moyenne moins de 10 % des emplois dans la construction, un peu plus de 14 % dans les industries extractives (notamment le pétrole brut et le gaz naturel) et presque 19 % dans la cokéfaction et fabrication de produits pétroliers raffinés. Dans les transports, les femmes occupent près de 22 % des emplois. Elles sont particulièrement représentées dans le transport aérien (47 %) ainsi que dans les services de postes et de messagerie (35 %) ; en revanche, elles n'occupent respectivement que 22 % et 12 % des postes dans les transports maritimes et terrestres. Les femmes ne représentent respectivement que 28 % de la main-d'œuvre dans l'agriculture (culture, production animale et chasse), environ 20 % dans la pêche et l'aquaculture, et 17 % dans la sylviculture des pays de l'OCDE. Ces chiffres contrastent avec ceux des secteurs de la santé et des activités sociales, dominés à environ 70 % par une main-d'œuvre féminine. Les femmes sont encore plus représentées dans le secteur de la dépendance, où elles totalisent quelque 90 % des emplois (OECD, 2020[116]).

Graphique 3.13. Représentation des hommes et des femmes dans certaines activités économiques des pays de l'OCDE (données de 2017)

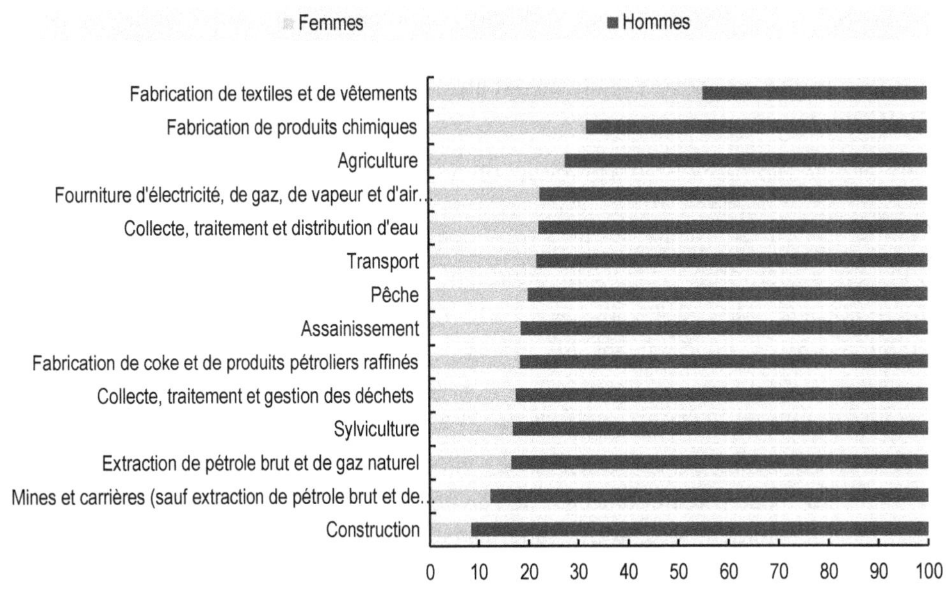

Note : La moyenne des pays de l'OCDE n'inclut pas les données de l'Australie, du Canada, du Japon, de la Corée et de la Nouvelle-Zélande. Les données utilisées relèvent de la classification des branches d'activité économique CITI Révision 4 (à 2 chiffres), sauf pour le Chili et la Colombie (pour lesquels la CITI Révision 3.1 a été utilisée).
Source : ILOSTAT.

La représentation des femmes est également très variable selon les différentes activités de fabrication. Les femmes sont surtout présentes dans les secteurs manufacturiers liés aux articles à usage domestique ou personnel, ou dans la prestation de services. C'est le cas par exemple de la fabrication de vêtements et d'articles en textile, de produits chimiques (engrais, matières plastiques et produits de nettoyage) et de produits agricoles. Dans les pays de l'OCDE, les femmes occupent 55 % des emplois manufacturiers liés de près ou de loin à la mode, et 32 % de ceux du secteur des produits chimiques.

La transition vers une économie verte et les progrès technologiques devraient générer des emplois dans ces secteurs et donner naissance à de nouveaux secteurs de croissance plus respectueux de l'environnement. Selon la définition de l'OIT : « Les emplois verts sont des emplois décents qui contribuent à la préservation et la restauration de l'environnement, soit dans les secteurs traditionnels tels que l'industrie manufacturière et la construction, ou dans de nouveaux secteurs verts et émergents comme les énergies renouvelables et l'efficacité énergétique. De tels emplois contribuent à améliorer l'efficacité de l'énergie et des matières premières, limiter les émissions de gaz à effet de serre, réduire les déchets et la pollution, protéger et restaurer les écosystèmes, et à soutenir l'adaptation aux incidences des changements climatiques » (ILO, 2016[117]).

Les données d'observation montrent que les femmes sont plus représentées dans les branches des secteurs tournées vers l'écologie (par exemple, les énergies renouvelables). Une enquête menée en 2018 à l'échelle mondiale par l'Agence internationale pour les énergies renouvelables (IRENA) montre que les femmes représentent 32 % de la main-d'œuvre de cette branche de l'énergie, contre 22 % dans celle du pétrole et du gaz. Pourtant, la plupart occupent des postes administratifs ou des postes techniques non STIM (sciences, technologies, ingénierie et mathématiques) (IRENA, 2019[118]).

D'autre part, un récent rapport de l'OCDE sur les conséquences en termes d'emploi de la transition vers une économie circulaire et sobre en ressources établit que les emplois verts (par exemple dans les domaines de la production de métaux de deuxième fusion et du recyclage) devraient augmenter de respectivement 27 % et 48 % d'ici à 2040 (Chateau and Mavroeidi, 2020[119]). Cette augmentation sera due en partie au transfert de la main-d'œuvre provenant de secteurs comme la fabrication de produits chimiques ou d'articles en textile. Ces emplois verts devraient par ailleurs nécessiter des compétences de niveaux intermédiaire et supérieur.

Au vu des avantages que procure la participation des femmes à la croissance économique, le fait de garantir leur accès à des emplois verts pourrait être bénéfique à la transition vers une économie verte, sobre en ressources et circulaire. À l'opposé, les exclure de cette transition pourrait accentuer davantage la disparité femmes-hommes en termes d'emploi dans les secteurs « verts » et les activités économiques du futur. Il faudrait, pour changer le paradigme actuel, modifier en profondeur la place des femmes sur le marché du travail.

Les obstacles existants à l'émancipation économique des femmes limitent leur participation à l'économie verte. Y mettre fin permettrait d'inverser la tendance. Premièrement, les femmes sont aujourd'hui moins susceptibles d'occuper des postes à temps plein et d'obtenir des contrats à durée indéterminée ; pour le même travail, leur rémunération est inférieure à celle des hommes ; enfin, elles ont moins de chances d'avoir une promotion du fait de normes sociales discriminantes (soins des enfants, entretien du logement) et de biais conscients et inconscients (OECD, 2017[120]). Dans de nombreux pays, les femmes ont en outre plus de difficultés à obtenir un crédit, ce qui limite leurs possibilités de devenir chefs d'entreprise ou de développer une activité (OECD, 2016[121]).

Un second obstacle a trait à l'éducation et la formation des femmes et des filles. Les emplois verts ont tendance à exiger des compétences d'un niveau plus élevé, et cela devrait s'accentuer encore à l'avenir avec l'obligation de posséder une expertise technique spécifique (OECD, 2012[112]). La formation dans les STIM et les sciences naturelles est prisée dans les secteurs verts innovants et à forte composante technologique. Or, ce sont surtout les garçons qui s'orientent très jeunes vers une carrière dans les sciences et l'ingénierie, bien que les filles obtiennent également des scores élevés aux tests PISA (OECD, 2020[122]). Le pourcentage de femmes participant (en tant que spécialistes et techniciennes) au développement des technologies (activité inventive) reste faible, puisqu'il est de 15 % à peine, en moyenne, dans l'ensemble des pays et des domaines technologiques (OECD, 2017[123]). Le taux d'activité des femmes est relativement plus élevé dans la chimie et les technologies liées à la santé (20 % et 24 %, respectivement), tandis que dans les technologies liées à l'environnement, il est légèrement inférieur à la moyenne. Le taux est encore plus faible dans les technologies de production d'électricité et d'ingénierie générale (10 % et 8 %, respectivement (OECD, 2021[124]). Il faudrait donc s'attacher à combler les écarts d'instruction des filles qui étudient dans les disciplines STIM pour stimuler l'emploi des femmes et empêcher qu'elles ne soient exclues de la transition verte et sobre en carbone.

3.5. Rôle des femmes dans l'accélération de la transition vers des modes de consommation durables

La transition vers une économie verte sobre en carbone nécessite non seulement l'adoption de modes de production durables, mais aussi le changement des façons de consommer, à la fois par les consommateurs finaux et les petites et moyennes entreprises (PME). Il est incontestable que les modes de consommation dépendent fortement de facteurs socio-économiques, du niveau de revenu, de la race, de la géographie, des comportements, etc. Ils reposent souvent sur des infrastructures durables et sociales (comme dans le cas des transports, de l'éducation et des dépenses de santé pour les ménages), ou sur des mesures telles que la tarification, la fiscalité environnementale et les subventions, qui influent toutes sur les préférences des consommateurs finaux (Sharma, Nguyen and Grote, 2018[125]) (Noël, 2018[126]).

Le sexe des personnes semble être un facteur important d'influence des comportements et des modes de consommation au niveau individuel. Plusieurs études mettent en évidence le raisonnement social et/ou comportemental qui sous-tend ces attitudes (Bharti and Faust, 2020[127]) (Mirosa, 2014[128]). L'enquête réalisée par l'OCDE en 2011 auprès des ménages a montré, d'après les réponses des participants, qu'il existe des différences entre les modes de consommation des hommes et des femmes. Ces différences se manifestent par l'importance accordée aux questions environnementales urgentes et en termes de préférences de consommation, telles que les économies d'énergie (OECD, 2011[129])(voir plus sur ce sujet au chapitre 11).

Toro, Serrano et Guillen (2019) ont estimé l'empreinte environnementale sexospécifique de la consommation privée (Toro, Serrano and Guillen, 2019[130]). Basant leur étude sur les ménages d'une personne en Espagne, ils ont calculé que sur la période 2008-2013, les hommes avaient généré plus d'émissions de GES que les femmes, malgré une baisse générale de ces émissions par les ménages d'une personne espagnols. Chez les femmes, l'empreinte carbone est due à la consommation de « produits alimentaires et boissons non alcoolisées », de « vêtements et chaussures » et de « produits de location et fournitures ». Chez les hommes, cette empreinte – plus élevée – provient de l'achat et l'utilisation de véhicules personnels. S'agissant de l'âge, les hommes de moins de 50 ans semblent produire plus d'émissions de GES que les femmes du même groupe d'âge. Après 50 ans, le ratio de consommation s'inverse entre les hommes et les femmes. Si l'on tient compte du niveau des dépenses en plus de l'empreinte carbone, les femmes devancent les hommes en termes d'émissions de GES.

3.6. Prise en compte du lien entre la problématique femmes-hommes et l'environnement dans les cadres de comptabilité économique et de mesure du bien-être

Les économistes et les statisticiens travaillent depuis quelque temps à la mise au point de cadres d'analyse et de mesure économiques intégrés qui tiennent compte des aspects économiques, sociaux et environnementaux. Les Nations Unies dirigent actuellement des travaux sur le Système de comptabilité économique et environnementale (SCEE), dont le but est de regrouper dans un cadre unique et homogène des données économiques, environnementales et sociales afin de permettre des prises de décisions en pleine connaissance de cause (UN, n.d.[131]). Le cadre du SCEE suit une structure comptable similaire au Système de comptabilité nationale (SCN) (UN, n.d.[132]). Il a été adopté en 2012 par la Commission de statistique des Nations Unies en tant que première norme statistique internationale en matière de comptabilité économique environnementale.

Ce type d'initiative concernant les statistiques nationales devrait à terme faciliter la mise au point de nouveaux macro-indicateurs composites. Ceux-ci viendraient compléter le PIB dans la mesure du développement économique en fournissant des informations sur la valeur environnementale nette créée. Le SCEE représente à ce titre la possibilité de tenir compte du rôle des transactions non marchandes, notamment la contribution des femmes au développement durable par le travail associatif et domestique non rémunéré.

Un autre aspect important du programme de mesure est la prise en compte du bien-être immatériel, déjà intégré au cadre de mesure du bien-être de l'OCDE. Ce point de vue a déjà été adopté dans un récent rapport de l'OCDE qui examine les politiques d'atténuation du changement climatique dans certains secteurs sous l'angle du bien-être (OECD, 2019[98]). Les critères de mesure du bien-être immatériel recouvrent la qualité de vie (santé, connaissances et compétences, sécurité) et les dimensions relationnelles (liens sociaux, équilibre entre vie professionnelle et vie familiale, engagement civique), et complètent la mesure des aspects matériels (tout aussi essentiels au bien-être des populations). Tous ces critères contribuent à la qualité de vie et montrent à quoi les personnes sont le plus attachées.

Références

Abdo, M. et al. (2011), “Impact of Urban Air Pollution on Acute Upper Respiratory Tract Infections”, in *Advanced Topics in Environmental Health and Air Pollution Case Studies*, InTech, http://dx.doi.org/10.5772/17085. [34]

Achebak, H., D. Devolder and J. Ballester (2019), “Trends in temperature-related age-specific and sex-specific mortality from cardiovascular diseases in Spain: a national time-series analysis”, *The Lancet Planetary Health*, Vol. 3/7, pp. e297-e306, http://dx.doi.org/10.1016/s2542-5196(19)30090-7. [90]

Adams-Prassl, A. et al. (2020), *Inequality in the Impact of the Coronavirus Shock: Evidence from Real Time Surveys*, http://ftp.iza.org/dp13183.pdf. [105]

Agénor, P. and M. Agénor (2014), “Infrastructure, women’s time allocation, and economic development”, *Journal of Economics/ Zeitschrift fur Nationalokonomie*, Vol. 113/1, pp. 1-30, http://dx.doi.org/10.1007/s00712-013-0358-0. [108]

Agrawal, M. et al. (2003), “Effect of air pollution on peri-urban agriculture: a case study”, *Environmental Pollution*, Vol. 126/3, pp. 323-329, http://dx.doi.org/10.1016/s0269-7491(03)00245-8. [30]

Ahmed, S. et al. (2004), *Health and Safety in the Textile Dyeing Industry*, https://assets.publishing.service.gov.uk/media/57a08cc9e5274a27b2001415/R8161-Safety.pdf. [78]

Alberini, A. et al. (2010), *Valuation of Environment-Related Health Risks for Children*, OECD, http://dx.doi.org/10.1787/9789264038042-en. [87]

Alon, T. et al. (2020), *The Impact of COVID-19 on Gender Equality*, National Bureau of Economic Research, Cambridge, MA, http://dx.doi.org/10.3386/w26947. [106]

Aragón, F., J. Miranda and P. Oliva (2017), “Particulate matter and labor supply: The role of caregiving and non-linearities”, *Journal of Environmental Economics and Management*, Vol. 86, pp. 295-309, http://dx.doi.org/10.1016/j.jeem.2017.02.008. [18]

Arbuckle, T. (2006), “Are there sex and gender differences in acute exposure to chemicals in the same setting?”, *Environmental Research*, Vol. 101/2, pp. 195-204, http://dx.doi.org/10.1016/j.envres.2005.08.015. [76]

Balestra, C. and J. Sultan (2013), “Home Sweet Home: The Determinants of Residential Satisfaction and its Relation with Well-being”, *OECD Statistics Working Papers*, No. 2013/5, OECD Publishing, Paris, https://dx.doi.org/10.1787/5jzbcx0czc0x-en. [11]

Bergman, A., J. Rüegg and E. Drakvik (2019), *Integrating Epidemiology and Experimental Biology to Improve Risk Assessment of Exposure to Mixtures of Endocrine Disruptive Compounds*, ECD-MixRisk, https://edcmixrisk.ki.se/wp-content/uploads/sites/34/2019/09/EDC-MixRisk_Final-technical-report_f20190629.pdf. [71]

Bharti, M. and N. Faust (2020), *The Impact of Gender and Culture in Consumer Behavior*, Cambridge University Press., https://www.cambridge.org/core/books/cambridge-handbook-of-the-international-psychology-of-women/impact-of-gender-and-culture-in-consumer-behavior/CD2E91FC3CF739FB5D7EBBF1E8A6DEEA. [127]

Bondy, M., S. Roth and L. Sager (2018), “Crime is in the Air: The Contemporaneous Relationship between Air Pollution and Crime”, *Institute of Labor Economics*, http://ftp.iza.org/dp11492.pdf. [49]

Bové, H. et al. (2019), “Ambient black carbon particles reach the fetal side of human placenta”, *Nature Communications*, Vol. 10/1, http://dx.doi.org/10.1038/s41467-019-11654-3. [19]

Burkhardt, J. et al. (2019), “The effect of pollution on crime: Evidence from data on particulate matter and ozone”, *Journal of Environmental Economics and Management*, Vol. 98, p. 102267, http://dx.doi.org/10.1016/j.jeem.2019.102267. [46]

Butter, M. (2006), “Are Women More Vulnerable to Environmental Pollution?”, *Journal of Human Ecology*, Vol. 20/3, pp. 221-226, http://dx.doi.org/10.1080/09709274.2006.11905931. [28]

Carrington, D. (2019), *Air Pollution 'As Bad as Smoking in Increasing Risk of Miscarriage'”*,, https://www.theguardian.com/environment/2019/jan/11/air-pollution-as-bad-as-smoking-in-increasing-risk-of-miscarriage. [21]

Cascajo, R., A. Garcia-Martinez and A. Monzon (2017), “Stated preference survey for estimating passenger transfer penalties: design and application to Madrid”, *European Transport Research Review*, Vol. 9/3, http://dx.doi.org/10.1007/s12544-017-0260-x. [88]

Chateau, J., R. Bibas and E. Lanzi (2018), “Impacts of Green Growth Policies on Labour Markets and Wage Income Distribution: A General Equilibrium Application to Climate and Energy Policies”*, OECD Environment Working Papers*, No. 137, OECD Publishing, Paris, https://dx.doi.org/10.1787/ea3696f4-en. [114]

Chateau, J. and E. Mavroeidi (2020), “The jobs potential of a transition towards a resource efficient and circular economy”*, OECD Environment Working Papers*, No. 167, OECD Publishing, Paris, https://dx.doi.org/10.1787/28e768df-en. [119]

Chay, K. and M. Greenstone (2003), “The Impact of Air Pollution on Infant Mortality: Evidence from Geographic Variation in Pollution Shocks Induced by a Recession”, *The Quarterly Journal of Economics*, Vol. 118/3, pp. 1121-1167, http://dx.doi.org/10.1162/00335530360698513. [31]

Chen, X., X. Zhang and X. Zhang (2017), “Smog in Our Brains: Gender Differences in the Impact of Exposure to Air Pollution on Cognitive Performance”, *IZA Institute of Labour Economics* 10628, http://ftp.iza.org/dp10628.pdf. [44]

Clancy, J., M. Skutsch and S. Batchelor (2003), *The Gender-Energy-Poverty Nexus: Finding the Energy to Address Gender Concerns in Development*, https://www.researchgate.net/publication/237232946_The_Gender-Energy-Poverty_Nexus_Finding_the_Energy_to_Address_Gender_Concerns_in_Development. [107]

Cui, Y. et al. (2003), “Air pollution and case fatality of SARS in the People’s Republic of China: an ecologic study”, *Environmental Health*, Vol. 2/1, http://dx.doi.org/10.1186/1476-069x-2-15. [38]

Currie, J. et al. (2013), “Something in the water: contaminated drinking water and infant health”, *Canadian Journal of Economics/Revue canadienne d'économique*, Vol. 46/3, pp. 791-810, http://dx.doi.org/10.1111/caje.12039. [57]

Currie, J. and M. Neidell (2004), *Air Pollution and Infant Health: What Can We Learn From California's Recent Experience*, National Bureau of Economic Research, Cambridge, MA, http://dx.doi.org/10.3386/w10251. [20]

Czaja, S. et al. (2006), "Factors predicting the use of technology: Findings from the center for research and education on aging and technology enhancement (create).", *Psychology and Aging*, Vol. 21/2, pp. 333-352, http://dx.doi.org/10.1037/0882-7974.21.2.333. [75]

Dechezleprêtre, A., N. Rivers and B. Stadler (2019), "The economic cost of air pollution: Evidence from Europe", *OECD Economics Department Working Papers*, No. 1584, OECD Publishing, Paris, https://dx.doi.org/10.1787/56119490-en. [25]

EIGE (2020), "Beijing +25: the fifth review of the implementation of the Beijing Platform for Action in the EU Member States", https://eige.europa.eu/publications/beijing-25-fifth-review-implementation-beijing-platform-action-eu-member-states. [40]

EIGE (2020), *Gender Equality index 2019 Work-Life Balance*, http://dx.doi.org/10.2839/852588. [96]

EmPower (2020), *The Impact of COVID-19 on Rural Women and Enterprises: A Rapid Socio-Economic Assessment in Viet Nam by the EmPower Project*, Sida, UN Enviornment Programme, UN Women, https://reliefweb.int/sites/reliefweb.int/files/resources/The%20impact%20of%20COVID-19%20on%20rural%20women%20and%20enterprises%20-%20A%20rapid%20socio-economic%20assessment%20in%20Viet%20Nam%20by%20the%20empower%20project.pdf (accessed on 30 November 2020). [101]

FAO (2011), *The State of Food and Agriculture. Women in Agriculture: Closing the Gender Gap for Development*, Food and Agriculture Organization of the United Nations, Rome, http://www.fao.org/publications/sofa/2010-11/en/. [115]

Fauconnier, I., A. Jenniskens and P. Perry (2018), *Women as change-makers in the governance of shared waters*, IUCN, International Union for Conservation of Nature, http://dx.doi.org/10.2305/iucn.ch.2018.22.en. [50]

Fouillet, A. et al. (2006), "Excess mortality related to the August 2003 heat wave in France", *International Archives of Occupational and Environmental Health*, Vol. 80/1, pp. 16-24, http://dx.doi.org/10.1007/s00420-006-0089-4. [89]

Gauderman, W. et al. (2007), "Effect of exposure to traffic on lung development from 10 to 18 years of age: a cohort study", *The Lancet*, Vol. 369/9561, pp. 571-577, http://dx.doi.org/10.1016/s0140-6736(07)60037-3. [24]

GBD (2019), *Global Burden of Disease Study 2019 Results*, Institute for Health Metrics and Evaluation, Seattle, http://ghdx.healthdata.org/gbd-results-tool. [3]

Girard, P. (2002), *Xharcoal Production and Use in Africa: What Future?*, https://www.researchgate.net/publication/283832140_Charcoal_production_and_use_in_Africa_What_future. [29]

Hertz-Picciotto, I. et al. (2010), "Blood Mercury Concentrations in CHARGE Study Children with and without Autism", *Environmental Health Perspectives*, Vol. 118/1, pp. 161-166, http://dx.doi.org/10.1289/ehp.0900736. [80]

Hohenadel, K. et al. (2015), "The Inclusion of Women in Studies of Occupational Cancer: A Review of the Epidemiologic Literature From 1991-2009", *American Journal of Industrial Medicine*, Vol. 58/3, pp. 276-281, http://dx.doi.org/10.1002/ajim.22424. [73]

ILO (2019), *The Future of Work in Textiles , Clothing, Leather and Footwear*, ILO, https://www.ilo.org/sector/Resources/publications/WCMS_669355/lang--en/index.htm. [77]

ILO (2016), "What is a Green Job?", https://www.ilo.org/global/topics/green-jobs/news/WCMS_220248/lang--en/index.htm. [117]

ILO (2000), *ABC for Women Workers' Rights and Gender Equality*, International Labour Office, Geneva, https://www.ilo.org/wcmsp5/groups/public/---dgreports/---gender/documents/publication/wcms_087314.pdf (accessed on 20 October 2020). [133]

Inyinbor, A. et al. (2018), "Water Pollution: Effects, Prevention, and Climatic Impact", in *Water Challenges of an Urbanizing World*, InTech, http://dx.doi.org/10.5772/intechopen.72018. [12]

IPBES (2019), *Global assessment report on biodiversity and ecosystem services of the Intergovernmental Science-Policy Platform on Biodiversity and Ecosystem Services*, https://ipbes.net/global-assessment. [64]

IRENA (2019), *Renewable Energy: A Gender Perspective*, IRENA, https://www.irena.org/publications/2019/Jan/Renewable-Energy-A-Gender-Perspective. [118]

ITF (2020), *Re-spacing Our Cities for Resilience: Covid-19 Transport Brief*, OECD/ITF, https://www.itf-oecd.org/sites/default/files/respacing-cities-resilience-covid-19.pdf. [99]

ITF (2018), *Understanding Urban Travel Behaviour by Gender for Efficient and Equitable Transport Policies*, OECD Publishing, Paris, https://doi.org/10.1787/eaf64f94-en. [26]

ITF (2018), *Women's Safety and Security*, OECD/ITF, https://www.itf-oecd.org/womens-safety-security. [97]

Kabeer, N. (2012), *Women's Economic Empowerment and Inclusive Growth: Labour Markets and Enterprise Development*, https://www.lse.ac.uk/gender/assets/documents/research/choice-constraints-and-the-gender-dynamics-of-lab/Women%27s-economic-empowerment-and-inclusive-growth.pdf. [109]

Kioumourtzoglou, M. et al. (2017), "The Association Between Air Pollution and Onset of Depression Among Middle-Aged and Older Women", *American Journal of Epidemiology*, Vol. 185/9, pp. 801-809, http://dx.doi.org/10.1093/aje/kww163. [42]

Kovačićek, T. and R. R. Franić (2019), "The Professional Status of Rural Women in the EU", *European Parliament*, https://www.europarl.europa.eu/RegData/etudes/STUD/2019/608868/IPOL_STU(2019)608868_EN.pdf. [32]

Lal, R. (ed.) (2020), *Soil and Fertilizers*, CRC Press, http://dx.doi.org/10.1201/9780429471049. [60]

Landrigan, P. et al. (2018), "The Lancet Commission on pollution and health", *The Lancet*, Vol. 391/10119, pp. 462-512, http://dx.doi.org/10.1016/s0140-6736(17)32345-0. [51]

Lemonsu, A. et al. (2015), "Vulnerability to heat waves: Impact of urban expansion scenarios on urban heat island and heat stress in Paris (France)", *Urban Climate*, Vol. 14, pp. 586-605, http://dx.doi.org/10.1016/j.uclim.2015.10.007. [67]

Lovett, G. et al. (2009), "Effects of Air Pollution on Ecosystems and Biological Diversity in the Eastern United States", *Annals of the New York Academy of Sciences*, Vol. 1162/1, pp. 99-135, http://dx.doi.org/10.1111/j.1749-6632.2009.04153.x. [63]

Lu, J. et al. (2018), "Polluted Morality: Air Pollution Predicts Criminal Activity and Unethical Behavior", *Psychological Science*, Vol. 29/3, pp. 340-355, http://dx.doi.org/10.1177/0956797617735807. [47]

Lynn, H., M. Mantingh and S. Rech (2017), *Plastic, Gender and the Environment. Findings of a Literature Study on the Lifecycle of Plastics and its Impacts on Women and Men, from Production to Litter*, http://dx.doi.org/DOI:10.13140/RG.2.2.33644.26242. [85]

Manisalidis, I. et al. (2020), "Environmental and Health Impacts of Air Pollution: A Review", *Frontiers in Public Health*, Vol. 8, http://dx.doi.org/10.3389/fpubh.2020.00014. [7]

McGregor, G. (2015), *Heatwaves and Health:: Guidance on Warning-System Development*, World Health Organization (WHO), https://www.who.int/globalchange/publications/WMO_WHO_Heat_Health_Guidance_2015.pdf. [68]

Mirosa, M. (2014), "Sustainable Consumption and Gender", in *Encyclopedia of Food and Agricultural Ethics*, Springer Netherlands, Dordrecht, http://dx.doi.org/10.1007/978-94-007-0929-4_461. [128]

Moffitt, P. et al. (2020), "Intimate Partner Violence and COVID-19 in Rural, Remote, and Northern Canada: Relationship, Vulnerability and Risk", *Journal of Family Violence*, http://dx.doi.org/10.1007/s10896-020-00212-x. [102]

Montt, G. (2018), "Too polluted to work? The gendered correlates of air pollution on hours worked", *IZA Journal of Labor Economics*, Vol. 7/1, http://dx.doi.org/10.1186/s40172-018-0067-6. [33]

Mrema, E. et al. (2017), "Pesticide Exposure and Health Problems Among Female Horticulture Workers in Tanzania", *Environmental Health Insights*, Vol. 11, p. 117863021771523, http://dx.doi.org/10.1177/1178630217715237. [58]

Nickerson, S. (2019), "Air Pollution Exposure Is Linked to Increased Violent Crime, Domestic Violence", *EcoWatch*, https://www.ecowatch.com/air-pollution-violent-crime-domestic-2640927925.html?rebelltitem=1#rebelltitem1. [45]

Noël, R. (2018), *Race, Economics, and Social Status*, U.S. Bureau Labour Statistics, https://www.bls.gov/spotlight/2018/race-economics-and-social-status/pdf/race-economics-and-social-status.pdf. [126]

OECD (2021), *Mortality, Morbidity and Welfare Cost from Exposure to Environment-related Risks*, OECD, Paris, https://stats.oecd.org/Index.aspx?QueryId=90835#. [4]

OECD (2021), *OECD Environment Statistics*, https://www.oecd-ilibrary.org/environment/data/oecd-environment-statistics_env-data-en#:~:text=relevant%20environmental%20statistics.-,The%20OECD%20Environmental%20Statistics%20database%20provide%20a,of%20policy%2Drelevant%20environmental%20statistics.&te. [124]

OECD (2020), *COVID-19 and the Low-carbon Transition: Impacts and Possible Policy Responses*, OECD Publishing, Paris, https://www.oecd.org/coronavirus/policy-responses/covid-19-and-the-low-carbon-transition-impacts-and-possible-policy-responses-749738fc/. [113]

OECD (2020), *Dream Jobs? Teenagers' Career Aspirations and the Future of Work*, OECD Publishing, Paris, https://www.oecd.org/berlin/publikationen/Dream-Jobs.pdf. [122]

OECD (2020), *How's Life? 2020: Measuring Well-being*, OECD Publishing, Paris, https://dx.doi.org/10.1787/9870c393-en. [2]

OECD (2020), *Mortality, Morbidity and Welfare Cost From Exposure to Environment-Related Risks*, OECD, Paris, https://stats.oecd.org/FileView2.aspx?IDFile=1356df09-6bd4-4b0b-9a95-d56e145769ad. [6]

OECD (2020), *Who Cares? Attracting and Retaining Elderly Care Workers*, OECD, http://dx.doi.org/10.1787/92c0ef68-en. [116]

OECD (2020), *Women at the Core of the Fight against COVID-19 Crisis*, OECD Publishing, Paris, https://read.oecd-ilibrary.org/view/?ref=127_127000-awfnqj80me&title=Women-at-the-core-of-the-fight-against-COVID-19-crisis. [104]

OECD (2019), *Accelerating Climate Action*, OECD, http://dx.doi.org/10.1787/2f4c8c9a-en. [98]

OECD (2019), *Pharmaceutical Residues in Freshwater: Hazards and Policy Responses*, OECD Publishing, Paris. [56]

OECD (2018), *Bridging the digital Gender Divide: Include, Upskill Innovate*, OECD Publishing, Paris, https://www.oecd.org/going-digital/bridging-the-digital-gender-divide-key-messages.pdf. [103]

OECD (2018), *Considerations for Assesing the Risks of Combined Exposure to Multiple Chemicals*, https://www.oecd.org/chemicalsafety/risk-assessment/considerations-for-assessing-the-risks-of-combined-exposure-to-multiple-chemicals.pdf. [66]

OECD (2018), *Improving Plastics Management: Trends, Policy Responses, and the Role of International Co-operation and Trade*, OECD Publishing, Paris, https://www.oecd.org/environment/waste/policy-highlights-improving-plastics-management.pdf. [84]

OECD (2018), *Is the Last Mile the Longest? Economic Gains from Gender Equality in Nordic Countries*, OECD, http://dx.doi.org/10.1787/9789264300040-en. [110]

OECD (2018), *OECD Due Diligence Guidance for Responsible Supply Chains in the Garment and Footwear Sector*, OECD Publishing, Paris, https://dx.doi.org/10.1787/9789264290587-en. [79]

OECD (2018), *Presentations from OECD Workshop on the Best Practices in Assessing the Soical Costs of Selected Chemicals*, https://www.oecd.org/officialdocuments/publicdisplaydocumentpdf/?cote=env/jm/mono(2018)22/ann1&doclanguage=en. [86]

OECD (2017), *Going Digital: The Future of Work for Women*, https://www.oecd.org/employment/Going-Digital-the-Future-of-Work-for-Women.pdf. [123]

OECD (2017), *Meeting of the OECD Council at Ministerial Level - Report on the Implementation of the OECD Gender Recommendations*, http://www.oecd.org/mcm-2018/documents/C-MIN-2017-7-EN.pdf. [120]

OECD (2016), *Entrepreneurship at a Glance 2016*, OECD, http://dx.doi.org/10.1787/entrepreneur_aag-2016-en. [121]

OECD (2016), *The Economic Consequences of Outdoor Air Pollution*, OECD Publishing, Paris, https://dx.doi.org/10.1787/9789264257474-en. [9]

OECD (2014), *The Cost of Air Pollution*, OECD, http://dx.doi.org/10.1787/9789264210448-en. [17]

OECD (2013), *OECD Guidelines for the Testig of Chemicals*, OECD Publishing, Paris, https://www.oecd-ilibrary.org/environment/oecd-guidelines-for-the-testing-of-chemicals_72d77764-en. [82]

OECD (2012), *Environmental Quality and Life Satisfaction: Evidence on Microdata*, OECD Publishing, Paris, https://doi.org/10.1787/19970900. [16]

OECD (2012), *OECD Environmental Outlook to 2050: The Consequences of Inaction*, OECD Publishing, Paris, https://dx.doi.org/10.1787/9789264122246-en. [10]

OECD (2012), “The Jobs Potential of a Shift Towards a Low-Carbon Economy”, *OECD Green Growth Papers*, No. 2012/1, OECD Publishing, Paris, https://dx.doi.org/10.1787/5k9h3630320v-en. [112]

OECD (2011), *Greening Household Behaviour*, OECD, http://dx.doi.org/10.1787/9789264096875-en. [129]

Okello, G., G. Devereux and S. Semple (2018), “Women and girls in resource poor countries experience much greater exposure to household air pollutants than men: Results from Uganda and Ethiopia”, *Environment International*, Vol. 119, pp. 429-437, http://dx.doi.org/10.1016/j.envint.2018.07.002. [14]

Ortiz, C. et al. (2017), “Evaluation of short-term mortality attributable to particulate matter pollution in Spain”, *Environmental Pollution*, Vol. 224, pp. 541-551, http://dx.doi.org/10.1016/j.envpol.2017.02.037. [92]

Ostry, J. et al. (2018), *Economic Gains From Gender Inclusion : New Mechanisms, New Evidence*, IMF, https://www.imf.org/en/Publications/Staff-Discussion-Notes/Issues/2018/10/09/Economic-Gains-From-Gender-Inclusion-New-Mechanisms-New-Evidence-45543. [111]

Papadopoulou, M. et al. (2019), “TCR Sequencing Reveals the Distinct Development of Fetal and Adult Human Vγ9Vδ2 T Cells”, *The Journal of Immunology*, Vol. 203/6, pp. 1468-1479, http://dx.doi.org/10.4049/jimmunol.1900592. [65]

Phadera, L. (2016), *International Migration and its Effect on Labor Supply of the Left-Behind Household Members: Evidence from Nepal*, Agricultural and Applied Economics Association, http://dx.doi.org/DOI: 10.22004/ag.econ.235968. [95]

Prüss-Üstün, A., C. Corvalán and WHO (2006), *Preventing Disease Through Healthy Environments : Towards an Estimate of the Environmental Burden of Disease*, https://apps.who.int/iris/handle/10665/43457. [8]

Roser, M. and H. Ritchie (2020), *Fertilizers*, Our World in Data, https://ourworldindata.org/fertilizers. [59]

Roy, R. (2016), "The cost of air pollution in Africa", *OECD Development Centre Working Papers*, No. 333, OECD Publishing, Paris, https://dx.doi.org/10.1787/5jlqzq77x6f8-en. [41]

Roy, R. and N. Braathen (2017), "The Rising Cost of Ambient Air Pollution thus far in the 21st Century: Results from the BRIICS and the OECD Countries", *OECD Environment Working Papers*, No. 124, OECD Publishing, Paris, https://dx.doi.org/10.1787/d1b2b844-en. [5]

Saha, S. et al. (2007), "Cigarette smoke and adverse health effects: An overview of research trends and future needs", *International Journal of Angiology*, Vol. 16/03, pp. 77-83, http://dx.doi.org/10.1055/s-0031-1278254. [22]

Salcedo-La Viña, C., R. Singh and N. Elwell (2020), *Rural Women Must Be at the Heart of COVID-19 Response and Recovery*, World Resources Institute, https://www.wri.org/blog/2020/09/rural-women-must-be-heart-covid-19-response-and-recovery (accessed on 30 November 2020). [100]

Scarselli, A. et al. (2018), "Gender differences in occupational exposure to carcinogens among Italian workers", *BMC Public Health*, Vol. 18/1, http://dx.doi.org/10.1186/s12889-018-5332-x. [74]

Setti, L. et al. (2020), *SARS-Cov-2 RNA Found on Particulate Matter of Bergamo in Northern Italy: First Preliminary Evidence*, Cold Spring Harbor Laboratory, http://dx.doi.org/10.1101/2020.04.15.20065995. [37]

Setti, L. et al. (2020), *The Potential role of Particulate Matter in the Spreading of COVID-19 in Northern Italy: First Evidence-based Research Hypotheses*, Cold Spring Harbor Laboratory, http://dx.doi.org/10.1101/2020.04.11.20061713. [36]

Setton, E. et al. (2010), "Gender Differences in Chronic Exposure to Traffic-Related Air Pollution—A Simulation Study of Working Females and Males", *The Professional Geographer*, Vol. 62/1, pp. 66-83, http://dx.doi.org/10.1080/00330120903404728. [27]

Sharma, R., T. Nguyen and U. Grote (2018), "Changing Consumption Patterns—Drivers and the Environmental Impact", *Sustainability*, Vol. 10/11, p. 4190, http://dx.doi.org/10.3390/su10114190. [125]

Street, M. et al. (2018), "Current Knowledge on Endocrine Disrupting Chemicals (EDCs) from Animal Biology to Humans, from Pregnancy to Adulthood: Highlights from a National Italian Meeting", *International Journal of Molecular Sciences*, Vol. 19/6, p. 1647, http://dx.doi.org/10.3390/ijms19061647. [69]

Suissa, S. and M. Edwardes (1997), "Adjusted Odds Ratios for Case-Control Studies with Missing Confounder Data in Controls", *Epidemiology*, Vol. 8/3, p. 275, http://dx.doi.org/10.1097/00001648-199705000-00008. [23]

Ten Brink, P. et al. (2016), *Plastics Marine Litter and the Circular Economy*, IEEP. [83]

Toro, F., M. Serrano and M. Guillen (2019), *"Who pollutes more? Gender Differences in Consumption Patterns*, Research Institute of Applied Economics, https://www.ub.edu/irea/working_papers/2019/201906.pdf. [130]

Truman, J. and R. Morgan (2014), "Nonfatal Domestic Violence, 2003-2012", *Bureau of Justice Statistics*, https://www.bjs.gov/content/pub/pdf/ndv0312.pdf. [48]

UN (n.d.), *System of Environmental-Economic Accounting (SEEA)*, United Nations (UN), https://seea.un.org/. [131]

UN (n.d.), *System of National Accounts (SNA)*, United Nations (UN), https://unstats.un.org/unsd/nationalaccount/sna.asp. [132]

UN Women (2018), *Turning promises into action: Gender equality in the 2030 Agenda for Sustainable Development*, https://www.unwomen.org/en/digital-library/publications/2018/2/gender-equality-in-the-2030-agenda-for-sustainable-development-2018. [94]

UNDP (2011), *Chemicals and Gender Energy Map: Environment Practice Gender Mainstreaming Guidance Series Chemicals Management.*, https://www.undp.org/content/dam/aplaws/publication/en/publications/environment-energy/www-ee-library/chemicals-management/chemicals-and-gender/2011%20Chemical&Gender.pdf. [61]

UNEP (2013), *Women and Natural Resources : Unlocking the Peacebuilding Potential...* [62]

UNEP (2011), *Women at the Frontline of Climate Change: Gender Risks and Hopes*, http://hdl.handle.net/20.500.11822/7985. [93]

UNHCR (2019), *Global Trends: Forced Displacement in 2018*, UN High Commissioner for Refugees (UNHCR), https://www.unhcr.org/statistics/unhcrstats/5d08d7ee7/unhcr-global-trends-2018.html. [1]

UNSD (n.d.), *SDG Indicators. United Nations Global SDG Database*, https://unstats.un.org/sdgs/indicators/database/ (accessed on 20 October 2020). [72]

Watts, N. et al. (2019), "The 2019 report of The Lancet Countdown on health and climate change: ensuring that the health of a child born today is not defined by a changing climate", *The Lancet*, Vol. 394/10211, pp. 1836-1878, http://dx.doi.org/10.1016/s0140-6736(19)32596-6. [54]

WHO (2016), "Preventing Disease Through Healthy Environments: A global Assessment of the Burden of Disease from Environmental Risks", https://www.who.int/quantifying_ehimpacts/publications/preventing-disease/en/. [13]

WHO (2016), *The Public Health Impact of Chemicals: Knowns and Unknowns*, World Health Organization (WHO), https://apps.who.int/iris/handle/10665/206553. [70]

WHO (2014), "Preventing Diarrhoea Through Better Water, Sanitation and Hygiene: Exposures and impacts in low=and middle-income countries", *World Health Organization*. [52]

WHO and UNICEF (2017), "Progress on Drinking Water, Sanitation and Hygiene: Joint Monitoring Programme 2017 update and SDG baselines", https://www.who.int/water_sanitation_health/publications/jmp-2017/en/. [53]

Woodcock, J. et al. (2009), "Public health benefits of strategies to reduce greenhouse-gas emissions: urban land transport", *The Lancet*, Vol. 374/9705, pp. 1930-1943, http://dx.doi.org/10.1016/s0140-6736(09)61714-1. [55]

World Health Organisation (ed.) (2016), *Burning Opportunity: Clean Household Energy for Health, Sustainable Development, and Wellbeing of Women and Children*, https://www.who.int/airpollution/publications/burning-opportunities/en/. [15]

Wu, X. et al. (2020), "Exposure to air pollution and COVID-19 mortality in the United States", http://dx.doi.org/10.1101/2020.04.05.20054502. [35]

Xin, Z., Z. Xiaobo and C. Xi (2015), "Happines in the Air: How Does a Dirty Sky Affect Subjective Well-Being?", *ZA – Institute of Labor Economics*, https://www.econstor.eu/bitstream/10419/120969/1/dp9312.pdf. [43]

Yin, Q. et al. (2019), "Mapping the increased minimum mortality temperatures in the context of global climate change", *Nature Communications*, Vol. 10/1, http://dx.doi.org/10.1038/s41467-019-12663-y. [91]

Zhonghua, L., B. Xing and X. Z (2020), "The epidemiological characteristics of an outbreak of 2019 novel coronavirus diseases (COVID-19) in China", *Epidemiology Working Group for NCIP Epidemic Response, Chinese Center for Disease Control and Prevention.*, http://dx.doi.org/10.3760/cma.j.issn.0254-6450.2020.02.003. [39]

Zota, A. and B. Shamasunder (2017), "The environmental injustice of beauty: framing chemical exposures from beauty products as a health disparities concern", *American Journal of Obstetrics and Gynecology*, Vol. 217/4, pp. 418.e1-418.e6, http://dx.doi.org/10.1016/j.ajog.2017.07.020. [81]

Notes

[1] L'équité et l'égalité entre les sexes sont deux concepts connexes, quoique distincts. Selon l'OIT : « L'équité entre les genres signifie qu'un traitement impartial doit être accordé aux hommes et aux femmes, en fonction de leurs besoins respectifs. Ce traitement peut être identique ou différent, mais il doit être équivalent en termes de droits, d'avantages, d'obligations et de possibilités » ; « L'égalité entre les genres fait référence à l'égalité de droits, de possibilités et de traitement entre hommes et femmes et entre garçons et filles dans tous les domaines de la vie. Ce principe affirme que les droits, les responsabilités, le statut social et l'accès aux ressources des individus ne dépendent pas du fait qu'ils soient nés de sexe masculin ou féminin » (ILO, 2000[133]). Bien qu'il existe une différence entre l'équité et l'égalité, pour simplifier le discours et faciliter la lecture, le présent rapport utilise uniquement le terme « égalité ».

[2]Voir REACH – Eliminating Toxic chemicals in the EU (https://www.wecf.eu/english/campaigns/2004/reach.php).

[3] Il est important de noter que l'espérance de vie des femmes est plus longue que celle des hommes, et que la vulnérabilité aux fortes chaleurs augmente avec l'âge.

[4] La définition statistique de l'infrastructure par l'OCDE est la suivante : « Ensemble d'installations publiques dans un pays, un État ou une région, incluant les routes, les réseaux des services aux collectivités et les bâtiments publics ». En revanche, du point de vue de la politique publique, l'infrastructure désigne un plus vaste ensemble de dispositifs et de services dont les investissements, la planification et la gestion et, à terme, l'utilisation de l'infrastructure et les retombées économiques.

[5] L'infrastructure sociale fait référence aux installations permettant le développement des capacités humaines et l'amélioration des conditions de vie. Elle inclut également – mais pas uniquement – les installations d'éducation, de santé ainsi que d'approvisionnement en eau, d'hygiène et d'assainissement.

4 Les femmes et le mouvement en faveur de l'environnement

La justice environnementale fait référence à une participation équitable et inclusive à l'élaboration, à la mise en œuvre et au contrôle de l'application de la législation environnementale aux échelles nationale et internationale. Souvent, les filles et les garçons, les jeunes (organisations de la société civile et jeunes professionnels), les peuples autochtones (dont les différences entre hommes et femmes) et les femmes ne sont pas équitablement représentés ou ne peuvent pas faire entendre leur voix lors des processus décisionnels et de l'élaboration des politiques environnementales. Par conséquent, leurs besoins et préférences en matière d'environnement peuvent ne pas être pris en compte. Les pays en développement, les petits États insulaires en développement (PEID) et les communautés autochtones sont particulièrement vulnérables aux menaces environnementales. Les femmes de ces pays paient souvent un lourd tribut en termes de dommages environnementaux et de catastrophes naturelles. Outre les gouvernements et la communauté internationale, les entreprises et les institutions philanthropiques jouent un rôle de plus en plus important dans la promotion de la justice environnementale et climatique et dans le soutien à l'autonomisation économique des femmes et au leadership environnemental des femmes. La pandémie de COVID-19 a également créé un élan unique en faveur d'un changement inédit, étant donné que de nouvelles politiques et de nouveaux investissements à grande échelle s'imposent pour s'attaquer simultanément aux crises sanitaire, économique, climatique et de la biodiversité.

4.1. Éléments à retenir

Au sens large, la justice environnementale fait référence à une participation équitable et inclusive au développement, à la mise en œuvre et au contrôle de l'application de la législation environnementale aux échelles nationale et internationale. Ces dernières décennies ont été marquées par une multitude d'actions en faveur de la justice environnementale, tant au niveau national qu'international. Certains pays ont réalisé des progrès importants sur la voie de la justice environnementale en incluant le droit à un environnement sain dans leur constitution. La communauté mondiale a également reconnu la justice environnementale comme un droit fondamental dans la Déclaration de Rio sur l'environnement et le développement adoptée en 1992 et dans la Convention de l'UNECE sur l'accès à l'information, la participation du public au processus décisionnel et l'accès à la justice en matière d'environnement (Convention d'Aarhus). Pourtant, de nombreux pays, y compris certains pays de l'OCDE, n'ont pas encore ratifié la Convention d'Aarhus. Parmi ceux qui l'ont fait, le degré de mise en œuvre varie.

Souvent, les enfants, les jeunes et les femmes n'ont pas leur mot à dire dans les processus décisionnels et n'y sont pas représentés. C'est particulièrement le cas pour ceux qui appartiennent à des groupes sociaux vulnérables et défavorisés. La justice environnementale est un sujet de préoccupation majeur dans les pays en développement, étant donné que les projets agricoles, industriels et d'infrastructure de grande ampleur ne font pas toujours l'objet de contrôles stricts de l'impact environnemental et social. Les défenseurs des droits de l'homme liés à l'environnement, souvent des femmes, continuent également à être persécutés et harcelés dans de nombreux pays.

Les femmes et les jeunes sont très représentés parmi les principaux militants internationaux contre le changement climatique et une protection environnementale efficace, dans les pays développés comme dans ceux en développement. Le développement des réseaux sociaux a permis aux communautés locales, aux mouvements populaires et aux organisations de la société civile de se faire davantage entendre et d'accroître leur impact. Les communautés autochtones sont également plus déterminées à protéger leurs droits sur les terres ancestrales et les services qu'offre la nature. Les femmes prennent aussi activement part à la mobilisation en faveur de la justice environnementale dans les petits États insulaires en développement (PEID), qui sont les plus vulnérables au changement climatique et aux catastrophes naturelles. Par ailleurs, certaines organisations philanthropiques contribuent activement au programme pour l'égalité des sexes et la justice environnementale dans les pays développés et en développement.

En fin de compte, il appartient avant tout aux entreprises de respecter la législation et les droits environnementaux, et aux gouvernements de veiller à ce que les cadres juridiques et de gouvernance du pays permettent une justice environnementale efficace, notamment par les moyens suivants :

- Présenter clairement les droits environnementaux des citoyens dans la législation pertinente ;
- Faire preuve de transparence sur l'état de l'environnement et les effets sur la santé humaine, et protéger le droit à l'obtention d'informations sur les questions environnementales ;
- Réaliser des évaluations de l'impact social des projets susceptibles d'avoir des répercussions sur l'environnement, et prendre en compte la question du genre ;
- Organiser des consultations publiques pour la prise des décisions liées à l'environnement et les projets ayant des répercussions sur l'environnement, et veiller à ce que les groupes de femmes y aient accès ;
- Faciliter à la fois les poursuites judiciaires formelles et les mécanismes de transmission des informations et de recours afin de protéger les droits environnementaux et de dédommager les personnes touchées par les atteintes à l'environnement.

4.2. Justice environnementale : du mouvement marginal au phénomène mondial

Bien qu'il n'existe pas de définition reconnue à l'échelle internationale, la justice environnementale renvoie globalement à une participation équitable et inclusive de tous à l'élaboration, à la mise en œuvre et au contrôle de l'application de la législation environnementale.[1] Elle implique l'accès à des biens environnementaux tels que l'eau et l'énergie propres, ou à des zones urbaines sûres, et la protection contre les pressions environnementales négatives telles que la pollution de l'air et de l'eau ou la déforestation (justice distributive). Elle se traduit également par un accès égal au processus de prise de décision des politiques environnementales (justice procédurale) (Brulle and Pellow, 2006[1]). Il a été avancé que la justice environnementale devrait également permettre d'obtenir un environnement sain pour tous (justice matérielle). (Bell, 2016[2]).

Le mouvement en faveur de la justice environnementale est né aux États-Unis dans les années 1970, lorsque des Autochtones et des communautés locales de race différente ayant un statut économique faible (dont une majorité était des femmes) ont tiré la sonnette d'alarme sur l'impact de la dégradation de l'environnement sur leurs communautés. Ce mouvement a très bien réussi à plaider en faveur de la protection de l'environnement et à collaborer avec l'Agence pour la protection de l'environnement des États-Unis et le gouvernement fédéral afin de lutter contre la dégradation de l'environnement à l'échelle locale (OECD, 2017[3]). La justice environnementale n'a que récemment gagné du terrain en Europe (EEA, 2018[4]) (Lakes, Brückner and Krämer, 2014[5]), tandis que dans d'autres parties du monde développé, le mouvement n'en est qu'à ses débuts (OECD, 2017[3]).[2]

Plus important encore, un rapport publié en 2019 par Front Line Defenders, une organisation non gouvernementale internationale qui protège les défenseurs des droits de l'homme en danger, signale que sur les 321 défenseurs des droits de l'homme tués en 2018 (soit une augmentation de 67 % par rapport à 2017), 77 % œuvraient en faveur des droits fonciers et environnementaux et des droits des peuples autochtones. Les femmes sont particulièrement à l'avant-garde du mouvement mondial des droits humains (Front Line Defenders, 2019[6]). Front Line Defenders (2019) a élaboré des considérations particulières pour lutter contre les inégalités entre les sexes du point de vue des droits humains, notamment parce que plus d'un défenseur de l'environnement sur dix qui a été tué était une femme, les deux tiers des meurtres ayant ont lieu en Amérique latine (Global Witness, 2020[7]). En 2019, une résolution du Haut Conseil des droits de l'homme des Nations Unies « [reconnaît] la contribution des défenseurs des droits de l'homme liés à l'environnement à la jouissance des droits de l'homme, à la protection de l'environnement et au développement durable » (UN, 2019[8]).

Une étude autrichienne de 2019 reconnaît que les questions de justice environnementale existent en Europe et méritent l'attention des décideurs politiques. Cette étude a montré que les inégalités liées à l'environnement touchaient principalement les immigrants provenant de l'ex-Yougoslavie, de la Turquie et d'autres pays européens qui n'étaient pas membres de l'UE avant 2004, les personnes n'ayant pas fait d'études supérieures et les personnes contraintes de vivre dans des espaces restreints (Glatter-Götz et al., 2019[9]).

La justice environnementale est un sujet de préoccupation majeur dans les pays en développement, étant donné que les projets industriels et d'infrastructure de grande ampleur ne font pas toujours l'objet de contrôles stricts de l'impact environnemental et social. Des militantes écoféministes célèbres telles que Vandana Shiva et feu Wangari Maathai ont fait entendre leur voix sur le rôle des femmes en tant qu'agents du changement dans la protection de l'environnement. Vandana Shiva, une dirigeante du mouvement écoféministe (Mies and Shiva, 1993[10])qui défend depuis longtemps le rôle des femmes dans la conservation de la biodiversité et la gestion durable des ressources naturelles, a créé Navdanya, une banque communautaire de semences qui fournit aux agriculteurs locaux des ressources, une formation et d'autres outils pour faire avancer leur activité et dans le même temps protéger la diversité biologique et culturelle (Navdanya International, 2020[11]). Wangari Maathai a lancé le Mouvement de la ceinture verte en Afrique, reliant la préservation de l'environnement à la démocratie et à la paix. Les femmes avaient les rôles décisionnels au sein du mouvement, étant les seules à détenir les connaissances sur les ressources naturelles locales (Sandra et al., 2007[12]).

L'Accord de Paris souligne l'importance de la « justice climatique », tout en faisant allusion à son contrôle limité. Aux termes de son article 7.5, « l'action pour l'adaptation devrait suivre une démarche impulsée par les pays, sensible à l'égalité des sexes, participative et totalement transparente, prenant en considération les groupes, les communautés et les écosystèmes vulnérables, et devrait tenir compte et s'inspirer des meilleures données scientifiques disponibles et, selon qu'il convient, des connaissances traditionnelles, du savoir des peuples autochtones et des systèmes de connaissances locaux, en vue d'intégrer l'adaptation dans les politiques et les mesures socioéconomiques et environnementales pertinentes, s'il y a lieu » (UN, 2015[13]).

Les défenseurs des droits de l'homme liés à l'environnement, souvent des femmes, continuent également à être persécutés et harcelés dans de nombreux pays (Front Line Defenders, 2019[14]). Dans les pays en développement, les défenseurs des droits des femmes et les écologistes appartenant à des communautés et peuples racialisés, ethnicisés et autochtones subissent souvent des violences et un harcèlement sexuels. En Russie, par exemple, les défenseurs des droits de l'homme font depuis longtemps l'objet de harcèlement, d'intimidation, d'agressions physiques et d'arrestations arbitraires en raison de leur travail (Amnesty International, 2019[15]). Certains pays (par exemple, le Costa Rica (OHCHR, 2013[16])) ont réalisé des progrès importants sur la voie de la justice environnementale en incluant le droit à un environnement sain dans leur constitution.

La communauté mondiale a reconnu la justice environnementale comme un droit fondamental. Dans la Déclaration de Rio sur l'environnement et le développement de 1992, il a été proclamé que les individus devaient avoir accès à l'information, participer au traitement des questions d'environnement et avoir accès à la justice. En 1998, la Convention de la CEE-ONU sur l'accès à l'information, la participation du public au processus décisionnel et l'accès à la justice en matière d'environnement (Convention d'Aarhus) (OHCHR, 2013[16]) a jeté les bases de l'engagement de la société civile et des citoyens en leur conférant le droit : (i) de demander des informations sur l'état de l'environnement et les effets sur la santé humaine ; (ii) de participer à des consultations publiques aux fins de la prise de décisions en matière d'environnement ; et (iii) de saisir la justice lorsque leurs droits environnementaux sont en jeu. En 1998, les pays Membres de l'OCDE ont adopté la Recommandation sur l'information environnementale [OECD/LEGAL/0296], qui recommande de promouvoir la diffusion de l'information afin de permettre aux citoyens d'évaluer les conséquences environnementales des entreprises et d'autres activités. L'Organisation renvoie également à la Déclaration de Rio et à la Convention d'Aarhus dans ses principes directeurs à l'intention des entreprises multinationales [OECD/LEGAL/0144], qui définissent le cadre dans lequel les entreprises doivent se conduire en matière d'environnement (OECD, 2012[17]).

Les années suivantes, de nombreuses mesures ont été prises sur la scène internationale. L'Union européenne a transposé la Convention d'Aarhus dans la législation de l'UE (European Parliament and Council of the European Union, 2006[18]). En 2010, le Programme des Nations Unies pour l'environnement a élaboré les directives de Bali afin d'aider les pays à élaborer une législation nationale sur ces questions (UNEP, 2015[19]) et a présenté sa propre Initiative pour les droits environnementaux depuis. Cette Initiative rassemble les représentants des pays et d'autres parties intéressées. Avec une approche fondée sur les droits, elle améliore l'accès aux informations environnementales, promeut la justice environnementale et contribue à l'instauration d'une culture de la conformité (UNEP, 2020[20]). Progressivement, de nouveaux engagements ont été pris sur ce sujet dans d'autres organisations, comme la Banque mondiale et le Programme des Nations Unies pour le développement (UNDP, 2014[21]), ainsi qu'à l'échelle régionale, par exemple avec l'Accord d'Escazú sur l'accès à l'information, la participation publique et l'accès à la justice à propos des questions environnementales en Amérique latine et dans les Caraïbes (UN, 2018[22]). L'accord d'Escazú entre en vigueur le 22 avril 2021, après avoir été ratifié par 11 des 33 pays d'Amérique latine et des Caraïbes. En parallèle, seuls 46 des 57 États et l'UE ont ratifié la Convention d'Aarhus à ce jour (UNECE, 2020[23]), et parmi ceux-ci, le degré d'engagement vis-à-vis de cet ensemble de principes est variable.[3] La Commission européenne a récemment proposé de modifier la législation de l'UE, afin de faciliter l'accès à l'information non seulement pour les particuliers mais aussi pour les ONG, et de prévoir un délai suffisant pour examiner les informations fournies (EC, 2020[24]).

4.3. Les femmes et la justice environnementale

Étant donné que les femmes représentent la majeure partie des populations défavorisées dans le monde et 80 % des personnes déplacées du fait des effets du changement climatique et de la dégradation de l'environnement[4], et en raison de leurs rôles traditionnels liés aux responsabilités familiales et communautaires dans de nombreuses sociétés, elles sont plus susceptibles de subir les retombées négatives de la dégradation de l'environnement (pour de plus amples renseignements, voir le Chapitre 2 et la Partie II du présent rapport). Dans les pays en développement, les femmes et les enfants sont souvent les plus touchés par l'érosion des écosystèmes et le changement climatique du fait qu'ils dépendent davantage de la vie familiale et communautaire traditionnelle et de petites exploitations agricoles (dépendance aux zones humides), ainsi que par l'utilisation non durable des ressources naturelles et des effets du changement climatique, tels que la fréquence et l'intensité accrues des sécheresses et des inondations. Ils sont également plus susceptibles d'être exclus du processus décisionnel associé à ces questions.

Souvent, les enfants, les jeunes et les femmes n'ont pas leur mot à dire dans les processus décisionnels et n'y sont pas représentés. C'est particulièrement le cas pour ceux qui appartiennent à des groupes sociaux vulnérables et défavorisés. Comme le montre l'indicateur Institutions Sociales et égalité femme-homme (SIGI) de l'OCDE, dans de nombreux pays, les femmes continuent de faire l'objet de lois, de normes sociales et de pratiques discriminatoires. Cette discrimination a des conséquences sur le droit des femmes à posséder leurs propres terres et à obtenir ou non des concessions d'eau (ou d'eaux souterraines), et donc à gérer les ressources naturelles, mais aussi à demander réparation pour les dommages causés à leur environnement local (OECD, 2019[25]).

Les femmes, notamment les femmes de couleur et celles appartenant aux communautés autochtones, représentent la majorité des femmes engagées dans le mouvement pour la justice environnementale aux États-Unis, entre autres pays, car ce sont les plus susceptibles de ressentir les effets de la dégradation locale de l'environnement dans leur vie personnelle et familiale quotidienne (Unger, 2008[26]). Dans les pays en développement, les femmes sont généralement les plus touchées par l'utilisation non durable des ressources naturelles et par les effets du changement climatique, comme la fréquence et l'intensité accrue des épisodes de pollution (par exemple, en raison d'activités agricoles et minières à plus grande échelle), des sécheresses et des inondations. Elles sont également plus susceptibles d'être exclues du processus décisionnel associé à ces questions.

Dans les pays développés, les femmes sont de plus en plus préoccupées par les résidus d'hormones, de pesticides, de microbiotiques et de plastiques présents dans l'eau (et dans les produits agricoles), ainsi que par l'impact qu'ils pourraient avoir sur leur santé. Un exemple concernant les perturbateurs endocriniens montre les conséquences sur la grossesse et la fertilité, et renforce l'urgence de cette question (van Duursen et al., 2020[27]).

Les jeunes et les enfants ont également peu de possibilités de sensibiliser le grand public à leur situation, étant donné qu'ils ne participent presque pas aux processus décisionnels. Outre l'impossibilité légale de pouvoir voter avant un certain âge, le Rapport sur l'État d'avancement de la gouvernance des affaires de la jeunesse de l'OCDE montre que les jeunes continuent d'être largement sous-représentés aux postes décisionnels et qu'ils recourent moins aux formes de participation institutionnalisées telles que le vote et l'adhésion à des partis, ce qui nuit à leur capacité d'influer sur les résultats et les décisions en matière de politique environnementale. S'ils ont moins confiance dans les gouvernements, les jeunes sont très sensibilisés aux inégalités et au changement climatique. Les jeunes générations d'hommes et de femmes, en particulier, agissent de plus en plus pour favoriser une évolution vers une consommation, des déplacements et des modes de vie plus durables (OECD, 2018[28]).

La prise en compte de l'équité entre générations pour la politique environnementale est essentielle pour que les avantages et les coûts soient répartis équitablement entre les générations, même avec celles qui ne sont pas encore nées, étant donné que les mesures prises aujourd'hui ont un effet sur le présent, mais aussi sur le futur. Les entreprises et la société civile, dont les femmes et les groupes de jeunes, pourraient également avoir un rôle important à jouer pour assurer la justice environnementale. Un nombre croissant d'initiatives locales à travers le monde visent à intégrer les considérations relatives aux femmes et aux jeunes dans les politiques liées à l'environnement (Allen, Lyons and Stephens, 2019[29]).

Les femmes et les jeunes sont notamment très représentés parmi les principaux militants internationaux contre le changement climatique. La portée et l'impact du mouvement pour la justice climatique progressent rapidement depuis quelques années, alors que des voix s'élèvent pour demander des mesures contre des phénomènes qui deviennent de plus en plus visibles. Depuis les années 1990[5] et jusqu'à aujourd'hui encore, les femmes réclament la justice sociale, sensibilisant le grand public et militant pour une transition qui soit juste pour les deux sexes.[6] Le développement des réseaux sociaux a permis aux communautés locales, aux mouvements populaires et aux organisations de la société civile de se faire davantage entendre et d'accroître leur impact. Les femmes font entendre leur voix dans le débat sur l'adaptation au changement climatique, non seulement parce qu'elles sont plus vulnérables au changement climatique (à cause des inégalités entre les sexes), mais aussi parce qu'elles ont peut-être une conception différente des hommes de ce qui constitue un risque climatique important (Terry, 2009[30]). Le Programme d'action de Beijing de 1992 comporte un chapitre consacré à l'environnement, mais n'a fait l'objet de débats qu'une seule fois à la Commission de la condition de la femme (CSW) et n'est pas suffisamment mis en œuvre. Des recommandations explicites de la Commission du développement durable ont été acceptées, mais sont en grande partie ignorées (CSD 2004, CSD 17, CSD 19, etc.).

La question de l'équité entre générations mobilise également des milliers de jeunes à travers le monde qui réclament l'adoption de mesures audacieuses pour lutter contre le changement climatique, comme l'a montré le mouvement #FridaysforFuture. On peut remonter la trace de ce mouvement de la jeunesse contre le changement climatique jusqu'en 2015, où des étudiants du monde entier ont décidé d'agir en manquant volontairement des cours afin de protester contre les adultes qui fuient leur responsabilité consistant à « éviter un changement climatique dangereux » (Climate Strike, n.d.[31]). Une grève des étudiants pour le climat avait été organisée au moment de la COP21. En 2018, Greta Thunberg a campé devant le Parlement suédois pour réclamer des mesures contre le changement climatique. Depuis, des étudiants font grève chaque vendredi dans le monde entier. Le mouvement des étudiants, qui prenait la forme d'initiatives isolées les premiers temps, est devenu un mouvement mondial. La 3e grève mondiale pour le climat, qui a eu lieu du 20 au 27 septembre 2019, a vu - selon les propres estimations du mouvement - 7.6 millions de personnes dans 185 pays différents se mobiliser pour demander « la fin de l'ère des combustibles fossiles » (Global Climate Strike, n.d.[32]) (Fridays For Future, n.d.[33]). La grève a été organisée sur les réseaux sociaux, avec des bannières, des widgets et des notifications poussées, et a été soutenue par plus de 10 000 entreprises, organisations non gouvernementales et plateformes en ligne.

Le Rapport sur l'État d'avancement de la gouvernance des affaires de la jeunesse de l'OCDE publié en 2018 montre que même si les jeunes recourent moins aux modes de participation institutionnalisés, tels que le vote et l'adhésion à des partis, ils utilisent les technologies numériques pour échanger sur les questions politiques et sociales et mobiliser les autres. Vingt-sept des 35 pays de l'OCDE ont, à un moment donné, élaboré une stratégie pluriannuelle pour la jeunesse. Cependant, en 2018, seuls 14 de ces pays disposaient d'une stratégie opérationnelle. Il convient de noter que sur les 27 stratégies nationales pour la jeunesse, 89 % fixaient des objectifs sexospécifiques, et 52 % fournissaient des données ventilées par sexe. Même si 67 % des stratégies prévoient un suivi et une évaluation de la mise en œuvre, seules quelques-unes ont mis en pratique ces mécanismes, en collaborant avec les représentants de la jeunesse (OECD, 2018[28]).

Le Danemark en est une bonne illustration : en 2019, le ministère du Climat, de l'Énergie et des Travaux publics a mis en place l'Ungeklimarådet, le Conseil de la jeunesse pour le climat. Ce Conseil a un rôle consultatif auprès du gouvernement : il présente des recommandations concrètes pour amener la société vers un style de vie plus durable, sensibilise les jeunes à la nécessité immédiate de prendre des mesures et leur donne les moyens d'agir en leur offrant une voie de participation directe. Le Conseil de la jeunesse pour le climat a déjà fixé des objectifs ambitieux. Il a proposé que le Danemark devienne neutre en carbone d'ici 2040 ; il a demandé l'intégration de la question climatique à l'ensemble des domaines d'action se traduisant par une évolution vers des modes de production et de consommation durables ; il a appelé à l'instauration d'un dialogue tripartite entre le gouvernement, les entreprises et les jeunes ; et il a demandé une budgétisation verte et l'intégration des externalités environnementales, économiques et sociales négatives selon le coût du comportement qui porte préjudice à l'environnement (Energi-, Forsynings- og Klimaministeriet, 2019[34]).

En 2018, la Cour suprême de Colombie a rendu une décision en faveur de jeunes Colombiens, qui avaient intenté des poursuites contre les pouvoirs publics en demandant à l'État de prendre des mesures immédiates pour mettre fin à la déforestation en Amazonie colombienne d'ici 2020 (Corte Suprema de Justicia, 2018[35]). Les jeunes ont fait valoir que l'augmentation de la déforestation nuisait aux écosystèmes, et avait donc une incidence négative sur leur vie et leur avenir. Les arguments juridiques avancés pour ce cas s'appuyaient sur le droit à un environnement sain, qui est prévu dans la Constitution colombienne.

4.4. Les femmes des communautés autochtones et le combat pour la préservation de l'environnement

Selon les Nations Unies, les populations autochtones représentent environ 5 % de la population mondiale et 15 % des pauvres dans le monde (UNDESA, 2020[36]). Sur la base d'un rapport récent de l'OCDE intitulé « Linking Indigenous Communities with Regional Development », les populations autochtones sont principalement concentrées dans les zones rurales, par rapport aux populations non autochtones, ce qui les rend plus susceptibles de subir des changements dans leur environnement local (OECD, 2019[37]).

Pour les communautés autochtones, l'utilisation non durable des ressources naturelles, de même que la clarification des droits de propriété sur les terres et l'eau, est plus qu'une question de droits de l'homme : c'est une question de survie. Lorsque les populations locales dépendent des ressources naturelles locales, le changement climatique et l'activité économique mettent à mal les modèles de gestion des ressources naturelles communautaires en place. Un exemple représentatif de ce phénomène est l'Arctique (Larsen and Fondahl, 2014[38]), où, traditionnellement, les femmes participent à la préservation des écosystèmes et au maintien des savoirs traditionnels, et jouent un rôle fondamental dans la protection et la préservation de l'environnement. Néanmoins, les évolutions liées à la hausse des interactions avec les autres communautés ont marginalisé le rôle des femmes dans la gestion des ressources naturelles (voir section 14.5.2).

Il est également important pour ces communautés de préserver leurs droits sur les terres et l'eau, à la fois pour protéger leur diversité culturelle et linguistique et pour atténuer les effets du changement climatique (les peuples autochtones gèrent les forêts, qui agissent comme des puits de carbone) (OECD, 2019[37]). Les femmes autochtones plaident en faveur des causes liées à l'environnement et à la durabilité,[7] et revendiquent activement leurs droits sur les terres. Au Sri Lanka, par exemple, elles ont activement demandé, et réussi à récupérer la plupart de leurs terres, modifiant les plans initiaux de création d'un complexe touristique. Ces succès ne peuvent être enregistrés que s'il y a une garantie d'accès égal à la prise de décisions et aux droits fonciers (Oxfam, International Land Coalition and Rights and Resources Initiative, 2016[39]).

L'Association des femmes autochtones du Canada, une organisation qui regroupe 12 organisations de femmes autochtones, a fait valoir que les femmes autochtones ont « plus de chances de souffrir d'effets négatifs disproportionnés sur l'environnement causés par les activités minières localement » (Bond and Quinlan, 2018[40]). Selon son analyse, malgré les ententes conclues entre les entreprises et les communautés, les femmes autochtones risquent davantage d'être exposées à des substances toxiques liées à l'exploitation minière et au changement climatique. Parmi les facteurs en cause figurent les vulnérabilités économiques et sociales, dont leur rôle dans la gestion des terres et des sources d'eau locales. L'Association a également avancé que les effets économiques positifs des activités minières ne compensaient peut-être pas ses effets négatifs. Elle réclame que la participation des femmes aux processus décisionnels soit davantage soutenue, en multipliant les enseignements professionnels et les formations adaptés aux caractéristiques culturelles des peuples et des femmes, ainsi qu'en adoptant de mesures contre la discrimination et les violences à l'égard des femmes. De manière générale, les femmes autochtones ont moins accès aux études et n'ont par conséquent pas les mêmes chances de travailler dans le secteur minier. Elles sont plus souvent victimes de violences et d'abus sexuels et autres de la part de personnes n'appartenant pas à leur communauté. Enfin, elles subissent quelques-uns des effets négatifs de la toxicomanie de la part des hommes employés dans ce secteur (Bond and Quinlan, 2018[40]).

4.5. Le rôle des femmes dans l'action en faveur de l'environnement dans les petits États insulaires en développement

Les petits États insulaires en développement (PEID), qui incluent quelques-uns des pays les plus petits et les plus isolés du monde, ne constituent pas un groupe homogène : leur stade de développement économique, leur profil démographique et leur tissu social sont différents. Cependant, ils sont confrontés à des difficultés similaires qui menacent leur développement futur. Le combat pour la justice climatique a également été porté sur le devant de la scène par ces pays, étant donné qu'ils sont les plus touchés par le changement climatique. D'après un rapport récent de l'OCDE, les PEID sont 73 % plus vulnérables au changement climatique et aux catastrophes naturelles que les pays à revenu intermédiaire de la tranche supérieure faisant partie de la même fourchette de revenus (OECD, 2018[41]). Alliée à un manque de diversification économique et à une croissance irrégulière, cette vulnérabilité rend la plupart des PEID très dépendants de l'aide au développement (dont 79 % provient d'apporteurs bilatéraux et 21 % d'apporteurs multilatéraux) et d'un financement assorti à des conditions libérales fragmenté.

Pour soutenir la transition vers une société sobre en carbone et résiliente au changement climatique, ces pays devront avoir accès à des instruments de financement de la lutte contre le changement climatique plus innovants, des réformes fiscales avec une orientation écologique et des mécanismes d'allègement de la dette adaptés (OECD, 2018[41]). À ce jour, l'égalité des sexes et l'autonomisation des femmes sont des composantes prioritaires de ce financement assorti de conditions libérales : 24 % des fonds assortis de conditions libérales alloués aux PEID entre 2012 et 2015 avaient une composante sexospécifique, ce qui montre des progrès dans la bonne direction. Toutefois, d'après les derniers chiffres de l'OCDE datant de 2017, seule 1.9 % de l'aide publique au développement parvient aux organisations de femmes.

Les femmes sont parmi les plus touchées par le changement climatique dans les PEID, étant donné qu'elles sont souvent responsables de la collecte de l'eau, de la pêche ou de l'exploitation agricole, des activités qui sont toutes très vulnérables aux inondations et aux autres catastrophes naturelles. Les femmes des PEID plaident en faveur d'une meilleure représentation dans toutes les futures discussions sur l'avenir de leur pays (Women's Major Group, 2014[42]). Les Orientations de Samoa, adoptées pendant l'année internationale pour les petits États insulaires en développement (2014), ont reconnu le rôle des femmes en tant que facteurs de changement pour le développement durable (UN, 2014[43]). Les Orientations ont établi un cadre de partenariat qui permet la création de partenariats de long terme pour le développement durable des PEID. La protection de l'environnement, le changement climatique et l'égalité des sexes sont au premier plan des priorités définies. Toutefois, dans l'examen à mi-parcours des

Orientations de Samoa, récemment publié, la problématique femmes-hommes reste sous-représentée en tant que priorité, même si les partenariats mondiaux relatifs au climat et à l'environnement sont bien engagés (Goransson, Vierros and Borrevik, 2019[44]).

4.6. Le secteur privé et les fondations philanthropiques sont des acteurs du débat sur l'égalité des sexes et la justice environnementale

Les entreprises ont aussi un rôle important à jouer pour assurer la justice environnementale et climatique. Par exemple, l'Agence pour la protection de l'environnement des Etats-Unis (EPA) encourage les entreprises des communautés locales à prendre des mesures volontaires fondées sur la justice environnementale, par exemple en créant une clinique sanitaire locale, en divulguant au public des informations relatives au suivi de la conformité, et en établissant des « accords de bon voisinage » entre les communautés locales et les entreprises pour faciliter les questions d'autorisation qui ne sont pas couvertes par la législation (US Environmental Protection Agency, 2011[45]). Le Forum économique mondial invite également les entreprises à revoir leurs priorités et à ne pas se cantonner au résultat net et à la valeur actionnariale afin de soutenir une croissance avantageuse et durable. Toutefois, comme les économies restent tributaires d'activités très gourmandes en ressources naturelles, une approche plus systématique s'avère nécessaire.

Global Witness fait état d'inégalités entre les sexes dans les villes minières, où les ressources environnementales se dégradent. Par exemple, les ressources en eau se tarissent en raison de l'activité économique, ce qui a un impact considérable sur le bien-être des femmes (Global Witness, 2017[46]). Dans les cas étudiés en Afghanistan et en République démocratique du Congo, le conflit et la corruption ont exacerbé l'inégalité des chances, de sorte que les femmes ont moins accès aux avantages liés à l'extraction des minéraux, tandis que leur vulnérabilité s'est accrue. (Global Witness, 2017[46]). Un rapport récent de l'UICN soutient que l'agriculture à grande échelle et les industries extractives sont liées à une augmentation des violations des droits de l'homme, qui touchent de façon disproportionnée les femmes, et qu'il faut donc élaborer un plan tenant compte de la problématique femmes-hommes pour s'attaquer à la fois à la question de l'environnement et à celle des droits de l'homme (Castañeda Carney et al., 2020[47]).

Les Principes directeurs de l'OCDE à l'intention des entreprises multinationales [OECD/LEGAL/0144] et l'appel connexe du Guide OCDE sur le devoir de diligence adressé au secteur privé pour qu'il cesse de contribuer, de par ses activités, aux impacts négatifs ou qu'il atténue ses impacts dans ses chaînes d'approvisionnement (voir aussi la section 2.3.4). Le devoir de diligence fondé sur les risques prend en compte la question du genre afin de pouvoir déterminer en quoi les impacts négatifs réels ou potentiels pourraient affecter différemment ou spécifiquement les femmes. Le Guide OCDE sur le devoir de diligence pour une conduite responsable des entreprises recommande aux entreprises de prêter une attention particulière « aux populations susceptibles d'être particulièrement vulnérables ou marginalisées, et aux risques différents auxquels les femmes et les hommes peuvent être confrontés » lorsqu'elles évaluent les impacts négatifs (OECD, 2018[48]). En particulier, les entreprises doivent être conscientes de la question du genre et des droits des femmes dans les situations où des femmes risquent d'être touchées de manière disproportionnée. Le Guide comprend également des recommandations spécifiques pour favoriser le bien-être des femmes. Les Points de contact nationaux créés dans 48 pays ayant adhéré aux Principes en vertu de la Décision sur les Principes directeurs à l'intention des entreprises multinationales [OECD/LEGAL/0307] sont un mécanisme non judiciaire donnant accès aux parties prenantes (dont la société civile) à des mesures correctrices en cas de mauvaises pratiques d'entreprises et des dommages causés (concernant par exemple les normes en matière de droits de l'environnement, du travail ou de l'homme) (OECD, 2016[49]). Les organismes nationaux de réglementation et les entreprises ont de plus en plus recours aux Principes directeurs à l'intention des entreprises multinationales et au Guide OCDE sur le devoir de diligence. Parmi les efforts déployés à l'initiative des entreprises figurent la coalition Business for Inclusive Growth créée pendant la présidence française du G7 en 2019 (B4IG, 2020[50]).

Les institutions philanthropiques sont également engagées dans l'autonomisation des femmes et la justice climatique. Dans le contexte du COVID-19 et de son effet disproportionné sur les femmes, les fondations devraient réorienter leurs priorités vers les besoins urgents engendrés par la pandémie (Azcona et al., 2020[51]). Une enquête de l'OCDE sur la philanthropie privée au service du développement a montré que seulement 1 % des apports philanthropiques destinés à la protection de l'environnement et 3 % des apports destinés à l'agriculture étaient liés à la problématique femmes-hommes (OECD netFWD, 2019[52]). L'un des exemples est la fondation Ford, qui soutient des initiatives en offrant des subventions et des bourses dans des domaines qui s'attaquent aux multiples causes des inégalités. La Fondation Ford a recensé les cinq causes d'inégalités suivantes : 1) des récits ancrés dans la culture qui portent préjudice à l'équité, la tolérance et l'inclusion ; 2) l'incapacité à investir dans les biens publics vitaux tels que l'éducation et les ressources naturelles, et à les protéger ; 3) les règles injustes de l'économie qui amplifient les inégalités en matière de possibilités et de résultats ; 4) l'accès inégal aux processus décisionnels et aux ressources des pouvoirs publics ; et 5) des préjugés et une discrimination à l'égard des femmes, des personnes handicapées et des minorités raciales, ethniques et de caste qui persistent. Dans ce contexte, la Fondation Ford soutient des efforts déployés à travers le monde pour renforcer la société civile, encourager une participation politique qui soit équitable et inclusive, donner les moyens d'agir aux femmes et aux filles, et réduire les crimes environnementaux associés au secteur des ressources naturelles (Davies, 2018[53]) . Bien que les institutions philanthropiques semblent soutenir plus activement les organisations de femmes et les enjeux qui les concernent, ici, seul 2.5 % du soutien financier total parvient directement aux organisations de femmes (OECD netFWD, 2019[52]).

Références

Allen, E., H. Lyons and J. Stephens (2019), "Women's leadership in renewable transformation, energy justice and energy democracy: Redistributing power", *Energy Research and Social Science*, Vol. 57, http://dx.doi.org/10.1016/j.erss.2019.101233. [29]

Amnesty International (2019), *Unfair Game: Persecution of Human Rights Defenders in Russia Intensifies*, http://www.amnesty.org. [15]

Azcona, G. et al. (2020), *From Insights to Action - Gender Equality in the Wake of COVID-19*, UN Women, https://www.unwomen.org/-/media/headquarters/attachments/sections/library/publications/2020/gender-equality-in-the-wake-of-covid-19-en.pdf?la=en&vs=5142 (accessed on 5 April 2021). [51]

B4IG (2020), "The B4IG international coalition united against the inequalities deepened by the COVID-19 pandemic", *OECD*. [50]

Bell, K. (2016), "Bread and roses: A gender perspective on environmental justice and public health", *International Journal of Environmental Research and Public Health*, Vol. 13/10, http://dx.doi.org/10.3390/ijerph13101005. [2]

Bioneers (n.d.), *As Long as Grass Grows: The Indigenous Fight for Environmental Justice*, https://bioneers.org/the-indigenous-fight-for-environmental-justice-ze0z1906/ (accessed on 11 February 2020). [59]

Bond, A. and L. Quinlan (2018), *Indigenous Gender-based Analysis for Informing the Canadian Minerals and Metals Plan - Policy Paper*, Native Women's Association of Canada. [40]

Brulle, R. and D. Pellow (2006), "Environmental Justice: Human Health and Environmental Inequalities", *Annual Review of Public Health*, Vol. 27/1, pp. 103-124, http://dx.doi.org/10.1146/annurev.publhealth.27.021405.102124. [1]

Castañeda Carney, I. et al. (2020), *Gender-based violence and environment linkages: The violence of inequality*, IUCN, International Union for Conservation of Nature, http://dx.doi.org/10.2305/IUCN.CH.2020.03.en. [47]

Climate Strike (n.d.), *It's Time for a Climate Strike*, https://www.climatestrike.net (accessed on 11 February 2020). [31]

Corte Suprema de Justicia (2018), *Radicación n. 11001-22-03-000-2018-00319-01*, http://www.cortesuprema.gov.co/corte/wp-content/uploads/2018/04/STC4360-2018-2018-00319-011.pdf. [35]

Davies, P. (2018), *Off the Beaten Track, Women Leaders are on the Rise*, https://www.fordfoundation.org/ideas/equals-change-blog/posts/off-the-beaten-track-women-leaders-are-on-the-rise/ (accessed on 11 February 2020). [53]

EC (2020), *Proposal for a Regulation of the European Parliament and of the Council on amending Regulation (EC) No 1367/2006 of the European Parliament and of the Council of 6 September 2006 on the application of the provisions of the Aarhus Convention on Access to Information, Public Participation in Decision-making and Access to Justice in Environmental Matters to Community institutions and bodies*, European Commission, Brussels. [24]

EEA (2018), *Unequal Exposure and Unequal Impacts: Social Vulnerability to Air Pollution, Noise and Extreme Temperatures in Europe*, http://dx.doi.org/10.2800/324183. [4]

Energi-, Forsynings- og Klimaministeriet (2019), *Ungeklimarådets overordnede målsætninger 2019*, https://kefm.dk/media/12724/anbefalinger-fra-ungeklimaraadet_overordnet-maalsaetningspapir.pdf. [34]

European Parliament and Council of the European Union (2006), "Regulation (EC) No 1367/2006 6 September 2006 on the Application of the Provisions of the Aarhus Convention on Access to Information, Public Participation in Decision-Making and Access to Justice in Environments", https://eur-lex.europa.eu/legal-content/EN/TXT/PDF/?uri=CELEX:32006R1367&from=EN. [18]

Fridays For Future (n.d.), *Fridays For Future*, http://Fridays For Future (accessed on 11 February 2020). [33]

Front Line Defenders (2019), *Font Line Defenders Global Analysis 2018*, https://www.frontlinedefenders.org/sites/default/files/global_analysis_2018.pdf. [14]

Front Line Defenders (2019), *Global Analysis 2019*, https://www.frontlinedefenders.org/en/resource-publication/global-analysis-2019 (accessed on 3 December 2020). [6]

Glatter-Götz, H. et al. (2019), "Environmental inequality in Austria: Do inhabitants' socioeconomic characteristics differ depending on their proximity to industrial polluters?", *Environmental Research Letters*, Vol. 14/7, http://dx.doi.org/10.1088/1748-9326/ab1611. [9]

Global Climate Strike (n.d.), *Join Us in Fighting For Our Future*, https://globalclimatestrike.net/ (accessed on 11 February 2020). [32]

Global Witness (2020), *Defending Tomorrow. The Climate Crisis and Threats Against Land and Environmental Defenders*, Global Witness. [7]

Global Witness (2017), "Sharing the spoils: gender and the mining industry". [46]

Goransson, O., M. Vierros and C. Borrevik (2019), *Partnerships for Small Island Developing States*, United Nations, https://sustainabledevelopment.un.org/content/documents/24591SIDS_Partnerships_May_2019_web.pdf. [44]

Herrera, C. (2017), *Indigenous Women: Defending the Environment in Latin America*, https://www.nrdc.org/experts/carolina-herrera/indigenous-women-defending-environment-latin-america (accessed on 12 February 2020). [58]

Lakes, T., M. Brückner and A. Krämer (2014), "Development of an environmental justice index to determine socio-economic disparities of noise pollution and green space in residential areas in Berlin", *Journal of Environmental Planning and Management*, Vol. 57/4, pp. 538-556, http://dx.doi.org/10.1080/09640568.2012.755461. [5]

Larsen, J. and G. Fondahl (2014), *Arctic Human Development Report. Regional Processes and Global Linkages*, Norden, http://dx.doi.org/10.6027/TN2014-567. [38]

Mies, M. and V. Shiva (1993), *Ecofeminism*, Zed Books, London. [10]

Milieu Consulting Sprl (2019), *Study on EU implementation of the Aarhus Convention in the area of access to justice in environmental matters*, European Commission, https://ec.europa.eu/environment/aarhus/pdf/Final_study_EU_implemention_environmental_matters_2019.pdf. [57]

Navdanya International (2020), *Navdanya International*, https://navdanyainternational.org/what-we-do/navdanya-community-seed-banks/ (accessed on 11 February 2020). [11]

OECD (2019), *Linking Indigenous Communities with Regional Development*, OECD Rural Policy Reviews, OECD Publishing, Paris, https://dx.doi.org/10.1787/3203c082-en. [37]

OECD (2019), *SIGI 2019 Global Report: Transforming Challenges into Opportunities*, Social Institutions and Gender Index, OECD Publishing, Paris, https://dx.doi.org/10.1787/bc56d212-en. [25]

OECD (2018), *Making Development Co-operation Work for Small Island Developing States*, OECD Publishing, Paris, https://dx.doi.org/10.1787/9789264287648-en. [41]

OECD (2018), *OECD Due Diligence Guidance for Responsible Business Conduct.* [48]

OECD (2018), *Youth Stocktaking Report*, https://www.oecd.org/gov/youth-stocktaking-report.pdf. [28]

OECD (2017), *OECD Environmental Performance Reviews: Korea 2017*, OECD Environmental Performance Reviews, OECD Publishing, Paris, https://dx.doi.org/10.1787/9789264268265-en. [3]

OECD (2016), *Implementing the OECD Guidelines for Multinational Enterprises: The National Contact Points from 2000 to 2015*, https://mneguidelines.oecd.org/oecd-report-15-years-national-contact-points.pdf. [49]

OECD (2012), "Declaration on International Investment and Multinational Enterprises", in *Annual Report on the OECD Guidelines for Multinational Enterprises 2011: A New Agenda for the Future*, OECD Publishing, Paris, https://dx.doi.org/10.1787/mne-2011-14-en. [17]

OECD netFWD (2019), *Philanthropy and Gender Equality - Insights on Philanthropy for Gender Equality*, OECD Development Centre. [52]

OHCHR (2013), *Independent Expert Concludes Visit to Costa Rica Mission*, https://newsarchive.ohchr.org/EN/NewsEvents/Pages/DisplayNews.aspx?NewsID=13609&LangID=E (accessed on 11 February 2020). [16]

Oxfam, International Land Coalition and Rights and Resources Initiative (2016), *Common Ground: Securing Land Rights and Safeguarding the Earth*, Oxfam. [39]

Sandra, M. et al. (2007), *Women As Green Agents of Change (A Study of Wangari Maathai As An Environmentalist)*, http://www.ijesi.org. [12]

Terry, G. (2009), "No climate justice without gender justice: an overview of the issues", *Gender and Development*, Vol. 17/1, pp. 5-18. [30]

UN (2019), *Recognizing the contribution of environmental human rights*, United Nations, New York., https://undocs.org/A/74/53. [8]

UN (2018), *Regional Agreement on Access to Information, Public Participation and Justice in Environmental Matters in Latin America and the Caribbean*, http://www.cepal.org/es/suscripciones. [22]

UN (2015), *Paris Agreement*, https://unfccc.int/files/essential_background/convention/application/pdf/english_paris_agreement.pdf. [13]

UN (2014), *SIDS Accelerated Modalities of Action (SAMOA) Pathway*, https://www.un.org/ga/search/view_doc.asp?symbol=A/RES/69/15&Lang=E. [43]

UNDESA (2020), *Indigenous Peoples, Economic and Social Development*, https://www.un.org/development/desa/indigenouspeoples/mandated-areas1/economic-and-social-development.html (accessed on 11 February 2020). [36]

UNDP (2014), *Environmental Justice: Comparative Experiences in Legal Empowerment*, United Nations Development Programme. [21]

UNECE (2020), *Environmental Policy - Status of Ratification*, https://www.unece.org/env/pp/ratification.html (accessed on 15 February 2020). [23]

UNEP (2020), *What is the Environmental Rights Initiative?*, https://www.unenvironment.org/explore-topics/environmental-rights-and-governance/what-we-do/advancing-environmental-rights/what-1 (accessed on 11 February 2020). [20]

UNEP (2015), *Putting Rion Principle 10 into Action. An Implementation Guide*, http://www.unep.org/civil_society. [19]

Unger, N. (2008), "The Role of Gender in Environmental Justice", *Environmental Justice*, Vol. 1/3, pp. 115-120, http://dx.doi.org/10.1089/env.2008.0523. [26]

US Environmental Protection Agency (2011), *Plan EJ 2014*. [45]

US Environmental Protection Agency (n.d.), *Environmental Justice*, https://www.epa.gov/environmentaljustice (accessed on 15 February 2020). [56]

van Duursen, M. et al. (2020), "Safeguarding Female Reproductive Health Against Endocrine Disrupting Chemicals—The FREIA Project", *International Journal of Molecular Sciences*, Vol. 21/9, http://dx.doi.org/10.3390/ijms21093215. [27]

VERVE (2019), *When We Protect Indigenous Women We Are Protecting The Environment*, https://medium.com/verve-up/when-we-protect-indigenous-women-we-are-protecting-the-environment-c0e66b9f6764 (accessed on 11 February 2020). [55]

Women's Environmental Network (2010), *The impacts of climate change on women and public policy. Gender And The Climate Change Agenda*. [54]

Women's Major Group (2014), *Envisioning Just, Sustainable Futures for SIDS Women and Girls*, http://www.sids2014.org/content/documents/7080women.pdf. [42]

Notes

[1] La définition fournie par l'Agence pour la protection de l'environnement des États-Unis est la suivante : « La justice environnementale est le traitement équitable et la participation significative de tous, indépendamment de la race, de la couleur, du pays d'origine ou du revenu, s'agissant de l'élaboration, de la mise en œuvre et du contrôle de l'application des lois, politiques et règlements environnementaux. » (US Environmental Protection Agency, n.d.[56]).

[2] Certains projets sont encore aux premiers stades, mais il y a des exemples de réussite. Voir par exemple le travail de Waterlex sur l'utilisation durable de l'eau et le soutien apporté pour améliorer l'accès à de l'eau salubre pour tous (https://www.waterlex.org/).

[3] Par exemple, les approches des États membres de l'UE en matière d'octroi de la capacité juridique varient (Milieu Consulting Sprl, 2019[57]). En Amérique latine et dans les Caraïbes, des progrès sont observés, mais pas de façon linéaire (UN, 2018[22]).

[4] Des études réalisées en 2009 indiquent que les femmes représentent 20 millions des 26 millions de personnes qui auraient été déplacées à cause du changement climatique. (Women's Environmental Network, 2010[54]).

[5] La WEDO, l'Organisation des femmes pour l'environnement et le développement, une organisation non gouvernementale, a été fondée en 1991 et a œuvré avec succès pour faire figurer les droits des femmes parmi les priorités des conférences et des mesures (https://wedo.org/about-us-2/).

[6] Voir le travail de la WEDO. Par exemple : https://wedo.org/what-we-do/our-programs/mobilizing-womenfor-climate-justice/ ; http://www.wecf.eu/english/campaigns/2018/WECF-at-COP24.php.

[7] Il existe une myriade d'exemples de groupes de femmes autochtones militant pour l'environnement, dans des pays dotés ou non d'un cadre lié à la justice environnementale, voir (Herrera, 2017[58]); (Bioneers, n.d.[59]); (VERVE, 2019[55]). Il y a également plus de femmes qui s'engagent pour représenter leurs communautés autochtones (Davies, 2018[53]).

5 Vers un programme d'action commun pour l'égalité entre les sexes et la protection de l'environnement

Intégrer la question de l'égalité entre les sexes et les considérations environnementales dans les décisions politiques peut améliorer le bien-être de tous et accélérer la réalisation de l'ensemble des ODD. Les conditions essentielles à remplir sont notamment la prise en compte de la spécificité des besoins, des préférences et du bien-être des femmes et leur participation aux processus de prise de décision. La problématique femmes-hommes associée à celle des questions environnementales manque cruellement dans les normes mondiales actuelles. Il est nécessaire de mettre en place un cadre d'action intégré qui rassemble les objectifs d'égalité femmes-hommes et de durabilité, et qui tienne compte des compromis et complémentarités aux niveaux local, national et international.

5.1. Éléments à retenir

Pour exploiter les liens existant entre la problématique femmes-hommes et les enjeux environnementaux, il est nécessaire de concevoir et mettre en œuvre des initiatives autour de trois vecteurs : i) l'égalité entre les sexes et l'autonomisation des femmes, ii) les politiques intérieures touchant à l'environnement, et iii) les politiques transnationales. La mise en œuvre pourrait s'appuyer sur un certain nombre de normes de l'OCDE, ainsi que sur des mécanismes d'évaluation. Toutefois, il peut être nécessaire de procéder à certains ajustements et révisions des outils existants pour tirer efficacement parti de l'articulation. Il s'agira notamment de:

- faire progresser les mesures en faveur de l'égalité femmes-hommes en gardant à l'esprit les objectifs environnementaux, étant donné que l'égalité des sexes et l'autonomisation des femmes peuvent contribuer à atténuer l'impact négatif de la dégradation de l'environnement ; permettre aux femmes d'avoir des responsabilités dans les secteurs en lien avec l'environnement, notamment en garantissant l'égalité d'accès à une éducation de qualité, à des soins de santé et à d'autres services sociaux ainsi qu´en éliminant la discrimination à l'égard des femmes et les obstacles juridiques à l'égalité des sexes ; en garantissant l'égalité femmes-hommes dans les politiques d'emploi et les pratiques professionnelles ; et en assurant la parité dans les organes décisionnels dans les secteurs public et privé ;
- intégrer une dimension sexospécifique dans les stratégies et politiques environnementales, en recueillant des données ventilées par sexe et en tenant compte de la problématique femmes-hommes pour concevoir les stratégies environnementales nationales et les plans d'action en matière de changement climatique, de biodiversité, d'océans et d'économie circulaire ; définir des normes environnementales prenant en considération les impacts sexospécifiques des menaces et risques environnementaux ; adapter les taxes environnementales, les subventions et les outils budgétaires de manière à prendre en compte la ségrégation sexuée, les stéréotypes et les différences culturelles ; introduire une dimension sexuée dans les politiques énergétique, agricole et des transports ; encourager l'autonomisation des femmes et les initiatives vertes portées par des femmes en leur donnant accès à des financements et à des technologies ;
- intégrer les spécificités femmes-hommes dans les aspects environnementaux des politiques transnationales, par exemple dans le domaine du commerce, de l'investissement direct étranger, de la responsabilité des entreprises et de la coopération pour le développement.

Ces changements profonds doivent aussi s'opérer au niveau international. Un certain nombre d'initiatives et de partenariats sont en train d'être mis en place, entre autres autour de la question des liens entre problématique femmes-hommes et enjeux environnementaux. Toutefois, une approche globale est indispensable pour assurer la collecte et l'analyse d'informations déterminantes.

5.2. Il est nécessaire d'adopter une approche intégrée de l'égalité entre les sexes et de la durabilité de l'environnement

Comme le montre le présent rapport, la relation entre l'égalité des sexes et la durabilité environnementale demeure un domaine de recherche émergent qui ne fait pas l'objet d'une collecte systématique de données ou d'un suivi des initiatives. En dépit des engagements et de l'impulsion au niveau international, cette relation est souvent négligée par les décideurs, les entreprises et parfois par les femmes elles-mêmes. Pourtant, les données existantes montrent que, à la fois dans les pays développés et en développement, les femmes sont généralement plus vulnérables aux effets de la dégradation de l'environnement, ont plus conscience des risques environnementaux et sont plus sensibles à une gestion durable des ressources naturelles. Ainsi, intégrer la question de l'égalité entre les sexes et les considérations environnementales dans les décisions politiques peut améliorer le bien-être de tous et accélérer la réalisation de l'ensemble des ODD. Les bénéfices apparaissent également clairement d'un point de vue économique puisque cela permet de dynamiser l'emploi des femmes, de promouvoir la recherche et l'innovation dans le domaine des nouvelles technologies et conduire ainsi à une hausse de la productivité.

Comme le souligne le présent rapport, les problématiques de l'égalité femmes-hommes et de la durabilité environnementale se rejoignent en définitive dans le fait que la discrimination et les préjugés défavorables à l'égard des femmes, les facteurs biologiques et comportementaux, et leur rôle dans la société les exposent de manière disproportionnée à un accès inégal au patrimoine, à la pauvreté énergétique, à la production non viable, à un accès inadapté à l'eau et aux services d'assainissement, au dérèglement climatique, à la pollution de l'air intérieur, à la perte de biodiversité, et à d'autres formes de dégradation environnementale. Les femmes sont aussi systématiquement en première ligne des risques naturels et sont les plus touchées par le crime et le stress chronique en lien avec des infrastructures et un développement urbain inadaptés. Dans le même temps, en tant qu'utilisatrices d'énergie et consommatrices durables, les femmes ont tendance à se montrer plus concernées par les problèmes écologiques, environnementaux et sanitaires.

Ces différences quant aux répercussions et aux besoins entre les hommes et les femmes sont particulièrement évidentes dans les pays à faible revenu, où les législations discriminatoires et les normes sociales entravent sérieusement les perspectives économiques des femmes et les exposent d'autant plus aux dégradations de l'environnement perpétuelles et aux aléas climatiques. Dans les pays développés, divers points de convergence entre la problématique femmes-hommes et l'environnement doivent être combattus, comme les conséquences de la pollution de l'air sur les femmes enceintes, l'exposition aux produits chimiques des produits ménagers et l'accès à une infrastructure adaptée, ou encore le rôle des femmes dans la consommation durable et l'amélioration des perspectives économiques pour les femmes dans l'économie verte. Par ailleurs, de par leur présence plus importante dans les secteurs manufacturiers, les hommes sont plus exposés à l'ensemble des risques sanitaires en milieu professionnel, notamment à l'exposition à des substances toxiques.

La principale conclusion de l'analyse de l'articulation entre l'égalité des sexes et la durabilité environnementale est la nécessité d'adopter une approche intégrée de la problématique femmes-hommes et de la durabilité qui tienne compte des besoins, des préférences et du bien-être propres aux femmes et garantisse aussi leur implication dans la prise de décision. Ces deux facteurs se renforcent mutuellement : plus les femmes sont consultées au sujet de projets qui ont un impact environnemental, plus elles occupent des postes à responsabilité, et plus l'action publique et les projets d'investissements auront tendance à prendre en compte les questions d'égalité entre les sexes et environnementales. Cette analyse implique essentiellement que les femmes doivent être profondément autonomisées afin que l'Agenda 2030 puisse être réalisé.

Le présent rapport a mis en évidence deux grands problèmes qu'il faut résoudre pour mettre en œuvre des mesures qui exploitent l'articulation entre l'égalité femmes-hommes et les questions environnementales. Le premier problème est posé par l'absence d'un recueil systématique de données différentiées selon le sexe sur les mesures environnementales et leurs répercussions. Le second porte sur l'absence d'un cadre d'action général réellement intégré pour la réalisation d'objectifs économiques, sociaux et environnementaux, qui pourrait être utilisé pour analyser l'articulation et orienter les choix de l'action publique.

5.2.1. Manque d'un recueil de données systématique sur les liens entre égalité femmes-hommes et environnement

Lorsque de nouvelles mesures économiques sont élaborées, que des villes, des logements, des infrastructures sont conçus, que des accords commerciaux sont passés ou que les ressources naturelles sont utilisées, les effets différentiels sur les femmes devraient être identifiés et recueillis. Les données rassemblées dans le présent document reposent essentiellement sur des études de cas réalisées dans différents secteurs et pays. Globalement, il n'existe pas de collecte de données systématique qui permettrait aux gouvernements et aux entreprises privées de définir leurs stratégies et leurs projets en s'intéressant plus précisément à l'égalité femmes-hommes. De même, très peu d'informations existent sur les effets transfrontières associés à la problématique femmes-hommes et à l'environnement.

L'Agenda 2030, en soi, est relativement détaillé lorsqu'il aborde les objectifs élémentaires d'égalité des sexes et d'autonomisation des femmes et des filles, essentiels pour renforcer leur contribution positive en faveur de l'accomplissement des objectifs environnementaux. Toutefois, l'Agenda ne parvient pas à adopter un point de vue qui tienne compte de la problématique femmes-hommes dans les neuf objectifs de développement durable « environnementaux ». Six d'entre eux proposent des cibles et des indicateurs peu différenciés selon les sexes (ODD 2, 6, 7, 9, 11, 12 et 13) et deux objectifs (ODD 14 et 15) ne tiennent pas du tout compte de cette problématique (voir Tableau 5.1 et annexe A).

Des efforts sont actuellement déployés en vue d'améliorer la collecte de données environnementales ventilées selon le sexe au niveau mondial, coordonnés par la Commission de statistique des Nations Unies, et avec les contributions de différentes entités des Nations Unies, notamment ONU Femmes et le Programme de l'ONU pour l'environnement, et de la Convention sur la diversité biologique (CDB) concernant l'ODD 15. Plusieurs rapports des Nations Unies ont également récemment remédié au déficit de données et identifié une voie à suivre, notamment le Programme des Nations Unies pour l'environnement (UNEP, 2019[1]), ONU Femmes (UN Women, 2018[2])et ONU Femmes (UN Women, 2018[3]). Depuis peu, l'OCDE a également commencé à s'intéresser au manque de données sur la problématique femmes-hommes associée à celle de l'environnement dans le cadre de la plateforme pour l'institutionnalisation de l'objectif d'égalité entre les sexes et des travaux du Comité des politiques d'environnement de l'OCDE. Bien que tous ces efforts soient bienvenus et nécessaires, il reste encore beaucoup à faire.

5.2.2. La problématique femmes-hommes associée à celle des questions environnementales manque cruellement dans les normes mondiales actuelles

Bien que le cadre des ODD fixe clairement un large éventail de cibles et d'indicateurs en lien avec des objectifs d'égalité entre les sexes et de durabilité environnementale, il n'aborde que quelques aspects de cette articulation en lien avec la discrimination liée au sexe, l'éducation et la pollution atmosphérique. Il ignore totalement d'autres répercussions environnementales spécifiques aux hommes ou aux femmes, le rôle des femmes dans la protection de l'environnement et la consommation durable, et l'accès à des infrastructures durables.

L'OCDE a développé deux recommandations sur l'égalité hommes-femmes. La Recommandation de 2013 du Conseil sur l'égalité hommes-femmes en matière d'éducation, d'emploi et d'entrepreneuriat énonce un certain nombre de mesures et d'actions à prendre pour s'attaquer aux inégalités entre les hommes et les femmes dans les domaines de l'éducation, de l'emploi et de l'entrepreneuriat (OECD, 2017[4]). Au-delà des initiatives visant à garantir une égalité d'accès à l'éducation (y compris des mesures permettant de rendre les STIM plus inclusives et aussi attractives pour les garçons que pour les filles) et à mettre un terme à la discrimination et au harcèlement sexuel sur le lieu de travail, la recommandation présente des actions visant à favoriser l'emploi des femmes, notamment avec la promotion de mesures favorisant des conditions de travail compatibles avec une vie de famille, et en encourageant les hommes à s'acquitter plus souvent de tâches non rémunérées. Les administrations et les entreprises sont également invitées à mettre tout en œuvre pour favoriser une représentation des deux sexes plus équilibrée aux postes de direction des secteurs public et privé, et pour promouvoir l'entrepreneuriat des femmes.

La Recommandation de 2013 propose une orientation claire sur les différents aspects de l'égalité des sexes appliquée aux politiques d'emploi, d'éducation et d'entrepreneuriat. Tous ces éléments sont essentiels pour pouvoir tirer parti des liens entre la problématique femmes-hommes et l'environnement, notamment lorsqu'il s'agit du rôle des femmes en tant qu'actrices économiques dans la transition vers une économie décarbonée et durable, et en tant que dirigeantes, employées et entrepreneuses.

La Recommandation de 2015 du Conseil sur l'égalité femmes-hommes dans la vie publique indique la nécessité d'« assurer la prise en compte systématique du principe de l'égalité entre femmes et hommes dans la conception, l'élaboration, la mise en œuvre et l'évaluation des politiques et des budgets publics concernés ». (OECD, 2016[5]). Ceci demande de définir et adopter une stratégie à l'échelle de l'ensemble de l'administration pour assurer une égalité entre les hommes et les femmes et une prise en compte systématique de cette problématique, d'intégrer des évaluations fondées sur des données factuelles concernant l'impact selon les sexes et la problématique femmes-hommes dans les différentes dimensions de la gouvernance publique, d'adopter des mesures permettant d'atteindre une représentation équitable des deux sexes aux postes décisionnels à tous les niveaux du gouvernement. De plus, les données probantes sur lesquelles repose la mesure des progrès accomplis vers une prise en compte de l'égalité des sexes, dans toutes les dimensions des politiques, doivent être systématiquement renforcées.

Ainsi, la Recommandation de 2015 énonce clairement l'objectif général de la prise en compte de la problématique femmes-hommes, du recueil systématique de données et de l'évaluation des répercussions. Toutefois, elle ne formule pas d'orientations spécifiques par domaine de l'action publique et ne propose pas l'élaboration d'un cadre intégré pour l'analyse de l'action publique.

Le cadre d'action de l'OCDE pour les politiques de croissance inclusive (CI) est conçu pour aider les pays à réaliser une croissance économique fondée sur la durabilité qui fait progresser les niveaux de vie tout en restant dans les limites du respect de l'environnement et qui offre à tous les mêmes perspectives en assurant une répartition équitable des fruits de la croissance économique. Le cadre est étayé par un tableau de bord d'indicateurs et articule les principales recommandations de l'OCDE pour l'action publique autour de trois principes : (i) investir dans les personnes et territoires laissés de côté (par exemple grâce à une gestion optimale des ressources au service d'une croissance durable), (ii) stimuler le dynamisme des entreprises et promouvoir l'inclusivité du marché du travail (grâce à l'accès à des emplois de qualité, en particulier pour les femmes et les groupes sous-représentés), et (iii) bâtir des administrations efficientes et réactives (grâce à l'intégration des aspects distributifs au tout début du processus de conception des politiques). Il peut aider les pays à prendre en compte les questions d'équité ex ante dans la conception des politiques publiques (OECD, 2018[6]).

L'OCDE cherche actuellement à renforcer les liens entre la Stratégie pour une croissance verte et le Cadre d'action pour les politiques de croissance inclusive. Le premier résultat attendu est un rapport qui analyse l'articulation entre environnement et inégalités et décrit les mesures à prendre pour une transition juste et verte qui redistribue équitablement le coût de l'action et de l'inaction dans des trains de mesures bien coordonnés. Il examine l'impact différentiel, par sexe, de la pollution atmosphérique et du changement climatique sur les groupes vulnérables, les travailleurs et les régions, sur quatre des 11 dimensions du bien-être, à savoir le revenu et le patrimoine, la santé, la qualité du travail et de l'emploi, et la sécurité (OECD, 2021[7]).

Ni les femmes ni les hommes ne constituent un groupe uniforme, il est donc essentiel, pour que l'action publique soit mieux ciblée, d'obtenir une meilleure granularité des données sur les besoins et les préférences des femmes et des hommes et de mieux comprendre leur situation au niveau local, y compris les répercussions que les modifications de l'environnement ont sur eux. Il est également nécessaire de dessiner les contours des mesures des pouvoirs publics en fonction des différents indicateurs relatifs au bien-être des femmes et des hommes, comprenant ceux de la santé, de la sécurité individuelle et de la capacité des services de prise en charge des enfants et des personnes âgées. Enfin, il convient de se pencher sur les interactions entre les objectifs et les politiques publiques pour que les gouvernements puissent adopter des mesures qui garantissent une cohérence des politiques et tiennent compte des incompatibilités et des complémentarités.

À partir de ces différentes remarques, un nouvel instrument pour l'action publique pourrait être élaboré afin de prendre en compte spécifiquement les liens existants entre l'égalité femmes-hommes et les enjeux environnementaux, ou d'intégrer d'autres domaines de l'action publique où il est nécessaire d'intégrer la dimension femmes-hommes, comme le commerce, l'investissement et la coopération au service du développement.

5.3. Combler les lacunes en matière de données sur les liens entre égalité femmes-hommes et environnement

Suite à l'analyse des relations entre la problématique femmes-hommes et l'environnement au sein des neuf ODD « environnementaux », le Tableau 5.1 présente les différentes cibles que le cadre des ODD considère actuellement comme étant sexospécifiques, ainsi que celles qu'il serait pertinent d'aborder du point de vue de l'égalité femmes-hommes.

Tableau 5.1. La plupart des cibles des ODD « environnementaux » pourraient faire référence à la problématique femmes-hommes

ODD	Référence explicite à la relation entre égalité des sexes et environnement dans les cibles de l'ODD	Autres cibles de l'ODD qui pourraient faire référence aux liens existants entre problématique femmes-hommes et environnement	Description des liens existants entre l'égalité femmes-hommes et la durabilité environnementale
ODD 2. Éliminer la faim, assurer la sécurité alimentaire, améliorer la nutrition et promouvoir une agriculture durable	2.2 : D'ici à 2030, mettre fin à toutes les formes de malnutrition, y compris en réalisant d'ici à 2025 les objectifs arrêtés à l'échelle internationale relatifs aux retards de croissance et à l'émaciation parmi les enfants de moins de 5 ans, et répondre aux besoins nutritionnels des adolescentes, des femmes enceintes ou allaitantes et des personnes âgées. 2.3 : D'ici à 2030, doubler la productivité agricole et les revenus des petits producteurs alimentaires, en particulier les femmes, les autochtones, les exploitants familiaux, les éleveurs et les pêcheurs, y compris en assurant l'égalité d'accès aux terres, aux autres ressources productives et intrants, au savoir, aux services financiers, aux marchés et aux possibilités d'ajout de valeur et d'emploi autres qu'agricoles.	2.1. D'ici à 2030, éliminer la faim et faire en sorte que chacun, en particulier les pauvres et les personnes en situation vulnérable, y compris les nourrissons, ait accès tout au long de l'année à une alimentation saine, nutritive et suffisante. 2.4. D'ici à 2030, assurer la viabilité des systèmes de production alimentaire et mettre en œuvre des pratiques agricoles résilientes qui permettent d'accroître la productivité et la production, contribuent à la préservation des écosystèmes, renforcent les capacités d'adaptation aux changements climatiques, aux phénomènes météorologiques extrêmes, à la sécheresse, aux inondations et à d'autres catastrophes et améliorent progressivement la qualité des terres et des sols. 2.5. D'ici à 2020, préserver la diversité génétique des semences, des cultures et des animaux d'élevage ou domestiqués et des espèces sauvages apparentées, y compris au moyen de banques de semences et de plantes bien gérées et diversifiées aux niveaux national, régional et international, et favoriser l'accès aux avantages que présentent l'utilisation des ressources génétiques et du savoir traditionnel associé et le partage juste et équitable de ces avantages, ainsi que cela a été décidé à l'échelle internationale. 2.a. Accroître, notamment dans le cadre du renforcement de la coopération internationale, l'investissement en faveur de l'infrastructure rurale, des services de recherche et de vulgarisation agricoles et	L'agriculture est étroitement liée à l'éducation et à l'accès à de nouvelles compétences et connaissances, qui peuvent favoriser la transition vers la durabilité. Elle est également un élément clé de la génération de revenus et de la croissance économique, ce qui peut renforcer l'autonomie des femmes. L'éradication de la faim (2.1) touche plus particulièrement les femmes qui sont les principales victimes des pénuries alimentaires. Une plus grande autonomisation des femmes leur permettrait de jouer un rôle plus important dans la gestion des ressources alimentaires au sein du foyer. L'intégration des enseignements tirés des connaissances traditionnelles des femmes (2.5) et la participation à l'agriculture de subsistance pourraient faire progresser des pratiques agricoles plus durables et plus résilientes (2.4). Dans le même temps, l'élimination des obstacles, comme ceux qui empêchent les femmes d'accéder aux actifs, pourrait favoriser une augmentation de la productivité et de la production. Introduire des aspects tenant compte du sexe et moins discriminatoires à l'égard des femmes dans les investissements, le commerce et les chaines de valeur agricoles et dans les mesures relatives à l'infrastructure rurale, pourrait promouvoir l'autonomisation des femmes et renforcer leur rôle en tant que petites exploitantes (2.a). De plus, s'éloigner des subventions aux exportations agricoles qui ont des répercussions néfastes pour l'agriculture durable, et soutenir les exportations agricoles non traditionnelles pourrait autonomiser les femmes dans le

ODD	Référence explicite à la relation entre égalité des sexes et environnement dans les cibles de l'ODD	Autres cibles de l'ODD qui pourraient faire référence aux liens existants entre problématique femmes-hommes et environnement	Description des liens existants entre l'égalité femmes-hommes et la durabilité environnementale
		de la mise au point de technologies et de banques de gènes de plantes et d'animaux d'élevage, afin de renforcer les capacités productives agricoles des pays en développement, en particulier des pays les moins avancés. 2.b. Corriger et prévenir les restrictions et distorsions commerciales sur les marchés agricoles mondiaux, y compris par l'élimination parallèle de toutes les formes de subventions aux exportations agricoles et de toutes les mesures relatives aux exportations aux effets similaires, conformément au mandat du Cycle de développement de Doha. 2.c. Adopter des mesures visant à assurer le bon fonctionnement des marchés de denrées alimentaires et des produits dérivés et faciliter l'accès rapide aux informations relatives aux marchés, y compris les réserves alimentaires, afin de contribuer à limiter l'extrême volatilité du prix des denrées alimentaires.	secteur agricole (2.b, 2.c).
ODD 6. Garantir l'accès de tous à des services d'alimentation en eau et d'assainissement gérés de façon durable	6.1. D'ici à 2030, assurer l'accès universel et équitable à l'eau potable, à un coût abordable. 6.2. D'ici à 2030, assurer l'accès de tous, dans des conditions équitables, à des services d'assainissement et d'hygiène adéquats et mettre fin à la défécation en plein air, en accordant une attention particulière aux besoins des femmes et des filles et des personnes en situation vulnérable.	Toutes les cibles de l'ODD 6 pourraient faire référence à la problématique femmes-hommes.	Permettre un accès à l'eau potable à un coût abordable soulage les femmes du rôle qu'elles jouent traditionnellement dans la collecte de l'eau, en particulier dans les pays en développement (6.1 et 6.2). Les femmes qui vivent dans des milieux pauvres pourraient être plus facilement concernées par un accès à une eau de mauvaise qualité et à des services d'assainissement inadaptés (6.3). Une gestion de l'eau consciente de la problématique femmes-hommes – au niveau international, national et local – permettrait de garantir une utilisation rationnelle des ressources en eau pour tous, en tenant compte de la fragilité de certains groupes de population (6.4, 6.5, 6.b). Permettre aux femmes de jouer un rôle dans la gestion de l'eau, du fait de leurs connaissances des ressources naturelles locales et de leurs compétences en matière de gestion de l'eau au sein du foyer (la présence de résidus de plastique et de substances médicamenteuses dans l'eau a des conséquences pour les femmes enceintes dans les pays développés et en développement) pourrait améliorer le fonctionnement des systèmes aquatiques, de les rendre plus durables, et ainsi de restaurer les écosystèmes liés à l'eau (6.6). Intégrer une prise en compte de la problématique femmes-hommes dans toutes les coopérations à l'appui au développement et les financements des programmes relatifs à l'eau favoriserait la mise en œuvre de mécanismes de gestion de l'eau et de l'assainissement plus efficaces et plus durables (6.a).

ODD	Référence explicite à la relation entre égalité des sexes et environnement dans les cibles de l'ODD	Autres cibles de l'ODD qui pourraient faire référence aux liens existants entre problématique femmes-hommes et environnement	Description des liens existants entre l'égalité femmes-hommes et la durabilité environnementale
ODD 7. Garantir l'accès de tous à des services énergétiques fiables, durables et modernes, à un coût abordable	7.1 D'ici à 2030, garantir l'accès de tous à des services énergétiques fiables et modernes, à un coût abordable.	Toutes les cibles de l'ODD 7 pourraient faire référence à la problématique femmes-hommes.	L'autonomisation des femmes et leur rôle prépondérant dans le secteur de l'énergie pourraient avoir un effet catalyseur dans la promotion d'une énergie propre et utilisée plus efficacement et dans la lutte contre la pauvreté énergétique (7.1, 7.2, 7.3). Afin de réaliser une « transition juste » dans le cadre du passage à une économie bas carbone, il est nécessaire de garantir une égalité des chances au niveau professionnel pour les hommes et les femmes. Pour cela, il est nécessaire d'obtenir une parité dans l'enseignement des STIM, la recherche et le développement de technologies en orientant la coopération et les investissements internationaux dans cette direction (7.a). Enfin, l'accès à une énergie propre grâce à une infrastructure durable favorise l'autonomisation des femmes, en particulier au sein des communautés locales, souvent laissées de côté ou marginalisées (7.b).
ODD 9. Bâtir une infrastructure résiliente, promouvoir une industrialisation durable qui profite à tous et encourager l'innovation	9.1. Mettre en place une infrastructure de qualité, fiable, durable et résiliente, y compris une infrastructure régionale et transfrontière, pour favoriser le développement économique et le bien-être de l'être humain, en mettant l'accent sur un accès universel, à un coût abordable et dans des conditions d'équité. 9.5. Renforcer la recherche scientifique, perfectionner les capacités technologiques des secteurs industriels de tous les pays, en particulier des pays en développement, notamment en encourageant l'innovation et en augmentant considérablement le nombre de personnes travaillant dans le secteur de la recherche et du développement pour 1 million d'habitants et en accroissant les dépenses publiques et privées consacrées à la recherche et au développement d'ici à 2030. 9.c. Accroître nettement l'accès aux technologies de l'information et de la communication et faire en sorte que tous les habitants des pays les moins avancés	Toutes les cibles de l'ODD 9 pourraient faire référence à la problématique femmes-hommes	Accomplir l'ODD 9 nécessiterait une transformation des processus de production, en particulier pour les industries et les activités économiques à forte intensité d'énergie. Une telle transformation est rarement neutre quant au rôle joué par les femmes et les hommes puisqu'il existe des disparités entre les sexes au niveau professionnel dans ces secteurs, par exemple le secteur manufacturier et du transport. De plus, le manque fréquent d'infrastructures durables, notamment dans les régions rurales, touche plus particulièrement les femmes puisqu'elles ont moins accès aux ressources qui favorisent le bien-être (9.1). Promouvoir une industrialisation inclusive et durable qui tienne compte de la problématique femmes-hommes (9.2) et soutenir les femmes entrepreneuses trop souvent privées de l'accès aux prêts (9.3) pourrait jeter les bases d'une croissance résolument durable. Encourager davantage la participation des femmes aux éco-innovations (9.5) et dans les industries de haute technologie (9.b) en levant les obstacles qui les empêchent de suivre des enseignements dans le domaine des STIM ou d'accéder aux postes de direction, permettrait d'atteindre une plus grande diversité, une plus grande portée technologique et de présenter des résultats de recherche d'une plus grande valeur économique. Une infrastructure plus durable permettant de soutenir ces efforts favoriserait une participation accrue des femmes aux activités économiques et autres sans avoir de conséquences néfastes pour l'environnement local dont elles dépendent souvent, en particulier dans les pays en développement (9.4, 9.a, 9.c).

ODD	Référence explicite à la relation entre égalité des sexes et environnement dans les cibles de l'ODD	Autres cibles de l'ODD qui pourraient faire référence aux liens existants entre problématique femmes-hommes et environnement	Description des liens existants entre l'égalité femmes-hommes et la durabilité environnementale
	aient accès à Internet à un coût abordable d'ici à 2020.		
ODD 11. Faire en sorte que les villes et les établissements humains soient ouverts à tous, sûrs, résilients et durables	11.1. D'ici à 2030, assurer l'accès de tous à un logement et des services de base adéquats et sûrs, à un coût abordable, et assainir les quartiers de taudis. 11.2. D'ici à 2030, assurer l'accès de tous à des systèmes de transport sûrs, accessibles et viables, à un coût abordable, en améliorant la sécurité routière, notamment en développant les transports publics, une attention particulière devant être accordée aux besoins des personnes en situation vulnérable, des femmes, des enfants, des personnes handicapées et des personnes âgées. 11.5. D'ici à 2030, réduire considérablement le nombre de personnes tuées et le nombre de personnes touchées par les catastrophes, y compris celles d'origine hydrique, et réduire considérablement le montant des pertes économiques qui sont dues directement à ces catastrophes exprimé en proportion du produit intérieur brut mondial, l'accent étant mis sur la protection des pauvres et des personnes en situation vulnérable. 11.7. D'ici à 2030, assurer l'accès de tous, en particulier des femmes et des enfants, des personnes âgées et des personnes handicapées, à des espaces verts et des espaces publics sûrs.	11.3 D'ici à 2030, renforcer l'urbanisation durable pour tous et les capacités de planification et de gestion participatives, intégrées et durables des établissements humains dans tous les pays. 11.6. D'ici à 2030, réduire l'impact environnemental négatif des villes par habitant, y compris en accordant une attention particulière à la qualité de l'air et à la gestion, notamment municipale, des déchets. 11.a. Favoriser l'établissement de liens économiques, sociaux et environnementaux positifs entre zones urbaines, périurbaines et rurales en renforçant la planification du développement à l'échelle nationale et régionale. 11.b. D'ici à 2020, accroître considérablement le nombre de villes et d'établissements humains qui adoptent et mettent en œuvre des politiques et plans d'action intégrés en faveur de l'insertion de tous, de l'utilisation rationnelle des ressources, de l'adaptation aux effets des changements climatiques et de leur atténuation et de la résilience face aux catastrophes, et élaborer et mettre en œuvre, conformément au Cadre de Sendai pour la réduction des risques de catastrophe (2015-2030), une gestion globale des risques de catastrophe à tous les niveaux.	Les femmes et les hommes n'ont pas le même rapport à la conception des villes et de l'habitat et à l'infrastructure des transports parce qu'ils jouent des rôles sociaux différents, suivent des profils professionnels différents et n'ont pas les mêmes préférences. Une planification urbaine et des établissements humains et une infrastructure des transports qui ne tient pas compte des besoins de ses différents utilisateurs peuvent fortement limiter leurs chances sur le plan économique et nuire à leur bien-être. Toutes les politiques durables relatives au logement, au transport et à l'urbanisation devraient donc prendre en considération les disparités entre les femmes et les hommes afin de s'assurer qu'ils en bénéficient tous équitablement (11.1, 11.2, 11.3, 11.7). De plus, impliquer davantage les femmes dans la prise de décision dans ces domaines permettrait de réduire l'empreinte environnementale globale de l'infrastructure. En outre, les femmes sont plus fortement touchées par la pollution de l'air intérieur et pourraient jouer un rôle important dans le recyclage des déchets grâce à leur comportement durable et à leurs préférences (11.6 et ODD 12).
ODD 12. Établir des modes de consommation et de production durables	Aucune cible de l'ODD 12 ne mentionne spécifiquement la problématique des inégalités femmes-hommes	12.3 D'ici à 2030, réduire de moitié à l'échelle mondiale le volume de déchets alimentaires par habitant, au niveau de la distribution comme de la consommation, et diminuer les pertes de produits alimentaires tout au long des chaînes de production et d'approvisionnement, y compris les pertes après récolte. 12.5 D'ici à 2030, réduire nettement la production de déchets par la prévention, la	Les femmes prennent plus souvent les décisions quant aux denrées périssables à acheter pour le foyer mais n'ont pas voix au chapitre de la même façon sur les chaines de production. Dans le même temps, la production non viable, la production de déchets et la pollution ont souvent des répercussions négatives différentes sur les femmes, en particulier sur celles des couches sociales défavorisées. Prendre conscience

ODD	Référence explicite à la relation entre égalité des sexes et environnement dans les cibles de l'ODD	Autres cibles de l'ODD qui pourraient faire référence aux liens existants entre problématique femmes-hommes et environnement	Description des liens existants entre l'égalité femmes-hommes et la durabilité environnementale
		réduction, le recyclage et la réutilisation. 12.6. Encourager les entreprises, en particulier les grandes et les transnationales, à adopter des pratiques viables et à intégrer dans les rapports qu'elles établissent des informations sur la viabilité. 12.7. Promouvoir des pratiques durables dans le cadre de la passation des marchés publics, conformément aux politiques et priorités nationales. 12.8 D'ici à 2030, faire en sorte que toutes les personnes, partout dans le monde, aient les informations et connaissances nécessaires au développement durable et à un style de vie en harmonie avec la nature 12.b : Mettre au point et utiliser des outils de contrôle des impacts sur le développement durable, pour un tourisme durable qui crée des emplois et met en valeur la culture et les produits locaux.	des différences entre les modes de consommation des hommes et des femmes et du comportement plus vert des femmes au foyer pourrait permettre de limiter les pertes de produits alimentaires (12.3) et de réduire le volume de déchets (12.5). Autonomiser les femmes et les impliquer davantage dans l'économie circulaire et les équipes de direction permettrait d'aider les entreprises à adopter des pratiques plus viables (12.6, 12.7). S'associer davantage avec les femmes afin d'institutionnaliser leur mode de consommation issu de leur comportement durable pourrait favoriser un virage vers des « styles de vie plus durables » (12.8). Garantir aux femmes des possibilités d'emploi justes, sûres et équitables dans des secteurs tels que le tourisme pourrait faciliter l'introduction et l'utilisation de normes de contrôle pour mesurer la durabilité dans le secteur (12.b).
ODD 13. Prendre d'urgence des mesures pour lutter contre les changements climatiques et leurs répercussions	13.1. Renforcer, dans tous les pays, la résilience et les capacités d'adaptation face aux aléas climatiques et aux catastrophes naturelles liées au climat. 13.b* : Promouvoir des mécanismes de renforcement des capacités afin que les pays les moins avancés et les petits États insulaires en développement se dotent de moyens efficaces de planification et de gestion pour faire face aux changements climatiques, l'accent étant mis notamment sur les femmes, les jeunes, la population locale et les groupes marginalisés.	13.2. Incorporer des mesures relatives aux changements climatiques dans les politiques, les stratégies et la planification nationales. 13.3 Améliorer l'éducation, la sensibilisation et les capacités individuelles et institutionnelles en ce qui concerne l'adaptation aux changements climatiques, l'atténuation de leurs effets et la réduction de leur impact et les systèmes d'alerte rapide. 13.a. Mettre en œuvre l'engagement que les pays développés parties à la Convention-cadre des Nations Unies sur les changements climatiques ont pris de mobiliser ensemble auprès de multiples sources 100 milliards USD par an d'ici à 2020 pour répondre aux besoins des pays en développement en ce qui concerne les mesures concrètes d'atténuation et la transparence de leur mise en œuvre et rendre le Fonds vert pour le climat pleinement opérationnel en le dotant dans les plus brefs délais des moyens financiers nécessaires.	La lutte contre les changements climatiques est profondément liée à la problématique de l'égalité femmes-hommes. Dans les pays en développement, de nombreux éléments montrent que les changements climatiques ont des répercussions disproportionnées sur les femmes. Des différences physiologiques et d'autres différences entre les sexes peuvent également expliquer pourquoi les aléas climatiques et les catastrophes naturelles liées au climat touchent plus fortement les femmes (13.1). Une approche sexospécifique des mesures nationales relatives aux changements climatiques permettrait de prendre conscience du rôle des femmes dans la gestion des ressources, l'adaptation aux changements climatiques et la réduction de leurs effets (13.2), et indiquerait que ce rôle peut être renforcé par l'éducation et la sensibilisation (13.3). La mobilisation de financements pour la lutte contre les changements climatiques devrait soutenir spécifiquement les initiatives qui tiennent compte de la problématique femmes-hommes et de l'autonomisation des femmes (13.a), et celles qui prévoient d'impliquer plus visiblement les femmes dans les stratégies nationales et les plans d'adaptation (13.b).
ODD 14. Conserver et exploiter de manière durable les océans, les mers et les ressources marines aux fins du	Aucune cible de l'ODD 14 ne mentionne spécifiquement la problématique des inégalités femmes-hommes	14.1. D'ici à 2025, prévenir et réduire nettement la pollution marine de tous types, en particulier celle résultant des activités terrestres, y compris les déchets en mer et la pollution par les nutriments. 14.2 D'ici à 2020, gérer et protéger durablement les écosystèmes marins et côtiers, notamment en renforçant leur résilience, afin d'éviter les graves conséquences de leur dégradation et	Les femmes se sentent particulièrement concernées par la santé des océans. Elles peuvent également contribuer à favoriser une gestion plus durable des écosystèmes marins. Pourtant, aucune des cibles de l'ODD 14 n'aborde la problématique de l'égalité des sexes ou la relation entre les ressources marines et les moyens de subsistance des femmes et des hommes, notamment au sujet du rôle qu'elles peuvent jouer dans la sécurité

ODD	Référence explicite à la relation entre égalité des sexes et environnement dans les cibles de l'ODD	Autres cibles de l'ODD qui pourraient faire référence aux liens existants entre problématique femmes-hommes et environnement	Description des liens existants entre l'égalité femmes-hommes et la durabilité environnementale
développement durable		prendre des mesures en faveur de leur restauration pour rétablir la santé et la productivité des océans. 14.4. D'ici à 2020, réglementer efficacement la pêche, mettre un terme à la surpêche, à la pêche illicite, non déclarée et non réglementée et aux pratiques de pêche destructrices et exécuter des plans de gestion fondés sur des données scientifiques, l'objectif étant de rétablir les stocks de poissons le plus rapidement possible, au moins à des niveaux permettant d'obtenir un rendement constant maximal compte tenu des caractéristiques biologiques. 14.6. D'ici à 2020, interdire les subventions à la pêche qui contribuent à la surcapacité et à la surpêche, supprimer celles qui favorisent la pêche illicite, non déclarée et non réglementée et s'abstenir d'en accorder de nouvelles, sachant que l'octroi d'un traitement spécial et différencié efficace et approprié aux pays en développement et aux pays les moins avancés doit faire partie intégrante des négociations sur les subventions à la pêche menées dans le cadre de l'Organisation mondiale du commerce. 14.7. D'ici à 2030, faire mieux bénéficier les petits États insulaires en développement et les pays les moins avancés des retombées économiques de l'exploitation durable des ressources marines, notamment grâce à une gestion durable des pêches, de l'aquaculture et du tourisme. 14.b : Garantir aux petits pêcheurs l'accès aux ressources marines et aux marchés.	alimentaire, l'emploi et la diminution de la pauvreté. Compte tenu des différences entre les femmes et les hommes en ce qui concerne la consommation, la production et la gestion des déchets, les femmes pourraient contribuer à réduire la pollution marine (14.1), et à protéger et restaurer les écosystèmes (14.2). Comme elles représentent la majorité des travailleurs dans les activités secondaires liées à la pêche, elles pourraient également contribuer à accroître les retombées économiques de l'exploitation durable des ressources marines (14.7) et de la pêche durable (14.4). Soutenir les petits pêcheurs en adoptant une approche soucieuse de la problématique femmes-hommes pourrait profiter en particulier aux femmes (14.b) ; au même titre que n'importe quelle subvention à la pêche qui aurait des répercussions négatives sur l'adoption d'une pêche responsable et durable (14.6).
ODD 15. Préserver et restaurer les écosystèmes terrestres, en veillant à les exploiter de façon durable, gérer durablement les forêts, lutter contre la désertification, enrayer et inverser le processus de dégradation des sols et mettre fin à l'appauvrissement de la biodiversité	Aucune cible de l'ODD 15 ne mentionne spécifiquement la problématique des inégalités femmes-hommes	15.1. D'ici à 2020, garantir la préservation, la restauration et l'exploitation durable des écosystèmes terrestres et des écosystèmes d'eau douce et des services connexes, en particulier les forêts, les zones humides, les montagnes et les zones arides, conformément aux obligations découlant des accords internationaux. 15.2. D'ici à 2020, promouvoir la gestion durable de tous les types de forêts, mettre un terme à la déforestation, restaurer les forêts dégradées et accroître considérablement le boisement et le reboisement au niveau mondial. 15.3. D'ici à 2030, lutter contre la désertification, restaurer les terres et sols dégradés, notamment les terres touchées par la désertification, la sécheresse et les inondations, et s'efforcer de parvenir à un monde sans dégradation des sols. 15.4. D'ici à 2030, assurer la préservation	Les femmes, en particulier dans les sociétés traditionnelles, sont particulièrement touchées par l'appauvrissement de la biodiversité. Et elles le sont d'autant plus que leurs droits et leur accès aux ressources sont moindres. En même temps, les femmes peuvent être des agents du changement en œuvrant pour la protection et la conservation de la biodiversité et en soutenant les efforts pour une agriculture durable. Leur accorder ce rôle moteur, au niveau international, national et local, permettrait de garantir la préservation, la restauration et l'exploitation durable des écosystèmes (15.1, 15.4) ; et de promouvoir la mise en œuvre d'une gestion durable (15.2). Permettre aux femmes d'accéder aux biens fonciers pourrait également permettre de lutter contre la désertification et l'appauvrissement de la biodiversité, compte tenu de l'exploitation durable qu'elles font des ressources naturelles et de leurs savoirs traditionnels (15.3, 15.5, 15.6). Comme pour

ODD	Référence explicite à la relation entre égalité des sexes et environnement dans les cibles de l'ODD	Autres cibles de l'ODD qui pourraient faire référence aux liens existants entre problématique femmes-hommes et environnement	Description des liens existants entre l'égalité femmes-hommes et la durabilité environnementale
		des écosystèmes montagneux, notamment de leur biodiversité, afin de mieux tirer parti de leurs bienfaits essentiels pour le développement durable. 15.5. Prendre d'urgence des mesures énergiques pour réduire la dégradation du milieu naturel, mettre un terme à l'appauvrissement de la biodiversité et, d'ici à 2020, protéger les espèces menacées et prévenir leur extinction. 15.6. Favoriser le partage juste et équitable des bénéfices découlant de l'utilisation des ressources génétiques et promouvoir un accès approprié à celles-ci, ainsi que cela a été décidé à l'échelle internationale, pourraient profiter en particulier aux femmes. 15.a. 15.a : Mobiliser des ressources financières de toutes provenances et les augmenter nettement pour préserver la biodiversité et les écosystèmes et les exploiter durablement. 15.b. Mobiliser d'importantes ressources de toutes provenances et à tous les niveaux pour financer la gestion durable des forêts et inciter les pays en développement à privilégier ce type de gestion, notamment aux fins de la préservation des forêts et du reboisement.	les autres ODD, assurer un financement suffisant pour une exploitation durable de la biodiversité et des écosystèmes ne porterait ses fruits que si la problématique femmes-hommes était prise en compte, pour une gestion plus durable des ressources naturelles (15.a, 15.b).

Note : Même si la cible 13b de l'ODD 13 fait clairement référence aux femmes, ce n'est pas le cas de l'indicateur utilisé pour mesurer ses résultats, d'où l'incohérence par rapport à l'Annexe A.

Il est également important d'aller au-delà des données ventilées par sexe et de considérer l'interaction avec d'autres facteurs sources d'inégalités et de discrimination à l'égard des femmes, comme l'origine ethnique, la religion, le statut socio-économique et l'âge, entre autres.

Dans de nombreux pays, principalement non-membres de l'OCDE, le renforcement des capacités est essentiel afin que les autorités statistiques soient assurées de pouvoir élaborer et contrôler des indicateurs ventilés par sexe et de collecter des données. Le renforcement des capacités est également nécessaire pour permettre une meilleure coordination statistique entre les pays, diffuser les bonnes pratiques méthodologiques qui permettent d'obtenir des statistiques de qualité, et favoriser la comparabilité et l'évaluation des performances.

PARIS21[1], hébergé par l'OCDE, travaille étroitement avec les pays à faible et moyen revenu pour renforcer leurs systèmes statistiques nationaux. Dans une enquête menée en 2017-2018 auprès de 195 États, à laquelle 47 % ont répondu, le secteur environnemental a été identifié comme étant celui qui nécessitait des efforts de renforcement des capacités immédiats pour la collecte de données statistiques (voir Graphique 5.1) (PARIS 21, 2018[8]). Au cours des dix dernières années, les statistiques relatives à l'environnement ont reçu moins de soutien que les statistiques économiques et démographiques, même si ces dernières sont déjà plus développées (PARIS 21, 2018[8]). L'enquête susmentionnée a également identifié la collecte de données ventilées par sexe comme nécessitant un renforcement des capacités, même si elle n'est pas au sommet des priorités (PARIS 21, 2018[8]).

Graphique 5.1. Domaines prioritaires pour 87 pays nécessitant un renforcement des capacités immédiat dans le domaine des statistiques sectorielles

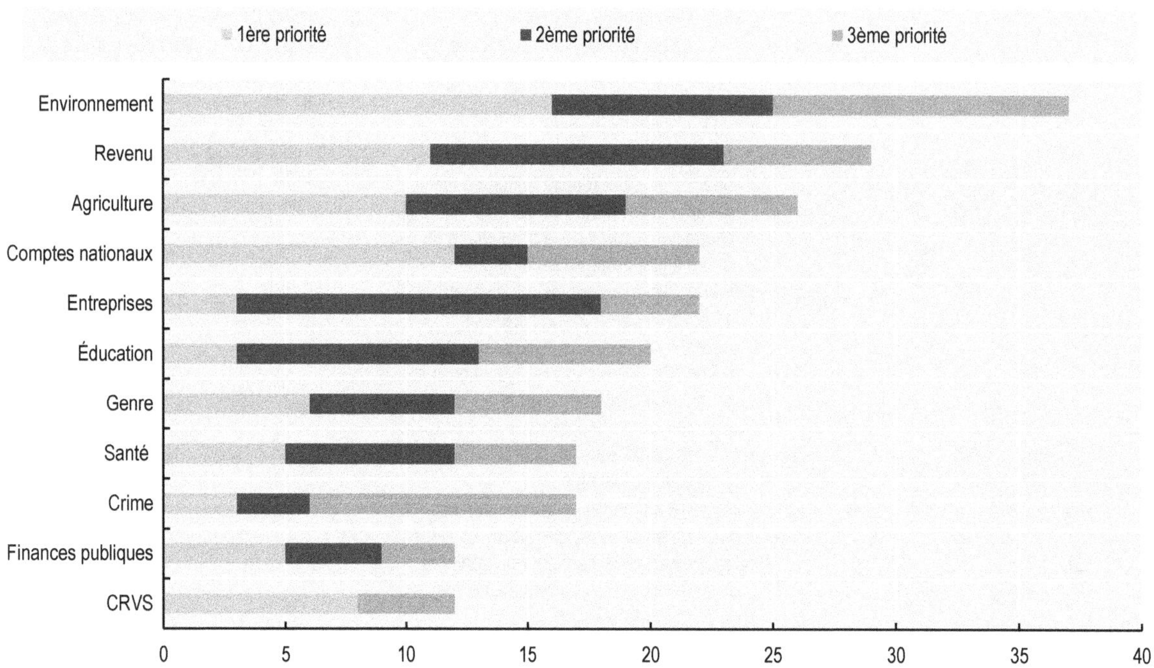

Source : (PARIS 21, 2018[8]), enquête conjointe sur les nouvelles approches de renforcement des capacités et les priorités futures.

PARIS21 et l'OCDE ont identifié le renforcement des capacités des autorités statistiques nationales comme l'un des points nécessitant une plus grande attention (PARIS 21, 2018[8]) (OECD, 2019[9]). Compte tenu de la rareté des données ventilées par sexe, il est nécessaire de renforcer encore la capacité statistique avec de nouveaux instruments, des méthodologies et des normes récentes pour permettre une collecte des données différentiée selon les sexes. Pour soutenir une élaboration de l'action publique qui tienne réellement compte de la dimension femmes-hommes, ces collectes de données devraient intervenir lors des phases de suivi et d'évaluation, ainsi que lors des phases de diagnostic et de conception des politiques environnementales et liées au climat.

Un nouveau projet de PARIS21, mené dans le cadre du programme phare d'ONU Femmes « Making every woman and girl count », est actuellement en cours, avec pour objectif d'intégrer la problématique de l'égalité femmes-hommes dans le système statistique national du Cambodge, de l'Égypte, d'El Salvador, de la Jordanie, du Kirghizistan, du Lesotho, des Maldives, de la République dominicaine et du Sénégal. Le principal objectif de ce projet est de s'assurer que les systèmes statistiques des pays sont suffisamment équipés pour produire, diffuser et exploiter des statistiques différenciées par sexe de grande qualité et opportunes afin d'étayer l'action publique et de favoriser l'égalité femmes-hommes. La première étape de ce processus est d'évaluer l'état actuel des statistiques différenciées par sexe dans le pays et d'intégrer des objectifs d'égalité femmes-hommes dans les stratégies nationales de développement de la statistique (plans stratégiques sur 5 à 10 ans, hiérarchisation de la collecte des données pour le système statistique national) (UN Women, 2019[10]).

5.4. Adopter une vision et un plan d'action qui considèrent l'ensemble de l'administration et élaborer un cadre d'action intégré pour exploiter les liens entre problématique femmes-hommes et enjeux environnementaux

Afin d'induire un changement durable et profond afin de lutter contre les problèmes environnementaux qui touchent les femmes, il est nécessaire d'adopter une approche à l'échelle de l'ensemble de l'administration qui place tous ces objectifs au cœur de l'agenda 2030. L'adoption de mécanismes et d'outils permettant la prise en compte systématique du lien entre l'égalité femmes-hommes et la durabilité, notamment des mesures fiscales et relatives à l'infrastructure, est essentielle pour s'assurer que les administrations acquièrent la culture et la capacité nécessaire pour identifier les besoins spécifiques aux femmes et aux hommes au sein de la population, en matière de gestion des ressources naturelles et des risques environnementaux, et pour y répondre au moyen de mesures, de services et de budgets sexospécifiques.

Plusieurs mécanismes institutionnels et politiques doivent être mis en œuvre, y compris un engagement et une impulsion politique, une coordination institutionnelle et de l'action publique (dirigée par les centres de gouvernement ou avec leur appui explicite), un engagement au niveau local et régional, la participation des parties prenantes ainsi que le suivi et le relevé d'informations. La recommandation de l'OCDE sur la cohérence des politiques au service du développement durable fournit des orientations supplémentaires sur les mécanismes de gouvernance et institutionnels qu'il faut adopter afin de réussir à s'attaquer de manière intégrée à la problématique femmes-hommes liée aux questions environnementales et à tirer profit de cette articulation, conformément à ce que prévoit l'Agenda 2030.

5.4.1. *Éléments fondamentaux d'un cadre d'action intégré*

Pour réunir des objectifs d'égalité femmes-hommes et de durabilité, il est nécessaire d'instaurer un cadre d'action global et cohérent qui tienne compte des incompatibilités et des complémentarités au niveau local, national et international (retentissement mondial). Les mesures en faveur de l'égalité entre les sexes doivent reconnaître le rôle que jouent les femmes dans la protection des écosystèmes et dans la promotion de schémas de consommation et de production responsables. De même, les politiques de durabilité doivent tenir compte de la problématique femmes-hommes et intégrer les objectifs d'égalité entre les sexes.

Le graphique présenté ci-dessous (Graphique 5.2) résume les vecteurs de l'action publique capables de favoriser l'alignement des priorités de l'égalité femmes-hommes et du développement durable et de concevoir des politiques de manière intégrée. Les décideurs politiques devraient agir simultanément sur ces trois axes et au moyen de mesures transversales : (i) lutter contre tout ce qui fait obstacle à l'égalité femmes-hommes et à l'autonomisation des femmes, (ii) ajuster les mesures nationales en lien avec l'environnement afin de les mettre en conformité avec les objectifs environnementaux, en tenant compte de la problématique femmes-hommes, et (iii) inclure de manière systématique les questions liées à l'égalité entre les sexes et à l'environnement dans les politiques transfrontalières qui concernent directement le fonctionnement des entreprises locales à l'étranger (commerce et investissement étranger) ainsi que la coopération pour le développement.

Graphique 5.2. Principaux vecteurs de l'action publique pour exploiter les liens entre la problématique femmes-hommes et les enjeux environnementaux

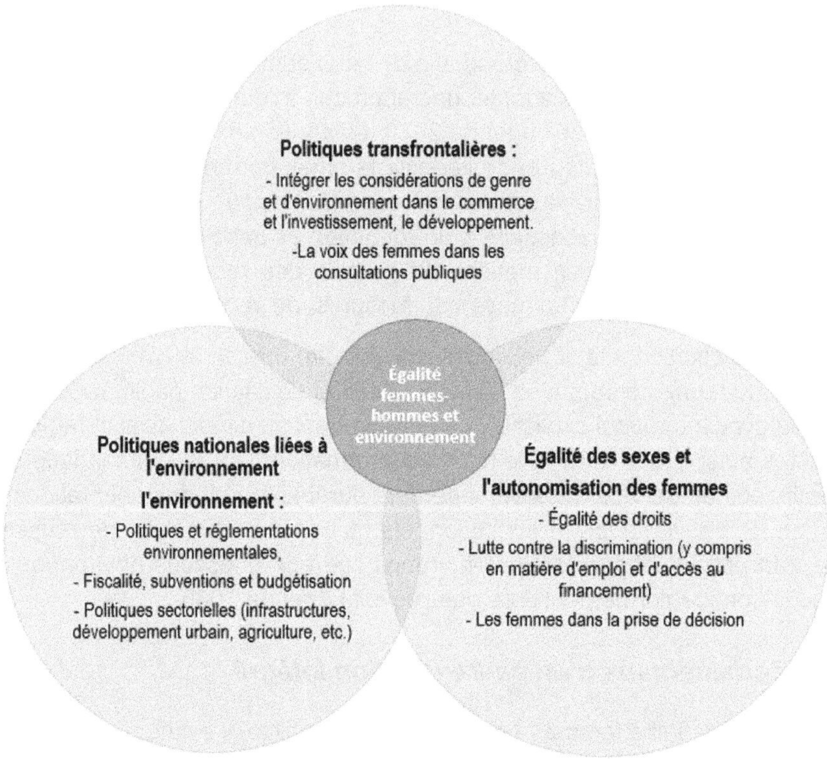

5.4.2. Appliquer les principes de cohérence des politiques au service du développement durable à l'articulation entre problématique femmes-hommes et environnement

Un cadre d'action intégré devrait systématiquement tenir compte de ces trois axes, en agissant sur les répercussions nationales et transfrontières et en adoptant une vision intergénérationnelle, conformément à la recommandation sur la cohérence des politiques au service du développement durable.

Les politiques transfrontalières revêtent une importance particulière dans la lutte contre les inégalités entre les sexes et en faveur du développement durable. Ces problématiques d'égalité femmes-hommes et de durabilité devraient notamment être prises en compte dans les mesures relatives au commerce, à l'investissement, à la migration et à la coopération pour le développement.

Il essentiel de renforcer le contrôle des activités des entreprises dans les pays en développement (et, dans une certaine mesure, les pays développés) pour s'assurer que les sociétés encouragent des pratiques professionnelles qui respectent les droits des femmes et l'environnement. En plus de garantir un travail décent et une sécurité sociale aux travailleurs migrants dans les pays développés, les efforts devraient également être multipliés pour que les entreprises prennent davantage conscience de leur empreinte environnementale. Les importations devraient également être considérées du point de vue de la question femmes-hommes et de la durabilité environnementale, en demandant aux importateurs de prendre des mesures de vigilance quant à leurs chaines d'approvisionnement. La mise en œuvre efficace de normes internationales existantes, comme les lignes directrices de l'OCDE sur la conduite responsable des entreprises, nécessite un mécanisme de sanction plus efficace que celui actuellement en place.

L'analyse des liens existants entre la problématique femmes-hommes et l'environnement doit également tenir compte d'une dimension temporelle car les liens de cause à effet entre l'égalité femmes-hommes, le bien-être des femmes et l'environnement mettent parfois longtemps à apparaître. Les effets intergénérationnels, en particulier, font également partie intégrante des objectifs d'égalité femmes-hommes et de durabilité. Les inégalités entre femmes et hommes ont tendance à être tenaces et à se perpétuer de génération en génération, notamment dans des environnements où l'autonomisation des femmes est limitée, comme au sein des ménages à faible revenu où la priorité est généralement donnée aux garçons plutôt qu'aux filles, que ce soit dans le domaine de l'éducation, de la santé ou de la succession. Ceci est particulièrement préoccupant car la mobilité sociale générationnelle a diminué au sein des pays de l'OCDE ces dernières décennies (OECD, 2017[11]). Les dégradations environnementales s'étendent également, par nature, sur plusieurs générations et leur coût réel peut ne se faire sentir qu'après plusieurs années.

5.5. Recommandations d'actions pour faire progresser conjointement l'égalité femmes-hommes et la durabilité environnementale

Pour tirer parti de l'articulation entre la question de l'égalité femmes-hommes et environnementale, il est nécessaire de concevoir et mettre en œuvre des mesures propres aux trois vecteurs mentionnés précédemment : l'égalité femmes-hommes et l'autonomisation des femmes, les mesures nationales en lien avec l'environnement, et les politiques transfrontalières.

Lors de la mise en œuvre d'un programme d'action en faveur de l'égalité femmes-hommes et de la durabilité fondé sur ces trois vecteurs, les pays peuvent prendre appui sur plusieurs normes de l'OCDE ainsi que sur des mécanismes d'évaluation et de mesure. Les parties qui suivent (parties 5.5.1, 5.5.2 et 5.5.3) listent de manière non exhaustive les normes/outils actuellement disponibles qui peuvent être utilisés dans le cadre du déploiement d'une stratégie en matière d'égalité femmes-hommes et de durabilité. Dans certains cas, il sera nécessaire d'ajuster et rectifier quelque peu la panoplie d'outils existants afin d'exploiter au mieux les liens en question.

5.5.1. Faire progresser les mesures en faveur de l'égalité femmes-hommes en gardant à l'esprit les objectifs environnementaux

La création de mesures en faveur de l'égalité femmes-hommes et de l'autonomisation des femmes constitue la première action à mener et probablement la plus importante pour exploiter les liens entre la problématique femmes-hommes et les enjeux environnementaux, dans la lutte pour la durabilité environnementale et contre les dérèglements climatiques. L'égalité femmes-hommes et l'autonomisation des femmes peuvent contribuer par tous les aspects à réduire les effets négatifs de la dégradation de l'environnement sur les femmes et à faire progresser leur rôle dans la protection de la planète. Certains des aspects de la législation, des mesures et des pratiques en faveur de l'égalité femmes-hommes les plus pertinents pour la durabilité environnementale sont les suivants :

- L'égalité d'accès à des services d'enseignement, de santé et d'autres services sociaux de qualité, et la fin de la discrimination à l'égard des femmes dans la recherche et l'innovation environnementale ;
- L'investissement dans l'éducation et la formation des filles et des femmes en ciblant plus particulièrement le développement durable et les STIM, notamment avec la formation professionnelle et l'apprentissage tout au long de la vie ;
- L'égalité face à la propriété foncière, aux droits de succession, et à l'accès aux biens communs comme les forêts, les rivières et les ressources marines, non seulement d'un point de vue légal mais aussi par une mise en œuvre et une application effective des mesures ;
- L'égalité femmes-hommes dans les politiques d'emploi et les pratiques professionnelles, en s'intéressant plus particulièrement aux secteurs liés à l'environnement (ressources minières,

transport, eau, énergie, produits chimiques, et d'autres industries lourdes) et la fin des pratiques discriminatoires dans l'emploi ;

- La parité dans les organes décisionnaires, dans les secteurs publics et privés. Une plus grande présence et un engagement significatif des femmes, dans toute leur diversité, sont nécessaires dans le processus décisionnel en matière d'environnement à tous les niveaux, y compris dans la planification, le financement, la budgétisation et l'élaboration des politiques, depuis les négociations internationales sur l'environnement jusqu'aux décisions locales en la matière ;
- Dans le secteur privé, il est nécessaire de renforcer la représentativité des femmes au sein des conseils d'administration et aux postes de direction des entreprises, notamment dans les secteurs en lien avec l'environnement traditionnellement dominés par les hommes ;
- La possibilité pour les femmes de faire entendre leur voix lors des consultations publiques au sujet de projets en lien avec l'environnement, notamment des grands projets urbains et de transport, sur l'énergie, l'eau et le développement d'autres infrastructures ;
- L'égalité d'accès à la justice environnementale pour les femmes tout en renforçant l'appui aux mouvements écologistes féminins et en leur donnant de l'ampleur en favorisant leur participation au sein de la collectivité.

5.5.2. Intégration de l'égalité femmes-hommes dans les stratégies/politiques environnementales

Concevoir des politiques environnementales sous l'angle des spécificités femmes-hommes permet non seulement de répondre aux problèmes liés à l'environnement et aux répercussions qui touchent spécifiquement les femmes, mais c'est aussi le moyen de les rendre plus efficaces. À l'inverse, si la problématique femmes-hommes n'est pas intégrée aux politiques environnementales, cela risque d'accentuer ces inégalités.

Stratégies environnementales nationales et plans spécifiques relatifs aux dérèglements climatiques, à la biodiversité, aux océans et à l'économie circulaire

Les stratégies nationales pour le développement durable, les plans d'action environnementaux et d'autres documents de planification économique doivent tenir compte des liens existants entre la problématique de l'égalité entre les sexes et de l'environnement en élaborant des objectifs et des actions qui intègrent une dimension sexospécifique. Il devrait s'agir notamment d'évaluer l'impact sur la situation respective des femmes et des hommes pour différentes mesures environnementales en cours d'étude.

Il est également nécessaire d'aborder sous l'angle de l'égalité femmes-hommes les questions environnementales d'ordre général, comme le dérèglement climatique, ainsi que des mesures et des outils environnementaux spécifiques.

Une action efficace face au changement climatique nécessite de mettre en place des plans d'action nationaux mieux adaptés à la problématique femmes-hommes. Pour cela, il convient d'aborder sous l'angle de la problématique femmes-hommes les mesures en faveur de la durabilité qui ciblent les principaux secteurs responsables des émissions de GES : l'énergie, le transport et l'agriculture (voir ci-dessous). Il convient de tenir compte de l'impact des changements climatiques sur les femmes et de leur manière d'aborder cette question.

La 23e session de la Conférence des Parties à la Convention-cadre des Nations unies sur les changements climatiques (CCNUCC), COP 23, qui s'est tenue en 2017, a totalement reconnu le lien entre la problématique femmes-hommes et les changements climatiques. Les Parties ont adopté le plan d'action pour l'égalité des sexes afin de soutenir la mise en œuvre de décisions et de mandats en lien avec la problématique femmes-hommes dans le cadre du processus de la CCNUCC (UNFCCC, 2019[12]). L'objectif du plan d'action pour l'égalité des sexes est d'accélérer la mise en œuvre de plus de 60 décisions prises dans le cadre de missions pour l'égalité femmes-hommes adoptées par les Parties entre 2007 et 2017. En outre, les Conventions de Bâle, de Rotterdam et de Stockholm ont élaboré un Plan d'action pour l'égalité des sexes afin de mettre en œuvre l'optique qui vise à faire en sorte que les principes de l'égalité femmes-hommes soient fermement ancrés dans les activités entreprises par le Secrétariat des Conventions de Bâle, de Rotterdam et de Stockholm (BRS, 2019[13]). Par ailleurs, la Convention sur la diversité biologique (CDB), la Convention de Ramsar et la Convention du patrimoine mondial ont lancé des projets similaires.

La préservation de la biodiversité et des écosystèmes constitue un deuxième domaine de la politique environnementale qui nécessite que l'on prenne davantage en compte l'égalité entre les sexes et les difficultés rencontrées par les femmes. Les actions relatives à la gestion des forêts, des réserves naturelles, des parcs et de la vie sauvage devraient comprendre une dimension propre aux spécificités femmes-hommes afin de veiller à ce que le rôle des femmes dans la gestion durable et la consommation de ces ressources, dont elles dépendent, soit bien pris en compte. Il s'agit notamment de comprendre le statut particulier des femmes au sein des communautés tributaires de la forêt, parmi lesquelles se trouvent des groupes autochtones. Dans de nombreux pays en développement, les inégalités d'accès aux ressources de la forêt entre les femmes et les hommes à cause du droit coutumier et des normes sociales, discriminatoires à l'égard des femmes, posent un problème majeur qui doit être résolu. La surexploitation croissante des forêts à des fins commerciales qui se traduisent dans certains cas par un accaparement de terres, de l'abattage illégal et du commerce d'espèces sauvages a contribué à aggraver le problème.

Les gouvernements devraient également poursuivre leurs efforts d'introduction de la prise en compte des spécificités femmes-hommes dans les Stratégies et Plans d'action nationaux pour la biodiversité (SPANB), le mécanisme clé grâce auquel les pays signataires de la CDB mettent en œuvre leurs objectifs. Les SPANB offrent une occasion formidable pour intégrer la question de l'autonomisation des femmes et des inégalités femmes-hommes dans la gestion de la biodiversité dans les secteurs de l'agriculture, de l'exploitation forestière et de la pêche.

Les administrations ont également besoin de concevoir des mesures de protection des océans qui tiennent compte des spécificités femmes-hommes afin de lutter contre la dégradation des océans qui préoccupe spécifiquement les femmes, touchées notamment par les tempêtes des zones côtières, l'appauvrissement des stocks de poissons et l'augmentation des déchets en mer. Les femmes ont également besoin d'être investies de responsabilités plus importantes pour participer à la préservation des écosystèmes marins, à l'exploitation durable des ressources marines et à la protection des zones côtières (en particulier les marais à mangroves et les récifs coralliens). Leur rôle dans le développement d'une pêche artisanale durable et leur contribution à la survie des communautés locales devraient également être pris en compte.

Un quatrième domaine de la politique environnementale, qui gagnerait à une meilleure intégration de l'égalité femmes-hommes, est celui de la promotion d'une économie circulaire. Alors qu'un volume important de données témoigne des différences de comportement entre les femmes et les hommes, dans leur rapport aux produits écolabellisés et leur mode de consommation (par exemple du prêt-à-porter, des cosmétiques), les stratégies de l'économie circulaire tiennent rarement compte de ces spécificités liées au sexe. Par exemple, le Plan d'action de l'Union européenne en faveur de l'économie circulaire ne rend compte d'aucune action différenciée selon le sexe (EC, 2020[14]).

Alors qu'elles mettent en avant l'énergie verte dans le contexte des cadres énergétiques, les femmes doivent être considérées comme des agents du changement et pas seulement comme des parties prenantes, et il convient donc d'élargir le rôle que les femmes jouent dans la transition énergétique (Prebble et al., 2017[15]). Les cadres énergétiques des pays développés tendent à mettre en avant une approche sexospécifique en concevant des possibilités pour les femmes en matière de technologie et d'innovation énergétiques, tandis que les pays en développement font état d'opportunités plus diverses pour promouvoir une approche soucieuse de l'égalité femmes-hommes, notamment en luttant contre le manque de temps libre et la pauvreté énergétique dans les zones rurales et urbaines et en favorisant la santé et le bien-être des femmes (Prebble et al., 2017[15]).

Normes environnementales

Bien que les normes environnementales aient évolué à la hausse avec le temps dans la plupart des pays, les risques environnementaux n'ont pas les mêmes conséquences selon le sexe et cette différenciation n'est pas encore suffisamment prise en compte. Les essais sur les produits chimiques constituent toutefois un des rares domaines dans lequel l'approche est systématiquement sexospécifique. Les lignes directrices de l'OCDE pour les essais de produits chimiques mentionnent précisément la nécessité d'étudier les effets en fonction du sexe pour un grand nombre de tests réalisés, notamment ceux sur les produits chimiques qui perturbent le système endocrinien (OECD, n.d.[16]).

La pollution atmosphérique et la contamination de l'eau sont d'autres risques environnementaux qui doivent prendre en compte les différences entre les sexes, à la fois à cause de l'exposition particulière des femmes à certains milieux (notamment la pollution de l'air intérieur dans les pays en développement), et les effets biologiques spécifiques à la femme. Les décideurs politiques devraient également s'intéresser en particulier aux dangers liés à une exposition élevée à la pollution pour les femmes enceintes et les nourrissons et adopter les mesures préventives qui s'imposent.

Taxes et subventions environnementales et outils budgétaires

Les taxes et subventions environnementales et d'autres instruments de politique environnementale peuvent également avoir des répercussions différentes selon le sexe qu'il convient de prendre en compte dans l'évaluation de l'action publique. De manière générale, les femmes ont tendance à être plus présentent dans les secteurs verts que dans les industries polluantes. Les femmes sont aussi généralement plus présentes dans la pêche et l'agriculture artisanales à petite échelle, tandis que les hommes dominent l'agriculture et la pêche industrielles à grande échelle. (FAO, 2015[17])Par conséquent, les efforts des pouvoirs publics axés sur l'environnement, conjugués à une approche bien structurée de l'égalité femmes-hommes, peuvent avoir un effet positif net sur l'emploi des femmes, en plus de protéger la planète.

Il est crucial de connaître les répercussions différenciées selon le sexe des mesures prises par les pouvoirs publics, des programmes et des budgets, sur l'économie, la société et l'environnement pour que tous les secteurs de l'action publique affichent des résultats équitables qui profitent à tous. Les liens entre problématique femmes-hommes et environnement peuvent être intégrés à la budgétisation au moyen d'une approche axée sur le bien-être ou les ODD.

Les secteurs liés à l'environnement : considérer les mesures sur l'énergie, le transport et l'agriculture sous l'angle des disparités femmes-hommes

Parmi les différents secteurs concernés par les priorités d'égalité femmes-hommes et de durabilité, l'infrastructure (en particulier de l'énergie et du transport) et l'agriculture se démarquent comme ayant la capacité d'accélérer la transition nécessaire à l'accomplissement des ODD (OECD, 2017[11]) (OECD/FAO, 2019[18]).

Afin de se diriger vers un modèle de développement de l'infrastructure bas-carbone tout en luttant contre les inégalités d'accès à l'infrastructure et à l'emploi entre les femmes et les hommes, il convient d'intégrer la problématique femmes-hommes et les préoccupations environnementales à l'ensemble du cycle de gouvernance et du financement, notamment avec la planification stratégique, le processus de consultations, la coordination entre les différents niveaux et organes du gouvernement, l'utilisation adaptée des données et la qualité opérationnelle (voir Encadré 5.1).

Encadré 5.1. Considérer le Cadre de l'OCDE pour une meilleure gouvernance des infrastructures à travers le prisme de l'égalité entre les sexes et des questions environnementales

Les cinq éléments du cadre de l'OCDE pour une meilleure gouvernance des infrastructures gagneraient à être considérés sous l'angle des spécificités femmes-hommes liées à l'environnement : (i) une vision stratégique des infrastructures ; (ii) l'intégration d'un processus de consultation ; (iii) la coordination des actions en faveur des infrastructures à tous les niveaux de l'administration et dans toutes ses entités ; (iv) la génération, l'analyse et la diffusion de données utiles ; et (v) un suivi de la performance tout au long du cycle de vie (OECD, 2017[11]).

Lorsqu'il s'agit de concevoir la vision d'une infrastructure, de définir des plans de développement et d'identifier des projets spécifiques, une approche qui tienne compte des disparités femmes-hommes devrait être adoptée. Les femmes devraient être directement présentes dans les organes de prise de décision à l'échelle locale, nationale et internationale, et impliquées dans toutes les étapes décisionnelles. Les processus de consultation avec les parties prenantes devraient inclure des groupes de femmes. Les données devraient être ventilées par sexe. Et enfin, lors de l'évaluation de la performance, il faudrait prendre en compte l'impact spécifique des projets d'infrastructures sur les femmes.

Une intégration plus marquée de la problématique femmes-hommes est essentielle pour que ces projets obtiennent des résultats durables sur le plan économique et social, grâce à un accès aux infrastructures plus équitable et à une meilleure utilisation de ces dernières, ce qui améliore ainsi les perspectives économiques des femmes et leur participation au marché de l'emploi, y compris à des postes décisionnels. Tenir compte des disparités entre femmes et hommes permet également d'éviter que les femmes et d'autres groupes vulnérables pâtissent de la construction et de la réalisation de certains projets tout en offrant une meilleure protection de l'environnement, conduisant à une amélioration du bien-être pour tous.

Les évaluations d'impact constituent un moyen d'action essentiel pour tous les projets d'infrastructure. Ces évaluations doivent être complètes et menées par des établissements sans lien avec les entrepreneurs du projet. Elles doivent aborder les questions de l'environnement et de l'inclusion de manière intégrée.

Le secteur des infrastructures tend encore à être dominé par les hommes, notamment parce qu'il comporte toujours une part de travail manuel difficile. Mais la présence des femmes dans la gouvernance des infrastructures permet au secteur de bénéficier de leur sensibilité accrue aux risques environnementaux.

Les politiques en matière d'agriculture devraient elles aussi tenir compte de l'articulation entre problématique femmes-hommes et environnement. La lutte contre la discrimination à l'égard des femmes et en faveur de leur autonomisation doit avoir des répercussions qui dépassent les titres de propriété privée et la production agricole et veiller à ce que les femmes aient accès aux ressources partagées issues des forêts, des montagnes, des rivières et d'autres biens communs. Cela est particulièrement important pour les communautés autochtones, qui vivent sur des terres partagées héritées de leurs ancêtres.

Les décideurs politiques devraient également garder en ligne de mire le rôle spécifique joué par les femmes dans l'agriculture traditionnelle et autosuffisante et dans la pêche artisanale et veiller à prendre en compte les répercussions sexospécifiques sur les petits exploitants des mesures relatives à l'agriculture et à la pêche. Cela est d'autant plus pertinent que les femmes jouent un rôle crucial dans le secteur de la pêche, où, selon la FAO, les femmes représentent 50 % de la main-d'œuvre (de 14 à 15 % dans la pêche et jusqu'à 90 % dans la chaîne de valeur après récolte) (FAO, 2015[19]).

Une autre nécessité est de prendre davantage en considération la question des disparités entre les sexes dans les stratégies et plans d'action nationaux pour la biodiversité (SPANB). Il faut en particulier assurer un équilibre entre les sexes pour ce qui est des prises de décisions, et garantir un accès aux technologies et aux moyens de financement pour les projets conduits par des femmes.

Accès des entreprises vertes aux financements et à la technologie

Les mesures prises pour faciliter l'accès aux financements et à la technologie doivent s'intéresser tout particulièrement aux liens existants entre problématique femmes-hommes et environnement. À cause de pratiques discriminatoires et de préjugés explicites ou implicites, les femmes ne bénéficient pas toujours du même accès aux financements pour les innovations et les start-ups vertes. Au-delà d'une réforme législative destinée à réparer cette discrimination, afin de dépasser les normes et pratiques sociales et les barrières culturelles, il convient de mener des actions positives comme l'élaboration de programmes spéciaux qui ciblent les femmes créatrices d'entreprises vertes et les petites structures dirigées par des femmes.

5.5.3. Adopter un point de vue qui tienne compte des spécificités femmes-hommes dans les aspects environnementaux des politiques transfrontalières

Politiques commerciales

L'importance d'aborder les politiques commerciales sous l'angle des spécificités femmes-hommes a beau être de plus en plus reconnue, les accords commerciaux tiennent encore peu compte de cette problématique. Il est fondamental que ces accords et les politiques commerciales en général hiérarchisent les priorités selon les différents besoins et droits des groupes défavorisés, en particulier des femmes (pauvres).

Les accords et les politiques commerciales devraient également tenir compte de certains aspects où se rejoignent les questions de l'égalité femmes-hommes et de l'environnement. Par exemple, les initiatives en faveur de la facilitation du commerce peuvent se révéler particulièrement intéressantes pour les PME qui ont tendance à concentrer l'activité économique des femmes. Les mesures pour l'accès au commerce peuvent bénéficier particulièrement aux femmes productrices et aux coopératives de femmes du secteur agricole.

En 2017, les membres de l'Organisation mondiale du commerce (OMC) ont signé une déclaration conjointe sur le commerce et l'autonomisation économique des femmes dont l'objectif est d'accroître la participation des femmes au commerce (WTO, 2017[20]). Plusieurs accords commerciaux bilatéraux et régionaux récents comportent également des chapitres sur le commerce et l'égalité femmes-hommes, ainsi que des chapitres sur le commerce et l'environnement. Il est nécessaire que ces chapitres prennent davantage de place dans les accords commerciaux mais aussi de veiller à une mise en œuvre efficace de ce qui traite de l'égalité entre les sexes et de l'environnement.

Investissement étranger et conduite responsable des entreprises

Les entreprises qui investissent à l'étranger devraient être contraintes de prendre en compte les liens entre l'égalité des sexes et l'environnement dans leurs choix d'investissements. Les lignes directrices de l'OCDE pour les entreprises multinationales [OECD/LEGAL/0144] présentent un cadre pour l'intégration des questions environnementales et sociales et relatives aux droits de l'homme dans les stratégies et les opérations des entreprises. Ce cadre, ainsi que le Guide de l'OCDE qui l'accompagne sur le devoir de diligence pour une conduite responsable des entreprises (voir OECD/LEGAL/0443), devrait s'appliquer aux choix d'investissements et d'opérations étrangers et faire en sorte d'intégrer des objectifs d'égalité femmes-hommes et environnementaux.

L'OCDE a également élaboré un cadre pour la qualité des investissements directs étrangers (IDE) qui intègre des objectifs d'égalité des sexes et environnementaux. Toutefois, le cadre aborde ces problématiques séparément et ne fait pas référence aux liens qui existent entre elles.

Lorsque les entreprises mesurent les répercussions éventuelles et réelles de leurs opérations sur l'environnement, elles devraient évaluer les effets différenciés par sexe. De plus, les entreprises devraient s'assurer que les groupes féminins sont équitablement représentés lorsqu'elles réalisent des consultations auprès des parties prenantes au sujet d'investissements étrangers.

Coopération pour le développement

Si les efforts de coopération pour le développement sont de plus en plus axés sur les ODD, il reste encore beaucoup à faire, comme l'a souligné la récente contribution du G20 au rapport sur l'Agenda 2030 (OECD, 2019[21]). Les secteurs tels que l'agriculture, l'exploitation forestière, la biodiversité et les écosystèmes, la santé et l'eau, qui font l'objet de mesures d'adaptation prioritaires, mériteraient de recevoir une part plus importante des financements du développement. Ce sont en outre des secteurs qui impliquent des répercussions différentes selon le sexe et où les femmes peuvent jouer un rôle crucial dans l'élaboration de solutions plus durables. Il est donc fondamental que la coopération pour le développement adopte une approche qui tienne compte de l'articulation entre égalité femmes-hommes et environnement.

Il est capital que les financements dans le cadre de la lutte pour atténuer les effets des changements climatiques, en particulier pour les infrastructures économiques, comme le transport et l'énergie, intègrent davantage la problématique femmes-hommes. Il est notamment nécessaire de donner la possibilité aux femmes des pays en développement de prendre une part plus active dans l'économie verte. Le Fonds vert pour le climat a adopté une politique sexospécifique dédiée, actualisée en 2019, qui favorise à la fois l'égalité entre les sexes dans la gestion de projet et assure un financement sensible à la problématique femmes-hommes par le biais d'évaluations sexospécifiques et environnementales aux stades de la préparation et de la mise en œuvre du projet (GCF, 2019[22]).

5.6. Travailler sous forme de partenariats pour initier des changements profonds

L'égalité entre les hommes et les femmes et la durabilité environnementale ne s'obtiendront pas en restant les bras croisés. Une réelle avancée ne sera possible qu'en envisageant une transformation radicale et grâce à des actions déterminées, une impulsion, une volonté, des ressources et un engagement de la part de tous les acteurs. Les outils pour le suivi ont également besoin d'être approfondis, notamment avec l'introduction de données plus détaillées sur les origines et les répercussions des contributions des femmes à la réalisation des ODD. Cet approfondissement bénéficierait aussi de données spécifiques sur les mesures des pouvoirs publics qui permettent aux femmes de participer pleinement au développement durable.

Les agences de l'ONU, comme ONU-Femmes et le PNUE, et le CCNUCC ont lancé plusieurs partenariats qui tiennent compte plus spécifiquement des liens entre la problématique femmes-hommes et l'environnement que les initiatives plus anciennes telles que le Pacte mondial de l'ONU ou le Global Reporting Initiative (UN Global Compact, 2003[23]). Pourtant, ces initiatives ne proposent ni l'approche intégrée et globale requise de ces liens, ni un recueil efficace des données qui constituent la base des prises de décision.

L'OCDE et plusieurs de ses partenaires ont créé la plateforme « Gender Policy Platform: Accelerating Gender Mainstreaming through the SDGs » réunissant des acteurs du secteur public et privé et de la société civile afin d'atteindre leurs objectifs en matière d'égalité des sexes, d'inclusion et de durabilité de façon intégrée. En s'appuyant dans un premier temps sur les travaux existants sur l'égalité des sexes et les ODD, réalisés dans le cadre des initiatives pour l'égalité femmes-hommes et du plan d'action de l'OCDE pour l'accomplissement des ODD, la plateforme incite les parties prenantes à dialoguer pour faire progresser le recueil de données et l'analyse politique, et recenser les actions et les mesures qui peuvent être prises au niveau mondial, régional, national et des communautés pour :

- Intégrer parfaitement les dimensions d'égalité des sexes, d'inclusion et de durabilité dans l'élaboration des politiques, de manière globale et cohérente, tout en tenant compte des effets transfrontières et intergénérationnels ;
- Donner un rôle plus important aux femmes dans le développement durable en les faisant participer à tous les niveaux de la vie politique, sociale et économique, tout en permettant l'accomplissement des objectifs d'inclusion et de durabilité ;
- Impliquer le secteur privé dans la réalisation des objectifs d'égalité des sexes et de durabilité.

La Plateforme a pour objectif d'élargir ses recherches sur les liens entre problématique femmes-hommes et environnement et d'approfondir la méthodologie proposée dans ce rapport. Une de ses publications, l'étude « Mesurer la distance à parcourir pour atteindre les cibles des ODD » (OECD, 2019[9]) a déjà été élargie afin de respecter l'objectif à atteindre en matière de statistiques permettant de mieux décomposer les mesures des ODD et de donner un aperçu général des grandes forces et des principales difficultés rencontrées lors de la réalisation des cibles des ODD liées aux femmes.

La Plateforme étoffe également ses activités de sensibilisation et s'engage dans des partenariats auprès d'autres organisations internationales, d'entreprises et de membres de la société civile afin d'œuvrer pour une meilleure compréhension, une collecte de données et un établissement de rapports plus efficaces sur l'articulation entre égalité femmes-hommes et durabilité environnementale.

Références

BRS (2019), *Gender Action Plan of the Secretariat of the Basel, Rotterdam and Stockholm Conventions (BRS-GAP)*, http://www.basel.int/Portals/4/Basel%20Convention/docs/meetings/cop/cop9/bali-declaration/BaliDeclaration.pdf;. [13]

EC (2020), *A new Circular Economy Action Plan for a Cleaner and More Competitive Europe*, https://ec.europa.eu/environment/circular-economy. [14]

FAO (2015), *A Review of Women's access to Fish in Small Scale Fisheries*, Food and Agriculture Organization (FAO), Rome, https://www.google.com/url?sa=t&rct=j&q=&esrc=s&source=web&cd=&cad=rja&uact=8&ved=2ahUKEwidtaXL44zwAhWrxIUKHTRTAG0QFjAAegQIBRAD&url=http%3A%2F%2Fwww.fao.org%2Ffamily-farming%2Fdetail%2Fen%2Fc%2F385279%2F&usg=AOvVaw0JqLezmjdY-ltoCTzPAkbA. [17]

FAO (2015), *The role of women in the seafood industry*, http://www.globefish.org. [19]

GCF (2019), *Gender Policy*, Green Climate Fund, https://www.greenclimate.fund/sites/default/files/document/gcf-gender-policy.pdf (accessed on 7 April 2021). [22]

OECD (2021), "The inequalities-environment nexus: Towards a people-centred green transition", *OECD Green Growth Papers*, No. 2021/01, OECD Publishing, Paris, https://dx.doi.org/10.1787/ca9d8479-en. [7]

OECD (2019), *Measuring Distance to the SDG Targets 2019*, OECD, http://dx.doi.org/10.1787/a8caf3fa-en. [9]

OECD (2018), *Opportunities for All*, OECD, http://dx.doi.org/10.1787/9789264301665-en. [6]

OECD (2017), *Getting Infrastructure Right*, OECD, http://dx.doi.org/10.1787/9789264272453-en. [11]

OECD (2017), *Meeting of the OECD Council at Ministerial Level - Report on the implementation of the OECD gender recommendations*, https://www.oecd.org/els/2013-oecd-recommendation-of-the-council-on-gender-equality-in-education-employment-and-entrepreneurship-9789264279391-en.htm. [4]

OECD (2016), *2015 OECD Recommendation of the Council on Gender Equality in Public Life*, OECD Publishing, Paris, https://www.oecd.org/gov/2015-oecd-recommendation-of-the-council-on-gender-equality-in-public-life-9789264252820-en.htm#:~:text=The%202015%20OECD%20Recommendation%20of,to%20inform%20inclusive%20policy%20decisions. [5]

OECD (n.d.), *OECD Guidelines for the Testing of Chemicals*, https://www.oecd.org/chemicalsafety/testing/oecd-guidelines-testing-chemicals-related-documents.htm#:~:text=The%20OECD%20Guidelines%20for%20the,assess%20the%20safety%20of%20chemicals. [16]

OECD/FAO (2019), *OECD-FAO Agricultural Outlook 2019-2028*, OECD Publishing, Paris/Food and Agriculture Organization of the United Nations, Rome, https://dx.doi.org/10.1787/agr_outlook-2019-en. [18]

OECD, U. (2019), *G20 Contribution to the 2030 Agenda: Progress and Way Forward*, OECD/UNDP, https://www.undp.org/content/dam/undp/library/bpps-spu/OECD-UNDP_G20_Contribution_to_2030_Agenda.pdf. [21]

PARIS 21 (2018), *Survey Results - New Approaches to Capacity Development and Future Priorities,*, https://paris21.org/capacity-development-40/cd40-survey. [8]

Prebble, M. et al. (2017), *Energizing Equality: The importance of integrating gender equality principles in national energy policies and frameworks SEPTEMBER 2017 AUTHORS GRAPHIC DESIGN*, http://www.estudiorelativo.com. [15]

UN Global Compact (2003), *Global Reporting Initiative*, https://www.unglobalcompact.org/what-is-gc/participants/4378-Global-Reporting-Initiative. [23]

UN Women (2019), *Making Every Woman and Girl Count: Mid Term Review*, https://data.unwomen.org/sites/default/files/documents/Publications/AR2019Annex/Women-Count-Annual-Report-2019_WEB_FINAL.pdf. [10]

UN Women (2018), *Gender Equality and Big Data. Making Gender Data Visible..*, https://www.unwomen.org/en/digital-library/publications/2018/1/gender-equality-and-big-data. [2]

UN Women (2018), *Turning promises into action : Gender Equality in the 2030 Agenda for Sustainable Development*, https://www.unwomen.org/en/digital-library/publications/2018/2/gender-equality-in-the-2030-agenda-for-sustainable-development-2018. [3]

UNEP (2019), *The Emissions Gap Report 2019,*, United Nations Environment Programme, Nairobi, https://www.unep.org/resources/emissions-gap-report-2019. [1]

UNFCCC (2019), *Gender Action Plan*, UN Climate Change Conference, https://unfccc.int/documents/204536. [12]

WTO (2017), *Joint Declaration on Trade and Women's Economic Empowerment on the Occasion of the WTO Ministerial Conference in Buenos Aires*, https://www.wto.org/english/thewto_e/minist_e/mc11_e/genderdeclarationmc11_e.pdf. [20]

Notes

[1] Le Partenariat statistique au service du développement au XXIe siècle (PARIS21) a été instauré en 1999 afin d'aider les pays en développement à améliorer leur utilisation et production des statistiques. Le Secrétariat de PARIS21 est hébergé par la Direction des statistiques et des données de l'OCDE. Pour plus d'informations :https://paris21.org/about-paris21.

6 Les femmes et l'ODD 2 – Promouvoir une agriculture durable

Alors que les femmes représentent une part croissante des travailleurs agricoles, les discriminations sexuées se traduisent pour les femmes, dans une bonne partie du monde en développement, par une vulnérabilité plus grande à la faim et aux effets négatifs des dommages causés à l'environnement par l'agriculture intensive, comparativement aux hommes. Il est essentiel de s'attaquer aux discriminations qui limitent l'accès à la terre et aux ressources naturelles et de remédier aux disparités entre les sexes en matière d'éducation, de formation et de finance si l'on veut permettre aux femmes d'accroître la productivité agricole et de promouvoir des pratiques agricoles plus durables. Certains de ces obstacles persistent également dans les pays avancés, en particulier en matière de compétences à acquérir et de représentation dans les processus décisionnels.

6.1. Éléments à retenir

Ce chapitre fait le tour des liens existant entre l'égalité femmes-hommes et l'agriculture durable. Le manque de données ventilées par sexe constitue un enjeu majeur pour avancer dans l'analyse nécessaire, mais les éléments dont on dispose montrent un lien clair entre les discriminations sexuées, la sous-alimentation et les pratiques agricoles non durables. Il est indispensable de prendre d'urgence des mesures pour s'attaquer à ce cercle vicieux, compte tenu de la place grandissante des femmes dans la production agricole :

Les dommages causés à l'environnement et le changement climatique constituent des facteurs de stress importants pour les systèmes alimentaires, notamment en raison de leurs incidences sur la production agricole et les écosystèmes essentiels. La production agricole elle-même est un facteur de stress important pour l'environnement, alors que l'agriculture, la sylviculture et les autres usages des terres représentent environ 23 % des émissions de gaz à effet de serre.

En Afrique et en Asie, les femmes représentent déjà entre 43 et 50 % du total des travailleurs agricoles. Quelque 80 % des terres agricoles sont gérées par des petits exploitants, qui fournissent eux-mêmes environ 80 % des disponibilités alimentaires. Parmi les petits exploitants africains, 70 % sont des femmes (FAO, 2016[1]).

Partout, la majorité de la main-d'œuvre agricole travaille dans le secteur informel (98 % dans les pays en développement, 93 % dans les pays émergents et 59 % dans les pays développés). Les travailleuses agricoles, qui comptent pour environ 43 % de la main-d'œuvre agricole dans les pays en développement, sont surreprésentées dans les emplois saisonniers ou à temps partiel non ou mal rémunérés et donc probablement exclues des dispositifs de protection sociale (Rapsomanikis, 2015[2]).

Dans une grande partie du monde en développement, le principal obstacle auquel les agricultrices se heurtent est la limitation de leurs droits à hériter, accéder à ou utiliser des terres et d'autres ressources productives. Si elles disposaient des mêmes droits et du même accès aux ressources, elles pourraient augmenter leurs rendements de 20 à 30 % (FAO, 2020[3]).

Il est indispensable de lever les obstacles juridiques et culturels qui empêchent les femmes de participer pleinement à l'agriculture. Dans les pays en développement pour lesquels on dispose de données, en moyenne, 16 % des exploitants sont des femmes, contre 21 % dans les économies développées (UN Women, 2019[4]).

Les politiques commerciales et d'investissement, les accords internationaux et la coopération pour le développement devraient introduire ou amplifier des mécanismes visant à intégrer les questions d'égalité femmes-hommes et de durabilité dans le secteur agricole, et à assurer une plus grande égalité d'accès aux marchés et à l'information sur les marchés.

Il est nécessaire de renforcer la collecte de données ventilées par sexe et de mêler les données existantes sur l'impact des pratiques agricoles non durables (exposition aux pesticides et impact de ces derniers, par exemple) et sur la contribution des femmes à la mise au point de méthodes agricoles durables, y compris de technologies qui réduisent le recours aux pesticides, comme l'agriculture de précision ou les biotechnologies.

Soutenir les activités agricoles durables menées par des femmes nécessite une approche territorialisée plus rigoureuse et plus soucieuse de l'égalité femmes-hommes. En outre, les femmes et les communautés autochtones, grâce à leurs connaissances traditionnelles, peuvent aider à identifier les problèmes et les difficultés auxquels la population locale est confrontée, et peuvent aussi offrir des solutions alternatives.

6.2. Principaux liens entre l'égalité des sexes, la promotion d'une agriculture durable et les autres ODD

Le développement de l'agriculture, essentiel au bien-être de l'humanité, a d'importantes répercussions sur l'environnement. La population mondiale continuant d'augmenter, nous aurons impérativement besoin de quantités plus importantes de nourriture – et de meilleure qualité –, en particulier compte tenu des différents défis sanitaires et environnementaux auxquels la planète est confrontée (notamment le COVID-19 et les autres maladies infectieuses touchant la production animale). La pandémie de COVID-19 a révélé que les vulnérabilités et les insuffisances des systèmes alimentaires mondiaux persistent et que, sous la pression, les impacts sur la production, la distribution et la consommation peuvent avoir des répercussions considérables sur les moyens de subsistance (FAO et al., 2020[5]). Selon des projections récentes de l'OCDE et la FAO, la production agricole mondiale continuera de progresser au cours de la prochaine décennie sous l'effet d'une hausse de la demande due à la croissance démographique. La nourriture devrait également coûter moins cher aux ménages à mesure que le revenu augmente, avec toutefois des variations entre les pays des différentes catégories de revenu. Les groupes vulnérables et les plus bas revenus, souvent des femmes, restent néanmoins plus fragiles face aux changements pouvant intervenir dans la production et les prix alimentaires (OECD/FAO, 2020[6]).

Toutefois, l'augmentation de la production agricole et alimentaire (commercialisation de produits agricoles) peut aussi exercer une pression considérable sur l'environnement. L'agriculture, la foresterie et les autres affectations des terres (AFAT) sont responsables de 23.1 % des émissions mondiales de gaz à effet de serre (IPCC, 2019[7]). L'intensification de certaines activités agricoles pourrait avoir des effets négatifs supplémentaires sur l'environnement et se traduire par un appauvrissement de la biodiversité, une aggravation des pénuries d'eau et une dégradation des sols (FAO, 2011[8]). Les coûts économiques des externalités négatives associées à certaines pratiques agricoles sont énormes. Parmi ces externalités négatives, on peut citer : la perte de produits et de services fournis gratuitement par la nature à l'humanité, le changement climatique et l'incidence et l'impact accrus des zoonoses, qui sont souvent le résultat d'habitudes agricoles et alimentaires non durables (OECD, 2020[9]) (OECD, 2020[10]). L'utilisation excessive d'engrais et de pesticides peut aussi accroître les risques pour la santé humaine.

Les dommages causés à l'environnement et le changement climatique sont également des facteurs de stress importants pour les systèmes alimentaires, notamment en influant sur la production agricole et en affectant des écosystèmes cruciaux par la chasse et la pêche systématiques et industrielles. C'est particulièrement vrai dans le Nord canadien, où le changement climatique a des répercussions importantes sur les Premières Nations et cause une insécurité alimentaire pouvant atteindre 50 % dans ces communautés (Human Rights Watch, 2020[11]). La précarité alimentaire est appelée à s'aggraver à mesure que les impacts du changement climatique s'intensifieront et s'accéléreront, rendant plus difficile encore l'accès de ces populations à la nourriture, aggravant la situation sanitaire et renforçant les inégalités. D'une manière générale, les femmes, les enfants, les personnes âgées, les peuples autochtones et les handicapés sont les plus exposés au risque d'insécurité alimentaire grave et de malnutrition, encore intensifié par le changement climatique (FAO, 2019[12]).

Le « triple défi » consistant à assurer la sécurité alimentaire et la nutrition, à garantir les moyens de subsistance, à utiliser les ressources naturelles de manière durable et à atténuer le changement climatique est urgent. Les gains d'efficacité et l'innovation sont essentiels pour améliorer la productivité, ce qui pourrait réduire les changements d'affectation des terres et les émissions de gaz à effet de serre qui en résultent (OECD, 2021[13]). L'adoption de technologies, telles que les nouvelles techniques de sélection végétale, pourrait être particulièrement importante pour accroître les rendements dans les régions où l'expansion agricole implique la conversion de paysages riches en carbone et en biodiversité (IPCC, 2019[7]). Cependant, dans la mesure où de nombreux agriculteurs continuent de dépendre de marchés informels pour acheter leurs produits, leur accès aux nouvelles technologies est souvent limité.

L'ODD 2, comme prévu par la Conférence « Rio+20 » des Nations Unies sur le développement durable de 2012, pose les principes à suivre pour promouvoir une agriculture durable et adopter des méthodes de production agricole plus viables. Évoluer vers une agriculture durable est indispensable non seulement pour atteindre l'objectif d'élimination de la faim (ODD 2), mais aussi pour promouvoir une meilleure santé et réduire les taux de mortalité imputables à l'utilisation de produits chimiques, à l'insalubrité de l'eau, et à la pollution et la contamination des sols (ODD 3). L'agriculture durable est directement liée à l'utilisation des ressources naturelles, et par conséquent elle va de pair avec une gestion durable de l'eau (ODD 6), des modes de production et de consommation responsables (ODD 12), la lutte contre les changements climatiques (ODD 13), l'exploitation durable des écosystèmes et des forêts et la préservation des sols et de la biodiversité (ODD 15). Elle est aussi influencée par l'urbanisation, en particulier lorsque celle-ci implique la conversion de terres précédemment agricoles (ODD 11). Par ailleurs, une partie de la production agricole est utilisée pour fabriquer des biocarburants, ce qui a une incidence sur la consommation d'énergies fossiles et renouvelables ainsi que sur l'occupation des sols, les revenus et la production alimentaire (ODD 7). Enfin, l'agriculture est étroitement liée à l'éducation et à l'accès à de nouveaux savoirs et compétences susceptibles de favoriser une transition vers la durabilité (ODD 4) ; elle est aussi une composante essentielle de la création de revenus et de la croissance économique (ODD 8).

L'égalité des sexes (ODD 5) a une grande influence sur la réalisation de l'ODD 2 relatif à l'agriculture durable. Le cadre des ODD fait référence au rôle des femmes (et à celui d'autres groupes) en tant que petits exploitants, reconnaît leurs connaissances traditionnelles et leur rôle dans le maintien de la diversité génétique des semences, des plantes et des animaux (cible 2.5) et soutient l'égalité de propriété des terres agricoles et de leur accès (cible 5.a). L'égalité d'accès des hommes et des femmes aux ressources productives devrait accroître la production agricole. La réalisation de l'ODD 5 constitue donc une étape essentielle pour atteindre l'ODD 2.

6.3. Disparités entre les sexes dans l'agriculture, la sécurité alimentaire et les effets des pratiques agricoles non durables sur la santé

6.3.1. Les femmes dans l'agriculture

Dans certains pays, la part des femmes dans la main-d'œuvre agricole augmente, une tendance qui est particulièrement visible dans les petites exploitations. En 2019, l'emploi féminin dans l'agriculture représentait 25.3 % de l'emploi féminin total dans le monde, contre 27.7 % pour les hommes (ILOSTAT, 2021[14]).

Graphique 6.1. Répartition de l'emploi total par sexe et par secteur

En pourcentage, données 2019

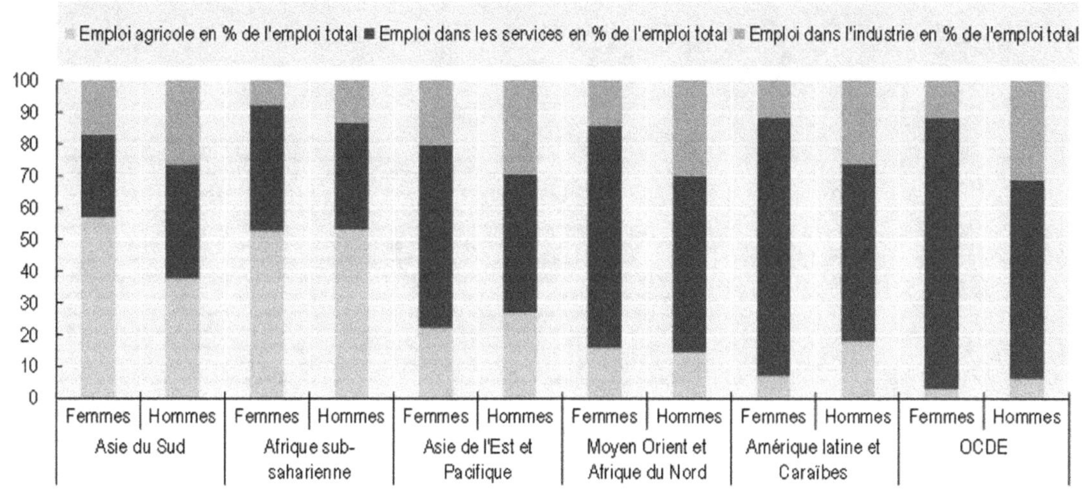

Note : L'Organisation internationale du travail (OIT) classe l'activité économique en utilisant la Classification internationale type, par industrie, de toutes les branches d'activité économique (CITI), révision 2 (1968), révision 3 (1990) et révision 4 (2008). La classification est fondée sur le secteur, et non sur le type de travail effectué (métier ou profession). La somme des catégories doit atteindre 100 %. Dans le cas contraire, les différences sont dues à des travailleurs qui ne sont pas classés par activité économique. Cette série, qui fait partie des estimations de l'OIT, est harmonisée pour garantir la comparabilité entre les pays et dans le temps en tenant compte des différences de source de données, de champ couvert, de méthodologie et d'autres facteurs propres à chaque pays. Les estimations reposent principalement sur des enquêtes représentatives de la population active au niveau national, d'autres sources (recensements de la population et estimations communiquées au niveau national) n'étant utilisées que lorsqu'il n'existe pas de données d'enquête.
Source : Organisation internationale du travail, base de données ILOSTAT (ILOSTAT, 2021[14]). Estimations de l'OIT telles que présentées dans les indicateurs du développement dans le monde (WDI, 2021[15]).

Le Graphique 6.1 montre la répartition de l'emploi total entre hommes et femmes dans les secteurs de l'agriculture, de l'industrie et des services en 2019. Il couvre les régions d'Afrique subsaharienne, d'Amérique latine et des Caraïbes, d'Asie de l'Est et du Pacifique, du Moyen-Orient et d'Afrique du Nord, d'Asie du Sud et de l'OCDE. Nous observons que le secteur agricole est le principal employeur en Afrique subsaharienne et en Asie du Sud pour les hommes comme pour les femmes. Dans ces régions, l'emploi des femmes dans l'agriculture dépasse 50 % de l'emploi total des femmes. Cette situation contraste avec celle de la main-d'œuvre féminine agricole des pays de l'OCDE, qui est inférieure à 5 %. Les disparités entre les sexes les plus marquées dans le secteur agricole sont observées en Asie du Sud, où, sur l'emploi total, la part de femmes travaillant dans l'agriculture est supérieure de près de 20 % à celle des hommes. L'Afrique subsaharienne est la région qui affiche le taux d'activité le plus paritaire dans le secteur agricole.

Graphique 6.2. Répartition de l'emploi par sexe dans le secteur agricole (pays de l'OCDE)

En pourcentage, données 2019

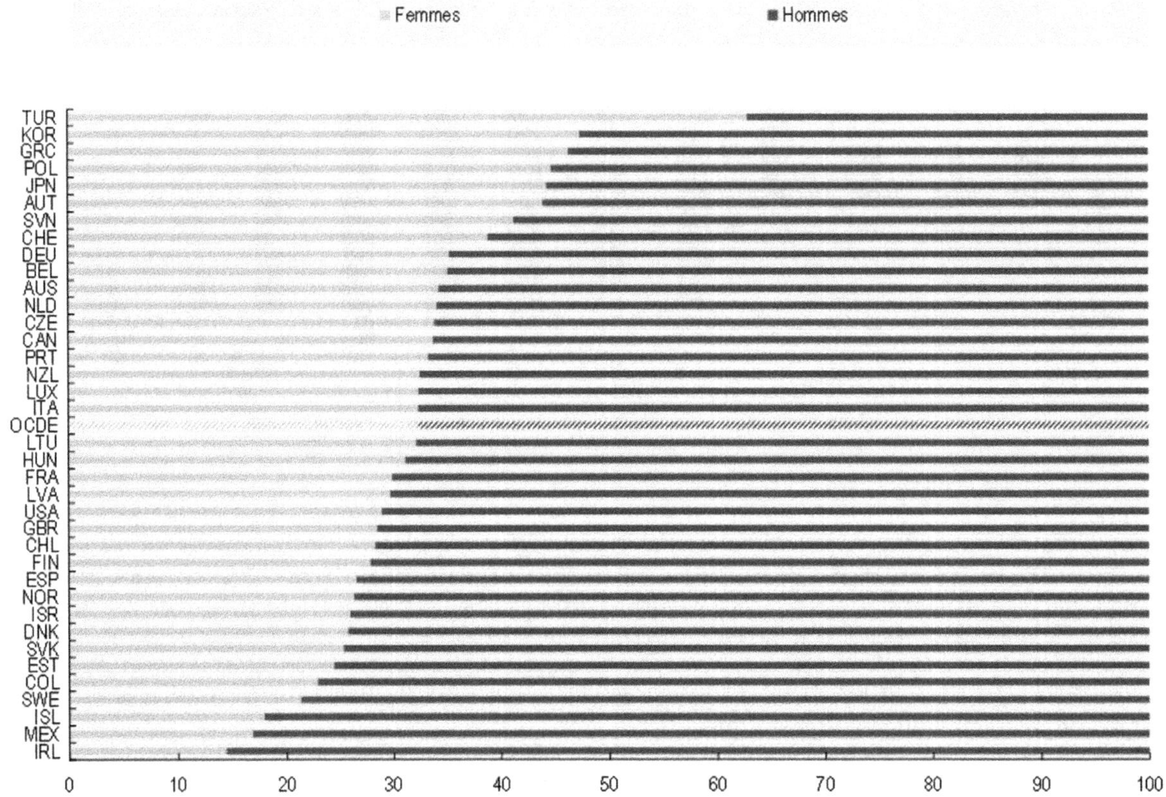

Note : Les données présentées ont été calculées à l'aide des indicateurs de l'OIT : « Ratio emploi/population par sexe, 15+, (% de la population totale) » et « Emploi dans l'agriculture par sexe (% de l'emploi par sexe) ». Le ratio emploi/population correspond à la proportion de la population d'un pays qui a un emploi. L'emploi est défini comme les personnes d'âge actif qui, au cours d'une courte période de référence, ont exercé une activité quelconque pour produire des biens ou fournir des services à titre onéreux, qui étaient au travail au cours de la période de référence (c'est-à-dire qui ont occupé un emploi pendant au moins une heure) ou non en raison d'une absence temporaire ou d'un aménagement du temps de travail. Les personnes âgées de 15 ans et plus sont généralement considérées comme la population en âge de travailler. L'Organisation internationale du travail (OIT) classe l'activité économique en utilisant la Classification internationale type, par industrie, de toutes les branches d'activité économique (CITI), révision 2 (1968), révision 3 (1990) et révision 4 (2008).
Source : Organisation internationale du travail, base de données ILOSTAT (ILOSTAT, 2021[14]). Estimations de l'OIT telles que présentées dans les indicateurs du développement dans le monde (WDI, 2021[15]).

Comme le montre le Graphique 6.1, dans l'ensemble des pays de l'OCDE, la main-d'œuvre du secteur agricole est beaucoup plus réduite. Toutefois, en Turquie, en Colombie, au Mexique et en Grèce, le secteur agricole continue de représenter plus de 9 % de l'emploi total, tandis que l'emploi agricole au Luxembourg et en Belgique représente moins de 1 % de l'emploi total. Le Graphique 6.2 montre la répartition par sexe de la main-d'œuvre agricole dans tous les pays de l'OCDE. La Turquie est le seul pays Membre de l'OCDE où l'emploi des femmes est plus représenté dans la main-d'œuvre agricole que celui des hommes, de près de 25 %. Parmi les pays où l'agriculture emploie plus de 9 % de la population totale, le Mexique et la Colombie se distinguent par leur faible représentation des femmes, qui représentent à peine 25 % de la main-d'œuvre agricole totale. Cette situation explique les appels lancés par la société civile en faveur d'une plus grande intégration des femmes dans les secteurs agricoles de ces pays, comme dans les secteurs de la production de café et de haricots en Colombie, où les femmes se déclarent contraintes à des rôles spécifiques (Global Coffee Platform (GCP), 2018[16]) (Avila-Santamaria and Del Pilar Useche, 2016[17]).

6.3.2. Les femmes dans la petite agriculture

La sécurité alimentaire est un problème grandissant dans une bonne partie du monde en développement, tandis que le gaspillage alimentaire ne faiblit pas dans les pays avancés (FAO, 2015[18]). La faim touche souvent les personnes participant directement à la production de nourriture. Les données ventilées par sexe sur les personnes sous-alimentées aux niveaux mondial ou régional ne sont pas facilement disponibles, mais les recherches montrent que les femmes sont plus exposées au risque de sous-alimentation que les hommes (UNDP, 2012[19]) (Sethuraman and Duvvury, 2007[20]).

La cause profonde de cette situation est la discrimination dont les femmes sont victimes. Malgré leur importance dans l'agriculture, les exploitantes ont moins de droits en matière d'héritage, d'accès et d'utilisation des terres et d'autres ressources productives. Si les femmes disposaient des mêmes droits et du même accès aux ressources, elles pourraient augmenter leurs rendements de 20 à 30 %[1] (voir le chapitre 14 pour plus de détails sur les femmes et la question foncière). Les différences de rendement entre les hommes et les femmes dans l'agriculture diminuent sensiblement lorsque les deux sexes ont un accès égal aux ressources (Croppenstedt, Goldstein and Rosas, 2013[21]).

Dans les pays à revenu faible ou intermédiaire, les femmes qui exercent des activités agricoles exploitent principalement des petites parcelles de terre et cultivent surtout des variétés traditionnelles pour leur consommation et pour la vente, tandis que les hommes exploitent habituellement des parcelles plus grandes sur lesquelles ils produisent essentiellement des cultures de rapport (World Bank, 2020[22]). Les femmes rencontrent davantage de difficultés non seulement pour participer à la chaîne de production, mais aussi pour stocker, transformer, transporter et vendre, ce qui freine encore plus l'égalité des sexes dans le secteur agricole. Les femmes sont particulièrement touchées aussi par la destruction des terres marginales, qui sont souvent considérées comme moins importantes et moins utiles que les terres agricoles. Or, les terres marginales remplissent des fonctions de subsistance essentielles et revêtent une importance particulière pour les femmes et les peuples autochtones (CBD, 2008[23]).

Les droits fonciers sont un autre défi pour les agricultrices. La base de données « Genre et droit à la terre » de la FAO montre que les femmes qui possèdent des terres ont généralement des droits moins sûrs, même si la propriété foncière est pour de nombreuses femmes une source de sécurité économique, en particulier dans les sociétés dépourvues de filets de sécurité et d'un marché du travail inclusif (FAO, 2021[24]). Par exemple, un recensement agricole national de 2019 au Mexique montre que sur 4.9 millions de personnes dans le pays qui possèdent des unités agricoles, plus de 3.6 millions sont des hommes, alors que seulement 1.3 million sont des femmes (FAO, 2021[24]). Lorsque les droits de propriété foncière sont principalement exercés par des hommes, les femmes ne sont pas représentées dans les espaces de décision et n'ont pas voix au chapitre ni de droit de vote dans les décisions relatives aux pratiques agricoles et d'élevage.

Les agricultrices sont plus exposées aux violences sexistes, car la majorité des travaux agricoles sont souvent réalisés hors de la vue d'autres personnes (Castañeda Carney et al., 2020[25]). Les données montrent que c'est le cas tant dans les pays à revenu faible et intermédiaire que dans les pays à revenu élevé, et qu'il s'agit souvent de harcèlement sexuel de la part de supérieurs masculins et d'être contraint à accorder des faveurs sexuelles aux employeurs pour obtenir des contrats (Henry and Adams, 2018[26]) (FIAN International, 2014[27]).

Dans le contexte de la pandémie de COVID-19, les restrictions sur la circulation des biens et des personnes – notamment les fermetures de frontières, les confinements et d'autres mesures prises pour contenir la propagation du virus – perturbent les filières agricoles et les systèmes alimentaires. L'impact négatif et différencié selon le sexe sur les femmes est devenu visible à travers les dimensions de la sécurité alimentaire, la baisse du pouvoir d'achat et la diminution des capacités de distribution. Si cette situation affecte les agriculteurs en général, les femmes sont plus désavantagées parce qu'elles n'ont qu'un accès limité à différents produits et marchés, à des services tels que le financement et l'information. Les recherches montrent que les actifs des femmes sont plus susceptibles d'être affectés par un choc de maladie ou un décès (Quisumbing, Kumar and Behrman, 2017[28]) familial.

6.3.3. *Effets de l'agriculture non durable sur la santé des femmes*

L'agriculture a également des répercussions sur la santé à cause des pesticides employés surtout dans l'agriculture industrielle mais aussi dans de nombreuses petites exploitations. D'après les données de l'Organisation mondiale de la Santé (OMS), on estime à 3 millions le nombre de cas d'empoisonnement par les pesticides chaque année, entraînant plus de 250 000 millions de décès dans le monde (Thundiyil et al., 2008[29]). Il n'est pas facile de disposer de données ventilées par sexe sur l'utilisation, l'exposition et l'impact des pesticides, mais les femmes risquent peut-être davantage d'avoir des effets négatifs en raison d'un certain nombre de facteurs, dont une connaissance insuffisante des effets négatifs, un accès limité à la formation et un manque d'équipement de protection individuelle (Mrema et al., 2017[30]) (Garrigou et al., 2020[31]).

Un exemple de la République populaire de Chine montre qu'il existe des différences entre les sexes en ce qui concerne les connaissances sur les impacts des pesticides, les pratiques d'utilisation des pesticides et les comportements protecteurs, ce qui fait que les hommes sont mieux sensibilisés aux risques sanitaires associés mais adoptent moins de mesures ou de comportements protecteurs que les femmes lorsqu'ils utilisent des pesticides. Les travaux de recherche ont suggéré que des programmes éducatifs tenant compte de la problématique hommes-femmes devraient être mis en œuvre pour sensibiliser davantage les agriculteurs à la sécurité, ainsi qu'une plus grande disponibilité des données et des recherches sur ce sujet (Wang et al., 2017[32]).

Par ailleurs, certains facteurs biologiques (différences de taille, physiologiques, hormonales et enzymatiques entre les femmes et les hommes, et entre les adultes et les enfants) créent une plus grande susceptibilité des femmes aux effets négatifs d'une exposition aux produits chimiques toxiques (UNDP, 2011[33]). L'exposition aux produits chimiques se fait généralement par le biais de la consommation alimentaire, les données établissant un lien entre une plus forte consommation de fruits et légumes biologiques et une plus faible quantité de résidus de pesticides présents dans l'organisme (Berman et al., 2016[34]). Travailler sur le terrain ou vivre à proximité de cultures peut aussi entraîner une exposition directe aux produits chimiques, mettant les travailleuses en contact direct avec les propriétés perturbatrices du système endocrinien de certains pesticides. Les effets nocifs sur la santé se sont manifestés par le lien entre les pesticides et les taux de cancer du sein (Watts, 2007[35]) (Watts, 2013[36]).

Dans un contexte de changement climatique, l'intensification de l'agriculture et les dommages qu'elle cause à l'environnement aggravent la situation des femmes, toujours plus nombreuses à exercer des activités agricoles, car les rendements diminuent à la suite des sécheresses, et aller chercher de l'eau – tâche principalement dévolue aux femmes – devient de plus en plus difficile. Il est donc urgent de transformer l'agriculture pour aller vers des pratiques plus durables.

6.4. Rôle des femmes dans l'agriculture durable

Des données concernant l'Afrique montrent que la capacité des femmes à s'adapter aux changements touchant leurs activités agricoles est identique ou supérieure à celle des hommes, malgré le fait qu'elles aient moins accès aux terres, au crédit, aux technologies modernes, aux semences améliorées et à l'éducation (UNDP, 2011[33]). La FAO estime que permettre aux femmes d'accéder aux ressources productives dans la même mesure que les hommes dans le secteur agricole pourrait accroître les rendements des exploitations agricoles de 20 à 30 %. Cela se traduirait par une augmentation de la production agricole totale dans les pays en développement de 2.4 à 4 %, suivie d'une réduction de 12 à 17 % de la population souffrant de la faim dans le monde (FAO, 2011[37]).

En outre, l'application de solutions tenant compte de la problématique hommes-femmes aux petites exploitations agricoles pourrait permettre à davantage de femmes d'adhérer aux chaînes de valeur agricoles (OECD/WTO, 2019[38]). Cela aurait des effets d'entraînement sur la réduction de la pauvreté, l'amélioration de la santé et la sécurité alimentaire. En outre, l'augmentation de la productivité grâce à des pratiques agricoles durables favorisera également la réduction des émissions. Il faudra aussi pour cela travailler davantage à combler la fracture numérique entre les sexes et à étendre l'application des outils numériques dans la production agricole – par exemple en assurant une gestion plus durable de l'eau et une baisse de la consommation de pesticides – ainsi que l'accès à un marché en ligne.

Les femmes des zones rurales et les peuples autochtones jouent un rôle important dans la conservation et la gestion de la biodiversité. Dans les pays en développement, les femmes sont souvent d'importantes utilisatrices et dépositaires des ressources naturelles (TEEB, 2015[39]). Parce qu'elles sont tributaires des ressources naturelles et de leur environnement immédiat pour procurer à leur famille de la nourriture, des substances médicinales et du combustible, elles ont tout intérêt à préserver et protéger ces ressources. Il est essentiel de recueillir davantage de données sur les pratiques agricoles des femmes, en tenant compte de leurs connaissances traditionnelles, pour assurer l'adoption réussie de pratiques agricoles plus durables.

Les recherches générales sur le rôle des femmes dans la préservation de l'environnement font défaut, et les données ventilées par sexe sont plus rares que dans d'autres secteurs. Cependant, de plus en plus d'éléments montrent que les femmes - ainsi que les communautés autochtones - peuvent jouer un rôle essentiel dans la préservation de l'environnement, souvent par le biais de leurs connaissances traditionnelles et de leurs méthodes agricoles (Kennedy et al., 2017[40]) (Winniefridah and Manuku, 2013[41]). Des études de cas démontrent également l'intérêt des femmes pour certaines pratiques culturales durables, par exemple dans le bidonville de Kibera, au Kenya, où les femmes ont adopté les cultures verticales pour pallier le manque de place, ou encore au Niger, dans le cadre des initiatives de jardins maraîchers africains, où elles utilisent des technologies comme l'irrigation au goutte-à-goutte alimentée par des panneaux solaires pour cultiver les légumes pour leur propre consommation et pour les vendre (UNEP, 2016[42]). La communauté mondiale s'emploie à faire avancer ce programme d'action, en particulier dans le cadre de la Convention sur la diversité biologique (CDB), dans le cadre des discussions sur la conservation de la biodiversité pour l'alimentation et l'agriculture (FAO, 2019[43]). Cela souligne l'importance de recueillir des données au-delà du chef de famille, d'effectuer des enquêtes sur l'emploi du temps, et de poser aux femmes des questions spécifiques sur leurs besoins et leurs impacts afin de les aider à adapter les mesures prises en conséquence.

Éliminer les discriminations sexuées et d'une manière générale aider et encourager les femmes à s'engager dans des activités agricoles écologiquement durables pourrait favoriser la progression vers les cibles de l'ODD 2 sur le sujet, notamment la cible 2.3 sur les petits producteurs, la 2.4 sur une agriculture résiliente et viable, et la 2.5 sur la préservation des ressources génétiques végétales et animales, plus spécialement celles menacées de disparition. La prise en compte de la problématique hommes-femmes et de la problématique hommes-femmes dans l'investissement agricole, les échanges et les chaînes de valeur, ainsi que dans les politiques d'infrastructure rurale, pourrait contribuer à la réalisation des Objectifs 2.a et 2.b. Il existe des recueils de conseils en matière de conduite responsable des entreprises, qui peuvent aider les acteurs de la filière agricole à détecter et prévenir les impacts négatifs afin de garantir que les investissements agricoles contribuent au développement durable. Les États pourraient par exemple promouvoir activement le Guide OCDE-FAO pour des filières agricoles responsables, dans lequel on trouve des recommandations encourageant les entreprises à favoriser l'égalité des sexes en éliminant les discriminations à l'égard des femmes, en permettant leur participation effective à la prise de décision, et en facilitant leur traitement équitable dans l'accès et le contrôle des ressources naturelles, des services financiers et des marchés (OECD/FAO, 2016[44]).

S'agissant des investissements, des projets comme le Mécanisme d'appui aux programmes multidonateurs de la FAO, qui vise à développer les chaînes de valeur en tenant compte de la dimension sexuée et a été spécialement conçu pour permettre aux femmes de bénéficier plus équitablement des chaînes de valeur agroalimentaires, apportent une assistance technique et stratégique destinée à lever les obstacles qui empêchent les femmes rurales d'accéder aux marchés locaux, nationaux et mondiaux et d'en tirer bénéfice (FAO, 2019[12]). Le programme a pour objectif de développer les capacités des femmes et d'augmenter les gains et les perspectives économiques que peuvent leur procurer des filières agroalimentaires plus performantes et inclusives, avec des retombées positives sur la sécurité alimentaire et nutritionnelle, l'éducation et la santé. Trois axes de travail ont été retenus : appuyer des activités de terrain ciblées sur les associations féminines et les entrepreneuses individuelles pour leur donner accès à des technologies permettant des économies de temps et de main-d'œuvre ; améliorer les compétences dans les activités agricoles et non agricoles, la gestion et le développement de l'entreprise ; et aider les décideurs à élaborer des outils renforçant la participation des femmes dans les segments à plus forte valeur ajoutée des chaînes de valeur. Le rôle essentiel joué par les femmes dans la promotion de pratiques agricoles durables est ainsi pleinement reconnu (FAO, 2019[12]). Dans les pays en développement, les femmes sont responsables de la production de cultures de base (comme le riz, le blé et le maïs), qui produisent entre 60 % et 80 % de la nourriture, et peuvent couvrir jusqu'à 90 % de la consommation alimentaire dans les zones rurales pauvres (FAO, 2011[37]) (FAO, 2014[45]) (Menon, Van der Meulen Rodgers and Kennedy, 2017[46]).

Les femmes sont souvent chargées de sélectionner, améliorer et adapter les variétés végétales lorsque la sélection des semences se fait sur place, à partir de critères fondés sur leurs caractères génétiques. Les femmes protègent et entretiennent les semences et le germoplasme destinés à être utilisés comme matériel de plantation dans les petites exploitations (Howard and Cuijpers, 2013[47]) (Vernooy et al., 2017[48]). Ils choisissent de cultiver des cultures différentes de celles des hommes, contribuant ainsi à la biodiversité agricole et à la sécurité alimentaire (Kennedy et al., 2017[40]). Les femmes - et les enfants - sont aussi souvent responsables de la petite production animale et de la transformation du lait (FAO, 2013[49]) (Subrahmanyeswari and Chander, 2013[50]). En outre, dans les pays en développement, les femmes couvrent environ 80 % des besoins en soins de santé de leur famille, par le biais de la médecine traditionnelle, en utilisant une variété de plantes (Shewamene, Dune and Smith, 2020[51]).

De meilleures pratiques agricoles pourraient contribuer à réduire l'utilisation de pesticides et les risques qui en découlent, y compris pour la santé humaine. Dans les pays où les agriculteurs ont adopté des techniques de lutte intégrée contre les ravageurs, les résultats montrent que la réduction de l'utilisation de pesticides peut aussi avoir un effet positif sur les rendements, les bénéfices et les revenus agricoles (OECD, 2016[52]). Les compétences des femmes dans ces domaines offrent l'occasion de les faire des acteurs clés de la transition vers des pratiques plus durables, tandis que l'augmentation de la productivité offre des garanties pour assurer la sécurité alimentaire. Cependant, les femmes ne constituent pas un groupe homogène, et leurs rôles, droits et besoins, ainsi que leur relation avec les semences, les plantes et les terres, peuvent différer d'une région à l'autre et d'un pays à l'autre. Ces différences ou caractéristiques particulières doivent être prises en compte lors de l'introduction de pratiques agricoles.

Des politiques sensibles à la Genre qui visent à promouvoir des régimes alimentaires sains peuvent favoriser la transition vers des pratiques agricoles plus durables. Des régimes alimentaires plus sains ne permettent pas seulement de prévenir de nombreuses maladies non transmissibles, mais créent aussi des synergies pour réduire la pression environnementale sur les systèmes agricoles, en réduisant la demande et la consommation de produits (FAO, 2019[53]) biologiques. Les femmes étant souvent membres du ménage chargé de l'alimentation, une politique alimentaire ciblée pourrait contribuer à maximiser ces possibilités.

Au sein de l'OCDE, il est indispensable également d'intégrer la dimension sexuée pour promouvoir une agriculture durable. D'après les données de la FAO, en moyenne, seulement 21.35 % des exploitants agricoles sont des femmes dans les pays de l'OCDE. Pourtant, dans l'Union européenne, les femmes représentent près de la moitié de la population rurale et 45 % de la population économiquement active (quelque 40 % d'entre elles exercent une activité déclarée dans leur exploitation familiale, mais l'on ne possède pas de données sur l'emploi informel) (Franić and Kovačićek, 2019[54]). En Europe centrale et orientale (hors UE), les femmes sont plus nombreuses que les hommes dans les zones rurales, à l'exception des 15-49 ans où les chiffres sont inversés. Elles apparaissent aussi plus dépendantes des gains retirés du travail agricole et, très souvent, leur travail domestique et leur travail dans l'exploitation ne sont pas clairement dissociés (FAO, 2018[55]).

Dans les pays de l'OCDE, la discrimination peut également résulter de politiques ou de mesures conçues sans prise en compte des sexospécificités. L'Islande offre à cet égard un exemple intéressant car le pays fait figure d'avant-garde en matière d'égalité des sexes et a recours depuis 2009 à des outils d'intégration de la dimension sexuée dans la politique publique et les budgets. Dans le domaine de la budgétisation sexospécifique, les autorités islandaises ont récemment modifié les conditions dans lesquelles les agriculteurs pouvaient obtenir un financement public, lequel avait une incidence sur le montant de leur pension de retraite. En examinant les données de 2012, elles se sont en effet rendues compte que, même lorsque l'homme et la femme travaillaient autant dans l'exploitation, c'était toujours l'homme qui soumettait la demande de subvention, sachant qu'une seule personne par exploitation était habilitée à le faire (EC, 2019[56]). Il est désormais possible à deux personnes de soumettre une demande pour chaque exploitation, de sorte que les deux membres de la famille peuvent avoir accès à la subvention publique, et ultérieurement bénéficier d'une pension de retraite. Cela étant, même des pays comme l'Islande doivent revoir leurs politiques générales d'aide à l'agriculture, compte tenu de leur impact sur l'environnement (OECD, 2019[57])). Une analyse de l'impact des politiques de soutien à l'agriculture sur l'environnement du point de vue de l'égalité hommes-femmes pourrait mettre davantage en lumière la nécessité d'examiner l'impact différencié de ces politiques sur les femmes et les hommes.

À mesure que les mesures de lutte contre les pandémies seront levées et que des plans de relance seront mis en œuvre, les stratégies de redressement devraient intégrer des éléments tenant compte de la problématique hommes-femmes qui garantissent la sécurité alimentaire des femmes et soutiennent leurs activités économiques dans les chaînes de valeur agroalimentaires. L'OCDE a publié différentes synthèses sur la préservation des progrès accomplis dans la réalisation des ODD liés à la problématique hommes-femmes pendant la pandémie COVID-19, ainsi que pour assurer une reprise (OECD, 2020[58]) verte (OECD, 2020[9]). Garantir l'accès aux services de base aux femmes rurales et leur fournir des transferts monétaires immédiats peut atténuer l'impact économique de la COVID-19. Il est également important de comprendre que tous les groupes de la société ne bénéficieront pas de la même manière de la création d'emplois. La création d'un Observatoire de Genre et l'utilisation des données et des méthodologies de Cohérence des politiques au service du développement durable pour cartographier et suivre l'impact de la crise sur l'égalité hommes-femmes peuvent aider à identifier les bonnes pratiques en matière d'action publique.

6.5. Actions clés pour aller de l'avant

Malgré la forte participation des femmes dans l'agriculture, l'égalité des sexes n'est pas encore suffisamment intégrée dans la politique agricole, d'où la nécessité de : Parmi les actions possibles à cet égard figurent :

- Réunir des données sur les pratiques agricoles durables des femmes à l'échelon local. Encourager ce type d'initiatives en levant les obstacles juridiques et culturels limitant leurs activités. Élaborer des stratégies qui prennent en compte la dimension sexuée et les spécificités territoriales, permettant ainsi de reconnaître l'importance des femmes dans la gestion des communautés locales.
- Éliminer les obstacles juridiques à la propriété des terres par les femmes et à leur accès aux ressources naturelles.

- Associer les femmes et les communautés autochtones aux processus de décision relatifs aux politiques et pratiques agricoles, eu égard à leur fonction de dépositaires des ressources naturelles et à leur représentation dans le secteur agricole. Leurs savoirs traditionnels peuvent aider à identifier les enjeux et les difficultés auxquels la population locale est confrontée, et également fournir des solutions originales.
- Renforcer le leadership des femmes dans le secteur agricole, y compris dans le secteur public comme dans le secteur privé.
- Veiller à ce que la dimension sexuée soit intégrée dans les différentes initiatives (incitations financières, formations financières et aux outils numériques, autres incitations) mises en œuvre pour accélérer l'adoption de méthodes durables de production agricole et améliorer l'accès au marché. Les pouvoirs publics doivent intégrer la dimension sexuée lors de l´octroi d´incitations financières ou autres déployées pour accélérer l'adoption de méthodes durables de production agricole et l'accès au marché. Il faut pour cela tenir compte des besoins des femmes et de leurs responsabilités en matière de prise en charge, notamment des changements qu'une augmentation continue de la proportion de la production agricole commercialisée peut apporter aux femmes.

Références

Avila-Santamaria, J. and M. Del Pilar Useche (2016), *Women's Participation in Agriculture and Gender Productivity Gap: The Case of Coffee Farmers in Southern Colombia and Northern Ecuador.* [17]

Bélanger, J. and D. Pilling (eds.) (2019), *The State of the World's Biodiversity for Food and Agriculture*, FAO Commission on Genetic Resources for Food and Agriculture Assessments, Rome, http://www.fao.org/3/CA3129EN/CA3129EN.pdf. [43]

Berman, T. et al. (2016), "Urinary concentrations of organophosphate and carbamate pesticides in residents of a vegetarian community", *Environment International*, Vol. 96, pp. 34-40, http://dx.doi.org/10.1016/j.envint.2016.08.027. [34]

CBD (2008), *Gender Equality and the Convention on Biological Diversity: A COMPILATION OF DECISION TEXT.* [23]

Croppenstedt, A., M. Goldstein and N. Rosas (2013), "Gender and agriculture: Inefficiencies, segregation, and low productivity traps", *World Bank Research Observer*, Vol. 28/1, pp. 79-109, http://dx.doi.org/10.1093/wbro/lks024. [21]

EC (2019), *Females in the field: more women managing farms across Europe*, European Commission, https://ec.europa.eu/info/news/queens-frontage-women-farming-2019-mar-08_en (accessed on 13 November 2020). [56]

FAO (2021), *Realizing Women's Rights to Land in the Law - A Guide for Reporting on SDG Indicator 5.a.2*, FAO, Rome, http://www.fao.org/3/i8785en/I8785EN.pdf. [24]

FAO (2020), *The State of Food and Agriculture 2020*, FAO, http://dx.doi.org/10.4060/cb1447en. [3]

FAO (2019), *Good practices for integrating gender equality and women's empowerment in climate-smart agriculture programmes.*. [12]

FAO (2019), *Sustainable healthy diets*, FAO and WHO, http://dx.doi.org/10.4060/ca6640en. [53]

FAO (2018), *Realizing women's rights to land in the law. A guide for reporting on SDG indicator 5.a.2*, Food and Agriculture Organization of the United Nations, Rome. [55]

FAO (2016), "PART I Agriculture in Sub-Saharan Africa: Prospects and challenges for the next decade", http://dx.doi.org/10.1787/888933381341. [1]

FAO (2015), *The State of Food Insecurity in the World*, http://www.fao.org/publications. [18]

FAO (2014), *Rural Women in Eastern Europe and Central Asia*, http://www.fao.org/publications. [45]

FAO (2013), *Understanding and integrating gender issues into livestock projects and programmes : a checklist for practitioners.*, Food and Agriculture Organization of the United Nations. [49]

FAO (2011), *FAO in the 21st century : ensuring food security in a changing world.*, Food and Agriculture Organization of the United Nations. [37]

FAO (2011), "Prospects for the Environment", http://www.fao.org/3/y3557e/y3557e11.htm (accessed on 28 October 2020). [8]

FAO et al. (2020), *The State of Food Security and Nutrition in the World 2020: Transforming food systems for affordable healthy diets*, FAO, Rome, https://doi.org/10.4060/ca9692en. [5]

FIAN International (ed.) (2014), *Women Agricultural Workers and the Right to Adequate Food and Nutrition*, https://www.tni.org/files/download/women_agricultural_workers.pdf. [27]

Franić, R. and T. Kovačićek (2019), *The professional status of rural women in the EU*, European Parliament, Policy Department for Citizens' Rights and Constitutional Affairs. [54]

Garrigou, A. et al. (2020), "Critical review of the role of PPE in the prevention of risks related to agricultural pesticide use", *Safety Science*, Vol. 123, http://dx.doi.org/10.1016/j.ssci.2019.104527. [31]

Global Coffee Platform (GCP) (2018), *Gender Equality analysis in Colombia's coffee sector - Voices of men and women engaged in coffee growing and their organizations*, http://www.globalcoffeeplatform.org. [16]

Group, W. (ed.) (2021), *World Bank Development Indicators*, https://databank.worldbank.org/source/world-development-indicators. [15]

Henry, C. and J. Adams (2018), *Spotlight on Sexual Violence and Harassment in Commercial Agriculture: Lower and Middle Income Countries*, ILO, Rome, https://www.ilo.org/wcmsp5/groups/public/---dgreports/---inst/documents/publication/wcms_630672.pdf. [26]

Howard, P. and W. Cuijpers (2013), *Gender and the management and conservation of plant biodiversity*, https://www.researchgate.net/publication/40792278. [47]

Human Rights Watch (2020), "My Fear is Losing Everything", *The Climate Crisis and First Nations' Right to Food in Canada*. [11]

ILOSTAT (2021), *ILOSTAT*, ILO, https://ilostat.ilo.org/. [14]

IPCC (2019), "Summary for Policymakers", in Shukla, P. et al. (eds.), *Climate Change and Land: an IPCC special report on climate change, desertification, land degradation, sustainable land management, food security, and greenhouse gas fluxes in terrestrial ecosystems*. [7]

Kennedy, G. et al. (2017), "Food biodiversity for healthy, diverse diets", in Biodiversity International (ed.), *Food Mainstreaming Agrobiodiversity in Sustainable Food Systems: Scientific Foundations for an Agrobiodiversity Index*. [40]

Menon, N., Y. Van der Meulen Rodgers and A. Kennedy (2017), "Land Reform and Welfare in Vietnam: Why Gender of the Land-Rights Holder Matters", *Journal of International Development*, Vol. 29/4, pp. 454-472, http://dx.doi.org/10.1002/jid.3203. [46]

Mrema, E. et al. (2017), "Pesticide Exposure and Health Problems Among Female Horticulture Workers in Tanzania", *Environmental Health Insights*, Vol. 11, http://dx.doi.org/10.1177/1178630217715237. [30]

OECD (2021), "The triple challenge", in *Making Better Policies for Food Systems*, OECD Publishing, Paris, https://dx.doi.org/10.1787/edf73cce-en. [13]

OECD (2020), *Biodiversity and the economic response to COVID-19: Ensuring a green and resilient recovery*. [10]

OECD (2020), "Making the Green Recovery work for jobs, income and growth", *OECD Policy Responses to Coronavirus (COVID-19)*, https://doi.org/10.1787/a505f3e7-en. [9]

OECD (2020), *Women at the Core of the Fight Against COVID-19 Crisis*, OECD publishing, Paris, https://www.oecd.org/coronavirus/policy-responses/women-at-the-core-of-the-fight-against-covid-19-crisis-553a8269/. [58]

OECD (2019), *Agricultural Policy Monitoring and Evaluation 2019*, OECD Publishing, Paris, https://dx.doi.org/10.1787/39bfe6f3-en. [57]

OECD (2016), "Unleashing the green growth potential of integrated pest management", in *Farm Management Practices to Foster Green Growth*, OECD Publishing, Paris, https://dx.doi.org/10.1787/9789264238657-6-en. [52]

OECD/FAO (2020), *OECD-FAO Agricultural Outlook 2020-2029*, OECD Publishing, Paris/Food and Agriculture Organization of the United Nations, Rome, https://dx.doi.org/10.1787/1112c23b-en. [6]

OECD/FAO (2016), *OECD-FAO Guidance for Responsible Agricultural Supply Chains*, OECD Publishing, Paris, https://dx.doi.org/10.1787/9789264251052-en. [44]

OECD/WTO (2019), *Aid for Trade at a Glance 2019: Economic Diversification and Empowerment*, OECD Publishing, Paris, https://dx.doi.org/10.1787/18ea27d8-en. [38]

Quisumbing, A., N. Kumar and J. Behrman (2017), "Do shocks affect men's and women's assets differently? Evidence from Bangladesh and Uganda", *Development Policy Review*, Vol. 36/1, pp. 3-34, http://dx.doi.org/10.1111/dpr.12235. [28]

Rapsomanikis, G. (2015), *Food and Agriculture Organization of the United Nations Rome*, http://www.fao.org/publications. [2]

Sethuraman, K. and N. Duvvury (2007), "The nexus of gender discrimination with malnutrition: an introduction", *Economic and Political Weekly, Sameeksha Tust, Mumbai; India*, Vol. 42, pp. 49-53. [20]

Shewamene, Z., T. Dune and C. Smith (2020), "Use of traditional and complementary medicine for maternal health and wellbeing by African migrant women in Australia: a mixed method study", *BMC complementary medicine and therapies*, Vol. 20/1, p. 60, http://dx.doi.org/10.1186/s12906-020-2852-6. [51]

Subrahmanyeswari, B. and M. Chander (2013), *Integrating indigenous knowledge of farmers for sustainable organic farming: An assessment in Uttarakhand state of India*. [50]

TEEB (2015), *TEEB for Agriculture & Food Interim Report*, United Nations Environment Programme, Geneva. [39]

Thundiyil, J. et al. (2008), "Acute pesticide poisoning: a proposed classification tool", *Bulletin of the World Health Organization*, Vol. 86/3, pp. 161-240. [29]

UN Women (2019), "Facts and Figures: Economic Empowerment". [4]

UNDP (2012), *Gender and Climate Change Africa*. [19]

UNDP (2011), *Chemicals and gender Energy & Environment Practice Gender Mainstreaming Guidance Series Chemicals Management*. [33]

UNEP (2016), *Global gender and environment outlook*. [42]

Vernooy, R. et al. (2017), "The roles of community seed banks in climate change adaption", *Development in Practice*, Vol. 27/3, pp. 316-327, http://dx.doi.org/10.1080/09614524.2017.1294653. [48]

Wang, W. et al. (2017), "Gender differences in pesticide use", *Science of The Total Environment*, Vol. 590-591, pp. 22-28, http://dx.doi.org/10.1016/j.scitotenv.2017.03.053. [32]

Watts, M. (2013), *Breast Cancer, Pesticides and YOU!*, Pesticide Action Network Asia and the Pacific (PAN AP), http://www.panap.net. [36]

Watts, M. (2007), *Pesticides & Breast Cancer: A Wake up Call*, Pesticide Action Network Asia & the Pacific (PAN AP). [35]

Wen, J. (ed.) (2020), *Gender-based violence and environment linkages: The violence of inequality*, IUCN, International Union for Conservation of Nature, http://dx.doi.org/10.2305/iucn.ch.2020.03.en. [25]

Winniefridah, M. and M. Manuku (2013), *Traditional Science of Seed and Crop Yield Preservation: Exploring the Contributions of Women to Indigenous Knowledge Systems in Zimbabwe*. [41]

World Bank (2020), "Agriculture and Food", https://www.worldbank.org/en/topic/agriculture/overview (accessed on 28 October 2020). [22]

Notes

1

http://www.fao.org/fileadmin/templates/nr/sustainability_pathways/docs/Factsheet_SMALLHOLDERS.pdf

7 Les femmes et l'ODD 6 – Eau propre et assainissement : garantir l'accès de tous à des services d'alimentation en eau et d'assainissement gérés de façon durable

Les difficultés d'accès à de l'eau propre et le manque d'équipements d'assainissement et d'hygiène sont des problèmes qui touchent principalement les pays en développement, en particulier en Afrique subsaharienne et en Asie du Sud. Les femmes sont davantage pénalisées que les hommes par la raréfaction de l'eau et l'insuffisance des installations sanitaires, à la fois parce qu'elles ont des besoins particuliers en matière d'hygiène et parce qu'elles sont généralement chargées d'aller chercher l'eau. En remédiant aux discriminations et aux normes sociales relatives à la gestion de l'eau, les sociétés pourraient bénéficier de l'apport des femmes dans ce domaine et ainsi avoir des systèmes d'approvisionnement en eau qui fonctionnent mieux, étendre l'accès à l'eau et procurer des avantages économiques profitant à toute la collectivité.

7.1. Éléments à retenir

Ce chapitre fait le tour des liens existant entre l'égalité femmes-hommes et la gestion de l'eau, et propose quelques actions clés pour améliorer l'accès à l'eau et à des installations sanitaires convenables : Les principaux constats sont les suivants :

- À l'heure actuelle, plus de 2 milliards de personnes vivent avec un accès limité aux ressources en eau. D'ici à 2050, au moins une personne sur quatre (2.8 milliards) vivra probablement dans un pays touché par de graves pénuries d'eau.
- Dans une bonne partie du monde en développement, ce sont principalement les femmes qui sont chargées d'aller chercher l'eau, une tâche qui représente un coût d'opportunité élevé et engendre des problèmes de santé potentiels. Le manque d'installations sanitaires convenables est également une cause d'absentéisme scolaire chez les filles, en particulier au moment de leurs règles.
- Dans de nombreux pays en développement, la charge imposée aux femmes et aux filles par l'exposition à des services d'eau, d'assainissement et d'hygiène (WASH) insalubres revêt de multiples facettes. Les déplacements pour la collecte de l'eau eau et les attentes culturellement définies en matière de gestion de l'eau peuvent exposer les femmes à la violence sexiste.
- Il importe d'améliorer la collecte de données ventilées par sexe sur l'accès des femmes à une source d'eau propre et à des installations sanitaires, ainsi que sur la participation des femmes aux décisions en matière d'eau, d'assainissement et d'hygiène et leur impact.
- Il est nécessaire de procéder à des évaluations plus sexospécifiques des projets de gestion de l'eau, en particulier du partage des cours d'eau, des lacs et d'autres sources d'eau potable et d'irrigation. Les femmes peuvent être vulnérables aux effets des projets de barrages, y compris au-delà des frontières.
- Les actions de coopération pour le développement, y compris le versement d'aides, devraient intégrer une dimension sexospécifique dans les projets de gestion de l'eau, en particulier par le biais d'évaluations d'impact sur l'égalité hommes-femmes.
- Les connaissances des femmes sur les ressources naturelles locales et les compétences en gestion de l'eau des ménages peuvent être mises à profit pour façonner les efforts de conservation. Il convient de vérifier que les modalités de gouvernance prévues pour les projets de gestion de l'eau favorisent l'égalité des sexes dans les processus décisionnels et garantissent la consultation des groupes représentant les femmes.

7.2. Principaux liens entre l'égalité des sexes, la gestion durable de l'eau et les autres ODD

La pénurie d'eau est un problème grandissant que la croissance démographique, l'urbanisation, la pollution et le changement climatique vont exacerber. Aujourd'hui, plus de 2 milliards d'êtres humains ont un accès limité aux ressources en eau, et d'ici 2050, au moins une personne sur quatre (2.8 milliards) vivra vraisemblablement dans un pays en proie à de graves pénuries d'eau. La demande d'eau des populations progresse en même temps que la demande alimentaire. L'agriculture représentant 70 % de la consommation mondiale d'eau douce, on estime à 15 % l'augmentation des prélèvements d'eau qui sera nécessaire pour nourrir les 9 milliards d'habitants de la planète en 2050. D'ici à 2050, on estime que la demande mondiale d'eau dépassera l'offre de 40 % (World Bank, 2016[1]).

Dans le même temps, et malgré les progrès accomplis au cours des 20 dernières années, 30 % de la population mondiale n'a pas accès à une eau salubre, et plus de 50 % à des installations sanitaires et d'hygiène sûres (UNICEF and WHO, 2019[2]). Ces questions sont plus importantes dans les pays en développement, en particulier en Afrique subsaharienne et en Asie du Sud (WHO and UNICEF, 2017[3]).

L'accès limité à l'eau potable, à l'assainissement et à l'hygiène (ODD 6) est généralement lié à la pauvreté (ODD 1) et à la faim (ODD 2). Cet accès est essentiel au bien-être, et influe sur les résultats en matière de santé et d'éducation (ODD 3 et ODD 4), et il est un déterminant essentiel de la production alimentaire durable, du développement industriel et de l'urbanisation (ODD 2, 9 et 11). L'ODD 6 est également lié à l'ODD 15, en particulier la cible 15.1 sur la conservation et l'utilisation durable de l'eau douce, ainsi qu'aux risques liés au climat et aux catastrophes naturelles (ODD 13).

L'humanité va au-devant d'un avenir bien sombre si elle ne parvient pas à faire face au changement climatique et à gérer convenablement les ressources en eau. D'après les estimations, 1.6 milliard d'individus seront menacés par les inondations d'ici 2050, en particulier dans les villes côtières. Dans l'intervalle, des sécheresses de plus en plus fréquentes provoqueront des tensions entre utilisateurs dans certaines zones urbaines, comme on a pu le voir récemment à Rio de Janeiro, São Paulo et Le Cap (C40 Cities, 2020[4]).

L'enjeu des ressources hydriques et de la pénurie d'eau est étroitement lié aussi à la production et à la consommation énergétiques, et donc à l'ODD 7. La hausse anticipée de la demande d'énergie au cours des prochaines années – avec une consommation d'électricité qui devrait progresser de 80 % d'ici 2040 – pourrait peser encore davantage sur les régions du globe en situation de stress hydrique. Cela pourrait être particulièrement problématique dans le cas des technologies bas carbone, qui, si elles ne sont pas correctement gérées, pourraient accroître le stress hydrique ou être limitées par elles. Par exemple, alors que l'éolien et le solaire photovoltaïque (PV) nécessitent très peu d'eau, d'autres technologies, comme les biocarburants, l'énergie solaire à concentration (CSP), la capture du carbone et l'énergie nucléaire, sont relativement gourmandes en eau. Dans le même temps, la fourniture d'eau douce à partir des eaux de surface, des eaux souterraines ou du dessalement, son transport et sa distribution, ainsi que la collecte et le traitement de l'eau et des eaux usées dépendent tous de l'énergie. Néanmoins, l'accès à l'eau potable et à l'assainissement dans le monde ne ferait qu'accroître d'environ 1 % la demande mondiale d'énergie en 2030 (IEA, 2018[5]).

Il existe des liens bien établis entre les femmes, l'assainissement, l'hygiène et la santé, en particulier dans les pays (Bouzid, Cumming and Hunter, 2018[6]) à faible revenu. Les femmes sont plus souvent confrontées aux effets négatifs sur la santé d'une mauvaise qualité de l'eau et d'eaux usées non traitées en raison de rôles domestiques tels que la cuisson, le nettoyage et la garde des enfants. En outre, les femmes sont particulièrement touchées par le manque d'accès à l'eau potable et à l'assainissement, dû à des besoins d'hygiène et à une vulnérabilité accrue aux infections autour de la menstruation et de la reproduction (Graham, Hirai and Kim, 2016[7]) (Unilever Domestos, 2013[8]).

Les femmes sont aussi fortement tributaires d'une bonne gestion de l'eau, alors même qu'elles sont rarement associées aux décisions prises dans les secteurs concernés. Compte tenu de leur rôle majeur dans l'agriculture et dans le travail domestique, les femmes pourraient contribuer de façon importante à promouvoir une utilisation plus durable des ressources en eau, tant dans les pays développés que dans ceux en développement. Pourtant, actuellement, les seuls liens avec les femmes et les filles qui sont évoqués concernent les cibles 6.1 sur l'accès universel et équitable à une source d'eau potable, à un coût abordable, et 6.2 sur l'accès équitable à des équipements d'assainissement et d'hygiène. Il convient de noter toutefois que la cible 3.9 des ODD porte aussi sur la réduction du nombre de décès et de maladies dus à la pollution et à la contamination de l'eau, et fait expressément référence aux risques associés à des services d'eau, d'assainissement et d'hygiène insalubres.

7.3. Principaux défis liés à l'eau pour les femmes

7.3.1. Manque d'accès à de l'eau propre

Dans beaucoup de pays, les normes sociales veulent souvent que les femmes s'occupent de la gestion de l'eau. L'ONU estime que les femmes et les filles sont responsables de la collecte de l'eau dans 80 % des ménages qui n'ont pas accès à l'eau sur place (UNEP, 2016[9]). D'après une étude couvrant 48 pays, les femmes adultes et les filles sont plus de deux fois plus souvent chargées d'aller chercher l'eau que les hommes et les garçons en Afrique subsaharienne et en Asie (UN, 2010[10]). Les inégalités s'avèrent particulièrement marquées dans les zones rurales d'Afrique subsaharienne, où les femmes vont chercher l'eau dans 63 % des foyers, contre 11 % pour les hommes (Graphique 7.1) (UN, 2010[10]). Du fait des tâches d'aide et de soins aux autres qu'elles assument au sein de leur foyer et de leur famille, les femmes sont souvent très pénalisées par le manque d'accès à l'eau et à des installations sanitaires.

Selon les Nations Unies, en une journée, les femmes de 25 pays d'Afrique subsaharienne consacrent 16 millions d'heures à aller chercher de l'eau – souvent au détriment de leurs études ou d'un travail rémunéré – contre seulement 6 millions d'heures pour les hommes et 4 millions d'heures pour les enfants. Il existe également des différences dans l'utilisation de l'eau, les femmes donnant la priorité aux besoins domestiques, sanitaires et d'hygiène, tandis que les hommes privilégient l'utilisation de l'eau pour l'agriculture et l'élevage (UNEP, 2016[9]).

Graphique 7.1. La charge de la collecte de l'eau repose excessivement sur les femmes (dernières données disponibles 2005-13)

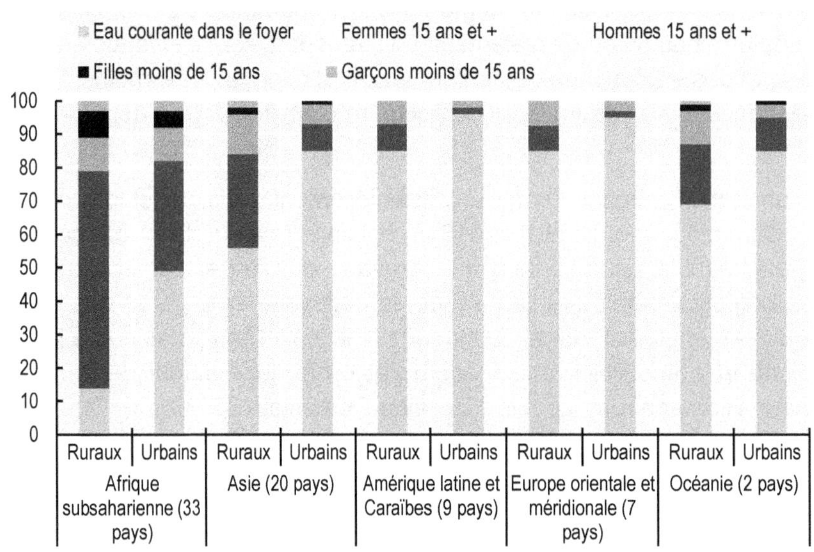

Note : Moyennes non pondérées du temps consacré à aller chercher de l'eau. Le nombre entre parenthèses indique le nombre de pays inclus dans la moyenne. Données présentées par région des Objectifs du Millénaire pour le développement (OMD).
Source : Nations Unies, 2015. Les femmes dans le monde, 2015 : des chiffres et des idées. New York, Nations Unies, Département des affaires économiques et sociales, Division de la statistique. N° de vente E.15.XVII.8, Annexe statistique. (United Nations, 2015[11]).

Le manque d'eau salubre rend les femmes et les filles vulnérables à la violence sexiste dans une grande partie du monde en développement. Un accès insuffisant à l'eau oblige les femmes à marcher sur de longues distances dans des circonstances parfois dangereuses. Les femmes ont signalé des agressions violentes systématiques et des abus sexuels tout en accomplissant ces tâches domestiques. Les femmes et les filles sont également confrontées à la menace de violence sexiste lorsqu'elles se rendent dans des installations sanitaires communes. La peur de la violence sexuelle peut restreindre la liberté de circulation et affecter l'égalité des chances (Kayser et al., 2019[12]). En outre, l'incapacité des femmes à répondre à leurs attentes socialement définies en matière d'accès à l'eau accroît considérablement le risque de violence à la maison si les hommes estiment qu'elles n'ont pas rempli leurs obligations (Pommells et al., 2018[13]).

La collecte de l'eau a également des répercussions sur la santé des femmes. Dans les sociétés où les femmes sont chargées d'aller chercher l'eau, le fait de porter des seaux de 30 à 40 kg en moyenne abîme leur colonne vertébrale et provoque des déformations et des maladies. La collecte de l'eau absorbe 30 % de l'apport calorique quotidien, ce qui met en danger les femmes et les filles ayant un apport nutritionnel insuffisant (Abid et al., 2018[14]).

Les femmes souffrent de façon disproportionnée de la sécheresse et de ses conséquences, car elles sont souvent laissées à la charge du ménage pendant que les hommes migrent pour travailler ou cherchent un emploi ailleurs (International Organization for Migration, 2020[15]). Par exemple, la pénurie d'eau due à la crise de la mer d'Aral s'est traduite par une hausse de la morbidité et de la mortalité maternelles, de la stérilité, et des complications pendant la grossesse pour la mère et le fœtus (Ataniyazova, 2003[15]). L'exposition chronique à des concentrations élevées de matières minérales et de polluants toxiques contenus dans une eau de boisson insalubre s'est révélée être la cause de concentrations dangereuses de métaux lourds et de pesticides dans le sang des femmes enceintes, les cordons ombilicaux et le lait maternel dans les zones touchées (Wæhler and Sveberg Dietrichs, 2017[16]).

L'agriculture est de plus en plus féminisée, les femmes représentant 43 % de l'ensemble des travailleurs agricoles en Asie (plus de 50 % en Asie du Sud-Est et de l'Est) et 47 % en Afrique (Agarwal, 2018[17]) (FAO, IFAD and ILO, 2010[18]). Les femmes sont également principalement responsables de l'agriculture de subsistance (sections 6.3.2, 11.3.2 et 14.5.1). Dans la mesure où l'agriculture représente l'essentiel de la consommation d'eau douce, beaucoup de femmes seront de plus en plus pénalisées par les restrictions d'eau croissantes, puisqu'elles sont fortement tributaires de l'agriculture de subsistance pour se nourrir et obtenir un revenu. Dans de nombreux pays, les femmes sont également touchées par l'insécurité des droits sur l'eau (UN WomenWatch, 2009[19]). De ce fait, une mauvaise gestion des ressources hydriques, notamment leur diminution provoquée par le changement climatique, a davantage de répercussions sur les femmes qui consacrent déjà énormément de temps à s'occuper de leurs familles.

7.3.2. Manque d'installations sanitaires

Avoir accès à des installations sanitaires est aussi plus important pour les femmes, pour des raisons à la fois de santé et de normes culturelles. L'assainissement de l'environnement joue un rôle majeur dans la transmission de maladies endémiques comme le paludisme, qui touchent comparativement davantage les femmes, et plus spécialement les femmes enceintes (Shapiro-Mendoza et al., 2017[20]). L'amélioration des installations d'assainissement peut réduire la mortalité due aux maladies diarrhéiques, ce qui touche gravement les filles et les garçons (UNICEF, 2021[21]). Les préjugés culturels qui favorisent la prise en charge des garçons par rapport aux filles peuvent avoir des effets différenciés pour eux (Jarman et al., 2018[22]). Les problèmes d'assainissement - ne se limitent toutefois pas aux problèmes de santé ; dans des pays comme l'Inde, où les installations d'assainissement ne sont pas facilement accessibles et où la défécation en plein air est plus fréquente, les préoccupations relatives à la vie privée obligent les femmes à attendre après la tombée de la nuit, ce qui nuit à leur bien-être et à leur confort (Saleem, Burdett and Heaslip, 2019[23]).

L'accès à des installations sanitaires a aussi une incidence sur la fréquentation scolaire. Selon l'UNICEF, en 2013, 47 % seulement des établissements scolaires des pays les moins développés possédaient des installations sanitaires convenables. Un assainissement insuffisant, en particulier pendant les règles, réduit la probabilité que les filles fréquentent l'école (UNICEF, 2015[24]). Une étude sur la relation entre l'accès à des installations sanitaires convenables, les menstruations et l'absentéisme scolaire en Inde a montré que

40 % des filles n'allaient pas en classe pendant leurs règles à cause du manque de toilettes propres, d'eau propre, d'intimité, de savon et d'articles d'hygiène (Vashisht et al., 2018[25]).

L'insuffisance de l'assainissement et de l'accès à l'eau dans le contexte des catastrophes naturelles et des situations d'urgence a aussi un aspect sexospécifique, car les femmes supportent souvent une charge disproportionnée pour restaurer les services de base de l'Eau et des Services d'assainissement. Par exemple, à la suite de l'ouragan de 2017 à Porto Rico, lorsque les appareils technologiques et les installations d'assainissement comme les conduites d'eau, les lave-linge et les toilettes sont devenus indisponibles, les femmes et les hommes sont revenus aux méthodes traditionnelles d'exécution des tâches ménagères. Cela signifie que si les hommes contribuent au transport par eau, les femmes ont entrepris des travaux domestiques accrus, notamment la collecte et le nettoyage avec de l'eau de pluie, la baignade d'enfants avec de l'eau provenant des seaux et le vidage des toilettes improvisées. En l'absence de toilettes, les femmes ont également fait état de problèmes de protection leur intimité, contrairement aux hommes qui se sont soulagés en plein air (Oxfam, 2018[26]). Si les interventions humanitaires sont souvent axées sur la restauration des infrastructures et des services d'assainissement et d'assainissement, elles ignorent parfois les effets différenciés sur les femmes et sur leur travail domestique, qui est plus difficile à mesurer, mais qui peuvent néanmoins être atténués en fournissant des outils financiers et physiques qui facilitent les tâches domestiques.

7.3.3. Eaux transfrontières et prise en compte systématique de la problématique hommes-femmes

Les bassins transfrontières couvrent plus de la moitié de la surface terrestre de notre planète, représentent environ 60 % du débit mondial d'eau douce et abritent plus de 40 % de la population mondiale (UNECE, n.d.[27]). La coopération entre les pays riverains et entre eux pourrait donc être déterminante pour la réalisation de l'ODD 6. Plus précisément, la cible 6.5 de l'ODD appelle à la mise en œuvre « d'ici à 2030 [d'] une gestion intégrée des ressources en eau à tous les niveaux, y compris par le biais d'une coopération transfrontière le cas échéant ». La prise en compte d'une approche sexospécifique lors de la conception et de la mise en œuvre des stratégies, politiques et programmes pertinents des pays, tout en prenant en compte les caractéristiques topographiques propres à chaque bassin transfrontière et les caractéristiques particulières, peut avoir un effet positif sur la coopération.

À titre d'exemple, le projet de gouvernance des ressources en eau souterraine des aquifères transfrontières (GGRETA) mené par l'UNESCO et le PHI applique une approche d'évaluation tenant compte de la problématique hommes-femmes sur trois aquifères transfrontières situés en Amérique centrale, en Afrique australe et en Asie centrale. Dans le cas du système d'aquifères transfrontières de Stampriet (Afrique du Sud, Botswana et Namibie), le projet s'attache à fournir des données scientifiques sur l'égalité hommes-femmes. Pour l'aquifère transfrontière Cocotepeque-Citala (El Salvador et Honduras), l'accent a été mis sur l'examen des questions d'égalité hommes-femmes dans le cadre de la participation des parties prenantes à la gouvernance de l'eau (UN and UNESCO, 2018[28]). Le projet est lié au Programme mondial d'évaluation de l'eau (WWAP) de l'UNESCO, mentionné ci-dessous (section 7.4).

7.4. Rôle des femmes dans la gestion durable de l'eau

Le rôle des femmes dans la bonne gestion de l'eau est reconnu dans les instances mondiales de l'eau depuis des dizaines d'années.[1] Dans les pays en développement plus spécialement, ce sont en premier lieu les femmes qui prennent les décisions relatives à l'eau au sein du foyer. Les recherches menées par le Programme des Nations Unies pour le développement (PNUD) montrent que les communautés où les femmes sont associées à la gestion de l'eau obtiennent de meilleurs résultats mesurables, notamment en améliorant-fonctionnement des systèmes d'eau, en élargissant l'accès et en procurant des avantages économiques et environnementaux (UNDP, 2006[29]). L'amélioration de l'accès des femmes à une eau salubre a des effets positifs sur l'inclusion sociale, la réduction de la pauvreté, la santé, la durabilité environnementale et la sécurité alimentaire. Faire participer les femmes à la gestion de l'eau et de l'assainissement, tenir compte de leurs besoins et les associer aux décisions budgétaires peut favoriser l'emploi des modestes financements disponibles à des solutions durables qui profitent à toute la collectivité (Sandys, 2005[30]).

Les connaissances des femmes en matière de ressources naturelles locales et de compétences en matière de gestion de l'eau à la maison pourraient être mises à profit pour orienter les efforts de conservation au moyen de campagnes de sensibilisation (OECD, 2018[31]) (Benedict and Hussein, 2019[32]). En outre, parce qu'elles s'occupent beaucoup des enfants, elles sont les mieux placées pour instiller des valeurs d'économie d'eau aux générations futures. Selon une étude de 2006 sur des projets engagés dans le domaine de l'eau et de l'assainissement, réalisée par le Centre international de l'eau et de l'assainissement dans 15 pays, les projets ayant assuré la pleine participation des femmes à toutes les étapes se révélaient plus durables et performants que ceux où ce n'était pas le cas (UNESCO, 2006[33]). Les données de 121 projets ruraux d'alimentation en eau analysées par la Banque mondiale montrent que les projets sont 6 à 7 fois plus efficaces lorsque les femmes y participent (World Bank, 1995[34]). Les femmes doivent donc être reconnues comme des agents essentiels de la gestion de l'eau, en particulier dans le contexte de l'atténuation du changement climatique.

Une étude du PNUD couvrant 44 projets d'aménagements hydrauliques en Asie et en Afrique conclut que les communautés utilisent les services d'eau de manière plus durable quand les projets ont été conçus avec la participation des femmes aussi bien que des hommes. Face à la rareté de ces communautés, les femmes sont essentielles pour garantir l'équité et la justice dans la gestion des ressources ainsi que la paix et la stabilité (Trivedi, 2018[35]).

D'autres données indiquent des résultats positifs similaires lorsque des femmes accèdent à des fonctions dirigeantes dans le secteur de l'eau. En Ouganda, par exemple, les stratégies pour l'égalité hommes-femmes mises au point par Maria Mutagamba pendant son mandat de ministre d'État à l'eau ont assuré le rôle des femmes dans les comités de prise de décision et ont conduit à une augmentation de l'accès à l'eau salubre de 51 % à 61 % en deux ans (Government of Uganda Ministry of Water and Environment, 2010[36]). De même, en Tanzanie, les femmes partagent de manière altruiste les ressources en eau, quelle que soit leur disponibilité, ce qui renforce encore la gestion différenciée des biens communs (Lecoutere, D'Exelle and Van Campenhout, 2015[37]).

En dépit de ces exemples positifs, à plus grande échelle, les femmes sont marginalisées dans la gouvernance de l'eau et n'ont guère accès aux intrants agricoles et aux ressources productives (irrigation, technologie, crédit, etc.), ce qui peut avoir des conséquences sur la gestion durable de l'eau (Njie and Ndiaye, n.d.[38]) (Sadoff, Borgomeo and De Waal, 2017[39]). À l'échelle mondiale, les femmes représentent moins de 17 % des forces d'hygiène, d'assainissement et d'approvisionnement en eau (Spencer et al., 2017[40]).

L'UNESCO et son Programme mondial pour l'évaluation des ressources en eau (WWAP) s'intéressent au lien qui existe entre l'égalité femmes-hommes, le changement climatique et la gestion des ressources hydriques. L'édition 2020 du Rapport mondial sur la mise en valeur des ressources en eau, coordonnée par le WWAP, souligne les effets différents que les sécheresses, les maladies hydriques et la contamination de l'eau ont sur les femmes et les filles d'un côté, et les hommes de l'autre. Le rapport insiste sur la nécessité d'améliorer la collecte des données sur le changement climatique ventilées par sexe afin de trouver des solutions tenant compte des sexospécificités. L'augmentation de la participation des femmes à la prise de décision en matière de gestion de l'eau est également mise en évidence, car elle peut conduire à une prise en compte systématique de la problématique hommes-femmes dans les stratégies de réduction des risques de catastrophe (UNESCO and UN-Water, 2020[41]).

Si l'on examine la proportion d'aides liées au climat qui contribuent également à l'égalité hommes-femmes, le secteur de l'approvisionnement en eau et de l'assainissement arrive en deuxième position dans les secteurs de l'agriculture, de la sylviculture et de la pêche, avec 46 % des aides ciblant l'égalité hommes-femmes comme objectif important ou principal, en moyenne par an en 2018-19 (GENDERNET, 2021[42]). L'égalité des sexes est de plus en plus intégrée dans l'aides climatiques ciblées sur l'eau. Un projet quinquennal mené au Mexique, soutenu par le Fonds multilatéral d'investissement de la Banque interaméricaine de développement, a permis d'éviter 212 000 tonnes d'émissions de CO_2 en améliorant les installations sanitaires d'environ 17 000 ménages. Le projet a également permis d'éliminer les pertes d'eau et de réduire de 60 % les coûts énergétiques (électricité et gaz) utilisés pour chauffer l'eau. Cinquante-deux femmes, formées à la plomberie, ont mené à bien tous les travaux techniques (BID, 2016[43]).

Compte tenu de l'aggravation des tensions autour des ressources en eau, il est essentiel de veiller à l'égalité des femmes et à leur rôle dans la gestion de l'eau pour assurer la sécurité nationale et la justice sociale. Les conflits intra-étatiques et interétatiques pourraient être évités si ces conflits sont ciblés sur la source, donnant aux femmes les moyens d'agir en tant que de besoin (Carpioli et al., 2007[44]). Par conséquent, associer les femmes aux négociations internationales sur l'eau peut permettre d'aboutir à des accords, et ainsi favoriser la stabilité politique sur le long terme et une croissance durable. La paix et la démocratie sont remises en cause dans les pays où les inégalités entre hommes et femmes sont fortes (Hudson and den Boer, 2004[45]) (Caprioli, 2004[46]). L'amélioration de l'accès à l'eau pour l'agriculture et la consommation intérieure permettra aux femmes de disposer de plus de temps pour les activités génératrices de revenus et de s'impliquer davantage dans les structures de gouvernance et d'élaboration des politiques (FAO, 2016[47]).

Reconnaître le rôle des femmes dans la gestion de l'eau implique également de travailler avec les communautés locales pour protéger les femmes contre la violence sexiste. De meilleures infrastructures garantissant que les points d'eau sont locaux, bien réglementés et qu'ils disposent de passerelles gérées par la communauté qui offrent aux femmes des voies sûres lorsqu'elles vont chercher de l'eau pourraient contribuer à atténuer le risque (Pommells et al., 2018[13]) de violence sexiste.

Même si les effets sexospécifiques de la pénurie d'eau se font surtout sentir dans les pays en développement, certains pays à revenu intermédiaire ou élevé souffrent aussi de stress hydrique. Assurer une plus grande participation des femmes dans le secteur de l'eau peut se traduire par une gestion de l'eau plus efficace et plus durable. À titre d'exemple, les Pays-Bas sont engagés dans une démarche d'intégration de l'égalité entre les sexes dans la gestion de l'eau, tant dans le secteur public que privé. Sur les dix entreprises qui gèrent l'approvisionnement en eau potable des pays, cinq sont dirigés par des femmes, qui encouragent elles-mêmes d'autres femmes à s'engager et à poursuivre une carrière dans la gestion de l'eau (Women for Water Partnership, 2014[48]). Des enquêtes menées dans les pays industrialisés montrent également que, dans le cadre domestique, les femmes utilisent l'eau de manière plus responsable que les hommes (OECD, 2014[49]).

7.5. Actions clés pour aller de l'avant

Un certain nombre de mesures peuvent être prises pour mieux intégrer la problématique hommes-femmes dans le programme d'action sur l'eau :

- Comme pour les autres ODD, le manque de données quantitatives directement disponibles gêne la prise en compte de l'égalité femmes-hommes dans l'ODD 6. Il est clairement nécessaire de remédier au déficit de données, en s'appuyant sur les efforts d'autres organisations internationales comme le Programme mondial pour l'évaluation des ressources en eau de l'UNESCO.
- Les actions de coopération pour le développement, y compris le versement d'aides, devraient intégrer la problématique hommes-femmes dans les projets de gestion de l'eau et assurer la

consultation et la participation conjointe des communautés dans lesquelles les projets sont élaborés.

- Compte tenu de l'importance des enjeux, il convient de vérifier que les modalités de gouvernance prévues pour les projets de gestion de l'eau favorisent l'égalité des sexes dans les processus décisionnels et garantissent la consultation des groupes représentant les femmes. Même si cela peut déjà être le cas dans certains pays de l'OCDE, il pourrait être encore promu en tant qu'orientation lors de la mise en œuvre de la Recommandation de l'OCDE sur l'eau (OECD, n.d.[50]).
- Les évaluations environnementales et sociales des grands projets de gestion de l'eau, y compris la construction de barrages, devraient inclure une dimension sexospécifique.

Références

Abid, Z. et al. (2018), "Detrimental Effects of Climate Change on Women", *Earth Systems and Environment*, Vol. 2/3, pp. 537-551, http://dx.doi.org/10.1007/s41748-018-0063-9. [14]

Agarwal, B. (2018), *The challenge of gender inequality*, Springer International Publishing, http://dx.doi.org/10.1007/s40888-018-0092-8. [17]

Benedict, S. and H. Hussein (2019), "An Analysis of Water Awareness Campaign Messaging in the Case of Jordan: Water Conservation for State Security", *Water*, Vol. 11/6, http://dx.doi.org/10.3390/w11061156. [32]

BID (2016), *Informe sobre Efectividad en el Desarrollo*, Banco Interamericano de Desarrollo, https://publications.iadb.org/publications/spanish/document/Informe-sobre-efectividad-en-el-desarrollo-2016.pdf (accessed on 13 April 2021). [43]

Bouzid, M., O. Cumming and P. Hunter (2018), *What is the impact of water sanitation and hygiene in healthcare facilities on care seeking behaviour and patient satisfaction? A systematic review of the evidence from low-income and middleincome countries*, BMJ Publishing Group, http://dx.doi.org/10.1136/bmjgh-2017-000648. [6]

C40 Cities (2020), *The Future we don't want for cities - The heat is on*, https://www.c40.org/other/the-future-we-don-t-want-for-cities-the-heat-is-on. [4]

Caprioli, M. (2004), "Democracy and Human Rights versus Women's Security: A Contradiction?", *Security Dialogue*, Vol. 35/4, pp. 411-428, https://www.jstor.org/stable/26298581. [46]

Carpioli, M. et al. (2007), "Putting Women in Their Place", *Baker Center Journal of Applied Public Policy*, Vol. 1/1, http://trace.tennessee.edu/utk_bakecentpubs/2. [44]

FAO (2016), *How can women control water?*, Social Policies and Rural Institutions Division (ESP) - Land and Water Division (AGL), http://water.org/water-crisis/women-children-facts/. [47]

FAO, IFAD and ILO (2010), *Gender dimensions of agricultural and rural employment : differentiated pathways out of poverty : status, trends and gaps.*, Food and Agriculture Organization of the United Nations. [18]

GENDERNET (2021), *Development Finance for Gender Equality and Women's Empowerment: A 2021 Snapshot*, OECD DAC Network on Gender Equality, https://www.oecd.org/development/gender-development/Development-finance-for-gender-equality-2021.pdf (accessed on 6 April 2021). [42]

Government of Uganda Ministry of Water and Environment (2010), *WATER AND SANITATION SUB-SECTOR- Gender Strategy*. [36]

Graham, J., M. Hirai and S. Kim (2016), "An analysis of water collection labor among women and children in 24 sub-Saharan African countries", *PLoS ONE*, Vol. 11/6, http://dx.doi.org/10.1371/journal.pone.0155981. [7]

Hudson, V. and A. den Boer (2004), "Bare Branches: The Security Implications of Asia's Surplus Male Populations", *Japanese Journal of Political Science 5(02)* Cambridge, MA: The MIT Press, http://dx.doi.org/DOI: 10.1017/S146810990522162X. [45]

IEA (2018), *World Energy Outlook 2018*, International Energy Agency, Paris, https://dx.doi.org/10.1787/weo-2018-en. [5]

International Organization for Migration (2020), *World Migration Report 2020*, United Nations, Geneva, http://dx.doi.org/ISSN 1561-5502. [15]

Jarman, A. et al. (2018), "Sex and Gender Differences in Acute Pediatric Diarrhea: A Secondary Analysis of the DHAKA Study", *Journal of Epidemiology and Global Health*, Vol. 8/1-2, http://dx.doi.org/10.2991/j.jegh.2018.08.102. [22]

Kayser, G. et al. (2019), "Water, sanitation and hygiene: Measuring gender equality and empowerment", *Bulletin of the World Health Organization*, Vol. 97/6, pp. 438-440, http://dx.doi.org/10.2471/BLT.18.223305. [12]

Lecoutere, E., B. D'Exelle and B. Van Campenhout (2015), "Sharing Common Resources in Patriarchal and Status-Based Societies: Evidence from Tanzania", *Feminist Economics*, Vol. 21/3, pp. 142-167, http://dx.doi.org/10.1080/13545701.2015.1024274. [37]

Njie, N. and T. Ndiaye (n.d.), *Women and Agricultural Water Resource Management*, UN Chronicle, https://www.un.org/en/chronicle/article/women-and-agricultural-water-resource-management. [38]

OECD (2018), *Policy Coherence for Sustainable Development and Gender Equality: Fostering an Integrated Policy Agenda*, http://www.oecd.org/gov/gender-mainstreaming/policy-coherence-for-sustainable-development-and-gender-equality.pdf. [31]

OECD (2014), *Greening Household Behaviour: Overview from the 2011 Survey - Revised edition*, OECD Studies on Environmental Policy and Household Behaviour, OECD Publishing, Paris, https://dx.doi.org/10.1787/9789264214651-en. [49]

OECD (n.d.), *Recommendation of the Council on Water.* [50]

Oxfam (2018), "The Weight of Water on Women: The Long Wake of Hurricane Maria in Puerto Rico", https://www.oxfamamerica.org/explore/research-publications/research-backgrounder-wash-gender-report-puerto-rico/. [26]

Pommells, M. et al. (2018), *Gender Violence as a Water, Sanitation, and Hygene Risk: Uncovering Violence Against Women and Girls as it Pertains to Poor WaSH Access*, https://doi.org/10.1177/1077801218754410. [13]

Sadoff, C., E. Borgomeo and D. De Waal (2017), *Turbulent Waters. Pursuing Water Security in Fragile Contexts*, World Bank, Washington, http://www.worldbank.org/water. [39]

Saleem, M., T. Burdett and V. Heaslip (2019), "Health and social impacts of open defecation on women: A systematic review", *BMC Public Health*, Vol. 19/1, http://dx.doi.org/10.1186/s12889-019-6423-z. [23]

Sandys, E. (2005), *Women 2000 and beyond.* [30]

Shapiro-Mendoza, C. et al. (2017), *Morbidity and Mortality Weekly Report Pregnancy Outcomes After Maternal Zika Virus Infection During Pregnancy-U*, https://www.cdc.gov/zika/. [20]

Spencer, B. et al. (2017), "Case studies in co-benefits approaches to climate change mitigation and adaptation", *Journal of Environmental Planning and Management*, Vol. 60/4, pp. 647-667, http://dx.doi.org/10.1080/09640568.2016.1168287. [40]

Trivedi, A. (2018), "Women Are the Secret Weapon for Better Water Management", *World Resources Institute*, https://www.wri.org/blog/2018/10/women-are-secret-weapon-better-water-management. [35]

UN (2010), *The Right to Water*, United Nations Human Rights, UN Habitat and World Health Organisation. [10]

UN WomenWatch (2009), "Women and Climate Factsheet", pp. 1-11, https://www.un.org/womenwatch/feature/climate_change/downloads/Women_and_Climate_Change_Factsheet.pdf. [19]

UNDP (2006), *Mainstreaming Gender in Water Management*. [29]

UNECE (n.d.), *Many more operational arrangements for transboundary water cooperation needed across the world, shows 2021 UN-Water SDG6 progress report*, https://unece.org/circular-economy/press/many-more-operational-arrangements-transboundary-water-cooperation-needed (accessed on 8 April 2021). [27]

UNEP (2016), *Global gender and environment outlook*. [9]

UNESCO (2006), *Gender, Water and Sanitation: A Policy Brief*, http://www.wsscc.org. [33]

UNESCO and UN-Water (2020), *The United Nations World Water Development Report 2020: Water and Climate Change*, UNESCO, Paris. [41]

UNICEF (2021), *Diarrhoea*, https://data.unicef.org/topic/child-health/diarrhoeal-disease/ (accessed on 13 April 2021). [21]

UNICEF (2015), "Advancing WASH in Schools Monitoring", pp. 1-68, https://www.unicef.org/wash/schools/files/Advancing_WASH_in_Schools_Monitoring(1).pdf. [24]

UNICEF and WHO (2019), *Progress on household drinking water, sanitation and hygiene 2000-2017. Special focus on inequalities*, United Nations Children's Fund (UNICEF) and World Health Organization (WHO), New York, https://washdata.org. [2]

Unilever Domestos, W. (2013), *We Can't Wait A report on sAnitAtion And hygiene for women And girls Photo: WSSCC/Saskia Castelein*. [8]

United Nations (2015), *The World's Women 2015: Trends and Statistics*, United Nations, Department of Economic and Social Affairs, Statistics Division, http://dx.doi.org/10.18356/9789210573719. [11]

UN and UNESCO (2018), *Progress on Transboundary Water Cooperation 2018 Global baseline for SDG indicator 6.5.2*, United Nations and United Nations Educational, Scientific and Cultural Organization. [28]

Vashisht, A. et al. (2018), "School absenteeism during menstruation amongst adolescent girls in Delhi, India.", *Journal of family & community medicine*, Vol. 25/3, pp. 163-168, http://dx.doi.org/10.4103/jfcm.JFCM_161_17. [25]

Wæhler, T. and E. Sveberg Dietrichs (2017), *The vanishing Aral Sea: health consequences of an environmental disaster | Tidsskrift for Den norske legeforening*. [16]

WHO and UNICEF (2017), *Progress on drinking water, sanitation and hygiene: 2017 update and SDG Baselines*, World Health Organization (WHO) and the United Nations Children's Fund (UNICEF), Geneva, http://apps.who.int/bookorders. [3]

Women for Water Partnership (2014), *Five women leading a male dominated water management world in the Netherlands*, 7 Women, Water, and Leadership, ADB Briefs No.24, https://www.womenforwater.org/five-women-leading-a-male-dominated-water-management-world-in-the-netherlands.html. [48]

World Bank (2016), *Annual freshwater withdrawals, agriculture (% of total freshwater withdrawal)*, https://data.worldbank.org/indicator/er.h2o.fwag.zs. [1]

World Bank (1995), "The Contribution of People's Participation Evidencefrom 121 Rural Water Supply Projects", *Environmentally Suistainable Development Occasional Paper Series No. 1 ESD The World Bank, Washington, D.C.*. [34]

Notes

[1] L'importance d'impliquer les femmes et les hommes dans la gestion de l'eau et de l'assainissement a été reconnue au niveau mondial, lors de la Conférence des Nations Unies sur l'eau de 1977 à Mar del Plata, de la Décennie internationale de l'eau potable et de l'assainissement (1981-1990) et de la Conférence internationale sur l'eau et l'environnement de 1992, qui a explicitement reconnu le rôle central des femmes dans l'approvisionnement, la gestion et la sauvegarde de l'eau. L'implication des femmes dans la gestion de l'eau est également mentionnée dans l'Agenda 21 (chapitre 18) et le Plan de mise en œuvre de Johannesburg.

8 Les femmes et l'ODD 7 – Services énergétiques propres à un coût abordable : garantir l'accès de tous à des services énergétiques fiables, durables et modernes, à un coût abordable

La précarité énergétique est un phénomène mondial qui a une forte dimension sexospécifique. Dans les pays en développement, le manque d'accès à l'énergie entrave le bien-être et les possibilités économiques des femmes et des filles, étant donné qu'il nuit à leurs conditions de vie et à leur budget-temps, et compromet leurs possibilités d'éducation et d'accès à la vie économique. Les inégalités femmes-hommes en matière d'énergie peuvent être encore accentuées par les politiques énergétiques nationales et les modèles du marché du travail. L'énergie étant la principale source d'émissions de GES, il peut donc être essentiel d'élargir l'accès aux énergies vertes et d'améliorer leur accessibilité financière pour parvenir à un développement plus durable qui profite à tous. Les femmes peuvent également jouer un rôle clé dans la transition vers les énergies vertes, en tant que consommatrices responsables, en particulier dans le cadre du foyer, mais aussi dans le cadre des affaires et de l'élaboration des politiques. L'autonomisation et l'impulsion des femmes dans le secteur de l'énergie pourraient aider à accélérer la transition vers une économie bas carbone en promouvant les énergies propres et l'efficacité énergétique, ainsi qu'à s'attaquer à la précarité énergétique. La « transition juste » doit également inclure une optique sexospécifique afin de garantir les mêmes chances aux hommes et aux femmes sur le marché du travail.

8.1. Éléments à retenir

L'accès à des services énergétiques durables et propres à un coût abordable est un préalable à l'égalité des sexes et au bien-être. À l'heure actuelle, les disparités femmes-hommes en matière d'énergie sont considérables dans le monde. Voici les principaux constats et recommandations de ce chapitre :

- Sept cent soixante-dix millions de personnes, dont environ les trois quarts vivent en Afrique subsaharienne, n'ont pas accès à l'électricité. En dépit d'une amélioration au cours des dernières années, les données de l'Agence internationale de l'énergie montrent que le COVID-19 inverse cette tendance positive en Afrique après six années de baisse régulière. La hausse des niveaux de pauvreté dans le monde pourrait avoir déjà rendu les services d'électricité de base inaccessibles pour plus de 100 millions de consommateurs d'électricité en Asie et en Afrique (IEA, 2020[1]) (OECD, 2020[2]).
- Bien qu'elle soit particulièrement marquée dans les pays en développement, la précarité énergétique est un phénomène mondial et touche particulièrement les femmes, qui sont les principales actrices de la production et de la consommation d'énergie par les ménages. Dans certains pays de l'OCDE, on estime que jusqu'à 30 % des foyers vivent dans la précarité énergétique, ce qui limite l'accès des femmes et des filles à l'éducation et aux opportunités économiques, et les expose de façon disproportionnée à des risques pour la santé.
- Les femmes peuvent jouer un rôle de premier plan dans la transition vers les énergies propres en tant que consommatrices, en aidant à faire évoluer la consommation d'énergie et en pilotant la modification en profondeur du secteur de l'énergie. L'énergie est un secteur largement dominé par les hommes, bien que les femmes soient généralement mieux représentées dans le secteur des énergies renouvelables.
- Une meilleure représentation des femmes dans les conseils d'administration et aux postes de direction des entreprises pourrait également favoriser l'accélération de la transition écologique, car elle permettrait une intégration plus efficace des objectifs en matière d'environnement et d'égalité femmes-hommes.
- Il est nécessaire de disposer de données plus systématiques sur les liens entre les objectifs en matière d'égalité des sexes et ceux en matière d'énergie propre. Cette mesure permettra de faire concorder les politiques énergétiques avec les besoins des femmes, notamment dans les pays affichant un taux élevé de précarité énergétique.

8.2. Liens entre l'égalité des sexes et les services énergétiques propres à un coût abordable (ODD 7) et les autres ODD

Selon l'AIE, 770 millions de personnes, dont environ les trois quarts vivent en Afrique subsaharienne, n'ont pas accès à l'électricité (IEA, 2020[3]). Environ trois milliards de personnes dans le monde n'ont pas accès aux équipements de cuisson propres et sont exposées à des niveaux dangereux de pollution atmosphérique due à l'utilisation du bois, du charbon ou des excréments d'animaux pour la cuisine et le chauffage (WHO, 2018[4]).

L'Objectif de développement durable 7, énergie propre et d'un coût abordable, fixe des objectifs pour garantir l'accès de tous à des services énergétiques fiables et modernes, à un coût abordable (Objectif 7.1). Il souligne la nécessité d'accroître la part des énergies renouvelables propres (Objectif 7.2) et met en évidence l'importance d'améliorer l'efficacité énergétique (Objectif 7.3). Le cadre des ODD reconnaît la nécessité d'accroître nettement la part de l'énergie renouvelable dans le bouquet énergétique mondial d'ici à 2030. La logique qui sous-tend cet objectif tient compte des effets différenciés que la précarité énergétique et la pollution peuvent avoir sur les femmes et les enfants (UN, 2016[5]).

L'Objectif de développement durable 7 interagit avec de nombreux autres ODD. L'énergie est indispensable à plusieurs éléments constitutifs du bien-être élémentaire, du chauffage à la cuisine, en passant par l'éducation (ODD 4), la santé (ODD 3) et les transports, et donc à la participation au marché du travail. Le manque d'accès à l'énergie crée un cercle vicieux de développement insuffisant et de pauvreté, et le fait de garantir l'accès de tous à l'énergie à un coût abordable contribue également à la réalisation de l'ODD 1 (éliminer la pauvreté). La pandémie de COVID-19 a également montré que l'accès à l'énergie est essentiel pour la prestation de soins de santé et le bien-être (ODD 3), car l'électricité à un coût abordable est nécessaire pour maintenir les personnes connectées à domicile et pour faire fonctionner des équipements vitaux dans les hôpitaux (Ogunbiyi D, 2020[6]). Il est également essentiel d'étoffer l'offre d'énergies propres et renouvelables pour parvenir à une croissance économique durable (ODD 8), bâtir des villes durables (ODD 11), garantir des modes de consommation et de production durables (ODD 12), ainsi que la transition vers une économie bas carbone et, par conséquent, la réalisation de l'ODD 13 dans le cadre de l'action climatique.

8.3. Effets sexospécifiques de la précarité énergétique

La précarité énergétique est un phénomène mondial. Bien que sa définition varie en fonction du contexte, du lieu et de la population, elle affecte à la fois l'hémisphère nord et l'hémisphère sud. Dans la plupart des économies avancées, la précarité énergétique est une question d'accessibilité financière plutôt que d'accès. Dans les économies les moins avancées, les considérations liées à la disponibilité, à l'accès et à la fiabilité précèdent celles liées à l'accessibilité financière et à la durabilité. Toutefois, dans les deux cas, la précarité énergétique a une forte dimension sexospécifique.

La précarité énergétique est un problème pour les pays membres de l'OCDE. Aux États-Unis, on estime qu'environ 30 % des foyers sont en situation de précarité énergétique (USEA, 2019[7]). Au sein de l'Union européenne, en 2012, plus de 54 millions de personnes, soit près de 11 % de la population, avaient des difficultés à chauffer leur domicile et à payer leurs factures des services collectifs. Les femmes, en particulier les mères célibataires et les femmes célibataires âgées, étaient les plus touchées en raison de leurs revenus plus faibles, de leurs caractéristiques physiologiques et de leurs comportements (Clancy, Feenstra and Daskalova, 2017[8]) (EIGE, 2020[9]).

Dans les pays en développement, le manque d'accès à l'énergie est un obstacle au bien-être des femmes et des filles et aux opportunités économiques qui s'offrent à elles. Les femmes et les filles des zones rurales passent une grande partie de leur journée à ramasser du bois de chauffage, ce qui se traduit non seulement par le maintien de la pauvreté et des inégalités (Dutta, Kooijman and Cecelski, 2017[10])mais aussi par des occasions perdues en termes d'éducation et de travail rémunéré (OECD, 2018[11]).. C'est le cas dans une grande partie de l'Afrique, avec des chiffres particulièrement élevés en Sierra Leone, au Niger et au Cameroun (voir Graphique 8.1) (IEA, 2017[12]).. En Inde, au Bangladesh et au Népal, les femmes passent au moins 20 heures par semaine à ramasser du combustible issu de la biomasse pour la cuisine et le chauffage (Bloomfield, 2014[13]).

Graphique 8.1. Nombre moyen d'heures passées à ramasser du combustible par jour et par foyer en Afrique (2015)

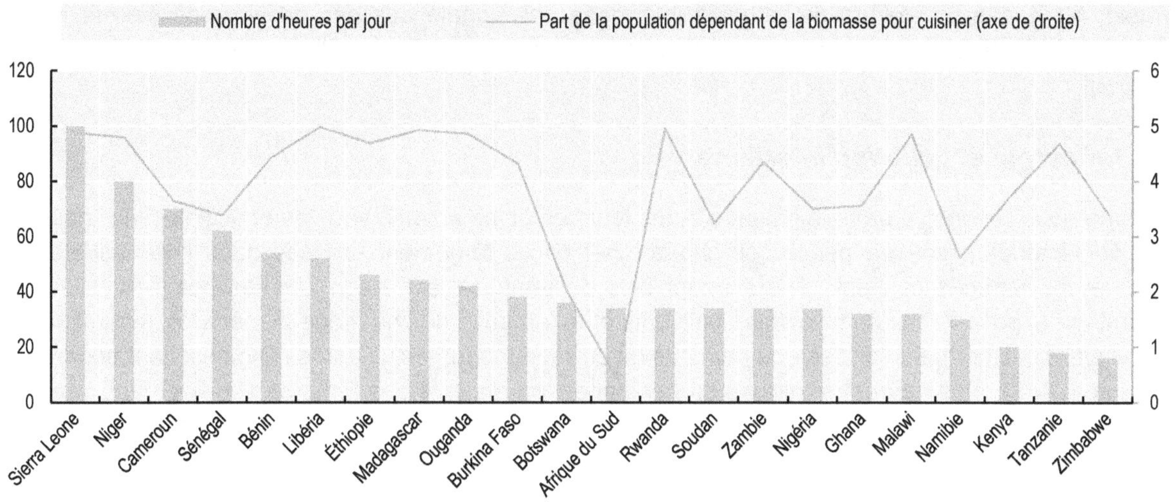

Note : Les pays inclus sont ceux pour lesquels des données sont disponibles.
Sources : (IEA, 2017[12]).

Le temps passé par les filles à ramasser du combustible issu de la biomasse limite leur accès à l'éducation. L'électrification des ménages améliore la scolarisation des filles et, à long terme, les possibilités d'emploi des femmes (Lewis et al., 2013[14]). Les recherches au Brésil montrent que les filles des zones rurales ayant accès à l'électricité ont 59 % plus de chances d'achever leurs études primaires avant l'âge de 18 ans que celles n'y ayant pas accès (O'Dell et al, 2015[15]). Elles montrent également qu'un accès accru à l'électricité a amélioré les possibilités en matière d'emploi tant pour les hommes que pour les femmes, mais que ce sont les femmes qui en ont le plus bénéficié, car l'utilisation d'appareils électriques a permis de réduire le temps consacré aux tâches ménagères.

Les répercussions de la précarité énergétique sur les résultats scolaires ont également des effets intergénérationnels négatifs. Les liens entre l'éducation des mères et la santé des enfants sont bien établis. Un faible taux d'éducation des mères est associé à un taux élevé de retard de croissance (Abuya, Ciera and Kimani-Murage, 2012[16])et à un faible niveau d'immunisation des enfants (Özer, Fidrmuc and Eryurt, 2018[17]). Une étude de la mortalité infantile dans 175 pays entre 1970 et 2009 a conclu que l'on pouvait attribuer la moitié de la baisse de la mortalité infantile à l'amélioration de l'éducation des femmes (Gakidou et al., 2010[18]). L'accès limité à l'éducation décourage les futures générations d'aller à l'école, ce qui perpétue le cercle vicieux (Azomahou and Yitbarek, 2016[19]) (Mare and Maralani, 2006[20]).

La précarité énergétique a un impact direct significatif sur la santé et le bien-être des femmes et des filles. Les habitants des pays à faible revenu et à revenu intermédiaire et des communautés à faible revenu des pays à revenu élevé, qui dépendent de sources d'énergie polluantes pour répondre à leurs besoins essentiels, subissent de manière disproportionnée les effets de la pollution atmosphérique (OMS, 2018[21]). Cet impact se fait particulièrement sentir chez les femmes et les filles, qui sont les principales actrices de la production et de la consommation d'énergie par les ménages dans le monde. Comme indiqué au chapitre 3, les femmes enceintes sont plus exposées au risque de pollution atmosphérique. L'exposition à la pollution de l'air ambiant est liée à des effets néfastes sur la fertilité, la grossesse et les nouveau-nés, avec des données récentes montrant que des particules fines traversent le placenta et conduisent à une exposition fœtale. (Bové et al., 2019[21]).

Les travaux dangereux liés à l'accès aux ressources énergétiques sont liés à la violence sexiste. Le ramassage de bois de chauffage et d'autres ressources peut créer des tensions au sein des communautés, en particulier lorsqu'elles se livrent concurrence pour des ressources rares ou pénètrent dans des terres privées. En particulier dans les contextes humanitaires, les tâches de ramassage de carburant présentent un risque de harcèlement sexuel ou d'agression sexuelle (UNHCR, 2016[22]). Une étude a montré qu'au Tchad, 42 % des 673 foyers de réfugiés interrogés ont signalé des cas de violence sexiste lors du ramassage de bois de chauffage sur une période de six mois (Global Alliance for Clean Cookstoves, 2016[23]).

8.3.1. Énergie et pollution intérieure

Comme nous l'avons vu dans le chapitre 2, les femmes et les enfants sont les principales victimes de la pollution intérieure causée par les cuisinières inefficaces largement utilisées dans l'hémisphère sud. Comme les femmes passent généralement plus de temps à la maison que les hommes, elles sont davantage exposées aux combustibles polluants et aux modes de chauffage inadéquats, surtout si elles ne peuvent pas compter sur des équipements de cuisson modernes. D'après l'Organisation mondiale de la santé (OMS), plus de quatre millions de personnes, en majorité des femmes et des enfants, meurent chaque année à cause de la pollution de l'air intérieur, celle-ci augmentant le risque d'accident vasculaire cérébral, de pneumonie, de maladie pulmonaire, de cancer, d'asthme et d'autres maladies (WHO, 2018[4]).

Plus d'un quart de la population mondiale dépend de l'utilisation traditionnelle de la biomasse pour la cuisine et le chauffage (voir Graphique 8.2), et n'a qu'un accès limité à une source d'énergie propre et efficace pour l'éclairage (IEA, 2017[12]). Les effets négatifs du recours à la biomasse traditionnelle, notamment la combustion du bois, du fumier et des résidus de culture, ont été largement signalés tant sur la santé humaine que sur l'agriculture et les écosystèmes (Venkataraman et al., 2010[24]). Le kérosène est souvent préconisé comme une alternative plus propre aux combustibles solides, à la biomasse et au charbon, pour la cuisson des aliments, et les lampes au kérosène sont largement utilisées pour l'éclairage dans une grande partie du monde en développement. Les risques liés au kérosène comprennent les intoxications, les incendies et les explosions, et certaines répercussions sanitaires moins étudiées des produits de combustion du kérosène incluent les troubles pulmonaires et les maladies (Lam et al., 2012[25]) infectieuses.

Graphique 8.2. Part de la population dépendant de différents combustibles de cuisson (2017)

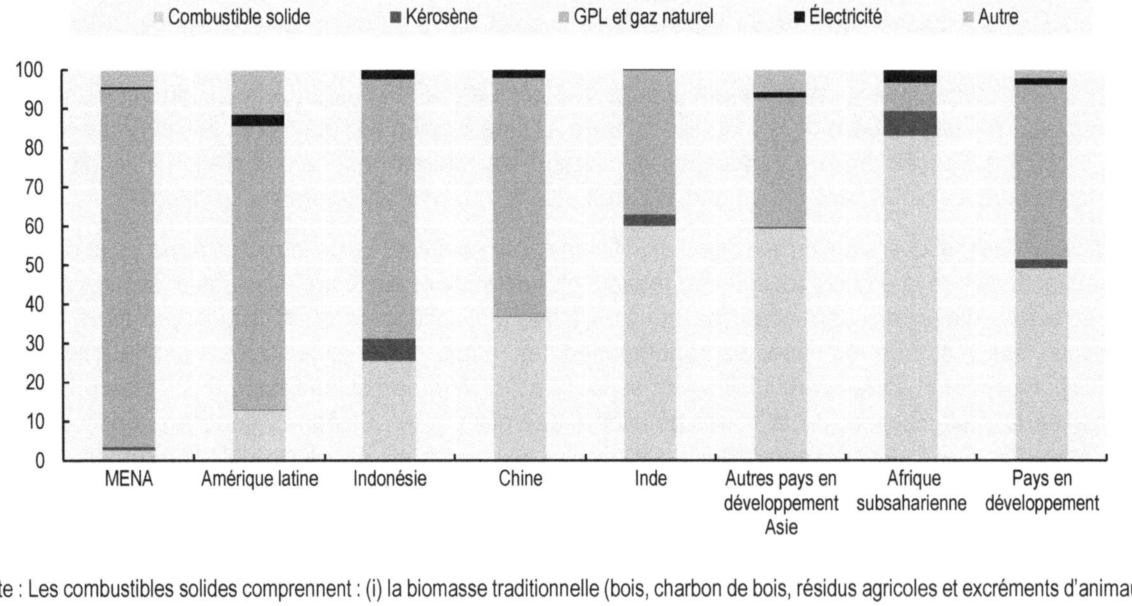

Note : Les combustibles solides comprennent : (i) la biomasse traditionnelle (bois, charbon de bois, résidus agricoles et excréments d'animaux), (ii) la biomasse transformée (granulés, briquettes); et (iii) d'autres combustibles solides (tels que le charbon et le lignite)
Source : (IEA, 2018[26]).

De nombreuses sources d'énergie plus durables qui garantissent le rendement de la combustion et réduisent la pollution, les risques pour la santé et les répercussions climatiques sont actuellement mises au point. En 2017, 32 pays avaient inclus une initiative en faveur de meilleurs équipements de cuisson dans leurs contributions déterminées au niveau national (CDN), ainsi que d'autres initiatives visant à promouvoir l'utilisation des énergies renouvelables dans certains secteurs (Graichen et al., 2017[27]). Il convient de multiplier ces efforts, notamment en Afrique subsaharienne, où plus de 80 % de la population dépend encore de combustibles solides pour la cuisson (Encadré 8.1). La transition vers des sources de combustibles plus durables exige une attention particulière, étant donné que certaines technologies peuvent impliquer des arbitrages avec la qualité de l'air, comme c'est le cas pour les biocarburants. Par conséquent, les technologies plus vertes devraient être évaluées non seulement en fonction de leur capacité à réduire les émissions, mais aussi en fonction des risques pour la santé et de la pollution atmosphérique.

Encadré 8.1. Faciliter l'accès des femmes aux énergies renouvelables

Des recherches menées par l'Agence internationale de l'énergie (AIE, Perspectives énergétiques mondiales 2017 et 2018 et Perspectives énergétiques de l'Afrique 2019) montrent que la stratégie la plus rentable pour offrir un accès à l'électricité et des équipements de cuisson propres à tous dans les pays en développement est compatible avec l'atteinte des objectifs, et éviterait des millions de morts prématurées chaque année (IEA, 2019[28]) Pour fournir l'électricité à tous, des systèmes décentralisés, utilisant principalement l'énergie solaire photovoltaïque dans les systèmes hors réseau et les mini-réseaux, constitueront la solution la moins coûteuse dans de nombreuses régions. C'est surtout aux femmes que cette évolution bénéficierait, car elle dégagerait des millions d'heures actuellement perdues à ramasser du bois de chauffage.

Des données récemment actualisées sur l'accès à l'énergie montrent que le nombre de personnes sans accès à l'électricité est passé sous la barre d'un milliard pour la première fois en 2017, alors qu'il était de 1.6 milliard en 2000. Cependant, en raison de la pandémie de COVID-19, les dernières mises à jour montrent une inversion de ces progrès, le nombre de personnes dépourvues d'électricité en Afrique étant passé à plus de 590 millions en 2020, soit une hausse de 13 millions ou de 2 %, par rapport à l'an dernier (IEA, 2018[26]) (IEA, 2020[29]). Si les combustibles fossiles (principalement le charbon) restent la principale nouvelle source d'énergie pour l'accès à l'électricité, depuis 2000, les énergies renouvelables progressent rapidement, ayant permis plus d'un tiers des nouveaux raccordements de ces cinq dernières années. Cette transition devrait s'accélérer dans les prochaines années, et d'ici 2030, les énergies renouvelables devraient offrir un accès à l'électricité pour les trois quarts des raccordements supplémentaires nécessaires et contribuer à assainir l'environnement du fait de leurs faibles émissions de carbone, d'après un rapport de l'AIE (IEA, 2018[26]). La crise a freiné la croissance des solutions décentralisées utilisant les énergies renouvelables telles que les systèmes photovoltaïques individuels et les mini-réseaux, mais leur développement devrait se poursuivre une fois que la conjoncture économique s'améliorera.

Le rapport le plus récent de l'AIE estime que pour offrir un accès universel à l'énergie d'ici 2030, il faudrait réaliser un investissement supplémentaire de 24 milliards USD par an (venant s'ajouter aux 31 milliards USD investis dans le cadre des mesures actuelles et prévues), l'équivalent de moins de 2 % de l'investissement mondial dans l'énergie (IEA, 2018[26]). L'écrasante majorité de cet investissement supplémentaire devrait être destiné à l'Afrique subsaharienne, et la plus grande partie de cette somme devrait être consacrée aux énergies renouvelables afin d'accélérer la transition. Considérant ce montant, l'investissement requis pour les équipements de cuisson propres, dont le gaz de pétrole liquéfié, est modeste et représente moins du dixième du total.

Il y a de nombreux avantages à parvenir à un accès universel à l'énergie en recourant principalement aux énergies renouvelables. Les femmes gagnent une heure par jour lorsqu'elles n'ont pas à ramasser de bois de chauffage, ce qui libère l'équivalent de 80 millions de travailleurs. La hausse de la part des énergies renouvelables réduirait la pollution de l'air intérieur, ce qui éviterait des morts prématurées et limiterait les émissions de carbone.

8.3.2. Inégalités femmes-hommes causées par les politiques énergétiques

Les inégalités femmes-hommes en matière d'énergie peuvent être encore accentuées par les politiques énergétiques nationales et les modèles du marché du travail. Ces inégalités peuvent être appréciées grâce à l'allocation de subventions aux combustibles fossiles et les effets de ces subventions sont visibles par l'accès des femmes aux transports et à l'utilisation des terres. Par exemple, les subventions à la production de combustibles fossiles profitent souvent aux plus grands producteurs d'énergie, secteurs traditionnellement à majorité masculine. Dans les pays en développement, on accorde souvent un accès prioritaire à l'énergie aux grandes activités industrielles tournées vers l'exportation, qui sont généralement détenues par des hommes. Les femmes sont plus susceptibles de travailler dans le secteur informel et ont donc plus de difficultés à accéder à l'énergie pour leurs activités économiques. Des études menées en Afrique confirment que les entreprises dirigées par des femmes ont souvent moins accès aux financements et aux services liés à l'énergie que celles dirigées par des hommes (UNDP, 2012[30]). Les subventions aux consommateurs de combustibles fossiles ont un effet régressif manifeste, surtout ressenti par les femmes à faible revenu qui n'ont qu'un accès limité à ces subventions ou qui ne sont pas au courant de leur existence (pour en savoir plus, voir le chapitre 11).

Les subventions à la consommation d'énergie ont également tendance à profiter davantage aux hommes dans les pays en développement comme dans les pays développés, étant donné qu'ils utilisent davantage les modes de transport privés. En raison de leur statut économique souvent plus élevé, mais aussi de leurs préférences comportementales, les hommes sont plus susceptibles d'utiliser des voitures particulières que des transports publics. En Suède, par exemple, 70 % des voitures sont détenues et conduites par des hommes (ITF, 2011[31]). Une étude sur les habitudes de consommation dans quatre pays européens (Allemagne, Norvège, Grèce et Suède) a montré que les hommes utilisent beaucoup plus d'énergie que les femmes pour les transports, un écart allant de 70 % de plus en Allemagne à plus de 350 % de plus en Grèce, une différence entre les sexes due en grande partie au fait que les hommes célibataires dépensent en moyenne plus d'argent pour les véhicules et le carburant que les femmes célibataires (Räty and Carlsson-Kanyama, 2009[32]).

La hausse de la demande de biocombustibles correspondant à une tentative de réduire les émissions de gaz à effet de serre a affecté l'utilisation des terres dans les pays en développement, en particulier des terres marginales et des petites parcelles cultivées par des femmes (EIGE, 2016[33]). Ces mutations foncières ont privé les foyers vulnérables de leur moyen de subsistance énergétique et souvent sans mécanisme de compensation (Clancy, 2012[34]).

8.4. Rôle des femmes dans l'écologisation de l'énergie

La mise en place de l'accès universel à l'énergie d'ici 2030 au moyen des énergies propres et renouvelables peut être avantageuse sur trois plans : économique (investissement et emplois dans le secteur des énergies renouvelables), social (notamment l'émancipation et les meilleurs résultats de santé des femmes) et environnemental (réduction des émissions et de la pollution). En particulier, l'écologisation des infrastructures énergétiques est impérative pour faire face à la crise climatique et réduire la pollution, deux phénomènes qui touchent de façon disproportionnée les femmes.

De nombreux pays prennent des mesures pour abandonner progressivement l'utilisation des combustibles fossiles. En 2017, 13.5 % de l'approvisionnement total en énergie primaire provenaient de sources d'énergie renouvelables (Statistical Office of the European Communities, 2019[35]). À l'heure actuelle, environ 71.5 % de l'offre mondiale d'énergies renouvelables provient de pays non membres de l'OCDE (voir Graphique 8.3). Pourtant, une bonne partie des énergies renouvelables des pays en développement n'est pas propre. Les biocombustibles solides et le charbon de bois représentent près de 61 % de l'offre mondiale d'énergies renouvelables et aucune fluctuation majeure n'a été enregistrée depuis 1990 (IEA, 2019[36]). Les pays doivent saisir l'occasion qui leur est offerte de renoncer totalement aux technologies polluantes et de passer à des technologies plus vertes, en développant des installations d'énergie renouvelable à bas coût basées sur l'énergie solaire et éolienne.

Dans le cadre de cette transition, les femmes ont un rôle central à jouer en tant que professionnelles du secteur de l'énergie, responsables des décisions en matière d'énergie et consommatrices d'énergie. Par exemple, les femmes et les hommes font apparaître des préférences différentes pour les options de politique énergétique, en particulier en ce qui concerne la transition énergétique et l'adaptation des énergies (Fraune, 2016[37]) renouvelables. Cependant, la politique énergétique ne tient souvent pas compte de l'égalité femmes-hommes et les femmes sont généralement sous-représentées dans le secteur de l'énergie à tous les niveaux, y compris dans les approches ascendantes telles que les solutions communautaires (Fraune, 2015[38]). La reconnaissance des avantages d'une transition verte pour l'égalité femmes-hommes et le rôle que les femmes pourraient jouer dans le secteur des énergies propres en raison de leurs préférences comportementales appelle à une action urgente pour éliminer les obstacles structurels à la participation des femmes à la vie active et à la prise de décision dans le secteur de l'énergie (Clancy and Feenstra, 2019[39]).

Graphique 8.3. Part des énergies renouvelables dans l'offre régionale totale d'énergie primaire

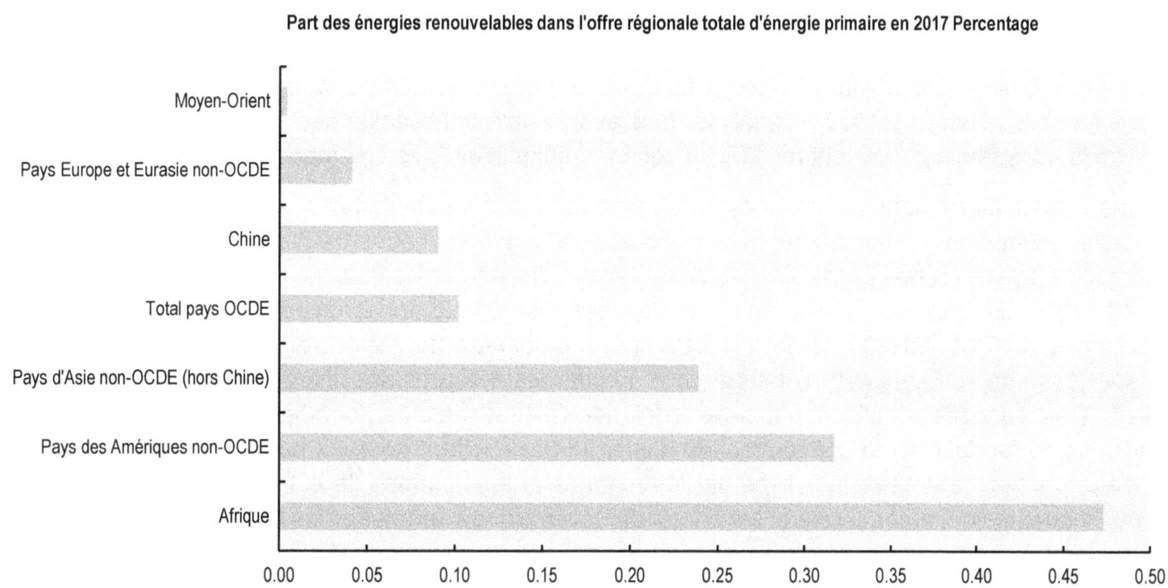

Note : Les énergies renouvelables comprennent : l'énergie solaire photovoltaïque, l'énergie éolienne, l'hydroélectricité, la bioénergie, l'énergie solaire à concentration et la géothermie, les biocarburants et la chaleur renouvelable.
Source : (IEA, 2019[29]).

8.4.1. Les femmes en tant que consommatrices d'énergie durable

En tant que principales responsables de l'énergie dans les foyers, les femmes des pays développés et en développement peuvent jouer un rôle central s'agissant d'encourager la consommation d'énergie durable et d'accélérer la transition vers les énergies renouvelables.

Les données probantes tendent à démontrer que les femmes sont des utilisatrices d'énergie plus responsables que les hommes. Une étude canadienne de 2015 sur la relation entre les préoccupations environnementales des consommateurs, l'empreinte carbone et le statut socio-économique a montré que les femmes ont tendance à être plus soucieuses de l'environnement et à adopter un comportement favorable à l'environnement dans les ménages. Les résultats ont également montré que les ménages dirigés par des femmes sont plus susceptibles d'avoir une empreinte carbone plus faible, probablement en raison de la taille plus réduite des logements, et de la possession et de l'utilisation limitées des véhicules (Huddart Kennedy, Krahn and Krogman, 2015[40]). Dans une étude récente menée au Royaume-Uni, les femmes ont indiqué qu'elles pratiquaient des activités ayant une empreinte énergétique plus élevée que les hommes, mais qu'elles utilisaient moins d'électricité (Grünewald and Diakonova, 2020[41]). D'autres études en Europe ont montré que les hommes célibataires consomment directement ou indirectement jusqu'à 22 % d'énergie de plus que les femmes célibataires. Les femmes pourraient être plus réceptives que les hommes aux efforts de réduction de consommation d'énergie et se montrent plus disposées à changer leur comportement quotidien pour économiser de l'énergie (Räty and Kanyama, 2010[42]).

Le comportement des consommateurs et les modes de consommation varient non seulement en fonction du sexe, mais aussi en fonction du revenu et de la localisation géographique. Il existe de vastes recherches qualitatives sur la consommation d'énergie et l'utilisation du temps par les ménages par rapport au revenu des ménages et à leur localisation, mais une analyse quantitative plus poussée à un niveau décomposé (par personne au sein du ménage) permettrait de rassembler davantage de données sur les schémas d'utilisation durable de l'énergie qui diffèrent selon le sexe. Les recherches montrent un lien entre une augmentation du revenu des ménages et une diminution du temps consacré aux activités à forte intensité énergétique par les ménages, comme la préparation des repas, les dépenses alimentaires et le nettoyage (De Lauretis, Ghersi and Cayla, 2017[43]). Étant donné que ces activités sont traditionnellement menées par des femmes, il est nécessaire d'analyser plus avant comment l'égalité des sexes et l'autonomisation économique des femmes peuvent modifier la consommation d'énergie des ménages.

Des mesures ciblées sont nécessaires pour amener les consommatrices à adopter des pratiques d'efficacité énergétique. Une étape essentielle consiste à faire connaître aux clients potentiels des technologies propres et des possibilités de financement offertes par les institutions financières et les ONG pour s'attaquer à la fois aux problèmes de la précarité énergétique et des inégalités entre les femmes et les hommes (IRENA, 2019[44]). Il faut des données probantes de meilleure qualité sur la dimension sexospécifique de l'utilisation de l'énergie pour orienter les mesures spécifiques et les mécanismes de soutien. Des données ventilées par sexe sont nécessaires afin de formuler des recommandations spécifiques se fondant sur la consommation d'énergie par habitant pour les hommes et les femmes, la part d'énergie non commerciale utilisée par les femmes et les hommes, le but dans lequel l'énergie est utilisée, la quantité de temps passé et les efforts déployés par les femmes et les hommes afin d'obtenir de l'énergie pour leurs activités, et le montant payé par chacun pour l'énergie (Lambrou and Piana, 2006[45]).

8.4.2. Les femmes en tant qu'entrepreneuses de l'énergie

La possibilité de produire des énergies renouvelables à petite échelle rend ce secteur plus accessible aux femmes. Avec le succès croissant des solutions énergétiques hors réseau, les femmes ont la possibilité de jouer un rôle plus actif, non seulement en tant que consommatrices d'énergie, mais aussi en tant qu'entrepreneuses dans le secteur de l'énergie. Par exemple, Windfang E.G, la première coopérative d'énergie communautaire dirigée par des femmes et établie en Allemagne, a été lancée en 1991 sous la forme d'une petite initiative de femmes engagées à soutenir la transition énergétique par l'énergie éolienne. Aujourd'hui, elle possède onze éoliennes et trois panneaux solaires, qui alimentent plus de 3 000 ménages. En Allemagne, des dispositions législatives favorisent la participation des coopératives aux ventes aux enchères pour les installations utilisant l'énergie éolienne terrestre et l'énergie solaire photovoltaïque, en fixant des tarifs plus bas pour les petits promoteurs (Botta, 2019[46]).

Les femmes des pays en développement entrent également sur le marché de détail pour trouver des solutions plus efficaces en matière d'énergies renouvelables (Botta, 2019[46]). Les coopératives d'énergie renouvelable offrent aux femmes la possibilité de s'engager tout au long de la chaîne de valeur, y compris dans la production. C'est le cas de Solar Mamas, une initiative du Barefoot College, basé en Inde, qui utilise un code de couleurs et le langage des signes pour apprendre aux femmes des régions rurales à assembler leur propre équipement et à installer des systèmes d'éclairage dans leurs villages. Le programme est maintenant présent dans 93 pays, y compris en Afrique et en Amérique latine (Barefoot College, 2020[47]). Une analyse plus approfondie des politiques et des mesures sexospécifiques à l'appui des coopératives de femmes pourrait fournir aux responsables les outils nécessaires pour contribuer activement à l'émancipation économique des femmes à l'aide des solutions durables.

Afin d'aider les gouvernements à créer un environnement propice au financement et à l'investissement dans les énergies renouvelables et l'efficacité énergétique dans les économies émergentes, l'OCDE a lancé en 2019 le programme Mobilisation de fonds et d'investissements dans les énergies propres (Clean Energy Finance and Investment Mobilisation ou CEFIM), un projet quinquennal financé par le gouvernement danois (Tam, 2019[48]). Le CEFIM étudie notamment la question de savoir si les politiques financières et d'investissement dans les énergies propres favorisent la diversité femmes-hommes et l'autonomisation des femmes. Les entrepreneuses sont souvent désavantagées dans le financement par l'emprunt, car elles disposent généralement de moins d'actifs pour garantir des prêts. Afin de soutenir une transition juste et d'encourager des modèles commerciaux innovants pour les énergies propres, il est important de s'assurer que les deux sexes ont accès à des fonds et sont pris en compte dans les programmes de participation du public.

Cela vaut également pour les dispositions ayant trait au financement des banques multilatérales de développement (BMD), dans lesquelles l'affectation des fonds aux mesures d'atténuation, d'adaptation et de résilience liées au changement climatique doivent intégrer une composante sexospécifique, tenant compte de l'évolution du travail et des mutations sociales, sectorielles et économiques dans les systèmes de production actuels (GGCA, 2016[49]). Les BMD sont les donneurs les plus avancés en termes d'intégration de la problématique femmes-hommes et du changement climatique dans leurs opérations de financement de l'énergie – la Banque européenne d'investissement (BEI) et la Banque européenne pour la reconstruction et le développement (BERD) procèdent régulièrement de la sorte (EIB, 2020[50]) (EBRD, 2019[51]).

8.4.3. Une transition « juste » pour les femmes et les hommes

L'énergie est un secteur à forte majorité masculine. Par exemple, dans l'UE, les femmes représentent moins d'un quart (22.1 %) de la main-d'œuvre du secteur de l'énergie (EIGE, 2016[52]). Globalement, les femmes sont mieux représentées dans le secteur des énergies renouvelables. Une enquête mondiale réalisée en 2018 par l'Agence internationale pour les énergies renouvelables (IRENA) montre que les femmes représentent 32 % de la main-d'œuvre dans le secteur des énergies renouvelables, contre 22 % dans le secteur pétrolier et gazier, ce qui indique qu'elles semblent être plus intéressées par les domaines de la durabilité environnementale (IRENA, 2019[44]).

Cependant, l'étude montre également que les femmes occupent près de la moitié des postes administratifs dans le secteur des énergies renouvelables et 35 % des emplois techniques non liés aux sciences, à la technologie, à l'ingénierie et aux mathématiques (STIM), mais seulement 28 % des rôles dans ces disciplines.[1] Cette situation s'explique par les perceptions sur les rôles de chaque sexe (également répandus dans d'autres secteurs) qui entravent la participation des femmes aux domaines liés aux disciplines STIM et à la recherche-développement (R-D), par l'exclusion et le harcèlement pratiqués par les collègues masculins et par les obstacles à l'atteinte des postes de responsabilité, qui découlent d'un manque de mesures de soutien pour surmonter ces obstacles liés au sexe.[2]

L'AIE soutient l'initiative Clean Energy Education and Empowerment (C3E), lancée lors de la Réunion ministérielle sur les énergies propres (Clean Energy Ministerial) en 2010. C3E s'attache à améliorer la diversité de genre au sein des professions du secteur des énergies propres. Elle réunit des experts d'organisations de l'administration publique, de l'industrie et de la recherche, qui collaborent pour déterminer les pratiques exemplaires et partager leurs données, leurs expériences et leurs programmes de perfectionnement professionnel. Parité d'ici 2030 est une campagne menée dans le cadre de l'initiative C3E, et ses signataires (neuf pays et plus de 80 entreprises du secteur de l'énergie) s'engagent à œuvrer en faveur de l'égalité salariale, de la parité au sein des échelons supérieurs et de l'égalité des chances d'ici 2030. D'après leur analyse, en moyenne 23 % des salariés de 135 entreprises du secteur de l'énergie sont des femmes (C3E International, 2019[53]). De plus, en 2018, la Société financière internationale (SFI) s'est associée à la Commission européenne et à 17 grandes entreprises technologiques afin de multiplier les chances offertes aux femmes en lançant l'initiative Digital2Equal, qui encourage l'égalité femmes-hommes tout en soutenant les progrès technologiques (Eunice Ahairwe and Bilal, 2020[54]).

Une plus grande représentation des femmes aux postes de direction dans le secteur de l'énergie favoriserait des décisions plus « vertes » dans les secteurs public et privé. Comme nous l'avons vu dans le chapitre 2, les entreprises privées dont le conseil d'administration et la direction sont caractérisés par la diversité femmes-hommes prennent généralement des initiatives plus durables que les autres. Pourtant, les femmes sont moins nombreuses à occuper des postes de direction dans le secteur de l'énergie que les hauts fonctionnaires et les cadres supérieurs de l'administration et des entreprises (sociétés et petites entreprises) (IEA, 2020[55]).

L'abandon progressif des industries à forte intensité de carbone dans le cadre de la transition vers une économie bas carbone devrait également modifier l'emploi dans différents secteurs, même si les projections montrent que globalement, l'emploi devrait se maintenir au même niveau (Albrizio et al., 2014[56]). Indépendamment des différents scénarios analysés, on s'attend à une rupture dans les industries énergivores, mais aussi, potentiellement dans la construction et les services commerciaux. La catégorie la plus touchée semble être celle des travailleurs peu qualifiés (Chateau, Bibas and Lanzi, 2018[57]).

De plus, l'analyse de Botta (2019) sur la transition vers une économie bas carbone montre un transfert possible des travailleurs des industries gourmandes en combustibles fossiles vers des industries bas carbone. Botta (2019) fait également valoir que la transition a des effets différenciés selon l'emplacement de l'entreprise et le sexe et l'âge de la main-d'œuvre. D'après les calculs de l'organisation internationale du travail (OIT), l'effectif des industries polluantes devrait diminuer de 11 à 15 % (Botta, 2019[46]). Dans le cas du secteur de l'extraction du charbon au Royaume-Uni, la transition a touché principalement les hommes travaillant dans le secteur, 90 % d'entre eux ayant été déplacés. Les données montrent toutefois que les femmes qui travaillent dans l'industrie manufacturière ont été remplacées, les hommes s'étant engagés dans des activités qu'elles occupaient auparavant (Aragón, Rud and Toews, 2018[58]).

Une « transition juste » doit donc garantir les mêmes chances aux hommes et aux femmes sur le marché du travail. La réalisation de recherches supplémentaires dans les régions minières, où des changements structurels sont prévus, aiderait à cerner les tendances et les éléments nécessaires à des créations d'emploi plus inclusives et durables. Ces recherches pourraient ne pas se limiter au développement des compétences et à la formation et inclure les priorités en matière de financement et d'investissement.

Ainsi, étant donné la participation déjà plus importante des femmes dans le secteur des énergies renouvelables, mais leur participation plus faible aux rôles liés aux disciplines STIM, les nouveaux modèles de développement des compétences devraient examiner comment tirer parti des bonnes tendances et donner des moyens d'action aux femmes afin de renforcer leur présence dans les domaines traditionnellement à majorité masculine. Les gouvernements pourraient encourager davantage la recherche et l'innovation afin de créer des emplois et des possibilités d'entrepreneuriat pour les femmes dans les chaînes de valeur des énergies renouvelables.

Un autre défi potentiel de la transition énergétique consiste à éviter l'écart en matière de changement climatique entre ceux qui peuvent investir dans la durabilité et ceux qui ne sont pas en mesure de le faire. Par exemple, l'efficacité énergétique n'est pas seulement une question de changement de comportement, mais aussi d'accessibilité financière. Cependant, ceux qui ont accès aux technologies d'efficacité énergétique peuvent accroître leurs revenus, ce qui réduit l'écart entre les riches et les pauvres. Alors qu'en Europe, de nombreuses communes accordent des subventions et des avantages fiscaux pour l'isolation des logements, seuls les propriétaires qui ont les moyens de réaliser un investissement peuvent en bénéficier. Étant donné que les femmes sont souvent économiquement défavorisées et que les hommes sont surreprésentés en tant que locataires, de tels programmes d'isolation et de rénovation sont susceptibles de ne pas inclure les femmes. Une analyse sexospécifique est donc importante pour détecter des effets similaires de la politique énergétique sur l'égalité femmes-hommes (Clancy and Feenstra, 2019[59]).

Enfin, une transition juste devrait également tenir compte du rôle des peuples autochtones. La 18e session de l'Instance permanente des Nations Unies sur les questions autochtones a mis en lumière la façon dont les connaissances autochtones et les systèmes juridiques traditionnels peuvent permettre des solutions climatiques durables et une bonne gouvernance (UN, 2019[60]). Le principe du consentement préalable libre et éclairé, instrument qui nécessite une consultation ascendante et une coopération avec les peuples autochtones avant d'élaborer un projet, peut permettre de créer des synergies entre les connaissances autochtones et le développement de technologies plus propres. Dans ce domaine, un plus grand nombre de projets, notamment le projet canadien « A SHARED Future » financé par le gouvernement, peuvent favoriser l'engagement des femmes autochtones qui sont les leaders dans leurs communautés en matière d'énergies renouvelables (A SHARED Future, 2019[61]).

8.5. Actions clés pour aller de l'avant

Un certain nombre de mesures peut être pris pour renforcer les synergies entre les objectifs en matière d'égalité des sexes et ceux en matière d'énergie :

- Collecte plus systématique de données probantes sur les liens entre les objectifs en matière d'égalité des sexes et ceux en matière d'énergies propres.
- Les politiques énergétiques devraient être alignées sur les besoins des femmes, en particulier dans les pays où la précarité énergétique est très répandue.
- Les dirigeants devraient prendre en compte les répercussions de leurs politiques énergétiques sur les autres pays, y compris leur incidence sur les objectifs de durabilité et les inégalités entre les sexes.
- Une dimension sexospécifique devrait être intégrée dans tous les éléments de la planification et de l'élaboration des politiques énergétiques. Il faut également encourager la présence des femmes, notamment celles issues des communautés autochtones, au sein des organes décisionnels locaux, nationaux et internationaux et du secteur de l'énergie lui-même à tous les stades de l'élaboration des politiques.
- Il est essentiel de remédier aux inégalités structurelles et comportementales entre les sexes afin de permettre aux femmes de participer au secteur de l'énergie à tous les niveaux : premièrement, en encourageant davantage de filles à étudier les disciplines STIM afin de développer des connaissances spécialisées, et deuxièmement, en favorisant un partage plus équitable du travail domestique non rémunéré entre les hommes et les femmes afin de permettre aux femmes

d'appliquer leurs compétences dans la prise de décision, tant dans le cadre professionnel que dans le cadre communautaire.

- Les bailleurs de fonds devraient encourager l'intégration du principe de l'égalité femmes-hommes dans l'aide face au changement climatique, car il faut intensifier les efforts visant à améliorer les possibilités de participation des femmes à l'économie verte, notamment en s'assurant qu'elles bénéficient autant que les hommes des projets d'aménagement axés sur les technologies propres et les énergies renouvelables (GENDERNET, 2015[62]).

Références

A SHARED Future (2019), *A SHARED Future*, http://asharedfuture.ca/ (accessed on 14 March 2021). [61]

Abuya, B., J. Ciera and E. Kimani-Murage (2012), "Effect of mother's education on child's nutritional status in the slums of Nairobi", *BMC Pediatrics*, Vol. 12, http://dx.doi.org/10.1186/1471-2431-12-80. [16]

Albrizio, S. et al. (2014), "Do Environmental Policies Matter for Productivity Growth?: Insights from New Cross-Country Measures of Environmental Policies", *OECD Economics Department Working Papers*, No. 1176, OECD Publishing, Paris, https://dx.doi.org/10.1787/5jxrjncjrcxp-en. [56]

Aragón, F., J. Rud and G. Toews (2018), "Resource shocks, employment, and gender: Evidence from the collapse of the UK coal industry", *Labour Economics*, Vol. 52, pp. 54-67, http://dx.doi.org/10.1016/j.labeco.2018.03.007. [58]

Azomahou, T. and E. Yitbarek (2016), "Intergenerational Education Mobility in Africa: Has Progress Been Inclusive?", *World Bank Group, Development Research Group* Policy Research Working Paper 7843, http://documents1.worldbank.org/curated/en/379961475169190879/pdf/WPS7843.pdf. [19]

Barefoot College (2020), "Solar Mamas", https://www.barefootcollege.org/approach/ (accessed on 10 December 2020). [47]

Bloomfield, E. (2014), *Gender and Livelihoods Impacts of Clean Cookstoves in South Asia*, https://www.cleancookingalliance.org/binary-data/RESOURCE/file/000/000/363-1.pdf. [13]

Botta, E. (2019), "An experimental approach to climate finance: the impact of auction design and policy uncertainty on renewable energy equity costs in Europe", *Energy Policy*, Vol. 133, http://dx.doi.org/10.1016/j.enpol.2019.06.047. [46]

Bové, H. et al. (2019), "Ambient black carbon particles reach the fetal side of human placenta", *Nature Communications*, Vol. 10/1, http://dx.doi.org/10.1038/s41467-019-11654-3. [21]

C3E International (2019), *STATUS REPORT ON GENDER EQUALITY IN THE ENERGY SECTOR MAPPING GENDER DIVERSITY IN THE ENERGY SECTOR*. [53]

Chateau, J., R. Bibas and E. Lanzi (2018), "Impacts of Green Growth Policies on Labour Markets and Wage Income Distribution: A General Equilibrium Application to Climate and Energy Policies", *OECD Environment Working Papers*, No. 137, OECD Publishing, Paris, https://dx.doi.org/10.1787/ea3696f4-en. [57]

Clancy, J. (2012), "Biofuels and Rural Poverty", http://dx.doi.org/10.4324/9780203128473. [34]

Clancy, J. and M. Feenstra (2019), *Women, Gender Equality and the Energy Transition in the EU*, http://www.europarl.europa.eu/supporting-analyses. [39]

Clancy, J. and M. Feenstra (2019), *Women, Gender Equality and the Energy Transition in the EU*, http://www.europarl.europa.eu/supporting-analyses. [59]

Clancy, J., M. Feenstra and V. Daskalova (2017), "Gender perspective on access to energy in the EU.", https://doi.org/10.13140/RG.2.2.14577.02406. [8]

De Lauretis, S., F. Ghersi and J. Cayla (2017), "Energy consumption and activity patterns: An analysis extended to total time and energy use for French households", *Applied Energy*, Vol. 206, http://dx.doi.org/10.1016/j.apenergy.2017.08.180. [43]

Dutta, S., A. Kooijman and E. Cecelski (2017), *SEAR ENERGY ACCESS AND GENDER GETTING THE RIGHT BALANCE*, http://www.worldbank.org. [10]

EBRD (2019), *GENDER-RESPONSIVE INVESTMENT CLIMATE REFORM IN TAJIKISTAN Making policies work for women in business A toolkit for policymakers and advocates*. [51]

EIB (2020), "Delopment Solutions: How to fight climate change with gender equality", *Development Solutions*, https://www.eib.org/en/essays/climate-change-gender-investment (accessed on 11 December 2020). [50]

EIGE (2020), *Gender Equality Index 2019 - Work-life balance*, http://dx.doi.org/10.2839/852588. [9]

EIGE (2016), "Gender and Energy" : Publications Office of the European Union. [52]

EIGE (2016), "Gender in environment and climate change", http://dx.doi.org/10.2839/51996. [33]

Eunice Ahairwe, P. and S. Bilal (2020), *A gender-sensitive sustainable COVID-19 recovery: The role of development finance institutions (ECDPM Discussion Paper 284)*. [54]

Fraune, C. (2016), "The politics of speeches, votes, and deliberations: Gendered legislating and energy policy-making in Germany and the United States", *Energy Research & Social Science*, Vol. Volume 19, https://doi.org/10.1016/j.erss.2016.06.007. [37]

Fraune, C. (2015), "Gender matters: Women, renewable energy, and citizen participation in Germany", *Energy Research & Social Science*, Vol. 7, http://dx.doi.org/10.1016/j.erss.2015.02.005. [38]

Gakidou, E. et al. (2010), "Increased educational attainment and its effect on child mortality in 175 countries between 1970 and 2009: a systematic analysis.", *Lancet (London, England)*, Vol. 376/9745, pp. 959-74, http://dx.doi.org/10.1016/S0140-6736(10)61257-3. [18]

GENDERNET (2015), *Making climate finance work for women: Overview of the integration of gender equality in aid to climate change*, https://www.oecd.org/dac/gender-development/Making-Climate-Finance-Work-for-Women.pdf. [62]

GGCA (2016), *Gender and Climate Change: A Closer Look at Existing Evidence*, https://wedo.org/gender-and-climate-change-a-closer-look-at-existing-evidence-ggca/. [49]

Global Alliance for Clean Cookstoves (2016), *Gender-Based Violence in Humanitarian Settings: Cookstoves and Fuels. A Systematic Review of the Evidence Base*, Global Alliance for Clean Cookstoves, https://www.cleancookingalliance.org/resources/478.html (accessed on 22 March 2021). [23]

Graichen, J. et al. (2017), *International Climate Initiatives - A way forward to close the emissions gap? Initiatives' potential and role under the Paris Agreement Final Report*, Umweltbundesamt, https://www.umweltbundesamt.de/publikationen. [27]

Grünewald, P. and M. Diakonova (2020), "Societal differences, activities, and performance: Examining the role of gender in electricity demand in the United Kingdom", *Energy Research & Social Science*, Vol. 69, http://dx.doi.org/10.1016/j.erss.2020.101719. [41]

Huddart Kennedy, E., H. Krahn and N. Krogman (2015), “Are we counting what counts? A closer look at environmental concern, pro-environmental behaviour, and carbon footprint”, *Local Environment*, Vol. 20/2, http://dx.doi.org/10.1080/13549839.2013.837039. [40]

IEA (2020), *Gender diversity in energy: what we know and what we don’t know*, https://www.iea.org/commentaries/gender-diversity-in-energy-what-we-know-and-what-we-dont-know (accessed on 23 March 2021). [55]

IEA (2020), *SDG7: Data and Projections*, International Energy Agency, http://IEA (2020), SDG7: Data and Projections, IEA, Paris https://www.iea.org/reports/sdg7-data-and-projections (accessed on 11 March 2021). [3]

IEA (2020), “The Covid-19 crisis is reversing progress on energy access in Africa”, *IEA*, http://IEA, Paris https://www.iea.org/articles/the-covid-19-crisis-is-reversing-progress-on-energy-access-in-africa (accessed on 2 December 2020). [1]

IEA (2020), “World Energy Outlook 2020”, *IEA*, https://www.iea.org/reports/world-energy-outlook-2020 (accessed on 4 December 2020). [29]

IEA (2019), *Africa Energy Outlook 2019*, https://iea.blob.core.windows.net/assets/2f7b6170-d616-4dd7-a7ca-a65a3a332fc1/Africa_Energy_Outlook_2019.pdf. [28]

IEA (2019), “Renewables Information 2019, IEA, Paris https://www.iea.org/reports/renewables-information-2019”. [36]

IEA (2018), *World Energy Outlook 2018*, International Energy Agency, Paris, https://dx.doi.org/10.1787/weo-2018-en. [26]

IEA (2017), “Energy Access Outlook 2017, IEA, Paris https://www.iea.org/reports/energy-access-outlook-2017”. [12]

IRENA (2020), *Wind energy: A gender perspective*, IRENA, Abu Dhabi, http://www.irena.org. [63]

IRENA (2019), *Renewable Energy: A Gender Perspective*, http://www.irena.org. [44]

ITF (2011), *Gender and Transport*, OECD, Paris, http://dx.doi.org/Discussion Paper 2011.11. [31]

Lambrou, Y. and G. Piana (2006), *Energy and Gender Issues in Rural Sustainable Development*. [45]

Lam, N. et al. (2012), “Kerosene: A Review of Household Uses and their Hazards in Low- and Middle-Income Countries”, *Journal of Toxicology and Environmental Health Part B*, Vol. 15/6, pp. 396-432, http://dx.doi.org/10.1080/10937404.2012.710134. [25]

Lewis, J. et al. (2013), *The short-run and long-run effects of household technological change **. [14]

Mare, R. and V. Maralani (2006), “The Intergenerational Effects of Changes in Women’s Educational Attainments”, *Am Sociol Rev.* 71(4): 5542–564., https://www.ncbi.nlm.nih.gov/pmc/articles/PMC4381439/. [20]

O’Dell et al (2015), *Women, energy, and economic empowerment Applying a gender lens to amplify the impact of energy access.* [15]

OECD (2020), *OECD Economic Outlook, Volume 2020 Issue 2: Preliminary version*, OECD Publishing, Paris, https://dx.doi.org/10.1787/39a88ab1-en. [2]

OECD (2018), *Policy Coherence for Sustainable Development and Gender Equality: Fostering an Integrated Policy Agenda*, http://www.oecd.org/gov/gender-mainstreaming/policy-coherence-for-sustainable-development-and-gender-equality.pdf. [11]

Ogunbiyi D (2020), *Damilola Ogunbiyi: Power in a Pandemic - Why Energy Access Matters During Coronavirus*, Sustainable Energy for All, https://www.seforall.org/news/power-in-a-pandemic-why-energy-access-matters-during-coronavirus. [6]

Özer, M., J. Fidrmuc and M. Eryurt (2018), "Maternal education and childhood immunization in Turkey", *Health Economics (United Kingdom)*, Vol. 27/8, pp. 1218-1229, http://dx.doi.org/10.1002/hec.3770. [17]

Räty, R. and A. Carlsson-Kanyama (2009), *Comparing energy use by gender, age and income in some European countries*. [32]

Räty, R. and A. Kanyama (2010), "Energy consumption by gender in some European countries", *Energy Policy*, Vol. 38(1):646-649, http://dx.doi.org/DOI: 10.1016/j.enpol.2009.08.010 ·. [42]

Statistical Office of the European Communities (2019), *Energy, transport and environment statistics: 2019 edition*. [35]

Tam, C. (2019), *Clean energy finance and investment mobilisation programme*, OECD, http://www.oecd.org/cgfi. [48]

UN (2019), *Permanent Forum on Indigenous Issues - Report on the eighteenth session (22 April–3 May 2019)*, https://undocs.org/en/E/2019/43 (accessed on 14 March 2021). [60]

UN (2016), *Affordable and Clean Energy: Why It Matters*, https://www.un.org/sustainabledevelopment/wp-content/uploads/2016/08/7_Why-It-Matters-2020.pdf. [5]

UNDP (2012), *Gender and Climate Change Africa*. [30]

UNHCR (2016), *SGBV Prevention and Response: A Training Package*, https://www.unhcr.org/583577ed4.pdf (accessed on 14 April 2021). [22]

USEA (2019), "USEA BRIEFING: ADDRESSING ENERGY POVERTY IN THE US: A FEDERAL/STATE/UTILITY COLLABORATION. https://www.usea.org/event/usea-briefing-addressing-energy-poverty-usfederalstateutility-collaboration". [7]

Venkataraman, C. et al. (2010), "The Indian National Initiative for Advanced Biomass Cookstoves: The benefits of clean combustion", *Energy for Sustainable Development*, Vol. 14/2, pp. 63-72, http://dx.doi.org/10.1016/j.esd.2010.04.005. [24]

WHO (2018), "Household air pollution and health", *WHO Factsheet*, https://www.who.int/news-room/fact-sheets/detail/household-air-pollution-and-health. [4]

Notes

[1] Un rapport plus récent de l'IRENA sur la participation des femmes au secteur de l'énergie éolienne aboutit à des résultats équivalents, et montre en outre que les femmes sont moins présentes dans le secteur en Afrique (9 %) et dans la région Asie-Pacifique (15 %) qu'en Amérique latine et dans les Caraïbes (19 %), et qu'en Europe et en Amérique du Nord (26 %) (IRENA, 2020[63]).

[2]Dans l'enquête de l'IRENA menée en 2019, ces mesures consistent notamment à intégrer la problématique femmes-hommes grâce à des audits et à des activités de sensibilisation dans le secteur privé, à créer des réseaux de soutien, des programmes de mentorat et des prix, à offrir un meilleur accès aux études et à la formation professionnelle en adaptant le programme pédagogique, à fixer des quotas et des objectifs pour la proportion de femmes, à briser les barrières liées au sexe en adaptant les politiques et la réglementation en milieu de travail, et en garantissant un meilleur équilibre vie professionnelle-vie privée.

9 Les femmes et l'ODD 9 – Industrie, innovation et infrastructure : bâtir une infrastructure résiliente, promouvoir une industrialisation durable qui profite à tous et encourager l'innovation

L'industrialisation et le développement de l'infrastructure soutiennent la croissance économique depuis des décennies et ont permis d'améliorer grandement de nombreux aspects du bien-être dans toutes les couches de la population. L'infrastructure est primordiale pour l'égalité entre les sexes, car elle facilite l'accès aux services essentiels aux femmes et offre de nouveaux débouchés économiques. Néanmoins, l'industrialisation et l'infrastructure ont également un coût important pour la santé et l'environnement, et peuvent avoir des répercussions sociales négatives, lesquelles touchent souvent les femmes principalement. La prise en compte de la problématique femmes-hommes lors de la mise en place de l'infrastructure est essentielle pour combler les écarts qui persistent entre femmes et hommes en matière d'utilisation de l'infrastructure et d'emploi. Les femmes peuvent également jouer un rôle déterminant dans l'innovation verte et numérique, à condition de résoudre un certain nombre de problèmes, notamment concernant l'écart de compétences, les préjugés sociaux et une discrimination pure et simple. Des disparités persistent entre femmes et hommes aux postes de responsabilité dans le secteur privé, notamment les domaines de l'infrastructure, de l'économie verte et du numérique.

9.1. Éléments à retenir

Ce chapitre décrit les liens entre l'égalité des sexes et l'autonomisation des femmes d'une part, et l'industrialisation, l'infrastructure et l'innovation d'autre part. Un certain nombre de sujets y sont abordés :

- La mise en place de l'infrastructure est essentielle à la croissance économique et à la création de débouchés économiques pour les groupes vulnérables. L'accès à un transport multimodal sécuritaire, à des services numériques modernes et à une infrastructure sociale (p. ex., parcs publics, centres de santé et de soins) est indispensable pour mettre fin aux disparités femmes-hommes et favoriser l'émancipation économique des femmes.
- En même temps, les projets d'infrastructure de grande envergure, en particulier dans le secteur des transports, pourraient nuire aux communautés locales et à l'environnement, en particulier dans les pays peu exigeants sur les normes de protection et d'application de la loi. La majeure partie des projets de construction dans le secteur des transports se concentre dans les pays en développement, y compris dans les régions où la biodiversité est riche. Les femmes sont souvent les plus touchées par les déplacements forcés, les violations des droits humains (y compris les violences et les crimes sexuels), le laxisme du droit du travail et les risques pour la santé et la sécurité associés aux projets d'infrastructure non durables.
- La croissance des secteurs industriels et la transition d'une économie de services à une économie fondée sur le savoir offrent rarement les mêmes chances aux femmes. Si l'industrialisation a offert des opportunités professionnelles aux femmes des pays en développement, un grand nombre de femmes continue d'occuper des postes de main d'œuvre directe peu qualifiés et faiblement rémunérés.
- Il existe encore des disparités femmes-hommes importantes dans les secteurs les plus dynamiques et les plus innovants de l'économie. Des études montrent que les femmes ont moins accès à Internet et ont moins de chances d'avoir un téléphone portable que les hommes. C'est dans les pays en développement que ces disparités sont les plus fortes.
- Un autre sujet de préoccupation est le faible nombre de femmes choisissant les disciplines STIM (sciences, technologie, ingénierie et mathématiques), ce qui se traduit par un faible pourcentage de femmes participant au développement technologique (activité d'invention), qui s'élève à peine à 15 % en moyenne dans l'ensemble des pays et des domaines technologiques. De ce fait, les femmes ont des possibilités limitées de participer à l'innovation verte.
- Les écarts de compétences, les normes sociales, les préjugés et la discrimination du marché du travail se traduisent par de fortes inégalités entre les sexes chez les décideurs des secteurs de l'infrastructure, de l'innovation verte et du numérique.
- Les inégalités entre les femmes et les hommes peuvent se conjuguer à la discrimination fondée sur la race, le handicap ou d'autres caractéristiques personnelles et creuser l'écart entre les sexes. Il est fondamental d'évaluer l'intersectionnalité de l'articulation entre l'égalité femmes-hommes et l'infrastructure pour élaborer des politiques efficaces.
- Les pouvoirs publics doivent prendre des mesures dans ces différents domaines afin de s'attaquer aux risques sexospécifiques, de mettre fin aux disparités femmes-hommes dans le domaine du travail et de favoriser l'émancipation économique des femmes. S'agissant de l'infrastructure, l'un des points clés est de s'assurer que les projets de grande envergure soient soumis à une évaluation de l'impact sur l'environnement et la société, y compris une évaluation de l'impact selon le sexe. Les stratégies et les plans relatifs à l'infrastructure, en particulier dans les secteurs des transports et du numérique, doivent inclure une dimension sexospécifique.
- Les responsables de l'action publique doivent envisager des options, notamment des rapports, des objectifs et des quotas, pour accroître la présence des femmes aux postes de direction dans l'industrie et le secteur de l'infrastructure. Davantage de ressources et de mesures sont

nécessaires pour mettre en avant des programmes visant à améliorer la participation des femmes à la recherche et à l'innovation, ainsi que pour lever les obstacles à leur présence dans les disciplines STIM.

9.2. Principaux liens entre l'égalité des sexes, l'industrialisation, l'infrastructure durable et l'innovation et les autres ODD

L'industrie manufacturière, les progrès technologiques, l'innovation et le développement de l'infrastructure sont au cœur du progrès et du bien-être humains. Ils soutiennent une productivité accrue, la production de revenus et la croissance des salaires, les emplois et de meilleures conditions de vie en offrant un accès aux services essentiels tels que la santé et l'éducation. Ils sont donc au centre de nombreux autres ODD, parmi lesquels l'ODD 8 sur le travail décent et la croissance économique, l'ODD 10 sur les inégalités, l'ODD 1 sur l'éradication de la pauvreté et l'ODD 2 sur la faim « zéro ».

Cependant, la plupart des processus de production économique consomment aussi beaucoup de ressources naturelles et d'énergie, et contribuent à la destruction des écosystèmes, dont la déforestation et l'extinction de millions d'espèces animales et végétales. Ces processus génèrent également des déchets, de la pollution et des émissions de gaz à effet de serre (GES).

Pour atteindre l'ODD 9, il faut donc transformer les processus de production, en particulier dans les industries énergivores telles que l'exploitation minière, la fabrication des produits chimiques et des matériaux, ainsi que les transports utilisant des combustibles fossiles. Le transport aérien, particulièrement polluant, connaît une croissance rapide. Le transport maritime est également un sujet de préoccupation majeur pour la durabilité environnementale, notamment pour les océans. Par ailleurs, des innovations technologiques doivent voir le jour afin de transformer les tendances actuelles de l'industrialisation en infrastructure et en méthodes de production plus durables et résilientes.

Le développement industriel et la croissance des secteurs économiques, de même que la transition d'une économie de services à une économie fondée sur le savoir offrent rarement les mêmes chances aux femmes. Les femmes des zones rurales, des groupes autochtones et des sociétés traditionnelles sont les plus touchées par ces tendances. L'industrie manufacturière tend à être dominée par les hommes, même si la « féminisation » de la main-d'œuvre est de plus en plus visible. Les femmes intègrent davantage l'industrie manufacturière, notamment dans les pays en développement, alors que dans certains cas, les conditions de travail et la protection des travailleurs ne sont pas conformes aux normes établies. En outre, il y a de fortes disparités entre femmes et hommes dans les secteurs des nouvelles technologies et de l'innovation, de sorte que les femmes sont exclues de l'innovation technologique à mettre en œuvre pour évoluer vers une industrialisation plus durable. Les entrepreneuses doivent également faire face à davantage d'obstacles pour exploiter leur entreprise, qui vont des barrières réglementaires à l'accès au financement.

L'ODD 9 intègre trois indicateurs sexospécifiques, qui couvrent tous des questions environnementales (9.1.1 sur la proportion de la population rurale vivant à moins de 2 km d'une route praticable toute l'année, 9.5.2 sur le nombre de chercheurs (équivalent plein temps) par million d'habitants, 9.c.1 sur la proportion de la population ayant accès à un réseau mobile, par type de technologie). Ces indicateurs couvrent différents thèmes de la problématique femmes-hommes, à savoir l'accès des femmes des zones rurales à l'infrastructure routière, le rôle des chercheuses et inventrices, et l'accès des femmes à la technologie numérique et aux réseaux mobiles. Pourtant, l'atteinte de tous les autres indicateurs de l'ODD 9 pourrait avoir des effets positifs sur l'autonomisation des femmes et des filles, si l'industrialisation et l'infrastructure durables qui profitent à tous couvrent l'égalité des sexes. Il est indispensable de collecter des données ventilées par sexe sur ces indicateurs, qui ont également une forte composante environnementale (comme les modes de transport, le secteur manufacturier et la petite industrie), en considérant les femmes comme des utilisatrices, des travailleuses ou des entrepreneuses.

9.3. Effets sexospécifiques de l'industrialisation, de l'infrastructure et des nouvelles technologies

9.3.1. Industrialisation et répercussions sur les femmes et l'environnement

La croissance des secteurs industriels et la transition d'une économie de services à une économie fondée sur le savoir offrent rarement les mêmes chances aux femmes. L'industrialisation tournée vers l'exportation et les postes sur des chaînes de montage créent de nouvelles possibilités d'emploi pour les femmes dans l'industrie manufacturière dans la majeure partie des pays en développement. Comme l'indique également le chapitre 6, en règle générale, dans l'industrie manufacturière, les femmes occupent principalement des postes de chaîne de montage peu qualifiés et faiblement rémunérés (ILO, 2016[1]). Les femmes quittent le secteur agricole pour intégrer le secteur manufacturier, sans garantie d'obtenir un poste mieux payé ou une meilleure sécurité d'emploi (Tran, 2019[2]).

Le développement du secteur des services dans le monde entier a créé des débouchés professionnels à des postes officiels exigeant de nombreuses compétences pour une minorité de femmes très qualifiées. Pourtant, dans les pays en développement principalement, la majorité des femmes reste cantonnée à des postes peu rémunérés ou à temps partiel, du fait des responsabilités domestiques et familiales leur incombant (ILO, 2016[1]). Les emplois dans la recherche et l'innovation qui favorisent l'évolution vers une économie fondée sur le savoir restent occupés majoritairement par des hommes.

Des disparités femmes-hommes considérables perdurent également dans les pays membres de l'OCDE. Par exemple, dans le cas des États-Unis, la part d'emploi des femmes dans l'industrie manufacturière a diminué, passant de 33.2 % en 1990 à 29.0 % en 2016 (U.S. Census Bureau, 2016[3]). En outre, d'importants écarts salariaux subsistent, avec une inégalité d'accès aux possibilités. Les femmes font également l'objet d'une discrimination, et dans certains cas, travaillent dans des environnements potentiellement dangereux.

Comme l'explique de façon plus détaillée le chapitre 4, l'industrialisation a également contribué aux dégâts causés à l'environnement, dont la pollution et d'autres dangers pour l'environnement, avec des effets néfastes spécifiques sur la santé des femmes.

9.3.2. Mise en place de l'infrastructure et répercussions sociales et environnementales

L'infrastructure joue un rôle clé dans le commerce et l'accès aux marchés, et est étroitement liée à la croissance économique et au bien-être. L'infrastructure est également un élément essentiel de l'égalité entre les sexes, car elle peut faciliter l'accès des femmes aux transports, à l'énergie, à l'eau pure et aux installations d'assainissement et sanitaires. Elle peut donc réduire le temps que les femmes passent à assumer leurs responsabilités domestiques et familiales, leur donnant la possibilité, et les moyens, d'exercer un emploi rémunéré. La mise en place de l'infrastructure sociale, comme l'éducation et la santé, peut soutenir l'autonomie financière et le bien-être des femmes. Lorsqu'ils sont élaborés en intégrant les questions d'égalité des sexes, les projets bien planifiés peuvent apporter des avantages supplémentaires aux femmes en leur offrant davantage de sécurité dans les espaces publics (voir, par exemple, les transports urbains à la section 10.3.4). Dans le monde entier, ce secteur est également un employeur de premier plan. Il est donc essentiel d'intégrer une optique sexospécifique lors de la mise en place de l'infrastructure. À chaque étape, il est possible de tenir davantage compte du rôle des femmes dans l'infrastructure, en commençant par la définition de la portée du projet. L'évaluation, l'approbation, l'exécution et l'entretien des projets doivent tous inclure une dimension sexospécifique (Open Development, 2020[4]) afin de garantir que les besoins et le point de vue des femmes sont pris en compte. Des initiatives telles que l'analyse comparative entre les sexes plus appliquée au Fonds national des corridors commerciaux au Canada montrent que les femmes, les hommes et les personnes[1] de genres divers peuvent tous bénéficier d'infrastructures plus durables (ILO, 2016[1]).

Les projets d'infrastructure doivent intégrer des considérations sociales, environnementales et écosystémiques, dont l'impact selon le sexe. Si les projets d'infrastructures de grande ampleur peuvent grandement contribuer au développement économique et offrir des débouchés à différents groupes, y compris aux femmes, ils créent également des risques pour l'environnement et pour les femmes touchées par les projets de construction (OECD, 2019[5]). Dans les pays en développement, le faible niveau d'instruction des femmes et la discrimination fondée sur le sexe rendent les femmes des régions rurales démesurément vulnérables (Mortensen and Boyland, 2019[6]).

Les gouvernants s'attachent de plus en plus à promouvoir une infrastructure durable, en prenant en compte les aspects environnementaux et sociaux. La mise en place de l'infrastructure peut avoir des répercussions profondes pour l'environnement, tout comme elle peut contribuer à la modification de la qualité de l'air, de la quantité et de la qualité de l'eau, et de la biodiversité et des écosystèmes locaux. Si les consultations et la conception associées aux projets d'infrastructure sont insuffisantes, ces projets peuvent avoir des coûts disproportionnés pour les communautés locales et les populations autochtones, provoquant leur déplacement, la perte des terres ancestrales, voire même la violation des droits de la personne et du travail (UNDESA, 2009[7]). Les femmes des régions rurales et appartenant aux peuples autochtones sont très souvent plus touchées du fait qu'elles sont marginalisées, qu'elles ne s'approprient pas les projets et qu'elles n'ont pas voix au chapitre. En parallèle, la mise en place de l'infrastructure peut créer des emplois nouveaux ou différents, modifiant les schémas d'emploi et le développement économique d'une région donnée. Ces changements peuvent avoir des incidences sur les femmes qu'il faudrait prendre en compte.

Les Principes du G20 en matière d'investissements dans les infrastructures de qualité et la Note de référence du G20 sur les considérations environnementales et sociales pour une infrastructure de qualité, élaborée par l'OCDE, intègrent les facteurs environnementaux, sociaux, et notamment ceux liés à la problématique femmes-hommes à la mise en place de l'infrastructure. Cette Note de référence propose des mesures possibles pour aider à minimiser les effets négatifs sur l'environnement et la société, ainsi que pour rendre la mise en place de l'infrastructure et les investissements connexes plus durables. Parmi les points soulevés figure également l'intégration de la problématique femmes-hommes à la planification, la conception et la mise en place de l'infrastructure (OECD, 2019[8]).

En 2015, l'OCDE a conçu un Cadre pour la gouvernance des infrastructures, qui définit 10 facteurs de succès pour réussir les projets d'infrastructure et propose des lignes d'action pour créer un environnement habilitant, en s'appuyant sur plusieurs instruments de l'OCDE tels que les marchés publics, la budgétisation, le cadre pour l'intégrité, etc. (OECD, 2017[9]). En 2020, les membres de l'OCDE ont approuvé une Recommandation du Conseil sur la gouvernance des infrastructures, qui permet de lancer des projets d'infrastructure tenant davantage compte des deux sexes, et garantit l'intégration de la question de l'égalité femmes-hommes et la participation directe des femmes tout au long du cycle de gouvernance des infrastructures (OECD, n.d.[10]).

Les risques liés à la construction de l'infrastructure routière pour les communautés locales et l'environnement sont particulièrement élevés dans les pays peu exigeants sur les normes de protection et d'application de la loi. La majeure partie des projets de construction dans le secteur des transports se concentre dans les pays en développement. D'ici 2050, le fret mondial et le transport de passagers devraient doubler, ce qui nécessitera 25 millions de kilomètres de routes goudronnées et plus de 300 000 km de voies ferrées supplémentaires à l'échelle mondiale. Cette évolution entraînera une augmentation de l'infrastructure de 85 %, dont 90 % seront des routes (Dulac, n.d.[11]).

Une telle croissance de l'infrastructure, outre les avantages économiques qu'elle devrait procurer, aura certainement des effets sur l'environnement et la société, et risque d'endommager des milieux tropicaux abritant une grande diversité et ayant une haute valeur environnementale (Alamgir et al., 2017[12]). Par exemple, en Amazonie brésilienne, 95 % de la déforestation a lieu à moins de 5.5 km d'une route goudronnée ou non goudronnée (Dulac, n.d.[11]). On observe la même tendance dans d'autres pays tropicaux ou subtropicaux. Dans ces régions, les routes peuvent aussi ouvrir la voie aux braconniers et à d'autres activités indésirables telles que l'exploitation minière illicite, la contrebande et la production de drogues, ainsi qu'à des mouvements migratoires, ce qui perturbe souvent l'équilibre délicat des communautés locales, en particulier des tribus autochtones isolées.

Ces effets peuvent affecter les femmes de ces régions davantage que les autres, car ce sont souvent elles qui s'occupent des petites exploitations de subsistance dont elles peuvent être chassées par des travaux routiers. Les femmes ont souvent des rôles précis dans les sociétés traditionnelles, comme la cueillette d'aliments et d'ingrédients pour les remèdes dans des forêts sur lesquelles les projets d'infrastructure risquent avoir une incidence. Elles sont les plus touchées par les violations des droits humains (y compris les violences et les crimes sexuels), le laxisme du droit du travail et les risques pour la santé et la sécurité liés aux projets d'infrastructure (OHCHR and Heinrich-Böll-Stiftung, 2019[13]). Les projets qui attirent un grand nombre de travailleurs peuvent accroître la demande de travail du sexe et les risques de violence sexiste (World Bank, 2018[14])., ce qui n'est pas le cas uniquement dans les pays les moins avancés. Des rapports récents sur l'impact des projets hydroélectriques au Manitoba (Canada) et dans le domaine de l'énergie éolienne au Mexique ont été associés à un nombre croissant d'abus sexuels et de harcèlement (CBC, 2018[15]). (Castañeda Carney et al., 2020[16]) Un objectif clé des gouvernants devrait être d'utiliser les avantages très variés que procurent les projets d'infrastructure pour améliorer les débouchés économiques et le bien-être des femmes, tout en gérant ces risques au niveau du projet. Ces impacts devraient être évalués et discutés en amont lors de la prise de décision d'investir dans l'infrastructure. Il serait possible d'intégrer davantage la problématique femmes-hommes dans les politiques d'infrastructure durable en prenant en compte les répercussions sociales et environnementales des projets d'infrastructure pour les femmes.

Il est essentiel de procéder à une évaluation exhaustive des risques pour l'environnement et la société avant les travaux ainsi qu'à une analyse intégrée tenant compte de la problématique femmes-hommes, afin d'assurer une gestion efficace de ces risques. Cette évaluation devrait examiner l'impact des projets d'infrastructure sur le bien-être des femmes vivant dans les communautés. Malheureusement, les évaluations de l'impact sur l'environnement qui prennent en compte les risques indirects (appelés risques stratégiques pour l'environnement) et les analyses des risques sociaux sont chères et ne sont donc effectuées que pour une minorité de projets. Au minimum, une intervention gouvernementale est nécessaire pour veiller à ce que ces évaluations exhaustives soient menées pour les projets à risque élevé tels que les grands axes routiers traversant des régions forestières et des zones humides ou des communautés. En outre, ces évaluations doivent être aussi indépendantes que possible. En pratique, leur qualité varie fortement, car le choix de l'évaluateur revient souvent au promoteur, qui peut influencer le consultant en vue d'obtenir une évaluation indulgente.

Tout au long de la mise en œuvre des projets d'infrastructure dans les zones urbaines et rurales, l'atténuation, la notification et le suivi nécessitent l'élaboration d'indicateurs sexospécifiques. Ces derniers doivent refléter les informations sur le rôle des femmes en tant qu'utilisatrices, travailleuses ou entrepreneuses, et doivent également mesurer la capacité organisationnelle, l'accès à l'information et la prise de décision des femmes. En outre, comme le souligne la note de bonnes pratiques de la Banque mondiale sur la lutte contre la violence sexiste dans les grands travaux civils, les projets devraient prévoir un mécanisme de réponse aux cas de violence sexiste qui fournit des services essentiels aux survivantes et dispose de canaux de signalement efficaces et confidentiels (World Bank, 2018[14]).

Le secteur privé a également un rôle clé à jouer dans l'atténuation et la gestion des risques pour la société et l'environnement découlant de ses investissements et projets liés à l'infrastructure. Il conviendrait de mettre en avant le Guide OCDE sur le devoir de diligence pour une conduite responsable des entreprises dans le cadre des projets d'infrastructure et des procédures de passation de marchés publics connexes afin d'améliorer la durabilité sociale et environnementale de ces projets et d'atténuer les effets néfastes sur l'égalité des sexes et l'environnement.

9.3.3. Disparités entre femmes et hommes s'agissant de l'accès aux services numériques

Le renforcement de l'accès des femmes à l'infrastructure de communications, des réseaux mobiles aux réseaux haut débit, est fondamental pour qu'elles profitent des avantages offerts par la transformation numérique. L'accès aux réseaux numériques augmente les débouchés économiques et peut également contribuer à résoudre des problèmes environnementaux, par exemple en facilitant le télétravail et réduisant les trajets quotidiens nécessaires.

La connectivité n'est pas encore omniprésente et n'est pas répartie de manière égale entre les sexes ni entre les lieux géographiques. Les enquêtes montrent qu'à l'échelle mondiale, les femmes accèdent moins à Internet que les hommes : 45 % des femmes utilisent Internet, contre environ 51 % des hommes, ce qui signifie qu'il y a 250 millions de femmes en moins en ligne par rapport aux hommes (ITU, 2017[17]). Dans les pays membres de l'OCDE, le taux d'utilisation d'Internet chez les femmes en 2018 était de 86 %, soit le même que celui chez les hommes. Cependant, même dans certains pays membres de l'OCDE, des disparités subsistent. Par exemple, en Turquie, l'écart entre femmes et hommes était d'environ 14 points de pourcentage, les femmes ayant moins accès à Internet que les hommes (OECD, 2019[18]). Sur le plan mondial, les femmes ont en moyenne 26 % moins de chances de posséder un smartphone que les hommes. En Asie du Sud et en Afrique, ces proportions sont de 70 % et 34 % respectivement. Dans le monde, il y a environ 327 millions moins de femmes que d'hommes qui ont un smartphone et peuvent accéder à l'Internet mobile (OECD, 2018[19]).

Afin de garantir une transformation numérique qui profite à tous, il est essentiel d'améliorer l'accès et de réduire la fracture numérique, notamment en fonction de l'âge, du niveau d'études, des revenus et du lieu, qui persistent entre les pays et au sein des pays (OECD, 2020[20]). La boîte à outils pour le haut débit en Amérique latine et dans les Caraïbes de l'OCDE et de la Banque interaméricaine de développement présente un programme détaillé de politiques qui peuvent aider à élargir l'accès aux technologies numériques dans les régions, en s'attaquant aux principaux enjeux liés à l'offre et à la demande d'une manière holistique et cohérente (OECD/IDB, 2016[21]).

Il existe plusieurs bonnes pratiques pour favoriser le raccordement à l'Internet des populations rurales, qui sont tirées de l'expérience et des résultats des pays membres de l'OCDE. Les solutions efficaces pour améliorer l'accès consistent notamment à subventionner les réseaux haut débit nationaux et ruraux, à encourager les réseaux municipaux, à créer des appels d'offres en vue du déploiement et de la gestion de réseaux par le secteur privé, et à mettre en place des dispositifs de libre accès (OECD, 2018[22]). Au-delà de la promotion de cadres réglementaires rationnels, certaines mesures telles que les cadres de service universel des télécommunications et les mécanismes d'aide d'État peuvent aider à répondre aux besoins spécifiques des femmes. Une infrastructure haut débit bien conçue, stratégiquement placée et à prix abordable peut constituer un outil puissant pour œuvrer en faveur de l'égalité des sexes.

L'amélioration de l'accès des femmes aux réseaux et aux services de communication peut contribuer significativement à faire progresser l'égalité entre les sexes. L'utilisation d'Internet, les plateformes numériques, les téléphones mobiles et les services financiers numériques, par exemple, peuvent aider les femmes à mieux gagner leur vie, à accroître leurs possibilités d'emploi, et à accéder aux connaissances et aux services gouvernementaux numériques. En Australie, la connexion haut débit dans les foyers a encouragé davantage de personnes à travailler depuis chez elles, à accéder à l'éducation, à avoir des appareils intelligents chez elles et à lancer leur propre entreprise. Les effets se sont avérés particulièrement importants dans les zones rurales et pour les femmes. Lorsque le haut débit a été déployé, le nombre de femmes exerçant une activité indépendante a progressé de 2.3 % par an en moyenne, contre seulement 0.1 % en moyenne dans les territoires non couverts par le réseau national haut débit (NBN, 2018[23]). L'utilisation de plateformes numériques a également contribué à réduire les obstacles à la participation des femmes au marché du travail, créant une plus grande souplesse et un meilleur équilibre entre vie professionnelle et vie privée, même si cette amélioration est souvent liée à un emploi à temps partiel (OECD, 2017[24]). Certains des avantages d'une plus grande souplesse, ainsi que du « télétravail », sont actuellement mis à l'essai pendant la pandémie de COVID-19, car des périodes de confinement prolongées modifient les habitudes quotidiennes de vie professionnelle et familiale. Même s'il a été avancé que le télétravail pourrait à la fois améliorer la productivité, l'égalité femmes-hommes et l'équilibre entre vie professionnelle et vie privée à long terme pour les femmes et les hommes, il reste à déterminer si ces avantages sont également applicables à court terme (OECD, 2020[25]). Les données fournies par l'Allemagne avant la pandémie de COVID-19 montrent que le télétravail était préféré soit par les hommes sans enfants, soit par les femmes avec enfants. Quel que soit le cas, le télétravail est considéré comme un obstacle possible à l'avancement professionnel, un problème qui pourrait davantage toucher les femmes que les hommes, en raison des préjugés existants (Zhang et al., 2020[26]). Le télétravail obligatoire tel qu'il est actuellement pratiqué pourrait également améliorer l'équilibre entre vie professionnelle et vie privée des hommes de manière à ce qu'ils puissent contribuer plus facilement à la vie du foyer et réduire la charge de travail des femmes. Les services numériques peuvent également faciliter la prestation des services médicaux, en particulier pour les personnes âgées vivant dans des endroits isolés, si l'accessibilité est garantie (Taylor, 2015[27]).

Un obstacle fondamental à l'accès des femmes à Internet est l'absence de services haut débit. Les politiques visant à encourager la concurrence et les investissements privés, ainsi qu'une réglementation indépendante et fondée sur des données probantes, s'avèrent extrêmement efficaces pour étendre la couverture. Les zones peu peuplées, comme les régions rurales, peuvent être plus difficiles à rentabiliser pour les acteurs du marché. Dans ces cas, le coût du déploiement de certains types d'infrastructure peut être élevé comparé au retour sur investissement attendu (OECD, 2018[22]). Ce problème peut toucher les femmes des pays en développement de façon disproportionnée, car elles semblent être plus nombreuses que les hommes dans les régions rurales, tandis que les hommes en âge à travailler vivent principalement dans les zones urbaines (UNDESA, 2018[28]). Le prix des services de communication dans les zones rurales comme urbaines est un problème pour tous, mais touche aussi les femmes et les filles de façon disproportionnée, et reste l'un des principaux obstacles à l'accès aux technologies de l'information et de la communication (TIC) (OECD, 2018[19]). Il s'ensuit des difficultés à obtenir des informations sur la santé et des services de télésanté, qui restent des outils de santé essentiels, comme l'illustre la pandémie de COVID-19.

Outre les obstacles liés à l'accès, tels que la disponibilité et le prix, il est possible que les femmes ne soient suffisamment formées et que des préjugés et des normes socio-culturelles restreignent leur capacité à profiter des possibilités qu'offre la transformation numérique (OECD, 2019[29]).

Les problèmes de sécurité sont aussi l'une des raisons pour lesquelles les familles s'opposent à ce que les femmes ou les filles utilisent Internet ou possèdent un téléphone mobile. Par exemple, pour les femmes en Chine, en Colombie et au Mexique, le harcèlement est un sujet de préoccupation majeur et l'un des principaux obstacles à la possession et à l'utilisation d'un téléphone mobile. Les femmes et les filles qui utilisent Internet peuvent être exposées à des risques supplémentaires, dont le cyber-harcèlement ou même l'exploitation sexuelle. Il devient donc indispensable de mettre au point des mesures pour faire barrage à la violence sexiste en ligne (GSMA, 2015[30]); (OECD, 2018[19]). L'Institut européen pour l'égalité entre les hommes et les femmes estime qu'une femme sur dix a déjà subi une forme de cyber-violence à 15 ans (EIGE, 2017[31]). L'insuffisance des données existantes souligne la nécessité de collecter périodiquement des données harmonisées relatives à la cyber-violence à l'encontre des femmes et des filles, afin de concevoir et d'appliquer des mesures efficaces et d'enregistrer des progrès (c.f. (OECD, 2018[19])).

Des applications améliorées tenant compte des différences entre les sexes venant se superposer à l'infrastructure sont essentielles, de même que des interventions des pouvoirs publics pour s'attaquer aux préjugés structurels anciens. Par exemple, des applications telles que « SafetiPin » en Inde pourraient contribuer à résoudre les problèmes de harcèlement sexuel dans le pays, ainsi qu'à améliorer la sécurité des Indiennes en les aidant à se déplacer en ville en courant moins de risques (voir la section 5.4.3). Par ailleurs, des applications similaires pourraient fournir des données agrégées provenant des utilisateurs aux planificateurs et aux gouvernements locaux pour améliorer les services et rendre les villes plus sûres pour les femmes (SafetiPin, n.d.[32]).

La mise en place de l'infrastructure numérique pourrait également donner les moyens aux femmes de participer aux activités économiques plus vertes et leur permettre de s'attaquer au changement climatique. Par exemple, les TIC peuvent aider les agriculteurs à recevoir des informations plus précises sur les prévisions météorologiques, les tendances climatiques et les nouvelles pratiques de production. Les émissions Shamba Shape-up, diffusées au Kenya, en Tanzanie et en Ouganda, expliquent de façon pratique comment améliorer les pratiques et les modèles d'exploitation agricole, de la santé du bétail et de l'agronomie à l'adaptation au changement climatique. Ces émissions ciblent principalement les agricultrices et sont diffusées à des moments où les femmes et les enfants sont à la maison. Sur le site web de l'émission, les femmes comme les hommes sont encouragés à faire part de leur expérience et à demander des informations. Une évaluation d'impact a permis d'estimer que l'impact économique net des sites web atteignait 25 millions USD, principalement dans le secteur de l'élevage laitier, dans lequel les femmes sont très présentes (World Bank Group, FAO and IFAD, 2015[33]).

La technologie et l'innovation peuvent également soutenir les femmes dans les régions rurales en réduisant le temps qu'elles consacrent aux tâches ménagères, et donc en leur dégageant du temps pour exercer d'autres activités, rémunératrices. Un projet promouvant des systèmes d'irrigation goutte à goutte à énergie solaire au Bénin a montré que la mise en place d'une solution innovante et économe en énergie de ce type offrait une sécurité alimentaire et augmentait les revenus du foyer du fait de la hausse de la production. Ce projet a bénéficié aux femmes et aux filles des zones rurales hors réseau, qui sont généralement celles qui vont chercher de l'eau et dont la production dans de petites exploitations ou des jardins communautaires est soumise à des risques élevés. Malgré les coûts d'investissement initiaux élevés, ce type de technologie s'avère plus économique que d'autres à long terme (Burney et al., 2010[34]).

9.4. Avantages de l'égalité des sexes pour l'industrie, l'innovation et l'infrastructure : rôle des femmes dans l'innovation et la mise en place de l'infrastructure numérique

9.4.1. Rôle pilote des femmes dans l'économie verte et le secteur numérique

La Base de données analytique sur les multinationales et les sociétés affiliées (ADIMA) de l'OCDE montre que les femmes sont sous-représentées dans les salles de réunion de tous les secteurs, bien que l'on note une certaine amélioration ces dernières années. Les femmes ne représentent que 16 % des membres du conseil d'administration dans les 500 plus grandes multinationales (d'après leur capitalisation boursière) d'après l'ADIMA, et cette part descend à 12 % dans le secteur des technologies (Graphique 9.1) (OECD, n.d.[35]).

Graphique 9.1. Les conseils d'administration de tous les secteurs restent largement dominés par les hommes

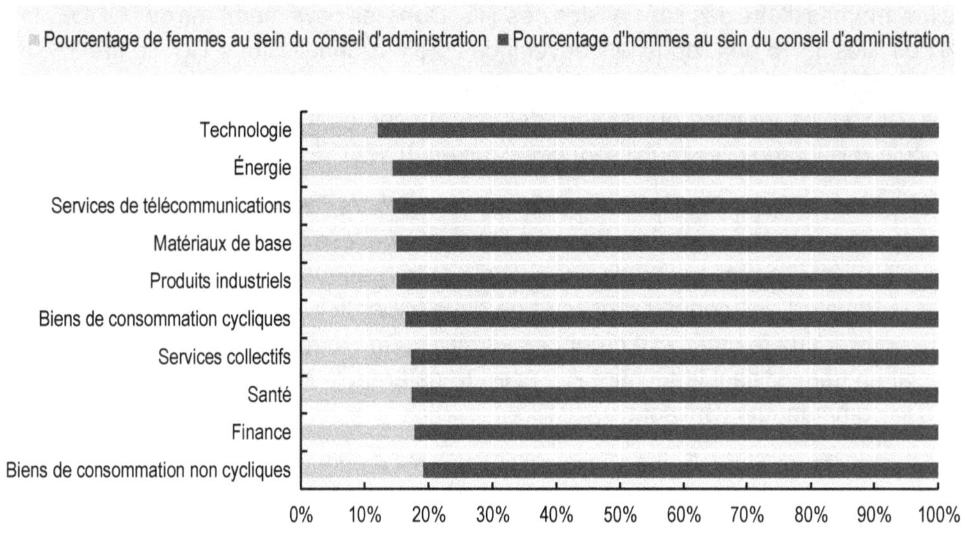

Source : Base de données analytique de l'OCDE sur les multinationales et leurs filiales (ADIMA) (OECD, n.d.[35]).

Si des efforts sont réalisés aux échelles nationale et internationale pour améliorer la participation des femmes (p. ex., les Principes de gouvernance d'entreprise du G20 et de l'OCDE (OECD, 2015[36])), des écarts subsistent dans tous les pays, bien qu'ils aient diminué (mais restent significatifs) dans les pays ayant mis en place des mesures spécifiques, comme des quotas (voir également le Panorama de la gouvernance d'entreprise de l'OCDE (OECD Corporate Governance Factbook 2019) (OECD, 2019[37])).

Il existe des écarts femmes-hommes similaires chez les travailleurs indépendants et les entrepreneurs. Par exemple, au sein de l'Union européenne (UE), moins d'une femme sur dix (9.6 %) qui travaillait était à son compte en 2018, une part nettement inférieure à celle des hommes (16.9 %). Cet écart a légèrement diminué au cours des dix dernières années, mais cela s'explique par la baisse du nombre d'hommes exerçant une activité indépendante. Au cours de la période 2014-18, 5.3 % des femmes des pays membres de l'OCDE s'employaient activement à créer leur entreprise, contre 7.9 % des hommes (OECD/European Union, 2019[38]).

Il existe plusieurs obstacles à l'entrepreneuriat féminin, notamment dans le domaine des compétences perçues et de l'aversion au risque. Durant la période 2014-18, seules 37.7 % des femmes des pays membres de l'OCDE ont déclaré avoir les connaissances et les compétences nécessaires pour créer une entreprise, contre environ la moitié des hommes. En outre, les femmes des pays membres de l'OCDE étaient plus susceptibles de mentionner la peur de l'échec que les hommes (42.2 % contre 36 %). L'écart était plus important dans les pays de l'UE et inexistant en Corée, au Japon et en Israël (OECD/European Union, 2019[38]).

De nombreux exemples montrent de quelle façon une plus grande égalité des sexes au sein de la haute direction dans l'industrie et le secteur de l'infrastructure peut accélérer la transition vers la durabilité. À l'aide d'une base de données regroupant l'ensemble des PDG et des conseils d'administration du classement Fortune 500 sur une période de dix ans, (Glass, Cook and Ingersoll, 2016[39]) constatent que les entreprises qui se caractérisent par une mixité femmes-hommes au sein de l'équipe de direction sont plus efficaces que les autres entreprises dans la mise en œuvre des stratégies respectueuses de l'environnement (chapitre 2).

Les femmes peuvent participer activement à la prise de décisions liée à l'infrastructure numérique et aider à donner forme au futur paysage numérique. Toutefois, les femmes sont actuellement sous-représentées dans les emplois et les équipes dirigeantes du secteur des TIC, et les hommes ont quatre fois plus de chances que les femmes d'être des spécialistes des TIC. Dans les pays membres de l'OCDE, en moyenne, seules 0.5 % des filles de 15 ans souhaitent devenir des professionnelles des TIC, contre 5 % des garçons (OECD, 2018[19]). Comme il fallait sans doute s'y attendre, il y a également moins d'entrepreneuses dans le secteur des TIC, et les femmes qui lancent des entreprises de TIC sont confrontées à des préjugés sexistes socioculturels lorsqu'elles mobilisent des capitaux (OECD/European Union, 2019[38]).

Pourtant, les femmes peuvent grandement contribuer à accroître l'accès aux réseaux haut débit et leur utilisation dans les zones mal desservies. En Inde, le projet Wireless for Communities (W4C) a encouragé la formation d'« ingénieures réseaux pieds nus » et d'« entrepreneuses sans fil » dans les communautés afin de faciliter le transfert des connaissances et de développer le contenu local. Ce projet a contribué à donner plus de pouvoir aux femmes et à créer des espaces sûrs, tout en rendant ces réseaux plus viables sur le plan social en démystifiant la technologie et en transférant le contrôle, la gestion et la maîtrise des technologies à la communauté (Srivastava, 2018[40]).

Dans les pays membres de l'OCDE, il est tout aussi impératif de soutenir la participation des femmes aux initiatives commerciales de pointe à visée écologique. Par exemple, le gouvernement canadien a réalisé des investissements importants pour améliorer la prise en compte de la représentation des femmes dans les questions environnementales. Dans le cadre d'Impact Canada, une initiative gouvernementale, Défi des femmes en tech propres, a été créée afin de soutenir la création de six entreprises proposant une technologie propre à fort impact et dirigées par des femmes. Chaque entrepreneuse touche plus de 600 000 USD pendant 2.5 ans, cette somme couvrant l'aide à l'incubation de l'entreprise, l'aide de laboratoires fédéraux pour l'aspect scientifique et technologique, ainsi qu'une allocation annuelle pour les frais de la vie courante et de déplacement, ce qui lui permet de se consacrer entièrement à son entreprise commerciale (OECD, 2020[41]).

9.4.2. Rôle des femmes dans la recherche et l'innovation scientifiques

La science est indispensable pour éclairer la gestion environnementale. Pour parvenir à gérer les écosystèmes de façon durable, des progrès considérables doivent être accomplis dans les domaines de la science et des technologies innovantes. La transformation numérique et les avancées connexes en biologie et en science des matériaux ouvrent des possibilités extraordinaires pour remédier aux effets indésirables de l'activité économique, parmi lesquels le changement climatique et la pollution, ainsi que pour améliorer la gestion des ressources naturelles et des écosystèmes et maintenir la biodiversité. L'application de l'intelligence artificielle entraîne également une transformation des domaines de la recherche et de l'innovation, et pourrait devenir un outil important pour la gestion environnementale. Selon la publication Science, technologie et innovation : Perspectives de l'OCDE 2018, le budget des gouvernementaux nationaux consacré aux activités de recherche-développement (R et D) sur les questions en lien avec les préoccupations environnementales augmente régulièrement depuis 35 ans (OECD, 2018[42]).

La participation des femmes à la science et à l'innovation peut à la fois enrichir les résultats et contribuer à remettre en question les croyances et les normes sociales profondément ancrées concernant leur rôle. Par exemple, il existe un domaine de recherche bien établi sur les différences entre hommes et femmes en matière de réflexion cognitive et de compétences socio-émotionnelles. Une généralisation souvent citée selon laquelle les hommes sont plus doués en réflexion cognitive et les femmes ont plus d'empathie a été prouvée dans une étude menée sur des nouveau-nés en 2000 (Connellan et al., 2000[43]) Néanmoins, lorsque des chercheuses ont examiné en détail cette étude, elles ont découvert que la méthodologie de recherche ne respectait pas les normes de recherche en psychologie et que les résultats pourraient n'être que le reflet des préjugés sociaux et culturels des chercheurs contre les femmes, et non une réalité biologique (Nash and Grossi, 2007[44]).

La participation des femmes à la science peut également modifier la qualité et les résultats des recherches au-delà des sciences humaines. Par exemple, des femmes biologistes de l'évolution ont modifié la façon dont on interprétait le comportement d'une espèce. Une étude réalisée en Suède montre que les travaux universitaires sur les caractéristiques et les comportements des animaux et des plantes dans les conflits sexuels sont souvent formulés selon le point de vue humain : le mâle est souvent décrit comme recherchant proactivement une partenaire et la femelle comme l'élément passif, ce qui reflète certaines normes sociales, mais ces schémas peuvent nuire aux résultats de recherche (Karlsson Green and Madjidian, 2011[45]). Au-delà de la biologie de l'évolution, il est difficile d'évaluer comment la présence des femmes pourrait modifier les résultats de recherche du fait de leur participation limitée.

La transformation numérique de la science révèle également les différences dans la manière dont les hommes et les femmes scientifiques mènent leurs recherches. Selon l'Enquête internationale auprès des auteurs scientifiques de l'OCDE, les auteures sont moins susceptibles de recourir à des outils perfectionnés et de partager leurs données ou leur code que leurs collègues masculins. Par contre, elles semblent davantage disposées à entreprendre des activités en lien avec leur identité numérique ou à partager des renseignements sur leur travail en ligne.[2]

Encadré 9.1. Participation des femmes à la science

Si des progrès ont été accomplis à l'égard de la représentation des femmes en science dans certains pays et secteurs (p. ex., biologie), globalement, elles sont moins présentes, en particulier dans les secteurs techniques tels que la physique, la biologie moléculaire et dans les secteurs des technologies numériques, comme l'informatique. Ces technologies sont de plus en plus pertinentes pour l'innovation relative aux enjeux environnementaux.

L'écart entre les sexes commence à se creuser chez les titulaires de doctorat et atteint un pic chez les chercheurs. D'après les données de l'UNESCO, moins de 30 % des chercheurs mondiaux (personnes employées dans le secteur de la recherche et du développement) en 2017 étaient des femmes (UNESCO, 2019[46]). Le pourcentage le plus bas (moins de 20 %) est enregistré en Asie de l'Est et du Sud, et le plus élevé en Amérique latine et dans les Caraïbes, ainsi qu'en Asie centrale (plus de 45 %). Au sein des pays membres de l'OCDE, le Japon enregistre l'un des pourcentages les plus bas, à 16.2 %, tandis que la Lituanie et la Lettonie affichent les plus élevés, supérieurs à 50 %.

Un certain nombre de raisons explique ces chiffres, des stéréotypes de genre durant l'enfance et la jeunesse, qui influent sur les choix d'études et entraînent une auto-sélection des étudiantes, aux normes sociales ainsi qu'aux préjugés sexistes inhérents à la communauté universitaire. Par exemple, aux États-Unis, les femmes représentent souvent près de la moitié de la faculté de biologie, et au sein du département de sciences sociales et comportementales, 70 % des membres du corps professoral sont des femmes. Pourtant, le plus souvent, on dissuade les femmes d'opter pour des sujets plus techniques en lien avec la gestion environnementale, ce qui peut nuire à la qualité de la recherche et de la gestion globales relatives à la biodiversité (Sheltzer and Smith, 2014[47]).

Les femmes sont sous-représentées dans la plupart des professions liées aux disciplines STIM, bien que les filles obtiennent d'aussi bons résultats que les garçons, voire meilleurs, dans ces disciplines à l'école (Stoet and Geary, 2018[48]). D'après les chiffres de 2016, dans les pays membres de l'OCDE, seul un tiers des étudiants diplômés en sciences naturelles, en ingénierie et en TIC étaient des femmes (Graphique 9.2). Un tel écart entre les étudiants se répercute ensuite sur les professionnels de ces domaines (Encadré 9.1). Les disparités femmes-hommes dans les carrières scientifiques peuvent aussi s'expliquer par d'autres facteurs : les responsabilités domestiques et familiales supplémentaires des femmes, par exemple, peuvent créer des obstacles à l'avancement professionnel, ou une évaluation du rendement biaisée qui est souvent influencée par des stéréotypes de genre sur les capacités des femmes dans les disciplines STIM, ainsi que le manque de femmes aux postes de haut niveau (OECD, 2018[49]).

Graphique 9.2. Diplômés de l'enseignement supérieur en sciences naturelles, en ingénierie et en TIC, par sexe, 2016

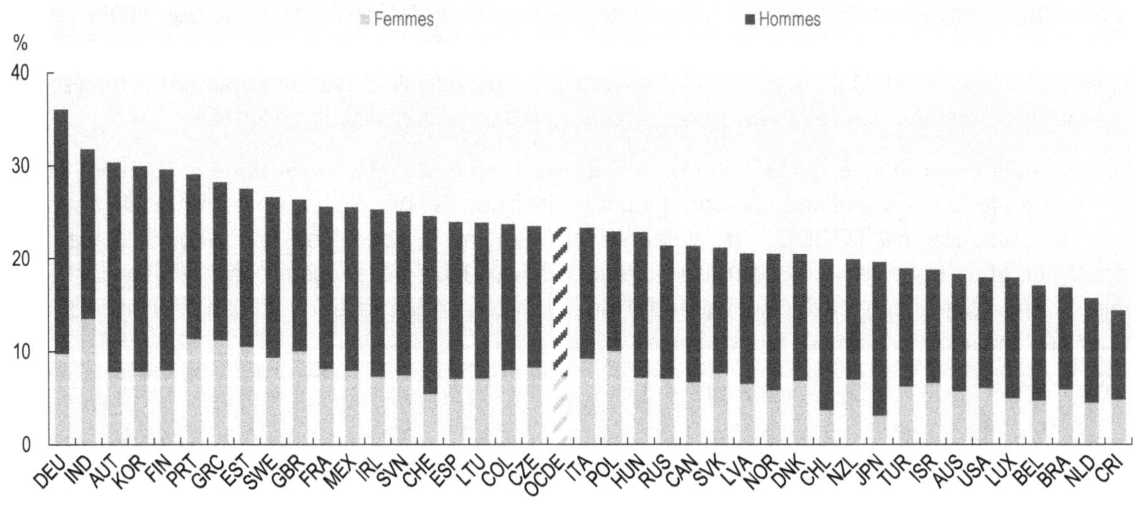

Source : OCDE (2019), Mesurer la transformation numérique, (OECD, 2019[18]).

Un rapport de l'OCDE a proposé une première analyse de la participation des femmes aux avancées scientifiques et technologiques, en particulier celles liées à la transformation numérique. Une analyse de la mesure dans laquelle les femmes contribuent à mettre au point des inventions brevetables et des logiciels libres montre que la participation des femmes aux activités d'invention augmente depuis 15 ans, bien qu'à un rythme très lent. La participation des femmes aux dépôts de brevets a augmenté à un rythme plus rapide que le rythme moyen auquel l'ensemble des demandes de brevets a progressé au cours de la période 2004-15, et dans le secteur des TIC, cette participation a augmenté relativement plus que dans tous les autres domaines technologiques (OECD, 2018[49]).

La participation des femmes a notablement augmenté dans de nombreux domaines technologiques, comme le montrent les demandes de brevet au niveau mondial. Par exemple, au Canada, par rapport aux années 1980, il y a actuellement quatre fois plus de brevets incluant au moins une inventrice et cinq fois plus dans le cas des TIC (Canadian Intellectual Property Office., 2017[50]).

Néanmoins, les disparités entre femmes et hommes restent importantes. Le pourcentage de femmes qui participent (en tant que professionnelles et techniciennes) au développement technologique (activité d'invention) reste faible, n'atteignant que 15 % en moyenne dans l'ensemble des pays et des secteurs à l'échelle mondiale (Graphique 9.3). Les technologies chimiques et de la santé enregistrent une participation relativement plus élevée (20 % et 24 % respectivement), tandis que les technologies liées à l'environnement se classent juste au-dessous de la participation moyenne et le taux est encore plus bas pour les technologies de production d'énergie et d'ingénierie générale (10 % et 8 % respectivement).

Graphique 9.3. Participation des femmes à des activités d'invention dans le monde

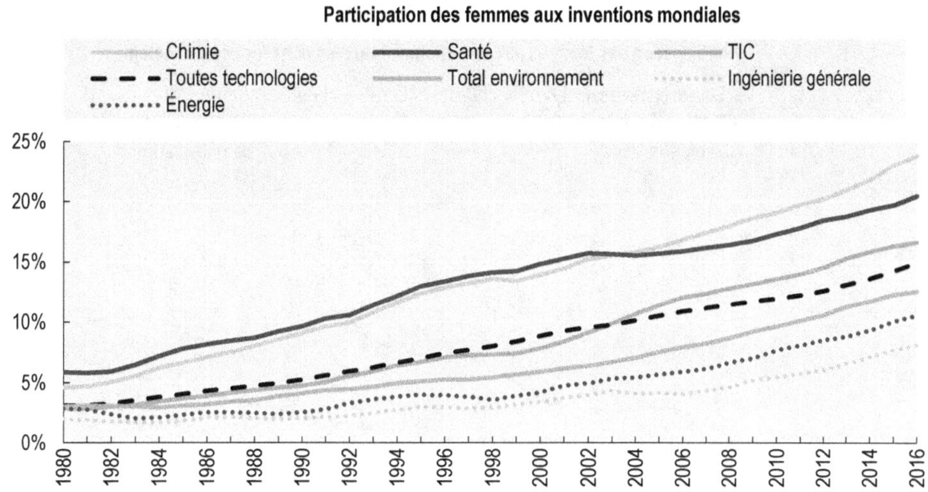

Note : Moyenne mobile sur 3 ans des demandes de brevet prioritaires (familles de brevets simples), par pays de résidence de l'inventeur, pour les familles comptant au moins deux brevets. Les données 2016 sont provisoires. TIC = technologies de l'information de la Communication, ATCC = atténuation du changement climatique, ADCC = adaptation au changement climatique.
Source : OCDE (2020), Statistiques de l'OCDE sur l'environnement (base de données); calculs de l'OCDE fondés sur des extractions de données de l'Office européen des brevets (2019), avec l'aide des dictionnaires de Lax Martínez et al. (2016) et des stratégies de recherche élaborées par l'OCDE.

Dans l'éventail des inventions liées à l'environnement, il existe des variations importantes entre les niveaux de participation et les taux de croissance de ceux-ci (Graphique 9.4). La participation des femmes est plus importante dans certains domaines relativement nouveaux tels que les technologies d'adaptation au changement climatique et l'énergie solaire photovoltaïque, ce qui contraste avec des domaines tels que les technologies d'atténuation du changement climatique dans les transports et l'énergie éolienne, où le taux d'inventrices reste faible. Ce dernier point pourrait s'expliquer par la nécessité de détenir des compétences en ingénierie pour mettre au point de nombreuses technologies de transport ou utilisant l'énergie éolienne. De plus, le transport routier, en particulier, est un domaine où il conviendrait peut-être d'intensifier les efforts d'intégration des femmes.

Graphique 9.4. La participation des femmes est plus importante dans certaines technologies « vertes » moins matures

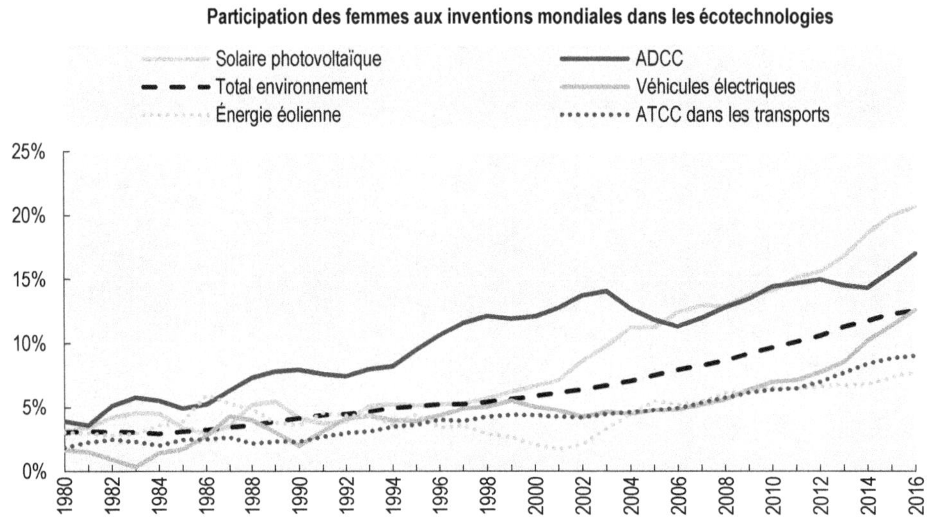

Note : Moyenne mobile sur trois ans du nombre de demandes prioritaires de brevet (familles de brevets simples), par pays de résidence de l'inventrice, avec une famille de brevets contenant au moins deux brevets (brevets seuls exclus). Les données pour 2016 sont provisoires. TIC = technologies de l'information de la Communication, ATCC = atténuation du changement climatique, ADCC = adaptation au changement climatique.

Source : OCDE (2020), Statistiques de l'OCDE sur l'environnement (base de données); calculs de l'OCDE fondés sur des extractions de données de l'Office européen des brevets (2019), avec l'aide des dictionnaires de Lax Martínez et al. (2016) et des stratégies de recherche élaborées par l'OCDE.

Les différences au niveau de la participation des femmes dans tous ces domaines pourraient s'expliquer par leur participation traditionnellement faible aux filières STIM, et cette tendance devrait se maintenir : le rapport PISA de l'OCDE 2020 montre que parmi les élèves obtenant de bons résultats aux tests PISA, ce sont en grande majorité les garçons qui envisagent plus souvent de travailler dans la science et l'ingénierie ((Mann et al., 2020[51]).

Une plus grande inclusion des femmes dans les activités d'invention est une bonne chose non seulement pour les femmes elles-mêmes, mais aussi pour favoriser la croissance économique et améliorer le bien-être de la société. Les données disponibles montrent que les inventions mises au point par des équipes mixtes ou composées uniquement de femmes semblent avoir un plus large champ d'application technologique (et peuvent donc avoir une plus grande valeur économique) et un plus fort impact du point de vue technologique que celles mises au point uniquement par des hommes (OECD, 2018[19]).

Alors qu'elles sont à même de créer de la valeur ajoutée pour tous, les femmes restent également peu présentes dans une partie fondamentale de l'économie numérique : les logiciels et les algorithmes. Une analyse centrée sur un logiciel libre bien connu, (R), montre que les logiciels restent un monde très souvent dominé par les hommes, en particulier dans les entreprises. Les femmes sont peu nombreuses dans le monde du logiciel : sur les 1 000 principaux contributeurs aux progiciels, seuls 92 étaient des femmes. Les femmes jouent également un rôle relativement moins important, un grand nombre d'entre elles étant moins connecté au réseau des développeurs de logiciels que leurs homologues masculins. Dans les entreprises en particulier, on trouve très peu d'auteures (15 %) ayant contribué au logiciel (R) (OECD, 2018[19]).

Des efforts supplémentaires visant à combler les écarts de compétences entre femmes et hommes dans le secteur de l'innovation verte sont également nécessaires dans les pays en développement. L'agence des États-Unis pour le développement international, par exemple, fournit un soutien financier aux chercheurs des pays en développement. Dans le cadre du programme Partenariats pour un engagement accru dans la recherche (Partnerships for Enhanced Engagement in Research ou PEER), ces chercheurs sont mis en relation avec de grands établissements universitaires et de recherche des États-Unis dans les domaines des sciences, de l'ingénierie et de la médecine. Ils bénéficient d'une aide pour renforcer les capacités et mener de nouvelles recherches afin de combler les lacunes dans les connaissances actuelles. La moitié des chercheurs soutenus par le biais du programme PEER sont des femmes (USAID, 2020[52]).

9.5. Actions clés pour aller de l'avant

Un certain nombre d'actions sont nécessaires pour intégrer une dimension sexospécifique dans ces domaines :

- Veiller à ce que l'application des principes de conduite responsable et de diligence raisonnable des entreprises dans les chaînes d'approvisionnement des secteurs qui ont un effet potentiel sur l'environnement prenne en compte l'impact selon le sexe, notamment s'agissant du droit du travail et de l'état de santé des femmes. Les normes de l'OCDE, en particulier les Principes directeurs à l'intention des entreprises multinationales et la Recommandation pour une conduite responsable des entreprises, appellent à la prise en compte de la problématique femmes-hommes.
- Veiller à ce que les grands projets d'infrastructure fassent l'objet d'une étude d'impact sur l'environnement et la société exhaustive et indépendante qui tienne compte de la dimension sexospécifique, à ce que des indicateurs de suivi et d'évaluation tenant compte de la dimension sexospécifique soient en place, et à ce que les groupes potentiellement touchés soient consultés, y compris les groupes de femmes, conformément aux Principes du G20 pour l'investissement dans des infrastructures de qualité et à la Recommandation de l'OCDE sur la gouvernance des infrastructures.
- Mettre en place une infrastructure numérique et infrastructure de résau plus inclusive en améliorant l'accès et en réduisant la fracture numérique pour les femmes, en particulier dans les zones rurales.
- Réfléchir à des mécanismes, dont les quotas et des mesures alternatives, pour accroître le nombre de femmes occupant des postes de haute direction dans l'industrie et le secteur de l'infrastructure. Il convient également d'envisager des mesures spécifiques qui s'appliquent aux groupes en situation de discrimination.
- Élaborer des programmes visant à améliorer la participation des femmes à la recherche et à l'innovation scientifiques, ainsi qu'à lever les obstacles à leur participation aux disciplines STIM.

Références

Alamgir, M. et al. (2017), *Economic, Socio-Political and Environmental Risks of Road Development in the Tropics*, Cell Press, http://dx.doi.org/10.1016/j.cub.2017.08.067. [12]

Burney, J. et al. (2010), "Solar-powered drip irrigation enhances food security in the Sudano–Sahel", *Proceedings of the National Academy of Sciences*, Vol. 107/5, http://dx.doi.org/10.1073/pnas.0909678107. [34]

Canadian Intellectual Property Office. (2017), *Women's participation in patenting : an analysis of Patent Cooperation Treaty applications originating in Canada.*, Innovation, Science and Economic Development Canada, Canadian Intellectual Property Office. [50]

CBC (2018), "Allegations of Sexual Abuse, Racism revealed in Report of Hydro Projects impact in Northern Manitoba" (21 August 2018), https://www.cbc.ca/news/canada/manitoba/abuse-racism-report-hydro-1.4793749. [15]

Connellan, J. et al. (2000), "Sex differences in human neonatal social perception", *Infant Behavior and Development*, Vol. 23/1, http://dx.doi.org/10.1016/S0163-6383(00)00032-1. [43]

Dulac, J. (n.d.), *2013 GLOBAL LAND TRANSPORT INFRASTRUCTURE REQUIREMENTS Estimating road and railway infrastructure capacity and costs to 2050 INFORMATION PAPER*, http://www.iea.org. [11]

EIGE (2017), *Cyber Violence Against Women and Girls*, European Institute for Gender Equality. [31]

Glass, C., A. Cook and A. Ingersoll (2016), "Do Women Leaders Promote Sustainability? Analyzing the Effect of Corporate Governance Composition on Environmental Performance", *Business Strategy and the Environment*, Vol. 25/7, http://dx.doi.org/10.1002/bse.1879. [39]

Government of Canada (n.d.), *Gender-Based Analysis Plus*, https://cfc-swc.gc.ca/gba-acs/index-en.html#what (accessed on 11 February 2020). [53]

GSMA (2015), *Bridging the gender gap: Mobile access and usage in low-and middle-income countries*, http://www.altaiconsulting.com. [30]

ILO (2016), *Non-standard employment around the world : understanding challenges, shaping prospects.*, International Labour Organization, Geneva. [1]

ITU (2017), *ICT Facts and Figures 2017*, https://www.itu.int/en/ITU-D/Statistics/Documents/facts/ICTFactsFigures2017.pdf (accessed on 12 November 2020). [17]

Karlsson Green, K. and J. Madjidian (2011), "Active males, reactive females: stereotypic sex roles in sexual conflict research?", *Animal Behaviour*, Vol. 81/5, http://dx.doi.org/10.1016/j.anbehav.2011.01.033. [45]

Mann, A. et al. (2020), *Dream Jobs? Teenagers' Career Aspirations and the Future of Work*, OECD. [51]

Mortensen, S. and M. Boyland (2019), *Integrating gender in transitions to renewable energy in the Lower Mekong Region*, Stockholm Environment Institute, https://www.jstor.org/stable/pdf/resrep22986.pdf. [6]

Nash, A. and G. Grossi (2007), “Picking Barbie™’s Brain: Inherent Sex Differences in Scientific Ability?”, *Journal of Interdisciplinary Feminist Thought*, Vol. 2/1, http://escholar.salve.edu/jift/vol2/iss1/5. [44]

NBN (2018), *Connecting Australia Report*, National Boradband Network, http://www.connectingaustralia.com.au/pdf/Connecting_Australia_Report.pdf (accessed on 12 November 2020). [23]

OECD (2020), *EPOC Survey on integrating gender in environmental policies*, https://one.oecd.org/document/ENV/EPOC(2020)9/en/pdf. [41]

OECD (2020), *OECD Digital Economy Outlook 2020*, OECD Publishing, Paris, https://dx.doi.org/10.1787/bb167041-en. [20]

OECD (2020), *Productivity gains from teleworking in the post COVID-19 era: How can public policies make it happen?*, OECD Publishing, Paris. [25]

OECD (2019), *Measuring the Digital Transformation: A Roadmap for the Future*, OECD Publishing, Paris, https://dx.doi.org/10.1787/9789264311992-en. [18]

OECD (2019), *OECD Corporate Governance Factbook 2019*, http://www.oecd.org/corporate/corporate-governance-factbook.htm. [37]

OECD (2019), *OECD Reference Note on Environmental and Social Considerations in Quality Infrastructure*, https://www.oecd.org/g20/summits/osaka/OECD-Reference-Note-on-Environmental-and-Social-Considerations.pdf (accessed on 12 November 2020). [8]

OECD (2019), “Sustainable connectivity: Closing the gender gap in infrastructure”, *OECD Environment Policy Papers*, No. 15, OECD Publishing, Paris, https://dx.doi.org/10.1787/6350ba66-en. [5]

OECD (2019), *The role of education and skills in bridging the digital gender divide. Evidence from APEC economies*, https://www.oecd.org/sti/education-and-skills-in-bridging-the-digital-gender-divide-evidence-from-apec.pdf (accessed on 12 November 2020). [29]

OECD (2018), *Bridging the Digital Gender Divide*, http://www.oecd.org/internet/bridging-the-digital-gender-divide.pdf. [19]

OECD (2018), “Bridging the rural digital divide”, *OECD Digital Economy Papers*, No. 265, OECD Publishing, Paris, https://dx.doi.org/10.1787/852bd3b9-en. [22]

OECD (2018), “Gender in a changing context for STI”, in *OECD Science, Technology and Innovation Outlook 2018: Adapting to Technological and Societal Disruption*, OECD Publishing, Paris, https://dx.doi.org/10.1787/sti_in_outlook-2018-12-en. [49]

OECD (2018), “STI policies for delivering on the Sustainable Development Goals”, in *OECD Science, Technology and Innovation Outlook 2018: Adapting to Technological and Societal Disruption*, OECD Publishing, Paris, https://dx.doi.org/10.1787/sti_in_outlook-2018-9-en. [42]

OECD (2017), *Getting Infrastructure Right: A framework for better governance*, OECD Publishing, Paris, https://dx.doi.org/10.1787/9789264272453-en. [9]

OECD (2017), *Going Digital: The Future of Work for Women. Policy Brief*, http://www.oecd.org/els/. [24]

OECD (2015), *G20/OECD Principles of Corporate Governance*, OECD Publishing, Paris, https://dx.doi.org/10.1787/9789264236882-en. [36]

OECD (n.d.), *Recommendation of the Council on the Governance of Infrastructure*, http://legalinstruments.oecd.org. [10]

OECD (n.d.), *What data can tell us about women on boards*, https://www.oecd.org/gender/data/what-big-data-can-tell-us-about-women-on-boards.htm (accessed on 12 November 2020). [35]

OECD/European Union (2019), *The Missing Entrepreneurs 2019: Policies for Inclusive Entrepreneurship*, OECD Publishing, Paris, https://dx.doi.org/10.1787/3ed84801-en. [38]

OECD/IDB (2016), *Broadband Policies for Latin America and the Caribbean: A Digital Economy Toolkit*, OECD Publishing, Paris, https://dx.doi.org/10.1787/9789264251823-en. [21]

OHCHR and Heinrich-Böll-Stiftung (2019), *The Other Infrastructure Gap: Sustainability. Human Rights and Environmental Perspectives*, Office of the United Nations High Commissioner for Human Rights and Heinrich Böll Foundation. [13]

Open Development (2020), *Gender and Infrastructure*, https://opendevelopmentmekong.net/topics/gender-and-infrastructure-development/#ref-15179015-3. [4]

SafetiPin (n.d.), *SafetiPin: Supporting Sager Cities (website)*, https://safetipin.com/ (accessed on 12 November 2020). [32]

Sheltzer, J. and J. Smith (2014), "Elite male faculty in the life sciences employ fewer women", *Proceedings of the National Academy of Sciences*, Vol. 111/28, http://dx.doi.org/10.1073/pnas.1403334111. [47]

Srivastava, R. (2018), "Women Creating Socially Sustainable Wireless Community Networks in India", in *Global Information Society Watch 2018 - Community Networks*, https://giswatch.org/sites/default/files/giswatch18_web_0.pdf (accessed on 12 November 2020). [40]

Stoet, G. and D. Geary (2018), "The Gender-Equality Paradox in Science, Technology, Engineering, and Mathematics Education", *Psychological Science*, Vol. 29/4, http://dx.doi.org/10.1177/0956797617741719. [48]

Taylor, K. (2015), *Connected health: How digital technology is transforming health and social care*, Deloitte Centre for Health Solutions. [27]

Tran, T. (2019), "The Feminization of Employment through Export-Led Strategies: Evidence from Viet Nam.Féminisation de l'emploi dans les stratégies axées sur l'exportation : l'exemple du Viet NamFeminización del empleo en las estrategias basadas sobre la exportación: el ejemplo de Viet nam", *Revue de la régulation* 25, http://dx.doi.org/10.4000/regulation.14589. [2]

U.S. Census Bureau (2016), *1970, 1980, 1990 and 2000 Decennial Censuses and 2010 2016 American Community Surveys*, https://www.census.gov/programs-surveys/decennial-census/data/datasets.html. [3]

UNDESA (2018), *United Nations demographic yearbook 2017*, United Nations. Department of Economic and Social Affairs, https://unstats.un.org/unsd/demographic-social/products/dyb/dybsets/2017.pdf (accessed on 12 November 2020). [28]

UNDESA (2009), *State of the World's Indigenous Peoples*, United Nations, Department of Economic and Social Affairs, Division for Social Policy and Development, Secretariat of the Permanent Forum on Indigenous Issues. [7]

UNESCO (2019), *Women in Science, Fact Sheet No. 55*, UNESCO Institute for Statistics, http://uis.unesco.org. [46]

USAID (2020), *PARTNERSHIPS FOR ENHANCED ENGAGEMENT IN RESEARCH (PEER)*, https://www.usaid.gov/GlobalDevLab/fact-sheets/partnerships-enhanced-engagement-research-peer (accessed on 12 November 2020). [52]

Wen, J. (ed.) (2020), *Gender-based violence and environment linkages: The violence of inequality*, IUCN, International Union for Conservation of Nature, http://dx.doi.org/10.2305/iucn.ch.2020.03.en. [16]

World Bank (2018), *Good Note Practice on Addressing Gender Based Violence in Investment Project Financing Involving Major Civil Works*, http://documents1.worldbank.org/curated/en/399881538336159607/Environment-and-Social-Framework-ESF-Good-Practice-Note-on-Gender-based-Violence-English.pdf. [14]

World Bank Group, FAO and IFAD (2015), *Gender in Climate-Smart Agriculture. Module 18 for the Gender in Agriculture Sourcebook.* [33]

Zhang, S. et al. (2020), "A work-life conflict perspective on telework", *Transportation Research Part A: Policy and Practice*, Vol. 141, http://dx.doi.org/10.1016/j.tra.2020.09.007. [26]

Notes

[1] Le Canada affirme que l'analyse comparative entre les sexes plus (ACS+) est un processus « qui fournit une méthode rigoureuse d'évaluation des inégalités systémiques, ainsi qu'un moyen d'évaluer la manière dont divers groupes de femmes, d'hommes et de personnes de genres divers sont susceptibles de percevoir les politiques, les programmes et les initiatives » (Government of Canada, n.d.[53]).

[2] http://oe.cd/issa.

10 Les femmes et l'ODD 11 – Villes et communautés durables : faire en sorte que les villes et les établissements humains soient ouverts à tous, sûrs, résilients et durables

Les femmes et les hommes n'ont pas le même rapport à la conception des villes et de l'habitat et à l'infrastructure des transports parce qu'ils jouent des rôles sociaux différents, suivent des profils professionnels différents et n'ont pas les mêmes préférences. Les risques engendrés par l'urbanisation sauvage, l'étalement urbain et les taudis, ainsi que par des transports inadaptés et dangereux, sont plus importants pour les femmes en raison de divers facteurs, des effets de la pollution intérieure et extérieure à la violence sexuelle. Ce chapitre passe en revue les données mettant en évidence les différences d'impact de la vie et de l'aménagement urbains sur les hommes et les femmes, examine le rôle des femmes dans la promotion de villes et de transports durables et inclusifs, et propose une série de recommandations d'action afin de mieux intégrer les aspects relatifs à l'égalité femmes-hommes et à la durabilité dans les stratégies et mesures d'urbanisation et d'infrastructures urbaines.

10.1. Éléments à retenir

Ce chapitre se concentre sur l'interaction entre l'égalité des sexes (ODD 5) et la promotion de communautés inclusives et durables, en mettant l'accent sur les zones urbaines (ODD 11). Les principaux constats et recommandations sont les suivants :

- L'urbanisation galopante, conjuguée à la croissance ininterrompue de la population mondiale, exacerbe un certain nombre d'enjeux sociaux et environnementaux, comme la pénurie de logements, l'étalement urbain, les émissions de carbone, la pollution atmosphérique et la dégradation des sols.
- La pollution atmosphérique est très néfaste pour la santé des enfants, des personnes âgées et des femmes, en particulier pendant la grossesse. En outre, les femmes sont surreprésentées parmi les citoyens à bas revenu, qui vivent généralement au plus près des quartiers les plus pollués des villes.
- Les catastrophes naturelles font généralement plus de victimes parmi les femmes que parmi les hommes. Les femmes semblent être les plus touchées par les catastrophes naturelles frappant les zones urbaines, surtout lorsqu'elles vivent dans les quartiers les plus pauvres. Elles sont plus susceptibles de quitter le domicile en dernier (ou d'y rester) en cas de catastrophe naturelle, en raison des inégalités existantes entre les sexes en termes d'accès aux ressources, et de la division du travail basée sur le sexe.
- Des infrastructures de transport inadaptées et peu sûres ont un impact négatif plus marqué sur les perspectives économiques des femmes que sur celles des hommes. Les femmes sont généralement plus sensibles aux contraintes de temps, et attribuent un coût d'opportunité plus élevé au temps de trajet en raison de leurs différentes responsabilités domestiques, familiales et professionnelles. La sécurité est également une priorité absolue pour les femmes, qui renforce l'attractivité des transports publics.
- Les préférences des femmes en matière de transport et de mobilité sont souvent plus durables que celles des hommes, car les femmes ont des habitudes de déplacement plus durables. L'adaptation des transports publics aux besoins des femmes (notamment au regard de la sécurité et de la multimodalité) pourrait donc renforcer la durabilité des déplacements, accroître le bien-être des femmes et améliorer leurs perspectives économiques.
- L'interaction entre l'égalité des sexes et le développement urbain et des transports nécessite une analyse intersectorielle qui tienne compte d'autres facteurs tels que la race et la situation socioéconomique.
- Une meilleure représentation des femmes dans la prise de décision et les professions liées à l'urbanisme et à la planification urbaine pourrait contribuer à mieux adapter les villes et les agglomérations à leurs besoins et, par conséquent, à optimiser les investissements dans les infrastructures afin de répondre aux besoins de l'ensemble de la population.
- Il est nécessaire de recueillir des données à l'échelle locale sur les habitudes de transport et de mobilité des femmes, ainsi que des statistiques sur leurs préférences et leur emploi du temps. Il est indispensable de mieux comprendre les besoins des femmes en matière de déplacements pour prendre les bonnes décisions concernant le développement durable des villes et des transports.
- Les villes devraient élaborer des stratégies globales en matière de sécurité, en mettant l'accent sur la violence à l'égard des femmes. Plus généralement, les stratégies, politiques et projets dans les domaines des transports et de l'aménagement du territoire doivent prendre en compte les besoins des femmes, et il convient de mettre en avant leur rôle dans l'élaboration des politiques

urbaines nationales. Les stratégies et les mesures relatives à la résilience face aux catastrophes naturelles gagneraient également à intégrer la problématique femmes-hommes.

10.2. Principales liens entre l'égalité des sexes, l'aménagement des zones urbaines et d'habitation et les autres ODD

Cinquante-cinq pour cent de la population mondiale vit dans des villes, et cette proportion augmente rapidement. Elle pourrait atteindre 60 % d'ici à 2030, et 70 % d'ici à 2050 (86 % dans les pays de l'OCDE) (UN, 2018[1]). Les villes sont synonymes d'emplois bien rémunérés et de qualité, d'éducation, de santé et de services sociaux. Cependant, elles sont également associées à une forte concentration des inégalités et sont à l'origine d'une grande partie des problèmes environnementaux croissants à travers le monde. Les villes représentent plus de 70 % de la consommation totale d'énergie et des émissions de gaz à effet de serre (GES) (OECD, 2017[2]) (United Nations, 2017[3]). L'urbanisation croissante, conjuguée à la croissance ininterrompue de la population mondiale, va exacerber un certain nombre d'enjeux sociaux et environnementaux, comme les embouteillages, la pénurie de logements, les émissions de carbone, la pollution atmosphérique et la dégradation des sols.

Les problèmes sont plus marqués dans les villes en expansion très rapide, où la construction de logements et le développement des infrastructures publiques ne parviennent pas à suivre le rythme de croissance que la population. En 2018, dans les pays à faible revenu, 66 % de la population urbaine vivait dans des taudis sans accès à l'eau potable, à l'assainissement, à l'éducation et aux services sociaux. L'Afrique subsaharienne est la région géographique qui compte la plus grande part de ménages habitant un taudis urbain, soit 54 % (Graphique 10.1). Même si le pourcentage de personnes vivant dans des taudis semble diminuer, leur nombre absolu a augmenté à l'échelle mondiale au cours des 25 dernières années, passant de 650 millions en 1990 à près d'un milliard en 2016 (Clos, 2016[4]).

Graphique 10.1. Population vivant dans des taudis (en % de la population urbaine)

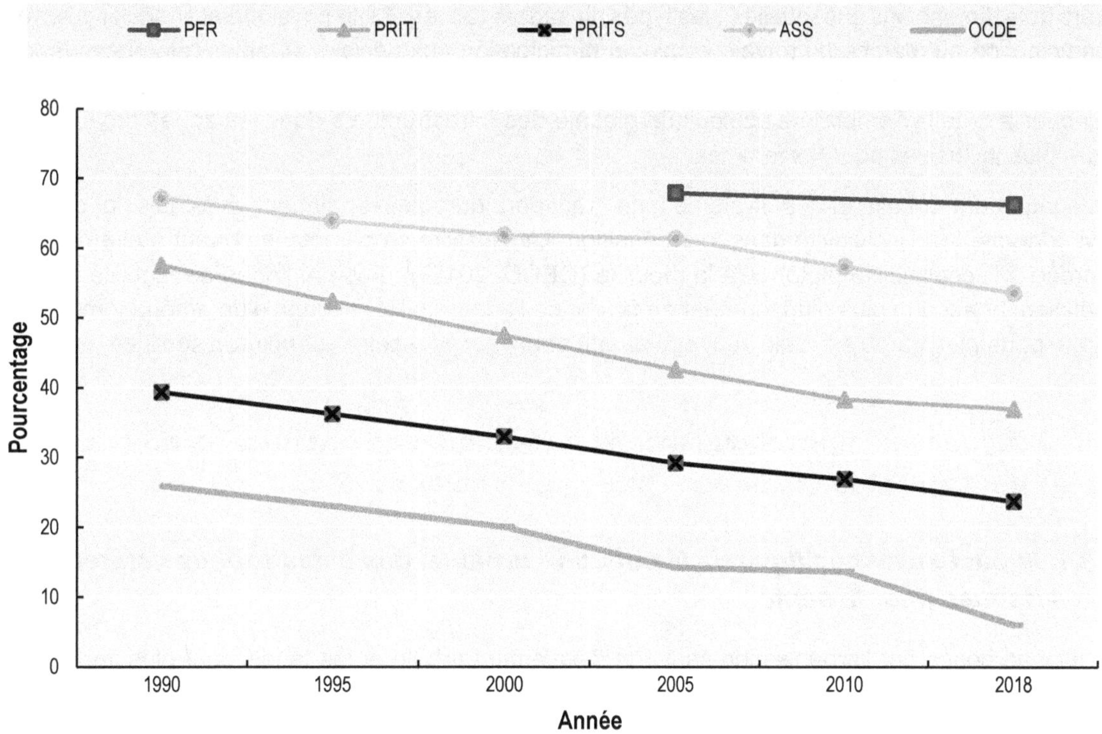

Note : la population vivant dans des taudis correspond à la proportion de la population urbaine vivant dans des taudis. Un ménage vivant dans un taudis est défini comme un groupe d'individus vivant sous le même toit, dépourvus d'une ou plusieurs des conditions suivantes : accès à une eau améliorée, à un assainissement amélioré, à une surface habitable suffisante et à la durabilité du logement. Informations présentées pour les pays à faible revenu (PFR), les pays à revenu intermédiaire de la tranche inférieure (PRITI), les pays à revenu intermédiaire de la tranche supérieure (PRITS), les pays membres de l'OCDE (OCDE) et la région de l'Afrique subsaharienne (ASS).
Source : Indicateurs du développement dans le monde du Groupe de la Banque mondiale, dernière mise à jour le 15/10/2020.

La façon dont les villes sont aménagées et gouvernées, et notamment les services proposés, ont des répercussions sur la plupart des ODD. Par exemple, l'accès aux soins (ODD 4) et à l'éducation (ODD 3) dépend de la localisation des établissements de santé et d'enseignement et de leur accessibilité (c'est-à-dire du réseau de transport). Dans le même temps, l'urbanisation croissante se traduit par une forte pollution de l'air et de l'eau (ODD 3 et 6), des pressions sur la gestion des déchets (ODD 12) et une dépendance croissante à l'égard des combustibles fossiles en tant que source d'énergie (ODD 7).

On considère généralement que les aspects liés à l'égalité entre les sexes n'entrent pas en ligne de compte dans la planification urbaine et le développement des infrastructures. Toutefois, les femmes et les hommes n'ont pas le même rapport aux aménagements urbains, à l'habitat et aux infrastructures de transport du fait des différences entre les deux sexes sur le plan des rôles sociaux, des professions exercées et des préférences personnelles (ODD 5). La planification des villes et des habitats et les infrastructures de transport ne tiennent pas compte des besoins et de la vie de leurs différents usagers, notamment des femmes et les filles, comme il ressort du Manuel pour un aménagement urbain inclusif et garant de l'égalité des genres de la Banque mondiale (WBG, 2020[5]). Cela peut sensiblement réduire les perspectives économiques et la qualité de vie de ces usagers en augmentant la durée et le coût de leurs trajets, en plus de contribuer à la pollution de l'air et au gaspillage de ressources. Cela peut également entraîner une hausse des risques en matière de sûreté et de sécurité, en intensifiant des phénomènes comme la violence à l'égard des femmes.

Les secteurs impliqués dans l'aménagement des zones urbaines et d'habitation – à savoir le logement, les transports et l'urbanisme – ont des répercussions importantes sur les objectifs d'égalité des sexes à travers trois dimensions essentielles : les types d'usagers (accessibilité physique et financière, et sécurité), la participation au marché du travail (emploi et participation aux décisions), et les retombées (sociales et environnementales). La participation accrue des femmes à la prise de décision dans ces secteurs pourrait contribuer à réduire l'empreinte écologique globale des infrastructures dans les zones urbaines, et à les rendre plus inclusives pour les femmes.

L'aménagement urbain et les systèmes de transport durables englobent à la fois la durabilité de l'environnement et l'inclusivité dans leur définition. L'inclusivité se caractérise quant à elle par la priorité accordée à l'accessibilité plutôt qu'à la mobilité (OECD, 2019[6]). Les habitudes de mobilité des femmes bénéficient beaucoup plus d'un tournant en faveur de l'accessibilité, et donc d'un aménagement urbain et de transports plus durables. Cela vaut également pour l'accès aux infrastructures sociales.

10.3. Différences d'impact de la vie et de l'aménagement urbains non durables sur les hommes et les femmes – principaux enjeux

10.3.1. Impact sexospécifique de la pollution urbaine, des catastrophes naturelles et des autres risques pour la santé

Les risques posés par l'urbanisation sauvage, l'étalement urbain et les taudis sont plus importants pour les femmes en raison de divers facteurs, depuis les effets de la pollution intérieure et extérieure à la violence sexiste. Les femmes et les enfants sont les plus exposés à la pollution de l'air intérieur dans les pays en développement, où la biomasse est encore utilisée pour le chauffage et la cuisine, causant quelque 4 millions de décès par an (WHO, 2018[7]). Comme les femmes passent plus de temps à la maison que les hommes et qu'elles utilisent plus souvent des produits d'entretien ménager, elles sont également plus exposées à certains produits chimiques dangereux (Hertz-Picciotto et al., 2010[8]).

La croissance des villes et l'expansion des zones urbaines se sont également traduites par une exposition accrue de la population à la pollution de l'air extérieur. Les études ont systématiquement mis en évidence que la pollution atmosphérique est très néfaste pour la santé des enfants, des personnes âgées et des femmes, en particulier pendant la grossesse (voir section 3,2.1). En outre, les femmes sont surreprésentées parmi les citoyens à bas revenu, qui habitent généralement plus près des quartiers les plus pollués des villes (par ex. trafic important, usines, etc.).

La pollution a des effets plus marqués sur les femmes dans d'autres contextes. Comme elles sont les principales responsables des obligations familiales au sein du foyer, elles sont plus susceptibles de rester à la maison avec des enfants pendant les jours de forte pollution, ce qui réduit leurs perspectives d'emploi (Aragón, Miranda and Oliva, 2017[9]) (Montt, 2018[10]). La recherche établit également un lien entre la pollution de l'air et les facteurs psychologiques ayant une incidence sur la santé mentale et physique (Zhang, Zhang and Chen, 2015[11]) (Kioumourtzoglou et al., 2017[12]), les performances cognitives (Chen, Zhang and Zhang, 2017[13])et même les comportements violents, dont les femmes sont les principales victimes (Truman, Morgan and Statisticians, 2014[14]) (Burkhardt et al., 2019[15]).

Les inégalités entre les sexes en termes d'exposition à la pollution urbaine et à d'autres facteurs de perturbation de l'environnement peuvent bénéficier d'une analyse intersectorielle qui tient compte d'autres facteurs tels que la race et la situation socioéconomique. Par exemple, la persistance de l'injustice environnementale signifie que les ménages appartenant à des minorités ethniques en Amérique du Nord et en Europe sont proportionnellement plus nombreux à vivre près d'incinérateurs et de décharges, et que les écoles accueillant une forte proportion d'élèves issus de minorités ethniques ou nationales sont situées à proximité d'autoroutes et de sites industriels (Martuzzi, Mitis and Forastiere, 2010[16]) (Kweon et al., 2016[17]). Aux États-Unis, des recherches montrent que les minorités raciales et ethniques, en particulier dans les zones métropolitaines où la ségrégation résidentielle est forte, sont davantage exposées à des niveaux plus élevés de pollution atmosphérique (NO_2, $PM_{2.5}$ et PM_{10}) que les blancs[1], car ces groupes habitent à proximité des routes, des sites industriels et des chantiers de construction (Woo et al., 2019[18]). Il est essentiel de comprendre comment ces inégalités urbaines peuvent interagir avec les inégalités entre les sexes pour conceptualiser la charge qui pèse sur les femmes.

La santé des femmes est également particulièrement sensible à l'absence d'assainissement et d'eau propre (principalement dans les pays en développement) (OMS et UNICEF, 2017[19], au smog et à d'autres formes de pollution (y compris la contamination chimique) pendant la grossesse (Inyinbor Adejumoke et al., 2018[19]) (Bergman, Rüegg and Drakvik, 2019[20]) (Leiser et al., 2019[21]) (Freia Project, 2020[22]). Le risque d'obésité et de comorbidités comme le diabète et les maladies cardiovasculaires est également plus important en environnement urbain. Les modes de vie sédentaires des individus et l'évolution des habitudes alimentaires dans les villes sont des facteurs déterminants de ces effets sur la santé (Smith S. et al, 2012[23]) (Gassasse et al., 2017[24]) (Congdon, 2019[25]). Cette tendance se confirme également dans les pays en développement, où les phénomènes de malnutrition (suralimentation ou sous-alimentation) sont de plus en plus fréquents (Kuddus, Tynan and McBryde, 2020[26]) (Yarahmadi et al., 2013[27]). Les habitantes des zones urbaines semblent être plus touchées par l'obésité dans les pays à faible revenu ; alors que dans les pays à revenu élevé, l'obésité est répandue chez les femmes comme chez les hommes dans les groupes défavorisés (Swinburn et al., 2011[28]). Parmi les autres mesures telles que la modification des habitudes alimentaires, il est nécessaire d'améliorer l'accès des enfants et des adultes aux installations sportives et de loisirs, car cela permettrait aux citadins de faire plus d'exercice et d'adopter un style de vie plus sain. D'autres infrastructures comme des pistes cyclables et des espaces verts publics pourraient également inciter la population urbaine à faire plus d'exercice, tout en encourageant la mobilité des femmes, plus durable que celle des hommes (section 10.3.3).

Des études sur l'impact des catastrophes naturelles ont également montré qu'elles tuent en moyenne plus de femmes que d'hommes (Neumayer and Plümper, 2007[29]) (Islam, 2012[30]) Ces phénomènes sont de plus en plus fréquents, en raison de l'effet du changement climatique sur les phénomènes météorologiques extrêmes. Les femmes semblent être les plus touchées par les catastrophes naturelles frappant les zones urbaines, surtout lorsqu'elles vivent dans les quartiers les plus pauvres. En 2011, par exemple, les inondations de la ville côtière de Lagos, au Nigéria, ont tué 100 personnes et en ont déplacé des milliers, causant 320 millions USD de dommages. Les femmes vivant dans des taudis urbains ont été particulièrement touchées par ces inondations, qui ont endommagé leurs maisons et leurs biens, et ont provoqué des maladies et des blessures ; par conséquent, leurs responsabilités familiales se sont alourdies. Le manque d'assainissement et les conditions sanitaires se sont également aggravés en comparaison avec les femmes des autres quartiers (Ajibade, McBean and Bezner-Kerr, 2013[31]). Selon une étude d'Oxfam relative aux décès causés par le tsunami de 2004 dans les régions côtières d'Indonésie, les femmes et les filles représentaient plus de trois quarts des décès dans la plupart des villages étudiés (Oxfam International, 2005[32]). En 1991, lors des catastrophes cycloniques qui ont frappé le Bangladesh, sur les 140 000 personnes décédées, 90 % étaient des femmes (Ikeda, 1995[33]). Dans les pays industrialisés, on a compté plus de décès chez les femmes que chez les hommes lors de la canicule qui a frappé l'Europe en 2003, et en France, la plupart des personnes décédées étaient des femmes âgées (Pirard et al., 2005[34]). Les catastrophes naturelles affectent également la structure des villes, car elles détruisent les logements et les moyens de subsistance. Dans le cas de la canicule qui a touché l'Europe, les structures et commodités des logements existants étaient inefficaces pour faire face aux températures élevées (Ogg, 2005[35]).

Le taux disproportionné de mortalité féminine lors des catastrophes naturelles résulte du fait que les femmes restent dans les zones à risque pour effectuer des tâches domestiques, tandis que les hommes sont plus susceptibles de s'absenter du domicile ou d'avoir accès à des moyens de transport, et donc de fuir rapidement. Les femmes sont plus susceptibles de quitter le domicile en dernier (ou d'y rester) en cas de catastrophe naturelle, en raison des inégalités existantes entre les sexes en termes d'accès aux ressources, et de la division du travail basée sur le sexe. Dans les zones côtières de l'Indonésie et du Sri Lanka, les femmes ont passé de précieuses secondes à chercher leurs proches et leurs enfants lorsque la vague a frappé, et les hommes étaient plus nombreux que les femmes à savoir nager (Oxfam International, 2005[36]).

Les femmes et les filles sont également exposées à un risque accru de violence sexiste pendant et après les catastrophes naturelles. En l'absence de dispositifs de protection sociale et dans les situations où l'insécurité alimentaire se conjugue à l'impunité pour les violences sexistes, les femmes et les filles sont souvent exposées à la violence et à l'exploitation sexuelles lorsqu'elles tentent d'avoir accès à la nourriture et à d'autres besoins essentiels pour les membres de leur famille et pour elles-mêmes. Les femmes et les filles handicapées sont particulièrement exposées à la violence sexiste et à l'exploitation sexuelle pendant et après les catastrophes, en raison de la discrimination fondée sur les limitations physiques et les obstacles à la communication et de l'inaccessibilité des services et installations de base (Castañeda Carney et al., 2020[37]).

Le Cadre de Sendai pour la réduction des risques de catastrophe (2015-30) reconnaît le rôle des femmes dans la gestion des risques, la réduction des risques et le renforcement de la résilience. Il fait référence à la promotion de l'égalité femmes-hommes (participation à la prise de décision et à la gestion des ressources, accès aux mesures de protection sociale, à l'éducation, à la santé et à l'alerte précoce, etc.). L'Accord de Paris de 2015 souligne à la fois la contribution de l'égalité femmes-hommes et de l'autonomisation des femmes à la lutte contre les changements climatiques, et l'impact spécifique des changements climatiques sur les femmes. Une meilleure cohérence entre les cadres relatifs au changement climatique et ceux relatifs à la réduction des risques de catastrophes est jugée indispensable à un déploiement plus efficace des mesures (OECD, 2020[38]). Étant donné que les phénomènes météorologiques extrêmes et les risques naturels n'ont pas le même impact sur les femmes, il convient également de donner la priorité aux mesures de prévention des risques et d'adaptation tenant compte des disparités entre les sexes. Ces mesures doivent veiller à inclure les femmes dans l'administration, la prise de décision et l'élaboration de mesures préventives, et lutter contre les inégalités qui aggravent la vulnérabilité de certains groupes de population face à ces phénomènes. Il est également essentiel de tenir compte de la problématique femmes-hommes dans le financement des secours en cas de catastrophe.

Par exemple, après le tremblement de terre de 2005 dans la région de l'Azad Cachemire sous administration pakistanaise, qui a fait plus de 85 000 morts, le Programme d'aide au rétablissement des moyens de subsistance des personnes déplacées par le séisme comprenait un Plan d'action pour la vulnérabilité liée au sexe. Les fonds sont spécifiquement destinés à améliorer l'accès des femmes aux droits et aux privilèges liés à la propriété foncière et immobilière. Toutes les nouvelles maisons ont été enregistrées sous les noms de de la femme et du mari. Le plan fixe également des objectifs pour assurer un accès équitable à la reconstruction du logement en assurant une représentation féminine de 50 % dans les comités de reconstruction des villages. En outre, les femmes devaient représenter 50 % des participants formés à la reconstruction du logement et à d'autres compétences non traditionnelles. Si le programme a eu des effets positifs et permis à un grand nombre de femmes de reconstruire leur maison, les résultats n'ont pas été à la hauteur des attentes. Il a toutefois montré que si les plans sexospécifiques constituent un bon début. Ils ne peuvent pas à eux seuls garantir l'égalité des sexes et, par conséquent, il faut consacrer du temps et des ressources supplémentaires pour que l'intégration de la problématique femmes-hommes dans les plans de reconstruction en cas de catastrophe soit véritablement fructueuse (WBG, 2020[5]).

10.3.2. L'amélioration des infrastructures sociales contribue à l'égalité femmes-hommes

La conception traditionnelle des villes, qui consiste à séparer zones résidentielles, entreprises et zones commerciales, trouve son origine dans le paradigme du ménage monoactif et les petites villes du 20e siècle ; en raison du temps de trajet entre ces zones, il est particulièrement difficile pour une personne seule d'assumer le double ou triple rôle de garde d'enfants, d'apporteur de revenu et d'aidant familial. Si, dans certains pays, les politiques et les normes sociétales s'adaptent afin de mieux répartir les tâches, la participation des femmes aux activités économiques reste plus limitée que celle des hommes en raison de la façon dont les zones urbaines sont conçues et se sont étendues au fil des ans.

Dans les pays développés, les femmes endossent plus souvent que les hommes le double (ou triple) rôle de garde d'enfants, d'aidant familial et d'apporteur de revenu. Dans le monde entier, les femmes consacrent en moyenne trois fois plus de temps que les hommes au travail familial et domestique non rémunéré. En Asie du Sud, l'écart est beaucoup plus important, les femmes consacrant 7.5 fois plus de temps que les hommes à ces tâches (Graphique 10.2). Au Royaume-Uni, par exemple, une femme sur quatre est en charge d'une personne âgée atteinte d'une maladie chronique ou d'un handicap et d'un enfant, contre un homme sur six. On compte actuellement 2.4 millions de personnes « prises en sandwich » entre deux générations dont elles doivent s'occuper.

Graphique 10.2. Le temps moyen consacré au travail familial et domestique non rémunéré varie selon le sexe et la région

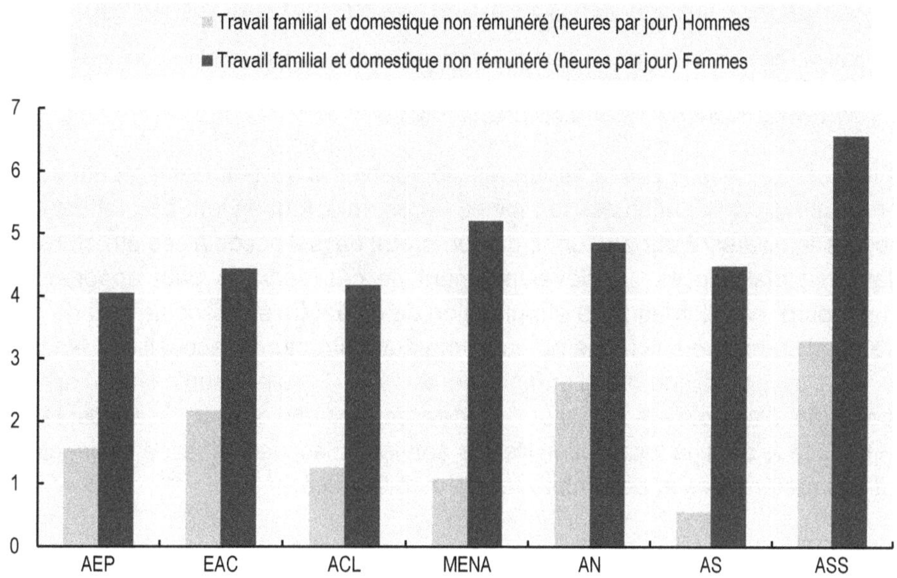

Note : ce graphique présente le nombre moyen d'heures consacré chaque jour par les femmes et les hommes au travail familial et domestique non rémunéré, par région : Asie de l'Est et Pacifique (AEP), Europe et Asie centrale (EAC), Amérique latine et Caraïbes (ALC), Moyen-Orient et Afrique du Nord (MENA), Amérique du Nord (AN), Asie du Sud (AS) et Afrique subsaharienne (ASS).
Source : OCDE (2009), base de données Égalité hommes-femmes, Institutions et Développement.

Du fait de cette pression supplémentaire, les femmes sont deux fois plus susceptibles que les hommes de renoncer à travailler, et quatre fois plus susceptibles d'occuper des emplois à temps partiel (Holzhausen, 2014[39]) Les femmes sont également plus souvent obligées de cumuler plusieurs emplois. Par exemple, aux États-Unis, 6.7 % des femmes de 20 à 24 ans occupent plusieurs emplois, contre 4.6 % des hommes de la même tranche d'âge (Wilson, 2015[40]) (Graphique 10.3). Les mères célibataires, qui représentent près de 6 % de l'ensemble des ménages dans les pays de l'OCDE – soit quatre fois plus que les ménages composés d'un père célibataire – portent le plus lourd fardeau (OECD, 2011[41]). Aux États-Unis, 82.2 % des parents gardiens sont des mères, contre 17.8 % de pères (Grall, 2013[42]).

Graphique 10.3. Aux États-Unis, les femmes sont plus susceptibles que les hommes d'occuper plusieurs emplois

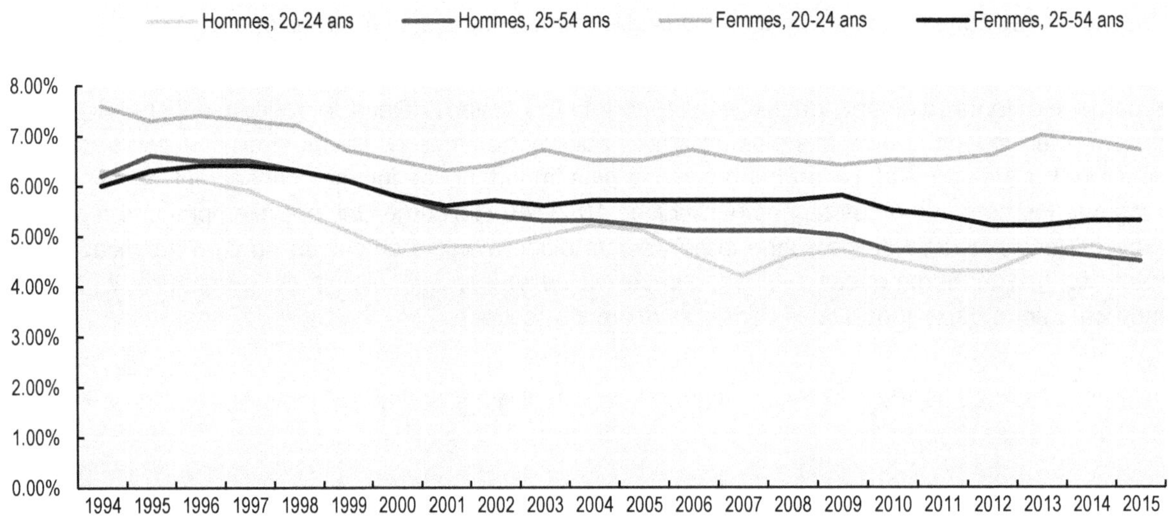

Note : personnes occupant plusieurs emplois en pourcentage de l'emploi par sexe et par âge, pour la période 1994-2015. Les taux de 2015 correspondent à la moyenne de la période janvier-juin 2015.
Source : Wilson (2015). Women are more likely to work multiple jobs than men.

Il est essentiel de faciliter l'accès à des structures abordables d'accueil des enfants et des personnes âgées pour promouvoir la participation des femmes à l'économie, tout en leur permettant de s'acquitter de leurs responsabilités familiales. Pourtant, dans de nombreux pays, l'accès à ces structures est limité, trop coûteux ou elles sont mal situées. Le développement de ces services peut apporter des avantages immédiats. À Hambourg, en Allemagne, la suppression de divers frais de scolarité et de garde d'enfants, ainsi que la garantie d'une place en crèche ou dans une autre structure d'accueil des enfants de plus d'un an, a permis à un plus grand nombre d'enfants de rester à l'école jusqu'en fin d'après-midi. Cela a également eu pour effet d'accroître le taux d'activité des femmes et d'offrir choix et souplesse aux familles (OECD, 2016[43]). Outre le coût, la localisation de ces services d'accueil est essentielle, car les femmes et les hommes ont des préférences et des habitudes de mobilité différentes.

10.3.3. Les femmes ont des habitudes et des préférences de mobilité plus durables que celles des hommes

Généralement, les hommes et les femmes n'utilisent pas les transports de la même façon, mais les politiques de transport mises en œuvre par le passé ne prenaient pas en compte les habitudes d'utilisation des transports propres à chaque sexe (Sarmiento, 1996[44]). Dans certains pays, les femmes se heurtent encore à des obstacles juridiques et sociaux qui les empêchent de voyager librement, comme c'est le cas au Qatar, où les règles de tutelle continuent de limiter la capacité des femmes à voyager. Même lorsque les femmes sont en droit d'utiliser les transports, elles continuent de subir les effets disproportionnés de transports inadéquats qui limitent leurs possibilités économiques, par rapport à celles des hommes, car les femmes sont généralement plus sensibles aux contraintes de temps et accordent un coût d'opportunité plus élevé au temps de déplacement (OECD, 2012[45]). Par exemple, l'évolution de la longueur des trajets pendulaires peut avoir un impact plus important sur les femmes, qui ont des habitudes de mobilité différentes, car elles assument généralement la double ou triple charge de la garde des enfants, de la subsistance et des soins aux personnes âgées (Kwan, 1999[46]) (Kwan and Kotsev, 2015[47]).

Les habitudes de déplacement peuvent également être influencées par la densité de l'étalement urbain. L'étalement urbain entraîne généralement un allongement des trajets pendulaires, ce qui se traduit par une perte de temps et de productivité (OECD, 2018[48]). Il engendre généralement des besoins plus importants en termes d'infrastructures publiques, notamment de réseau routier et de transports publics, ce qui entraîne une hausse du coût des services publics et de la vie pour la population locale. Étant donné que les femmes sont en charge de la majeure partie des déplacements non professionnels au sein du ménage, en particulier lorsqu'ils concernent les enfants, et indépendamment des disparités de revenus entre les deux sexes, un aménagement plus multifonctionnel du territoire et de meilleurs services de transports locaux peuvent favoriser l'égalité entre les sexes et l'émancipation économique des femmes, tout en favorisant des formes de transport plus durables (Boarnet and Hsu, 2015[49]).

Le fait de négliger les préférences des femmes en matière de transport et de mobilité peut limiter leur participation économique. En particulier, le coût élevé des déplacements pendulaires peut avoir un effet négatif sur l'accès des femmes à un emploi à temps plein dans les grandes zones métropolitaines. À Tokyo, par exemple, les femmes ayant de faibles revenus vivent généralement plus loin des quartiers d'affaires que les hommes, tandis que les coûts de déplacement quotidien plus importants ou les prix élevés des logements en centre-ville créent des obstacles à l'entrée des femmes sur le marché du travail à temps plein (Abe, 2011[50]). Lorsqu'elles prennent des décisions en matière d'emploi, les femmes accordent plus d'importance à la commodité des trajets quotidiens que les hommes, qui privilégient généralement le salaire par rapport au temps de trajet (Nafilyan, 2019[51]).

Des études ont mis en évidence une corrélation négative entre le temps de trajet et le taux d'activité des femmes. Une augmentation d'une minute du temps de trajet dans les zones métropolitaines est associée à une baisse d'environ 0.3 point du taux d'activité des femmes – ce qui met en évidence leurs habitudes de mobilité : elles ne se contentent pas de faire la navette, mais effectuent de nombreux déplacements supplémentaires (Black, Kolesnikova and Taylor, 2014[52]). Une autre étude de l'Office for National Statistics du Royaume-Uni a montré que les hommes ont tendance à avoir des trajets domicile-travail plus longs que les femmes et que l'écart entre les trajets domicile-travail suit le même profil d'âge que l'écart de rémunération entre les hommes et les femmes. Le temps de trajet domicile-travail est un facteur plus important dans la décision des femmes de quitter leur emploi, tandis que le taux horaire a un impact plus important sur les hommes, ce qui suggère que les femmes préfèrent des emplois avec des temps de trajet plus courts et une plus grande flexibilité, au détriment de la rémunération. Cette situation est souvent un indicateur de la nécessité pour ces personnes d'accomplir d'autres tâches non rémunérées, notamment s'occuper de leurs responsabilités familiales (ONS, 2019[53]).

Les femmes et les hommes ont également des habitudes de mobilité différentes. En moyenne, les femmes voyagent moins souvent et effectuent des distances plus courtes que les hommes (Moriarty and Honnery, 2005[54])et sont plus disposées à réduire l'utilisation des véhicules que les hommes (Polk, 2003[55]) (Polk, 2004[56]). Une étude récente portant sur huit villes européennes et asiatiques confirme que les femmes effectuent en moyenne des trajets plus courts que les hommes, utilisent davantage les transports publics et se déplacent davantage en dehors des heures de pointe (Ng and Acker, 2018[57]). Une étude menée en 2019 à Santiago du Chili, reposant sur des mégadonnées recueillies à l'aide des téléphones mobiles des passagers, montre que les femmes et les filles effectuent souvent des voyages plurifonctionnels, pour mener à bien différentes tâches liées aux provisions du ménage, à la garde des enfants et au travail. De même, par rapport aux hommes, les femmes répartissent généralement leurs déplacements entre un plus petit nombre de destinations, et se rendent dans des endroits plus proches de leur domicile. Les schémas de mobilité des femmes varient également en fonction du revenu et de l'emploi (Gauvin et al., 2019[58]).

Dans la mesure où les femmes ont des habitudes de déplacement plus complexes, elles privilégient généralement des modes de transport plus souples. Dans le même temps, comme elles ont une préférence plus marquée pour les transports publics, les nouvelles tendances comme la mobilité partagée ou la mobilité en tant que service pourraient attirer davantage d'usagères que d'usagers. De telles solutions contribueraient également à atténuer les coûts environnementaux des transports (Ng and Acker, 2018[57]).

Certaines enquêtes sur les déplacements et les quelques rares données sexospécifiques disponibles dans les pays de l'OCDE et les pays européens semblent indiquer que les femmes adoptent un comportement plus durable en termes de déplacements (Samek Lodovici et al., 2012[59]). Lorsqu'on leur propose de meilleures solutions, les femmes sont susceptibles de renoncer délibérément et complètement à la conduite automobile. Si les villes veulent encourager davantage le développement de moyens de transport flexibles et durables, elles doivent mettre en œuvre des mesures tenant compte des préférences des femmes, car elles seront les principales usagères.

En outre, des études montrent que les femmes préfèrent s'appuyer sur des raisons environnementales ou écologiques lorsqu'elles prennent des décisions. C'est notamment le cas lorsqu'elles choisissent une voiture (dans les pays développés, les femmes influencent fortement la décision finale lors de l'achat d'un véhicule familial). Elles choisissent généralement des petits véhicules à faible consommation, les aspects liés à la sécurité étant cruciaux, mais elles sont moins sensibles au statut conféré par le véhicule. Cela dit, comme les femmes jouent souvent un rôle décisif dans l'achat du véhicule familial principal, elles peuvent être incitées à acheter des voitures plus lourdes, présentées comme plus sûres. En matière de transport, les femmes donnent souvent la priorité à la sécurité plutôt qu'aux économies de carburant. De leur point de vue, les économies de carburant peuvent paraître moins importantes que la sécurité (SUM4All, 2019[60]).

Toutefois, les modes de déplacement plus durables des femmes n'ont pas été étudiés de manière suffisamment approfondie pour percevoir dans quelle mesure ils pourraient faire reculer l'usage de la voiture particulière, ni comment ils pourraient ouvrir la voie à un changement des modes de déplacement des hommes. En outre, une analyse plus approfondie serait la bienvenue pour montrer comment ces modes de déplacement s'ajustent en fonction des fluctuations des revenus, des prix du carburant et des politiques fiscales environnementales, qui ont un impact sur la demande. Par conséquent, la prise en compte de la problématique femmes-hommes lors de la conception des réseaux de transport public et des nouveaux services de mobilité pourrait favoriser l'émancipation économique des femmes. Dans le même temps, un dialogue avec les usagères pourrait aider les décideurs à intégrer une analyse sexospécifique dans la conception des réseaux de transport public, et à donner la priorité aux déplacements plus durables, ce qui pourrait limiter les effets négatifs des villes sur l'environnement, comme les émissions de carbone.

10.3.4. La sécurité des transports, une priorité absolue pour les femmes

La sécurité est une préoccupation majeure des femmes, plus que des hommes, qui détermine leurs choix en termes de transport. La sécurité est aussi le critère le plus important sur lequel les femmes insistent pour emprunter des transports publics (Bray, Holyoak and Bray, 2015[61]) (Ng and Acker, 2018[57]) (Civitas, n.d.[62]). C'est notamment le cas dans les zones urbaines, où les femmes sont plus nombreuses que les hommes à utiliser les transports publics et dépendent fortement de ces systèmes pour leurs besoins de mobilité. Le fait de garantir la sécurité des femmes dans les villes et les transports publics permettra de renforcer encore davantage l'utilisation de modes de transport plus durables, comme la marche, le vélo et les transports publics. Ces modes de transport ont souvent la faveur des femmes.

Dans les pays développés comme dans les pays en développement, les femmes se sentent en danger lorsqu'elles utilisent les services publics de transport (Yavuz and Welch, 2010[63]) (OECD, 2019[64]). La violence à l'égard des femmes et des filles affecte de multiples aspects de leur vie. En 2011, une enquête Gallup menée auprès de 143 pays a montré qu'en moyenne, seulement 62 % des femmes ont répondu positivement à la question de savoir si elles se sentent en sécurité lorsqu'elles marchent seules la nuit, contre 72 % des hommes. L'écart était beaucoup plus important dans les pays à revenu élevé, puisque seulement 59 % des femmes ont répondu positivement, contre 82 % des hommes (Crabtree and Nsubuga, 2011[65]). En 2018, une étude d'une ONG portant sur les agressions et le harcèlement sexuels aux États-Unis a révélé que 81 % des femmes ont déjà été victimes de harcèlement dans les espaces et les transports publics (SSH, 2018[66]). Au Mexique, 71 % des femmes déclarent ne pas se sentir en sécurité dans les transports publics (OECD, 2017[67]).

Cette situation est non seulement moralement inacceptable en soi, mais elle cause également un préjudice économique et social qui renforce les inégalités (ITF, 2019[68]). Une étude de l'Organisation internationale du travail (OIT) menée en 2017 sur la sécurité, qui inclut une enquête à grande échelle sur l'utilisation des transports par les femmes dans les pays en développement, montre qu'un accès limité à des transports sûrs est le principal obstacle à une hausse du taux d'activité des femmes, qui se retrouve ainsi réduit de 15.5 points (ILO, 2017[69]). Des transports publics peu sûrs se traduisent également par des coûts environnementaux supplémentaires, en incitant les usagers potentiels, hommes ou femmes, à se tourner plutôt vers leur véhicule privé.

Les exemples présentés dans « Compendium on Women's Safety and Security » du Forum international des transports (FIT) : A Public Transport Priority » (2018) montrent qu'une grande majorité des femmes à travers le monde ne se sentent pas en sécurité dans les transports publics, et ont été victimes d'un certain type de harcèlement physique ou verbal et d'autres formes de violence dans les espaces publics (ITF, 2018[70]). . C'est pourquoi les femmes préfèrent souvent la voiture lorsqu'elles doivent choisir un moyen de transport, en privilégiant les taxis ou d'autres formes de services de transport avec chauffeur par rapport à la marche, au vélo ou aux transports publics.

Par exemple, le FIT (2018) cite une enquête londonienne qui a révélé que 28 % des femmes ayant utilisé les transports publics au cours des 12 mois précédents ont déclaré avoir été victimes de regards indésirables, de commentaires sexuels, de contacts corporels, de sifflements et d'exhibition (ITF, 2018[70]). Dans la seule Amérique latine, six femmes sur dix disent avoir été harcelées physiquement dans les transports publics. Les statistiques sont également alarmantes dans de nombreux pays asiatiques. Au Bangladesh, les femmes sont confrontées à d'importantes inégalités au niveau des moyens de subsistance et de l'accès aux actifs économiques. Le taux d'activité des femmes reste faible, 34 % selon les estimations, tandis que dans les zones rurales, les femmes ne possèdent que 8 % des actifs productifs. Selon les estimations, quelque 94 % des usagères des transports publics ont été victimes de harcèlement sexuel sous forme verbale, physique ou autre. À Jakarta, près de 90 % des femmes estiment que la sécurité est mauvaise ou très mauvaise dans les trains, contre 35 % seulement des hommes (Turner, 2011[71]).

Si les villes veulent augmenter leur taux d'utilisation et d'occupation des transports publics durables, et donc réduire les émissions de GES des transports routiers, il convient d'assurer la sécurité de leurs services. Cela permettra à la fois d'attirer davantage de femmes, et d'améliorer l'expérience de la plupart des usagères actuelles.

10.3.5. Rendre les transports durables et sensibles à la dimension sexospécifique

La plupart des villes ne disposent pas de programmes ou de politiques de transport visant à améliorer l'expérience des usagères des transports publics en tenant compte de leurs déplacements en dehors des heures de pointe et de l'objet de leurs déplacements autres que les trajets domicile-travail. Pourtant, une meilleure adaptation des transports publics aux préférences et aux besoins des femmes peut les rendre plus attractifs, ce qui contribue à améliorer la propreté des villes et les perspectives économiques des femmes. Vienne est un exemple de ville dont l'aménagement urbain tient compte des aspects sexospécifiques. Dans le sillage d'une enquête menée à la fin des années 1990 sur l'utilisation des transports publics par les hommes et les femmes, des données sont aujourd'hui recueillies pour évaluer l'utilisation des transports et espaces publics par différents groupes de population avant le lancement d'un projet d'infrastructure (Foran, 2013[72]).

À Los Angeles, le réseau de bus METRO a enregistré une baisse de 39 % de la criminalité totale et de 60 % des agressions contre les machinistes entre 2017 et 2018 après la mise en œuvre de mesures de sécurité telles qu'une présence renforcée de la police des transports et de la police locale, des caméras vidéo pour enregistrer et dissuader les agressions, et une formation des machinistes à la gestion des conflits (ITF, 2018[70]).

La mobilité des femmes et leur utilisation des transports publics sont également influencées par le confort et l'accessibilité physique (Civitas, n.d.[62]) Outre la garantie d'un accès sécurisé aux stations de bus et de métro, les femmes – ainsi que les personnes âgées ou d'autres groupes vulnérables – ont souvent des besoins différents en ce qui concerne la conception et la technologie du véhicule. En plus des lacunes liées aux itinéraires spécifiques empruntés par les femmes (nécessitant des arrêts de bus placés à proximité des écoles et des crèches par exemple) et à la sécurité, les transports publics présentent également des lacunes en ce qui concerne les « mesures de confort ». Par exemple, étant donné que les femmes sont plus susceptibles de voyager avec des enfants ou des personnes âgées dépendantes, elles bénéficieraient de bus dotés d'un plancher surbaissé, de barres appropriées pour se tenir en toute sécurité, de rampes et d'un espace réservé pour l'accès avec des poussettes ou des sacs à provisions. À Santiago du Chili, les besoins et les préférences des femmes ont été pris en considération lors de la modernisation du parc d'autobus (ITF, 2019[73]).

10.4. Rôle des femmes dans la promotion de villes et de transports durables et inclusifs

Si les femmes sont plus exposées aux risques de la vie urbaine, elles sont également dans une position privilégiée pour rendre la vie urbaine plus inclusive et plus sûre. En tant qu'usagères plus vulnérables, elles peuvent contribuer à définir et à soutenir de meilleures politiques pour tous.

Alors que les femmes sont majoritaires parmi les fonctionnaires des administrations régionales et locales, elles sont sous-représentées aux postes de décision. Les femmes maires sont de plus en plus nombreuses, comme à Barcelone, Madrid, Paris et Singapour, mais l'on ne dispose d'aucune donnée à l'échelle internationale. Les données préliminaires pour neuf pays de l'OCDE montrent que 5 % en moyenne des maires sont des femmes – cette proportion varie de 0 % à 32 % (OECD, 2020[74]). Une enquête menée en 2016 dans 100 villes des États-Unis a montré que seulement 25 % des maires étaient des femmes (Levine Einstein, Glick and LeBlanc, 2017[75]).

10.4.1. Le renforcement du taux d'activité des femmes et de leur rôle pilote dans le secteur des transports améliorerait la durabilité

Pour pouvoir planifier et concevoir les systèmes et infrastructures de transport en tenant compte des besoins des femmes, le secteur doit féminiser sa main-d'œuvre. Les passagères se sentent également plus en sécurité lorsque les véhicules sont conduits pas des femmes, qui sont réputées conduire de manière plus sûre (Marsh, 2004[76]) (IFC, 2020[77]). Cela est particulièrement important dans les villes en développement, où des modes de transport public efficients, équitables et sûrs jouent un rôle majeur dans la régulation de la hausse de l'utilisation des véhicules privés, motocyclettes incluses.

Pourtant, selon une étude menée récemment par le FIT dans 47 pays, le taux d'activité des femmes dans le secteur des transports se montait à 17 % en moyenne en 2018, et certains pays où les écarts entre femmes et hommes sont les plus faibles enregistrent une baisse de l'activité des femmes dans ce secteur (Ng and Acker, 2020[78]). Dans les pays de l'OCDE, les femmes n'occupent en moyenne que 22 % des emplois dans le secteur des transports, un pourcentage plus important d'entre elles occupant des postes dans le transport aérien et les activités de poste et de courrier (Graphique 10.4). Au Mexique, en Colombie et en Turquie, les hommes occupent plus de 90 % des emplois dans le secteur des transports. D'autre part, la part des femmes dans le secteur des transports est supérieure à 30 % en Islande, et 28 % aux États-Unis. Dans les 21 économies de l'APEC, moins de 20 % des emplois dans les transports sont occupés par des femmes (OECD, 2019[64]). Bien que les femmes soient présentes dans ce secteur, elles occupent généralement des postes dans l'administration, la restauration, et des postes peu rémunérés, alors qu'elles sont quasiment absentes dans le transport routier international ou les services maritimes (SUM4All, 2019[60]). Aux États-Unis, en 2015, les femmes ne représentaient que 15 % des effectifs des transports et des professions connexes, et seulement 4.6 % des conducteurs de camions commerciaux (Olczak-Rancitelli, 2015[79]). La hausse du taux d'activité des femmes dans le secteur des transports nécessitera des mesures pour lutter contre les problèmes de recrutement, de maintien en fonction et de progression de carrière à long terme.

Graphique 10.4. Seulement 22 % de la main-d'œuvre du secteur des transports dans la zone OCDE sont des femmes (2017)

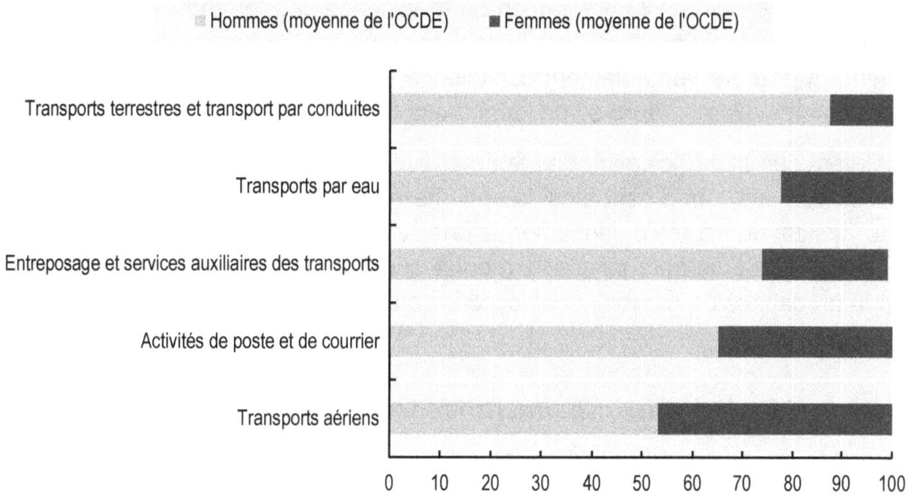

Note : toutes les données se rapportent à 2017, à la rubrique « Activité économique (CITI-Rév.4), niveau à 2 chiffres 49 - Transports terrestres et transport par conduites », à l'exception d'Israël (2016). Données du Chili et de la Colombie à la rubrique Activité économique (CITI-Rév.3.1), niveau à 2 chiffres : 60 - Transport terrestre ; transport par oléoduc.
Source : ILOSTAT (2017).

Dans la plupart des pays, les femmes sont également peu représentées aux postes de décision dans le domaine du développement des infrastructures. Elles n'occupent que 18 % des postes de direction dans les ministères en charge des infrastructures (énergie, transports et communications) à l'échelle mondiale, contre 38 % dans les ministères socioculturels (santé, éducation, famille et jeunesse) (Wilson Center, 2018[80]). En outre, elles n'occupent que 16 % poste de direction dans les ministères de l'Économie et des Finances, et n'ont donc qu'une influence limitée sur les décisions d'investissement dans le développement des infrastructures à l'échelle nationale (pour en savoir plus sur les femmes aux postes de direction, voir la section 2.3). En 2020, seuls 11 pays membres du FIT sur 62 avaient une femme à la tête du ministère des Transports. La présence d'un plus grand nombre de femmes dans les conseils d'administration des entreprises de transport peut également contribuer à accroître l'utilisation des transports publics (et donc apporter des avantages environnementaux), en renforçant l'attention accordée aux besoins des femmes, comme la disponibilité des transports publics en dehors des heures de pointe, les itinéraires de transport spécifiques, les moyens de transport flexibles et la sécurité personnelle.

10.4.2. Rendre les quartiers d'habitation plus sûrs et plus pacifiques en mobilisant les femmes

Jusqu'à récemment, le rôle des femmes dans la sauvegarde des quartiers et des villes n'était pas reconnu et n'avait pas vraiment été étudié. Toutefois, de nouvelles recherches et études de cas montrent comment les femmes peuvent contribuer à rendre les quartiers d'habitation plus sûrs et inclusifs lorsqu'elles participent aux opérations des forces de police et de maintien de la paix, par exemple.

De nombreuses collectivités ont mis en place une police de proximité, ce qui souligne l'importance d'impliquer la collectivité de façon pragmatique afin que la police et le public puissent coopérer pour prévenir et résoudre les crimes. Ce cadre a permis à un plus grand nombre femmes d'entrer dans la police. Il a été démontré que les femmes officiers ont moins recours à la force physique, et misent davantage sur la coopération et la confiance. La perception de l'efficacité des services de police étant désormais moins axée sur la force physique que sur la prévention de la violence, les femmes sont particulièrement bien placées pour occuper cette fonction. Au Sierra Leone, par exemple, la féminisation des forces de police a aidé les législateurs à prendre véritablement conscience des violences sexistes, et a permis à un plus grand nombre de femmes d'être informées de leurs droits humains et juridiques (Ibrahim, 2012[81]).

Il est également avéré que la participation des femmes aux processus de paix contribue à l'efficacité et à la pérennité de ces derniers, renforçant ainsi la sécurité et la résilience des villes. Le projet « Élargir la participation » de l'Institut de hautes études internationales et du développement de Genève a étudié plus de 180 accords de paix de différents pays et a montré que la participation de femmes au processus de paix augmentait la probabilité de parvenir à un accord de paix, ainsi que sa durée (O'Reilly, Súilleabháin and Paffenholz, 2015[82]).

10.4.3. Lutte contre la criminalité urbaine fondée sur le sexe

Les risques posés par l'urbanisation sauvage, l'étalement urbain et les taudis sont plus importants pour les femmes, notamment en raison de la violence sexiste. Les femmes sont particulièrement exposées aux risques de la vie urbaine dans certains quartiers, qui manquent d'espaces publics sûrs (bien éclairés et surveillés), sont mal desservis par les transports publics, et où les taux de criminalité peuvent être élevés. Les femmes pauvres sont particulièrement exposées. Tant dans les pays développés qu'en développement, les femmes sont majoritaires parmi les victimes de meurtres, d'agressions, d'enlèvements et de harcèlement sexuel. On estime que 35 % des femmes à travers le monde ont subi des violences physiques et/ou sexuelles à un moment ou à un autre de leur vie (WHO, 2017[83]). En outre, dans certains pays, le harcèlement sexuel et la violence à l'égard des femmes ne sont pas passibles de poursuites pénales (OECD, 2019[84]). De même, les victimes d'agressions sexuelles ont souvent peur de réclamer justice (WHO, 2012[85]).

S'il est impossible de raser les métropoles tentaculaires et de les reconstruire selon une optique sexospécifique, il est possible de prendre un certain nombre de mesures pour que les rues soient plus sûres et que les femmes se sentent plus en sécurité lorsqu'elles se déplacent en ville. Dans des villes plus sûres, les femmes peuvent donner la priorité à une mobilité plus durable, comme les transports publics, le vélo et la marche. En Inde, par exemple, SafetiPin, créée en 2013, est une application visant à assurer la sécurité des femmes en permettant aux utilisateurs de noter les rues et les quartiers en fonction de critères de sécurité comme l'éclairage public, la visibilité, la densité de population, la mixité sexuelle, la sécurité et les transports. Elle recueille également des données de sécurité, fournies en partie par ses utilisateurs, à l'usage des autorités locales et des urbanistes. SafetiPin compte désormais 51 000 points de données pour la seule ville de Delhi, et met à disposition des utilisateurs les « itinéraires les plus sûrs », les aidant à évoluer en ville en minimisant les risques (SafetiPin, n.d.[86]).

10.4.4. Écologisation des villes sous l'angle de l'égalité femmes-hommes

Les villes peuvent contribuer à imposer une approche territorialisée des grands programmes mondiaux et à revoir de fond en comble les politiques de développement durable. Elles sont bien placées pour expérimenter, mettre à l'essai et reproduire des politiques ambitieuses pouvant être adaptées aux lieux de travail et de vie de la population, et pour faire naître des rapports de complémentarité, des avantages mutuels et des synergies.

La transition vers une économie bas carbone est l'occasion de tirer parti de la contribution que les villes peuvent apporter à la qualité de l'environnement, tout en favorisant une croissance inclusive. Par exemple, l'ODD 11 (villes et communautés durables) appelle à améliorer la qualité de l'air (en réduisant les émissions de CO_2 issues des voitures particulières), et une telle amélioration contribuerait également à limiter les dépenses de santé, conformément à l'ODD 3 (bonne santé et bien-être).

Les urbanistes féministes affirment que les hommes et les femmes ne font pas la même expérience de l'espace, et prônent une approche de l'urbanisme, de la conception et de la construction des espaces et des équipements publics tenant compte de l'égalité entre les sexes (Casanovas et al., 2015[87]). Ces différences sont non seulement liées aux rôles productifs, reproductifs, personnels ou communautaires assignés socialement et culturellement à chaque sexe, mais également à d'autres caractéristiques comme l'âge, le revenu, l'origine ethnique, etc.

Le recours à une approche sensible à la dimension sexospécifique dans l'aménagement urbain peut également aboutir à des infrastructures plus durables. D'après Wallhagen, Eriksson et Sörqvist (2018), par exemple, des femmes urbanistes participant à un concours en Suède ont accordé plus d'importance aux aspects environnementaux que les hommes, même si elles ont estimé qu'elles avaient assez peu d'influence sur ces aspects. Les hommes, en revanche, ont estimé qu'ils pouvaient avoir une influence, même s'ils accordaient moins d'importance aux aspects environnementaux (Wallhagen, Eriksson and Sörqvist, 2018[88]).

Une approche plus participative, faisant intervenir des femmes à tous les stades de la conception et du développement des infrastructures, pourrait permettre d'inclure des perspectives qui n'auraient peut-être pas été prises en compte autrement. (Ortiz Escalante and Gutiérrez Valdivia, 2015[89]) (Ortiz Escalante and Gutiérrez Valdivia, 2015[89]) et (Fleming, 2018[90]) citent le cas de Col-lectiu Punt 6, une organisation d'architectes et d'urbanistes de la ville de Barcelone, qui au cours de la dernière décennie ont permis à des habitantes de participer à tous les stades de la transformation urbaine de la ville. Selon eux, le principal obstacle à la mise en œuvre d'une approche tenant compte des disparités entre les sexes est l'incapacité des autorités publiques compétentes à intégrer une telle approche dans leur travail, et donc à tenir compte de la problématique femmes-hommes dans l'aménagement urbain.

Ailleurs, des groupes de femmes poursuivent également l'objectif d'autonomiser les femmes à l'échelle locale et d'en faire des vecteurs du changement dans leurs quartiers et leurs villes, parfois avec succès. C'est le cas tant en Europe, à Berlin par exemple (Droste, 2011[91]), que dans les pays en développement. Le programme « Gender Inclusive Cities » (GIPC), mis en œuvre à Petrozavodsk (Russie), Dar es Salam (Tanzanie), Delhi (Inde) et Rosario (Argentine), collabore avec des femmes à l'échelle locale pour tenter de comprendre pourquoi les femmes et les jeunes filles ne se sentent pas en sécurité dans certains quartiers de leur ville, et sont donc exclues de la vie urbaine (Women in Cities International, 2012[92]).

Une meilleure représentation des femmes dans la prise de décision et les professions liées à l'urbanisme et à la planification urbaine pourrait contribuer à mieux adapter les villes et les agglomérations à leurs besoins et, par conséquent, à optimiser les investissements dans les infrastructures afin de répondre aux besoins de l'ensemble de la population.

Paris et Singapour, deux villes dirigées par des femmes, ont lancé de grandes campagnes d'écologisation prévoyant par exemple une expansion massive des pistes cyclables et l'interdiction de certaines parties de la ville aux véhicules à moteur. Dans la ville de Kitakyushu, au Japon, un exemple historique met en évidence le rôle actif joué par des associations de femmes pour mettre la ville sur la voie du développement durable, en raison de leurs fortes craintes vis-à-vis des risques sanitaires posés par la structure industrielle de la ville (Encadré 10.1).

Encadré 10.1. Activisme des femmes contre la pollution dans la ville de Kitakyushu, au Japon

La ville de Kitakyushu s'est industrialisée au début du 20e siècle, et est rapidement devenue l'une des quatre principales zones industrielles du Japon, spécialisée dans des industries comme l'acier, les produits chimiques, la céramique et le ciment. Bien que ces industries lourdes aient eu un impact positif sur le développement économique de la ville, ainsi que sur l'ensemble du pays, elles ont également eu des répercussions négatives sur l'environnement, engendrant une pollution importante de l'air et de l'eau, qui a atteint son apogée dans les années 1960.

La société civile, et en particulier des associations de femmes soucieuses de la santé de leurs familles, ont commencé à protester contre le niveau élevé de pollution dans la ville, et ont lancé le slogan « Nous voulons retrouver notre ciel bleu ». Le mouvement a ensuite mobilisé les universités, les milieux d'affaires et les autorités locales afin de rechercher des solutions communes pour lutter contre la pollution. Cette campagne a produit des effets remarquables, les efforts déployés par les différents acteurs ayant permis de nettoyer à la fois le ciel de Kitakyushu et la mer bordant la ville en seulement deux décennies (fin des années 1970).

Ce mouvement en faveur d'une économie plus respectueuse de l'environnement, conjugué à la nécessité de revoir la structure industrielle de la ville dans le sillage de la crise de l'industrie sidérurgique, a poussé la ville de Kitakyushu à se tourner vers de nouvelles industries, comme l'assemblage et l'automobile, les énergies renouvelables et le recyclage.

Plus récemment, certaines villes ont pris des initiatives visant à élaborer des plans d'urbanisme spécifiques tenant compte de la problématique femmes-hommes. Par exemple, depuis 2009, la ville d'Umeå, en Suède, remanie son paysage en tenant compte des disparités entre les sexes (approche du « paysage sexospécifique »). Ainsi, la ville est entièrement réaménagée selon une optique sexospécifique et durable. La ville recueille des données ventilées par sexe depuis 30 ans et les utilise pour élaborer des politiques et des projets de mobilité et d'infrastructure, en tenant compte des habitudes de déplacement plus durables des femmes, de leurs différents niveaux de revenus, et de leurs différents intérêts et besoins (Kneeshaw and Norman, 2019[93]). Les espaces publics de la ville ont été modifiés, l'éclairage des rues a été renforcé pour les rendre plus accessibles aux hommes, femmes et enfants, et le réseau de transports publics a été remanié.

Comme nous l'avons vu plus haut, la ville de Vienne a été la première à mettre l'égalité femmes-hommes au cœur de ses politiques publiques, il y a près de 30 ans, et a élaboré un manuel relatif à la prise en compte de la problématique femmes-hommes dans l'urbanisme et le développement urbain (Urban Development Vienna, 2013[94]). Lorsqu'elle construit des logements sociaux ou subventionnés, qui représentent une part importante de son marché du logement, elle applique une approche à quatre volets : planification, économie, écologie et durabilité sociale. Le Fonds du logement de la ville applique des critères de planification tenant compte des disparités entre les sexes. Le Wohnprojekt Wien, situé dans le nord de la ville, est un complexe autogéré de 40 appartements à basse consommation, offrant des possibilités de mobilité partagée, des garages à vélos, des espaces et des jardins partagés (Kail, 2018[95]). Ce modèle prend en considération les aspects sexospécifiques, car les habitants partagent de nombreuses activités (comme la cuisine, les courses et parfois la garde des enfants). Chaque habitant travaille bénévolement pour la communauté durant 11 heures par mois, suivant un modèle inspiré de précédents exemples de développement sexospécifique au sein de la ville, dont il s'est avéré qu'il facilite la vie des habitants et habitantes de ces quartiers (Littig and Leitner, 2017[96]).

La méthodologie, qui tend souvent à adopter un recrutement des participants, un langage et des hypothèses centrés sur la population masculine, est la clé de l'aménagement urbain et de la conception des villes. Il existe désormais plusieurs exemples de méthodes tenant compte de la problématique femmes-hommes qui reflètent les schémas de mobilité et les préférences des femmes. Par exemple, la ville de Lille (France) a mené des recherches sur les habitudes des femmes en matière de cyclisme à Lille, les obstacles auxquels elles sont confrontées et les risques qu'elles perçoivent. Les résultats ont permis de comprendre que, pour encourager les femmes à se déplacer davantage en vélo, et donc de façon plus durable, il faut renforcer la protection des infrastructures cyclables, une modération de la circulation, davantage d'éclairage public et des ateliers vélos réservés aux femmes (POLIS, 2021[97]).

À Madrid, l'opérateur de transport public EMT fait de l'intégration des femmes une priorité de longue date. Grâce au Women STEM Chair (groupe de travail lancé en octobre 2020), EMT travaille avec l'université pontificale de Comillas et Iberdrola pour améliorer l'éducation, la formation et les carrières professionnelles des femmes. Ce partenariat vise à aider les femmes à accéder aux professions des transports publics, notamment aux fonctions techniques et de gestion. En outre, l'opérateur public a récemment lancé l'Observatory for Women and Safe Transportde l'EMT, qui étudie la manière dont les femmes utilisent les services publics de transport et prend des mesures actives pour améliorer la sécurité des femmes dans les transports (POLIS, 2021[98]).

Dans les pays en développement, certaines villes commencent également à aménager l'environnement urbain en tant compte des besoins des femmes. Par exemple, la ville de Maputo, au Mozambique, a lancé un programme pour des villes et des espaces publics sûrs dans le cadre de l'initiative mondiale « Safe Cities » d'ONU Femmes. Cette initiative, organisée en collaboration avec de jeunes activistes, prévoit notamment d'améliorer l'éclairage urbain et de rénover les bâtiments publics abandonnés suivant une optique sexospécifique (UN Women, 2019[99]).

Une collecte plus systématique de données ventilées aux échelles régionale, locale et municipale, ainsi que l'intégration de la budgétisation sexospécifique et des dimensions sexospécifique et environnementale des études d'impact dans les programmes et projets d'infrastructure, pourraient contribuer à systématiser la prise en compte de la problématique femmes-hommes dans le développement des infrastructures.

Les espaces verts et bleus peuvent aider à faire face aux impacts du changement climatique, comme l'effet des îlots de chaleur urbains et les inondations. Ils peuvent également stabiliser les températures urbaines et réduire les besoins énergétiques pour le chauffage et le refroidissement des bâtiments, réduisant ainsi les émissions de gaz à effet de serre. Les espaces verts peuvent accroître l'atténuation du bruit et ils se sont avérés essentiels pour atténuer les problèmes de santé mentale et le stress pendant la pandémie de COVID-19 (Pouso et al., 2021[100]). Certaines villes développent également les espaces verts dans les quartiers résidentiels et améliorent la disponibilité des installations sportives. Ces initiatives peuvent en particulier bénéficier aux femmes adultes qui, au niveau mondial, sont presque 32 % à être insuffisamment actives physiquement, contre 23 % des hommes (WHO, 2016[101])(Encadré 10.2).

Encadré 10.2. Des environnements urbains bien conçus peuvent encourager des modes de vie actifs

Le manque d'activité physique est un facteur de risque de diverses maladies chroniques, comme les maladies cardiaques, les accidents vasculaires cérébraux, le diabète, l'ostéoporose et le cancer. Les maladies chroniques causées par ces facteurs de risque ont également un coût économique important, en raison notamment des traitements médicaux, de la baisse de la productivité et de la hausse de l'absentéisme au travail.

Dans les pays de l'OCDE, il existe des disparités importantes entre les sexes en termes d'activité physique, puisque 30 % des hommes et 37 % des femmes ne respectent pas les recommandations de l'OMS en matière d'activité physique. Cela est principalement dû au fait que les femmes sont moins susceptibles de faire du sport que les hommes. Par exemple, la part des femmes susceptibles de déclarer pratiquer un sport est inférieure de 10 % à celle des hommes en Allemagne et aux États-Unis, de 16 % au Canada et de pas moins 36 % en France. Il existe également un gradient socio-économique non négligeable dans la pratique sportive. En France, par exemple, les femmes ayant fait des études supérieures sont presque six fois plus susceptibles de faire du sport que les femmes n'ayant pas atteint ce niveau d'études. De nombreuses causes expliquent la hausse des comportements sédentaires, notamment, dans le cas des femmes en particulier, la perception du niveau de sécurité.

Des actions de santé publique efficaces peuvent contribuer à accroître l'activité physique totale. Un programme d'étude a été lancé en France, adaptant le modèle SPHeP-NCD (Strategic Public Health Planning for NCDs) afin d'évaluer six interventions de santé publique ciblant différents groupes de la population adulte. Ces interventions étaient les suivantes : dépenses publiques affectées aux sports et aux loisirs, pratique d'une activité physique sur ordonnance médicale, campagnes médiatiques grand public, utilisation d'applications mobiles, développement des transports publics et lutte contre la sédentarité en milieu professionnel.

Toutes ces interventions ont permis de réduire le nombre de nouveaux cas de diabète, de cancer et de maladies cardiovasculaires. On a constaté que la première intervention, à savoir les dépenses publiques affectées aux sports et aux loisirs, est celle qui réduit le plus efficacement les dépenses de santé par rapport aux autres interventions modélisées, avec 1.2 milliard d'euros économisés en France par rapport au scénario de référence sur les 32 années suivant la mise en œuvre de l'intervention en 2019. Globalement, trois interventions – dépenses affectées aux sports et aux loisirs, campagnes médiatiques et applications mobiles – ont été jugées efficaces par rapport à leur coût dans les dix ans à compter de leur lancement.

10.5. Actions clés pour aller de l'avant

Un certain nombre de mesures peuvent être mises en œuvre pour prendre en compte systématiquement la problématique femmes-hommes dans le développement urbain et les infrastructures de transport, et contribuer ainsi à rendre les villes plus sûres et plus propres, plus inclusives et plus durables :

- Recueillir des données à l'échelle locale sur les habitudes et les préférences des femmes en matière de transport et de mobilité. Des enquêtes sur l'emploi du temps associées à l'étude des motifs de déplacements des usagers permettraient de mieux comprendre les besoins des femmes en matière de déplacements, et jetteraient les bases d'un développement urbain plus sensible aux disparités entre les sexes.

- Concevoir une initiative en matière de sécurité et de lutte contre la criminalité et la violence à l'échelle de la ville tout entière, en mettant l'accent sur la violence à l'égard des femmes.
- Veiller à ce que les stratégies, politiques et projets de transport et d'aménagement du territoire tiennent compte des besoins des femmes, encourager la participation des femmes à l'élaboration des politiques urbaines nationales, et intégrer la problématique femmes-hommes dans les stratégies et actions de résilience face aux catastrophes naturelles.
- Un aménagement urbain fondé sur des quartiers multifonctionnels, privilégiant les déplacements de courte distance et la proximité du lieu de travail, des structures d'accueil et des écoles, des services de santé, des magasins et autres services, ainsi que des environnements piétonniers et de loisirs sûrs (notamment les parcs publics), et des transports publics à fréquence élevée et facilement accessibles, aiderait les parents à conjuguer activité professionnelle et obligations familiales. Cela augmenterait ainsi les possibilités pour les parents actifs d'accéder au marché du travail et réduirait le temps perdu en raison des trajets domicile-travail. Il contribuerait également à la réduction de la pollution atmosphérique, à une meilleure protection de l'environnement, et à une utilisation plus durable des ressources.
- Promouvoir des pratiques comme les horaires variables et le « télétravail » au sein des entreprises, qui peuvent faciliter l'accès des femmes au travail à temps plein (voire favoriser leur maintien dans l'emploi), tout en réduisant l'empreinte carbone et la pollution.
- Encourager le développement de réseaux communautaires favorisant le partage des responsabilités et l'égalité femmes-hommes. Les réseaux de soutien locaux sont particulièrement importants dans ce contexte, et peuvent également contribuer à changer l'attitude des hommes vis-à-vis de la garde des enfants et des tâches ménagères. Une structure collective encourage non seulement l'entraide, mais rend également l'évolution des comportements plus concrète aux yeux des hommes, qui voient leurs amis et leurs pairs assumer une plus grande part des responsabilités familiales.

Références

Abe, Y. (2011), “Family labor supply, commuting time, and residential decisions: The case of the Tokyo Metropolitan Area”, *Journal of Housing Economics*, Vol. 20/1, pp. 49-63, http://dx.doi.org/10.1016/j.jhe.2010.12.001. [50]

Ajibade, I., G. McBean and R. Bezner-Kerr (2013), “Urban flooding in Lagos, Nigeria: Patterns of vulnerability and resilience among women”, *Global Environmental Change*, Vol. 23/6, http://dx.doi.org/10.1016/j.gloenvcha.2013.08.009. [31]

Aragón, F., J. Miranda and P. Oliva (2017), “Particulate matter and labor supply: The role of caregiving and non-linearities”, *Journal of Environmental Economics and Management*, Vol. 86, pp. 295-309, http://dx.doi.org/10.1016/j.jeem.2017.02.008. [9]

Bergman, Å., J. Rüegg and E. Drakvik (2019), *Final technical report Report: Final Technical Report of EDC-MixRisk*, http://ec.europa.eu/environment/endocrine/documents/4_SOTA%20EDC%20Final%20Report%20V3%206%20Feb%2012.pdf. [20]

Black, D., N. Kolesnikova and L. Taylor (2014), “Why do so few women work in New York (and so many in Minneapolis)α Labor supply of married women across US cities”, *Journal of Urban Economics*, Vol. 79, pp. 59-71, http://dx.doi.org/10.1016/j.jue.2013.03.003. [52]

Boarnet, M. and H. Hsu (2015), “The gender gap in non-work travel: The relative roles of income earning potential and land use”, *Journal of Urban Economics*, Vol. 86, pp. 111-127, http://dx.doi.org/10.1016/j.jue.2015.01.005. [49]

Bray, D., N. Holyoak and D. Bray (2015), *Motorcycles in Developing Asian Cities: A Case Study of Hanoi*, https://www.researchgate.net/publication/282332097. [61]

Burkhardt, J. et al. (2019), “The effect of pollution on crime: Evidence from data on particulate matter and ozone”, *Journal of Environmental Economics and Management*, Vol. 98, http://dx.doi.org/10.1016/j.jeem.2019.102267. [15]

Casanovas, R. et al. (2015), *Women Working. Urban assessment guide from a gender perspective*, Col-lectiu Punt 6, https://issuu.com/punt6/docs/ww_issuu_simple (accessed on 4 November 2020). [87]

Chen, X., X. Zhang and X. Zhang (2017), *Discussion PaPer series Smog in Our Brains: Gender Differences in the Impact of Exposure to Air Pollution on Cognitive Performance*, http://www.iza.org. [13]

Civitas (n.d.), *Smart choices for cities.* [62]

Clos, J. (2016), “A New Urban Agenda for the 21st century: The role of urbanisation in sustainable development”, in *OECD Regional Outlook 2016: Productive Regions for Inclusive Societies*, OECD Publishing, Paris, https://dx.doi.org/10.1787/9789264260245-9-en. [4]

Congdon, P. (2019), “Obesity and Urban Environments”, *International Journal of Environmental Research and Public Health*, Vol. 16/3, http://dx.doi.org/10.3390/ijerph16030464. [25]

Crabtree, S. and F. Nsubuga (2011), *Women Feel Less Safe Than Men in Many Developed Countries*, https://news.gallup.com/poll/155402/women-feel-less-safe-men-developed-countries.aspx (accessed on 17 December 2020). [65]

Droste, C. (2011), *Gender in Mainstreaming Urban Development. Berlin on the path towards becoming a metropolis worth living in for women and men*, Senate Department for Urban Development, Berlin, https://www.stadtentwicklung.berlin.de/soziale_stadt/gender_mainstreaming/download/gender_broschuere_englisch.pdf (accessed on 4 November 2020). [91]

Fleming, A. (2018), "What would a city that is safe for women look like?", *The Guardian*, https://www.theguardian.com/cities/2018/dec/13/what-would-a-city-that-is-safe-for-women-look-like (accessed on 4 November 2020). [90]

Foran, C. (2013), *How to Design a City for Women. A fascinating experiment in "gender mainstreaming."*, https://www.bloomberg.com/news/articles/2013-09-16/how-to-design-a-city-for-women (accessed on 4 November 2020). [72]

Freia Project (2020), *Polystic Ovary Syndrome (PCOS) Irregular Menstrual Cycles : Advancing EDC Testing For More Protective Chemical Regulations*. [22]

Gassasse, Z. et al. (2017), "Association between urbanisation and type 2 diabetes: an ecological study", *BMJ Global Health*, Vol. 2/4, http://dx.doi.org/10.1136/bmjgh-2017-000473. [24]

Gauvin, L. et al. (2019), "Gender gaps in urban mobility", http://arxiv.org/abs/1906.09092. [58]

Grall, T. (2013), *Custodial Mothers and Fathers and Their Child Support: 2011 Current Population Reports*, http://www.census.gov/people/childsupport/data. [42]

Hertz-Picciotto, I. et al. (2010), "Study of Use of Products and Exposure-Related Behaviors (SUPERB):Study design, methods, and demographic characteristics of cohorts", *Environmental Health: A Global Access Science Source*, Vol. 9/1, http://dx.doi.org/10.1186/1476-069X-9-54. [8]

Holzhausen, E. (2014), *Sandwich generation concern is growing*, https://www.carersuk.org/for-professionals/policy/expert-comment/4604-sandwich-generation-concern-is-growing (accessed on 3 November 2020). [39]

Ibrahim, A. (2012), *The Integration of a Gender Perspective in the Sierra Leone Police*, DCAF, Geneva, http://www.alicehammond.com. [81]

IFC (2020), *Gender-Segregated Transportation in Ride-Hailing: Navigating the Debate*, International Finance Corporation, Washington DC. [77]

Ikeda, K. (1995), "Gender Differences in Human Loss and Vulnerability in Natural Disasters: A Case Study from Bangladesh", *Indian Journal of Gender Studies*, Vol. 2/2, pp. 171-193, https://doi.org/10.1177/097152159500200202. [33]

ILO (2017), *World employment and social outlook : trends for women 2017*, International Labour Office. [69]

Inyinbor Adejumoke et al. (2018), "Water Pollution: Effects, Prevention, and Climatic Impact", in *Water Challenges of an Urbanizing World*, InTech, http://dx.doi.org/10.5772/intechopen.72018. [19]

Islam, M. (2012), *Vulnerability and Coping Strategies of Women in Disaster: A Study on Coastal Areas of Bangladesh*. [30]

ITF (2019), *Transport Connectivity: A Gender Perspective*, OECD Publishing, http://www.itf-oecd.org. [68]

ITF (2019), *Transport Connectivity: A Gender Perspective*, OECD Publishing, Paris, http://www.itf-oecd.org. [73]

ITF (2018), *Women's Safety and Security: A Public Transport Priority*, International Transport Forum, Paris, http://www.itf-oecd.org. [70]

Kail, E. (2018), *Vienna acts against the climate change*, http://www.energetskiportal.rs. [95]

Kioumourtzoglou, M. et al. (2017), "The association between air pollution and onset of depression among middle-aged and older women", *American Journal of Epidemiology*, Vol. 185/9, pp. 801-809, http://dx.doi.org/10.1093/aje/kww163. [12]

Kneeshaw, S. and J. Norman (2019), *Gender equal cities*, URBACT, http://urbact.eu/secretariat. [93]

Kuddus, M., E. Tynan and E. McBryde (2020), "Urbanization: a problem for the rich and the poor?", *Public Health Reviews*, Vol. 41/1, http://dx.doi.org/10.1186/s40985-019-0116-0. [26]

Kwan, M. (1999), *Gender, the Home-Work Link, and Space-Time Patterns of Nonemployment Activities Gender, the Home-Work Link, and Space-Time Patterns of Nonemployment Activities* Gender, the Home-Work Link, and Space-Time Patterns of Nonemployment Activities**. [46]

Kwan, M. and A. Kotsev (2015), "Gender differences in commute time and accessibility in Sofia, Bulgaria: A study using 3D geovisualisation", *Geographical Journal*, Vol. 181/1, pp. 83-96, http://dx.doi.org/10.1111/geoj.12080. [47]

Kweon, B. et al. (2016), "Proximity of public schools to major highways and industrial facilities, and students' school performance and health hazards", *Environment and Planning B: Urban Analytics and City Science*, Vol. 45/2, pp. 312-329, http://dx.doi.org/10.1177/0265813516673060. [17]

Leiser, C. et al. (2019), "Acute effects of air pollutants on spontaneous pregnancy loss: a case-crossover study", *Fertility and Sterility*, Vol. 111/2, pp. 341-347, http://dx.doi.org/10.1016/j.fertnstert.2018.10.028. [21]

Levine Einstein, K., D. Glick and C. LeBlanc (2017), *2016 Menino Survey of Mayors*, Boston University, Boston, http://www.bu.edu/ioc. [75]

Littig, B. and M. Leitner (2017), "Combining Methods in Practice Oriented Research", in *Methodological Reflections on Practice Oriented Theories*, Springer International Publishing, Cham, http://dx.doi.org/10.1007/978-3-319-52897-7_11. [96]

Marsh, P. (2004), *Sex differences in driving and insurance risk: An analysis of the social and psychological differences between men and women that are relevant to their driving behaviour.*, Social Issues Research Centre. [76]

Martuzzi, M., F. Mitis and F. Forastiere (2010), "Inequalities, inequities, environmental justice in waste management and health", *The European Journal of Public Health*, Vol. 20/1, pp. 21-26, http://dx.doi.org/10.1093/eurpub/ckp216. [16]

Montt, G. (2018), "Too polluted to work? The gendered correlates of air pollution on hours worked", *IZA Journal of Labor Economics*, Vol. 7/1, http://dx.doi.org/10.1186/s40172-018-0067-6. [10]

Moriarty, P. and D. Honnery (2005), *Determinants of urban travel in Australia*, https://www.researchgate.net/publication/233779196. [54]

Nafilyan, V. (2019), *Gender differences in commute time and pay*. [51]

Neumayer, E. and T. Plümper (2007), "The gendered nature of natural disasters: The impact of catastrophic events on the gender gap in life Expectancy, 1981-2002", *Annals of the Association of American Geographers*, Vol. 97/3, pp. 551-566, http://dx.doi.org/10.1111/j.1467-8306.2007.00563.x. [29]

Ng, W. and A. Acker (2020), "The Gender Dimension of the Transport Workforce", *International Transport Forum Discussion Papers*, No. 2020/11, OECD Publishing, Paris, https://dx.doi.org/10.1787/0610184a-en. [78]

Ng, W. and A. Acker (2018), "Understanding Urban Travel Behaviour by Gender for Efficient and Equitable Transport Policies", *International Transport Forum Discussion Papers*, No. 2018/01, OECD Publishing, Paris, https://dx.doi.org/10.1787/eaf64f94-en. [57]

OECD (2020), *Common Ground Between the Paris Agreement and the Sendai Framework : Climate Change Adaptation and Disaster Risk Reduction*, OECD Publishing, Paris, https://dx.doi.org/10.1787/3edc8d09-en. [38]

OECD (2020), *OECD Champion Mayors: Gender inequality in numbers*, http://www.oecd-inclusive.com/wp-content/uploads/2020/03/OECD-Champion-Mayors-March-on-Gender-flyer.pdf. [74]

OECD (2019), *Accelerating Climate Action: Refocusing Policies through a Well-being Lens*, OECD Publishing, Paris, https://dx.doi.org/10.1787/2f4c8c9a-en. [6]

OECD (2019), *Society at a Glance 2019: OECD Social Indicators*, OECD Publishing, Paris, https://dx.doi.org/10.1787/soc_glance-2019-en. [84]

OECD (2019), "Sustainable connectivity: Closing the gender gap in infrastructure", *OECD Environment Policy Papers*, No. 15, OECD Publishing, Paris, https://dx.doi.org/10.1787/6350ba66-en. [64]

OECD (2018), *Rethinking Urban Sprawl: Moving Towards Sustainable Cities*, OECD Publishing, Paris, https://dx.doi.org/10.1787/9789264189881-en. [48]

OECD (2017), *Building an Inclusive Mexico: Policies and Good Governance for Gender Equality*, OECD Publishing, Paris, https://dx.doi.org/10.1787/9789264265493-en. [67]

OECD (2017), *Investing in Climate, Investing in Growth*, OECD Publishing, Paris, https://dx.doi.org/10.1787/9789264273528-en. [2]

OECD (2016), *2015 OECD Recommendation of the Council on Gender Equality in Public Life*, OECD Publishing, Paris, https://dx.doi.org/10.1787/9789264252820-en. [43]

OECD (2012), *Gender Equality in Education, Employment and Entrepreneurship: Final Report to the MCM 2012*, https://www.oecd.org/employment/50423364.pdf (accessed on 17 December 2020). [45]

OECD (2011), *OECD Family Database, Family size and composition*, http://www.oecd.org/social/family/database.htm (accessed on 4 November 2020). [41]

Ogg, J. (2005), *Heatwave: Implications of the 2003 French Heatwave for the Social Care of Older People*, https://youngfoundation.org/wp-content/uploads/2013/04/Heatwave-October-2005.pdf (accessed on 12 April 2021). [35]

Olczak-Rancitelli, M. (2015), *Women in transport*, http://oecdinsights.org/2015/06/12/women-in-transport/ (accessed on 4 November 2020). [79]

ONS (2019), *Gender Differences in Commute Time and Pay: A Study Into the Gender Gap for Pay and Commuting Time*, UK Office for National Statistics, https://www.ons.gov.uk/employmentandlabourmarket/peopleinwork/earningsandworkinghours/articles/genderdifferencesincommutetimeandpay/2019-09-04. [53]

O'Reilly, M., A. Súilleabháin and T. Paffenholz (2015), *Reimagining Peacemaking: Women's Roles in Peace Processes*, International Peace Institute, New York, http://www.ipinst.org. [82]

Ortiz Escalante, S. and B. Gutiérrez Valdivia (2015), "Planning from below: using feminist participatory methods to increase women's participation in urban planning", *Gender & Development*, Vol. 23/1, http://dx.doi.org/10.1080/13552074.2015.1014206. [89]

Oxfam International (2005), *The tsunami's impact on women*, https://oxfamilibrary.openrepository.com/bitstream/handle/10546/115038/bn-tsunami-impact-on-women-250305-en.pdf?sequence=1&isAllowed=y (accessed on 3 November 2020). [32]

Oxfam International (2005), *The tsunami's impact on women*, https://oxfamilibrary.openrepository.com/bitstream/handle/10546/115038/bn-tsunami-impact-on-women-250305-en.pdf?sequence=1&isAllowed=y (accessed on 3 November 2020). [36]

Pirard, P. et al. (2005), *Summary of the mortality impact assessment of the 2003 heat wave in France*, http://www.eurosurveillance.org. [34]

POLIS (2021), *Lille: Expanding Research Into Women's Cycling*, https://www.polisnetwork.eu/news/lille-expanding-research-into-womens-cycling/. [97]

POLIS (2021), *Under Her Own Steam: Closing the Mobility Gender Gap*, https://www.polisnetwork.eu/news/under-her-own-steam-closing-the-mobility-gender-gap/. [98]

Polk, M. (2004), "The influence of gender on daily car use and on willingness to reduce car use in Sweden", *Journal of Transport Geography*, Vol. 12/3, http://dx.doi.org/10.1016/j.jtrangeo.2004.04.002. [56]

Polk, M. (2003), "Are women potentially more accommodating than men to a sustainable transportation system in Sweden?", *Transportation Research Part D: Transport and Environment*, Vol. 8/2, http://dx.doi.org/10.1016/S1361-9209(02)00034-2. [55]

Pouso, S. et al. (2021), "Contact with blue-green spaces during the COVID-19 pandemic lockdown beneficial for mental health", *Science of The Total Environment*, Vol. 756, p. 143984, http://dx.doi.org/10.1016/j.scitotenv.2020.143984. [100]

SafetiPin (n.d.), *SafetiPin: Supporting Sager Cities (website)*, https://safetipin.com/ (accessed on 12 November 2020). [86]

Samek Lodovici, M. et al. (2012), *The role of women in the green economy-The issue of mobility-NOTE.* [59]

Sarmiento, S. (1996), *Household, Gender, and Travel*, United States Department of Transportation Federal Highway Administration. [44]

Smith S. et al (2012), *Urbanization and cardiovascular disease Raising heart-healthy children in today's cities*, The World Heart Federation, Geneva, http://www.worldheart.org. [23]

SSH (2018), *The Facts Behind the #MeToo Movement: A National Study on Sexual Harassment and Assault*, Stop Street Harassment, Reston, Virginia. [66]

SUM4All (2019), *Global Roadmap of Action Toward Sustainable Mobility - Gender, Paper 3*, Sustainable Mobility for All, http://www.sum4all.org. [60]

Swinburn, B. et al. (2011), *The global obesity pandemic: Shaped by global drivers and local environments*, Lancet Publishing Group, http://dx.doi.org/10.1016/S0140-6736(11)60813-1. [28]

Truman, J., R. Morgan and B. Statisticians (2014), *Nonfatal Domestic Violence, 2003-2012.* [14]

Turner, J. (2011), "Urban Mass Transit and Social Sustainability in Jakarta , Indonesi". [71]

UN (2018), *The World's Cities in 2018 - Data Booklet (ST/ESA/SER.A/417)*, United Nations, Department of Economic and Social Affairs, Population Division, https://www.flickr.com/photos/thisisin. [1]

UN Women (2019), *Youth activists call for safer streets in Maputo*, https://www.unwomen.org/en/news/stories/2019/3/feature-story-youth-activists-call-for-safer-streets-in-maputo (accessed on 4 November 2020). [99]

United Nations (2017), *New Urban Agenda.* [3]

Urban Development Vienna (2013), *Gender Mainstreaming in Urban Planning and Urban Development*, https://www.wien.gv.at/stadtentwicklung/studien/pdf/b008358.pdf (accessed on 4 November 2020). [94]

Wallhagen, M., O. Eriksson and P. Sörqvist (2018), "Gender differences in environmental perspectives among urban design professionals", *Buildings*, Vol. 8/4, http://dx.doi.org/10.3390/buildings8040059. [88]

WBG (2020), *Handbook for Gender-Inclusive Urban Planning Design*, International Bank for Reconstruction and Development / The World Bank, https://openknowledge.worldbank.org/handle/10986/33197 (accessed on 17 December 2020). [5]

Wen, J. (ed.) (2020), *Gender-based violence and environment linkages: The violence of inequality*, IUCN, International Union for Conservation of Nature, http://dx.doi.org/10.2305/iucn.ch.2020.03.en. [37]

WHO (2018), *Household air pollution and health*, https://www.who.int/news-room/fact-sheets/detail/household-air-pollution-and-health (accessed on 3 November 2020). [7]

WHO (2017), *Violence against women*, https://www.who.int/news-room/fact-sheets/detail/violence-against-women (accessed on 4 November 2020). [83]

WHO (2016), *Prevalence of insufficient physical activity among adults aged 18+ years (age-standardized estimate) (%)*, https://www.who.int/data/gho/data/indicators/indicator-details/GHO/prevalence-of-insufficient-physical-activity-among-adults-aged-18-years-(age-standardized-estimate)-(-) (accessed on 8 April 2021). [101]

WHO (2012), *Understanding and addressing violence against women (WHO/RHR/12.37)*, World Health Organization, https://apps.who.int/iris/bitstream/handle/10665/77434/WHO_RHR_12.37_eng.pdf;jsessionid=EC78DA827E071D258101BDA48204CFF4?sequence=1 (accessed on 21 December 2020). [85]

Wilson Center (2018), *Roadmap to 50x50*, http://www.wilsoncenter.org/program/global-womens-leadership-initiative (accessed on 11 September 2020). [80]

Wilson, V. (2015), *Women Are More Likely to Work Multiple Jobs than Men*, https://www.epi.org/publication/women-are-more-likely-to-work-multiple-jobs-than-men/ (accessed on 3 November 2020). [40]

Women in Cities International (2012), *Tackling Gender Exclusion: Experiences from the Gender Inclusive Cities Programme*, http://www.kittenrocket.com. [92]

Woo, B. et al. (2019), "Residential Segregation and Racial/Ethnic Disparities in Ambient Air Pollution", *Race and Social Problems*, Vol. 11/1, http://dx.doi.org/10.1007/s12552-018-9254-0. [18]

Yarahmadi, S. et al. (2013), *Urbanization and Non-Communicable Risk Factors in the Capital City of 6 Big Provinces of Iran*, http://ijph.tums.ac.ir. [27]

Yavuz, N. and E. Welch (2010), "Addressing Fear of Crime in Public Space: Gender Differences in Reaction to Safety Measures in Train Transit", *Urban Studies*, Vol. 47/12, http://dx.doi.org/10.1177/0042098009359033. [63]

Zhang, X., X. Zhang and X. Chen (2015), *Happiness in the Air: How Does a Dirty Sky Affect Subjective Well-being?*. [11]

Notes

[1] Selon le Bureau du recensement des États-Unis, un blanc est « une personne descendante des peuples originaires d'Europe, du Moyen-Orient ou d'Afrique du Nord » (https://www.census.gov/topics/population/race/about.html).

11 Les femmes et l’ODD 12 - Consommation et production responsables : établir des modes de consommation et de production durables

Il est indispensable de tendre vers l’instauration de modes de consommation et de production plus durables afin de freiner la dégradation de l’environnement, de protéger les écosystèmes et la biodiversité ainsi que de lutter contre le changement climatique. En raison de leur condition sociale et économique dans les sociétés, les femmes sont particulièrement touchées par ces modes de consommation et de production. Dans le même temps, elles peuvent être le moteur du changement, en tant que consommatrices et actrices dans la prise de décision, à la fois dans le secteur public et privé. La prise en compte de la problématique de l’égalité femmes-hommes est essentielle pour réussir à mettre en œuvre une stratégie en faveur de l’économie circulaire. Avec des mesures d'information, d’autonomisation et d’incitation appropriées, les femmes peuvent devenir des acteurs clés du changement et aider à découpler croissance économique et dégradation de l’environnement, en améliorant l’efficacité d’utilisation des ressources et en encourageant des modes de vie durables.

11.1. Éléments à retenir

Ce chapitre s'intéresse à l'interaction qui existe entre la question de l'égalité entre les sexes (ODD 5) et les modes de consommation et de production durables. Les principaux constats sont les suivants :

- Au niveau mondial, rien ne permet de dissocier l'utilisation des ressources de la croissance économique tandis que les effets négatifs des dégradations environnementales, de la production de déchets et du changement climatique s'accumulent rapidement.
- Les femmes, surreprésentées au sein des populations vulnérables, pâtissent donc souvent fortement des modes de production non durables par différents biais. Pour leur subsistance, les femmes dépendent de ressources naturelles limitées; elles font face à des conditions de travail difficile dans des secteurs « féminisés » ; elles réalisent la majorité des tâches informelles et parfois non rémunérées, dans le domaine de la gestion des déchets ; et les femmes sont involontairement exposées à des produits et des substances chimiques dangereux, sans en être informées.
- Dans les pays en développement, les femmes sont surreprésentées dans les emplois sur les chaînes d'assemblage, qui ont tendance à être faiblement rémunérés, caractérisés par des conditions de travail difficiles (des horaires longs et irréguliers et une exposition à des produits dangereux) et assortis d'une faible protection sociale. La plupart de ces emplois sont localisés dans des zones franches industrielles d'exportation dans lesquelles 70 à 90 % des travailleurs - près de 50 millions - sont des femmes.
- Les études du monde entier montrent que les femmes ont tendance à consommer de façon plus durable et à se soucier davantage des questions écologiques, environnementales et sanitaires. Les femmes sont plus susceptibles de recycler, de limiter leurs déchets, d'acheter de la nourriture biologique et des produits porteurs d'un label écologique et de s'impliquer dans des actions pour économiser l'eau et l'énergie à l'échelle du foyer. Elles accordent également une plus grande valeur aux transports économes en énergie et, de manière générale, privilégient davantage les transports en commun que les hommes.
- Impliquer les femmes dans l'économie circulaire - les sensibiliser aux modes de consommation durables et les encourager à jouer un rôle moteur et de gestionnaire - est indispensable pour créer des systèmes efficaces fondés sur cette économie.
- Il est nécessaire de recueillir de façon systématique des données ventilées par sexe sur les dégradations environnementales causées par les modes de production et de consommation non durables et sur le rôle des femmes en tant que moteur du changement en faveur de modes de production et de consommation plus durables. L'accent mis sur les groupes vulnérables et les questions d'intersectionnalité devrait être un aspect essentiel de l'analyse fondée sur des données probantes et de l'action publique.
- Repenser les subventions aux combustibles fossiles, inefficaces et qui favorisent de surcroit une consommation excessive, est une condition de départ pour des modes de consommation et de production durables. Des efforts restent à faire pour mieux comprendre, prendre en compte et mieux répondre aux effets redistributifs selon le sexe d'une telle réforme.

11.2. Principaux liens entre l'égalité des sexes et la consommation et la production durables

L'utilisation croissante des matières premières ainsi que les répercussions environnementales de leur extraction, de leur traitement et de leur élimination ont mis à très rude épreuve nos ressources naturelles limitées et endommagé les écosystèmes de la planète. D'après l'OCDE, l'utilisation des ressources matérielles est passée de 27 milliards de tonnes en 1970 à 90 milliards de tonnes en 2017,ce qui équivaut presque à la croissance du PIB sur la même période (respectivement 2.6 % et 2.7 % de croissance annuelle) (OECD, 2019[1]) Si l'utilisation des matières premières continue de croître au même rythme que la croissance économique, la consommation de matériaux aura doublé en 2060, continuant d'aggraver la situation environnementale (OECD, 2019[1]). D'après les projections, la demande mondiale en énergie aura augmenté de 80 % d'ici 2050 - 85 % de l'énergie étant constituée de combustibles fossiles - tandis que la demande mondiale en eau devrait augmenter de 55 % (OECD, 2012[2]).

En 2015, la consommation annuelle de matière par personne dans les pays de l'OCDE dépassait de 60 % la moyenne mondiale (OECD, 2015[3]). Un individu consommait en moyenne 46 kg de matières - principalement des matériaux de construction et industriels, des combustibles fossiles et de la biomasse - et produisait 1.45 kg de déchet par jour en 2011 (OECD, 2015[3]) (OECD, n.d.[4]). La montée en flèche de la population et de l'industrialisation des pays en développement devrait accroître les difficultés environnementales et sociales dans ces pays où les ressources naturelles sont davantage mises sous pression.

Les modes de production et de consommation non durables sont indéniablement derrière le facteur humain responsable de la dégradation de l'environnement et de l'appauvrissement des ressources naturelles puisque ces phénomènes sont liés à la surconsommation des ressources naturelles comme l'eau, le sol, la forêt, l'énergie et les minerais, et à une augmentation de la pollution et du développement industriel. Ainsi, les niveaux de production et de consommation et la manière dont les individus produisent et consomment déterminent tous les autres ODD en lien avec l'environnement. Une production et une consommation durables pourraient favoriser la transition vers des systèmes d'agriculture et d'alimentation durables (ODD 2) et des pratiques de pêche durables (ODD 14), promouvoir une utilisation plus rationnelle de l'eau (ODD 6) et des ressources énergétiques (ODD 7) dans le cycle de production, et ouvrir la voie à la transition vers une industrialisation inclusive et durable et des infrastructures plus résilientes (ODD 9). Elles pourraient aussi favoriser une urbanisation plus durable, l'amélioration de la qualité de l'air et la gestion des déchets au niveau municipal (ODD 11). Elles pourraient améliorer la capacité des communautés rurales à trouver des moyens de subsistance durables, tout en inversant la dégradation des terres et en mettant fin à l'érosion de la biodiversité (ODD 15), et renforcer la capacité de résilience face aux risques liés au climat grâce à une utilisation efficiente des ressources naturelles (ODD 13). Au-delà des ODD liés à l'environnement, une production et une consommation respectueuses de l'environnement pourraient avoir des répercussions positives sur la santé (ODD 3) et entraîner une baisse des niveaux de pauvreté (ODD 1), mais aussi contribuer à la création d'emplois décents et promouvoir le développement économique grâce à la diversification, la modernisation technologique et l'innovation (ODD 8).

Alors que l'ODD 12 ne comporte pas de cibles ou d'indicateurs explicitement liés à la question de l'égalité femmes-hommes ou ventilés par sexe, intégrer cette question dans l'ODD 12 permettrait d'atteindre les cibles qui le sous-tendent. L'ODD 12 est fortement lié à la question de l'égalité femmes-hommes et à celle de l'autonomisation des femmes, comme l'accès des femmes à l'enseignement (ODD 4), à la terre et à d'autres biens (ODD 2, ODD 15 et ODD 5), constitue une condition indispensable à une meilleure prise en compte de la population féminine dans la production et la consommation mondiale et locale. Le rôle des femmes dans la gestion durable des ressources naturelles (voir chapitre 6 et chapitre 14), la diminution de la production des déchets, la transition vers des modes de production et de consommation durables au niveau national, local et des ménages, n'est pas suffisamment reconnu. Il en va de même des conséquences des pratiques commerciales non durables ou des subventions aux combustibles fossiles sur la situation économique, sanitaire et sociale des femmes et des hommes. Les recherches doivent notamment être poursuivies sur les effets de la réforme sur les subventions accordées aux énergies fossiles, à travers le prisme des disparités femmes-hommes. Alors qu'un volume important de recherches a été mené sur la différence de consommation des combustibles fossiles selon le sexe, celles portant sur l'impact de la réforme des politiques énergétiques sur l'égalité femmes-hommes restent limitées. Comme pour les autres ODD, il manque un recueil systématique de données concernant le principal pilier que constitue l'articulation entre la problématique femmes-hommes et l'environnement.

11.3. Les femmes sont plus durement touchées par les modes de production non durables

La production non durable, la génération de déchets et de pollution ont des effets néfastes différents pour les femmes, en particulier pour celles issues des couches économiques et sociales défavorisées. Les femmes souffrent de la raréfaction des ressources naturelles dont elles dépendent pour vivre. En outre, les femmes connaissent souvent de mauvaises conditions de travail dans certains secteurs de la main-d'œuvre qui deviennent de plus en plus « féminisées ». Les femmes des pays en développement assurent un volume croissant de travail non rémunéré et dans le secteur informel en lien avec des activités économiques comme l'industrie du textile et la gestion des déchets, ce qui les conduit à une plus grande exposition involontaire à des produits et substances chimiques dangereux, sans information préalable.

Les femmes sont plus susceptibles d'être touchées par les effets secondaires négatifs de la production non durable, comme la pollution, les déchets dangereux et la destruction des espaces publics, comme les forêts (plus d'informations sur les femmes et les forêts dans le chapitre 14).

Les coûts engendrés par l'économie linéaire qui a conduit à la dégradation de l'environnement sont particulièrement élevés pour les groupes de population défavorisés. Les populations pauvres sont plus susceptibles de vivre près des eaux polluées, des usines et des pôles de transport, et subissent plus directement les effets négatifs de la pollution et du changement climatique. Ce constat existe aussi bien dans les pays développés que dans ceux en développement et il est d'autant plus évident au niveau local et municipal (Finkelstein et al., 2003[5]) (Hajat, Hsia and O'Neill, 2015[6]) (Kioumourtzoglou et al., 2015[7]) (Li, Konisky and Zirogiannis, 2019[8]) (Jiang, Kim and Woo, 2020[9]). Dans de nombreux pays, les femmes risquent plus que les hommes de se trouver en situation de pauvreté, ce qui explique que ce sont plus généralement les femmes qui souffrent de la pauvreté et de l'exclusion sociale, en particulier dans les foyers monoparentaux avec enfant (Millar, 2003[10]) (World Bank, 2011[11]).

11.3.1. Les risques liés à la gestion des déchets

Compte tenu des normes sociales dans de nombreuses cultures, les femmes sont plus souvent responsables de la gestion des déchets. Plus de déchets signifie plus de travail pour elles. Dans les pays en développement, le secteur de la gestion des déchets enregistre un taux de participation élevé des femmes, dépassant dans certaines villes celui des hommes, même si cela se limite souvent au travail informel et à l'emploi non réglementé (Dias and Fernandez, 2013[12]) (Krishnan et al., 2019[13]). Les femmes impliquées dans ces activités appartiennent généralement aux groupes de population les plus pauvres (Krishnan et al., 2019[13]), et le ramassage des déchets ne leur permet pas toujours de générer un revenu suffisant pour elles-mêmes et les personnes dont elles ont la charge (Marello and Helwege, 2018[14]).

Les risques pour la santé dans le secteur des déchets sont largement reconnus, et l'on s'intéresse de plus en plus aux conséquences de l'exposition aux métaux lourds des déchets électroniques sur la santé des femmes et des mères (Heacock et al., 2016[15]) (Kim et al., 2020[16]). Ces inégalités sont souvent exacerbées par les inégalités entre hommes et femmes, car les équipements utilisés pour collecter ou transporter les déchets appartiennent à des hommes, ce qui signifie que les femmes sont susceptibles ne pas avoir accès à ces équipements et se heurter donc à des difficultés supplémentaires, qui sont généralement accentuées par les différences physiques entre les deux sexes (Ziraba, Haregu and Mberu, 2016[17]) (Krishnan et al., 2019[13]) Dans le secteur formel, les femmes réalisent de préférence des tâches comme le traitement ou le triage des matériaux alors que les hommes exercent des activités qui impliquent des opérations de levage, de chargement ou d'autres tâches lourdes (Krishnan et al., 2019[13]).

Dans les villes où les femmes exercent la majorité des activités de l'économie informelle, elles constituent également la majorité des ramasseurs de déchets, une activité très risquée qui peut entraîner des blessures ou des infections causées par le contact physique avec des produits chimiques jetés directement dans les décharges. L'exposition aux déchets solides comporte également un risque à long terme, bien que les données disponibles ne soient pas suffisantes pour en mesurer les répercussions sur la santé (Ziraba, Haregu and Mberu, 2016[17]). Les éboulements majeurs survenus dans une décharge à Addis-Abeba (Éthiopie) en 2017 et à Maputo (Mozambique) en 2018 illustrent ces inégalités ; sur les centaines de victimes, les femmes représentaient respectivement plus de 65 % et 75 % (Moshenberg, 2018[18]).

Dans plusieurs pays en développement, des tentatives d'encadrement de l'activité des ramasseurs informels ont eu lieu, avec l'intervention de coopératives, d'associations et de micro-entreprises actives dans le secteur des déchets et du recyclage. Dans certains cas, des coopératives dirigées par des femmes ont permis aux femmes de s'impliquer davantage dans le ramassage des déchets grâce à un cadre sécurisant qui leur garantit à la fois un meilleur revenu et des services de garde d'enfants pour les mères qui travaillent (Dias and Fernandez, 2013[12]). Toutefois, les inégalités semblent persister et les femmes continuent de devoir faire face à différentes formes de discrimination sur leur lieu de travail, contrairement à leurs collègues masculins (Dias and Ogando, 2015[19]).

11.3.2. Des conditions de travail et de sécurité professionnelle inadaptées

Le fonctionnement des entreprises multinationales (EMN) dans les pays en développement est particulièrement préoccupant parce que les normes en matière de travail, sanitaires et environnementales sont moins contraignantes ou appliquées moins efficacement. Les EMN peuvent délocaliser leurs opérations vers des pays aux réglementations plus souples ou moins strictes et où les normes de contrôle et de déclaration sont moins sévères que dans leur pays d'origine (Morimoto, 2005[20]). Certaines EMN sont responsables de dégradations environnementales flagrantes, notamment de la déforestation dans des pays de la région tropicale dans le but d'y développer l'exploitation minière ou d'étendre les terres consacrées au pâturage et à l'agriculture, des activités essentiellement destinées à l'exportation (Harvey, 1995[21]) (Sonter et al., 2017[22]) (Digdowiseiso and Sugiyanto, 2020[23]). La déforestation et la dégradation de la forêt a des conséquences négatives sur les communautés et les peuples qui dépendent des ressources naturelles de ce milieu. Dans de nombreux cas, ce sont les femmes qui voient leur volume de travail augmenter (ramassage du bois de chauffage, allongement de la distance qui sépare les terres agricoles du domicile, nécessité de changer de culture) (Mishra and Mishra, 2012[24]).

L'industrialisation rapide et les flux d'investissements dans certaines parties du monde en développement ont entraîné une féminisation du travail dans la production de biens axée sur l'exportation, ce qui s'accompagne d'une augmentation du nombre de femmes employées dans des secteurs spécifiques, et dans certains cas d'une tendance à adopter des pratiques moins protectrices (à reprendre dans le travail officiel les caractéristiques du travail informel des femmes) (Ghosh, 2004[25]) (Otobe, 2015[26]). Dans les pays en développement, les femmes sont surreprésentées dans les emplois sur les chaînes de montage, qui ont tendance à être peu rémunérés, caractérisés par de mauvaises conditions de travail (avec des horaires longs et irréguliers et une exposition à des produits dangereux) et assortis d'une faible sécurité de l'emploi et d'une protection sociale limitée. La plupart de ces emplois sont localisés dans des zones franches industrielles d'exportation (Murayama and Yokota, 2009[27]) (Cirera and Lakshman, 2017[28])dans lesquelles 70 à 90 % des travailleurs – près de 50 millions – sont des femmes (Wick, 2010[29]).. Les secteurs où les femmes sont particulièrement présentes sont le textile, l'habillement, l'industrie alimentaire, l'horticulture, les produits pharmaceutiques, les appareils ménagers et la production de jouets.

Des rapports sur les conditions de travail dans les industries textiles et le secteur de l'habillement mettent notamment en avant la vulnérabilité des femmes. Au Viet Nam, 80 % des 700 000 employés du secteur de l'habillement sont des femmes. Elles totalisent un nombre d'heures de travail supérieur à celui des hommes, sont moins susceptibles de recevoir une formation ou des indemnités et ne gagnent que 85 % du salaire des hommes (Rees, 2014[30]). Même dans les entreprises qui fournissent certaines des enseignes les plus célèbres du monde, les conditions de travail ont donné lieu à des allégations de violation des droits de l'homme. Au Cambodge, en l'espace de trois jours, en novembre 2016, 360 travailleurs se sont évanouis. Ils ont déclaré travailler par 37 °C, être surmenés et sous-alimentés (McVeigh, 2017[31]). Human Rights Watch a également révélé que des femmes se voyaient refuser le droit d'aller aux toilettes, de prendre des congés maladie et que certaines étaient victimes de violences sexuelles et physiques (Kashyap and Human Rights Watch (Organization), n.d.[32]). Dans certains cas, les femmes portent un double ou un triple fardeau en raison de leur race et de leur religion. Des rapports récents d'une coalition de groupes de défense des droits de l'homme ont attiré l'attention sur les liens de l'industrie textile internationale avec le travail forcé des Ouïgours en Chine (Xiuzhong Xu, 2020[33]). En Inde, l'exploitation des filles Dalit dans l'industrie de l'habillement a été largement signalée (INC and SOMO, 2014[34]).

Dans de nombreux pays, les femmes représentent la majorité des ouvriers des usines de confection. Par conséquent, elles sont plus exposées à l'utilisation de produits dangereux dans les industries du textile et de la chaussure (ILO, 2019[35]), de substances chimiques (pigments, teintures, colles et apprêts), dont certains peuvent avoir une incidence sur la santé des travailleurs du textile et les personnes qui portent le vêtement et peuvent également se retrouver dans l'environnement (Ahmed et al., n.d.[36]) (Mahmud, Rajath D. and Jahan, 2018[37]). Les données ont montré que la santé maternelle peut également être affectée par l'exposition à des facteurs de stress sur la santé au travail dans l'industrie textile (Wong et al., 2009[38]).

Sous la pression publique, les entreprises affichent de plus en plus l'aspect social et environnemental de leurs activités. Grâce à des initiatives telles que les Principes du Pacte mondial des Nations Unies, les normes de reporting sur le développement durable de la Global Reporting Initiative, les Principes directeurs de l'OCDE à l'intention des entreprises multinationales, et le Guide OCDE du Devoir de Diligence pour une Conduite Responsable des Entreprises, les multinationales et les entreprises associées à travers les chaînes de valeur mondiales doivent de plus en plus rendre des comptes sur leur fonctionnement dans les pays en développement, y compris sur leur empreinte carbone, et plus largement sur leur impact environnemental, et sur les conditions de travail de leurs employés et le respect des droits de l'homme (OECD, 2018[39]). Toutes ces initiatives font spécifiquement référence à l'égalité entre les sexes et aux droits des femmes, à l'exception du Pacte mondial des Nations Unies qui se concentre sur les droits de l'homme en général.

Il reste des efforts à déployer pour mieux éveiller les consciences aux coûts non chiffrés que représente le fonctionnement des entreprises, en particulier des multinationales, en insistant particulièrement sur les éventuelles conséquences négatives sur les femmes, les groupes vulnérables et l'environnement. Il reste également encore beaucoup à faire pour améliorer la transparence et la responsabilité des entreprises vis-à-vis de l'impact environnemental, du respect des droits de l'homme et des conditions de travail tout au long des chaînes de valeur mondiales.

11.4. Les modes de consommation et les attitudes vis-à-vis de l'environnement varient selon le sexe

Il est important d'étudier les modes de consommation, à l'échelle de l'utilisateur final, parce que les consommateurs, par leurs actions et leurs habitudes d'achat, peuvent influencer la manière dont les produits sont développés, produits, utilisés et potentiellement réemployés. Les normes sociales influent fortement sur le comportement et les attitudes des consommateurs (Melnyk et al., 2019[40]), notamment pour promouvoir des comportements plus durables (Yamin et al., 2019[41]). Comme indiqué ci-dessous, les femmes et les hommes n'ont pas les mêmes attitudes, perceptions et comportements, ce qui les conduit à adopter des modes de consommation différents. Les femmes et les hommes ont également des attitudes et des comportements différents en ce qui concerne l'environnement (Zelezny, Chua and Aldrich, 2000[42]), et leurs intérêts divergent quant à l'assainissement de l'environnement en fonction des différentes raisons qui motivent leur utilisation des ressources naturelles. Toutefois, les femmes affichent une volonté croissante de payer pour des services améliorés (Bulle, 1999[43]).

Il existe plusieurs domaines de consommation majeurs pour lesquels les disparités femmes-hommes jouent un rôle important et pour lesquels il est nécessaire d'adopter un point de vue sexospécifique pour être en mesure d'influencer les comportements afin de tendre efficacement vers plus de durabilité. Par exemple, le partage traditionnel des tâches au sein du ménage influence les modes de consommation, si bien que les femmes sont souvent responsables de l'achat des produits utilisés à court terme (produits ménagers, alimentation, etc.) alors que les hommes ont tendance à décider de l'achat des biens plus durables (par exemple, la voiture) (Yaccato and Jaeger, 2003[44]) (Kelan, 2008[45]). Ce partage traditionnel des responsabilités professionnelles et domestiques persiste d'une certaine manière dans les ménages où les deux conjoints travaillent. D'après des estimations réalisées par des entreprises canadiennes, les femmes choisissent plus de 80 % des achats mais les hommes dépensent plus de 80 % du revenu du ménage, même si cet équilibre change à mesure que la situation économique et sociale des femmes évolue (Yaccato and Jaeger, 2003[44]). Cette tendance est confirmée par d'autres études (Kelan, 2008[45]).

Les femmes tendent à être des consommateurs plus durables et sont plus sensibles aux préoccupations écologiques, environnementales et sanitaires (OECD, 2008[46]) (Johnsson-Latham, 2007[47]) (Kaenzig, Heinzle and Wüstenhagen, 2013[48]) (Khan and Trivedi, 2015[49]) (Bulut, Kökalan Çımrin and Doğan, 2017[50]). Les femmes sont plus susceptibles de recycler, de limiter leurs déchets, d'acheter de la nourriture biologique et des produits porteurs d'un label écologique et de s'impliquer dans des actions pour économiser l'eau et l'énergie à l'échelle du foyer (Yaccato and Jaeger, 2003[44]). Elles accordent également plus d'importance aux transports économes en énergie et, de manière générale, sont plus susceptibles d'utiliser les transports en commun que les hommes. Les hommes sont également plus souvent ceux qui décident de faire un prêt pour le ménage et sont généralement ceux qui le contractent (Kirchler, Hoelzl and Kamleitner, 2008[51]). Ce phénomène s'explique par des niveaux de revenus inférieurs pour les femmes, une plus grande impatience des hommes lorsqu'il s'agit de faire un achat, et une plus grande aversion au risque de la part des femmes. Ces dernières ont également une meilleure cote de solvabilité que les hommes - 675 contre 670 - que cela soit conscient ou non (Rivera, 2016[52]).

Lorsqu'elles sont interrogées sur leurs préférences en matière de biens et de services, par exemple lorsqu'elles choisissent des produits électroniques, les femmes danoises préfèrent ceux dont la fin de vie a été pensée (si le produit peut être réutilisé, refabriqué ou recyclé). De plus, elles seraient prêtes à payer plus pour que le produit acheté soit plus respectueux de l'environnement. Les hommes sont également prêts à payer un supplément mais uniquement si le montant est très bas (Atlason, Giacalone and Parajuly, 2017[53]).

Les femmes danoises semblent également plus sensibles aux solutions de gestion des déchets plus durables. De façon variable selon la localisation et le niveau de revenu des individus, les femmes sont plus susceptibles que les hommes d'intégrer le tri des déchets recyclables et organiques dans leurs habitudes domestiques. Les hommes, quant à eux, ne semblent pas très impliqués dans le recyclage et se préoccupent moins des conséquences sur l'environnement du style de vie qu'ils ont choisi (Nainggolan et al., 2019[54]).

Les principaux travaux de l'OCDE dans ce domaine comprennent une enquête périodique réalisée auprès des ménages en 2008 et 2011 qui a montré que dans certains pays comme l'Australie, le Canada, le Chili, la Corée, le Japon, la Suède et la Suisse, les enjeux environnementaux sont plus urgents pour les femmes que pour les hommes alors que, dans d'autres pays comme l'Espagne, la France, Israël et les Pays-Bas, les hommes ont plus tendance à être préoccupés par la question environnementale (OECD, 2014[55]). Il en ressort également des comportements différents en matière de consommation énergétique : les hommes sont plus susceptibles de faire des démarches particulières pour être fournis en électricité d'origine renouvelable, tandis que les femmes, selon le pays et la répartition des tâches à l'intérieur du ménage, sont plus susceptibles de se livrer à des activités d'économie d'énergie, comme éteindre les lumières, mesurer les dépenses énergétiques et opter pour une énergie renouvelable. Cette enquête a conclu que les répondants chargés du paiement des dépenses énergétiques au sein du ménage étaient plus susceptibles d'adopter des gestes qui économisent l'énergie. D'après l'étude réalisée par autoévaluation, les hommes semblent plus au fait des labels relatifs au rendement énergétique alors que les femmes ont une meilleure connaissance générale des écolabels.

Une autre étude présentée par les Nations Unies indique que dans les pays de l'OCDE, les femmes qui consomment se préoccupent légèrement plus de l'environnement ou ont une attitude plus « verte » que les hommes lorsqu'il s'agit du recyclage et de la conduite automobile (Tableau 11.1). Les femmes semblent notamment recycler davantage que les hommes en Autriche, en Corée, en Lettonie, au Mexique, au Royaume-Uni, en République tchèque et en Suède, même si ce comportement peut être lié à la répartition des tâches domestiques entre femmes et hommes. Dans tous les pays de l'étude, à l'exception du Japon, les femmes ont tendance à moins conduire que les hommes par souci de protection de l'environnement. D'après les données disponibles, la disposition des hommes et des femmes à payer plus cher ou à accepter des taxes par souci de protection de l'environnement est variable selon les pays. Par exemple, en Allemagne, en Corée, en Israël et au Royaume-Uni, les données indiquent que les hommes sont plus prêts que les femmes à payer plus cher. À l'inverse, au Danemark, en Finlande, en Nouvelle-Zélande et en Norvège, ce sont les femmes qui sont prêtes à payer davantage. Concernant la hausse des taxes, en plus des pays cités ci-dessus, les hommes en Espagne, en France et en Turquie semblent plus disposés à payer, sans doute en raison de leurs revenus plus importants que ceux des femmes. Il n'y a qu'au Danemark et en Norvège que les femmes sont plus prêtes que les hommes à payer des taxes plus élevées pour protéger l'environnement. La Finlande est le seul pays dans lequel la différence est significative entre les femmes et les hommes ayant participé à une organisation pour la protection environnementale, avec 31 % des femmes et 21 % des hommes s'étant impliqué en 2010 (United Nations, 2015[56]).

Tableau 11.1. Les femmes des pays de l'OCDE ont une attitude légèrement plus « verte » que les hommes lorsqu'il s'agit de recycler et de moins utiliser sa voiture

OCDE	2 000		2 010	
	Hommes	Fminin	Hommes	Fminin
Pourcentage de personnes qui recyclent	59	62	72	76
Pourcentage de personnes qui utilisent moins leur voiture pour protger lenvironnement	15	15	22	26
Pourcentage de personnes qui ont donn de largent une organisation pour la protection de lenvironnement au cours des cinq dernires annes	19	19	14	14
Pourcentage de personnes prtes payer des taxes supplmentaires pour protger lenvironnement	28	25	24	23
Pourcentage de personnes prtes payer un tarif plus cher pour protger lenvironnement	40	39	33	33

Remarque : analyse de données utilisées par les Nations Unies, 2015. Les femmes dans le monde, 2015 : des chiffres et des idées. New York, Nations Unies, Département des affaires économiques et sociales, Division de la statistique. N° de vente E.15.XVII.8, Annexe statistique. Pays de l'OCDE dont les données ont été utilisées aux fins de l'enquête : Allemagne, Autriche, Canada, Chili, Corée, Danemark, Espagne, États-Unis, Finlande, France, Irlande, Israël, Japon, Lettonie, Lituanie, Mexique, Norvège, Pays-Bas, Portugal, République tchèque, République slovaque, Royaume-Uni, Slovénie, Suisse et Turquie.
Source : Groupe de recherche de l'ISSP (International Social Survey Programme), 2014. Environment I and II - ISSP 2010. GESIS Data Archive, Cologne. ZA5500. www.issp.org/index.php.

Des études menées dans des pays en développement ont également révélé des différences majeures entre les préférences de consommation des hommes et des femmes. Les femmes ont plus tendance à utiliser leurs revenus et leurs emprunts pour acheter des produits alimentaires et assumer les dépenses de santé et d'éducation de leur famille. En revanche, les hommes dépensent une plus grande part des revenus pour acheter des produits qui leur profitent personnellement, comme des friandises, de l'alcool ou des produits de luxe. Ces tendances expliquent le succès des projets de la microfinance, comme la Grameen Bank qui ne prête presque qu'aux femmes et bénéficie d'un taux de remboursement de 97 % (Esty, 2013[57]).

Des enquêtes réalisées en Afrique montrent également que dans diverses cultures, les femmes sont généralement chargées de la gestion des déchets domestiques, entre autres tâches non rémunérées, même lorsque cette activité s'étend au-delà du cadre familial pour devenir une activité de nettoyage à l'échelle de la communauté. Les hommes, en revanche, tendent généralement à ne traiter les déchets que dans le cadre de leurs activités rémunérées (Scheinber, Muller and Tasheva, 1999[58]) (Poswa, 2004[59]). Les femmes et les hommes traitent également les déchets solides différemment ; les femmes ayant acquis des connaissances et des compétences en matière de gestion des ressources naturelles, de tri et de recyclage des déchets solides (Woroniuk and Schalkwyk, 1998[60]) (Almasi et al., 2019[61]) (Krishnan et al., 2019[13]).

Les femmes ont ainsi un rôle majeur à jouer pour faire en sorte que les habitudes de consommation deviennent plus durables. À cet effet, l'action des pouvoirs publics et les nouvelles approches destinées à influencer les modes de consommation, comme les enseignements comportementaux, devraient tenir compte des disparités entre les femmes et les hommes. Par exemple, une étude réalisée en 2016 auprès de 2 000 Américains et Chinois a montré que les notions de masculinité reconnues par la société étaient aux antipodes de la plupart des techniques commerciales écologiques et a donc recommandé que ces stratégies de vente s'adressent davantage aux hommes afin de mettre un terme à cette tendance (Brough et al., 2016[62]).

En tant que consommatrices, les femmes ont un rôle central à jouer dans la transition vers une économie circulaire. Environ 50 % de la consommation des ménages dans le monde concerne des produits alimentaires, des boissons, des vêtements, des chaussures, ainsi que d'autres produits ménagers (World Bank, n.d.[63]). Près de 50 % des déchets en plastique générés dans le monde proviennent des plastiques d'emballages, le plastique à usage unique pour l'alimentation et les boissons étant le plus répandu (UNEP, 2018[64]). Les femmes sont considérées comme les personnes décisionnaires pour 70 à 80 % des achats du ménage. À ce titre, elles pourraient induire la transition vers des habitudes de consommation plus durables et devenir ainsi des moteurs clés vers l'adoption de comportements respectueux de l'environnement (Brennan, 2015[65]). Il peut s'avérer plus important que jamais de prendre en compte les modes de consommation des femmes à l'égard du plastique compte tenu des répercussions de la crise du COVID-19 sur la production de ce type de déchets. Des informations récentes mettent en évidence un ralentissement de la mise en œuvre des politiques de lutte contre le plastique à usage unique (Prata et al., 2020[66]) (Brock, 2020[67]).

Parallèlement, les femmes sont nettement plus nombreuses à utiliser des produits cosmétiques et des nettoyants ménagers potentiellement toxiques. Dans certains pays où l'utilisation de ces composés chimiques est autorisée, les femmes s'exposent à « des crèmes éclaircissantes qui contiennent du mercure, des produits de douche vaginale qui contiennent des phtalates et du talc », afin de se conformer à des critères de beauté et à la pression sociale (Heise et al., 2019[68]). L'industrie du blanchiment de la peau rapporte plusieurs milliards de dollars et le mercure qui se trouve parfois dans ces produits cosmétiques (maquillage pour les yeux, mascara, produits nettoyants) finit par être rejeté dans l'environnement par le biais de l'eau où il subit « une méthylation avant d'entrer dans la chaîne alimentaire sous forme de méthylmercure hautement toxique présent dans le poisson » (WHO, 2019[69]).

L'industrie de l'habillement féminin, d'une valeur d'environ 500 milliards EUR, représente le segment le plus important de l'industrie textile (Stotz and Kane, 2015[70]). L'industrie vestimentaire, dont les femmes représentent le premier groupe de consommateurs, utilise de nombreux produits chimiques (tels que du formaldéhyde, des colorants, des résidus de produits de nettoyage, ainsi que des adoucissants et des produits d'hygiène), parmi lesquels certains sont susceptibles d'avoir des effets sur la santé des travailleurs du textile (voir la section 11.3.2) ou sur celle de ceux qui portent ces vêtements, et risquent de se retrouver dans l'environnement lorsque ces produits sont fabriqués, portés et jetés. Lors de leur lavage, certains vêtements relâchent des microfibres de plastique qui représentent environ un demi-million de tonnes chaque année et contribuent à la pollution des océans, 16 fois plus que les microbilles de plastique contenues dans les cosmétiques ((Ellen MacArthur Foundation, 2017[71]). Les microfibres plastiques ont aussi des effets directs sur la santé humaine de l'exposition chronique, particulièrement visibles chez les travailleurs du secteur manufacturier (Buzzi and Börkey, n.d.[72]). Des inquiétudes au sujet de l'environnement et de la santé, comme sur le pouvoir cancérigène, le pouvoir mutagène et la sensibilisation cutanée liés à ces produits, apparaissent dans le secteur des cosmétiques et des produits nettoyants qui emploie également des millions de femmes et dont elles sont les principales consommatrices (Nijkamp et al., 2014[73]).

Les femmes sont également celles qui sont chargées de s'occuper des enfants, ce qui implique diverses tâches telles que le changement des couches. En assumant la double charge d'un travail rémunéré et de tâches non rémunérées, les femmes choisissent des solutions qui représentent un gain de temps, parmi lesquelles les couches jetables qui génèrent un volume de déchets important. D'après l'Agence pour l'environnement du Royaume-Uni, les couches représentaient entre 2 et 3 % de l'ensemble des déchets ménagers dans le pays en 2005 (Aumonier and Collins, 2005[74]). Les derniers calculs indiquent que les couches d'un seul enfant génèrent en l'espace de deux ans et demi des émissions de gaz à effet de serre responsables du réchauffement climatique de l'ordre de 550 kg de dioxyde de carbone environ, et cela peut atteindre près de 700 millions de tonnes d'équivalent dioxyde de carbone par an pour le Royaume-Uni (Aumônier, Collins and Garrett, 2008[75]). D'après les estimations, en Australie, 3.75 millions de couches arrivent dans les décharges chaque année, et 4.2 millions de tonnes de couches sont jetées chaque année aux États-Unis (Sustainability Victoria, 2020[76]). Les lingettes posent également problème. Ces déchets qui s'accumulent au Royaume-Uni vont jusqu'à former des monticules qui modifient la forme des berges britanniques (Van der Zee, 2018[77]).

Les femmes utilisent également tout un éventail de produits jetables tels que les tampons ou les serviettes hygiéniques qui contiennent souvent du plastique. Au cours de sa vie, une femme peut utiliser entre 5 000 et 15 000 serviettes ou tampons. Il n'est pas facile de savoir exactement quel volume de déchets créent ces produits mais le nombre de tampons vendus chaque année se chiffre en dizaines de milliards et, en 2018, un tiers de ces ventes avait été réalisé aux États-Unis (Borunda, 2019[78]).

Ainsi, alors que les femmes sont généralement prêtes à s'engager pour la protection de l'environnement, il leur reste beaucoup à faire pour consommer de façon plus durable. Le problème vient d'une part du manque de prise de conscience et d'éducation sur la protection de l'environnement, et d'autre part de l'absence de produits de substitution en remplacement des produits de base qui seraient plus verts sans être trop cher, mais les normes culturelles et sociales imposent également aux femmes et aux hommes des modes de consommation non durables.

11.5. Les femmes et l'économie circulaire

Le Programme 2030 a fixé des cibles ambitieuses avec l'ODD 12, qui comprennent la réduction considérable de la production de déchets d'ici 2030 par la prévention, la réduction, le recyclage et la réutilisation, et la diminution de moitié à l'échelle mondiale du volume de déchets alimentaires par habitant, au niveau de la distribution comme de la consommation. Le concept de l'économie circulaire est indispensable pour instaurer une gestion durable des ressources et réduire les émissions de carbone, ce qui passe par des changements radicaux dans notre manière de produire et de consommer. Comme cela a été identifié dans le projet de l'OCDE RE-CIRCLE, le passage vers une économie circulaire, grâce à des modèles commerciaux qui permettent d'améliorer le rendement des ressources et mettent en avant le principe dit des 3R, réduire-recycler-réutiliser, devrait renforcer les perspectives de croissance, améliorer la compétitivité des entreprises familiales et créer de l'emploi dans les secteurs innovants. Lorsque l'économie circulaire s'accompagne de progrès dans le secteur des technologies de l'information et de la communication (TIC) et du numérique, elle peut contribuer à améliorer la productivité des ressources et à générer des bénéfices non liés aux ressources et issus des facteurs externes. D'après les calculs pour l'Europe, ceci correspond à une hausse de 7 % du PIB d'ici 2030, soit une hausse de 11 % du revenu disponible des ménages, sans parler des retombées positives pour l'emploi (Ellen MacArthur Foundation, 2015[79]).

D'après un rapport de Carbon Trust, du britannique Knowledge Transfer Network et de l'Université de Coventry (Knowledge Transfer Network (KTN) et al., 2014[80]), le reconditionnement nécessite généralement 85 % d'énergie en moins que la fabrication et, à l'échelle mondiale, cela pourrait compenser plus de 800 000 tonnes d'émissions de CO_2 par an. L'économie circulaire peut également dynamiser la croissance et augmenter les chances de trouver un emploi. Le Forum économique mondial et la fondation Ellen MacArthur estiment qu'en se tournant vers la réutilisation, le reconditionnement et le recyclage des produits, plus d'un demi-million d'emplois pourrait être créé dans l'industrie du recyclage à travers l'Europe (Ellen MacArthur Foundation, 2013[81]).

Cependant, jusqu'à présent, les travaux sur l'économie circulaire portaient essentiellement sur l'aspect environnemental et commercial de la circularité et peu d'analyses ont été réalisées sur les implications sociales, notamment sur le rôle des femmes en tant que guides dans les transformations nécessaires à la mise en œuvre de l'économie circulaire, sur les compétences nécessaires et les retombées professionnelles pour les femmes. Comme le souligne Murray et al (2015), « les aspects fondamentaux de l'égalité sociale comme l'égalité entre les femmes et les hommes, raciale et financière, l'équité intergénérationnelle et au sein des générations et l'égalité des chances sociales sont (encore) souvent absents de l'idée de l'économie circulaire telle qu'elle existe aujourd'hui » (Murray, Skene and Haynes, 2017[82]).

Du côté de la production, l'économie circulaire a besoin d'examiner toutes les étapes de la chaîne pour réduire au minimum l'utilisation des ressources et leur empreinte écologique ; pour maintenir les ressources en circulation le plus longtemps possible ; et pour récupérer du mieux possible ces ressources une fois que le produit est arrivé en fin de vie grâce au recyclage. Les produits sont donc conçus de sorte à faciliter leur réemploi et leur recyclage. Une économie circulaire bien conçue doit également encourager des habitudes de consommation durables qui limitent la production de déchets en allongeant la durée de vie utile des produits et en développant l'économie du partage et les marchés de l'occasion. Sans une bonne compréhension du comportement des consommateurs, il est impossible de concevoir des modèles d'économie circulaire.

Le passage vers une économie plus circulaire peut favoriser l'égalité entre les sexes et l'autonomisation des femmes. Compte tenu du rôle des femmes au sein des collectivités locales, de leur implication dans les tâches ménagères, y compris dans la gestion des déchets, et de leurs modes de consommation, elles devraient profiter largement d'une évolution vers l'économie circulaire et d'une meilleure gestion des déchets. Un tel changement permettrait non seulement de réduire la dégradation environnementale, la production de déchets et la pollution provoquées par la production et la consommation de matériaux, mais pourrait aussi soutenir les efforts fournis par les femmes dans le secteur de la gestion des déchets pour améliorer leurs revenus (grâce au recyclage et à la réutilisation) et rendre leur environnement plus sain (en limitant les risques liés aux produits toxiques et aux produits contaminés). Ainsi, l'économie circulaire pourrait induire des débouchés économiques pour les femmes, dynamiser l'emploi des femmes et l'entrepreneuriat vert. De plus, avec le développement de dispositifs de soutien financier permettant d'accompagner cet entrepreneuriat et ces créations d'emplois féminins, et avec l'amélioration des compétences que les emplois du secteur durable pourraient occasionner, une représentation équitable des femmes dans le secteur pourrait être d'autant plus encouragée. Il est donc essentiel d'intégrer la notion d'égalité femmes-hommes pour réussir à mettre en œuvre une stratégie en faveur de l'économie circulaire.

Impliquer les femmes dans l'économie circulaire - en les sensibilisant aux modes de consommation durables et en les encourageant à jouer un rôle pilote et de gestionnaire - est indispensable pour créer des systèmes efficaces fondés sur l'économie circulaire. Une transition vers une économie plus circulaire peut être envisagée de sorte à favoriser l'égalité entre les femmes et les hommes. Alors que les femmes sont plus souvent cantonnées aux emplois faiblement rémunérés, peu sûrs et où la mobilité sociale est limitée, la multiplication des emplois à visée écologique entraînée par le mouvement de l'économie circulaire offre aux femmes une occasion de prendre des responsabilités (BIT, 2015[83]).

11.5.1. Le rôle des femmes dans la promotion de la production durable

Le développement de chaînes de valeur plus durables sur le plan économique et environnemental est intimement lié au fait d'atteindre une égalité entre les sexes. Les responsabilités sociales des femmes les mettent en bonne place pour gérer les ressources naturelles telles que les sols, l'eau et l'air et contribuer aux chaînes de valeur locales et mondiales. Dans les pays en développement, compte tenu du rôle que jouent les femmes dans la collecte de l'eau et du biocombustible et dans la culture de subsistance, elles possèdent un répertoire de connaissances et de compétences unique. Pourtant, les inégalités entre les sexes vis-à-vis de l'accès aux ressources, aux actifs et dans la prise de décision empêchent les femmes de participer à l'économie et de promouvoir le développement durable de façon efficace.

Avec le développement des chaînes de valeur mondiales, la production et l'approvisionnement se font à une échelle toujours plus vaste. Les femmes ont généralement moins la possibilité d'intervenir en ce qui concerne la production puisqu'elles ont moins d'actifs et accèdent moins facilement aux postes de direction, en particulier dans le secteur manufacturier et celui des ressources naturelles, comme l'exploitation minière et l'énergie. En 2013, seulement 10 % des employés de l'industrie extractive à grande échelle étaient des femmes. De plus, des études indiquent que dans les pays fortement dépendants de l'exploitation minière, de l'extraction du pétrole et du gaz, les femmes étaient nettement moins susceptibles d'occuper des postes de direction que les hommes (World Bank, 2015[83]).

La promotion de l'égalité femmes-hommes et de l'économie durable se renforcent mutuellement. Par exemple, en lissant les inégalités entre les femmes et les hommes dans le secteur de l'agriculture (en facilitant l'accès aux actifs et aux terres et en multipliant les débouchés), les femmes pourraient accroître leur productivité de 20 % à 30 %, ce qui conduirait à une augmentation du volume total de production dans les pays en développement de 2.5 % à 4 %, et réduirait ainsi le nombre d'individus en situation d'insécurité alimentaire dans le monde de 12 % à 17 % (FAO, 2016[84]). Un secteur agricole plus efficient permettrait également d'aider les femmes à se libérer du temps pour assumer d'autres responsabilités et d'alléger leur triple fardeau puisqu'elles s'occupent des enfants et des aînés en plus de leur emploi. En outre, l'intégration des femmes dans les chaînes de valeur locales permet un développement des banlieues de la région et limite ainsi le relogement en ville et la pression générée par la vie en milieu urbain.

11.5.2. Transformer l'industrie de la mode

Les femmes pourraient jouer un rôle central dans l'économie circulaire en tant que consommatrices, en orientant les entreprises vers des méthodes de production fondées sur l'économie circulaire. De sérieux efforts ont récemment été consentis dans les secteurs qui ciblent les femmes comme l'industrie de la mode. La mode dite durable devient plus manifeste et concerne les vêtements, les chaussures et les accessoires produits, commercialisés et consommés de façon durable, à la fois d'un point de vue environnemental et socioéconomique. Outre le choix des matières, les entreprises prennent des initiatives capables de leur permettre de réduire le volume de matériaux utilisés, de s'engager en faveur du marché du vêtement d'occasion, d'organiser leur propre système de recyclage ou de fabriquer des vêtements à partir de textiles certifiés. De nombreuses nouvelles marques de vêtements ou d'anciennes marques qui se sont repositionnées se consacrent maintenant davantage à une production plus respectueuse de l'environnement, au recyclage et à l'utilisation de matériaux plus durables et responsables. Des normes contre le verdissement de l'image sont en cours d'élaboration. L'UE a récemment adopté un règlement relatif aux activités financières [Règlement (UE) 2020/852] et l'OCDE a formulé des définitions et des taxonomies au sujet de la finance durable (OECD, 2020[85]). Il serait intéressant d'étudier comment étendre une telle approche aux autres activités économiques qui ne sont pas encore couvertes par ces règlements, comme la fabrication des vêtements.

La crise actuelle du COVID-19 devrait faire évoluer les habitudes de consommation en matière de vêtements. Tout d'abord, les nouvelles habitudes et les nouveaux besoins du quotidien, liés aux restrictions de déplacements, devraient engendrer une baisse des revenus de 27-30 % en 2020, par rapport à 2019 (McKinsey, 2020[86]). Le rapport McKinsey de 2020 prévoit également un changement quant aux vêtements choisis par les consommateurs, plus attirés par des produits plus respectueux de l'environnement. Rien qu'aux États-Unis et en Europe, 15 % des consommateurs devraient se tourner vers des vêtements plus durables. Les entreprises de la mode devraient elles aussi faire évoluer leurs modèles commerciaux et se diriger vers des créations plus durables (des vêtements à usages multiples, qui pourraient être adaptés aux saisons et aux besoins) (McKinsey, 2020[86]).

De plus, l'économie circulaire suscite une attention croissante puisque 71 % des consommateurs expriment un intérêt accru pour les modèles économiques circulaires, comme la location, la revente et la rénovation, et nombre d'entre eux expriment le souhait d'acheter des vêtements de meilleure qualité depuis la pandémie (GFA and McKinsey, 2020[87]). De plus, de nombreuses économies pourraient être réalisées grâce aux modèles économiques circulaires compte tenu du fait que 500 milliards USD sont perdus chaque année à cause de la sous-utilisation des vêtements et du manque de recyclage (Ellen MacArthur Foundation, 2017[71]).

Concernant le secteur de l'habillement, les femmes semblent occuper davantage de postes de cadres supérieurs dans les entreprises de la mode qui se définissent comme étant durables et éthiques. Dans 60 entreprises durables actives au niveau international, 52 % des PDG sont des femmes (Graphique 11.1). Selon un rapport de 2019, seulement 12.5 % des entreprises du classement Fortune 1000 du secteur de l'habillement sont dirigées par des femmes, même si les femmes occupent une part plus importante des postes de cadres intermédiaires (PwC, 2019[88]).

Graphique 11.1. Cinquante-deux pour cent des PDG des marques durables actuelles sont des femmes

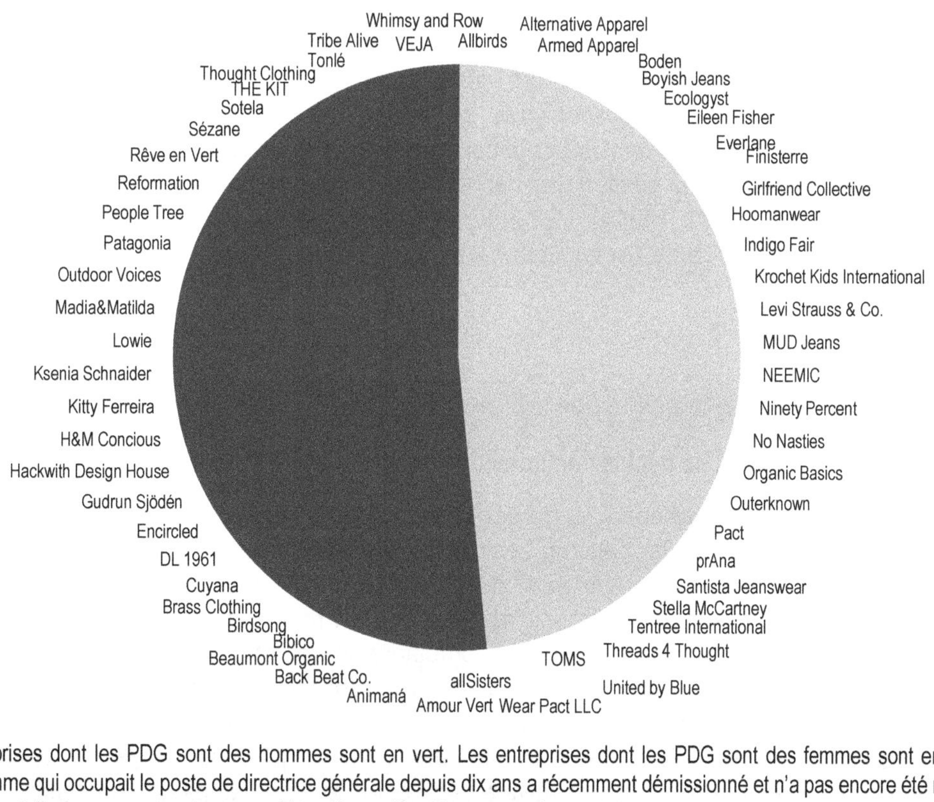

Note : les entreprises dont les PDG sont des hommes sont en vert. Les entreprises dont les PDG sont des femmes sont en rouge. Pour Patagonia, la femme qui occupait le poste de directrice générale depuis dix ans a récemment démissionné et n'a pas encore été remplacée. La taille des portions attribuées aux entreprises ne reflète ni leur taille ni leurs parts de marché.
Source : recherches des auteurs (données consultées le 10/11/2020).

11.5.3. Transformer l'utilisation et le recyclage des matériaux et la gestion des déchets

Des femmes ont misé sur leur expérience unique pour développer et promouvoir des produits en faveur de l'écologie et durables qui permettent de limiter les déchets. Des femmes ont notamment proposé des produits réutilisables pour remplacer les serviettes hygiéniques, les tampons et les couches à usage unique et jetables. Des solutions innovantes, comme les sous-vêtements Thinx ou les produits Mooncups (des coupes menstruelles en silicone réutilisables), ont été créées par des femmes. La coupe Mooncup est utilisée dans plus de 50 pays et aurait évité l'utilisation de 2.4 milliards de tampons qui se seraient retrouvés dans les flux de déchets (Stewart, n.d.[89]).

En ces temps modernes, les femmes ont renoncé à utiliser les couches lavables en raison de la corvée salissante et fastidieuse que représentent leur nettoyage et leur désinfection. Toutefois, des femmes du monde entier entrent désormais sur le marché des couches en créant leur propre entreprise et proposent des produits qui permettent de faire des économies à long terme, qui sont plus faciles à entretenir et qui limitent de façon générale le volume des déchets à traiter (comme Bumpadum, Cotton Babies, Superbottoms, Esembly, Magabi, etc.).

Dans les pays en développement, la gestion des déchets représente une source de revenus conséquente, en particulier pour les groupes de femmes les plus défavorisés. Adopter une gestion plus durable des déchets peut générer des débouchés économiques pour les femmes dans le secteur du recyclage et de la gestion des déchets et, dans le même temps, un meilleur encadrement des ramasseurs informels pourrait permettre de lutter contre les dangers liés au ramassage des déchets et au recyclage manuel des produits. Afin de tirer le meilleur parti de ces perspectives, il est nécessaire de tenir compte des différences entre les sexes dans l'élaboration des stratégies et des mesures en faveur de l'économie circulaire au niveau national et local et dans la conception d'initiatives pertinentes au niveau professionnel (OECD, 2019[90]).

Par exemple, des initiatives impliquant les femmes ont conduit à une amélioration des conditions d'hygiène et à une consommation plus durable à Harare, au Zimbabwe (Davies and Kudzai, 2016[91]). Grâce à l'implication des femmes dans la gestion des déchets solides, les comportements en faveur de l'assainissement se sont améliorés dans toute la communauté, et les revenus des ménages ont bénéficié de retombées positives puisque la gestion des déchets génère des gains. Une initiative similaire a eu lieu à Bangalore, en Inde (Huysman, 1994[92]). En Indonésie, le gouvernement a lancé en 2008 une banque de déchets, un projet qui a créé de l'emploi pour les femmes et augmenté leur revenu (OECD, 2019[90]) (Encadré 11.1).

Encadré 11.1. Les opérations de gestion des déchets gérées par des femmes en Indonésie

Les associations de banques de déchets en Indonésie

La création des Associations de banques de déchets est une initiative d'entrepreneuriat social en lien avec l'économie circulaire et la gestion des déchets en Indonésie. Les banques de déchets transforment les déchets et produisent ainsi des matières premières recyclées et des produits de consommation finale. À travers la réduction, le tri, l'utilisation, le recyclage et la valorisation des déchets, ces associations administrées par des femmes combinent savoir traditionnel et nouvelle technologie. Sur plus de 8 000 banques de déchets actuellement en fonctionnement en Indonésie, 80 % sont dirigées par des femmes. Ces initiatives apportent aux femmes de la communauté ciblée une autonomie économique et une instruction, en particulier à celles qui étaient déjà impliquées dans des activités de ramassage informel. Cette initiative a permis aux femmes de passer du statut d'utilisatrices à celui de propriétaires d'entreprises, et a apporté des améliorations économiques aux communautés locales. Transformation des déchets en énergie (carburant, biodiesel, bioéthanol), en aliments pour le bétail et en engrais. Avec l'aval des communautés locales et des autorités, cette approche a été systématisée dans l'ensemble du pays, ce qui a permis de transposer à grande échelle un petit geste à fort impact.

Les Mamas de la montagne

L'initiative « Bye Bye Plastic Bag » a été lancée en Indonésie par deux sœurs, Melati et Isabel Wijsen, dans un premier temps dans le but d'inspirer aux jeunes le désir de porter un coup d'arrêt aux déchets plastiques dans les océans et les rivières. Ce projet a été suivi par d'autres, comme les Mamas de la montagne. Ce projet a été initié en 2017 dans le but de permettre aux femmes qui vivent sur les pentes du mont Batukaru de se prendre en charge. Les femmes ont reçu des machines à coudre et des formations et produisent désormais d'elles-mêmes des sacs à partir de matériaux recyclés, au rythme qu'elles souhaitent et selon les capacités de chacune. Toute la communauté profite de cette activité car la moitié des gains réalisés grâce à la vente des sacs est reversée au village pour : (i) financer l'installation d'un système local de gestion des déchets ; (ii) investir dans les écoles locales (cours d'anglais, achats d'ordinateurs, etc.) ; et (iii) être distribuée à chaque famille sous forme de forfaits pour des soins de santé.

Note : informations présentées pendant le Forum mondial sur l'environnement de l'OCDE « Intégrer la problématique femmes-hommes et l'autonomisation des femmes à des fins de durabilité environnementale », organisé à Paris, du 5 au 6 mars 2020.

Un autre exemple est une entreprise de l'Uttar Pradesh, en Inde, qui emploie plus de 150 femmes d'un statut socioéconomique très bas pour récupérer quotidiennement les fleurs de plus de 30 temples et mosquées. L'entreprise les débarrasse de tous les principaux insecticides et pesticides et les utilise pour faire de l'encens et du savon. Sans cela, les fleurs auraient fini dans le Gange et pollué l'eau du fleuve (Lewandowska, 2019[93]).

Malgré ces exemples encourageants, les femmes sont rarement propriétaires ou à la direction des grandes entreprises de recyclage et des exploitations de sites de décharge où les bénéfices marginaux sont les plus élevés (Krishnan et al., 2019[13]). De plus, la modernisation de la gestion des déchets demande généralement un apport important de capitaux et de hautes compétences techniques, offrant ainsi des perspectives d'emploi plus limitées pour les travailleurs peu qualifiés (Durgekar, 2016[94]), qui sont majoritairement des femmes.

Les initiatives destinées à moderniser la gestion des déchets devraient porter une attention toute particulière aux femmes et aux populations vulnérables (Groh, 2017[95]). Garantir que les femmes pourront bénéficier elles aussi des projets en faveur du développement des compétences ou de l'innovation dans ce secteur permettrait de s'assurer qu'elles ne seront pas marginalisées ou exclues lors des prochaines étapes. Les organisations de la société civile ont également un rôle important à jouer pour faire valoir le droit du travail et l'autonomisation des femmes, notamment avec l'organisation de consultations des parties prenantes et de campagnes de sensibilisation (Samson, 2010[96]).

11.5.4. Intégrer la problématique des disparités femmes-hommes dans les stratégies en faveur de l'économie circulaire

La cible 12.1 de l'ODD appelle à la mise en œuvre du Cadre décennal de programmation concernant les modes de consommation et de production durables. D'après la Division de la statistique de l'ONU, 71 pays à travers le monde et l'Union européenne, ont adopté des plans d'action dans ce sens ou inscrit la question des modes de production et de consommation durables parmi les priorités de leurs politiques nationales (Graphique 11.2). Toutefois, peu de pays intègrent réellement la problématique des disparités femmes-hommes dans leurs stratégies et mesures en faveur de la consommation et de la production durable. Par exemple, le plan d'action de l'UE pour l'économie circulaire ne présente aucune action différenciée selon les sexes et, dans d'autres plans d'action, il est rarement fait référence aux effets sexospécifiques de la production et de la consommation durable ou aux conditions spécifiques nécessaires pour donner aux femmes la capacité d'agir en consommatrices plus responsables (EC, 2020[98]).

Graphique 11.2. Pays ayant adopté un plan d'action national relatif aux modes de consommation et de production durables en 2017

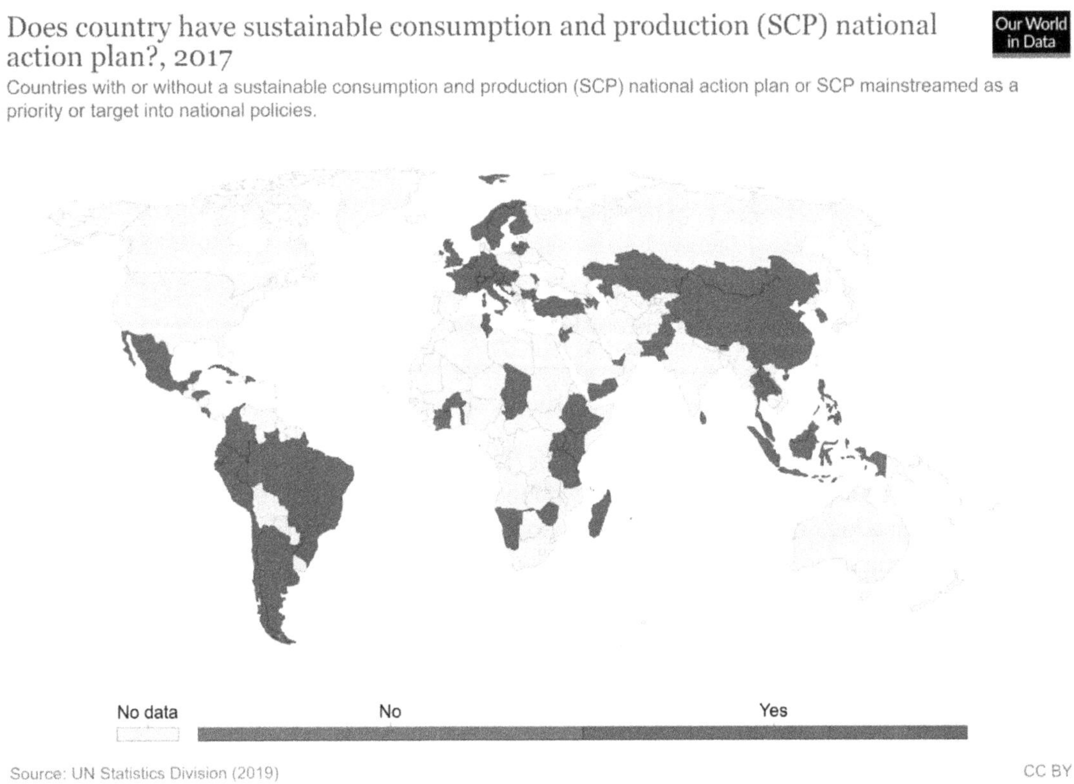

Note : données de 2017, publiées par la Division de la statistique de l'ONU. Dernière mise à jour le 14 février 2018. Les données font référence à l'indicateur de l'ODD 12.1.1 « Nombre de pays ayant adopté des plans d'action nationaux relatifs aux modes de consommation et de production durables ou ayant inscrit cette question parmi les priorités ou objectifs de leurs politiques nationales.
Source : Division de statistique de l'ONU (2019), données présentées par (Richie et al., 2018[97])

11.5.5. Promouvoir le rôle des femmes dans l'économie circulaire dans les villes

Les régions et les villes, où la plupart des individus vivent et vivront à l'avenir (70 % de la population mondiale d'ici 2050), prennent des mesures en faveur d'une transition vers l'économie circulaire. Des villes comme Londres, Paris, Amsterdam ou d'autres plus petites comme Valladolid, Grenade, Umea et Groningue, pour n'en citer que quelques-unes, élaborent et mettent en œuvre des stratégies pour l'économie circulaire (UNDESA, 2018[98]). Les projections montrent que les émissions de gaz à effet de serre devraient diminuer d'un demi-million de tonnes de CO_2 par an dans la ville d'Amsterdam (Circle Economy, 2018[99]); que les initiatives circulaires appliquées à l'environnement bâti, à l'alimentation, aux textiles, à l'électronique et au plastique à Londres sont estimées à 9.3 milliards USD par an d'ici à 2036 (LWARB, 2015[100]); et, on estime qu'en Ile-de-France, environ 50 000 emplois liés à l'économie circulaire seront créés (Mairie de Paris, 2019[101]) (OECD, 2020[102]).

Le Programme de l'OCDE pour l'économie circulaire dans les villes et les régions les aide à définir leur rôle de promoteur, d'accompagnateur et de catalyseur de l'économie circulaire (OECD, n.d.[103]). De fait, il est largement reconnu que la transition d'une économie linéaire vers une économie circulaire relève d'une responsabilité partagée entre les pouvoirs publics et un large éventail d'acteurs, parmi lesquels les femmes.

11.5.6. Comprendre les comportements pour pousser les femmes et les hommes vers une consommation durable

Les politiques de communications, les incitations financières et les mesures comportementales sont autant d'outils qui permettent d'encourager les consommateurs à aller dans le sens des ODD. Comme cela a été souligné en 2018, en Afrique du Sud, lors de la Conférence conjointe de l'exécutif du Cap-occidental et de l'OCDE sur les éclairages comportementaux, les enseignements comportementaux pourraient être utilisés pour contribuer à l'obtention de meilleurs résultats dans des domaines stratégiques importants, comme l'éducation et les mesures destinées aux jeunes ; pour créer des communautés plus sûres ; pour faire des choix plus avisés en matière d'accès à l'eau, à l'énergie et aux transports ; et pour fournir de meilleurs soins de santé et présenter de meilleurs résultats dans ce domaine. Compte tenu du rôle des femmes dans les choix de consommation, de leur sensibilité face aux questions de respect de l'environnement, et des différentes attributions des femmes et des hommes au sein du ménage, les mesures éclairées par des enseignements comportementaux peuvent aider à favoriser des choix durables qui génèrent de meilleurs résultats pour tous (OECD, 2017[104]) (Western Cape Government and OECD, 2018[105])

Les modes de consommation peuvent être fortement influencés au moyen de campagnes de communication publique et d'un étiquetage efficaces. S'appuyer sur des enseignements comportementaux pour adapter les messages aux différents groupes sociaux peut aider les consommateurs à faire des choix de consommation plus durables. L'engagement des entreprises, des médias et des citoyens peut largement contribuer à faire évoluer les habitudes de consommation non durables et favoriser la transition vers une économie durable.

11.6. L'égalité entre les sexes et la réforme des subventions aux combustibles fossiles

Bien que les subventions aux énergies fossiles ne soient pas spécifiques au genre, des effets inégaux peuvent apparaître lorsque les mesures ne prennent pas en compte les barrières sociales que rencontrent les femmes pour accéder aux services (Elson and United Nations Development Fund for Women., 2006[106]).

Alors que de nombreuses subventions aux combustibles fossiles devaient avoir des effets redistributifs, les études indiquent qu'elles sont, de façon générale, régressives. En effet, des segments plus aisés de la population captent la majorité des subventions aux combustibles fossiles compte tenu de leur niveau de consommation plus élevé et de leur meilleur accès à l'énergie. C'est notamment le cas avec le gaz de pétrole liquéfié (GPL) en Inde et le kérosène au Bangladesh et au Nigéria (Merrill et al., 2019[107]). L'Agence internationale de l'énergie (AIE) a montré du doigt l'effet régressif des subventions aux combustibles fossiles et estimé qu'en 2010, 20 % des plus pauvres ne recevaient que 5 % des aides pour le GPL, 9 % des subventions pour l'électricité, 10 % des aides financières pour le gaz naturel et 15 % de celles pour le kérosène (IEA, 2011[108]). . Cet effet régressif a été constaté en particulier chez les femmes à faible revenu dont l'accès aux combustibles actuellement subventionnés est limité (comme le GPL en Inde) et nombre d'entre elles ignorent l'existence de ces aides (comme au Bangladesh et au Nigéria (Merrill et al., 2019[107])).

Comme les décisions relatives au mode de cuisson ont tendance à être prises essentiellement par les femmes dans les pays de l'étude [(Kusumawardhani et al., 2017[109]) (Merrill et al., 2019[107]) (Zinecker et al., 2020[110])] la réforme des subventions aux combustibles fossiles utilisés pour cuisiner, comme le kérosène au Nigéria, ou le GPL en Inde, devrait cibler les femmes lors de la mise en œuvre de mesures compensatoires. Dans les ménages à faible revenu, le prix du combustible apparaît comme le premier facteur qui détermine le niveau de consommation. Ainsi, les subventions aux combustibles fossiles ont pour effet d'enfermer les ménages défavorisés dans une consommation [subventions pour le kérosène au Nigéria et au Bangladesh - (Merrill et al., 2019[107])], là où les femmes pâtissent souvent des effets néfastes sur la santé et de la perte de temps causée par l'utilisation d'un combustible moins cher. Ce constat est d'autant plus important dans les zones rurales où les ménages ont accès à une « énergie gratuite ». Par exemple, 51 % des ménages de l'État d'Imo, au Nigéria, ont déclaré qu'ils utiliseraient plus de biomasse pour supporter la hausse des prix (Merrill et al., 2019[107]). Les aides aux combustibles fossiles devraient être supprimées pour que les prix des combustibles correspondent au coût social qu'ils occasionnent, un coût largement supporté par les femmes. Il n'en reste pas moins que les réformes uniquement ciblées sur les femmes et les combustibles utilisés pour la cuisson risquent d'accentuer encore les rôles que jouent déjà les femmes et les hommes au sein des ménages.

Dans le même temps, l'analyse de l'OCDE sur la réforme indonésienne des subventions aux combustibles fossiles et ses effets redistributifs a indiqué que les mécanismes de redistribution, comme les transferts compensatoires, étaient les plus évolutifs d'un point de vue social tout en respectant les objectifs environnementaux et économiques (Durand-Lasserve et al., 2015[111]). Les mécanismes tels que les aides alimentaires et professionnelles sont moins évolutifs. Adopter un point de vue sexospécifique lors de l'élaboration des mécanismes de redistribution, en s'intéressant en particulier aux familles monoparentales, ou en faisant fond sur des analyses plus détaillées des ménages, pourrait apporter un meilleur éclairage qui permettrait de s'assurer que ces dispositifs ne sont pas discriminatoires à l'égard des femmes et des filles au sein des ménages.

Les lacunes qui doivent être comblées dans ce domaine de recherches comprennent l'établissement d'un lien de cause à effet entre la réforme et les effets constatés et la mesure de l'ampleur de ces effets. Kitson et al. (2016) pallie ce manque en étudiant les publications et propose un début de réponse en émettant une hypothèse quant aux effets sexospécifiques de la réforme des subventions aux combustibles fossiles, selon laquelle la réforme conduirait à une hausse des prix des combustibles (Kitson et al., 2016[112]). D'autres recherches peuvent faire fond sur cette étude en levant cette hypothèse et en envisageant des scénarios autres que celui de la hausse des prix.

11.7. Actions clés pour aller de l'avant

Plusieurs actions doivent être mises en œuvre par les pouvoirs publics pour que la problématique femmes-hommes soit davantage prise en compte dans les efforts déployés au niveau global, national et local pour adopter des modes de production et de consommation plus durables :

- Recueillir des données ventilées par sexe sur les dégradations environnementales causées par des modes de production et de consommation non durables, en mettant l'accent sur les groupes vulnérables et en tenant compte des intersectionnalités. Il est nécessaire de prendre mieux conscience de l'exposition des femmes aux dégradations environnementales dans certains secteurs, comme le textile et la gestion des déchets, où la main-d'œuvre féminine est surreprésentée.
- Mieux comprendre les comportements des consommateurs selon leur sexe, en tenant compte des leçons tirées des enseignements comportementaux et des pratiques durables traditionnelles, dont les savoirs sont souvent détenus par les femmes, et tirer parti des chaînes de valeur locales en faveur du respect de l'environnement. Il est notamment nécessaire de réaliser une étude actualisée

sur les différences d'habitudes de consommation des femmes et des hommes dans une optique de préservation de l'environnement, et sur ce qui les détermine. Ceci permettrait aux pouvoirs publics de concevoir des mesures en faveur d'une « transition juste » pour tous, et apporterait des éléments d'information permettant de comprendre comment rendre le nouveau paradigme économique opérationnel et durable.

- Veiller à ce que les stratégies et plans d'action relatifs à l'économie circulaire intègrent systématiquement la problématique femmes-hommes. Cibler, en fonction des femmes et des hommes, les rôles et les préférences comportementales en matière de consommation mais aussi la production des déchets et la prévention pourrait être une démarche essentielle de la transition vers une économie circulaire, non seulement pour réduire les déchets mais aussi pour lutter contre des inégalités liées au sexe en reconnaissant la valeur des emplois favorables à l'économie circulaire. L'exposition des femmes aux facteurs de stress sur la santé et de perturbation de l'environnement doit être prise en compte dans cet effort pour garantir leur santé et leur sécurité.
- Élaborer des stratégies pour le développement de compétences qui tiennent compte des disparités entre les sexes afin de multiplier les possibilités pour les femmes de faire carrière dans les secteurs de l'économie verte. Dotées des informations, des connaissances et des compétences nécessaires, les femmes peuvent jouer un rôle croissant dans la transition des pratiques industrielles vers des méthodes plus durables.
- Il est essentiel de mobiliser les entreprises, les médias et la société civile pour garantir une conduite plus responsable de la part des entreprises et qui tienne compte des questions d'égalité femmes-hommes et environnementales. Au-delà des campagnes d'information publiques et des mesures comportementales mises en œuvre par les pouvoirs publics, les entreprises et les médias devraient jouer un rôle actif dans la promotion de pratiques durables et équitables et encourager des comportements de consommation responsables. Ceci nécessite également d'adopter un point de vue qui tienne compte de l'articulation entre les disparités femmes-hommes et la durabilité lors du suivi et de la gestion des risques sociaux et environnementaux, notamment dans le cadre des initiatives internationales telles que les Principes directeurs de l'OCDE à l'intention des entreprises multinationales, les travaux de l'OCDE pour un comportement responsable des entreprises et le Pacte mondial de l'ONU. Les décideurs politiques devraient également tenir compte des disparités femmes-hommes lors de l'élaboration des réglementations environnementales, de la tarification du carbone et d'autres mesures relatives au climat qui favorisent l'adoption de modes de production et de consommation plus durables.
- Des recherches approfondies peuvent encore être menées sur l'effet de la réforme des subventions aux combustibles fossiles, d'un point de vue sexospécifique. Alors que des recherches ont été menées sur les différences de consommation des combustibles fossiles entre les sexes, les recherches sur l'incidence de la réforme de la politique énergétique sur l'égalité femmes-hommes restent limitées, et elles le sont encore davantage sur la réforme des subventions aux combustibles fossiles.
- La réforme des subventions doit être menée avec prudence, et des mesures compensatoires sont nécessaires pour protéger les femmes des populations défavorisées : une hausse du prix des combustibles subventionnés sans proposer de mesures de soutien pourrait fragiliser les femmes défavorisées, en particulier lorsqu'elles utilisent des combustibles subventionnés pour cuisiner. Les effets secondaires, comme sur le temps consacré aux études ou au temps libre, devraient également être pris en compte.
- Des campagnes d'éducation et d'information doivent accompagner la réforme des subventions aux combustibles fossiles afin de s'assurer que les femmes peuvent accéder à des combustibles propres. En effet, le niveau d'instruction des femmes serait un facteur important lors du passage d'un combustible à un autre (Nigeria - (Zinecker et al., 2020[110])) (Guatemala, Inde, Indonésie, Kenya, Pakistan et Sri Lanka - (Kojima, 2011[113])).

- Des subventions ciblées qui portent sur le raccordement peuvent donner aux femmes la responsabilité de l'achat d'un nouvel équipement de cuisine qui fonctionne au GPL et permettre de supporter les coûts initiaux de connexion (Merrill et al., 2019[107]).

Références

Ahmed, S. et al. (n.d.), *Health and Safety in the Textile Dyeing Industry*, http://www.sei.se/water/beel.Tel:+4684121400Fax:+4687230348Web:www.sei.se. [36]

Almasi, A. et al. (2019), "Assessing the knowledge, attitude and practice of the kermanshahi women towards reducing, recycling and reusing of municipal solid waste", *Resources, Conservation and Recycling*, Vol. 141, http://dx.doi.org/10.1016/j.resconrec.2018.10.017. [61]

Atlason, R., D. Giacalone and K. Parajuly (2017), "Product design in the circular economy: Users' perception of end-of-life scenarios for electrical and electronic appliances", *Journal of Cleaner Production*, Vol. 168, pp. 1059-1069, http://dx.doi.org/10.1016/j.jclepro.2017.09.082. [53]

Aumonier, S. and M. Collins (2005), *Life cycle assessment of disposable and reusable nappies in the UK*, Environment Agency UK. [74]

Aumônier, S., M. Collins and P. Garrett (2008), *An updated lifecycle assessment study for disposable and reusable nappies*, Environment Agency. [75]

Borunda, A. (2019), *How tampons and pads became so unsustainable*, https://www.nationalgeographic.com/environment/2019/09/how-tampons-pads-became-unsustainable-story-of-plastic/ (accessed on 10 November 2020). [78]

Brennan, B. (2015), *Top 10 Things Everyone Should Know About Women Consumers*, https://www.forbes.com/sites/bridgetbrennan/2015/01/21/top-10-things-everyone-should-know-about-women-consumers/?sh=68c02f806a8b (accessed on 9 November 2020). [65]

Brock, J. (2020), "The Plastic Pandemic: COVID-19 trashed the recycling dream", *Reuters Special Report*, https://www.reuters.com/investigates/special-report/health-coronavirus-plastic-recycling/ (accessed on 10 December 2020). [67]

Brough, A. et al. (2016), "Is Eco-Friendly Unmanly? The Green-Feminine Stereotype and Its Effect on Sustainable Consumption", *Journal of Consumer Research*, Vol. 43/4, pp. 567-582, https://doi.org/10.1093/jcr/ucw044. [62]

Bulle, S. (1999), *Issues and Results of Community Participation in Urban Environment. Comparative analysis of nine projects on waste management A*, Urban Waste Expertise Programme. [43]

Bulut, Z., F. Kökalan Çımrin and O. Doğan (2017), "Gender, generation and sustainable consumption: Exploring the behaviour of consumers from Izmir, Turkey", *International Journal of Consumer Studies*, Vol. 41/6, pp. 597-604, http://dx.doi.org/10.1111/ijcs.12371. [50]

Buzzi, E. and P. Börkey (n.d.), "Mitigating microplastics in marine and freshwaters. A sectoral focus on textiles and tyres (forthcoming)", OECD Working Paper. [72]

Circle Economy (2018), *Circular Amsterdam - A vision and action agenda for the city and metropolitan area.* [99]

Cirera, X. and R. Lakshman (2017), "The impact of export processing zones on employment, wages and labour conditions in developing countries: systematic review", *Journal of Development Effectiveness*, Vol. 9/3, http://dx.doi.org/10.1080/19439342.2017.1309448. [28]

Davies, N. and N. Kudzai (2016), *The Usefulness of Including Women in Household Solid Waste Management. A Case Study of Dzivaresekwa High Density Suburb; Harare*. [91]

Dias, S. and L. Fernandez (2013), "Waste Pickers - A Gendered Perspective", in Cela, B., I. Dankelman and J. Stern (eds.), *Powerful Synergies. Gender Equality, Economic Development and Environmental Sustainability*, United Nations Development Programme. [12]

Dias, S. and A. Ogando (2015), *Engendering Waste Pickers Cooperatives in Brazil*, https://www.researchgate.net/publication/291334401_Cooperatives_and_the_World_of_Work_Engendering_Waste_Pickers_Cooperatives_in_Brazil_1 (accessed on 8 December 2020). [19]

Digdowiseiso, K. and E. Sugiyanto (2020), "The Effects of Multinational Companies on Deforestation: The Building Block or Stumbling Block", *Journal of Environmental Management and Tourism*, Vol. XI, pp. 5-11. [23]

Durand-Lasserve, O. et al. (2015), "Modelling of distributional impacts of energy subsidy reforms: an illustration with Indonesia", *OECD Environment Working Papers*, No. 86, OECD Publishing, Paris, https://dx.doi.org/10.1787/5js4k0scrqq5-en. [111]

Durgekar, V. (2016), "Towards Sustainable Waste Management Through Technological Innovations, Effective Policy, Supply Chain Integration & Participation", *Procedia Environmental Sciences*, Vol. 35, http://dx.doi.org/10.1016/j.proenv.2016.07.061. [94]

Ellen MacArthur Foundation (2017), *A new textiles economy: Redesigning fashion's future*, http://www.ellenmacarthurfoundation.org/publications (accessed on 9 November 2020). [71]

Ellen MacArthur Foundation (2015), *Growth Within: A Circular Economy Vision for a Competitive Europe*, Ellen MacArthur Foundation. [79]

Ellen MacArthur Foundation (2013), *Towards the circular economy. The Economic and business rationale for an accelerated transition*, Ellen MacArthur Foundation. [81]

Elson, D. and United Nations Development Fund for Women. (2006), *Budgeting for women's rights : monitoring government budgets for compliance with CEDAW*, United Nations Development Fund for Women. [106]

Esty, K. (2013), *Twenty-Seven Dollars and a Dream: How Muhammad Yunus Changed the World and What It Cost Him*, Katharine Esty Company. [57]

FAO (2016), *Developing gender-sensitive value chains: A guiding framework.*, Food and Agriculture Organization of the United Nations. [84]

Finkelstein, M. et al. (2003), "Relation between income, air pollution and mortality: a cohort study", *Canadian Medical Association Journal*, Vol. 169/5, pp. 397-402. [5]

GFA and McKinsey (2020), *Fashion on Climate - How the Fashion Industry can Urgently Act to Reduce its Greenhouse Gas Emissions*, Global Fashion Agenda and McKinsey & Company. [87]

Ghosh, J. (2004), "Globalization, Export-oriented Employment for Women and Social Policy: A Case Study of India", in *Globalization, Export-oriented Employment and Social Policy*, Palgrave Macmillan UK, London, http://dx.doi.org/10.1057/9780230524217_4. [25]

Groh, K. (2017), "Chemicals and waste in the circular economy", *Food Packaging Forum*, https://www.foodpackagingforum.org/news/chemicals-and-waste-in-circular-economy (accessed on 14 December 2020). [95]

Hajat, A., C. Hsia and M. O'Neill (2015), "Socioeconomic Disparities and Air Pollution Exposure: a Global Review", *Current Environmental Health Reports*, Vol. 2/4, http://dx.doi.org/10.1007/s40572-015-0069-5. [6]

Harvey, M. (1995), "The MNCs' Role and Responsibility in Deforestation of Tropical Forests", *Journal of Macromarketing*, Vol. 15/2, http://dx.doi.org/10.1177/027614679501500208. [21]

Heacock, M. et al. (2016), "E-Waste and Harm to Vulnerable Populations: A Growing Global Problem", *Environmental Health Perspectives*, Vol. 124/5, pp. 550-555, http://dx.doi.org/10.1289/ehp.1509699. [15]

Heise, L. et al. (2019), *Gender inequality and restrictive gender norms: framing the challenges to health*, Lancet Publishing Group, http://dx.doi.org/10.1016/S0140-6736(19)30652-X. [68]

Huysman, M. (1994), "Waste picking as a survival strategy for women in Indian cities", *Environment and Urbanization*, Vol. 6/2, http://dx.doi.org/10.1177/095624789400600209. [92]

IEA (2011), *World Energy Outlook 2011*, https://www.iea.org/reports/world-energy-outlook-2011 (accessed on 1 December 2020). [108]

ILO (2019), "The future of work in textiles, clothing, leather and footwear", No. 326, International Labour Office, Sectoral Policies Department. [35]

INC and SOMO (2014), "Flawed Fabrics: The Abuse of Girls and Women Workers in the South Indian Textile Industry", http://www.indianet.nl/FlawedFabrics.html. [34]

Jiang, M., E. Kim and Y. Woo (2020), "The relationship between economic growth and air pollution—a regional comparison between China and South Korea", *International Journal of Environmental Research and Public Health*, Vol. 17/8, http://dx.doi.org/10.3390/ijerph17082761. [9]

Johnsson-Latham, G. (2007), *A study on gender equality as a prerequisite for sustainable development*, Report to the Environment Advisory Council, Stockholm, http://www.sou.gov.se/mvb/. [47]

Kaenzig, J., S. Heinzle and R. Wüstenhagen (2013), "Whatever the customer wants, the customer gets? Exploring the gap between consumer preferences and default electricity products in Germany", *Energy Policy*, Vol. 53, http://dx.doi.org/10.1016/j.enpol.2012.10.061. [48]

Kashyap, A. and Human Rights Watch (Organization) (n.d.), *"Work faster or get out" : labor rights abuses in Cambodia's garment industry.*. [32]

Kelan, E. (2008), "Bound by stereotypes?", *Business Strategy Review*, Vol. 19/1, http://dx.doi.org/10.1111/j.1467-8616.2008.00509.x. [45]

Khan, N. and P. Trivedi (2015), *Gender Differences and Sustainable Consumption Behavior*, http://www.eajoutrnals.org. [49]

Kim, S. et al. (2020), “Birth outcomes associated with maternal exposure to metals from informal electronic waste recycling in Guiyu, China”, *Environment International*, Vol. 137, p. 105580, http://dx.doi.org/10.1016/j.envint.2020.105580. [16]

Kioumourtzoglou, M. et al. (2015), “PM2.5 and mortality in 207 US cities”, *Epidemiology*, http://dx.doi.org/10.1097/EDE.0000000000000422. [7]

Kirchler, E., E. Hoelzl and B. Kamleitner (2008), “Spending and credit use in the private household”, *The Journal of Socio-Economics*, Vol. 37/2, http://dx.doi.org/10.1016/j.socec.2006.12.038. [51]

Kitson, L. et al. (2016), *Gender and Fossil Fuel Subsidy Reform: Current status of research*, Global Subsidies Initiative-IISD, IRADe, S4C, BIDS, http://www.iisd.org. [112]

Knowledge Transfer Network (KTN) et al. (2014), *Supporting Excellence in UK Remanufacturing Stakeholder dialogue on opportunities and challenges.* [80]

Kojima, M. (2011), *The Role of Liquefied Petroleum Gas in Reducing Energy Poverty*, The World Bank, http://www.worldbank.org/ogmc. [113]

Krishnan, S. et al. (2019), *The role of gender in waste management. Gender perspectives on waste in India, Indonesia, the Philippines and Vietnam*, Ocean Conservancy, http://www.gacircular.com. [13]

Kusumawardhani, N. et al. (2017), *Gender and Fossil Fuel Subsidy Reform - An audit of data on energy subsidies, energy use and gender in Indonesia*, Global Subsidies Initiative-IISD, http://www.iisd.org. [109]

Lewandowska, E. (2019), *The next big opportunity for gender equality?*, pp. 36-39, https://www.unido.org/sites/default/files/files/2019-10/makingit_26_web.pdf (accessed on 10 November 2020). [93]

Li, Z., D. Konisky and N. Zirogiannis (2019), “Racial, ethnic, and income disparities in air pollution: A study of excess emissions in Texas”, *PLOS ONE*, Vol. 14/8, http://dx.doi.org/10.1371/journal.pone.0220696. [8]

LWARB (2015), *London, the circular economy capital. Towards a circular economy - context and opportunities*, London Waste and Recycling Board, London, https://www.lwarb.gov.uk/wp-content/uploads/2015/12/LWARB-circular-economy-report_web_09.12.15.pdf (accessed on 10 November 2020). [100]

Mahmud, M., V. Rajath D. and M. Jahan (2018), “Health Issues of Female Garment Workers: Evidence from Bangladesh”, *Journal of Population and Social Studies*, Vol. 26/3, http://dx.doi.org/10.25133/JPSSv26n3.013. [37]

Mairie de Paris (2019), *Deuxième feuille de route de l’économie circulaire*, https://www.paris.fr/pages/economie-circulaire-2756 (accessed on 10 November 2020). [101]

Marello, M. and A. Helwege (2018), “Solid Waste Management and Social Inclusion of Wastepickers: Opportunities and Challenges”, *Latin American Perspectives*, Vol. 45/1, http://dx.doi.org/10.1177/0094582X17726083. [14]

McKinsey (2020), *The State of Fashion 2020 - Coronavirus Update.* [86]

McVeigh, K. (2017), “Cambodian female workers in Nike, Asics and Puma factories suffer mass faintings”, *The Guardian*, https://www.theguardian.com/business/2017/jun/25/female-cambodian-garment-workers-mass-fainting (accessed on 9 November 2020). [31]

Melnyk, V. et al. (2019), “The Mechanisms of Social Norms’ Influence on Consumer Decision Making”, *Zeitschrift für Psychologie*, Vol. 227/1, http://dx.doi.org/10.1027/2151-2604/a000352. [40]

Merrill, L. et al. (2019), *Gender and fossil fuel subsidy reform: Findings from and recommendations for Bangladesh, India and Nigeria*, ENERGIA. [107]

Millar, J. (2003), “Gender, Poverty and Social Exclusion”, *Social Policy and Society*, Vol. 2/3, http://dx.doi.org/10.1017/S1474746403001246. [10]

Mishra, A. and D. Mishra (2012), “Deforestation and Women’s Work Burden in the Eastern Himalayas, India: Insights from a Field Survey”, *Gender, Technology and Development*, Vol. 16/3, http://dx.doi.org/10.1177/0971852412459428. [24]

Morimoto, T. (2005), “Growing industrialization and our damaged planet. The extraterritorial application of developed countries’ domestic environmental laws to transnational corporations abroad”, *Utrecht Law Review*, Vol. 1/2, http://dx.doi.org/10.18352/ulr.12. [20]

Moshenberg, D. (2018), *Women bear the brunt of Africa’s urban disasters, such as the collapse of landfills*, https://theconversation.com/women-bear-the-brunt-of-africas-urban-disasters-such-as-the-collapse-of-landfills-92854 (accessed on 10 November 2020). [18]

Murayama, M. and N. Yokota (2009), *Revisiting Labour and Gender Issues in Export Processing Zones: Cases of South Korea, Bangladesh and India*, pp. 73-83, https://www.jstor.org/stable/40279060 (accessed on 9 November 2020). [27]

Murray, A., K. Skene and K. Haynes (2017), “The Circular Economy: An Interdisciplinary Exploration of the Concept and Application in a Global Context”, *Journal of Business Ethics*, Vol. 140/3, http://dx.doi.org/10.1007/s10551-015-2693-2. [82]

Nainggolan, D. et al. (2019), “Consumers in a Circular Economy: Economic Analysis of Household Waste Sorting Behaviour”, *Ecological Economics*, Vol. 166, http://dx.doi.org/10.1016/j.ecolecon.2019.106402. [54]

Nijkamp, M. et al. (2014), *Hazardous substances in textile products*, National Institute for Public Health and the Enviornment, The Netherlands. [73]

OECD (2020), *Developing Sustainable Finance Definitions and Taxonomies*, Green Finance and Investment, OECD Publishing, Paris, https://dx.doi.org/10.1787/134a2dbe-en. [85]

OECD (2020), *The Circular Economy in Cities and Regions: Synthesis Report*, OECD Urban Studies, OECD Publishing, Paris, https://dx.doi.org/10.1787/10ac6ae4-en. [102]

OECD (2019), *Global Material Resources Outlook to 2060: Economic Drivers and Environmental Consequences*, OECD Publishing, Paris, https://dx.doi.org/10.1787/9789264307452-en. [1]

OECD (2019), *OECD Green Growth Policy Review of Indonesia 2019*, OECD Environmental Performance Reviews, OECD Publishing, Paris, https://dx.doi.org/10.1787/1eee39bc-en. [90]

OECD (2018), *OECD Due Diligence Giudance for Reponsible Business Conduct*. [39]

OECD (2017), *Behavioural Insights and Public Policy: Lessons from Around the World*, OECD Publishing, Paris, https://dx.doi.org/10.1787/9789264270480-en. [104]

OECD (2015), *Material Resources, Productivity and the Environment*, OECD Green Growth Studies, OECD Publishing, Paris, https://dx.doi.org/10.1787/9789264190504-en. [3]

OECD (2014), *Greening Household Behaviour: Overview from the 2011 Survey - Revised edition*, OECD Studies on Environmental Policy and Household Behaviour, OECD Publishing, Paris, https://dx.doi.org/10.1787/9789264214651-en. [55]

OECD (2012), *OECD Environmental Outlook to 2050: The Consequences of Inaction*, OECD Publishing, Paris, https://dx.doi.org/10.1787/9789264122246-en. [2]

OECD (2008), *Household Behaviour and the Environment. Reviewing the evidence*, http://www.oecd.org. [46]

OECD (n.d.), "Municipal waste (indicator)". [4]

OECD (n.d.), *The Circular Economy in Cities and Regions*, https://www.oecd.org/regional/cities/circular-economy-cities.htm (accessed on 10 November 2020). [103]

Otobe, N. (2015), "Export-led development, employment and gender in the era of globalization", No. 197, International Labour Office, Geneva, http://www.ilo.org/global/about-the-ilo/mission-and-objectives/WCMS_099766/lang--en/index.htm. [26]

Poswa, T. (2004), *The importance of gender in waste management planning: A challenge for solid waste managers.* [59]

Prata, J. et al. (2020), "COVID-19 Pandemic Repercussions on the Use and Management of Plastics", *Environmental Science & Technology*, Vol. 54/13, http://dx.doi.org/10.1021/acs.est.0c02178. [66]

PwC (2019), *Tracking female leadership in the apparel industry*, https://www.pwc.com/us/en/industries/consumer-markets/assets/pwc-unraveling-the-fabric-ceiling.pdf (accessed on 11 December 2020). [88]

Rees, D. (2014), "Improving conditions for women workers has a domino effect", *The Guardian*, https://www.theguardian.com/sustainable-business/women-garmet-workers-conditions (accessed on 9 November 2020). [30]

Richie et al. (2018), *Measuring progress towards the Sustainable Development Goals*, SDG-Tracker.org, website. [97]

Rivera, K. (2016), *Men vs. Women: Who Wins the Credit Game?*, https://www.experian.com/blogs/insights/2016/03/men-vs-women-credit-trends/ (accessed on 9 November 2020). [52]

Samson, M. (2010), *Women in Informal Employment: Globalizing and Organizing. Reclaiming Reusable and Recyclable Materials in Africa*, WIEGO Urban Policies Research Report Series. [96]

Scheinber, A., M. Muller and E. Tasheva (1999), *Gender and Waste. Integrating gender into community waste management: project management insights and tips from an e-mail conference, 9-13 May 1998*, Urban Waste Expertise Programme. [58]

Sonter, L. et al. (2017), "Mining drives extensive deforestation in the Brazilian Amazon", *Nature Communications*, Vol. 8/1, http://dx.doi.org/10.1038/s41467-017-00557-w. [22]

Stewart, L. (n.d.), *How is the Mooncup environmentally friendly?*, https://www.mooncup.co.uk/blog/how-is-the-mooncup-environmentally-friendly/ (accessed on 11 December 2020). [89]

Stotz, L. and G. Kane (2015), *Global Garment Industry Factsheet Facts on The Global Garment Industry*, http://www.somo.nl/publications-en/Publication_4110. [70]

Sustainability Victoria (2020), "Eco-friendlier alternatives to disposable nappies", *Victoria State Government*, https://www.sustainability.vic.gov.au/nappies (accessed on 14 December 2020). [76]

UNDESA (2018), *World Urbanization Prospects. The 2018 Revision*. [98]

UNEP (2018), *Single-use plastics, a roadmap for sustainability.*. [64]

United Nations (2015), *The World's Women 2015: Trends and Statistics*, United Nations, Department of Economic and Social Affairs, Statistics Division, http://dx.doi.org/10.18356/9789210573719. [56]

Van der Zee, B. (2018), "Wet wipe pollution 'changing the shape of British riverbeds'", *The Guardian*, https://www.theguardian.com/environment/2018/may/02/wet-wipes-boom-is-changing-the-shape-of-british-riverbeds (accessed on 10 November 2020). [77]

Western Cape Government and OECD (2018), *Making a real difference: Nudging for policy change. Key messages & summary*. [105]

WHO (2019), *Mercury in skin lightening products*, World Health Organization. [69]

Wick, I. (2010), *The informal economy and export processing zones Women Working in the Shadows*. [29]

Wong, E. et al. (2009), "Dust and chemical exposures, and miscarriage risk among women textile workers in Shanghai, China", *Occupational and Environmental Medicine*, Vol. 66/3, pp. 161-168, http://dx.doi.org/10.1136/oem.2008.039065. [38]

World Bank (2015), *Women's Employment in the Extractive Industry*, https://usilive.org/another-woman-minework-. [83]

World Bank (2011), *Poverty and Social Exclusion in India*, The World Bank, http://dx.doi.org/10.1596/978-0-8213-8690-3. [11]

World Bank (n.d.), *Global Consumption Database*, http://datatopics.worldbank.org/consumption/ (accessed on 9 November 2020). [63]

Woroniuk, B. and J. Schalkwyk (1998), *Waste disposal & equality between women and men*, prepared for Sida, http://www.sida.se. [60]

Xiuzhong Xu, V. (2020), "Uyghurs For Sale: Re-education, Forced Labour and Surveillance Beyond Xinjiang", *International Cyber Policy Center* Policy Brief, Report No. 26/2020. [33]

Yaccato, J. and J. Jaeger (2003), *The 80% Minority: Reaching the Real World of Women Consumers*, Viking Canada. [44]

Yamin et al. (2019), "Using Social Norms to Change Behavior and Increase Sustainability in the Real World: A Systematic Review of the Literature", *Sustainability*, Vol. 11/20, http://dx.doi.org/10.3390/su11205847. [41]

Zelezny, L., P. Chua and C. Aldrich (2000), *Elaborating on Gender Differences in Environmentalism*. [42]

Zinecker, A. et al. (2020), *Gender and Fossil Fuel Subsidy Reform in Nigeria: Findings and recommendations GSI REPORT*, Global Subsidies Initiative-IISD, BIDS, IRADe and Spaces for Change, http://www.iisd.org/gsi. [110]

Ziraba, A., T. Haregu and B. Mberu (2016), "A review and framework for understanding the potential impact of poor solid waste management on health in developing countries", *Archives of Public Health*, Vol. 74/1, http://dx.doi.org/10.1186/s13690-016-0166-4. [17]

12 Les femmes et l'ODD 13 – Action pour le climat : prendre des mesures urgentes pour lutter contre le changement climatique et ses répercussions

Les répercussions du changement climatique et les phénomènes environnementaux de grande ampleur s'intensifient et pèsent de plus en plus lourdement sur les économies et les moyens de subsistance. Ces répercussions ne sont pas les mêmes selon le sexe, et les femmes sont souvent particulièrement exposées en raison de leur statut économique et social plus vulnérable et de leur rôle dans la société. En même temps, les femmes peuvent être des agentes puissantes de l'action pour le climat, à la fois au niveau des populations locales et en tant que responsables dans les secteurs public et privé. Les stratégies et les politiques climatiques doivent donc intégrer une dimension sexospécifique, et il est nécessaire de collecter de meilleures données ventilées par sexe sur les effets du climat et sur l'action pour le climat.

12.1. Éléments à retenir

Ce chapitre analyse la relation entre l'égalité des sexes (ODD 5) et le changement climatique (ODD 13). Il examine à la fois les impacts sexospécifiques du changement climatique et le rôle des femmes dans la lutte contre le changement climatique. Voici les principaux constats :

- En règle générale, les femmes sont plus vulnérables au changement climatique du fait de leur dépendance aux ressources naturelles et des inégalités structurelles en matière d'accès aux ressources et de contrôle de celles-ci. Les femmes sont plus susceptibles d'être victimes des phénomènes environnementaux (sécheresses, incendies et inondations) de plus en plus extrêmes, représentant plus de 75 % des personnes déplacées. Les normes sociales et économiques ont tendance à exacerber les effets cumulatifs des événements liés au climat.
- L'Accord de Paris souligne la contribution de l'égalité des sexes et de l'autonomisation des femmes à la lutte contre le changement climatique, ainsi que les effets spécifiques du changement climatique sur les femmes. Toutefois,dans les faits, peu de pays intègrent une dimension sexospécifique dans leurs évaluations d'impact et leurs stratégies de riposte et collectent des données nécessaires pour réaliser cet objectif.
- Les stratégies climatiques nationales, notamment les plan d'adaptation nationaux, doivent inclure une dimension sexospécifique, dont le recours à la formation à l'évaluation de l'impact selon le sexe en tant qu'outil clé pour appuyer les mesures d'adaptation et d'atténuation, avec un accent mis sur des domaines tels que la planification des transports, la sécurité urbaine, les modes de consommation, la santé et l'utilisation de l'énergie.
- Le rôle des femmes dans les mouvements populaires liés au climat s'accroît, et la parité entre les sexes est proche dans un certain nombre de processus des Nations Unies liés à l'environnement, comme la Convention-cadre des Nations Unies sur les changements climatiques (CCNUCC). Pourtant, les femmes restent sous-représentées dans la prise de décision formelle, tant dans le secteur public que dans le secteur privé, sur des questions qui ont un impact majeur sur le changement climatique, comme la finance, la santé, l'énergie et les transports.
- Une présence renforcée des femmes aux postes de direction dans les secteurs public et privé pourrait accélérer l'action pour le climat, car les femmes à ces postes s'attachent souvent à lutter contre le changement climatique et à garantir la durabilité environnementale.

12.2. Principaux liens entre l'égalité des sexes, l'action pour le climat et les autres ODD

Les répercussions du changement climatique et les phénomènes environnementaux de grande ampleur s'intensifient et pèsent de plus en plus lourdement sur les économies et les moyens de subsistance. Un certain nombre de points de basculement seront bientôt atteints ou le sont déjà, déclenchant des boucles de rétroaction qui ont des conséquences catastrophiques pour la vie sur Terre. Le Bureau des Nations Unies pour la réduction des risques de catastrophe (UNDRR) et UC Louvain notent que la fréquence des catastrophes naturelles a presque doublé au cours des 20 dernières années par rapport aux 20 années précédentes, entraînant environ 1.23 million de décès, soit environ 60 000 décès par an, et un coût lié aux dommages qui a presque doublé (UN, 2020[1]). Plus précisément, les pays en développement ont enregistré des taux de décès plus de quatre fois supérieurs à ceux des pays développés. Prenons par exemple l'intensité et la fréquence croissantes des tempêtes, inondations, sécheresses, tremblements de terre, vagues de chaleur et incendies dans le monde – qui ont collectivement quadruplé depuis les années 1970 (Easterling et al., 2012[2]).

Plus de 450 catastrophes se sont produites rien qu'aux États-Unis entre 1995 et 2015 (UNISDR, 2015[3]). Un rapport publié en avril 2019 a déterminé que les répercussions du changement climatique coûteraient 224 milliards USD par an d'ici 2090 aux États-Unis, étant donné les effets sur « la santé, l'infrastructure, l'électricité, les ressources en eau, l'agriculture et les écosystèmes » (Nuccitelli, 2019[4]). Un tiers de l'estimation des coûts est imputable aux décès dus à la chaleur, le rapport estimant que le nombre de décès supplémentaires par an se situe entre 1 300 et 9 300 dans 49 villes des États-Unis, selon le niveau des mesures relatives à la lutte contre les changements climatiques (Nuccitelli, 2019[4]).Le coût mondial d'une action tardive face aux défis croissants du changement climatique, compte tenu d'un objectif de stabilisation à 2 °C, atteindrait 17 % du PIB mondial en 2070, dans l'hypothèse d'un début d'atténuation du changement climatique en 1990, et 35 % en 2035 pour un début en 2020 (Sanderson and O'Neill, 2020[5]). Le changement climatique aura aussi un impact considérable sur la santé, avec des estimations qui prévoient environ 250 000 décès supplémentaires par an liés au changement climatique entre 2030 et 2050 ; 38 000 dus à l'exposition à la chaleur chez les personnes âgées, 48 000 dus à la diarrhée, 60 000 dus au paludisme et 95 000 dus à la dénutrition infantile (WHO, 2018[6]).

Le changement climatique a des répercussions profondes et touche tous les ODD, mettant en danger la santé, les ressources essentielles, la sécurité alimentaire et la biodiversité, et par ricochet les économies et la sécurité mondiale. L'ODD 13 sur l'action pour le climat est essentiel pour atteindre l'ensemble des autres objectifs de développement durable, en particulier l'ODD 2 (faim « zéro »), l'ODD 3 (bonne santé et bien-être), l'ODD 6 (eau propre et assainissement), l'ODD 7 (énergies propres), l'ODD 9 (infrastructure durable qui profite à tous), l'ODD 10 (inégalités réduites), l'ODD 11 (villes sures, durables et ouvertes à tous), l'ODD 12 (consommation et production responsables), et les ODD 14 et 15 sur la protection, la restauration et l'exploitation durables des ressources terrestres et aquatiques.

La lutte contre le changement climatique est également intrinsèquement liée à l'ODD 5. Néanmoins, une seule cible de l'ODD 13 adopte spécifiquement l'angle de l'égalité des sexes : renforcer les capacités de planification et de gestion liées au changement climatique, en mettant notamment l'accent sur les femmes (13.b).

La justice climatique, dans le contexte de l'Accord de Paris, est définie comme le processus d'intégration de l'adaptation inclusive aux mesures socio-économiques et environnementales. Plus important encore, l'Accord de Paris et les organes de l'ONU tels que la Convention-cadre des Nations Unies sur les changements climatiques prennent en compte l'égalité des sexes et l'autonomisation des femmes pour lutter contre le changement climatique et reconnaissent les impacts différenciés du changement climatique sur les femmes et les filles. Les efforts visant à intégrer les programmes d'action en faveur de l'égalité femmes-hommes et du climat sont de plus en plus reconnus par des initiatives telles que la « Coalition d'action sur l'action féministe pour la justice climatique », récemment inaugurée en mars lors du Forum sur l'égalité des générations organisé par le Mexique, la France et ONU-Femmes.

Néanmoins, les études et les données sur les effets sexospécifiques du changement climatique et des phénomènes environnementaux, ainsi que sur le rôle crucial que les femmes peuvent jouer et jouent dans l'action pour le climat, restent rares. Si différents organes de l'ONU disposent de travaux bien documentés sur l'impact disproportionné que le changement climatique a sur les femmes dans les pays en développement, ce n'est pas le cas pour les pays membres de l'OCDE et davantage de données ventilées par sexe sont nécessaires à tous les niveaux. Il a été annoncé récemment que l'équipe de dirigeants politiques et de négociateurs de la COP 26 qui accueillera les négociations à Glasgow en 2021 serait composée uniquement d'hommes (The Grantham Institute, 2020[7]). Cette situation reflète (et perpétue) le manque de sensibilisation des décideurs locaux, nationaux et même mondiaux à la dimension sexospécifique du changement climatique.

12.3. Effets sexospécifiques du changement climatique

Il existe un corpus important de documents publiés sur l'égalité des sexes et le changement climatique, qui montre que les femmes et les hommes ont une expérience différente du changement climatique et y réagissent différemment. En règle générale, les femmes sont plus vulnérables du fait de leur plus grande dépendance aux ressources naturelles et des inégalités structurelles en matière d'accès aux ressources et de contrôle de celles-ci, (Ravera et al., 2016[8])ainsi que de leur mobilité et de leurs réserves de revenu plus limitées. De nombreuses caractéristiques sociales, économiques et culturelles interagissent avec la problématique femmes-hommes, influant sur les inégalités en matière de pouvoir et expliquant comment et pourquoi les personnes affrontent et gèrent le changement climatique et les agressions de l'environnement de différentes manières (Ravera et al., 2016[8]) (Ogra and Badola, 2015[9]).

Les différences physiologiques entre les sexes peuvent aussi expliquer pourquoi les aléas climatiques touchent davantage les femmes. Une étude de 2019 se concentrant sur l'Espagne a montré que les femmes, quelle que soit la tranche d'âge, sont plus susceptibles de mourir de maladies cardiovasculaires liées à la hausse des températures associée au changement climatique (Achebak, Devolder and Ballester, 2019[10]). Les émissions de substances polluantes par les véhicules, les bâtiments et les processus industriels dans l'air sont également une source de détérioration du climat et nuisent à la santé humaine. Comme le montre le chapitre 3, la pollution de l'air causée par les émissions représente un risque majeur pour la santé des femmes enceintes et est également associée à des problèmes respiratoires et à des problèmes de développement chez leurs enfants. D'autres facteurs peuvent aussi interagir avec le sexe, comme l'âge et l'origine ethnique. Par exemple, la vague de chaleur qui a frappé la France en 2003 a coûté la vie à plus de 15 000 personnes – le taux de surmortalité des femmes étant supérieur de 75 % à celui des hommes (Fouillet et al., 2006[11])en raison des différences d'espérance de vie entre les deux sexes.

Les impacts économiques, sociaux et sanitaires cumulés du changement climatique provoquent des écarts entre les femmes et les hommes. Certains cas marquants font ressortir la nécessité d'étudier plus en détail ces différences. Par exemple, en 2013, StartClim, un programme de recherche autrichien portant sur le changement climatique et ses effets, a examiné les questions de genre dans le contexte des catastrophes naturelles, en particulier les inondations, et a mis en évidence des effets disproportionnés sur les femmes (StartClim, 2013[12]). À la suite de l'ouragan Katrina en 2005, 83 % des mères célibataires à faible revenu déplacées n'ont pas pu retourner chez elles lorsque la tempête a déplacé plus d'un million de personnes dans la région de la côte du Golfe du Mexique. (Sastry, 2009[13]) (Bryner, Garcia-Lozano and Bruch, 2017[14]). Après l'ouragan Maria de 2017 à Porto Rico, la perturbation des infrastructures modernes d'alimentation en eau et d'électricité a laissé de nombreux ménages privés des services les plus élémentaires, un fardeau qui a pesé considérablement sur les femmes. Alors que les hommes contribuaient à trouver et à transporter de l'eau, on a constaté que les femmes assumaient le travail difficile de la garde des enfants, de la prise en charge des malades et d'entretien des foyers sans eau ni électricité, y compris l'improvisation des services WASH (OXFAM, 2018[15]). Les recherches menées au Brésil illustrent aussi que les femmes sont à la fois vulnérables face aux catastrophes environnementales et essentielles pour surmonter les répercussions de ces événements et opérer un retour à la normale (De Araujo Pinheiro, 2011[16]).

Toutefois, le suicide des agriculteurs, en partie attribuable aux sécheresses et aux conditions météorologiques violentes et imprévisibles menaçant le revenu agricole, est un phénomène majoritairement masculin (Sorensen et al., 2018[17]). Les stéréotypes nuisibles, comme la persistance du personnage du macho, empêchent les hommes de demander de l'aide. Les hommes représentent 87 % des suicides d'agriculteurs en Australie (Bryant, 2018[18]), 96 % au Royaume-Uni (ONS UK, 2019[19])et environ 86 % en France (Grosclaude et al., 2018[20]). En Inde, en 2019, un total de 10 281 agriculteurs et ouvriers agricoles sont décédés par suicide. Les données des pouvoirs publics montrent que ces suicides étaient principalement liés au désespoir quant à leurs moyens de subsistance, les appels lancés récemment par les agriculteurs se plaignant du prêt usuraire, de la privatisation du système de crédit rural et des monopoles agricoles, entre autres (NCRB, 2020[21]).Il s'agit d'une crise profondément enracinée qui a conduit de nombreux agriculteurs à se suicider en consommant un pesticide, en particulier pendant la pandémie de COVID-19 (Shivji, 2021[22]).

Dans le contexte des pays en développement, le changement climatique touche les femmes et les enfants de manière disproportionnée. Ceux-ci sont plus susceptibles d'être victimes de catastrophes écologiques de plus en plus graves (sécheresses, incendies et inondations), et comptent pour plus de 75 % des personnes déplacées (IPCC, 2012[23]). Les normes socio-économiques et culturelles tendent à exacerber les effets cumulés des événements liés au climat. En vertu de la répartition traditionnelle des rôles, c'est essentiellement aux femmes qu'il revient de prendre en charge les personnes atteintes par les catastrophes – enfants, blessés et malades, personnes âgées notamment – ce qui accroît substantiellement leur charge émotionnelle et matérielle (WHO, 2020[24]).

Partout dans le monde, les catastrophes naturelles causent des torts considérables aux hommes et aux femmes. Du fait des différences physiologiques et des normes culturelles dans les sociétés, elles peuvent toucher et touchent de façon disproportionnée les femmes et les filles. Lors d'une catastrophe majeure, il peut arriver que les femmes soient réticentes à chercher un refuge, car les installations collectives n'offrent pas nécessairement d'espaces privés séparés (UFCOP, 2016[25]).

En général, les aspects relatifs à l'égalité des sexes du changement climatique restent des questions négligées par la recherche et les stratégies climatiques nationales omettent souvent la variable de l'égalité des sexes. Certains pays ont commencé à prendre des mesures pour pallier ce manque. Par exemple, en septembre 2017, le gouvernement de Finlande a approuvé son plan de politique climatique (2030) de mi-mandat et inclus une formation à l'évaluation de l'impact selon le sexe en tant qu'outil clé pour ses actions, avec un accent mis sur des domaines tels que la planification des transports, la sécurité urbaine, les modes de consommation et l'utilisation de l'énergie (OECD, 2020[26]).

Le gouvernement du Chili, avec le soutien d'ONU Femmes et de la Food Agriculture Organisation (FAO), a récemment lancé une étude afin de collecter des données probantes sur l'égalité des sexes et le changement climatique dans le pays. Cette initiative inclura un Atlas de l'information sur la problématique femmes-hommes et le changement climatique, ainsi que des indicateurs sexospécifiques sectoriels (encore en cours d'élaboration), afin de mesurer les disparités entre femmes et hommes et le changement climatique dans certains secteurs qui requièrent la conception de plans d'adaptation et d'atténuation ou leur actualisation. En outre, il y a d'autres projets en cours, comme l'étude autrichienne sur la stratégie pour le climat et l'énergie 2030 (« mission2030 »), qui intègre une dimension sexospécifique (OECD, 2020[26]).

Le Programme d'appui du PNUD à la mise en œuvre des contributions déterminées au niveau national (NDC) aide les pays à mettre davantage l'accent sur l'égalité femmes-hommes dans le cadre de la planification de la mise en œuvre, de l'amélioration ou de la révision de leurs contributions déterminées au niveau national. Au Costa Rica, la nouvelle politique nationale pour l'égalité (2018-2030) comporte des objectifs liés au renforcement de la résilience climatique des femmes et à leur participation à la gestion des risques. L'Institut national des femmes (INAMU) joue un rôle actif dans la politique relative au changement climatique. Il a participé au Comité interministériel sur le changement climatique, organe consultatif, et il a aidé le MINAE à suivre la Stratégie nationale sur le changement climatique. En outre, l'INAMU a également participé au renforcement de la prise en compte de la problématique femmes-hommes dans la politique d'adaptation nationale (UNDP, 2019[27]).

En Côte d'Ivoire, le Programme national sur le changement climatique (PNCC) comprend une unité chargée du climat et de l'égalité femmes-hommes qui travaille à l'élaboration de la Stratégie de Genre et du changement climatique. En partenariat avec le PNUD et le Réseau mondial de PNA, ils ont produit une analyse et des recommandations sur l'égalité femmes-hommes en vue d'intégrer la dimension sexospécifique dans les politiques d'action climatique (MINEDD, 2019[28]).

12.4. Égalité des sexes et rôle des femmes dans l'action pour le climat

L'atténuation de l'impact du changement climatique nécessite une multitude de solutions innovantes, de stratégies et de modifications des comportements. Des mesures ciblées prenant en compte la problématique femmes-hommes et les facteurs socio-économiques, culturels et physiologiques peuvent réduire les conséquences négatives des effets du climat sur la santé (Sorensen et al., 2018[17]). La compréhension des rôles des hommes et des femmes, de la discrimination et des inégalités liées au sexe dans le contexte du changement climatique et de l'action pour le climat permet d'adopter une approche plus éclairée de l'atténuation et de l'adaptation qui peut améliorer grandement le pouvoir social des femmes et l'efficacité des initiatives.

12.4.1. Les mesures en faveur de l'égalité des sexes appuient l'action pour le climat

Il est possible d'établir des liens directs entre l'action en faveur de l'égalité des sexes et celle en faveur du climat, mais une approche prenant en compte les disparités entre femmes et hommes nécessite également de sortir des sentiers battus. Le projet Drawdown, un consortium d'entreprises s'étant engagées à trouver des solutions pour réduire les gaz à effet de serre et à séquestrer le carbone déjà présent dans l'atmosphère, a dressé une liste de 80 solutions modélisées et mesurées jusqu'en 2050 (Tableau 12.1). L'éducation des filles et la planification familiale sont aux 6e et 7e rangs des solutions sur la liste, avec la possibilité de réduire l'équivalent dioxyde de carbone (éq. CO2) de 103 gigatonnes. Ces solutions viennent juste après la remise en état et la préservation des forêts tropicales (61.23 gigatonnes) et avant les fermes solaires (36.90 gigatonnes).

Tableau 12.1. Solutions par rang

Rang	Solution	Secteur	Réduction totale de l'éq. CO2 (GT)	Coût net (en milliards USD)	Économies (en milliards USD)
1	Gestion des fluides frigorigènes	Matières	89,74	s.o.	$
2	Éoliennes (terrestres)	Production d'électricité	84,6	225.37 $	425.00 $
3	Réduction du gaspillage alimentaire	Alimentation	70,53	s.o.	N/A
4	Alimentation riche en plantes	Alimentation	66,11	s.o.	N/A
5	Forêts tropicales	Utilisation des terres	61,23	s.o.	N/A
6	Éducation des filles	Femmes et filles	51,48	s.o.	N/A
7	Planification familiale	Femmes et filles	51,48	s.o.	N/A
8	Fermes solaires	Production d'électricité	36,9	$	023.84 $
9	Sylvopastoralisme	Alimentation	31,19	$	$
10	Panneaux solaires sur toit	Production d'électricité	24,6	$	457.63 $

Source : Projet Drawdown (https://www.drawdown.org/solutions).

La croissance démographique dans le contexte de modes de consommation non durables est l'une des principales causes du changement climatique. Un cadre global de santé et de droits sexuels en matière de reproduction, comprenant des solutions volontaires de planification familiale, l'accès à la contraception et aux services de santé génésique, ainsi qu'un meilleur accès à l'éducation, peut donc avoir un effet considérable sur la croissance démographique, en ralentissant l'augmentation de l'empreinte carbone des êtres humains (réduction de la demande de nourriture et de ressources, des déchets et des transports) (Murtaugh and Schlax, 2009[29]). Par ricochet, ces solutions améliorent les résultats sur le plan de la santé, de la pauvreté et de la faim en faisant baisser le nombre de grossesses dans les groupes à risque élevé (jeunes femmes et femmes âgées), les taux de mortalité maternelle, et en dégageant du temps aux femmes et aux filles pour poursuivre d'autres objectifs (Smith et al., 2014[30]).

Le déficit de financement pour mettre en œuvre la planification familiale volontaire s'élèverait à 5.3 milliards USD, ce qui en fait une solution relativement peu coûteuse et qui semble négligeable par rapport au coût de l'inaction et à d'autres solutions plus coûteuses (Bixby Center, 2017[31]). En 2017, les chiffres du Comité d'aide au développement (CAD) de l'OCDE montrent que 8 % (soit 3.31 milliards USD) de l'aide publique au développement (APD) a été consacrée à la santé procréative et des populations (OECD, 2017[32]). Néanmoins, l'APD intègre l'égalité femmes-hommes et l'autonomisation des femmes dans les pays en développement, l'aide bilatérale augmentant régulièrement et atteignant une moyenne de 48.7 milliards USD par an en 2017-18, soit 42 % de l'aide (GENDERNET, 2020[33]). De plus, le marqueur de la politique d'aide en faveur de l'égalité femmes-hommes du CAD effectue le suivi et rend compte de la totalité de l'aide bilatérale au titre des engagements relatifs à l'égalité des sexes qui sont inscrits dans les Objectifs de développement durable (ODD), ce qui soutient davantage une APD axée sur la problématique femmes-hommes (UNDP, 2016[34]). L'aide liée au climat qui cible l'égalité femmes-hommes a enregistré une hausse rapide ces dernières années, passant de 4.4 milliards USD en 2010 à 8 milliards USD en 2014. Différents programmes incluent l'initiative Solar Sister, par le biais de laquelle des bailleurs de fonds soutiennent des femmes d'Afrique rurale qui vendent des lampes solaires fournissant de l'énergie propre et sure et un emploi aux femmes, ou TransMilenio, un projet qui met en place un réseau de bus à haut niveau de service à Bogota, en Colombie (OECD, 2016[35]).

Pour parvenir à ces solutions sans lien apparent, mais sensées, il faut avoir une vision d'ensemble des synergies et des compromis entre les résultats en termes de bien-être et l'action pour le climat. L'Initiative Remettre le bien-être au cœur de l'atténuation du changement climatique de l'OCDE (Climate Change Mitigation through a Well-Being Lens) défend cette approche où les mesures et les décisions sont adoptées avec de nombreux objectifs de bien-être en tête, plutôt que de se concentrer sur un ensemble restreint d'objectifs (OECD, 2019[36]). L'approche axée sur le bien-être permet un double alignement : « les politiques non climatiques doivent favoriser les efforts pour atteindre les objectifs d'atténuation du changement climatique, au lieu de les entraver » tandis que « l'action pour le climat doit également satisfaire d'autres objectifs sociaux importants » sans avoir d'effet négatif sur les dimensions essentielles du bien-être.

12.4.2. Les hommes et les femmes ont des préférences, des perceptions et des croyances différentes à l'égard du changement climatique.

Les hommes et les femmes ont des préférences, des perceptions et des croyances différentes concernant l'adoption d'un comportement plus respectueux de l'environnement. Le comportement des consommateurs à l'égard de la durabilité environnementale ayant été traité au chapitre 11, cette partie porte principalement sur les différences entre femmes et hommes s'agissant des préférences et des perceptions liées au changement climatique.

Par exemple, une réduction substantielle de la consommation de viande, en particulier de viande rouge, peut entraîner une réduction massive des émissions de GES. Si de plus en plus de gens se tournent vers une alimentation vegan ou végétarienne, les hommes adoptent ce changement moins rapidement que les femmes. Une enquête Ipsos MORI menée au Royaume-Uni a montré que les femmes étaient nettement plus susceptibles de devenir végétariennes que les hommes (IPSOS, 2018[37]). Il existe de fortes associations entre la viande et la masculinité dans toutes les régions et cultures, de même qu'une affinité pour les voitures rapides et gourmandes en carburant (Love and Sulikowski, 2018[38]).Une étude sur la consommation d'énergie des hommes et des femmes en Allemagne, en Grèce, en Norvège et en Suède a montré que les hommes mangent plus de viande, utilisent plus fréquemment leur voiture et parcourent des distances plus longues que les femmes (Räty and Kanyama, 2010[39]). Elle concluait que « les hommes consomment 70 à 80 % plus d'énergie dans les transports que les femmes en Allemagne et en Norvège, 100 % plus en Suède et 350 % plus en Grèce » et que les hommes célibataires consommaient 6 à 38 % plus d'énergie au total que les femmes célibataires (Räty and Kanyama, 2010[39]). Une étude réalisée par l'Institut national de la statistique et des études économiques (INSEE) de la France a montré que si l'on observe les activités quotidiennes, les hommes consomment sept kilogrammes d'émissions de CO_2 de plus par jour que les femmes (INSEE, 2020[40]). Une étude de l'OCDE a également révélé que les femmes étaient plus susceptibles de recycler, de réduire au minimum le gaspillage et d'acheter des produits alimentaires biologiques et des produits portant un label écologique (OCDE, 2008[36]).

On ne pourra pas se contenter de mettre l'accent sur les objectifs environnementaux pour modifier les comportements et orienter les hommes et les femmes vers des choix plus respectueux de l'environnement. Ces efforts doivent être largement soutenus par des mesures en faveur de l'égalité femmes-hommes afin de mettre fin aux stéréotypes ou rôles sexués nuisibles et aux institutions sociales discriminatoires, afin que les femmes et les hommes se sentent plus libres d'adopter des styles de vie plus écologiques.

12.4.3. Participation des femmes à l'action pour le climat

Les femmes et les filles peuvent être des agents proactifs et expérimentés possédant des compétences en matière d'adaptation et d'atténuation face au changement climatique (Sinharoy and Caruso, 2019[41]) (Yadav, Han and Rho, 2016[42]). Comme l'indique le chapitre 5, les femmes et les filles s'engagent de plus en plus dans la lutte contre le changement climatique. Les femmes font entendre leur voix dans le débat sur l'adaptation au changement climatique, non seulement parce qu'elles sont les victimes des vulnérabilités illustrées par le changement climatique (en raison des disparités entre femmes et hommes), mais aussi parce qu'elles ont une conception différente des hommes de ce qui constitue un risque climatique important (UN, 2020[43]) (Terry, 2009[44]).

Depuis les années 1990 et jusqu'à aujourd'hui encore, les femmes œuvrent pour la justice sociale (GenderCC Network, 2007[45]), sensibilisant le grand public et militant pour une transition qui soit juste pour les deux sexes Aux quatre coins du monde, on trouve des exemples de groupes de femmes qui prennent en charge l'action pour le climat (voir le chapitre 4). En Asie du Sud, par exemple, dans les années 1970, le mouvement Chipko a soulevé une vague d'opposition populaire à l'exploitation commerciale à grande échelle des forêts dans l'Himalaya indien (Uttarakhand). Ce mouvement s'est opposé aux exploitants forestiers, à certaines pratiques agricoles et à la perturbation de l'écologie locale (Price, 2018[46]). En 1997, dans la forêt de Headwaters, en Californie du Nord, la jeune Julia Butterfly Hill a marqué l'histoire lorsqu'elle a grimpé et vécu 738 jours sur les branches d'un arbre pour protester contre l'abattage des arbres dans les forêts anciennes du Pacifique Nord-Ouest. Aujourd'hui, l'activisme en faveur de la justice climatique parmi les jeunes est également représenté par une femme, Greta Thunberg.

Les femmes autochtones, en particulier, sont devenues des actrices essentielles de la défense de la nature et de l'action climatique. Elles sont toutefois devenues les principales cibles de la violence liée à l'environnement. En 2017, environ la moitié de toutes les militantes ont été assassinées pour avoir défendu les droits fonciers et environnementaux de la communauté (Ervin, 2018[47]). Malgré les nombreux défis auxquels sont confrontées les femmes qui défendent l'environnement, elles continuent de faire preuve de leadership, de résilience et de flexibilité dans leurs efforts pour soutenir leurs communautés et d'être à l'avant-garde du changement, de l'innovation et du progrès. L'accès des femmes autochtones aux espaces de prise de décision demeure essentiel pour l'action climatique. On peut citer à titre d'exemple Hindou Oumarou Ibrahim, qui a été non seulement choisi comme orateur représentant la société civile à la COP 21, mais qui a également été le pionnier de nombreux projets d'action pour le climat, notamment un projet de cartographie 3D au Tchad qui a contribué à la protection des ressources naturelles (McCarthy, 2020[48]).

La représentation des femmes dans la prise de décision des secteurs public et privé est insuffisante, en particulier dans les secteurs qui ont un impact majeur sur le changement climatique (finance, énergie et transports) (UNDP, 2016[34])Cependant, dans les mouvements de base liés au climat et les processus des Nations Unies liés à l'environnement comme la CCNUCC, le rôle des femmes s'accroît, et la parité hommes-femmes est presque atteinte (chapitre 2).

Les femmes aux postes de direction accordent généralement une plus grande attention au changement climatique et à la viabilité écologique. Il ressort d'une étude sur l'égalité femmes-hommes et la défense de l'environnement couvrant 130 pays que les femmes au pouvoir sont plus susceptibles que leurs homologues masculins de signer des traités internationaux visant à réduire le réchauffement planétaire (Norgaard and York, 2005[49]). Le fait d'encourager la présence des femmes aux postes de direction, ainsi que la climatologie, peut également donner envie à de jeunes femmes de participer (Dennehy and Dasgupta, 2017[50]).

Par conséquent, il est impératif de considérer les femmes comme des agents uniques des initiatives en faveur du climat et de les traduire dans tous les domaines de l'action climatique en intégrant systématiquement la problématique hommes-femmes dans les domaines de l'atténuation, de l'adaptation, du financement, de la technologie et du renforcement des capacités. L'application d'outils tels que l'évaluation de l'impact selon les genres, l'évaluation de la vulnérabilité et des capacités liées au sexe et la budgétisation sensible au genre sur les projets d'action climatique et les politiques publiques peut contribuer à corriger les déséquilibres entre hommes et femmes dans le contexte du changement climatique (UNDP, 2015[51]). Par exemple, si les technologies liées au changement climatique ne sont pas neutres du point de vue de l'égalité femmes-hommes, elles sont parfois introduites sans évaluation sexospécifique, ce qui accentue le rôle des femmes et renforce celui des hommes. Le volet opérationnel du mécanisme technologique de la CCNUCC, le Centre et réseau des technologies climatiques (CTCN), prend acte de ces difficultés et intègre une analyse sexospécifique dans ses études d'évaluation des besoins technologiques et de faisabilité, en tenant compte ainsi des avantages sociaux et financiers pour les femmes découlant des nouvelles technologies climatiques.

12.5. Actions clés pour aller de l'avant

Il y a un certain nombre d'actions clés possibles pour s'attaquer à l'impact du changement climatique sur les femmes et leur donner les moyens d'agir pour le climat :

- En offrant des droits égaux aux femmes et en mettant fin à toutes les formes de discrimination, il est possible de stimuler fortement le combat contre le changement climatique et de renforcer la résilience et la durabilité de la planète.
- Il est également nécessaire d'accroître la collecte des données probantes et de multiplier les indicateurs relatifs aux effets du changement climatique sur les femmes, en particulier celles en situation de grande vulnérabilité, et de réfléchir à des actions correctrices. La coordination avec le secteur privé et la société civile qui produisent des travaux quantitatifs et qualitatifs sur le terrain peut contribuer à cet objectif.
- Il faut disposer de davantage de données factuelles pour comprendre comment et dans quels secteurs les femmes ont déjà un effet positif sur l'action climatique afin de soutenir davantage leurs efforts.
- L'intégration des éléments liés à la problématique hommes-femmes et au changement climatique dans les décisions politiques est essentielle, en particulier dans les pays en développement caractérisés par une forte population rurale et une dépendance élevée à l'agriculture. Les efforts

nationaux et internationaux visant à faire progresser l'atténuation du changement climatique et l'adaptation à ses effets dans les pays en développement devraient être davantage axés autour des projets menés par les femmes aux échelles locales et communautaires. Il faut notamment continuer à intégrer une dimension sexospécifique et environnementale dans les efforts de coopération pour le développement, et en particulier dans l'APD.

- Il est nécessaire de recueillir des données plus précises et ventilées par sexe sur les impacts du changement climatique et les interventions des pouvoirs publics dans le domaine du climat, et d'utiliser les « évaluations d'impact selon les genres ». La compréhension de l'état actuel de l'adaptation et des possibles impacts futurs du changement climatique nécessite des travaux supplémentaires.
- L'application de la budgétisation sexospécifique dans le domaine de la politique climatique peut aider les gouvernements à suivre l'affectation des ressources et à analyser l'impact différencié selon le sexe.
- Il est également nécessaire de revoir les processus de prise de décision et d'aider les femmes à jouer un rôle moteur dans les politiques favorables au climat.

Références

Achebak, H., D. Devolder and J. Ballester (2019), "Trends in temperature-related age-specific and sex-specific mortality from cardiovascular diseases in Spain: a national time-series analysis", *The Lancet Planetary Health*, Vol. 3/7, pp. e297-e306, http://dx.doi.org/10.1016/S2542-5196(19)30090-7. [10]

Bixby Center (2017), "Bixby_Annual_Report_2017-18". [31]

Bryant, K. (2018), "Farmers and mental distress: 'I'm still a bit ashamed about my story'", *The Guardian*. [18]

Bryner, N., M. Garcia-Lozano and C. Bruch (2017), "Washed Out: Policy and Practical Considerations Affecting Return after Hurricane Katrina and Superstorm Sandy", *Journal of Asian Development*, Vol. 3/1, p. 73, http://dx.doi.org/10.5296/jad.v3i1.10590. [14]

De Araujo Pinheiro, M. (2011), "Women, Vulnerability, Resilience and Natural Disasters: Interview with Marta de Araujo Pinheiro", *Sciences Po*. [16]

Dennehy, T. and N. Dasgupta (2017), "Female peer mentors early in college increase women's positive academic experiences and retention in engineering", *Proceedings of the National Academy of Sciences*, Vol. 114/23, http://dx.doi.org/10.1073/pnas.1613117114. [50]

Easterling, D. et al. (2012), *Changes in Climate Extremes and their Impacts on the Natural Physical Environment*, Cambridge University Press. [2]

Ervin, J. (2018), "In Defense of Nature: Women at the Forefront", *UNDP*, https://www.undp.org/content/undp/en/home/blog/2018/in-defense-of-nature-women-at-the-forefront.html. [47]

Fouillet, A. et al. (2006), "Excess mortality related to the August 2003 heat wave in France", *International Archives of Occupational and Environmental Health*, Vol. 80/1, http://dx.doi.org/10.1007/s00420-006-0089-4. [11]

GenderCC Network (2007), *"There will be no climate justice without gender justice" Gender: Missing Links in Financing Climate Change Adaptation and Mitigation Plans*. [45]

GENDERNET (2020), *Aid Focussed on Gender Equality and Women's Empowerment: A snapshot of current funding and trends over time in support of the implementation of the Beijing Declaration and Platform for Action*, OECD DAC Network on Gender Equality (GENDERNET), http://www.oecd.org/development/gender-development/Aid-Focussed-on-Gender-Equality-and-Women-s-Empowerment-2020.pdf. [33]

Grosclaude, P. et al. (2018), *Etude collaborative Coordination de la publication*. [20]

INSEE (2020), "Statistics France". [40]

IPCC (2012), *Special panel on Climate Change Managing the Risks of Extreme Events and Disasters to Advance Climate Change Adaptation*. [23]

IPSOS (2018), *What does it mean to consumers? 'Natural' An exploration into diets around the world*. [37]

Love, H. and D. Sulikowski (2018), "Of meat and men: Sex differences in implicit and explicit attitudes toward meat", *Frontiers in Psychology*, Vol. 9/APR, http://dx.doi.org/10.3389/fpsyg.2018.00559. [38]

McCarthy, J. (2020), "How Indigenous Activists Are Championing Nature-Based Solutions to Climate Change", *The Global Citizen*, https://www.globalcitizen.org/en/content/conservation-international-indigenous-voices/. [48]

MINEDD (2019), *Pour un Processus de Plan National d'Adaptation (PNA) qui Reponde aux Questions de Genre en Cote d'Ivoire*, Ministère de l'Environnement et du Développement Durable, République de la Côte d'Ivoire, https://napglobalnetwork.org/resource/pour-un-processus-de-plan-national-dadaptation-pna-qui-reponde-aux-questions-de-genre-en-cote-divoire/. [28]

Murtaugh, P. and M. Schlax (2009), "Reproduction and the carbon legacies of individuals", *Global Environmental Change*, Vol. 19/1, pp. 14-20, http://dx.doi.org/10.1016/j.gloenvcha.2008.10.007. [29]

NCRB (2020), *Accidental Deaths and Suicide in India 2019*, National Crime Record Bureau, New Delhi, https://ncrb.gov.in/sites/default/files/ADSI-2019-FULL-REPORT.pdf. [21]

Norgaard, K. and R. York (2005), "Gender Equality and State Environmentalism", *Gender and Society*. [49]

Nuccitelli, D. (2019), "Climate change could cost the U.S. economy hundreds of billions a year by 2090", *Yale Climate Connection*. [4]

OECD (2020), *EPOC Survey on integrating gender in environmental policies*. [26]

OECD (2019), *Climate Change Mitigation through a Well-being Lens "Putting people at the centre of climate action" The Well-being Lens*, http://www.oecd.org/environment. [36]

OECD (2017), *Aid to gender equality and women's empowerment AN OVERVIEW*, http://www.oecd.org/dac/gender-development. [32]

OECD (2016), *Making climate finance work for women: Overview of bilateral ODA to gender and climate change*. [35]

Ogra, M. and R. Badola (2015), "Gender and climate change in the Indian Himalayas: Global threats, local vulnerabilities, and livelihood diversification at the Nanda Devi Biosphere Reserve", *Earth System Dynamics*, Vol. 6/2, pp. 505-523, http://dx.doi.org/10.5194/esd-6-505-2015. [9]

ONS UK (2019), "Overview of the UK population: August 2019". [19]

OXFAM (2018), "The Weight of Water on Women: The Long Wake of Hurricane Maria in Puerto Rico", https://www.oxfamamerica.org/explore/research-publications/research-backgrounder-wash-gender-report-puerto-rico/. [15]

Price, R. (2018), *Women-initiated measures to cope with environmental stresses and climate change in South Asia*. [46]

Räty, R. and A. Kanyama (2010), "Energy consumption by gender in some European countries", *Energy Policy*, Vol. 38(1):646-649, http://dx.doi.org/DOI: 10.1016/j.enpol.2009.08.010 ·. [39]

Ravera, F. et al. (2016), "The diversity of gendered adaptation strategies to climate change of Indian farmers: A feminist intersectional approach", *Ambio*, Vol. 45, pp. 335-351, http://dx.doi.org/10.1007/s13280-016-0833-2. [8]

Sanderson, B. and B. O'Neill (2020), "Assessing the costs of historical inaction on climate change", *Scientific Reports*, Vol. 10/1, http://dx.doi.org/10.1038/s41598-020-66275-4. [5]

Sastry, N. (2009), "Tracing the Effects of Hurricane Katrina on the Population of New Orleans", *Sociological Methods & Research*, Vol. 38/1, http://dx.doi.org/10.1177/0049124109339370. [13]

Shivji, S. (2021), *Burdened by Debt and Unable to Eke Out a Living, Many Farmers in India Turn to suicide*, CBC News, New Delhi, https://www.cbc.ca/news/world/india-farmers-suicide-1.5968086. [22]

Sinharoy, S. and B. Caruso (2019), *On World Water Day, gender equality and empowerment require attention*, Elsevier B.V., http://dx.doi.org/10.1016/S2542-5196(19)30021-X. [41]

Smith, K. et al. (2014), *Human Health: Impacts, Adaptation, and Co-Benefits Coordinating Lead Authors: Lead Authors: Contributing Authors*. [30]

Sorensen, C. et al. (2018), "Climate Change and Women's Health: Impacts and Opportunities in India", *GeoHealth*, Vol. 2/10, http://dx.doi.org/10.1029/2018GH000163. [17]

StartClim (2013), "STARTCLIM", http://www.startclim.at/ueber-startclim/ (accessed on 10 November 2020). [12]

Terry, G. (2009), "No climate justice without gender justice: An overview of the issues", *Gender and Development*, Vol. 17/1, pp. 5-18, http://dx.doi.org/10.1080/13552070802696839. [44]

The Grantham Institute (2020), "Why the UK needs a diverse leadership team for COP26", *London School of Economics*, https://www.lse.ac.uk/granthaminstitute/news/why-the-uk-needs-a-diverse-leadership-team-for-cop26/ (accessed on 15 December 2020). [7]

UFCOP (2016), *The Role of Green Infrastructure Solutions in Urban Flood Risk Management*. [25]

UN (2020), "'Staggering' rise in climate emergencies in last 20 years, new disaster research shows", *UN News*, https://news.un.org/en/story/2020/10/1075142. [1]

UN (2020), "Women...In The Shadow of Climate Change". [43]

UNDP (2019), *Gender and NDCs: Country Progress and Kenya Findings. 24-26 April 2019*, Nairobi, Kenya, https://www.international-climate-initiative.com/fileadmin/Dokumente/2020/200302_undp-ndcsp-gender-ndc-country-progress-key-findings.pdf. [27]

UNDP (2016), *Gender Equality in National Climate Action: Planning for Gender-Responsive Nationally Determined Contributions*. [34]

UNDP (2015), *Mainstreaming Gender in Mitigation and Technology Development and Transfer Interventions*, https://www.undp.org/content/dam/undp/library/gender/Gender%20and%20Environment/Mainstreaming%20Gender%20in%20Mitigation%20FNL2.pdf. [51]

UNISDR (2015), *The Human Cost of Weather-Related Disasters 1995-2015*. [3]

WHO (2020), "Gender and disaster", http://origin.searo.who.int/entity/gender/topics/disaster_women/en/ (accessed on 10 November 2020). [24]

WHO (2018), *Climate Change and Health*, WHO, https://www.who.int/news-room/fact-sheets/detail/climate-change-and-health#:~:text=Nevertheless%2C%20a%20WHO%20assessment%2C%20taking,to%20heat%20exposure%20in%20elderly. [6]

Yadav, P., S. Han and J. Rho (2016), "Impact of Environmental Performance on Firm Value for Sustainable Investment: Evidence from Large US Firms", *Business Strategy and the Environment*, Vol. 25/6, http://dx.doi.org/10.1002/bse.1883. [42]

13 Les femmes et l'ODD 14 - Vie aquatique : conserver et exploiter de manière durable les océans, les mers et les ressources marines aux fins du développement durable

Des écosystèmes marins sains sont essentiels pour la biodiversité et pour contrer et réduire les effets du changement climatique. Ils assurent également la subsistance des communautés humaines et soutiennent le développement d'une économie bleue durable. La prolifération des déchets et des substances toxiques dans les océans est non seulement dommageable pour les écosystèmes marins fragiles, mais elle est aussi néfaste pour la santé des êtres humains, en particulier les enfants et les femmes enceintes. Permettre aux femmes d'accéder à des postes de direction et leur donner les moyens d'agir sur la question des océans sont deux actions fondamentales pour qu'elles puissent jouer un rôle clé dans la protection des écosystèmes marins, la gestion des déchets rejetés en mer et la promotion d'une pêche durable.

13.1. Éléments à retenir

Le présent chapitre aborde un certain nombre des grandes interactions existant entre l'égalité des sexes (ODD 5) et la santé des océans (ODD 14). Il passe en revue les connaissances existantes et formule plusieurs recommandations :

- S'attaquer au problème des déchets en mer est essentiel à la santé des océans et à la santé humaine. Les femmes enceintes et les enfants sont les plus sensibles aux substances toxiques contenues dans les poissons. Les microplastiques peuvent traverser la barrière placentaire et être néfastes au fœtus.
- Le cercle vicieux de la dégradation des océans par les êtres humains et des changements climatiques anthropiques est en train de s'intensifier et d'atteindre des niveaux record, dont les conséquences pourraient être désastreux. Les catastrophes survenant dans les zones côtières ont un effet différencié sur les individus, les femmes et les enfants étant durement touchés par l'intensité et la fréquence croissantes des tempêtes marines. Les études montrent que les femmes et les enfants (garçons ou filles) ont 14 fois plus de risques de mourir lors d'une catastrophe de ce type que les hommes.
- Globalement, les femmes ne représentent que 20 % de la main-d'œuvre des secteurs de la pêche et de l'aquaculture, et ont également tendance à y être plus faiblement rémunérées. Elles sont en outre plus représentées dans le domaine de la pêche artisanale.
- En 2016, seule 1 entreprise d'aliments d'origine marine sur les 100 premières du monde était dirigée par une femme, et 54 % d'entre elles ne comptaient aucune femme dans leur conseil d'administration. La participation accrue des femmes aux fonctions décisionnelles et de haut niveau dans le secteur de la pêche pourrait contribuer à une plus grande durabilité de la pêche et à la protection du milieu marin.
- Les femmes peuvent jouer un rôle clé au regard de la protection des écosystèmes marins et de l'utilisation durable des ressources de la mer. Dans les pays d'Afrique de l'Est, les initiatives locales incluant des femmes parviennent à régénérer les mangroves, à protéger les zones côtières et à dynamiser les espèces marines de faune et de flore sauvages. La lutte contre la discrimination, l'accès aux sources de financement et le développement des compétences sont des actions essentielles pour permettre à ces initiatives de se développer.
- L'écart entre les femmes et les hommes est plus réduit dans le domaine des sciences de l'océan que dans celui des sciences en général. Les femmes y représentent en moyenne 38 % des chercheurs, soit 10 % de plus environ que pour l'ensemble des sciences.
- L'égalité des sexes doit par ailleurs être généralisée dans la coopération pour le développement au service des océans : d'une part, en soutenant les initiatives visant à protéger les zones côtières, et d'autre part en développant la pêche durable à petite échelle qui fait vivre les communautés locales et permet de réduire les écarts femmes-hommes.
- Il est nécessaire d'améliorer la collecte de données et d'éléments de preuve concernant l'impact variable de la dégradation des océans sur la santé, le bien-être et les perspectives d'emploi des femmes et des homme, en mettant l'accent sur les plus vulnérables, et en tenant compte des intersectionnalités.
- Les mesures de protection des océans doivent tenir compte des spécificités femmes-hommes, en s'intéressant aux aspects de la dégradation des océans qui préoccupent spécifiquement les unes et les autres, notamment l'impact des tempêtes sur les zones côtières, l'appauvrissement des stocks de poissons et l'augmentation des déchets en mer.

13.2. Principaux liens entre l'égalité des sexes, la gestion durable des ressources marines et les autres ODD

L'ODD 14 aborde un large éventail de sujets, reflétant ainsi l'ampleur des océans, qui recouvrent 71 % de la surface du globe et contiennent 97 % de l'eau présente sur Terre (UN Atlas of the Oceans, n.d.[1]). La santé des écosystèmes marins est essentielle pour enrayer et réduire les répercussions des changements climatiques (ODD 13), ainsi que pour lutter contre la faim (ODD2). Le poisson, en particulier, procure des apports nutritionnels uniques qui favorisent le développement neurologique et améliorent la santé cardiovasculaire (ODD 3). La pratique de la pêche artisanale, ainsi que la restauration et la protection des écosystèmes fournissent des perspectives de travail décent (ODD 8), tandis que les installations de désalinisation peuvent aider à approvisionner en eau propre les zones où l'eau potable est limitée (ODD 6). Par ailleurs, la protection et l'exploitation durable de la biodiversité marine (poissons, mangroves, récifs coralliens) ainsi que l'écotourisme offrent des débouchés en termes d'emploi et des perspectives économiques, tandis que la réduction et l'élimination de la pollution des océans ouvrent des possibilités d'innovation (ODD 9). Enfin, il est de plus en plus faisable d'exploiter l'énergie thermique et mécanique des océans pour produire une électricité abordable et renouvelable (ODD 7).

Les êtres humains sont très dépendants des ressources et des écosystèmes marins. Selon l'Atlas des océans élaboré par les Nations Unies, environ 40 % de la population mondiale vit à moins de 100 kilomètres des côtes, et près d'1 milliard de personnes vivent de la mer. Les populations côtières et des secteurs comme la pêche et le tourism sont particulièrement exposés à la fragilité croissante des océans (UN Atlas of the Oceans, n.d.[1]). Selon un chiffrage prudent effectué par l'OCDE, l'économie des océans est estimée à 1 500 milliards USD, soit environ 2.5 % du montant brut de la valeur ajoutée mondiale (OECD, 2016[2]). L'activité économique humaine dans le domaine maritime, en particulier la pêche et les transports, a une incidence directe sur l'état des océans. Cela dit, toutes les formes de production et de consommation non durables finissent par avoir des effets néfastes sur les océans. Des études récentes montrent la vitesse ahurissante à laquelle l'activité humaine a entraîné la dégradation des océans – 13 % seulement de leurs étendues sont restées intactes, et 5 % seulement sont des espaces marins protégés (Jones et al., 2018[3]). L'activité humaine touche 97 % des océans, exerçant une pression sur les écosystèmes marins, la qualité de l'eau et les zones côtières (IPBES, 2019[4]).

La prolifération de déchets plastiques, de mercure et autres substances toxiques dans les océans n'a pas seulement pour effet d'endommager les écosystèmes fragiles qui s'y trouvent, mais aussi d'être néfaste pour la santé humaine. L'activité humaine est également à l'origine de l'eutrophisation, de l'acidification, des zones mortes et de la montée du niveau de la mer, ce qui nuit aux écosystèmes marins et, par conséquent, à la santé physique et mentale des êtres humains (Viviani, 1992[5]) (WHO Regional Office for Europe and European Commission, 2002[6]) (Falkenberg et al., 2020[7]) (EPA, n.d.[8]). La surpêche affecte aujourd'hui un tiers des stocks marins mondiaux (Delpeuch and Hutniczak, 2019[9]).

Le cercle vicieux de la dégradation des océans par les êtres humains et des changements climatiques anthropiques est en train de s'intensifier et d'atteindre des niveaux record, dont les conséquences pourraient être catastrophiques. Par exemple, un écosystème côtier d'un kilomètre carré (comme une forêt de mangrove) peut stocker jusqu'à cinq fois plus de carbone qu'une forêt tropicale mature de surface équivalente. Or, ces écosystèmes sont détruits trois à quatre fois plus vite que les forêts, ce qui entraîne la libération de quantités substantielles de dioxyde de carbone dans l'atmosphère et dans les océans, et contribue donc au changement climatique (IUCN, 2020[10]).

Il existe des liens divers entre l'égalité des sexes et la protection des océans. Les substances toxiques contenues dans les déchets marins peuvent se retrouver dans les systèmes alimentaires et avoir des effets différenciés sur la santé des hommes et des femmes (ODD 4). Les différences entre les sexes peuvent aussi se manifester au niveau de la consommation, la production et la gestion des déchets, ainsi que des conséquences que peuvent avoir ces activités sur la pollution des océans (cible 14.1). Les hommes et les femmes peuvent en outre jouer des rôles différents au regard de la protection et la restauration des écosystèmes (cible 14.2), de même qu'ils peuvent bénéficier différemment des retombées économiques de l'exploitation durable des ressources marines (cible 14.7). La cible 14b sur le soutien aux petits pêcheurs présente également une importante dimension sexospécifique, car un grand nombre des intéressés sont des femmes. Malgré des différences potentiellement marquées entre les femmes et les hommes, aucune des cibles de l'ODD 14 n'aborde la problématique de l'égalité des sexes ni la relation entre les ressources marines et les moyens de subsistance des femmes et des hommes, notamment au sujet du rôle qu'ils peuvent jouer au regard de la sécurité alimentaire, l'emploi et la réduction de la pauvreté.

13.3. Les effets des déchets marins et des catastrophes naturelles maritimes sur les hommes et les femmes

Les hommes comme les femmes sont vulnérables aux déchets, microplastiques et produits chimiques rejetés en mer, et pourtant la santé des océans n'a pas les mêmes effets sur leur santé et leur bien-être. La pollution croissante des océans (par exemple avec les matières plastiques et le mercure) aboutit en fin de compte dans le corps humain. Les femmes enceintes et les enfants sont particulièrement sensibles aux substances toxiques contenues dans les poissons. Les microplastiques peuvent traverser la barrière placentaire et être néfastes au fœtus (Lloyd-Smith and Immig, 2018[11]).

Le mercure s'accumule dans les aliments et détériore la santé des femmes et des hommes. Dans les communautés côtières défavorisées, les polluants se retrouvent concentrés le long des côtes et, dans la mesure où les femmes interviennent souvent comme renforts de pêche, elles s'exposent alors à ces matières dangereuses. L'exposition au mercure peut être gérée par des conseils alimentaires. Une étude récente qui consistait à donner aux femmes enceintes des indications nutritionnelles pour réduire leur consommation de mercure en évitant les grands poissons prédateurs a montré une baisse significative des concentrations de mercure trois mois après (Kirk et al., 2017[12]).

Enfin, les catastrophes naturelles sont d'une intensité croissante, et la question se pose de l'adaptation à ces phénomènes. Les femmes vivant dans les zones côtières sont également plus touchées par l'intensité et la fréquence croissantes des tempêtes marines, les études montrant que les femmes et les enfants (garçons ou filles) ont 14 fois plus de risques de mourir lors d'une catastrophe de ce type que les hommes (UNDP, 2016[13]) (UNDP, 2016[14]). Le tsunami qui a frappé le Sri Lanka en 2004 a clairement mis en évidence ces inégalités car il a été plus facile pour les hommes de survivre en montant aux arbres (un exercice qui est principalement enseigné aux garçons) (IUCN, 2008[15]). Il en résulte que dans ce pays, les femmes et les filles ont moins de chances de survivre à une catastrophe naturelle (Oxfam International, 2005[16]).

Les boucles de rétroaction entre le changement climatique, les facteurs de stress sur l'environnement et les pressions exercées sur des ressources naturelles qui diminuent, se dégradent et/ou sont en voie d'épuisement, ont déclenché une montée de la violence sexiste. (Camey et al., n.d.[17]).

13.4. L'économie bleue

La mise en place d'une économie bleue inclusive permet d'améliorer les conditions de travail afin de les rendre plus favorables aux femmes, d'évoluer vers des processus de recrutement sans préjugés, ainsi que de favoriser les politiques et les actions mettant en avant les rôles des femmes. De manière générale, ce modèle économique peut faciliter la transition vers un secteur de la pêche plus durable et paritaire (Shaleh, Fui-Fui and Mustafa, 2020[18]). Le soutien des pouvoirs publics est toutefois indispensable pour initier les changements qui s'imposent et faire en sorte que les femmes jouent un rôle dans la protection des ressources marines. Ce modèle pourrait aussi permettre de créer des entreprises favorisant l'indépendance économique des femmes et l'amélioration de leur bien-être (Saleem and Abentim, 2019[19]).

13.4.1. L'emploi des femmes dans le secteur de la pêche

La santé des océans conditionne la santé de la planète, et des milliards d'êtres humains en dépendent pour survivre. Bien que les femmes représentent plus de la moitié de la main-d'œuvre employée pour transformer, nettoyer et vendre le poisson, elles n'équivalaient en 2014 qu'à 19 % de l'ensemble des personnes directement impliquées dans la pêche proprement dite et l'aquaculture (UN Women, 2020[20]). Selon l'Organisation des Nations Unies pour l'alimentation et l'agriculture (FAO), les femmes ne représentaient en 2018 que 14 % des 60 millions de personnes travaillant dans le secteur de la pêche et l'aquaculture (FAO, 2020[21]). En Asie uniquement, les femmes équivaudraient à 33 % de la main-d'œuvre de l'aquaculture en Chine, et à 42-80 % de celle employée pour l'élevage en cage et en eau douce en Indonésie et au Viet Nam (OECD, 2015[22]).

En raison des normes de genre, les femmes jouent des rôles prédéfinis dans les collectivités de pêcheurs traditionnelles, et manquent souvent de moyens institutionnels et de connaissances techniques pour utiliser un bateau de pêche (UNEP, 2017[23]). Elles sont souvent plus présentes dans les activités du secteur de la pêche qui sont moins rémunérées, saisonnières et irrégulières (FAO, 2020[21]). Or ces emplois sont rarement assortis d'une protection en matière de santé, de sécurité et de droits du travail. De plus, à tâches équivalentes dans le secteur de l'aquaculture, elles gagnent en moyenne 36 % de moins que les hommes (UN Women, 2020[20]).

Étant donné que le poisson est périssable, les femmes à faible revenu qui n'ont pas accès aux technologies de stockage et de transport sont les plus vulnérables aux pertes associées à son gaspillage (UN Women, 2020[24]). Les femmes représentent la grande majorité (plus de 90 %) de la main-d'œuvre affectée aux travaux annexes de la pêche tels que la transformation du poisson, la vente et l'entretien du matériel, qui sont fréquemment peu rémunérés ou pas payés du tout (UN Women, 2017[25]). En outre, le secteur de la transformation après récolte est associé à des risques pour la santé liés au travail. Au Bangladesh, les femmes travaillant la crevette ont signalé une maladie fongique des mains ; une étude menée en Australie a révélé une incidence significative de l'urticaire et de l'asthme lié au travail chez les travailleurs des produits de la mer ; et en Afrique du Sud, les femmes déclarent souffrir de problèmes cutanés similaires. (Thirumoorthy et al., 2016[26]) (Jeebhay, Lopata and Robins, 2000[27]) (Jeebhay and Lopata, 2012[28]).

De manière générale, les femmes travaillant dans le secteur de la pêche ont des revenus nettement inférieurs aux hommes (FAO, 2011[29])et ne participent pas complètement ni équitablement aux activités (FAO, 2015[30]). Le problème se vérifie dans tous les pays – développés et en développement –, avec une intensité variable. Une étude réalisée en Norvège a par exemple mis en évidence la subordination intrinsèque des femmes dans le secteur de la pêche (Gerrard and Kleiber, 2019[31]).

Graphique 13.1. Seulement 20 % de femmes dans les secteurs de la pêche et de l'aquaculture dans la zone OCDE (données de 2017)

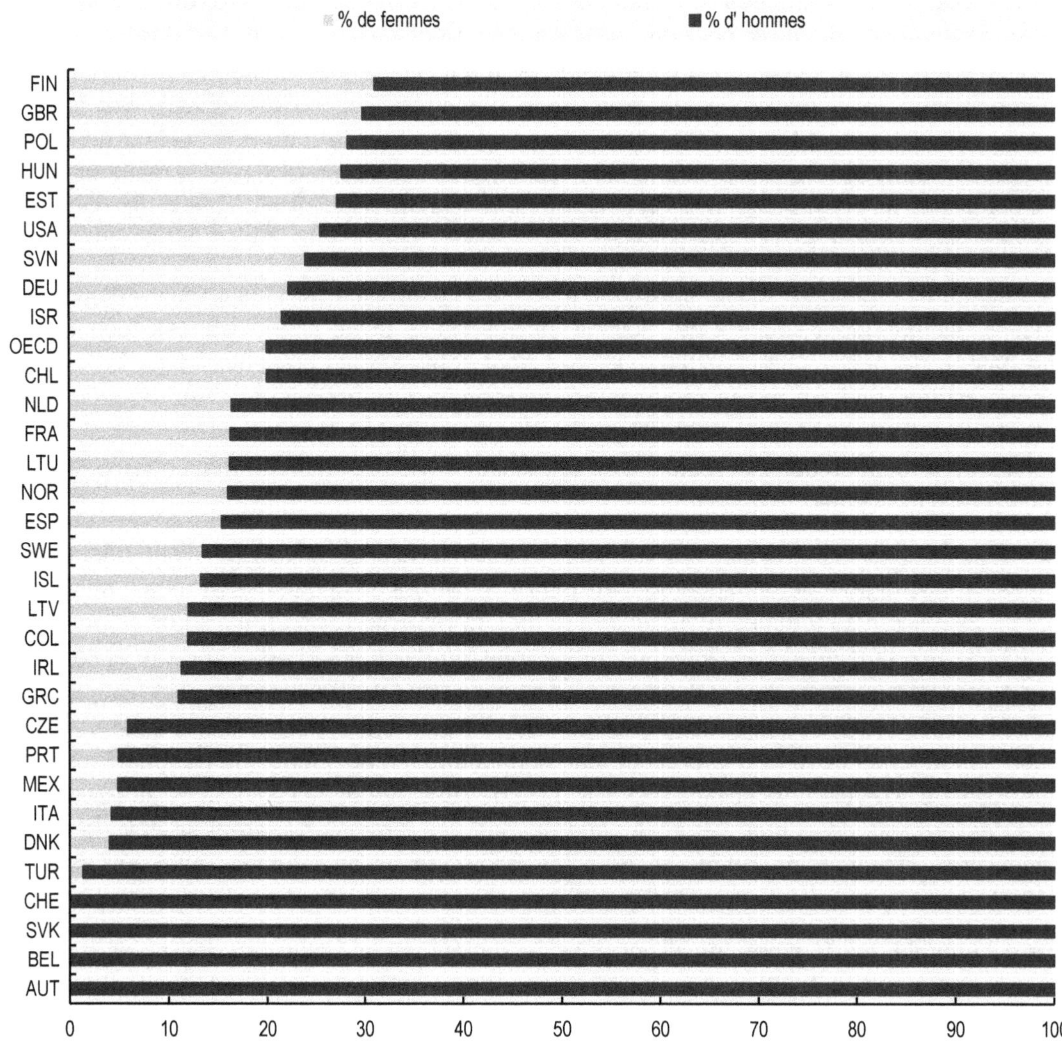

Note : Toutes les données datent de 2017 et proviennent de la classification des activités économiques (CITI Révision 4), « Division 03 - Pêche et aquaculture », sauf pour l'Autriche et Israël (2016), la Belgique et la République slovaque (2015) et la Slovénie (2013). Pour le Chili et la Colombie, elles proviennent de la classification des activités économiques (CITI Révision 3.1), « Division 05 - Pêche, pisciculture, aquaculture et activités annexes ». Pas de données disponibles pour l'Australie, le Canada, la Corée, le Japon, le Luxembourg et la Nouvelle-Zélande.
Source : ILOSTAT (ILO, 2020[32]).

Dans la zone OCDE, les femmes ne représentent que 20 % de la main-d'œuvre travaillant dans les secteurs de la pêche et de l'aquaculture, même si leur proportion atteint quelque 30 % dans les pays comportant de vastes zones côtières – comme la Finlande et le Royaume-Uni (Graphique 13.1). Les hommes participent surtout aux activités de capture (81 % en 2014 dans les pays de l'OCDE) tandis que les femmes sont majoritairement affectées à des tâches annexes comme la transformation du poisson, la vente et l'entretien du matériel de pêche (90 %), qui sont fréquemment peu rémunérées ou pas payées du tout (European Commission, 2002[33]) (FAO, 2018[34]). En outre, la documentation et la recherche sur les sujets de l'industrie maritime, y compris le transport maritime, l'exploration en eau profonde tendent à ne pas tenir compte de la problématique hommes-femmes (UNEP and Water Alliance, 2019[35]).

S'agissant des activités industrielles ayant trait à la pêche (comme la transformation du poisson), les femmes y représentent une proportion de plus en plus grande de la main-d'œuvre. Toutefois, les femmes occupent généralement les emplois faiblement rémunérés et peu qualifiés (Biswas, FAO and ICSF, 2017[36]).

En 2016, seule 1 entreprise d'aliments d'origine marine sur les 100 premières du monde était dirigée par une femme, et 54 % d'entre elles ne comptaient aucune femme dans leur conseil d'administration. La participation accrue des femmes aux fonctions décisionnelles et de haut niveau dans le secteur de la pêche pourrait contribuer à une plus grande durabilité de la pêche et à la protection du milieu marin. Le fait de réduire le déséquilibre du pouvoir dans le secteur – par exemple en facilitant l'accès des femmes au microfinancement, aux ressources halieutiques et aux postes de décisions – pourrait permettre aux intéressées de jouer un rôle plus important dans la protection du milieu marin. Des études ont montré que l'intégration des femmes aux postes de direction et de direction favorise le bien-être communautaire, la croissance économique et des résultats positifs pour le bien-être (FAO, 2015[37]) des familles.

Les femmes sont très peu présentes dans certains grands groupes d'entreprises de la pêche, sauf dans quelques cas où un quota a été instauré et où leur proportion atteint 50 % (Graphique 13.2). La Fondation galicienne pour la pêche et la conchyliculture et FARNET sont deux projets financés par l'UE (le Fonds européen pour les affaires maritimes et la pêche [FEAMP]) qui aident les femmes à mettre à profit leur savoir et leur détermination en fournissant un financement ciblé et en créant des partenariats au niveau local (European Commission, 2019[38]).

Graphique 13.2. Présence dans les conseils d'administration des femmes et des hommes, 2015

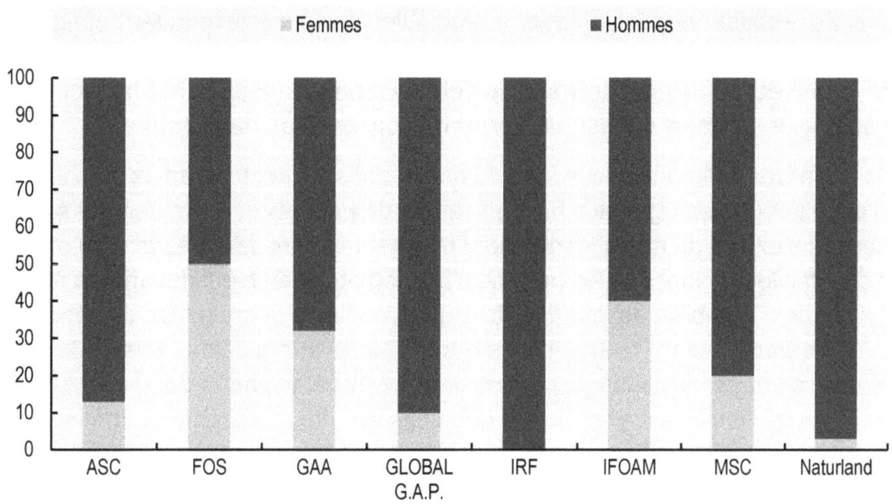

Note : ASC : Aquaculture Stewardship Conseil ; FOS : Friend of the Sea ; GAA : Alliance mondiale pour l'aquaculture ; GLOBAL G.A.P. Global Partnership for Good Agricultural Practice; IRF: Iceland Responsible Fisheries ; IFOAM : Fédération internationale des mouvements d'agriculture biologique, MSC : Marine Stewardship Conseil. Informations non disponibles pour ChinaG.A.P.
Source : (Potts et al., 2016[39]).

La création de réseaux solides pour promouvoir la présence des femmes dans le secteur de la pêche est également essentielle afin d'assurer leur participation aux processus de prise de décision et leur accès aux postes de direction. De tels réseaux peuvent émerger d'une mobilisation de terrain comme le groupe MBKMMVS de femmes vendeuses de poissons à Mumbai, en Inde, qui se sont organisées et sont maintenant les responsables officielles de leur marché local du poisson. De même, des initiatives institutionnelles comme l'African Network for Women Fish Processors and Traders (AWFISHNET) créé en 2017, offrent une plateforme d'échange de pratiques exemplaires, de connaissances et de technologies, et améliorent l'accès aux marchés (FAO, 2017[40]).

13.4.2. Le soutien aux femmes pratiquant la pêche artisanale

La moitié des captures mondiales de poisson provient de la pêche artisanale, qui emploie plus de 90 % de la main-d'œuvre du secteur à l'échelle internationale (FAO, 2020[21]). Globalement, les femmes sont vraisemblablement plus présentes dans les activités halieutiques qui sont proches de leur foyer et, lorsqu'elles pratiquent elles-mêmes la pêche, elles semblent privilégier les petites prises de poissons à haute valeur nutritionnelle et autres animaux aquatiques directement consommables par leur foyer, plutôt que s'adonner à des activités à visée commerciale (FAO, 2018[34]).

Les femmes représentent une forte proportion des millions de personnes travaillant à la transformation du poisson pêché de façon artisanale. Leur rôle est généralement peu reconnu car il est perçu comme inhérent au travail domestique/à la tenue du foyer et n'est donc pas valorisé sur le plan économique, de même qu'il n'est pas pris en compte dans les données statistiques (Biswas, FAO and ICSF, 2017[36]). La marginalisation des femmes peut aussi avoir un lien avec les droits de propriété des collectivités de pêcheurs, ainsi qu'avec l'impact du changement climatique sur les zones côtières (UN WomenWatch, 2009[41]).

Les femmes sont victimes de discrimination explicite et implicite dans le secteur de la pêche, qui peut parfois s'entrecroiser avec une mauvaise gestion environnementale. Par exemple, dans le lac Victoria en Tanzanie, seule la capture de poissons de grande taille est autorisée, ce qui empêche les femmes de participer aux activités de vente formelle. Du fait de leur maîtrise de techniques spécifiques et de leur manque d'accès à des bateaux de grande taille, les femmes ont tendance à pratiquer la pêche artisanale. Et ce, malgré le système de cogestion de la pêche du lac qui fixe un quota pour l'inclusion minimale des femmes dans les structures communautaires (Nunan and Cepić, 2020[42]). Dans le même temps, la pression humaine sur le bassin versant du lac et l'introduction d'espèces exotiques ont eu un impact négatif sur sa biodiversité, provoquant l'eutrophisation et une prolifération accrue d'algues (Njiru et al., 2008[43]). Par conséquent, l'intersection des impacts sociaux et environnementaux sur le lac souligne l'importance de disposer de stratégies globales de restauration et de conservation de la nature.

De nombreuses initiatives d'émancipation des femmes dans le secteur de la pêche ont permis aux intéressées de constituer une épargne et ainsi de financer des projets et d'assurer leur sécurité financière. Un certain nombre d'initiatives de microfinancement montrent que les femmes font un meilleur usage des prêts ou crédits d'un faible montant que les hommes. Les femmes semblent davantage attachées à utiliser cet argent pour assurer la durabilité de leur activité tout en veillant à la protection des écosystèmes marins (Galtung, Colonia and Sacramento, 1997[44]). Une étude portant sur la pêche artisanale du poulpe par les communautés vivant à l'ouest de Madagascar montre que la participation des femmes à la gestion des enclos est faible au vu de l'importance financière que cette activité représente pour elles. Les conclusions recommandent que la participation des femmes soit, dans la mesure du possible, renforcée afin de favoriser et d'accroître le partage des gains au sein des communautés et, par voie de conséquence, de permettre une meilleure acceptation des enclos utilisés pour la pêche et de repenser les initiatives de gestion communautaires qui ont tendance à renforcer les inégalités femmes-hommes car reposant sur des processus décisionnels traditionnels, généralement dominés par les hommes (Louise et al., 2014[45]).

Dans un autre exemple, les femmes vivant dans la ville de Kwale au Kenya viennent de lancer un projet durable d'algoculture qui leur procure une sécurité financière et permet d'assurer une croissance régulière des stocks marins (ODINAFRICA, 2020[46]). Corroborant les conclusions de divers rapports relatant des expériences réussies de l'économie bleue en Afrique, ce projet est centré sur la population et a pour but de remédier à la marginalisation des femmes (Okafor-Yarwood et al., 2020[47]).

Dans ses lignes directrices intitulées « Voluntary Guidelines for Sustainable Small-Scale Fisheries in the Context of Food Security and Poverty Eradication », la FAO préconise la prise en compte systématique de la problématique femmes-hommes ainsi que le renforcement de la résilience du secteur de la pêche face au changement climatique et aux phénomènes climatiques extrêmes (FAO, 2018[48]). Ces lignes directrices constituent le premier instrument reconnu internationalement pour le secteur de la pêche artisanale. En plus de mettre l'accent sur l'intégration des questions d'égalité hommes-femmes et le renforcement de la résilience du secteur de la pêche, elles recommandent l'investissement dans la santé, la littératie et l'enseignement technologique, l'éradication du travail forcé et la promotion de la sécurité sociale. C'est sur leur base que la FAO met actuellement en œuvre en Afrique de l'Ouest un projet sur cinq ans financé par le Fonds pour l'environnement mondial, dans le cadre de l'Initiative Pêche Côtière au Cabo Verde, en Côte d'Ivoire et au Sénégal. La FAO réalise une étude sur les chaînes de valeur afin de trouver des moyens d'améliorer à la fois la gestion des pêches et les processus postérieurs à la capture, tout en examinant le rôle « invisible » des femmes dans le secteur (FAO, 2018[48]).

Dans un rapport de 2019, l'UICN insistait sur la nécessité de recueillir plus de données probantes sur le lien entre l'émancipation des femmes, l'accès à des moyens de financement et l'instauration d'une pêche durable, en s'appuyant sur des projets pilotes passés et en cours au Ghana, en Indonésie et aux Philippines. L'initiative Mangroves for the Future (MFF), lancée par des partenaires pour promouvoir l'investissement dans la conservation des écosystèmes côtiers au service du développement durable, a mis au point une boîte à outils pour les spécialistes de la gestion des zones côtières (MFF, SEI and SEAFDEC, 2018[49]). Au Ghana, des initiatives menées le long du fleuve Densu pour accroître l'autonomie des femmes dans le secteur de la pêche ont permis de renforcer la surveillance de l'état de l'eau et de la pêche illégale, de restaurer les mangroves grâce à la plantation de milliers de jeunes plantes, d'organiser des campagnes de sensibilisation et de lutte contre les déchets plastiques, de multiplier les travaux communautaires de nettoyage des habitats des poissons, ainsi que de constituer une association villageoise d'épargne et de crédit pour financer les activités de transformation du poisson pratiquées par les femmes (IUCN, 2019[50]).

Les projets de coopération pour le développement financés par le Japon visent spécifiquement à lutter contre la pauvreté des femmes dans le secteur de la pêche en fournissant de l'aide à celles qui travaillent dans le domaine du poisson séché au Sri Lanka. Les résultats montrent que cette aide peut permettre aux femmes de gagner des revenus stables tout en ayant des pratiques de pêche durables (Ministry of Foreign Affairs of Japan, 2014[51]).

13.5. S'appuyer sur le rôle des femmes pour protéger les océans et développer durablement les ressources marines

Dotées des moyens dont elles ont besoin, les femmes peuvent être de puissantes actrices du changement au service de la protection des océans et du développement durable des ressources marines. Les initiatives visant à inclure les femmes dans les activités d'exploitation durable des ressources marines sont un moyen d'atteindre l'ODD 14 tout en promouvant une plus grande égalité entre les sexes.

13.5.1. Le rôle des femmes dans la lutte contre la pollution marine

Plusieurs formes de pollution marine menacent la biodiversité et la santé humaine, comme par exemple les sous-produits issus de l'assainissement, les eaux de ruissellement agricoles et les déchets plastiques. L'un des outils les plus efficaces pour empêcher la pollution des océans par les matières plastiques et les détritus est d'améliorer la gestion des déchets, une tâche dans laquelle les femmes ont un grand rôle à jouer. D'une part par le choix des types de produits qu'elles achètent et utilisent, et d'autre part par la création de produits alternatifs, renouvelables et écologiques inspirés de l'expérience des femmes (voir le chapitre 11).

Les produits alimentaires, de soin, d'habillement ou ménagers sont souvent composés de matières plastiques ou conditionnés dans ce type de matériau. Ce sont les femmes qui effectuent la majorité des achats de biens de consommation et qui gèrent généralement leur ménage, ce qui veut dire qu'elles ont, de par leur consommation, un impact majeur sur le maintien ou la réduction du volume des déchets plastiques. Selon les estimations, 13 millions de tonnes de plastique se retrouvent dans les océans chaque année, dont 80 % proviennent de sources terrestres (Le Guern, 2020[52]) (Reddy, 2018[53]).

Comme indiqué dans le chapitre 11 consacré aux modes de production et de consommation durables, un changement de comportement peut avoir un impact considérable en termes de durabilité environnementale. Un autre point à retenir des études ayant été menées est que les femmes ont tendance à avoir une conscience écologique plus développée et à être plus disposées à faire des efforts pour réduire leur empreinte carbone et protéger l'environnement (Kassinis et al., 2016[54]). Par leurs modes de consommation durables et leur engagement dans la gestion des déchets, les femmes peuvent participer à la réduction des déchets marins dans le cadre de programmes tels que ceux mis en œuvre dans les mers d'Asie de l'Est (UNEP, COBSEA and SEI, 2019[55]). Des économies bleues durables, résilientes et inclusives y sont mises en place, ainsi que des actions pour améliorer la propreté de l'eau.

Outre leurs efforts pour remplacer des produits de première nécessité faisant l'objet d'une consommation de masse par des équivalents renouvelables, les femmes peuvent jouer un rôle dans l'amélioration de la gestion des déchets, en particulier dans les zones côtières. Des actions collectives (comme le nettoyage des côtes) peuvent produire des effets très importants. Dans un rapport de 2019 centré sur l'Inde, l'Indonésie, les Philippines et le Viet Nam, l'organisation Ocean Conservancy recommande que pour s'attaquer efficacement à la pollution plastique, les actions collectives doivent s'accompagner de solutions globales et inclusives qui prennent en charge les chaînes d'approvisionnement mondiales et fassent participer à la fois les hommes et les femmes (Center for Ocean Conservancy, 2019[56]).

Le cas de la ville côtière mexicaine de Celestún, une ville riche en biodiversité où des femmes se sont regroupées au sein d'organisations participatives communautaires de recyclage, est un exemple de la façon dont les connaissances et l'action des femmes peuvent jouer un rôle central dans la création de stratégies de conservation innovantes. Si les programmes nationaux et internationaux ont donné la priorité à la protection des zones humides contre les activités non sanitaires à Celestún, ils ont souvent négligé de s'occuper directement de l'assainissement et de la gestion des déchets solides et des eaux usées. Les femmes ont été accablées par le travail supplémentaire de prise en charge des malades dû à l'augmentation des maladies liées à une mauvaise gestion des déchets. Grâce à leurs connaissances locales et à leur réseau communautaire, les femmes de Celestún ont organisé des groupes de recyclage et de compostage locaux qui ont considérablement profité à la santé environnementale de la communauté et ont inversé une grande partie de l'érosion des plages et des perturbations des écosystèmes des zones humides. Leur réussite repose également sur la reconnaissance, au niveau national et étatique, de leur rôle d'actrices essentielles de la conservation. Cet exemple de mobilisation locale montre comment les programmes de conservation peuvent bénéficier d'une perspective sexospécifique qui tient compte de la répartition du travail selon le sexe dans chaque contexte et qui englobe les connaissances des femmes locales (UNEP and Water Alliance, 2019[35]).

Si toutes les initiatives ont certes des effets favorables, une grande partie du plastique présent dans les océans et mers du globe est impossible à récupérer, qu'il s'agisse des débris se trouvant sur les fonds marins et dans les organismes benthiques, ou des microplastiques déposés par les eaux de pluie. Les femmes peuvent aussi jouer un rôle clé dans les initiatives de nettoyage des océans.

13.5.2. Le rôle des femmes dans la protection des écosystèmes marins

La protection des mangroves et des récifs coralliens peut contribuer dans une large mesure à la préservation de la vie dans les milieux aquatiques tout en aidant à lutter contre le changement climatique. Elle offre en outre aux populations vivant près des côtes une précieuse défense contre les cyclones et les tsunamis. Compte tenu de leur réussite, les initiatives conduites par des femmes pour protéger les littoraux et la vie marine devraient être encouragées et développées.

Au Kenya et dans d'autres pays d'Afrique de l'Est, les initiatives locales de faible ampleur dirigées par des femmes ont réussi à régénérer les mangroves, à protéger les zones côtières et à dynamiser les espèces marines de faune et de flore sauvages. Les initiatives de microfinancement montrent par ailleurs que les femmes privilégient davantage que les hommes la viabilité à long terme de leur activité, ce qui favorise par conséquent une meilleure protection des écosystèmes marins (Stevenson and St-Onge, 2005[57]).. Un récent rapport du Programme des Nations Unies pour l'environnement a également mis l'accent sur le rôle joué par les initiatives conduites par des femmes pour nettoyer et protéger les zones côtières – y compris en régénérant les mangroves – dans certaines régions d'Inde, du Mexique et des Philippines (UN Environment, 2020[58]).

Par ailleurs, les femmes contribuent pour une part importante aux travaux scientifiques consacrés aux océans. L'écart entre les femmes et les hommes est de fait plus réduit dans le domaine des sciences de l'océan que dans celui des sciences en général. Les femmes y représentent en moyenne 38 % des chercheurs, soit 10 % de plus environ que dans l'ensemble des sciences (UNESCO, 2017[59]).. À titre d'exemple, au cours de l'année scolaire 2018 au Mexique, la participation des femmes représentait 71 % du personnel scolaire de premier cycle dans les domaines académiques de la biologie, des sciences de la terre et de la gestion durable des zones côtières. De même, elle représentait environ 54 % des étudiants diplômés en biologie, sciences marines, limnologie et sciences de la durabilité dans tous les établissements d'enseignement (UNAM, 2020[60]).Il convient néanmoins de déployer des efforts supplémentaires pour attirer les femmes dans les domaines scientifiques, plus particulièrement ceux ayant trait aux océans et à l'environnement marin. Les pistes possibles sont la mise au point de dispositifs de mentorat, l'instauration d'environnements et de conditions de travail mieux adaptés aux femmes, ainsi que l'éradication des préjugés (Kappel, 2014[61]).

13.6. Actions clés pour aller de l'avant

Un certain nombre d'actions peuvent être engagées pour promouvoir la prise en compte systématique de la problématique femmes-hommes dans les politiques et les mesures visant à améliorer la protection et la préservation des océans et de la précieuse vie marine :

- Recueillir des données sur l'impact de la dégradation des océans sur la santé, le bien-être et les perspectives d'emploi des femmes, en mettant l'accent sur les plus vulnérables et en tenant compte de l'intersectionnalité ;
- Concevoir des mesures de protection des océans tenant compte des spécificités femmes-hommes. Il faut mettre l'accent sur les aspects de la dégradation des océans qui préoccupent de manière différente les femmes et les hommes, notamment l'impact des tempêtes sur les zones côtières, l'appauvrissement des stocks de poissons et l'augmentation des déchets en mer ;
- Donner aux femmes les moyens de contribuer à la protection des écosystèmes marins et à l'exploitation durable des ressources marines ;
- Concevoir et mettre en œuvre une législation autorisant et soutenant les associations, organisations et réseaux de femmes dans le secteur de la pêche et de l'aquaculture.
- Assurer la pleine intégration des femmes dans l'économie bleue grâce à des politiques qui tiennent compte du travail des femmes dans les domaines de la récolte et de l'après-récolte et qui permettent l'accès au crédit et aux marchés, à une sécurité sociale globale et à des mesures en matière de santé et de sécurité au travail fondées sur les besoins des femmes ;
- Intégrer les questions d'égalité homme-femme dans les actions de coopération pour le développement au service de la gestion durable des océan. Il faut aussi soutenir les initiatives de protection des zones côtières (en particulier les mangroves et les récifs coralliens) conduites par

des femmes et en développant une pêche durable et artisanale faisant vivre les communautés locales. Les bienfaits procurés par les projets de faible ampleur peuvent être reproduits dans le cadre d'initiatives plus larges.

Références

Biswas, N., FAO and ICSF (2017), *Towards gender-equitable small-scale fisheries governance and development : a handbook in support of the implementation of the Voluntary Guidelines for Securing Sustainable Small-scale Fisheries in the Context of Food Security and Poverty Eradication*. [36]

Camey, I. et al. (n.d.), *Gender-based violence and environment linkages: the violence of inequality*, https://twitter.com/IUCN/. [17]

Center for Ocean Conservancy (2019), *Stemming the Tide: Land-based strategies for a plastic-free ocean*. [56]

Delpeuch, C. and B. Hutniczak (2019), "Encouraging policy change for sustainable and resilient fisheries", *OECD Food, Agriculture and Fisheries Papers*, No. 127, OECD Publishing, Paris, https://dx.doi.org/10.1787/31f15060-en. [9]

Department, F. (ed.) (2018), *The state of world fisheries and aquaculture 2018 : meeting the sustainable development goals.*. [34]

EPA (n.d.), *The Effects: Dead Zones and Harmful Algal Blooms*, https://www.epa.gov/nutrientpollution/effects-dead-zones-and-harmful-algal-blooms (accessed on 4 November 2020). [8]

European Commission (2019), "Euronews OCEAN episode 7: Women in fisheries", https://ec.europa.eu/maritimeaffairs/press/euronews-ocean-episode-7-women-fisheries_en (accessed on 22 December 2020). [38]

European Commission (2002), "THE ROLE OF WOMEN IN THE FISHERIES SECTOR", *DIRECTORATE GENERAL FOR FISHERIES* TENDER FISH/2000/01-LOT NO 1, https://ec.europa.eu/fisheries/sites/fisheries/files/docs/body/mainreport_en.pdf (accessed on 3 November 2020). [33]

Falkenberg, L. et al. (2020), "Ocean Acidification and Human Health", *International Journal of Environmental Research and Public Health*, Vol. 17/12, http://dx.doi.org/10.3390/ijerph17124563. [7]

FAO (2020), *The State of World Fisheries and Aquaculture 2020*, FAO, http://dx.doi.org/10.4060/ca9229en. [21]

FAO (2018), *Achieving Blue Growth Building vibrant fisheries and aquaculture communities*. [48]

FAO (2015), *The role of women in the seafood industry*, http://www.globefish.org. [30]

FAO (2011), "Faces of women in global fishery value chains: Female involvement, impact and importance in the fisheries of developed and developing countries", *NORAD/FAO Value Chain Project*. [29]

FAO, F. (2017), *Towards Gender-Equitable Small-Scale Fisheries Governance and Development*, FAO, Rome, http://www.fao.org/3/i7419e/i7419e.pdf. [40]

FAO, F. (2015), *A Review of Women's Access to Fish in Small-Scale Fisheries*, FAO, Rome. [37]

Galtung, J., H. Colonia and D. Sacramento (1997), *HELPING THE POOR TO HELP THEMSE \ k INTERVIEW WITH*. [44]

Gerrard, S. and D. Kleiber (2019), "Women fishers in Norway: few, but significant", *Maritime Studies*, Vol. 18/3, pp. 259-274, http://dx.doi.org/10.1007/s40152-019-00151-4. [31]

ILO (2020), "ILOSTAT database. Data retrieved in June 21, 2020.". [32]

IPBES (2019), *The global assessment report on Biodiversity and Ecosystem Services Summary for Policymakers of the IPBES Global Assessment Report on Biodiversity and Ecosystem Services*, http://www.ipbes.net. [4]

IUCN (2020), "Facts and figures on Biodiversity", https://www.iucn.org/content/facts-and-figures-biodiversity. [10]

IUCN (2019), "Fishing for Gender Equality and Sustainability", https://www.iucn.org/news/gender/201910/fishing-equality-and-sustainability (accessed on 3 November 2020). [50]

IUCN (2008), "Disaster Gender Statistics". [15]

Jeebhay, M. and A. Lopata (2012), "Occupational Allergies in Seafood-Processing Workers", in *Advances in Food and Nutrition Research, Advances in Food and Nutrition Research Volume 66*, Elsevier, http://dx.doi.org/10.1016/b978-0-12-394597-6.00002-1. [28]

Jeebhay, M., A. Lopata and T. Robins (2000), "Seafood Processing in South Africa: A Study of Working Practices, Occupational Health Services and Allergic Health Problems in the Industry", *Occupational Medicine*, Vol. 50/6, pp. 406-413, http://dx.doi.org/10.1093/occmed/50.6.406. [27]

Jones, K. et al. (2018), "The Location and Protection Status of Earth's Diminishing Marine Wilderness", *Current Biology*, Vol. 28/15, pp. 2506-2512.e3, http://dx.doi.org/10.1016/j.cub.2018.06.010. [3]

Kappel, E. (2014), *Women in Oceanography: A Decade Later*, http://www.tos.org. [61]

Kassinis, G. et al. (2016), "Gender and Environmental Sustainability: A Longitudinal Analysis", *Corporate Social Responsibility and Environmental Management*, Vol. 23/6, pp. 399-412, http://dx.doi.org/10.1002/csr.1386. [54]

Kirk, L. et al. (2017), "Public health benefits of hair-mercury analysis and dietary advice in lowering methylmercury exposure in pregnant women", *Scandinavian Journal of Public Health*, Vol. 45/4, pp. 444-451, http://dx.doi.org/10.1177/1403494816689310. [12]

Le Guern, C. (2020), "Plastic Pollution: When the Mermaids Cry", *Coastal Care*, https://coastalcare.org/2020/01/plastic-pollution-when-the-mermaids-cry-the-great-plastic-tide-by-claire-le-guern/ (accessed on 3 November 2020). [52]

Lloyd-Smith, M. and J. Immig (2018), *Ocean Pollutants Guide Toxic Threats to Human Health and Marine Life*, http://www.ipen.org. [11]

Louise, S. et al. (2014), *The Role of Women in Community-based Small-Scale Fisheries Management: The Case of the South West Madagascar Octopus Fishery*, https://www.researchgate.net/publication/271472394. [45]

MFF, SEI and SEAFDEC (2018), "Gender-Analysis-Toolkit-for-Coastal-Management-Practitioners". [49]

Ministry of Foreign Affairs of Japan (2014), "Dried fish business empowers women in Sri Lanka – Support for women struggling against poverty in a Sri Lankan fishing village", https://www.mofa.go.jp/policy/oda/white/2014/html/column/column03.html (accessed on 20 December 2020). [51]

Njiru, M. et al. (2008), "An overview of the current status of Lake Victoria fishery: Opportunities, challenges and management strategies", *Lakes & Reservoirs: Research & Management*, Vol. 13/1, pp. 1-12, http://dx.doi.org/10.1111/j.1440-1770.2007.00358.x. [43]

Nunan, F. and D. Cepić (2020), "Women and fisheries co-management: Limits to participation on Lake Victoria", *Fisheries Research*, Vol. 224, p. 105454, http://dx.doi.org/10.1016/j.fishres.2019.105454. [42]

ODINAFRICA (2020), "Seaweed farming helps Kwale women exploit blue economy", http://www.odinafrica.org/about-us/news/185-seaweed-farming-helps-kwale-women-exploit-blue-economy.html (accessed on 22 December 2020). [46]

OECD (2016), *The Ocean Economy in 2030*, OECD Publishing, Paris, https://dx.doi.org/10.1787/9789264251724-en. [2]

OECD (2015), *Green Growth in Fisheries and Aquaculture*, OECD Green Growth Studies, OECD Publishing, Paris, https://dx.doi.org/10.1787/9789264232143-en. [22]

Okafor-Yarwood, I. et al. (2020), "The Blue Economy–Cultural Livelihood–Ecosystem Conservation Triangle: The African Experience", *Frontiers in Marine Science*, Vol. 7, http://dx.doi.org/10.3389/fmars.2020.00586. [47]

Oxfam International (2005), *The tsunami's impact on women*, https://oxfamilibrary.openrepository.com/bitstream/handle/10546/115038/bn-tsunami-impact-on-women-250305-en.pdf?sequence=1&isAllowed=y (accessed on 3 November 2020). [16]

Potts, J. et al. (2016), *State of sustainability initiatives review : standards and the blue economy*. [39]

Reddy, S. (2018), "Plastic Pollution Affects Sea Life Throughout the Ocean", *PEW*, https://www.pewtrusts.org/en/research-and-analysis/articles/2018/09/24/plastic-pollution-affects-sea-life-throughout-the-ocean (accessed on 3 November 2020). [53]

Saleem, M. and E. Abentim (2019), "Blue Growth and Blue Economy in The Context of Development Policies and Priorities in Malaysia". [19]

Shaleh, S., C. Fui-Fui and S. Mustafa (2020), "Gender Roles in Inclusive Blue Economy", http://dx.doi.org/10.1007/978-3-319-70060-1_68-1. [18]

Stevenson, L. and A. St-Onge (2005), *Support for growth-oriented, women entrepreneurs in Ethiopia, Kenya, and Tanzania : an overview report*, Programme on Boosting Employment through Small Enterprise Development, Job Creation and Enterprise Dept., International Labour Office. [57]

Thirumoorthy, A. et al. (2016), "Health Hazard of Women Employed in Small Scale Seafood Processing Units", *Indian Journal of Geo-Marine Sciences*, Vol. 54(4): 574-582. [26]

UN Atlas of the Oceans (n.d.), *UN Atlas of the Oceans*, http://www.oceansatlas.org/facts/en/ (accessed on 4 November 2020). [1]

UN Environment (2020), "New guidelines aim to support mangrove restoration in the Western Indian Ocean", *Ecosystems and Biodiversity*. [58]

UN Women (2020), "Empowering Women through Oceans Conservation". [20]

UN Women (2020), *Women's Economic Empowerment in Fisheries: In the Blue Economy of the Indian Ocean Rim*, UN Women, New York. [24]

UN Women (2017), "SDG 6: Ensure availability and sustainable management of water and sanitation for all", https://www.unwomen.org/en/news/in-focus/women-and-the-sdgs/sdg-6-clean-water-sanitation (accessed on 3 November 2020). [25]

UN WomenWatch (2009), "Women and Climate Factsheet", pp. 1-11, https://www.un.org/womenwatch/feature/climate_change/downloads/Women_and_Climate_Change_Factsheet.pdf. [41]

UNAM (2020), *2020 Agenda Estadística UNAM*, https://www.planeacion.unam.mx/Agenda/2020/pdf/Agenda2020.pdf. [60]

UNDP (2016), *Gender, climate change adaptation and disaster risk reduction*. [13]

UNDP (2016), *Overview of linkages between gender and climate change*. [14]

UNEP (2017), *How are women differently vulnerable?*. [23]

UNEP and Water Alliance, U. (2019), *Gender Mainstreaming in the Management of the Marine and Coastal Ecosystems*, UNEP, Nairobi. [35]

UNEP, COBSEA and SEI (2019), *Marine plastic litter in East Asian Seas: Gender, human rights and economic dimensions*, United Nations Environment Programme, Coordinating Body on the Seas of East Asia, and Stockholm Environment Institute. [55]

UNESCO (2017), "Gender Mainstreaming in Marine Science", *Gender and Science*, http://www.unesco.org/new/en/natural-sciences/priority-areas/gender-and-science/cross-cutting-issues/gender-mainstreaming-in-marine-science/ (accessed on 3 November 2020). [59]

Viviani, R. (1992), "Eutrophication, marine biotoxins, human health", in *Marine Coastal Eutrophication*, Elsevier, http://dx.doi.org/10.1016/B978-0-444-89990-3.50056-0. [5]

WHO Regional Office for Europe and European Commission (2002), *Eutrophication and health*, European Commission. [6]

14 Les femmes et l'ODD 15 - Vie terrestre : préserver, restaurer et promouvoir une exploitation durable des écosystèmes terrestres, gérer durablement les forêts, lutter contre la désertification, stopper et faire reculer la dégradation des sols et mettre un terme à l'appauvrissement de la biodiversité

Les femmes des zones rurales risquent d'être fortement touchées par une biodiversité appauvrie. Dans de nombreux pays en développement, le rôle des femmes dans l'approvisionnement en eau et en combustible ainsi que dans la cueillette de plantes sauvages à usage médicinal et alimentaire les rend plus vulnérables à la déforestation, à la dégradation des sols et à la désertification – des effets d'autant plus négatifs qu'elles ne bénéficient pas des mêmes droits de propriété ni conditions d'accès aux ressources que les hommes. Le risque est également majeur pour les femmes des populations autochtones et des communautés rurales de certains pays développés. Pourtant, les femmes peuvent œuvrer à la protection et à la conservation de la biodiversité, ainsi qu'à une agriculture durable. Ces effets positifs peuvent être amplifiés en renforçant l'égalité femmes-hommes et en s'attaquant aux obstacles liés au genre.

14.1. Éléments à retenir

Ce chapitre fournit une description des liens qui existent entre l'égalité des sexes et les efforts engagés pour préserver les forêts et, plus généralement, les écosystèmes. Il porte sur les questions suivantes :

- Les femmes peuvent être fortement affectées par l'appauvrissement de la biodiversité et la dégradation des écosystèmes. Les femmes et les groupes autochtones vivant dans les zones rurales peuvent être touchés par l'épuisement des sols et la réduction de l'approvisionnement en eau, ce qui peut exacerber la pauvreté et la faim. Le manque d'accès à la terre, aux forêts et autres ressources naturelles est une cause majeure de privation chez les femmes. Cela est particulièrement vrai pour les communautés autochtones, qui vivent sur des terres partagées héritées de leurs ancêtres.
- La dégradation des écosystèmes provoquée par l'agriculture industrielle, les industries extractives et les grands projets d'infrastructure est parfois liée à la violence sexiste (VS), et de nombreux activistes en faveur du climat et de l'environnement victimes d'attaques violentes sont des femmes.
- Dans de nombreux pays en développement, les femmes sont les principales utilisatrices et gestionnaires des terres, en tant qu'agricultrices et éleveuses ayant la responsabilité principale de la production alimentaire de leur foyer. Leur rôle dans la promotion d'une gestion durable des terres est l'occasion d'atteindre le double objectif d'une gestion durable des terres et de l'égalité femmes-hommes.
- Comme pour les autres ODD liés à l'environnement, le fait que les données ne soient pas ventilées par sexe est un problème majeur. L'ODD 15 ne comporte aucune cible ayant trait au genre. Parmi les Objectifs d'Aichi pour la biodiversité, l'Objectif 14 est le seul à évoquer ouvertement les enjeux sexospécifiques, en appelant à prendre en compte les besoins des femmes, des peuples autochtones et des communautés locales, ainsi que des populations défavorisées et vulnérables, dans les actions de restauration et de sauvegarde des écosystèmes. Pourtant, l'Objectif 14 d'Aichi n'inclut pas d'indicateur spécifique sur l'égalité femmes-hommes, et les indicateurs existants ne sont pas ventilés par sexe.
- Les femmes peuvent contribuer à la gestion des « biens communs » que constituent les forêts, les montagnes et les cours d'eau, mais elles sont souvent exclues des organes décisionnels, y compris au niveau local et communautaire. Une autre nécessité est de prendre davantage en considération la question des disparités entre les sexes dans les stratégies et plans d'action nationaux pour la biodiversité (SPANB).
- Tous les pays ont largement intérêt à s'assurer que leurs politiques étrangères (en matière d'échanges, d'investissements et de coopération pour le développement) favorisent l'autonomisation et la participation des femmes et des populations autochtones dans les autres pays. Les entreprises ont la responsabilité de tenir compte de l'égalité femmes-hommes et d'assurer une gestion plus durable des ressources naturelles.

14.2. Principaux liens entre l'égalité des sexes, l'exploitation durable des ressources terrestres et les autres ODD

Préserver, restaurer et promouvoir une exploitation durable des ressources terrestres (ODD 15) a un impact considérable sur la lutte contre le réchauffement de la planète (ODD 13) alors que la dégradation des sols sous toutes ses formes (déforestation, appauvrissement des sols, raréfaction de l'eau douce, etc.) est un facteur important du changement climatique. Les forêts et les arbres jouent un rôle vital à l'égard de la qualité de l'air et de l'eau sur Terre puisqu'ils absorbent annuellement un tiers des émissions de CO2 provenant de la combustion des combustibles fossiles (Muller et al., 2018[1]). Comme le montre le

Graphique 14.1, bien que le couvert forestier ait perdu 81 millions d'hectares depuis 1990, le taux de perte a été réduit de plus de la moitié en 2010-20 par rapport à la décennie précédente (FAO, 2020[2]).. Cela réduit la capacité humaine à lutter contre le changement climatique (ODD 13).

Graphique 14.1. Évolution nette globale du couvert forestier par décennie, 1990–2020

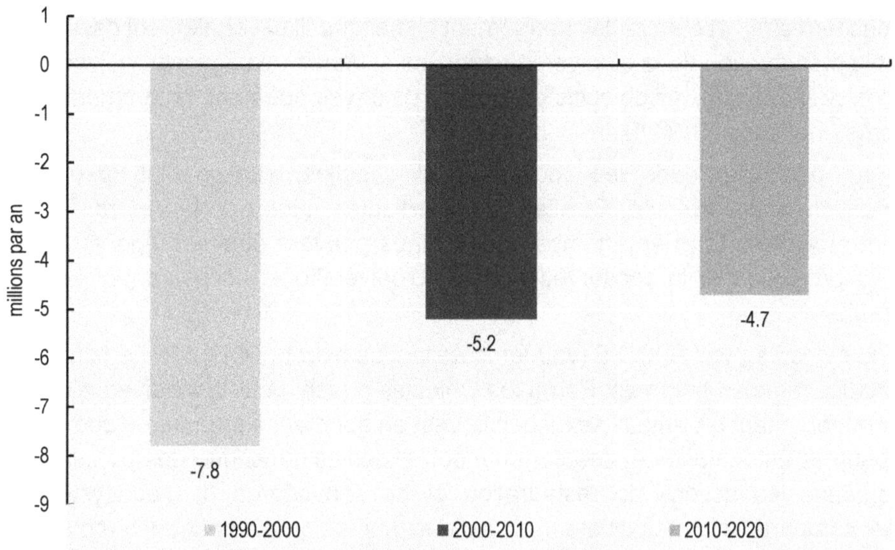

Source : (FAO, 2020[2]).

L'ODD 15 est également essentiel pour la sécurité alimentaire et l'alimentation en eau (ODD 2 et ODD 6), la santé et le bien-être (ODD 3) et l'accès à l'énergie à un coût abordable (ODD 7). En particulier, la diminution de la biodiversité a été liée à la zoonose, qui, d'après les données disponibles, pourrait avoir été la cause principale de la pandémie de COVID-19 (OECD, 2020[3]).

Dans un rapport de 2018, l'organisation Intergovernmental Science-Policy Platform on Biodiversity and Ecosystem Services a évalué que les bienfaits procurés par la restauration des sols sont dix fois supérieurs aux coûts engendrés et que la vitesse actuelle de dégradation des sols nuit au bien-être d'au moins 3.2 milliards de personnes (Brainich et al., 2018[4]). En Europe uniquement, l'appauvrissement de la biodiversité coûte presque 500 millions USD par an (Carrington, 2018[5]). À l'échelle mondiale, l'une des principales causes de la dégradation des terres et de l'érosion de la biodiversité réside dans les pratiques agricoles non durables et les modes de vie à forte consommation – domaines dans lesquels des interventions sont possibles et où l'engagement des femmes est essentiel (section 11.4).

L'agriculture, l'exploitation forestière et la pêche sont des secteurs qui dépendent de la santé des écosystèmes terrestres (comme la toundra, les forêts, les déserts et les superficies en herbe) ainsi que de la faune et de la flore qui s'y trouvent pour satisfaire aux besoins de base de la société et des autres secteurs de l'économie, et pour leur fournir les intrants nécessaires (OECD, 2018[6]). On estime que 45 % de la population mondiale dépend de ces secteurs pour assurer sa subsistance (CBD, 2018[7]); dans le monde, un travailleur sur trois travaille dans l'agriculture (FAO, 2012[8]) (OECD, 2018[9]). S'ils revêtent une importance cruciale pour la vie humaine et les moyens de subsistance qu'ils procurent, ces secteurs exercent en outre une pression sur l'environnement, à moins que des actions de préservation et d'exploitation durable des ressources ne soient engagées (OECD, 2018[9]).

Les forêts procurent de la nourriture, des médicaments et des combustibles. Les forêts abritent à elles seules plus des trois quarts de la biodiversité terrestre du globe, et les dix régions les plus boisées du monde sont des pays en développement (FAO, 2020[10]). La préservation de la biodiversité est donc capitale pour garantir les progrès de la médecine. Plus de 70 000 espèces végétales différentes sont utilisées pour fabriquer les produits pharmaceutiques, et c'est dans les pays du Sud que l'on trouve la plus grande diversité de la flore mondiale (Alamgir, 2017[11]).

L'adoption de pratiques agricoles plus durables est indispensable pour éviter une plus ample détérioration des écosystèmes terrestres et enrayer le changement climatique. Il est également essentiel de promouvoir la protection et la préservation de la biodiversité dans les secteurs de l'agriculture, l'exploitation forestière et la pêche si l'on veut atteindre les objectifs en matière de développement, notamment l'inclusivité sociale et l'égalité femmes-hommes (ODD 5).

Les femmes, en particulier dans les sociétés traditionnelles, sont particulièrement touchées par l'appauvrissement de la biodiversité. Et elles le sont d'autant plus que leurs droits et leur accès aux ressources sont moindres. En même temps, les femmes peuvent être des agents du changement en œuvrant pour la protection et la conservation de la biodiversité et en soutenant les efforts pour une agriculture durable.

Malgré ses liens évidents avec l'ODD 5 (voir les détails plus avant), l'ODD 15 ne comporte aucune cible ayant trait à l'égalité femmes-hommes. Parmi les Objectifs d'Aichi pour la biodiversité, l'Objectif 14 est le seul à évoquer ouvertement les enjeux sexospécifiques, en appelant à prendre en compte les besoins des femmes, des peuples autochtones et des communautés locales, ainsi que des populations défavorisées et vulnérables, dans les actions de restauration et de sauvegarde des écosystèmes. Néanmoins, l'Objectif 14 ne comporte aucun indicateur spécifique sur la problématique femmes-hommes, et les indicateurs y afférents ne sont pas ventilés par sexe. Seul l'Objectif 18 d'Aichi (sur les connaissances traditionnelles) comprend des indicateurs tenant compte des sexospécificités pour mesurer les tendances en matière d'évolution de l'utilisation des terres et de propriété foncière dans les territoires traditionnels des communautés autochtones et locales, ventilées par sexe. Ces indicateurs sont identiques à ceux des cibles 5.a et 1.4 des ODD.

Le point positif est que des actions ont été engagées au niveau des Nations Unies pour que le cadre pour la biodiversité pour l'après 2020 soit « fondé sur les droits, adapté aux disparités entre femmes et hommes, inclusif et participatif » (CBD, 2019[12]). En novembre 2018, la Conférence des Parties à la Convention sur la diversité biologique (CDB) a adopté la décision 14/34, qui stipule que le processus d'élaboration du cadre tiendra compte des disparités entre femmes et hommes en intégrant systématiquement une approche sexospécifique dans le processus et garantira une représentation appropriée, en particulier des femmes et des filles. La CDB a été le premier accord multilatéral sur l'environnement à inclure un Plan d'action sur l'égalité des sexes. (Global Youth Biodiversity Network, 2016[13]).

14.3. La dégradation des écosystèmes terrestres a des effets plus importants sur les femmes

La dégradation de l'environnement et l'appauvrissement de la biodiversité provoqués par l'agriculture intensive, la déforestation, l'exploitation minière et toute autre activité humaine ont des conséquences particulièrement néfastes pour les femmes. Dans les pays en développement et dans les communautés autochtones, le rôle des femmes dans l'approvisionnement en eau et en combustible ainsi que dans la cueillette de plantes sauvages à usage médicinal et alimentaire les rend plus sensibles à la déforestation, à la dégradation des sols et à la désertification. La dégradation de l'environnement peut entraîner une baisse de la qualité ou de l'offre d'eau potable et des services fournis par les écosystèmes, obligeant alors les femmes à se déplacer plus loin pour se les procurer à des fins domestiques. La destruction des forêts et des terres dites marginales a également tendance à être plus préjudiciable aux femmes et aux populations autochtones car ces ressources jouent un rôle clé en matière de subsistance (Fargione et al., 2008[14]).

Les femmes et les populations autochtones vivant dans des régions pauvres sont particulièrement touchées par la dégradation des sols et la diminution des ressources hydriques, qui ont déjà réduit la productivité de presque un quart de la surface terrestre mondiale, aggravant par là-même la pauvreté et la faim (IPBES, 2019[15]). L'intensification de l'insécurité financière, due aux maigres revenus tirés de l'agriculture, peut s'avérer encore plus difficile à vivre pour les femmes et les enfants.

La dégradation de l'environnement est liée à la violence sexiste, à la fois directement, par le biais de systèmes corrompus d'extraction et d'exploitation forestière illégales, et indirectement, en raison des effets du changement climatique. Il existe de nombreux témoignages font état de l'exploitation sexuelle et du harcèlement des femmes dans l'industrie forestière illégale, qui s'articule autour du statut de travailleur informel des femmes, de leur absence de droits fonciers et de leur rôle historique en tant que protectrices de l'environnement (Castañeda Carney et al., 2020[16]). Une étude de l'UNICEF menée en Inde en 2016 a mis en évidence une corrélation entre l'augmentation de la violence à l'égard des femmes et des enfants pendant les sécheresses, y compris le travail et la traite des enfants, les femmes contraintes à la prostitution et le féminicide. La violence sexiste est liée à l'incapacité de fournir des dots plus élevées pour compléter les revenus perdus, ou à l'incapacité de concevoir à cause de la malnutrition (UNICEF, 2016[17]). En Éthiopie, on a constaté une augmentation du nombre de filles vendues en mariage dans les zones touchées par la sécheresse (UNICEF, 2017[18]).

Les femmes souffrent de façon disproportionnée des conséquences sanitaires de la dégradation de l'environnement en raison de leur rôle dans la reproduction. Les polluants présents dans l'eau, l'air et les sols (par exemple les sous-produits résultant de l'utilisation abusive d'intrants agricoles comme les pesticides et les engrais, ou le rejet de substances toxiques) peuvent altérer le fonctionnement du système endocrinien et celui de l'appareil reproducteur de la femme, nuire au développement du fœtus ou entraîner l'accumulation de toxines dans le lait maternel (Stefanidou, Maravelias and Spiliopoulou, 2009[19]).

Outre les effets directs sur l'environnement, l'intensification de l'activité économique peut aussi avoir des retombées sociales négatives pour les femmes vivant dans les communautés locales. Les industries extractives, en particulier, permettent de mieux comprendre l'impact différencié qu'a l'exploitation des ressources naturelles sur les femmes et les hommes, à la fois en termes d'opportunités et de risques. Les données mondiales montrent que les avantages d'emplois mieux rémunérés profitent principalement aux hommes, tandis que les femmes, qui sont généralement exclues du secteur, subissent de façon disproportionnée les risques sociaux et environnementaux (World Bank, 2013[20]). Ces risques comprennent à la fois des impacts négatifs sur l'eau et les ressources foncières résultant de l'extraction, et une augmentation de la violence sexiste, comme indiqué plus haut (Macdonald, 2018[21]).

14.4. Les obstacles à la participation des femmes et des populations autochtones dans les actions de gestion et de préservation des terres et des forêts

Malgré leur dépendance à l'égard des ressources naturelles et leur engagement actif en qualité d'utilisatrices et de conservatrices (pour en savoir plus, voir le chapitre 6), les femmes pâtissent, dans un grand nombre de pays en développement, d'un accès limité aux ressources productives et financières et sont mises à l'écart des décisions concernant le mode d'exploitation des terres. Leur faible représentation parmi les propriétaires fonciers – en grande partie à cause de pratiques discriminatoires – limite la capacité des femmes à modifier le mode d'exploitation des terres, et donc à agir en faveur de l'environnement (Samandari, 2017[22]). Ce facteur et l'emploi informel limitent la participation des femmes à la prise de décision dans l'agriculture.

Les femmes des communautés tributaires des forêts jouent un rôle central dans la gestion des ressources, y compris la collecte de produits forestiers non ligneux, mais elles aussi sont souvent exclues de la prise de décision (UN Environment, 2016[23]). Les normes sociales, les traditions ancestrales et les capacités individuelles sont généralement les principaux obstacles à la participation accrue des femmes aux organes décisionnels.

L'égalité d'accès aux droits fonciers pourrait avoir des effets positifs sur la restauration des forêts et la gestion durable des écosystèmes (FAO, 2018[24]). Plusieurs cas montrent que des droits fonciers plus égaux pour les hommes et les femmes peuvent donner lieu à des résultats plus durables sur le plan environnemental. Par exemple, en 2010, le gouvernement rwandais a lancé un programme de régularisation de la sécurité foncière à bas coût pour clarifier la propriété foncière et les ressources à la suite de la guerre civile dans ce pays. Le programme a autorisé les femmes non seulement à investir dans le domaine foncier, mais aussi à devenir propriétaire et à hériter de biens fonciers. Les femmes mariées légalement (76 % des couples mariés) ont ainsi vu leurs droits d'accès au foncier s'améliorer (Hoza Ngoga, 2019[25]). Une évaluation du programme a montré que les ménages dirigés par des femmes contribuaient dans une large mesure à l'investissement et à l'entretien des mesures de conservation des sols, alors que globalement, aucun effet négatif sur les groupes vulnérables n'a été observé (Ali, Deininger and Goldstein, 2014[26]) (Abbott, 2015[27]).

Les objectifs de développement durable des Nations Unies accordent une attention particulière à la question de l'accès des femmes aux terres et à la propriété foncière. En fait, les seuls indicateurs de la biodiversité et de la préservation des ressources tenant compte des sexospécificités ont trait à ces aspects juridiques (Encadré 14.1).

Encadré 14.1. Exemples d'indicateurs des ODD sur la biodiversité et la préservation tenant compte des disparités entre femmes et hommes

- Proportion de la population adulte totale, par sexe et par type d'occupation, qui dispose de la sécurité des droits fonciers et qui : a) possède des documents légalement authentifiés ; b) considère que ses droits sur la terre sont sûrs.
- 5.a.1 a) Proportion de la population agricole totale ayant des droits de propriété ou des droits garantis sur des terres agricoles, par sexe ; b) proportion de femmes parmi les titulaires de droits de propriété ou de droits garantis sur des terrains agricoles, par type de droit.
- 5.a.2 Proportion de pays dotés d'un cadre juridique (y compris le droit coutumier) garantissant aux femmes les mêmes droits que les hommes en matière d'accès à la propriété ou au contrôle des terres.
- 5.c.1 Proportion de pays dotés de systèmes permettant de suivre et de rendre public le montant des ressources allouées à l'égalité des sexes et à l'autonomisation des femmes.

Source : (UNEP and IUCN, 2019[28]) (Despot-Belmonte, 2019[29]).

Cela dit, l'indice « Institutions sociales et égalité homme-femme » de l'OCDE montre que même si la législation d'un pays instaure l'égalité des droits de propriété, d'utilisation et de décision concernant les terres, des institutions sociales discriminantes font en sorte que ces droits soient de fait loin d'être égaux. La préférence continue d'être donnée aux hommes – y compris dans les pays de l'OCDE – pour ce qui est de la transmission des biens fonciers, de l'inscription de leurs noms sur les titres de propriété et du pouvoir de décision en matière d'occupation des terres. En Espagne, en France, en Grèce, en Israël, au Mexique, au Royaume-Uni et en Turquie, le droit successoral contient toujours des clauses discriminatoires à l'égard des femmes (OECD, 2019[30]). À l'échelle mondiale et dans différents pays, les droits des femmes peuvent, selon leur statut matrimonial, être encore plus restreints voire réduits à néant.

La réalisation de l'ODD 5 est un préalable pour parvenir à une gestion durable des terres. Des études ont montré que l'implication des femmes dans la gestion participative des terres peut inverser la désertification et promouvoir une utilisation durable des terres (Agarwal, 2009[31]) (Ray, Mukherjee and Bhattacharya, 2016[32]). Par conséquent, les données ventilées par sexe peuvent mieux refléter les effets de la dégradation des terres sur les femmes et les hommes, et mettre en lumière les possibilités de politiques tenant compte de la problématique hommes-femmes. L'interface de la politique scientifique de la Convention-cadre des Nations Unies sur les changements climatiques (CCNUCC) mène des travaux importants à cet égard en exigeant que tous les efforts de neutralité en termes de dégradation des terres qui incluent le suivi des indicateurs soient ventilés par sexe, en prévenant que les conclusions seraient incomplètes sans cela (Orr et al., 2017[33]).

14.5. Rôle des femmes dans les efforts de préservation et de protection de la biodiversité

Outre leur rôle dans la gestion forestière, des groupes conduits par des femmes sont à l'avant-garde de campagnes pour la protection de la biodiversité et l'élimination des pesticides dans l'agriculture. Il est donc capital d'inclure dans les stratégies et plans d'action nationaux pour la biodiversité (SPANB) des considérations sexospécifiques si l'on veut accroître le rôle des femmes dans les efforts de préservation et de protection de la biodiversité.

14.5.1. Le rôle des femmes dans la préservation de la biodiversité et la gestion durable des forêts

Nombreux sont les exemples qui montrent que la participation des femmes permet de renforcer les actions de préservation et de contribuer à la réalisation de l'ODD 15. Comme l'attestent 17 études portant sur l'intégration des femmes dans le processus décisionnel relatif à la gestion des ressources locales des secteurs de la pêche et de l'exploitation forestière (dans des pays non-OCDE), la participation des femmes a un effet extrêmement positif sur la gouvernance des ressources et les résultats en matière de préservation (Leisher et al., 2016[34]). En Namibie, où le programme de gestion communautaire des ressources naturelles collecte des données ventilées par sexe, celles de 2012 montrent que 30 % des membres du comité de gestion étaient des femmes, et que ces dernières intervenaient principalement dans la gestion de la flore locale (CBD, 2014[35]).

Dans les régions du nord-est de l'Inde, où l'immigration des hommes touche quelque 15 % des familles, les femmes jouent un rôle plus important dans l'agriculture de subsistance et la gestion de la biodiversité agricole. Les femmes participent en outre à des initiatives de préservation des semences locales – y compris à des échanges de semences – dans une volonté de perpétuer les connaissances existantes, de diversifier l'agriculture et de garantir la sécurité alimentaire. Dans ces régions, l'adoption de pratiques agricoles plus durables a été soutenue à la fois par les hommes et par les femmes, qui ont opté pour des solutions non pas technologiques mais reposant sur les écosystèmes, et pour des stratégies en matière de formation de revenus (Price, 2018[36]).

Un autre exemple est celui du plan d'action du Costa Rica relatif à sa stratégie nationale de lutte contre le changement climatique, qui tient systématiquement compte de la problématique femmes-hommes et reconnaît que les femmes jouent un rôle essentiel dans la restauration des forêts et des écosystèmes (UNFCCC, 2015[37]). Le Costa Rica introduit une approche sexospécifique dans le domaine de l'agroforesterie, afin d'encourager les systèmes de production à faible teneur en carbone. Grâce à la création de structures regroupant des exploitations de petite taille dirigées par des femmes, les exploitantes ont la possibilité d'accroître leur capacité de production tout en réduisant leurs émissions et en conservant une certaine superficie de couvert forestier.

L'adoption d'une approche sexospécifique est également primordiale dans le cadre des efforts menés en faveur de la biodiversité et de la préservation dans d'autres pays de l'OCDE. De récentes recherches ont ainsi mis en évidence la multitude d'accords communautaires qui ont été conclus sur les forêts en Europe, même si le rôle particulier des femmes n'y était pas abordé (Lawrence et al., 2020[38]). En règle générale, les femmes sont sous-représentées dans le secteur de la gestion forestière au sens large. Au Canada, par exemple, les femmes représentaient 17 % de la main-d'œuvre de l'industrie forestière en 2016. En 2018, le gouvernement canadien a annoncé un Plan d'action pour l'égalité entre les sexes dans l'industrie forestière, dont l'objectif est de faire une place aux femmes dans ce secteur.

Le rôle des femmes dans la gestion des biens communs nécessite une bien plus grande attention que ce qui a été le cas jusqu'à maintenant. L'importance de cette question était au cœur des travaux menés par Elinor Ostrom, première femme à recevoir le prix Nobel d'économie pour son « analyse de la gouvernance économique, notamment en ce qui a trait aux biens communs » (Ostrom, 1990[39]). Mme Ostrom s'est intéressée à la façon dont les êtres humains interagissent avec les écosystèmes pour garantir une production de ressources durable à long terme en développant des mécanismes institutionnels permettant de partager l'utilisation, la gestion et le contrôle des biens communs, tout en évitant la disparition des écosystèmes. Ses travaux ont mis en exergue le caractère multidimensionnel de l'interaction entre l'être humain et les écosystèmes, et ont réfuté l'existence d'une solution unique pour résoudre les problèmes des systèmes socio-écologiques et individuels. Le développement durable requiert un travail communautaire donnant aux femmes et aux populations autochtones les moyens de participer et d'occuper des fonctions de direction (Meinzen-Dick, Kovarik and Quisumbing, 2014[40]) (Encadré 14.2).

Encadré 14.2. Rôle des femmes dans la gestion et l'utilisation des forêts communautaires au Népal

Pour lutter contre les effets de l'exploitation illégale des forêts, le Népal a été un pionnier dans la dévolution des utilisations forestières et des droits de gestion aux communautés locales. Environ 22 000 groupes d'utilisateurs des forêts communautaires (CFUG), représentant 40 % de la population totale, surveillent 32 % des terres boisées du pays. Les recherches menées par le Centre pour la recherche forestière internationale (CIFOR) ont montré que les accords forestiers communautaires jouent un rôle dans la régénération des forêts, avec une augmentation notable du couvert forestier, du bois de chauffage et des produits forestiers non ligneux. Un groupe autonome reconnu par la loi et dirigé par les communautés a également permis aux personnes appartenant à des castes sociales inférieures et aux groupes autochtones de bénéficier d'un meilleur accès aux ressources forestières communautaires, ce qui a eu un impact positif sur leurs moyens de subsistance. En particulier, les recherches du CIFOR ont montré que les femmes, en tant que collectrices de produits forestiers non ligneux, sont les principales bénéficiaires des CFUG. Le CFGU du village de Chisapani, situé à côté du parc national de Bardiva, est principalement approvisionné par des agricultrices, et les femmes constituent la majorité de son personnel. Conformément à la législation nationale, les bénéfices tirés de la récolte de la citronnelle et de sa transformation en huile essentielle sont partagés à parts égales entre les femmes.

Source : (Paudyal et al., 2017[41])

Enfin, les solutions aux problèmes climatiques fondées sur la nature doivent être prises en compte pour leur rôle à la fois dans la réalisation des objectifs de conservation et d'égalité des sexes, en particulier pendant la pandémie de COVID-19, qui a eu un effet différencié sur les femmes. Les projets fondés sur la nature ont également été reconnus pour leur potentiel de création d'emplois verts (WWF and ILO, 2020[42]). Des données recueillies au Brésil, au Cameroun et en Afrique du Sud montrent que l'agroforesterie favorise l'égalité femmes-hommes, 40 à 50 % des femmes s'engageant dans des activités agricoles (FAO, 2018[43]). L'intégration des considérations liées à l'égalité homme-femme dans la conception et la mise en œuvre de solutions fondées sur la nature pourrait éventuellement garantir une participation plus large des femmes dans les emplois liés à l'environnement, ainsi que des solutions plus durables, grâce à la connaissance qu'ont les femmes – et les communautés autochtones – des terres, de la biodiversité et des ressources naturelles locales.

14.5.2. Les femmes des communautés autochtones et leur rôle dans la protection des écosystèmes

Les peuples autochtones représentent dans le monde plus de 370 millions de personnes réparties dans quelque 90 pays (UNDESA, 2009[44]). Dans la zone OCDE, les peuples autochtones représentent plus de 38 millions de personnes réparties dans 12 pays (OECD, 2019[45]). Ces communautés tirent une grande partie de leurs moyens de subsistance (nourriture, eau et combustible) de leur milieu environnant. Les liens étroits et la dépendance que les populations autochtones entretiennent avec les écosystèmes – à condition qu'ils fonctionnent bien – les rendent très vulnérables aux dégâts causés à l'environnement et aux changements climatiques. La déforestation et la pollution provoquées par l'agriculture intensive, les activités industrielles et l'urbanisation galopante représentent des menaces graves et grandissantes pour la subsistance et la survie de leurs communautés. Les peuples autochtones sont directement touchés par le déclin de la biodiversité (UNEP, 2016[46]). On estime que si les populations autochtones représentent 5 % de la population mondiale, elles protègent environ 80 % de la biodiversité mondiale (World Bank, 2021[47]).

Les femmes vivant dans les sociétés traditionnelles et autochtones jouent un rôle central dans la gestion des écosystèmes, sur lesquels elles ont acquis un vaste savoir traditionnel et dont elles dépendent largement pour assurer leur subsistance et se soigner. Il est fréquent, dans ces communautés, que les hommes et les femmes possèdent un savoir différencié du fait de la répartition traditionnelle des responsabilités. Les femmes autochtones ont, pendant toute l'histoire de leurs peuples, eu une influence fondamentale sur la préservation et la protection de l'environnement. Dans les sociétés traditionnelles, les femmes jouissent souvent depuis longtemps du même accès que les hommes aux terres, aux animaux et aux ressources. Nombre de ces sociétés étaient autrefois organisées sur le modèle matriarcal et attribuaient avec des femmes à la tête du foyer et de la famille, qui constituaient les piliers de leur société. Cette évolution s'explique par l'adoption de pratiques et de lois « modernes » (UN, 2010[48]).

S'attaquer aux vulnérabilités des femmes des populations autochtones – à la fois dans la zone OCDE et les pays en développement – n'est pas seulement une question de justice et d'équité. Le vaste savoir traditionnel qu'elles possèdent au sujet des vertus médicinales des végétaux et autres bienfaits pouvant être procurés par les écosystèmes, ainsi que sur la gestion durable des ressources naturelles, est fondamental pour la survie des communautés autochtones et des écosystèmes.

À mesure que les peuples autochtones interagissent de plus en plus avec les économies et sociétés « modernes », ce sont souvent les hommes – et non les femmes – qui participent à la prise de décisions et à la planification des projets concernant la gestion des ressources naturelles. Cela signifie que les connaissances inestimables des femmes et leur attitude à l'égard de l'environnement sont souvent ignorées. De plus, l'évolution d'un système de propriété et de responsabilité collectives vers une législation régissant la transmission et la propriété des biens fonciers entraîne souvent la discrimination des femmes, d'où une moindre tendance à la protection de l'environnement. Tous ces aspects négatifs peuvent engendrer des cycles de diminution de la productivité et de la durabilité, de dégradation de l'environnement et d'aggravation de l'insécurité alimentaire.

S'appuyant sur la réponse de Mme Ostrom à la tragédie des biens communs (Ostrom, 1990[39]), une approche territorialisée du développement économique des peuples autochtones – dont l'élément essentiel est la communauté – pourrait placer les femmes au centre de la gouvernance afin de garantir une gestion durable des ressources non renouvelables (OECD, 2020[49]). Dans la pratique, il est rare que les plans forestiers nationaux abordent la question des droits des peuples autochtones.

Certains pays ont pris des mesures particulières pour mieux intégrer ces communautés dans les plans forestiers nationaux. En 2005, par exemple, l'Australie a élaboré une stratégie nationale de gestion forestière autochtone, afin de permettre aux communautés autochtones de participer à la mise en place d'une industrie de la foresterie compétitive et écologiquement viable. Cette stratégie n'avait pas une dimension sexospécifique. Les organisations internationales s'emploient aussi activement à traiter les droits des peuples autochtones. Le Programme des Nations Unies pour l'environnement soutient spécifiquement les femmes dans les communautés autochtones (Encadré 14.3).

Encadré 14.3. Point de contact spécial du PNUE pour les peuples autochtones

En 2002, les Nations Unies ont créé l'Instance permanente sur les questions autochtones (UNPFII) qui, en tant qu'organe consultatif du Conseil économique et social (ECOSOC) de l'ONU, a pour mission de reconnaître l'importance spécifique des peuples autochtones et leurs communautés. Depuis 2004, le Programme des Nations Unies pour l'environnement (PNUE) dispose d'un point de contact spécial que les peuples autochtones peuvent joindre à tout moment pour se renseigner au sujet des programmes de travail de l'Organisation. Le PNUE a publié en 2012 des lignes directrices sur les peuples autochtones qui traitent du rôle des femmes et de la participation des communautés aux projets de développement durable du PNUE.

Source : (UNEP, 2012[50]).

14.5.3. Activisme des femmes au service de la protection de la biodiversité

Les femmes ont traditionnellement été à la tête de l'action militante en faveur de l'environnement et des mouvements de justice environnementale, qui trouvent leur origine et leur point de départ dans leurs propres expériences de marginalisation sociale. Les chercheurs postulent que la dynamique du pouvoir oriente une approche féministe de l'activisme environnemental. Les hommes sont traditionnellement à la tête de structures politiques et économiques responsables des dommages environnementaux, et peuvent donc se soustraire à la responsabilité environnementale en raison d'intérêts particuliers (Bell, 2016[51]). Les femmes militantes ont tendance à faire preuve d'une plus grande collaboration, à soutenir la production collective de connaissances, et à créer des groupements pour donner plus de poids à leurs actions et renforcer la solidarité (Berila, 2006[52]). Pour citer un exemple, le militantisme environnemental qui est né aux États-Unis dans les mines de charbon du centre des Appalaches était le fait de femmes de toutes races, de toutes croyances et de toutes classes sociales qui se sont regroupées à une époque de ségrégation raciale pour défendre les droits des mineurs. Le combat initial a duré et a été étendu à la préservation de l'environnement (comme la protection des eaux souterraines et l'opposition à la destruction du sommet des montagnes) ; il a également permis de faire la lumière sur les conséquences sanitaires et sociales de l'exploitation du charbon (contraction de maladies pulmonaires, pauvreté, etc.) et d'exiger des solutions.

Lorsque les femmes rencontrent des obstacles ou sont mises à l'écart des décisions officielles (au sein des conseils locaux ou des parlements), elles cherchent à initier le changement par le militantisme populaire. Les femmes défenseurs de l'Amazonie, qui ont remis au président et aux ministres de l'Équateur un mandat aux femmes défenseurs de la jungle des bases contre l'es activités extractives, ou l'Association nationale des femmes autochtones guerrières (ANMIGA) du Brésil, ne sont que deux exemples de mobilisation sociale dirigée par des femmes. Mais ce type d'activité peut présenter un risque important pour les femmes bénéficiant de peu de possibilités de recours ou de droits juridiques (chapitre 4). Les femmes activistes - tant écologistes que défenseurs de l'environnement comme les avocats ou les journalistes - sont plus susceptibles d'être attaquées étant donné qu'elles sont considérées comme enfreignant les normes sociales en prenant la parole (De Cicco and Sekyiamah, 2017[53]) (Ervin, 2018[54]). La violence à l'égard des femmes écologistes - menaces, intimidation, viol ou torture - passe largement inaperçue (Ervin, 2018[54]). L'organisation internationale de défense des droits humains Global Witness a fait état de 167 activistes œuvrant en faveur des terres et de l'environnement tués en 2018, soit une moyenne de plus de trois par semaine (Global Witness, 2019[55]).

14.6. Prise en compte des sexospécificités dans les initiatives de protection de la biodiversité

La 12e réunion de la Conférence des Parties à la Convention sur la diversité biologique (COP 12 de la CDB) a reconnu l'importance d'une prise en compte des disparités femmes-hommes pour la réalisation des Objectifs d'Aichi pour la biodiversité, a présenté un Plan d'action pour l'égalité des sexes pour 2015-20, et a appelé à la collecte de davantage de données ventilées par sexe et au suivi des politiques. (CBD, 2014[35]). Le Plan d'action pour l'égalité des sexes a pour principal objectif d'intégrer la problématique hommes-femmes dans les SPANB et est organisé dans quatre domaines d'action : (i) élaborer un cadre d'action capable de fournir le mandat, le soutien politique et les ressources nécessaires pour assurer l'intégration des considérations liées à l'égalité homme-femme dans la mise en œuvre de la Convention ; (ii) traiter les questions d'égalité homme-femme dans la théorie sous-jacente, la méthodologie et les recherches appliquées sur lesquelles reposent les interventions de la CDB ; (iii) œuvrer à l'égalité des sexes en matière de dotation en personnel, par le biais des capacités institutionnelles, du développement du personnel, de la responsabilité et des politiques connexes en matière d'égalité des chances ; et iv) mobiliser des partenaires, nouer des partenariats et mettre à profit les efforts existants, les meilleures pratiques et les enseignements tirés (CBD, 2017[56]).

Le Plan d'action pour l'égalité des sexes, inscrit dans le cadre de la Convention des Nations Unies sur la lutte contre la désertification pour la période 2018-2030, renforce la mise en œuvre de la Convention et constitue donc un instrument précieux pour transformer les moyens de subsistance de millions de femmes et de filles. Le Plan reconnaît l'importance des femmes dans la mise en œuvre de la Convention et recense les domaines essentiels pour leur engagement : i) la sensibilisation et la participation à la conception et à la mise en œuvre des programmes ; ii) les processus décisionnels que les hommes et les femmes adoptent au niveau local pour la gouvernance du développement, la mise en œuvre et l'examen des programmes d'action régionaux et nationaux (PAR et PAN) ; et (iii) le renforcement des capacités, l'éducation et la sensibilisation du public, en particulier au niveau local, grâce au soutien des organisations locales (UNCCD, 2018[57]).

Les SPANB sont un mécanisme clé permettant aux signataires de la CDB d'atteindre les objectifs fixés par cette dernière. Elles fournissent donc une importante occasion d'intégrer la question de l'autonomisation des femmes et la problématique femmes-hommes dans la gestion de la biodiversité ayant trait aux secteurs de l'agriculture, l'exploitation forestière et la pêche. Une récente étude analysant les 174 SPANB les plus récentes montre que 7 % des pays se fixent pour objectif ou finalité de faire progresser l'égalité des sexes, que le double (14 %) ont fait de cette égalité un principe directeur, et que plus du double (18 %) incluent la question de l'égalité des sexes ou de l'autonomisation des femmes dans leurs objectifs, cibles ou finalités prioritaires (CBD, 2016[58]). Entre 1993 et 2016, 56 % des SPANB mentionnaient des mots clés comme le genre ou les femmes, mais des différences existaient dans la façon dont les femmes et leur participation y étaient définies. Dans près d'un tiers des cas, les femmes étaient présentées comme des parties prenantes et/ou des bénéficiaires, dans 17 % comme des êtres « vulnérables » et dans 4 % comme des « agents du changement ». Plusieurs pays ont fait référence à l'Objectif 14 d'Aichi pour la biodiversité.

La politique nationale sur le genre de l'Ouganda (1997) encourage l'intégration des questions d'égalité femmes-hommes dans la planification, la prise de décision et la mise en œuvre des politiques environnementales à tous les niveaux afin d'assurer un développement social et économique durable. Les politiques du pays relatives aux espèces sauvages, à la sylviculture, à la pêche et à l'agriculture appellent chacune à accorder une attention particulière aux questions d'égalité femmes-hommes. De même, l'analyse du plan national de développement 2013-18 élaboré par le Mexique montre que l'adoption d'une optique sexospécifique est une nécessité à plusieurs égards, et qu'elle a donc été incluse dans le programme national mexicain 2013-18 pour l'égalité des chances et la non-discrimination à l'égard des femmes (PROIGUALDAD) ainsi que pour la mise en œuvre de la CDB. Au Brésil, les plans nationaux tiennent compte de la nécessité de mettre en œuvre un développement durable équitable et de promouvoir les droits fonciers des femmes, tandis que les politiques environnementales du pays incluent l'égalité des sexes comme un élément transversal (CBD, 2016[59]).

Afin d'aider les pays à intégrer avec succès la problématique hommes-femmes dans leurs stratégies environnementales et à s'appuyer sur les exemples de l'Ouganda, du Mexique et du Brésil, la CDB a mis au point une méthodologie. La première étape consiste à examiner les politiques nationales, ainsi que les cadres juridiques et institutionnels en matière d'égalité des sexes et d'interaction avec la biodiversité, puis à cerner la situation des femmes sur les questions d'égalité femmes-hommes et à identifier les parties prenantes. La deuxième étape est l'élaboration de mécanismes de gouvernance et de consultation en vue de donner la parole aux diverses parties, dont les femmes. Le processus s'achève par le recensement des priorités et la formulation de recommandations qui sont ensuite soumises aux organismes chargés de la biodiversité afin de promouvoir le changement (CBD, 2016[59]).

Si les SPANB font mention d'un soutien aux femmes, elles s'abstiennent en revanche de définir clairement l'influence qu'ont les intéressées – en tant que leaders de leurs communautés, consommatrices et entrepreneures – sur la situation en matière de biodiversité. Le fait de ne pas mentionner les femmes ni reconnaître leur rôle est le signe d'un problème encore plus grand : cela signifie que les femmes sont présumées participer aux processus et aux solutions de gestion et de prise de décisions, et qu'il n'y a donc pas lieu de mettre l'accent sur leur engagement. Les données disponibles racontent une autre histoire, et les SPANB devront aller au-delà de la reconnaissance et de la dimension symbolique pour définir des actions plus concrètes, par exemple l'identification des ressources naturelles dont les femmes ont besoin et leurs raisons, des plans d'action pour une prise de décision équilibrée entre les sexes et l'accès aux technologies et aux intrants, et l'engagement des fonds à mettre en œuvre des initiatives.

Les données sur la coopération pour le développement montrent qu'il y a encore du chemin à parcourir pour généraliser l'égalité femmes-hommes dans les programmes ayant trait à la biodiversité et les projets de conservation. Les engagements d'aide bilatérale ventilable ciblant l'égalité femmes-hommes et l'autonomisation des femmes en tant qu'objectif significatif (secondaire) ou principal (primaire) ont connu une augmentation significative entre 2015 et 2019 (plus de 10 milliards USD). Cependant, seule une petite partie de cette aide bilatérale est consacrée à la biodiversité – soit environ 1.2 % par an en moyenne sur la période 2015-2019 – ce qui indique que le lien entre inégalités hommes-femmes et l'arrêt de l'érosion de la biodiversité doit être renforcé dans l'aide publique au développement (OECD.Stat, n.d.[60]).

Qu'ils soient menés à l'échelle locale ou nationale, les projets d'infrastructure et de gestion des ressources naturelles ignorent souvent les effets variables qu'ils auront sur les hommes et les femmes et les approches sexospécifiques. Ainsi, le projet REDD+ (Réduction des Émissions dues à la Déforestation et à la Dégradation forestière), qui verse des fonds aux pays en développement pour qu'ils assurent la préservation de leurs forêts, a parfois exclu les femmes des cadres de gouvernance (par exemple au Népal et au Cameroun), la conséquence étant des décisions négligeant les différences de besoins entre les femmes et les hommes (Larson et al., 2015[61]) (Elwell and Williams, 2016[62]).

Des actions doivent être engagées non seulement par les autorités publiques, mais aussi par les organisations non gouvernementales (ONG). Outre ses initiatives intéressantes et fructueuses, le Fond mondial pour la nature (WWF) a adopté en 2011 une politique de genre visant à favoriser une meilleure intégration de la perspective de genre dans ses travaux de conservation et dans sa propre structure institutionnelle. Il œuvre, à travers les projets qu'il mène dans le monde entier, pour la généralisation de l'égalité femmes-hommes et l'autonomisation des femmes en aidant les intéressées, dans les pays en développement, à accéder plus facilement à l'éducation, aux soins et à des modes de vie durables, ainsi qu'à accroître leur confiance en elles (WWF, 2020[63]). Un exemple est le Népal, où les plans d'adaptation aux changements climatiques prévoient de donner aux femmes marginalisées les moyens de participer activement aux processus d'adaptation communautaires en mettant en évidence leurs vulnérabilités particulières à l'égard du climat et en s'assurant que des solutions sont conçues pour elles (WWF, 2020[63]). Les activités d'amélioration de la durabilité vont de la récupération d'eau de pluie à l'augmentation du rendement hydraulique de l'irrigation, en passant par l'introduction de cultures végétales adaptées au climat afin d'aider les femmes à s'adapter aux changements climatiques tout en apportant un soutien durable aux écosystèmes.

14.7. Actions clés pour aller de l'avant

Un certain nombre d'actions sont requises pour coordonner la lutte contre les disparités femmes-hommes et les efforts de conservation :

- Comme pour les autres ODD ayant trait à l'environnement, le recueil des données manquantes ainsi que l'élargissement de la collecte et du suivi d'éléments probants au-delà des cibles et des indicateurs relatifs au genre ayant été recensés dans l'Agenda 2030 devraient constituer une première étape pour ajouter à la mise en œuvre de l'ODD 15 l'approche sexospécifique qui lui fait globalement défaut.
- La liste actuelle des indicateurs des ODD relatifs à la biodiversité et à la préservation qui comportent une dimension sexospécifique ont une portée limitée et s'intéressent surtout à l'accès à la terre. Les ODD passent sous silence le fait que la dégradation de l'environnement a des effets plus importants sur les femmes (cela pourrait être inclus dans la cible 15.6) et que ces dernières pourraient participer aux efforts de conservation. Après les premières mesures prises par la Conférence des Parties à la Convention sur la diversité biologique, il convient d'aller plus loin en intégrant dans le cadre mondial pour la biodiversité pour l'après 2020 des indicateurs tenant compte des disparités entre femmes et hommes.
- La lutte contre la discrimination entre les sexes et pour l'autonomisation des femmes doit aller au-delà des titres de propriété foncière et de la production agricole et répondre également au besoin pour les femmes d'avoir accès aux ressources partagées que sont les forêts, les montagnes et les cours d'eau, ainsi qu'à d'autres biens communs. Cela est particulièrement important pour les communautés autochtones, qui vivent sur des terres partagées héritées de leurs ancêtres.
- La dimension de l'égalité entre les sexes doit être mieux intégrée dans les stratégies et plans d'action nationaux pour la biodiversité (SPANB). Il faut en particulier assurer un équilibre entre les sexes pour ce qui est des prises de décisions, et garantir un accès aux technologies et aux moyens de financement pour les projets conduits par des femmes.
- Tous les pays ont largement intérêt à s'assurer que leurs politiques étrangères (en matière d'échanges, d'investissements et de coopération pour le développement) favorisent l'autonomisation et la participation des femmes et des populations autochtones dans les autres pays.

- Les multinationales qui exercent leurs activités dans les pays en développement, en particulier celles qui utilisent les ressources naturelles qui les composent, ont l'obligation d'agir de manière responsable et d'atténuer les effets négatifs de leurs activités sur l'environnement et la société. Des initiatives comme le Pacte mondial des Nations Unies et les Principes directeurs de l'OCDE à l'intention des entreprises multinationales sont à cet égard très utiles, mais il convient de renforcer le suivi et les mécanismes de sanction.

Références

Abbott, P. (2015), "Land Tenure Regularisation in Rwanda: Progress Report for Selected Indicators", http://dx.doi.org/10.13140/RG.2.1.4208.3280. [27]

Agarwal, B. (2009), "Gender and forest conservation: The impact of women's participation in community forest governance", *Ecological Economics*, Vol. 68/11, pp. 2785-2799, http://dx.doi.org/10.1016/j.ecolecon.2009.04.025. [31]

Alamgir, A. (2017), "Therapeutic Use of Medicinal Plants and Their Extracts: Volume 1. Progress in Drug Research", http://dx.doi.org/10.1007/978-3-319-63862-1_1. [11]

Ali, D., K. Deininger and M. Goldstein (2014), "Environmental and gender impacts of land tenure regularization in Africa: Pilot evidence from Rwanda", *Journal of Development Economics*, Vol. 110, pp. 262-275, http://dx.doi.org/10.1016/j.jdeveco.2013.12.009. [26]

Bell, K. (2016), "Bread and roses: A gender perspective on environmental justice and public health", *International Journal of Environmental Research and Public Health*, Vol. 13/10, http://dx.doi.org/10.3390/ijerph13101005. [51]

Berila, B. (2006), "The Links between Environmental Justice and Feminist Pedagogy: An Introduction", *Feminist Teacher*, Vol. 16/2, pp. 93-97, http://dx.doi.org/10.2307/40545982. [52]

Brainich, A. et al. (2018), *The Assessment Report in Land Restoration and Degradation. Summary for Policymakers of the IPBES Report on Land Degradation and Restoration*, http://www.ipbes.net. [4]

Carrington, D. (2018), "What is Biodiversity and why does it matter to us?", *The Guardian*. [5]

Castañeda Carney, I. et al. (2020), *Gender-based violence and environment linkages: The violence of inequality*, IUCN, International Union for Conservation of Nature, http://dx.doi.org/10.2305/IUCN.CH.2020.03.en. [16]

CBD (2019), *Towards a Gender Responsive Post- 2020 Global Biodiversity Framework: Considerations for Gender Mainstreaming*, https://genderandenvironment.org/2015/08/stop-being-so-sensitive-the-shift-from-gender-sensitive-to-gender-responsive-action/. [12]

CBD (2018), "Towards a Sustainable, Participatory and Inclusive Wild Meat", Vol. CBD/COP/14/INF/7, pp. 1-181. [7]

CBD (2017), *2015–2020 Gender Plan of Action Pocket Guide: Summary and Examples*, https://www.cbd.int/gender/doc/CBD-GenderPlanofAction-EN-WEB.pdf. [56]

CBD (2016), *Inclusion and characterization of women and gender equality considerations in National Biodiversity Strategies and Action Plans (NBSAPs) Gender and Biodiversity*, http://www.genderandenvironment.org/EGI. [58]

CBD (2016), *Integrating Gender Considerations in National Biodiversity Strategies and Action Plans Pilot Project Process and Initial Considerations*, http://genderandenvironment.org/works/ccgaps/. [59]

CBD (2014), *Decision Adopted by the Conference of the Parties to the Convention on Biological Diversity. Mainstreaming gender considerations*, UNEP/CBD/COP/DEC/XII/7. [35]

De Cicco, G. and N. Sekyiamah (2017), “Cinq espaces féministes extraordinaires qui nous ont réjoui-e-s en 2017 18 décembre 2017 |”, *AWID*, https://www.awid.org/fr/nouvelles-et-analyse/cinq-espaces-feministes-extraordinaires-qui-nous-ont-rejoui-e-s-en-2017 (accessed on 13 October 2020). [53]

Despot-Belmonte, K. (2019), *SDGs context, overview of targets and indicators relevant to gender and biodiversity*, UN Environment, World Conservation Monitoring Centre. [29]

Elwell, N. and Y. Williams (2016), *If You Care About the Environment, You Should Care About Gender*, https://www.wri.org/blog/2016/03/if-you-care-about-environment-you-should-care-about-gender (accessed on 13 November 2020). [62]

Ervin, J. (2018), *In Defense of Nature: Women at the Forefront*, https://www.undp.org/content/undp/en/home/blog/2018/in-defense-of-nature-women-at-the-forefront.html (accessed on 1 September 2020). [54]

FAO (2020), *Global Forest Resources Assessment 2020*, FAO, http://dx.doi.org/10.4060/ca8753en. [2]

FAO (2020), *The State of the World's Forests 2020*, FAO and UNEP, http://dx.doi.org/10.4060/ca8642en. [10]

FAO (2018), *Forest Pathways to Sustainable Development*, FAO, Rome, http://www.fao.org/documents/card/en/c/I9535EN/. [43]

FAO (2018), *Realizing women's rights to land in the law. A guide for reporting on SDG indicator 5.a.2*, Food and Agriculture Organization of the United Nations, Rome. [24]

FAO (2012), *Decent rural employment for food security: A case for action.* [8]

Fargione, J. et al. (2008), “Land clearing and the biofuel carbon debt”, *Science*, Vol. 319/5867, pp. 1235-1238, http://dx.doi.org/10.1126/science.1152747. [14]

Global Witness (2019), *Enemies of the State: How Goverments and Business Silence Land and Environmental Defenders*, https://www.globalwitness.org/documents/19766/Enemies_of_the_State.pdf. [55]

Global Youth Biodiversity Network (2016), *CBD in a nutshell*, CBD, Germany, http://www.gybn.org. [13]

Hoza Ngoga, T. (2019), *A quick, cost-effective approach to land tenure regularisation: the case of Rwanda*, International Growth Centre. [25]

IPBES (2019), *The global assessment report on Biodiversity and Ecosystem Services Summary for Policymakers of the IPBES Global Assessment Report on Biodiversity and Ecosystem Services*, http://www.ipbes.net. [15]

Larson, A. et al. (2015), “The role of women in early REDD+ implementation: lessons for future engagement”, *International Forestry Review*, Vol. 17/1, p. 43, http://redd-standards.org/. [61]

Lawrence, A. et al. (2020), “Forests in common: Learning from diversity of community forest arrangements in Europe”, *Ambio*, http://dx.doi.org/10.1007/s13280-020-01377-x. [38]

Leisher, C. et al. (2016), "Does the gender composition of forest and fishery management groups affect resource governance and conservation outcomes? A systematic map", *Environmental Evidence*, Vol. 5/1, http://dx.doi.org/10.1186/s13750-016-0057-8. [34]

Macdonald, C. (2018), *The Role of Gender in the Extractive Industries*, Oxford University Press, http://dx.doi.org/10.1093/oso/9780198817369.003.0021. [21]

Meinzen-Dick, R., C. Kovarik and A. Quisumbing (2014), "Gender and Sustainability", *Annual Review of Environment and Resources*, Vol. 39/1, pp. 29-55, http://dx.doi.org/10.1146/annurev-environ-101813-013240. [40]

Muller, E. et al. (2018), *The state of the world's forests : forest pathways to sustainable development.* [1]

OECD (2020), *Biodiversity and the economic response to COVID-19: Ensuring a green and resilient recovery.* [3]

OECD (2020), *Linking Indigenous Communities with Regional Development in Canada*, OECD Rural Policy Reviews, OECD Publishing, Paris, https://dx.doi.org/10.1787/fa0f60c6-en. [49]

OECD (2019), *Gender, Institutions and Development Database*, https://oe.cd/ds/GIDDB2019. [30]

OECD (2019), *Linking Indigenous Communities with Regional Development*, OECD Rural Policy Reviews, OECD Publishing, Paris, https://dx.doi.org/10.1787/3203c082-en. [45]

OECD (2018), *Mainstreaming biodiversity for sustainable development.* [9]

OECD (2018), *Mainstreaming Biodiversity for Sustainable Development*, OECD Publishing, Paris, https://dx.doi.org/10.1787/9789264303201-en. [6]

OECD.Stat (n.d.), *Aid projects targeting gender equality and women's empowerment (CRS)*, https://stats.oecd.org/Index.aspx?DataSetCode=DV_DCD_GENDER (accessed on 15 April 2021). [60]

Orr, B. et al. (2017), *Conceptual Framework for Land Degradation Neutrality. A Report of the Science-Policy Interface. United Nations Convention to Combat Desertification (UNCCD)*, UNCCD, https://www.unccd.int/sites/default/files/documents/2019-06/LDN_CF_report_web-english.pdf. [33]

Ostrom, E. (1990), *Governing the commons : the evolution of institutions for collective action*, Cambridge University Press. [39]

Paudyal, K. et al. (2017), "Ecosystem services from community-based forestry in Nepal: Realising local and global benefits", *Land Use Policy*, Vol. 63, pp. 342-355, http://dx.doi.org/10.1016/j.landusepol.2017.01.046. [41]

Price, R. (2018), *Women-initiated measures to cope with environmental stresses and climate change in South Asia.* [36]

Ray, B., P. Mukherjee and R. Bhattacharya (2016), "Attitudes and cooperation: does gender matter in community-based forest management?", *Environment and Development Economics*, Vol. 22/5, pp. 594-623, http://dx.doi.org/10.1017/s1355770x16000358. [32]

Samandari, A. (2017), "Gender-responsive land degradation neutrality", United Nations Convention to Combat Desertification. [22]

Stefanidou, M., C. Maravelias and C. Spiliopoulou (2009), "Human Exposure to Endocrine Disruptors and Breast Milk", *Endocrine, Metabolic & Immune Disorders - Drug Targets*, Vol. 9/3, pp. 269-276, http://dx.doi.org/10.2174/187153009789044374. [19]

UN (2010), *The Millennium Development Goals Report 2010*, United Nations. [48]

UN Environment (2016), *Global Gender and Environment Outlook 2016*, United Nations, New York, https://dx.doi.org/10.18356/0b979453-en. [23]

UNCCD (2018), *Gender Action Plan*, United Nations Convention to Combat Desertification, https://www.unccd.int/publications/gender-action-plan. [57]

UNDESA (2009), *State of the World's Indigenous Peoples*, United Nations, Department of Economic and Social Affairs, Division for Social Policy and Development, Secretariat of the Permanent Forum on Indigenous Issues. [44]

UNEP (2016), *Global gender and environment outlook*. [46]

UNEP (2012), *UNEP and Indigenous Peoples: A Partnership in Caring for the Environment Policy Guidance*, http://www.uncsd2012.org/content/documents/727The%20Future%20We%20Want%2019%20June%201230pm.pdf. [50]

UNEP and IUCN (2019), *Gender and environment statistics: Unlocking information for action and measuring the SDGs*, http://www.un.org/Depts/Cartographic/english/htmain.htm. [28]

UNFCCC (2015), *Least Developed Countries Expert Group: Strengthening gender considerations in adaptation planning and implementation in the least developed countries*, https://www4.unfccc.int/sites/NAPC/Documents%20NAP/UNFCCC_gender_in_NAPs.pdf. [37]

UNICEF (2017), *Horn of Africa: A Call for Action*, https://reliefweb.int/sites/reliefweb.int/files/resources/HOA_CALL_FOR_ACTION_Leaflet_Feb2017_1.pdf. [18]

UNICEF (2016), *A Rapid Assessment of the Impact of Drought on Children and Women in India Coping Crumbles*. [17]

World Bank (2021), *Indigenous Peoples*, https://www.worldbank.org/en/topic/indigenouspeoples#:~:text=While%20Indigenous%20Peoples%20own%2C%20occupy,of%20the%20world%27s%20remaining%20biodiversity.&text=The%20World%20Bank%20works%20with,and%20aspirations%20of%20Indigenous%20Peoples. [47]

World Bank (2013), "Gender in Extractive Industries", https://www.worldbank.org/en/topic/extractiveindustries/brief/gender-in-extractive-industries (accessed on 28 October 2020). [20]

WWF (2020), *Women and Girls Stories*, https://www.worldwildlife.org/stories?initiative_id=women-and-girls (accessed on 10 March 2021). [63]

WWF and ILO (2020), *Nature Hires: How Nature-based Solutions Can Power a Green Jobs Recovery*, 0 World Wide Fund For Nature and International Labour Organization; Gland, Switzerland, https://www.ilo.org/wcmsp5/groups/public/---ed_emp/documents/publication/wcms_757823.pdf. [42]

Annexe A. Indicateurs des objectifs de développement durable (ODD) : cartographie de l'articulation entre la problématique femmes-hommes et l'environnement

Tableau A A.1. Indicateurs des ODD liés à la problématique femmes-hommes et à l'environnement – Disponibilité des données pour les pays de l'OCDE

Indicateur	Intitulé de l'indicateur	Indicateurs liés à la problématique femmes-hommes	Indicateurs liés à l'environnement	Indicateurs liés à l'articulation entre la problématique femmes-hommes et l'environnement	Données disponibles pour les pays de l'OCDE
1.1.1	Proportion de la population vivant au-dessous du seuil de pauvreté fixé au niveau international, par sexe, âge, situation dans l'emploi et lieu de résidence (zone urbaine/zone rurale)	•			
1.2.1	Proportion de la population vivant au-dessous du seuil national de pauvreté, par sexe et âge	•			
1.2.2	Proportion d'hommes, de femmes et d'enfants de tous âges vivant dans une situation de pauvreté sous toutes ses formes, telles que définies par chaque pays	•			
1.3.1	Proportion de la population bénéficiant de socles ou systèmes de protection sociale, par sexe et par groupe de population (enfants, chômeurs, personnes âgées, personnes handicapées, femmes enceintes et nouveau-nés, victimes d'un accident du travail, pauvres et personnes vulnérables)	•			1. [OIT] Pourcentage de personnes lourdement handicapées percevant des prestations d'invalidité en espèces, par sexe 2 [OIT] Pourcentage de femmes ayant donné naissance percevant des prestations de maternité en espèces 3 [OIT] Pourcentage de la population ayant au moins l'âge légal de départ à la retraite percevant une pension de vieillesse, par sexe 4 [OIT] Pourcentage de

Indicateur	Intitulé de l'indicateur	Indicateurs liés à la problématique femmes-hommes	Indicateurs liés à l'environnement	Indicateurs liés à l'articulation entre la problématique femmes-hommes et l'environnement	Données disponibles pour les pays de l'OCDE
					chômeurs percevant des prestations de chômage en espèces, par sexe
1.4.1	Proportion de la population vivant dans des ménages ayant accès aux services de base	•			
1.4.2	Proportion de la population adulte totale qui dispose de la sécurité des droits fonciers et qui (a) possède des documents légalement authentifiés et (b) considère que ses droits sur la terre sont sûrs, par sexe et par type d'occupation	•	•	•	
1.5.1	Nombre de personnes décédées, disparues ou directement touchées lors de catastrophes, pour 100 000 personnes	•	•	•	
1.5.2	Pertes économiques directement attribuables à des catastrophes par rapport au produit intérieur brut mondial (PIB)		•		
1.5.3	Nombre de pays ayant adopté et mis en place des stratégies nationales de réduction des risques de catastrophe, conformément au Cadre de Sendai pour la réduction des risques de catastrophe (2015-2030)		•		
1.5.4	Proportion d'administrations locales ayant adopté et mis en place des stratégies locales de réduction des risques de catastrophe, conformément aux stratégies suivies à l'échelle nationale		•		
1.a.1	Total des dons d'aide publique au développement axés sur la réduction de la pauvreté, tous donateurs confondus, exprimé en proportion du revenu national brut du pays bénéficiaire				
1.a.2	Proportion des dépenses publiques totales affectée aux services essentiels (éducation, santé et protection sociale)				
1.b.1	Dépenses sociales publiques favorables aux pauvres				
2.1.1	Prévalence de la sous-alimentation	•			
2.1.2	Prévalence d'une insécurité alimentaire modérée ou grave, évaluée selon l'échelle de	•			

Indicateur	Intitulé de l'indicateur	Indicateurs liés à la problématique femmes-hommes	Indicateurs liés à l'environnement	Indicateurs liés à l'articulation entre la problématique femmes-hommes et l'environnement	Données disponibles pour les pays de l'OCDE
	mesure de l'insécurité alimentaire vécue (échelle FIES)				
2.2.1	Prévalence d'un retard de croissance (indice taille/âge inférieur à -2 écarts types par rapport à la médiane des normes de croissance de l'enfant définies par l'OMS) chez les enfants de moins de 5 ans	•			
2.2.2	Prévalence de la malnutrition (indice poids/taille supérieur à +2 écarts types ou inférieur à -2 écarts types par rapport à la médiane des normes de croissance de l'enfant définies par l'OMS chez les enfants de moins de 5 ans, par forme (surpoids et émaciation)	•			Taux d'obésité
2.2.3	Prévalence de l'anémie chez les femmes âgées de 15 à 49 ans, selon l'état de grossesse (pourcentage)	•			
2.3.1	Volume de production par unité de travail, en fonction de la taille de l'exploitation agricole, pastorale ou forestière		•		
2.3.2	Revenu moyen des petits producteurs alimentaires, selon le sexe et le statut d'autochtone	•	•	•	
2.4.1	Proportion des zones agricoles exploitées de manière productive et durable		•		
2.5.1	Nombre de ressources génétiques animales et végétales destinées à l'alimentation et à l'agriculture sécurisées dans des installations de conservation à moyen ou à long terme		•		
2.5.2	Proportion des races locales considérées comme étant en danger d'extinction		•		
2.a.1	Indice d'orientation agricole des dépenses publiques		•		
2.a.2	Total des apports publics (aide publique au développement plus autres apports publics) alloués au secteur agricole		•		
2.b.1	Subventions à l'exportation dans le secteur agricole				
2.c.1	Indicateur d'anomalies des prix alimentaires				
3.1.1	Taux de mortalité maternelle	•			Taux de mortalité maternelle
3.1.2	Proportion d'accouchements assistés par du personnel de	•			Proportion d'accouchements assistés par du personnel de

Indicateur	Intitulé de l'indicateur	Indicateurs liés à la problématique femmes-hommes	Indicateurs liés à l'environnement	Indicateurs liés à l'articulation entre la problématique femmes-hommes et l'environnement	Données disponibles pour les pays de l'OCDE
	santé qualifié				santé qualifié (%)
3.2.1	Taux de mortalité des enfants de moins de 5 ans	•			Taux de mortalité infantile
3.2.2	Taux de mortalité néonatale	•			
3.3.1	Nombre de nouvelles infections à VIH pour 1 000 personnes séronégatives, par sexe, âge et appartenance à un groupe de population à risque	•			Nombre de nouvelles infections à VIH pour 1 000 personnes séronégatives, par sexe et âge
3.3.2	Incidence de la tuberculose pour 100 000 habitants	•			Taux de mortalité par tuberculose
3.3.3	Incidence du paludisme pour 1 000 habitants	•			
3.3.4	Incidence de l'hépatite B pour 100 000 habitants	•			
3.3.5	Nombre de personnes pour lesquelles des interventions contre les maladies tropicales négligées sont nécessaires	•			
3.4.1	Taux de mortalité attribuable à des maladies cardiovasculaires, au cancer, au diabète ou à des maladies respiratoires chroniques	•			Taux de mortalité attribuable à des maladies cardiovasculaires, au cancer, au diabète ou à des maladies respiratoires chroniques (probabilité)
3.4.2	Taux de mortalité par suicide	•			Taux de mortalité par suicide par sexe (décès pour 100 000 personnes)
3.5.1	Couverture des interventions thérapeutiques (services pharmacologiques, psychosociaux, services de désintoxication et de postcure) pour les troubles liés à la toxicomanie	•			
3.5.2	Consommation d'alcool (en litres d'alcool pur) par habitant (âgé de 15 ans ou plus) au cours d'une année civile	•			
3.6.1	Taux de mortalité lié aux accidents de la route	•			Taux de mortalité par accident de transport
3.7.1	Proportion de femmes en âge de procréer (de 15 à 49 ans) qui utilisent des méthodes modernes de planification familiale	•			
3.7.2	Taux de natalité chez les adolescentes (10 à 14 ans et 15 à 19 ans) pour 1 000 adolescentes du même groupe d'âge	•			Taux de natalité chez les adolescentes (pour 1 000 adolescentes âgées de 15 à 19 ans)
3.8.1	Couverture des services de santé essentiels	•			
3.8.2	Proportion de la population consacrant une grande part de	•			

Indicateur	Intitulé de l'indicateur	Indicateurs liés à la problématique femmes-hommes	Indicateurs liés à l'environnement	Indicateurs liés à l'articulation entre la problématique femmes-hommes et l'environnement	Données disponibles pour les pays de l'OCDE
	ses dépenses ou de ses revenus domestiques aux services de soins de santé				
3.9.1	Taux de mortalité attribuable à la pollution de l'air dans les habitations et à la pollution de l'air ambiant	•	•	•	
3.9.2	Taux de mortalité attribuable à l'insalubrité de l'eau, aux déficiences du système d'assainissement et au manque d'hygiène (accès à des services WASH inadéquats)	•	•	•	
3.9.3	Taux de mortalité attribuable à un empoisonnement accidentel	•	•	•	Taux de mortalité attribué aux empoisonnements involontaires, par sexe (décès pour 100 000 habitants)
3.a.1	Prévalence de la consommation actuelle de tabac par les personnes de 15 ans ou plus (taux comparatifs par âge)	•			Prévalence de la consommation actuelle de tabac par les personnes de 15 ans ou plus, par sexe (taux comparatifs par âge) (%)
3.b.1	Proportion de la population cible ayant reçu tous les vaccins prévus par le programme national	•			
3.b.2	Montant total net de l'aide publique au développement consacré à la recherche médicale et aux soins de santé de base				
3.b.3	Proportion des établissements de santé disposant constamment d'un ensemble de médicaments essentiels à un coût abordable				
3.c.1	Densité et répartition du personnel de santé				
3.d.1	Application du Règlement sanitaire international (RSI) et préparation aux urgences sanitaires				
3.d.2	Pourcentage de septicémies causées par un organisme résistant aux antimicrobiens donné				
4.1.1	Proportion d'enfants et de jeunes : a) en 2e ou 3e année de cycle primaire ; b) en fin de cycle primaire ; c) en fin de premier cycle du secondaire qui maîtrisent au moins les normes d'aptitudes minimales en i) lecture et ii) mathématiques,	•			1. Proportion d'enfants qui maîtrisent au moins les normes d'aptitudes minimales en mathématiques, par niveau d'études et par sexe (%) (2e/3e année de cycle primaire) 2. Proportion

Indicateur	Intitulé de l'indicateur	Indicateurs liés à la problématique femmes-hommes	Indicateurs liés à l'environnement	Indicateurs liés à l'articulation entre la problématique femmes-hommes et l'environnement	Données disponibles pour les pays de l'OCDE
	par sexe				d'enfants qui maîtrisent au moins les normes d'aptitudes minimales en mathématiques, par niveau d'études et par sexe (%) (fin de premier cycle du secondaire) 3. Proportion d'enfants qui maîtrisent au moins les normes d'aptitudes minimales en lecture, par niveau d'études et par sexe (%) (2e/3e année de cycle primaire) 4. Proportion d'enfants qui maîtrisent au moins les normes d'aptitudes minimales en lecture, par niveau d'études et par sexe (%) (fin de premier cycle du secondaire)
4.1.2	Taux d'achèvement (enseignement primaire, premier cycle et deuxième cycles de l'enseignement secondaire)	•			
4.2.1	Proportion d'enfants âgés de 24 à 59 mois dont le développement est en bonne voie en matière de santé, d'apprentissage et de bien-être psychosocial, par sexe	•			
4.2.2	Taux de participation à des activités d'apprentissage organisées (un an avant l'âge officiel de scolarisation dans le primaire), par sexe	•			Taux de participation à des activités d'apprentissage organisées (un an avant l'âge officiel de scolarisation dans le primaire), par sexe (%)
4.3.1	Taux de participation des jeunes et des adultes à un programme d'éducation et de formation scolaire ou non scolaire au cours des 12 mois précédents, par sexe	•			Taux de participation à un programme d'éducation et de formation scolaire ou non scolaire, par sexe (%)
4.4.1	Proportion de jeunes et d'adultes ayant des compétences dans le domaine des technologies de l'information et des communications, par type de compétence	•			Proportion de jeunes et d'adultes ayant des compétences dans le domaine des technologies de l'information et des communications, par sexe et type de compétence (%) (ARSP)
4.5.1	Indices de parité (femmes/hommes, urbain/rural, quintile inférieur/supérieur de richesse et autres paramètres tels que le handicap, le statut d'autochtone et les situations de conflit, à mesure que les données deviennent	•			1. Indice de parité entre hommes et femmes ayant les compétences voulues à au moins un niveau d'aptitude fixé en alphabétisation fonctionnelle (ratio) (LITE) 2. Indice de parité entre hommes et

Indicateur	Intitulé de l'indicateur	Indicateurs liés à la problématique femmes-hommes	Indicateurs liés à l'environnement	Indicateurs liés à l'articulation entre la problématique femmes-hommes et l'environnement	Données disponibles pour les pays de l'OCDE
	disponibles) pour tous les indicateurs dans le domaine de l'éducation de cette liste pouvant être ventilés				femmes ayant les compétences voulues à au moins un niveau d'aptitude fixé en alphabétisation fonctionnelle (ratio) (NUME) 3. Indice de parité hommes-femmes chez les jeunes et adultes ayant des compétences dans le domaine des technologies de l'information et des communications, par type de compétence (ratio) (ARSP) 4. Indice de parité hommes-femmes chez les jeunes et adultes ayant des compétences dans le domaine des technologies de l'information et des communications, par type de compétence (ratio) (CMFL) 5. Indice de parité hommes-femmes chez les jeunes et adultes ayant des compétences dans le domaine des technologies de l'information et des communications, par type de compétence (ratio) (COPA) 6. Indice de parité hommes-femmes chez les jeunes et adultes ayant des compétences dans le domaine des technologies de l'information et des communications, par type de compétence (ratio) (EPRS) 7. Indice de parité hommes-femmes chez les jeunes et adultes ayant des compétences dans le domaine des technologies de l'information et des communications, par type de compétence (ratio) (PCPR) 8. Indice de parité hommes-femmes chez les jeunes et adultes ayant des compétences dans le domaine des technologies de l'information et des communications, par type de compétence (ratio) (SOFT) 9. Indice de parité hommes-femmes chez les jeunes et adultes ayant des compétences dans le domaine des technologies

Indicateur	Intitulé de l'indicateur	Indicateurs liés à la problématique femmes-hommes	Indicateurs liés à l'environnement	Indicateurs liés à l'articulation entre la problématique femmes-hommes et l'environnement	Données disponibles pour les pays de l'OCDE
					de l'information et des communications, par type de compétence (ratio) (TRAF) 10. Indice de parité hommes-femmes pour la réussite en mathématiques, par niveau d'études (ratio) (2e/3e année de cycle primaire) 11. Indice de parité hommes-femmes pour la réussite en mathématiques, par niveau d'études (ratio) (premier cycle du secondaire) 12. Indice de parité hommes-femmes pour la réussite en mathématiques, par niveau d'études (ratio) (fin de cycle primaire) 13. Indice de parité hommes-femmes pour le taux de participation à un programme d'éducation et de formation scolaire ou non scolaire (ratio) 14. Indice de parité hommes-femmes pour la réussite en lecture, par niveau d'études (ratio) (2e/3e année de cycle primaire) 15. Indice de parité hommes-femmes pour la réussite en lecture, par niveau d'études (ratio) (premier cycle du secondaire) 16. Indice de parité hommes-femmes pour le taux de participation à des activités d'apprentissage organisées (un an avant l'âge officiel de scolarisation dans le primaire) (ratio)
4.6.1	Proportion de la population d'un groupe d'âge donné ayant les compétences voulues à au moins un niveau d'aptitude fixé a) en alphabétisme et b) arithmétique fonctionnels, par sexe	•			1. Proportion de la population ayant les compétences voulues à au moins un niveau d'aptitude fixé en compétences fonctionnelles, par sexe, âge et type de compétence (%) (LITE) 2. Proportion de la population ayant les compétences voulues à au moins un niveau d'aptitude fixé en compétences fonctionnelles, par sexe, âge et type de compétence (%) (NUME)
4.7.1	Degré d'intégration de i) l'éducation à la citoyenneté mondiale et ii) l'éducation au				

Indicateur	Intitulé de l'indicateur	Indicateurs liés à la problématique femmes-hommes	Indicateurs liés à l'environnement	Indicateurs liés à l'articulation entre la problématique femmes-hommes et l'environnement	Données disponibles pour les pays de l'OCDE
	développement durable dans a) les politiques nationales d'éducation, b) les programmes d'enseignement, c) la formation des enseignants et d) l'évaluation des étudiants				
4.a.1	Proportion d'établissements scolaires offrant des services essentiels, par type de service				
4.b.1	Volume de l'aide publique au développement consacrée aux bourses d'études, par secteur et type de formation				
4.c.1	Proportion d'enseignants ayant les qualifications minimales requises, par niveau d'études	•			
5.1.1	Présence ou absence d'un cadre juridique visant à promouvoir, faire respecter et suivre l'application des principes d'égalité des sexes et de non-discrimination fondée sur le sexe	•			1. Cadres légaux qui promeuvent, font respecter et suivent les principes d'égalité des sexes (pourcentage de réussite, 0-100) – Secteur 3 : Emploi et avantages économiques 2. Cadres légaux qui promeuvent, font respecter et suivent les principes d'égalité des sexes (pourcentage de réussite, 0-100) – Secteur 1 : Cadres juridiques généraux et vie publique 3. Cadres légaux qui promeuvent, font respecter et suivent les principes d'égalité des sexes (pourcentage de réussite, 0-100) – Secteur 4 : Mariage et famille 4. Cadres légaux qui promeuvent, font respecter et suivent les principes d'égalité des sexes (pourcentage de réussite, 0-100) – Secteur 2 : Violence à l'égard des femmes
5.2.1	Proportion de femmes et de filles âgées de 15 ans ou plus ayant vécu en couple victimes de violences physiques, sexuelles ou psychologiques infligées au cours des 12 mois précédents par leur partenaire actuel ou un ancien partenaire, par forme de violence et par âge	•			Proportion de femmes et de filles ayant vécu en couple victimes de violences physiques ou sexuelles infligées au cours des 12 mois précédents par leur partenaire actuel ou un ancien partenaire, par âge (%)
5.2.2	Proportion de femmes et de filles âgées de 15 ans ou plus ayant vécu en couple victimes de violences sexuelles infligées au cours des 12 mois précédents par une personne autre que leur partenaire intime,	•			

Indicateur	Intitulé de l'indicateur	Indicateurs liés à la problématique femmes-hommes	Indicateurs liés à l'environnement	Indicateurs liés à l'articulation entre la problématique femmes-hommes et l'environnement	Données disponibles pour les pays de l'OCDE
	par âge et lieu des faits				
5.3.1	Proportion de femmes âgées de 20 à 24 ans qui étaient mariées ou en couple avant l'âge de 15 ans ou de 18 ans	•			
5.3.2	Proportion de filles et de femmes âgées de 15 à 49 ans ayant subi une mutilation ou une ablation génitale, par âge	•			
5.4.1	Proportion du temps consacré à des soins et travaux domestiques non rémunérés, par sexe, âge et lieu de résidence	•			1. Proportion du temps consacré à des soins et travaux domestiques non rémunérés, par sexe, âge et lieu de résidence (%) (différence absolue entre hommes et femmes) 2. Proportion du temps consacré à des soins domestiques non rémunérés, par sexe, âge et lieu de résidence (%) (différence absolue entre hommes et femmes) 3. Proportion du temps consacré à des travaux domestiques non rémunérés, par sexe, âge et lieu de résidence (%) (différence absolue entre hommes et femmes)
5.5.1	Proportion de sièges occupés par des femmes dans a) les parlements nationaux et b) les administrations locales	•			1. Proportion de sièges détenus par des femmes dans les instances de délibération des administrations locales (%) 2. Proportion de sièges détenus par des femmes dans les parlements nationaux (pourcentage du nombre total de sièges)
5.5.2	Proportion de femmes occupant des postes de direction	•			1. Proportion de femmes occupant des postes de direction (%) 2. Proportion de femmes occupant des postes de cadre supérieur et intermédiaire (%) 3. Part de sièges occupés par des femmes au sein des conseils d'administration des plus grandes sociétés cotées en bourse
5.6.1	Proportion de femmes âgées de 15 à 49 ans prenant, en connaissance de cause, leurs propres décisions concernant leurs relations sexuelles, l'utilisation de contraceptifs et les soins de santé procréative	•			

Indicateur	Intitulé de l'indicateur	Indicateurs liés à la problématique femmes-hommes	Indicateurs liés à l'environnement	Indicateurs liés à l'articulation entre la problématique femmes-hommes et l'environnement	Données disponibles pour les pays de l'OCDE
5.6.2	Nombre de pays dotés de textes législatifs et réglementaires garantissant aux femmes et aux hommes de 15 ans ou plus un accès équitable et sans restriction aux soins de santé sexuelle et procréative, ainsi qu'à des informations et une éducation dans ce domaine	•			
5.a.1	a) Proportion de la population agricole totale ayant des droits de propriété ou des droits garantis sur des terres agricoles, par sexe ; b) proportion de femmes parmi les titulaires de droits de propriété ou de droits garantis sur des terrains agricoles, par type de droit	•	•	•	
5.a.2	Proportion de pays dotés d'un cadre juridique (y compris le droit coutumier) garantissant aux femmes les mêmes droits que les hommes en matière d'accès à la propriété ou au contrôle des terres	•	•	•	
5.b.1	Proportion de la population possédant un téléphone portable, par sexe	•			Proportion de la population possédant un téléphone portable, par sexe (%)
5.c.1	Proportion de pays dotés de systèmes permettant de suivre et de rendre public le montant des ressources allouées à l'égalité des sexes et à l'autonomisation des femmes	•			
6.1.1	Proportion de la population utilisant des services d'alimentation en eau potable gérés en toute sécurité	•	•	•	
6.2.1	Proportion de la population utilisant (a) des services d'assainissement gérés en toute sécurité et (b) des équipements pour se laver les mains avec de l'eau et du savon	•	•	•	
6.3.1	Proportion des eaux usées traitées sans danger		•		
6.3.2	Proportion des plans d'eau dont la qualité de l'eau ambiante est bonne		•		
6.4.1	Variation de l'efficacité de l'utilisation des ressources en eau		•		
6.4.2	Niveau de stress hydrique : prélèvements d'eau douce en proportion des ressources en eau douce disponibles		•		

Indicateur	Intitulé de l'indicateur	Indicateurs liés à la problématique femmes-hommes	Indicateurs liés à l'environnement	Indicateurs liés à l'articulation entre la problématique femmes-hommes et l'environnement	Données disponibles pour les pays de l'OCDE
6.5.1	Degré de la gestion intégrée des ressources en eau		•		
6.5.2	Proportion de bassins hydriques transfrontaliers où est en place un dispositif de coopération opérationnel		•		
6.6.1	Variation de l'étendue des écosystèmes tributaires de l'eau		•		
6.a.1	Montant de l'aide publique au développement consacrée à l'eau et à l'assainissement dans un plan de dépenses coordonné par les pouvoirs publics		•		
6.b.1	Proportion d'administrations locales ayant mis en place des politiques et procédures opérationnelles encourageant la participation de la population locale à la gestion de l'eau et de l'assainissement		•		
7.1.1	Proportion de la population ayant accès à l'électricité	•	•	•	
7.1.2	Proportion de la population utilisant principalement des carburants et technologies propres	•	•	•	
7.2.1	Part de l'énergie renouvelable dans la consommation finale d'énergie		•		
7.3.1	Intensité énergétique [rapport entre énergie primaire et produit intérieur brut (PIB)]		•		
7.a.1	Flux financiers internationaux à destination des pays en développement à l'appui de la recherche-développement dans le domaine des énergies propres et de la production d'énergie renouvelable, notamment au moyen de systèmes hybrides		•		
7.b.1	Puissance installée du parc d'énergie renouvelable dans les pays en développement (en watts par habitant)		•		
8.1.1	Taux de croissance annuelle du PIB réel par habitant				
8.2.1	Taux de croissance annuelle du PIB réel par personne pourvue d'un emploi				
8.3.1	Proportion de l'emploi informel dans l'emploi total, par secteur et par sexe	•	•	•	
8.4.1	Empreinte matérielle, empreinte matérielle par habitant et		•		

Indicateur	Intitulé de l'indicateur	Indicateurs liés à la problématique femmes-hommes	Indicateurs liés à l'environnement	Indicateurs liés à l'articulation entre la problématique femmes-hommes et l'environnement	Données disponibles pour les pays de l'OCDE
	empreinte matérielle par unité de PIB				
8.4.2	Consommation matérielle nationale, consommation matérielle nationale par habitant et consommation matérielle nationale par unité de PIB		•		
8.5.1	Rémunération horaire moyenne des salariés, par sexe, profession, âge et situation au regard du handicap	•			1. Écart de revenus lié au travail non salarié entre les hommes et les femmes 2. Salaire horaire moyen des gestionnaires (ISCO-08) (monnaie locale) 3. Écart salarial hommes-femmes
8.5.2	Taux de chômage, par sexe, âge et situation au regard du handicap	•			1. Taux d'activité 2. Taux de chômage, par sexe et âge (%) 3. Taux de chômage, par sexe et situation au regard du handicap (%)
8.6.1	Proportion de jeunes (âgés de 15 à 24 ans) non scolarisés et sans emploi ni formation	•			Proportion de jeunes non scolarisés et sans emploi ni formation, par sexe et âge (%)
8.7.1	Proportion et nombre d'enfants âgés de 5 à 17 ans qui travaillent, par sexe et âge	•			
8.8.1	Nombre d'accidents du travail mortels et non mortels pour 100 000 travailleurs, par sexe et statut au regard de l'immigration	•			1. Nombre d'accidents du travail mortels chez les employés, par sexe et statut au regard de l'immigration (pour 100 000 employés) 2. Nombre d'accidents du travail non mortels chez les employés, par sexe et statut au regard de l'immigration (pour 100 000 employés)
8.8.2	Niveau de respect des droits du travail (liberté d'association et droit de négociation collective) au niveau national, eu égard aux textes de l'Organisation internationale du Travail (OIT) et à la législation nationale, par sexe et statut migratoire	•			
8.9.1	PIB directement tiré du tourisme, en proportion du PIB total et en taux de croissance		•		
8.10.1	(a) Nombre de succursales de banques commerciales pour 100 000 adultes et b) nombre de distributeurs automatiques de billets pour 100 000 adultes				
8.10.2	Proportion d'adultes (15 ans ou plus) possédant un compte dans une banque ou dans une autre	•			Proportion d'adultes (15 ans ou plus) possédant un compte dans une banque ou

Indicateur	Intitulé de l'indicateur	Indicateurs liés à la problématique femmes-hommes	Indicateurs liés à l'environnement	Indicateurs liés à l'articulation entre la problématique femmes-hommes et l'environnement	Données disponibles pour les pays de l'OCDE
	institution financière ou faisant appel à des services monétaires mobiles				dans une autre institution financière ou faisant appel à des services monétaires mobiles, par sexe (pourcentage des adultes âgés de 15 ans ou plus)
8.a.1	Engagements pris et décaissements effectués dans le cadre de l'initiative Aide pour le commerce				
8.b.1	Existence d'une stratégie nationale de promotion de l'emploi des jeunes, qu'il s'agisse d'une stratégie à part entière ou d'une composante d'une stratégie nationale de promotion de l'emploi, et application de cette stratégie				
9.1.1	Proportion de la population rurale vivant à moins de 2 km d'une route praticable toute l'année	•	•	•	
9.1.2	Nombre de passagers et volume de fret transportés, par mode de transport		•		
9.2.1	Valeur ajoutée dans l'industrie manufacturière, en proportion du PIB et par habitant		•		
9.2.2	Emploi dans l'industrie manufacturière, en proportion de l'emploi total		•		
9.3.1	Proportion des petites entreprises dans la valeur ajoutée totale de l'industrie		•		
9.3.2	Proportion des petites entreprises industrielles ayant contracté un prêt ou une ligne de crédit		•		
9.4.1	Émissions de CO2 par unité de valeur ajoutée		•		
9.5.1	Dépenses de recherche-développement en proportion du PIB		•		
9.5.2	Nombre de chercheurs (équivalent plein temps) par million d'habitants	•	•	•	1. Nombre de chercheurs (équivalent temps plein) par million d'habitants 2. Part de femmes inventrices
9.a.1	Montant total de l'aide publique internationale (aide publique au développement et autres apports du secteur public) alloué aux infrastructures		•		
9.b.1	Proportion dans la valeur ajoutée totale de la valeur ajoutée des secteurs de		•		

Indicateur	Intitulé de l'indicateur	Indicateurs liés à la problématique femmes-hommes	Indicateurs liés à l'environnement	Indicateurs liés à l'articulation entre la problématique femmes-hommes et l'environnement	Données disponibles pour les pays de l'OCDE
	moyenne et haute technologie				
9.c.1	Proportion de la population ayant accès à un réseau mobile, par type de technologie	•	•	•	
10.1.1	Taux de croissance des dépenses des ménages ou du revenu par habitant pour les 40 pour cent de la population les plus pauvres et pour l'ensemble de la population	•			
10.2.1	Proportion de personnes vivant avec moins de la moitié du revenu médian, par sexe, âge et situation au regard du handicap	•			
10.3.1	Proportion de la population ayant déclaré avoir personnellement fait l'objet de discrimination ou de harcèlement au cours des 12 mois précédents pour des motifs interdits par le droit international des droits de l'homme	•			
10.4.1	Part du travail dans le PIB				
10.4.2	Effet redistributif de la politique budgétaire				
10.5.1	Indicateurs de solidité financière				
10.6.1	Proportion de pays en développement qui sont membres d'organisations internationales et y disposent du droit de vote				
10.7.1	Dépenses de recrutement à la charge du salarié en proportion de son revenu annuel dans le pays de destination				
10.7.2	Nombre de pays dotés de politiques migratoires qui facilitent la migration et la mobilité de façon ordonnée, sûre, régulière et responsable				
10.7.3	Nombre de personnes décédées ou disparues lors de la migration vers une destination internationale	•			
10.7.4	Proportion de réfugiés dans la population, par pays d'origine	•			
10.a.1	Proportion de lignes tarifaires concernées par les importations en provenance des pays les moins avancés et des pays en développement bénéficiant d'une franchise de droits				
10.b.1	Montant total des ressources allouées au développement, par				

Indicateur	Intitulé de l'indicateur	Indicateurs liés à la problématique femmes-hommes	Indicateurs liés à l'environnement	Indicateurs liés à l'articulation entre la problématique femmes-hommes et l'environnement	Données disponibles pour les pays de l'OCDE
	pays bénéficiaire et donateur et type d'apport (aide publique au développement, investissement étranger direct et autres)				
10.c.1	Coûts des envois de fonds en proportion du montant transféré				
11.1.1	Proportion de la population urbaine vivant dans des quartiers de taudis, des implantations sauvages ou des logements inadéquats	•	•	•	
11.2.1	Proportion de la population ayant aisément accès aux transports publics, par âge, sexe et situation au regard du handicap	•	•	•	
11.3.1	Ratio entre le taux d'utilisation des terres et le taux de croissance démographique		•		
11.3.2	Proportion de villes dotées d'une structure de participation directe de la société civile à la gestion et à l'aménagement des villes, fonctionnant de façon régulière et démocratique		•		
11.4.1	Dépenses totales par habitant consacrées à la préservation, à la protection et à la conservation de l'ensemble du patrimoine culturel et naturel, par source de financement (publique, privée), par type de patrimoine (culturel, naturel) et niveau d'administration (national, régional et local/municipal)		•		
11.5.1	Nombre de personnes décédées, disparues ou directement touchées lors de catastrophes, pour 100 000 personnes	•	•	•	
11.5.2	Pertes économiques directes mesurées par rapport au PIB mondial, dommages causés aux infrastructures critiques et nombre de perturbations des services de base résultant de catastrophes		•		
11.6.1	Proportion de déchets urbains solides régulièrement collectés et éliminés de façon adéquate sur le total des déchets urbains solides générés, par ville		•		
11.6.2	Niveau moyen annuel de particules fines (PM2,5 et PM10, par exemple) dans les villes, pondéré en fonction du nombre		•		

Indicateur	Intitulé de l'indicateur	Indicateurs liés à la problématique femmes-hommes	Indicateurs liés à l'environnement	Indicateurs liés à l'articulation entre la problématique femmes-hommes et l'environnement	Données disponibles pour les pays de l'OCDE
	d'habitants				
11.7.1	Proportion moyenne de la surface urbaine construite consacrée à des espaces publics, par sexe, âge et situation au regard du handicap	•	•	•	
11.7.2	Proportion de personnes victimes de harcèlement physique ou sexuel, par sexe, âge, situation au regard du handicap et lieu des faits (au cours des 12 mois précédents)	•	•	•	
11.a.1	Nombre de pays ayant adopté une politique urbaine nationale ou un plan de développement régional qui a) tienne compte de la dynamique des populations, b) vise à l'équilibre du développement territorial et c) élargisse la marge de manœuvre budgétaire locale		•		
11.b.1	Nombre de pays ayant adopté et mis en place des stratégies nationales de réduction des risques de catastrophe, conformément au Cadre de Sendai pour la réduction des risques de catastrophe (2015-2030)		•		
11.b.2	Proportion d'administrations locales ayant adopté et mis en place des stratégies locales de réduction des risques de catastrophe, conformément aux stratégies suivies à l'échelle nationale		•		
12.1.1	Nombre de pays élaborant, adoptant ou mettant en œuvre des politiques d'appui à la transition vers des modes de consommation et de production durables		•		
12.2.1	Empreinte matérielle, empreinte matérielle par habitant et empreinte matérielle par unité de PIB		•		
12.2.2	Consommation matérielle nationale, consommation matérielle nationale par habitant et consommation matérielle nationale par unité de PIB		•		
12.3.1	(a) Indice des pertes alimentaires et (b) indice du gaspillage alimentaire		•		
12.4.1	Nombre de parties aux accords internationaux multilatéraux sur		•		

Indicateur	Intitulé de l'indicateur	Indicateurs liés à la problématique femmes-hommes	Indicateurs liés à l'environnement	Indicateurs liés à l'articulation entre la problématique femmes-hommes et l'environnement	Données disponibles pour les pays de l'OCDE
	l'environnement relatifs aux substances chimiques et autres déchets dangereux ayant satisfait à leurs engagements et obligations en communiquant les informations requises par chaque accord				
12.4.2	(a) Production de déchets dangereux par habitant ; et (b) proportion de déchets dangereux traités, par type de traitement		•		
12.5.1	Taux de recyclage national, tonnes de matériaux recyclés		•		
12.6.1	Nombre d'entreprises qui publient des rapports sur le développement durable		•		
12.7.1	Degré de mise en œuvre des politiques et plans d'action relatifs aux pratiques durables de passation des marchés publics		•		
12.8.1	Degré d'intégration de i) l'éducation à la citoyenneté mondiale et ii) l'éducation au développement durable dans a) les politiques nationales d'éducation, b) les programmes d'enseignement, c) la formation des enseignants et d) l'évaluation des étudiants		•		
12.a.1	Puissance installée du parc d'énergie renouvelable dans les pays en développement (en watts par habitant)		•		
12.b.1	Application des outils comptables usuels au suivi des aspects économiques et écologiques du tourisme durable		•		
12.c.1	Montant des subventions aux combustibles fossiles par unité de PIB (production et consommation)		•		
13.1.1	Nombre de personnes décédées, disparues ou directement touchées lors de catastrophes, pour 100 000 personnes	•	•	•	
13.1.2	Nombre de pays ayant adopté et mis en place des stratégies nationales de réduction des risques de catastrophe, conformément au Cadre de Sendai pour la réduction des risques de catastrophe (2015-2030)		•		

Indicateur	Intitulé de l'indicateur	Indicateurs liés à la problématique femmes-hommes	Indicateurs liés à l'environnement	Indicateurs liés à l'articulation entre la problématique femmes-hommes et l'environnement	Données disponibles pour les pays de l'OCDE
13.1.3	Proportion d'administrations locales ayant adopté et mis en place des stratégies locales de réduction des risques de catastrophe, conformément aux stratégies suivies à l'échelle nationale		•		
13.2.1	Nombre de pays ayant prévu des contributions déterminées au niveau national, des stratégies à long terme, des plans nationaux d'adaptation ou des stratégies, tel qu'il ressort des communications relatives à l'adaptation et des communications nationales		•		
13.2.2	Total des émissions annuelles de gaz à effet de serre		•		
13.3.1	Degré d'intégration de i) l'éducation à la citoyenneté mondiale et ii) l'éducation au développement durable dans a) les politiques nationales d'éducation, b) les programmes d'enseignement, c) la formation des enseignants et d) l'évaluation des étudiants		•		
13.a.1	Montant (en dollars des États-Unis) des ressources fournies et mobilisées par année relativement à l'objectif collectif actuel de mobilisation, soit 100 milliards de dollars jusqu'en 2025		•		
13.b.1	Nombre de pays les moins avancés et de petits États insulaires en développement ayant prévu des contributions déterminées au niveau national, des stratégies à long terme, des plans nationaux d'adaptation ou des stratégies, tel qu'il ressort des communications relatives à l'adaptation et des communications nationales		•		
14.1.1	(a) Indicateur du potentiel d'eutrophisation côtière et (b) densité des débris de plastiques		•		
14.2.1	Nombre de pays appliquant des approches écosystémiques à la gestion des zones marines		•		
14.3.1	Acidité moyenne des mers (pH) mesurée à plusieurs points de prélèvement représentatifs		•		
14.4.1	Proportion de stocks de		•		

Indicateur	Intitulé de l'indicateur	Indicateurs liés à la problématique femmes-hommes	Indicateurs liés à l'environnement	Indicateurs liés à l'articulation entre la problématique femmes-hommes et l'environnement	Données disponibles pour les pays de l'OCDE
	poissons dont le niveau est biologiquement viable				
14.5.1	Surface des aires marines protégées, en proportion de la surface totale		•		
14.6.1	État d'avancement de la mise en œuvre des instruments internationaux visant à combattre la pêche illicite, non déclarée et non réglementée		•		
14.7.1	Proportion du PIB correspondant aux activités de pêche viables dans les petits États insulaires en développement, les pays les moins avancés et tous les pays		•		
14.a.1	Proportion du budget total de la recherche allouée à la recherche sur les techniques marines		•		
14.b.1	État d'avancement de la mise en œuvre d'un cadre juridique, réglementaire, politique ou institutionnel reconnaissant et protégeant les droits d'accès des petits pêcheurs		•		
14.c.1	Nombre de pays progressant dans la ratification, l'acceptation et la mise en œuvre, au moyen de cadres juridiques, opérationnels et institutionnels, des instruments relatifs aux océans visant à donner effet aux dispositions du droit international énoncées dans la Convention des Nations Unies sur le droit de la mer qui concernent la conservation et de l'utilisation durable des océans et de leurs ressources		•		
15.1.1	Surface des zones forestières, en proportion de la surface terrestre		•		
15.1.2	Proportion des sites importants pour la biodiversité terrestre et la biodiversité des eaux douces qui se trouvent dans des aires protégées (par type d'écosystème)		•		
15.2.1	Progrès vers la gestion durable des forêts		•		
15.3.1	Surface des terres dégradées, en proportion de la surface terrestre		•		
15.4.1	Sites importants pour la biodiversité des montagnes qui		•		

Indicateur	Intitulé de l'indicateur	Indicateurs liés à la problématique femmes-hommes	Indicateurs liés à l'environnement	Indicateurs liés à l'articulation entre la problématique femmes-hommes et l'environnement	Données disponibles pour les pays de l'OCDE
	se trouvent dans des aires protégées				
15.4.2	Indice de couvert végétal montagneux		•		
15.5.1	Indice de la Liste rouge		•		
15.6.1	Nombre de pays ayant adopté des cadres législatifs, administratifs et opérationnels destinés à assurer un partage juste et équitable des bénéfices		•		
15.7.1	Proportion du braconnage et du trafic illicite dans le commerce des espèces de faune et de flore sauvages		•		
15.8.1	Proportion de pays ayant adopté une législation nationale pertinente et allouant des ressources suffisantes à la prévention ou au contrôle des espèces exotiques envahissantes		•		
15.9.1	(a) Nombre de pays qui ont fixé des objectifs nationaux conformes ou semblables à l'Objectif 2 d'Aichi pour la biodiversité du Plan stratégique pour la diversité biologique 2011-2020 dans leurs stratégies et plans d'action nationaux pour la biodiversité, et progrès accomplis dans la réalisation de ces objectifs ; et b) intégration de la biodiversité aux systèmes nationaux de comptabilité et d'information, définie comme la mise en œuvre du Système de comptabilité économique et environnementale		•		
15.a.1	a) Aide publique au développement consacrée à la préservation et à l'exploitation durable de la biodiversité ; et b) produits générés et fonds mobilisés par les instruments économiques en rapport avec la biodiversité		•		
15.b.1	a) Aide publique au développement consacrée à la préservation et à l'exploitation durable de la biodiversité ; et b) produits générés et fonds mobilisés par les instruments économiques en rapport avec la biodiversité		•		
15.c.1	Proportion du braconnage et du		•		

Indicateur	Intitulé de l'indicateur	Indicateurs liés à la problématique femmes-hommes	Indicateurs liés à l'environnement	Indicateurs liés à l'articulation entre la problématique femmes-hommes et l'environnement	Données disponibles pour les pays de l'OCDE
	trafic illicite dans le commerce des espèces de faune et de flore sauvages				
16.1.1	Nombre de victimes d'homicide volontaire pour 100 000 habitants, par sexe et âge	•			Nombre de victimes d'homicides volontaires pour 100 000 habitants, par sexe
16.1.2	Nombre de décès liés à des conflits pour 100 000 habitants, par sexe, âge et cause	•			
16.1.3	Proportion de la population victime de violences a) physiques, b) psychologiques ou c) sexuelles au cours des 12 mois précédents	•			Proportion de la population victime de vol avec violence au cours des 12 mois précédents, par sexe (%)
16.1.4	Nombre de personnes considérant qu'il n'y a pas de danger à se déplacer seules à pied dans leur zone de résidence, en proportion de la population totale	•			Pourcentage de personnes déclarant se sentir en sécurité lorsqu'elles marchent seules le soir
16.2.1	Proportion des enfants âgés de 1 à 17 ans ayant subi des châtiments corporels ou des agressions psychologiques infligés par une personne s'occupant d'eux au cours du mois précédent	•			
16.2.2	Nombre de victimes de la traite d'êtres humains pour 100 000 habitants, par sexe, âge et forme d'exploitation	•			
16.2.3	Proportion de jeunes femmes et hommes de 18 à 29 ans ayant été victimes de violences sexuelles avant l'âge de 18 ans	•			
16.3.1	Proportion des personnes victimes de violences au cours des 12 mois précédents ayant signalé les faits aux autorités compétentes ou recouru à d'autres mécanismes de règlement des différends officiellement reconnus	•			
16.3.2	Proportion de la population carcérale en instance de jugement	•			
16.3.3	Proportion de la population ayant connu un différend au cours des deux dernières années, avec saisine d'un mécanisme formel ou informel de règlement des différends, par type de mécanisme	•			
16.4.1	Valeur totale des flux financiers illicites entrants et sortants (en				

Indicateur	Intitulé de l'indicateur	Indicateurs liés à la problématique femmes-hommes	Indicateurs liés à l'environnement	Indicateurs liés à l'articulation entre la problématique femmes-hommes et l'environnement	Données disponibles pour les pays de l'OCDE
	dollars des États-Unis courants)				
16.4.2	Proportion des armes saisies, trouvées ou rendues volontairement dont la provenance ou l'utilisation illicite a été retracée ou établie par des autorités compétentes, conformément aux instruments internationaux				
16.5.1	Proportion de personnes ayant eu, au moins une fois, affaire à un agent public auquel elles ont versé un pot-de-vin ou qui leur a demandé un pot-de-vin au cours des 12 mois précédents	•			
16.5.2	Proportion d'entreprises ayant eu, au moins une fois, affaire à un agent public auquel elles ont versé un pot-de-vin ou qui leur a demandé un pot-de-vin au cours des 12 mois précédents				
16.6.1	Dépenses publiques primaires en proportion du budget initial approuvé, par secteur (ou par code budgétaire ou autre critère similaire)				
16.6.2	Proportion de la population dont la dernière expérience avec les services publics a été satisfaisante	•			
16.7.1	Répartition des postes dans les institutions nationales et locales, y compris : a) les organes législatifs ; b) la fonction publique ; c) les organes judiciaires, par rapport à la répartition nationale, par sexe, âge, situation au regard du handicap et groupe de population	•			
16.7.2	Proportion de la population qui estime que la prise de décisions est ouverte et réactive, par sexe, âge, situation au regard du handicap et groupe de la population	•			
16.8.1	Proportion de pays en développement qui sont membres d'organisations internationales et y disposent du droit de vote				
16.9.1	Proportion d'enfants de moins de 5 ans ayant été enregistrés par une autorité d'état civil, par âge				
16.10.1	Nombre de cas avérés de	•			

Indicateur	Intitulé de l'indicateur	Indicateurs liés à la problématique femmes-hommes	Indicateurs liés à l'environnement	Indicateurs liés à l'articulation entre la problématique femmes-hommes et l'environnement	Données disponibles pour les pays de l'OCDE
	meurtres, d'enlèvements, de disparitions forcées, de détentions arbitraires et d'actes de torture dont ont été victimes des journalistes, des personnes travaillant dans les médias, des syndicalistes et des défenseurs des droits de l'homme au cours des 12 mois précédents				
16.10.2	Nombre de pays qui adoptent et mettent en œuvre des dispositions constitutionnelles, réglementaires et politiques pour garantir l'accès public à l'information				
16.a.1	Existence d'institutions nationales des droits de l'homme indépendantes et conformes aux Principes de Paris				
16.b.1	Proportion de la population ayant déclaré avoir personnellement fait l'objet de discrimination ou de harcèlement au cours des 12 mois précédents pour des motifs interdits par le droit international des droits de l'homme	•			
17.1.1	Total des recettes publiques en proportion du PIB, par source				
17.1.2	Proportion du budget national financé par les impôts nationaux				
17.2.1	Aide publique au développement nette, montant total et montant alloué aux pays les moins avancés, en proportion du revenu national brut (RNB) des pays donateurs membres du Comité d'aide au développement de l'Organisation de coopération et de développement économiques (OCDE)				
17.3.1	Investissements étrangers directs, aide publique au développement et coopération Sud-Sud, en proportion du budget national total				
17.3.2	Volume des envois de fonds de travailleurs migrants (en dollars des États-Unis) en proportion du PIB total				
17.4.1	Service de la dette en proportion des exportations de biens et services				

Indicateur	Intitulé de l'indicateur	Indicateurs liés à la problématique femmes-hommes	Indicateurs liés à l'environnement	Indicateurs liés à l'articulation entre la problématique femmes-hommes et l'environnement	Données disponibles pour les pays de l'OCDE
17.5.1	Nombre de pays qui adoptent et mettent en œuvre des dispositifs visant à encourager l'investissement en faveur des pays en développement, dont les pays les moins avancés				
17.6.1	Abonnements à une connexion à Internet à haut débit fixe pour 100 habitants, par vitesse de connexion				
17.7.1	Montant total des financements pour les pays en développement aux fins de la promotion de la mise au point, du transfert et de la diffusion de technologies respectueuses de l'environnement		•		
17.8.1	Proportion de la population utilisant Internet	•			Part de la population utilisant Internet au cours des 3 mois précédents
17.9.1	Valeur en dollars de l'aide financière et technique promise aux pays en développement (notamment dans le cadre de la coopération Nord-Sud et Sud-Sud et de la coopération triangulaire)				
17.10.1	Moyenne mondiale pondérée des taux de droits de douane				
17.11.1	Part des pays en développement et des pays les moins avancés dans les exportations mondiales				
17.12.1	Moyenne pondérée des droits de douane appliqués aux pays en développement, aux pays les moins avancés et aux petits États insulaires en développement				
17.13.1	Tableau de bord macroéconomique				
17.14.1	Nombre de pays ayant mis en place des mécanismes pour renforcer la cohérence des politiques de développement durable		•		
17.15.1	Ampleur du recours par les prestataires de la coopération pour le développement à des cadres de résultats et à des outils de planification propres aux pays				
17.16.1	Nombre de pays faisant état de progrès dans la mise en place de cadres multipartites de suivi de l'efficacité du développement				

Indicateur	Intitulé de l'indicateur	Indicateurs liés à la problématique femmes-hommes	Indicateurs liés à l'environnement	Indicateurs liés à l'articulation entre la problématique femmes-hommes et l'environnement	Données disponibles pour les pays de l'OCDE
	favorisant la réalisation des objectifs de développement durable				
17.17.1	Montant (en dollars des États-Unis) des ressources allouées aux partenariats public-privé pour l'infrastructure		•		
17.18.1	Indicateur de capacité statistique pour le suivi des objectifs de développement durable				
17.18.2	Nombre de pays dotés d'une législation nationale relative à la statistique conforme aux Principes fondamentaux de la statistique officielle				
17.18.3	Nombre de pays dotés d'un plan statistique national intégralement financé et en cours de mise en œuvre, par source de financement				
17.19.1	Valeur (en dollars) de l'ensemble des ressources allouées au renforcement des capacités statistiques des pays en développement				
17.19.2	Proportion de pays qui a) ont procédé à au moins un recensement de la population et du logement au cours des 10 dernières années, et b) ont atteint un taux d'enregistrement des naissances de 100 pour cent et un taux d'enregistrement des décès de 80 pour cent				

Source : Calculs des auteurs fondés sur le Cadre mondial d'indicateurs relatifs aux objectifs de développement durable pour déterminer les indicateurs liés à l'environnement ; (Cohen and Shinwell, 2020[1]) analyse fournie pour les indicateurs liés à la problématique femmes-hommes ENV/EPOC(2020)11/PART1 | | ENV/EPOC(2020)11/PART1.

Références

Cohen, G. and M. Shinwell (2020), "How far are OECD countries from achieving SDG targets for women and girls? : Applying a gender lens to measuring distance to SDG targets", *OECD Statistics Working Papers*, No. 2020/02, OECD Publishing, Paris, https://dx.doi.org/10.1787/17a25070-en. [1]

www.ingramcontent.com/pod-product-compliance
Lightning Source LLC
LaVergne TN
LVHW080637011026
849160LV00014B/1247
9789264510531